基進的世界史

尼爾・福克納——著
梁永安——譯

A RADICAL HISTORY OF THE WORLD

NEIL FAULKNER

無力者
如何改變世界?
團結、抵抗、革命，翻轉權力結構的七百萬年奮爭史

目次

導讀　萬毓澤 005
緒論 011
鳴謝 015
第一章　獵人與農人 017
第二章　第一批階級社會 039
第三章　古代帝國 057
第四章　古典時代的終結 081
第五章　中古世界 099
第六章　歐洲封建主義 123
第七章　第一波資產階級革命 145
第八章　絕對王權的歐洲和資本主義全球化 185
第九章　第二波資產階級革命 209
第十章　工業資本主義的興起 239

第十一章　鐵血時代　263
第十二章　帝國主義和世界大戰　289
第十三章　革命浪潮　325
第十四章　經濟大蕭條和法西斯主義的興起　365
第十五章　世界大戰和冷戰　395
第十六章　著火的世界　433
第十七章　世界新失序　473
第十八章　資本主義的最大危機？　507
結　論　打造未來　537
大事年表　548
資料來源　586
書目說明　587
參考書目　596

CONTENTS

導讀

萬毓澤（國立中山大學社會學系系主任兼教授）

本書的意義

熱愛歷史研究的讀者一定熟悉世界史、全球史、相互連結的歷史（connected histories）等晚近日益流行的語彙，也會留意到書市中越來越多的全球史著作，其中涉及經濟史、社會史、性別史、環境史、海洋史、商品全球史（如糖、咖啡、茶葉、胡椒、棉花）等多種主題。在人文社科學界，英語的《全球史期刊》（*Journal of Global History*）、多語的《比較：全球史與比較社會研究期刊》（*Comparativ. Zeitschrift für Globalgeschichte und Vergleichende Gesellschaftsforschung*）等國際期刊也已成為專業歷史學家與社會科學家合作及交流的園地。這股「全球轉向」可謂蔚然成風。儘管如此，從全球史視角出發撰寫的「人類通史」或「人類大歷史」的著作仍相對較少。也因此，本書的出版至少有兩層意義。首先，提供一種全球史視角的人類通史，與同類著作互為參照；其次，讀者可從中窺得「馬克思主義」史學之觀點與爭議，並聯繫至更廣泛的學術討論脈絡。

閱讀本書的兩種方式

以下提供兩種閱讀本書的途徑。

首先，由於本書將大量優秀（但不一定知名）的馬克思主義史學研究匯集在一起，編織出接近「人類大歷史」的敘事結構，讀者自然可以沿著作者的敘事軸線閱讀。但閱讀的同時，應牢記作者的核心觀點：「歷史是持續地由自覺和集體的人類行動所創造並再創造」。也因此，作者的敘事結構「強調能動性、偶然性和替代性的存在，拒絕相信戰爭與帝國是無可避免，拒絕相信市場沒有替代選項，拒絕相信貪婪、霸凌和暴力放諸四海皆準」（頁一二）。讀者可能會好奇，這種觀點在什麼意義上是「馬克思主義」的呢？我們不妨將此書與另一位知名馬克思主義者克里斯・哈曼（Chris Harman）的《世界人民的歷史：從石器時代到新千年》（*A People's History of the World: From the Stone Age to the New Millennium*, 1999）略做比較。事實上，兩書的結構、甚至使用的二手史料都有重合之處。但關鍵差異為何？在作者看來，哈曼的著作「有著經濟決定論，甚至技術決定論的傾向，而且有著目的論之傾向（目的論是把所有事件導向一項前定的終端），所以這本書讀起來就像人類是穿過一連串不可避免的階段，每一階段都比上一階段高，每一階段都把人類進步更向前推」（頁五八八）；相比之下，本書運用的是更為靈活、動態、非線性版本的馬克思主義史觀。既然歷史軌跡不是預先給定的，人類就總有機會在當下的處境中找到（多種）改變的契機與「替代選項」。當資本主義的發展帶來可觀的物質成就，卻也使人類陷入生態、政治、經濟等多重危機，值得追求的「替代選項」或許就是一個「奠基於民主、平等、可永續性，以及為需要而生產的新社會」（頁五四〇）。讀者不妨通讀本書，並試著評估作者的敘事結構是否真的能夠體現這樣的史觀。

既然本書與哈曼著作的差異主要在於理論觀點，我推薦的第二種閱讀方式就是「理論導向」的閱讀。

對馬克思主義史學感興趣的讀者，可在本書中找到許多密度極高的理論討論。茲舉幾例：

（1）馬克思（主義）的「生產方式」論的適用範圍為何？「奴隸制」是不是一種「生產方式」？事實上，與一般的馬克思主義歷史學者不同，作者並不傾向將「生產方式」論運用在前資本主義社會（也就是人類發展長河中絕大多數的時期）。比如說，他在討論羅馬帝國時，明確拒絕使用「奴隸生產方式」等概念，而是將羅馬帝國視為（古代）「軍事帝國主義」（military imperialism）（頁七三—八七、五九〇）。與此相關的是「歷史唯物論」的理論模型。作者指出：「認為相較於技術、生產和貿易，戰爭和革命只具有次要重要性的看法是錯誤的……。政治『上層建築』並不僅僅是經濟『地基』的反映。」（頁五九〇）

（2）如何界定資本主義？作者主張「資本主義是一種競爭性資本積累的系統，是三項元素的動態結合：買入一物只是為了出售該物而獲利的商人原則；因工業創新而成為可能的勞動生產力大幅提高；經濟被劃分成為競爭性的資本單位」（頁二五七）。請注意，這種界定方式並沒有把「勞動力的商品化」當成資本主義定義的一部分。

（3）「資產階級革命」的性質為何？「資產階級」本身在其中扮演什麼角色？本書對三波資產階級革命（一五一七—一六六〇年及一七七五—一八一五年在荷、英、美、法等地爆發的革命；以及十九世紀中期以後義、美、日、德、土耳其等地「發自上層的資產階級革命」）的分析相當精采。作者強調的是「大眾活動對於推進革命的效果」（頁五九一），因此極為著重分析資產階級革命派與一般群眾的互動關係。以下這段文字極具洞見：「資產階級革命是高度矛盾的過程。資產階級是擁有財產的少數，想要能夠用革命行動推翻政府，唯一方法是動員更廣大的社會勢力。但這些勢力有自己的利益所在，而革命為一賦權過程，以致他們的期望和要求很快就超出資產階級革命領導階層願意予以滿足的程度。」（頁一八三）這不僅可能導致革命流產，甚至可能讓最激進的資產階級革命派回過頭來鎮壓群眾運動。

（4）歐洲從封建制向資本主義的過渡或轉型中，關鍵的因素是什麼？作者明確反對「交換、貿易和商業利潤在經濟轉化的過程中扮演主要角色」。關鍵是「生產」，而不是交換。因此，「任何對封建制度轉變為資本主義的分析必須聚焦在農場、作坊和架構它們的運作的社會關係」（頁五九一）。這是類似「政治馬克思主義」（political Marxism）的立場。

若想深入了解這類理論討論，散布在各章的「題外話」（Excursus）及書末的「書目說明」都是很好的線索。

對本書的評價

要評估一本全球（通）史的得失，當然得看該書使用的方法與資料。方法部分取決於作者的史觀（或許可概括為某種「非正統」的馬克思主義觀點），此處不再贅言。在資料上，本書的取材已盡可能涵蓋歐美以外的區域，討論了不少拉丁美洲、亞洲與非洲的歷史發展及其在全球史中的意義。但正如作者所言，他「不能宣稱本書是一部貨真價實的『全球史』」，因為他是「以英國為根據地的考古學家暨歷史學家，專業知識有所偏重」（頁一三）。借用Stephan Scheuzger的說法，如果說真正的全球史應該是「多中心的歷史」（polycentric history），而不只是「從區域史的觀點出發所書寫的全球史」（見Stephan Scheuzger. 2019. "Global History as Polycentric History," *Comparativ*, 29(2): 122-153），那麼本書仍不免有所欠缺。儘管如此，我還是很欣賞本書第九章「第二波資產階級革命」以幾頁的篇幅論述了海地革命，將其與法國革命相互聯繫。相比下，過去不少馬克思主義史學著作皆流露歐洲中心論的偏見，如霍布斯邦（Eric Hobsbawm）的《革命的年代》（*The Age of Revolution, 1789-1848*）對海地革命便僅有寥寥數語。因此，在大西洋革命的問題上，本書確實較具有「全球史」（或至少是「大西洋史」）的視野：推動法國大革命「抵達激進高峰」的，是「有五十萬黑奴在大西洋遠端進行武裝起義」。這場起義不僅「在商業資本主義的全球大廈裡炸出一個洞」，更「將會作為燈塔，為整個美洲的最終解放照亮道路」（頁二二九、二三二）。

「人們創造自己的歷史，但並不是隨心所欲地自己創造，並不是在他們自己選定的條件下創造，而是在直接碰到的、既定的、從過去承繼下來的條件下創造」（馬克思語）。謹以這篇短文，邀請讀者踏入本書編織的歷史世界，探索古往今來的人們如何「創造歷史」。

緒論

歷史充滿爭議。我們怎樣理解過去，影響著我們當前的思考和行動。部分出於此因，歷史成為了敵對詮釋的戰場。一切有關現在的知識——包括其危機、戰爭和革命——必然是歷史性。我們不能不鑑考過往而釐清我們自身的世界，一如我們不能不鑑考數十年來所累積的技術知識來產出一部電腦。

然而懷有財富和權力需要衛守的精英階級，還有那些反映古往今來精英階級世界觀的保守派歷史學家，傾向於提倡一種消毒過的歷史觀。他們強調著連續性和傳統、順從和從眾、民族主義和帝國。他們總是對富人的剝削和暴力輕描淡寫，慣常忽略窮人的生活和他們爭取改變的奮爭。這樣做的時候，因為採取一種偏頗史觀，他們往往昧於歷史的真正動力。

這一類史觀在過去四十多年變得更具主宰性，支持西方在今日世界進行軍事干預的人，把過往帝國（例如羅馬帝國和大英帝國）標舉為文明楷模。中世紀歐洲被重新詮釋為受萬貫家財銀行家所青睞之「新古典」經濟的典範。各種重大革命被急於把社會衝突從歷史抹去的「修正主義者」重新詮釋為僅僅是政變或派系鬥爭。企圖解釋過去以求理解現在和改變未來的努力，如今遭各種「後現代理論」訕笑，因為它們主張：歷史沒有結構、沒有模式，也沒有意義。

有時候這些理論會把自己飾作「新研究」（new research），惟歷史學家本就不斷在史料堆裡挖掘新史料；新史料或會改變我們某些既有詮釋，卻極少全面推翻舊例（paradigm）。有時，意圖建立學術事業或推進一種政治理論的學者會流於強調新史料。修正主義歷史學家也許資訊相形豐富，但並未較有見地。

許多套在一個後現代框架中的現代研究，帶給我們的只是不相連貫的破碎資訊。歷史不再有模式或軌跡可言，淪為（借汽車大王福特的話來說）只是「一樁又一樁的麻煩事」（one damn thing after another）。

另一方面，歷史學家的基本工作卻是在特殊中發掘普遍、在細節中發掘模式、在混亂事件中發掘方向，以及在循環中發掘歷史之矢。正如德國哲學大師黑格爾教過我們的：真理就是整體（the truth is the whole）。

此即本書所追隨的傳統：拒絕接受福特觀點，拒絕承認人類僅是事件浪潮的浮渣。這湊巧也是蘇聯獨裁者史達林的觀點，他認為歷史乃一連串預定「階段」，人類社會注定透過這些「階段」向前邁進（所以歷史被視為是「前進」或「進步」的）。

本研究採取迥然不同的觀點，力主歷史是持續地由自覺和集體的人類行動所創造並再創造。它力主普通人的鬥爭（奴隸、礦工、婦女、黑人和殖民地人民的鬥爭）偶爾會匯聚成群眾革命浪潮，推動歷史進程。

這種歷史方法強調能動性、偶然性和替代性的存在，拒絕相信戰爭與帝國是無可避免，拒絕相信市場沒有替代選項，拒絕相信貪婪、霸凌和暴力放諸四海皆準。革命派思想家暨活動家馬克思於一八五二年在一部政治小冊子中寫道：「人類創造了自己的歷史，然這一切並非隨心所欲而為之的。他們並不是在自我選擇的環境下創造歷史。」

換言之，歷史的道路並非事先規定，其結果不是無可避免，而是可以根據人類之作為走往不同方向。

本書緣起於二〇一〇年至二〇一二年某左翼網站的系列線上文章。六年之後，這些文章經過一番擴充，付梓成本書。我這樣做有三個理由：首先，我意識到原文有些重大闕漏，想要填補空隙；其次是由於接收到諸多建設性批評，欲據以作出恰當的修正；第三則是因為過去六年來全球政治發生了重大改變，看來有必要擴充和更新談論世界危機的最後一章。

《基進的世界史》可用不同方式閱讀。你可以從頭讀到尾，視之為一項單一研究；你也可以視作短篇分析性文章的合集，從中汲取特定事件的資訊和觀念——讓這一點更顯方便的，是它保留了線上版的章節架構。部分出於此一考量，本書內容偶爾會出現重複（每當我認為對讀者有幫助就會這樣做）。我有時也會用現代地名（例如伊拉克和巴基斯坦）去指稱早先時期的同一地區，因自覺這樣可以幫助讀者對應現今所在。基於相同理由，書末附的年代表是為了讓讀者加強時序感。我在敘事中間偶爾會插入理論性「題外話」，討論一些跟歷史過程有關的普遍觀念。我對這些「題外話」都有清楚標示。

因為本書密度極高（單冊世界史堪稱終極大敘事），所以我省去了引文出處和注釋之類的傳統學術工具。取而代之的是，我在書末放入一則長篇資料來源討論和一則附注釋的書目，便利讀者查閱我的資料來源，並找到進階閱讀的指引。

對本書線上版的常見批評，是說我忽略了某些地域與時期，而犯了某種「歐洲中心主義」，甚至是「盎格魯中心主義」。這種批評是公允的。我已盡了最大努力加以改正，例如加入西班牙和拉丁美洲歷史的新段落。但我不能宣稱本書是一部貨真價實的「全球史」，理由簡單明顯：我是一個以英國為根據地的考古學家暨歷史學家，專業知識有所偏重。就像所有普遍主義者（generalists）那樣，我不可能完全擺脫個人訓練、經驗和閱讀的束縛。所以我必須懇請那些既非英國人也非歐洲人的讀者們諒察。

即使是在專長領域，我也懷疑自己犯下一些錯誤和謬解，足以引起各種專家團隊的譴責。但這也是一個普遍主義者不可避免的命運。對此，我只能有一個辯解。對那些錯誤和謬解的改正，會動搖本書的主要論證嗎？如果會，本書就是失敗之作；如果不會，即不管細節對錯，馬克思主義方法都能夠為人類主要事件和發展提供一個讓人信服的解釋，本書就是成功之作。

不過，我們有理由希望它能夠達成一些別的目的。因為它首先是一本供活動人士讀的書，能夠說服人們相信以下這句話，即已達成目的：歷史是人類自己創造，所以未來是開放的，將取決於我們每個人所行之事。

我不是一個——就像一位評論者認為我應該是的那樣——「超然的歷史學家」。因為我相信馬克思所說的：「迄今所有存在社會的歷史，俱是階級鬥爭史。」也分享他的另一觀點：「哲學家們只是以不同的方式解釋世界，但重點在於改變世界。」

鳴謝

以下各位撥冗且不嫌麻煩地閱讀了原稿的全部或一部分，為我提供寶貴的批評意見：William Alderson、Dominic Alexander、David Castle、Fran Exxon-Smith、Lindsey German、Elaine Graham-Leigh、Jackie Mulhallen、John Rees、Alex Snowdon、Alastair Stephens和Vernon Trafford。毋庸說，因為有時我很倔強，拒絕接受他們的忠告，所以最後文責必須完全自負。

在本書原作的評論者中，有些人作出了建設性批評，我根據批評加以修正。他們包括Keith Flett、John Green、Sean Ledwith、Michael Seltzer和Andrew Stone。我感激他們認真看待本書，以及提出改善方法的建議。我也必須要對我的朋友兼同事Nadia Durrani致上特別的感激之意，因為這位益友改寫了本書談論人類演化的整個第一大節（我對人類演化的知識著實落伍得可憐）。

第一章——

獵人與農人

距今約七〇〇萬年前至三〇〇〇年前

新石器時代的農業革命改變了整體人類社會經驗，唯有工業革命的衝擊可以相提並論。

一開始，我們要快速瀏覽一段漫長的時間：約七百萬年前至約五千年前。在這段期間，作為生物、環境、文化和社會演化的產物，一連串激烈的轉化發生了。首先，大約七百萬到六百萬年前，在查德或肯亞出現了第一批潛在的人族（hominins），即自從和黑猩猩的祖先分離之後，出現在我們演化樹的生物。

其次，大約三百三十萬年前，在肯亞，我們發現了製造工具的第一批證據。這標誌著人族行為的一個根本改變。這種技術和後來的早期技術（例如跟著名的奧杜威工具）是非常基本的。但接下來，到了約一百九十萬年前，在東非和南非，某些人族演化成為大腦較大的生物，變得更有製造工具的能力、社會組織水準更高，且更具環境適應性。這種生物有著相當現代的體型，被稱為「匠人」（Homo ergaster）。「匠人」非常類似「直立人」（Homo erectus），後者的化石並不見於非洲，但在亞洲分布廣泛。

第三，在大約三十五萬年前之後，我們有了我們自己——「智人」（Homo sapiens）的第一批證據。

〈阿奧安里特的白女士〉（The White Lady of Aouanrhet），撒哈拉沙漠中部塔西利（Tassili）的岩畫，約西元前3000年。她看來是一位豐饒女神或女祭司，注意她頭頂上的穀田或穀雨。

我們這些直系祖先看來是源自摩納哥。不過，早期的化石顯示出古舊和現代特徵的混合，而我們的物種只有到了約十二萬年前，形態上才變得完全現代。

第四，約一萬年前，在氣候變遷和食物短缺的衝擊下，有些社群從狩獵採集轉型為務農。

第五，約六千年前，開發土地和密集農業的新技術，讓一些處於優良地點的社群生產量大為增加，從以鋤頭為工具的墾殖轉型為以犁為工具的農耕。

人族的轉化

我們擁有距今七百萬年前被認為是人族的生物的證據。已知的最早人族生物「查德沙赫人」（Sahelanthropus tchadensis）是在查德被發現。他們的人族身分並不十分確定，但看來部分時候是用雙腳走路（兩足行走是人族的主要特徵之一）。然後出現了肯亞的「圖根原人」（Orrorin tugenensis），他們生活在距今六百二十萬年前至五百六十萬年前之間，也許配稱是最早的兩足行走人族。

這兩種生物（也許還有更多，只是我們沒有找到）的後繼者，有衣索比亞的「始祖地猿」（Ardipithecus ramidus）和肯亞的「肯亞平臉人」（Kenyanthropus platyops）。

不過最知名的早期人族，大概是四百二十萬年前出現在東非的「南方古猿」（Australopithecine）。其中一支是「阿法南方古猿」（Australopithecus afarensis），他們在距今三百七十萬年前至三百萬年前在東非各地遊走（其中一個小家庭在雷托里〔Laetoli〕的泥地裡留下足印）。我們找到這種生物好幾百片碎片，它們同時透露出兩足行走和樹棲的生活方式。最知名的「阿法南方古猿」標本是一九七四年出土的「露西」（Lucy）——雖然取名「露西」，但她有可能是雄性。

「露西」身高只有一．一公尺，體重約二十九公斤，死時大概是二十歲左右。短腿、長臂和有一個細小腦殼的「露西」，外觀應該頗似現代黑猩猩。但兩者有一個根本差異：就像所有人族一樣，她能夠直立行走（不過她大概也能夠爬樹，有些時候是待在樹上）。她的盆骨和腿的形狀，還有在不遠處找到的另一同物種成員的膝關節形狀，都不容人有合理懷疑餘地地證明了這一點。

「露西」八成是一個覓食小群體的一員，會前往各處採集水果、堅果、種子、蛋和其他可吃的東西。隨著氣候變遷，森林減少而莽原增加，導致「天擇」更偏愛能夠遠距離覓食的物種。但「露西」的兩足行走能力有著一個革命性的意涵，就是讓手和手臂可以騰出來製造工具，並從事其他種類的勞動。這又鼓勵了「天擇」偏好較大的腦容量。於是，一段動力十足的演化變遷便被啟動了，手與腦、勞動與智性、技巧與思想開始了爆炸性互動，其巔峰是現代人類。

我們不知道「露西」會否製造工具，沒有工具在她的遺骸附近被發現。不過，非常早期和非常粗糙的石器近年來陸續在肯亞出土，年代可上溯至距今三百三十萬年前，而且也許跟其他種類的當地南方古猿有關。而可斷定的是，到了兩百五十萬年前，有可能是「露西」後裔的「巧人」（Homo habilis）已經能夠製造石器。用卵石粗糙削成的砍器，代表著一個由製造工具行為來定義的物種新家族：人屬（Homo）。工具體現著概念思維、前瞻計畫和靈巧手藝，透露出當事人利用思想及技巧去形塑自然，以便更有效利用資源。

「人屬」就像他們之前的南方古猿，是在非洲演化而成，而直到約距今一百五十萬年前為止，他們仍主要生活在非洲。不過在距今一百八十萬年前之後，我們開始在遠東（中國、爪哇、印尼）和黑海附近的喬治亞找到「直立人」存在的證據（但也有人把後者定義為「喬治亞原人」〔Homo georgicus〕）。

「直立人」看來跟非洲「匠人」密切相關；「匠人」是一種直立生物，大約一百九十萬年前出現在東非和南非。以體型來說，「匠人」大概跟我們非常相像，但腦袋較小。他們的近親「直立人」接下來百萬年繼續生活在遠東部分地區，最後的現蹤日晚至三萬年前。

與此同時，在歐洲和西亞，其他人族紛紛出現，例如「前人」（Homo antecessor）和「海德堡人」（Homo heidelbergensis）。「海德堡人」八成是歐洲尼安德塔人（Neanderthals）和非洲現代人的最後共同祖先。

開始於兩百五十萬年前的冰河時期，對人類演化產生了重大衝擊。冰河氣候是動態，在寒冷的冰期和相對溫暖的間冰期之間不斷轉換。我們目前是處於一個間冰期，但在兩萬年前，北歐和北美很多地區都處於冰期中期，覆蓋著四公里厚的冰層。當時冬天長達九個月，溫度可連續數週低至攝氏零下二十度。

早期的人族並不習慣寒冷，所以在溫暖時期遷往北方，待冰河推進後再遷回南方。例如，他們在最遲八十萬年前第一次抵達英國，然後離開且重返至少八次。在舊石器時代（約八十萬年前至一萬年前），英國大概只有兩成時間有人居住。

「前人」一八成是最早抵達英國的人類。跟他們關係匪淺的「海德堡人」緊接在後，後者看來是居住在動物資源豐富多樣的海岸或河口地區。他們的標準工具要麼是一把「阿舍利」手斧（Acheulian handaxe，基本上是一種砍器），要麼是一件「克拉克頓」石片（Clactonian flake，一種割器）。這些萬用的石器係按照需求大量生產。在英格蘭博克斯格羅夫（Boxgrove）出土了三百把手斧，而許多燧石碎屑的年代可上溯至約五十萬年前；它們在當時類似莽原的海岸平原上被用來屠馬、鹿和犀牛。

不過，在最後一次冰期期間，並沒有出現大規模的撤退。「尼安德塔人」是適應了寒冷的人族，據信是三十五萬年前在歐洲和西亞從「海德堡人」演化而成。尼安德塔人的適應能力同時是生物演化和新技術導致。他們頭大、鼻子大、顴骨突出、短額、身材短小粗壯，天生就能抵禦低至攝氏零下十度的低溫。不過更重要的是文化，而這一點跟腦力密切相關。

人族的腦袋越變越大——選擇這種特徵非同小可。腦組織比其他種類的身體組織要昂貴：腦只占身體重量大約二%，卻消耗不少於二〇%的能量。人類已經習慣了直立行走，這需要一個狹窄的骨盆，但我們卻有一個大的腦殼，這讓婦女在分娩時承受極大壓力，導致緩慢、痛苦和有時危險的臨盆過程。但好處相當可觀——大腦袋讓現代人可以創造並維持複雜的社會關係（關係圈大約為一百五十人）。人類不只是社會動物，還是程度極端的社會動物：他們的腦袋就是特別為此目的而擴大和變複雜。

社交性迎來了巨大的演化利益。人族的狩獵採集群體極可能相當小型，大概由三十或四十人組成。不過他們卻可以跟其他群體連結（大概跟相同大小的六個群體連結），彼此分享資源、勞力、資訊和觀念。社交性、合作和文化是密切相關，而想要達到這些境界需要高度智力——用生物學的話來說，就是需要大量的腦組織。

尼安德塔人無疑很聰明。根據對法國西南部一項考古發現的著名研究，古典尼安德塔人的「莫斯特」（Mousterian）工具組包括一系列各有特殊用途的尖狀器、刀狀器和刮器，多達六十三種。因為聰明、具網絡性且配備精良，尼安德塔人高度適應冰河時期的極端氣候，能夠為自己蓋房子、做衣服，在冰封平原上組織大型狩獵活動。英格蘭的里昂福德（Lynford）是一處狩獵遺址，年代可上溯至六萬年前。在那裡，考古學家找到了尼安德塔人的工具，還有長毛象的骨頭、長牙和牙齒。

但與演化的完美性對比，自然有機體是保守的。尼安德塔人因為太過適應寒冷的天氣，走進了一條演化的死胡同。與此同時，在非洲這個物種的搖籃，一支新的超級人族從一條古老的血脈——八成是非洲的「海德堡人」演化出來。由於具有高度創造性、集體組織性和文化適應性，他們在八萬五千年前遷出非洲之後迅速擴散至全世界，最終殖民了每處天涯海角。這個新的物種是「智人」，即現代人類。雖然其他人族繼續存在（特別是在西方的尼安德塔人和在東方的「直立人」），他們並未能夠充分適應環境，他們的滅絕甚至大概與我們脫不了關係。不管怎樣，在經歷了大約七百萬年的人族演化之後，只有我們留存下來。

人族大演化約始於六百萬年前或七百萬年前，全盛於這樣的一個物種：它的進程並非由生物演化決定，而是由智力、文化、社會組織和有計畫的集體勞動決定。

「狩獵革命」，又稱「舊石器時代晚期革命」

二十萬年前在非洲的某處，住著一個女性。她是今日地球上每個人類的共同祖先，是整個「智人」（現代人類）的元祖，我們稱她為「非洲夏娃」。這一點首先是由一些科學家根據化石證據推論出來，後來又得到DNA分析的確認和精細化。

DNA是一種細胞內的化學編碼，為有機體生命提供藍圖。研究DNA的異同，可以得知不同生命體之間的關係緊密程度。突變會以相當穩定的比率發生和累積。這讓基因學家不只可以衡量物種之內及物種之間的生物多樣性，還可以估計兩個群體已經分開了多久和不再交配。我們DNA中的突變因此構成我們來歷的「化石」證據。

「非洲夏娃」的DNA資料，與「智人」已知最早化石的資料相符。一九六七年在衣索比亞奧莫（Omo）出土的兩個頭骨和一副只剩部分的骸骨，被推定為十九萬五千年前。

這個新物種看來與眾不同。早期人族動物的頭骨長而短，前額向前傾斜，眉骨突出，下顎粗大；現代人類卻是有著一個大而呈半圓形的頭骨、平坦許多的面孔和較小的下顎。這番改變主要是為了因應腦容量的增加：「智人」的智力非常高。大腦袋讓人可以儲存更多資訊、以有想像力的方式思考，並用複雜的方式溝通。語言是這一切的關鍵。透過語言，世界被分類、分析和討論。「非洲夏娃」是一個話匣子——源於這因素，從演化角度來看，她具有適應性和動態性。

「智人」皆有獨一無二的一項特徵：與其他動物（包括與其他人族）不同，其不受生理因素的局限，不是只能生活在範圍受限的環境裡。透過思考、交談和群策群力，「智人」幾乎可以適應任何地理及氣候環境。生物演化因此被文化演化凌駕，演變的步伐也加速了。揮舞手斧的「直立人」在非洲待了一百五十萬年，但在這個時間的零頭內，「非洲夏娃」的後裔就開始外移——至少有一部分人是這樣。基因證據顯示，今日住在亞洲、歐洲、澳洲和美洲的所有人，都是大約三千代人之前離開非洲的單一狩獵採集群體的後人，其年代距今約八萬五千年。南亞和澳洲是在五萬年前被殖民，北亞和歐洲是在四萬年前，美洲則是在一萬五千年前。

他們為什麼要遷移？幾乎可以肯定的是，因為他們是狩獵採集者，必須回應資源消耗、人口壓力和氣候變遷，外出找尋食物。他們已經適應了適應。天生善於長途走路和跑步，他們能夠進行遠距離的移動。心靈手巧讓他們成為卓越的工具製造者；體積大的腦袋讓他們能夠進行抽象思考、制定計畫、用語言溝通和建立社會組織。

他們組成小型和緊密的合作性群體。這些群體之間關係鬆散，但透過親屬關係、交換和相助，形成廣大的網絡。在這個意義下，他們是考古學家所謂的「有文化者」。他們取得食物、住在一起、分攤工作、製造工具、裝飾自己和埋葬死者的方式，都是獲得群體內部同意，並遵循既定的規則。

這有著更大的意涵：他們會作出自覺和集體的選擇。他們會經過徹底商討作出決定。無盡的覓食挑戰常常讓人面臨抉擇。有些群體會作出較保守的選擇：留在原地，像以往一樣生活，期望情況會有所改善。其他群體會更有進取心，選擇遷往陌生的地域、實驗新的打獵技巧，或與其他群體結合以匯聚知識、資源和勞動力。

所以「智人」的一大特徵，就是無比擅長於適應大相逕庭和多變化的環境。最初他們沿著資源豐富的海岸線和河流水系遷徙。但他們看來很快就散布到內陸，而不管他們去到哪裡，都能夠適應、融入。在北極，他們狩獵馴鹿；在冰封的平原，他們狩獵長毛象；在草原，他們狩獵野鹿和野馬；在熱帶，他們狩獵豬、猴子和蜥蜴。

他們使用的工具組隨著挑戰的不同而變化。不再使用簡單的手斧和石片，改為生產一系列的「石瓣」（「石瓣」是邊緣鋒利的石器，長度大於寬度，用預先準備的棱柱狀石核敲打而成）。在環境需要時，他們也會做衣服和蓋住處。他們用火取暖、煮食和防衛。他們製作藝術品（以他們獵殺的動物為主題的繪畫和雕刻）。最重要的是，他們會實驗和創新，而成功會被分享、複製。文化不是靜態，而是可變且具有累積性。「智人」總以新的做事方式回應環境的挑戰，而從經驗學習到的每個教訓會被加入到越來越大的知識庫。

現代人類在環境改變時未發生生物演化，也沒有滅絕。他們在更溫暖的衣服和更尖銳的工具中找到解決辦法。自然與文化發生互動，而透過這種互動，人類的謀生能力日勝於一日。

在某些地方，「智人」和早期人類共存了一段時間。距今大約四萬年前至三萬年前之間，現代人和尼安德塔人同時住在歐洲。DNA證據顯示，兩者之間有一些社會互動，不過整體來說，尼安德塔人慢慢被取代。隨著氣候變遷，隨著智人人口增長和所有人族仰賴的大型獵物被捕獵殆盡，尼安德塔人最終滅絕。這要不是因為他們無法適應新的變化，就是無法和「智人」競爭。

石器技術看來反映著這種物種取代現象。尼安德塔人化石常常伴隨「莫斯特」石片一起出土，克羅馬儂人（Cro-Magnon，歐洲考古學對「智人」的稱呼）則常常伴隨一系列複雜的「奧瑞納」（Aurignacian）石瓣一起出土。這兩種稱謂反映著從考古證據所發現的兩套石器製作傳統。但這還不是事情的全部。「智人」的新文化多樣而富活力，假以時日之後產生出投矛器、魚叉和弓箭，還懂得使用馴化的狗隻協助打獵。尼安德塔人一度站在食物鏈頂端，但後來新住民把他們拉入了一場他們無法取勝的「文化軍備競賽」。

英格蘭切達峽谷的高夫洞穴（Gough's Cave）是一處典型的「智人」遺址。這裡出土了人類遺骸、動物骨頭、數以千計的石器，以及用骨頭或角所製造的物件。遺址年代距今約一萬四千年，屬於一個專門獵馬的社群。洞穴可以遮風蔽雨，並提供一個眺望峽谷的絕佳地點，讓居住者可以打量經常經過的野馬群和野鹿群。在這裡，「智人」適應了一個非常特殊的小生境：最後一次大冰河期下半葉，野生動物遷徙路徑的一處天然漏斗地形。

從兩百五十萬年前人類製造石器之始至距今一萬年前，被稱為「舊石器時代」。它的最後階段「舊石器時代晚期」是「智人」的階段，代表著與較早其他階段的革命性決裂。舊石器時代晚期革命同時是一場生物革命和文化革命。一個超級人族的新物種從非洲崛起，散布到全世界。在這第一次的全球化過程中，「智人」藉由創造出眾多不同的「文化」，也就是工具、工作方法、社會習俗和禮儀，適應了大相徑庭的環境。

但是到了距今一萬年前出現一個麻煩。由於人族太過成功，大型獵物走向滅絕：長毛象、巨鹿和野馬被狩獵一空。與此同時，大地開始暖化，開闊的平原逐漸消失，被再生的森林吞噬。舊石器時代晚期的世界因此到達一個瓶頸。既有的謀生方式不再能夠保障生存。「智人」面臨了適者生存的最高考驗。

「農業革命」，又稱「新石器時代早期革命」

在大約兩萬年前，最後一次冰期的冰層開始融化。到了大約西元前八〇〇〇年，全球溫度已經穩定化，升高至和今日差不多。到了大約西元前五〇〇〇年，世界已經形成了今日的樣貌。例如，隨著升高的海平面淹沒了各座陸橋以及波羅的海、北海和黑海，歐洲出現了。這導致全世界人類陷入緩慢演化的生態危機。在北方，開闊的苔原被濃密的森林取代，讓可獵的動物減少了大約七五%。在中亞和西亞，危機更顯嚴重：氣候變遷把大面積地區化為沙漠，人類被迫撤退到潮濕的高地、河谷和綠洲。

這不是第一次。在長達兩百五十萬年的冰河時期期間，冰河反覆前進和後退了許多次。不同的是，這一次面對世界暖化挑戰的人族身分不同了：「智人」比其前人在智力和文化上有更好的配備去應付生態危機。

在北方的森林地帶，大部分人類都是定居在河邊、湖邊、三角洲、河口和海岸，那裡的食物既豐富又多樣。在西元前七五〇〇年前後，約克郡的斯卡布羅（Star Carr）是一處季節性營地，每年春夏兩季有人居住。中石器時代人利用來狩獵野牛、麋鹿、紅鹿、麅、野豬和其他較小動物（例如松貂、紅狐狸和海狸）。跟蹤和近距離偷襲是他們採取的方法。除了刮器、石鑽和其他石器，他們的工具組合內還包括用角所造的有倒鉤矛頭。

斯卡布羅的人生活得頗為輕鬆。提升過的狩獵和採集技術，讓他們可以盡情利用濕潤林地的新食物資源。不過，在亞洲的乾旱地區，需要的卻是更激進的改變：不是食物採集的新方法而是生產食物的方法。

獵人長久以來都跟他們的獵物存在著共生關係。他們創造林中空地、提供食物、抵擋掠食者和饒過幼獸；讓周圍維持著大量獵物，方符合他們的利益，所以從打獵到放牧的轉變有時可以是漸進無縫。

食物是從種子長出來這一點，可以憑觀察得知。所以，人們播種以求收成並不是一大躍進。不過這樣做是一種選擇，而且不必然是受歡迎的選擇。務農是吃力工作，需要長時間進行重複和極勞累的勞動（從鬆土、鋤地、播種、除草、消滅害蟲、為田地灌溉或抽水到收割），而且不斷受到澇旱、枯死病的威脅。然後這樣的勞動還要年復一年，所以務農極少是理想選項，漁獵和採集相形輕鬆得多。

所以農業革命是人類在非自擇環境下為自己創造歷史的好例子。❶他們是在一個自然食物供應量越來越少的環境中為情勢所逼，才會從事辛勞的耕作和飼養動物。例如，今日約旦佩特拉附近的貝達（Al-Beidha）在約西元前六五〇〇年是一個新石器時代早期農夫社群的家。他們住在由石頭、木材和泥土所造

❶譯注：前面提過，馬克思曾說：「人類創造了自己的歷史，但是這一切並不是隨心所欲而為之的。他們並不是在自我選擇的環境下創造歷史。」

的公共房裡，用馬鞍形手推磨把穀物磨成麵粉，製造了很多不同的燧石－石片石器（包括箭頭、刀和刮器等）。

地理環境和氣候，跟人類巧思互動，在不同的地方產生出不同的經濟體。農業會在西亞和中亞發展出來，部分是因為當地的氣候較乾旱，取得食物較不容易。另外也是因為有眾多關鍵物種（大麥、二粒小麥、牛、綿羊、山羊和豬）的野生品種可供馴化。不過氣候變遷屬全球性，而農耕是不同時候在相隔遙遠的地方被獨立發明出來。例如，在巴布亞紐幾內亞高地，一個以蔗糖、香蕉、堅果和綠色蔬菜為主的新石器時代經濟體於西元前七〇〇〇年形成。這種經濟形式一直維持至二十世紀，基本上沒有改變。

第一批歐洲農夫是來自亞洲的開拓者，他們穿越愛琴海，在西元前七五〇〇年至前六五〇〇年到達希臘東部。他們帶來了「新石器時代套裝組合」：被馴化的穀物和動物；永久性聚落和正方形房屋；紡織；鋤頭、鐮刀和拋光過的斧頭；陶器和石臼；代表豐饒女神的「維納斯」或「肥女士」小人像。這些東西都是突然出現，伴隨出土的是有著鮮明「亞洲人」DNA的人類骸骨。

農業花費了幾千年時間傳播，即使時至今日仍不是舉世皆然。從大約西元前七五〇〇年開始，狩獵採集、放牧和農耕同時並存。很多新石器時代早期社群採取包含這三種元素的混合經濟，其他社群則完全抗拒農耕。要到了大約西元前五五〇〇年之後，農耕才從巴爾幹半島途經匈牙利平原傳入北歐、西歐，但到了那裡之後再次停住。有一千年的時間，波羅的海、北海海岸、大西洋邊緣和不列顛群島的中石器時代獵人堅持以狩獵維生。然後在西元前四三〇〇年至前三八〇〇年之間，他們也新石器時代化。不過有些地方的人，如澳洲原住民和喀拉哈里沙漠的布希曼人（Bushmen），直至近年仍堅持狩獵採集經濟。

農耕固然是不得不如此的選擇，但一旦作出選擇就沒有回頭路，因為農耕對土地進行較為密集的利用，所以可以比狩獵採集養活更大的人群。這表示，如果農夫拋棄他們的工作，他們的社群就會挨餓，因為此時社群人口已經太多，無法光靠荒野的天然產物供養。於是人被自己的成功束縛在勞苦裡。

到了約西元前五〇〇〇年，新石器時代農夫已經生活在歐洲很多地區（考古學家稱之為「線紋陶」文化）。他們住在二、三十棟木材長屋構成的村子裡，每棟長屋長三、四十公尺，寬五公尺，可容納一個擴大家庭。建造這些房屋需要集體努力。不管房屋或墓葬都沒有社會不平等的痕跡：有理由假定，每個人都貢獻一己之力，按勞得食。所以新世石器時代早期的社會幾乎沒有階級之分，也不存在核心家庭。這兩者毫無「自然」的成分。就像狩獵採集者那樣，最早的農夫是馬克思和恩格斯所說的「原始共產主義者」。

但那是一種因匱乏而存在的共產主義。早期的農業行徑浪費：土地在地力耗盡後就會被拋棄。以休耕和施肥來保持土地品質的做法還不普遍，而且隨著人口膨脹，可耕地開始減少。新石器時代早期經濟的這些矛盾最終爆炸，導致戰爭。

戰爭與宗教的起源

三十四個人的屍體被丟棄在一處三公尺寬的坑裡，其中一半是小孩。兩個成人的頭顱遭箭射穿，其他有二十個人（包括小孩）是遭棍棒打死。考古學家毫不懷疑他們發現的是一處曾發生屠殺的地點。德國西南部的塔爾海姆死亡坑（Talheim Death Pit）透露出西元前五〇〇〇年新石器時代早期世界的一項可怕事實：人類開始進行戰爭。

早前，戰爭並不存在。貫穿整個舊石器時代的兩百五十萬年之久，一小群一小群的人族在大地上漫遊，以狩獵和採集的方式取得食物。他們極少相遇，發生衝突的機會微乎其微。只有到了後來，人類的數量增加，才會偶然因為爭奪資源發生衝突。從山洞繪畫所見，獵人除了用箭射向動物，有時還會射向彼此。但這還算不上戰爭。戰爭是兩個對立群體間大規模、有組織性的暴力行為。在西元前七五〇〇年農業革命開始之前，並無證據顯示有戰爭存在。

農耕是比狩獵更有效率的覓食方式，所以在新石器時代人口大量增加。舊石器時代人的化石數以百計，而新石器時代人的骸骨則是數以萬計。不過其中有一個問題存在。早期農業的技術原始，產能低而剩餘少。人們生活在危險邊緣，很容易受到農作物歉收、動物疾病和極端天氣等自然災難的打擊。新石器時代早期的農耕社群總是活在饑荒、飢餓和死亡的陰影裡。

這個問題的根源在於新石器時代早期的經濟非常成功，導致人口不斷增長，但土地卻是有限。因為一直只知消耗泥土養分而不予以補充，所以必須不斷到荒野開墾新田。隨著人口增長，村莊無法餵飽每個人，一些開拓者必須前往他處建立新聚落。到了接近最早期聚落的最後荒地都被開墾之後，浪費的新石器時代早期經濟就難以為繼。對土地和食物的飢渴，驅使鄰接的群體發生衝突。

早期農夫在艱難時期有公共財產（田地、牲口、貯物屋和永久房屋）需要捍衛。這種貧窮與財產的結合，或說匱乏和剩餘的結合，是人類第一批戰爭的根源。飢餓也許可以透過搶奪鄰居的穀物和綿羊得到解決。塔爾海姆死亡坑看來正是這一類原始鬥爭的證據。

不過如果你想發動戰爭，你需要有戰士、盟友和防禦工事。擁有較多這些物事的群體會打敗擁有較少的群體。那些把剩餘投資在戰爭的群體，會制服那些沒有這樣投資的群體。考古學家現在把西元前三五〇〇年前後那幾十年視為不列顛第一次發生戰爭的時期，當時新石器時代革命才在不列顛開始了幾個世紀。巨大的堤道營地（causewayed camp）在山頂上被建造出來。威爾特郡（Wiltshire）的溫德米爾山有三圈同心圓形狀的溝與堤包圍，面積是十五個足球場大小，多半用於政治會議、宗教儀式和防禦。它標誌著一種新秩序的誕生：這種新秩序把相隔遙遠的村莊結合為單一的部落政體。與此同時，人們被埋葬在有巨大石碑和土墩的公共墓裡。威爾特郡的西肯特長塚（West Kennet Long Barrow）長一百公尺、寬二十公尺，建來就是為了讓人產生震撼感。它是對領土控制權的一種宣示，是必要的炫耀。

溫德米爾山之類的堤道營地是敬拜的地方，西肯特之類的長塚是陵寢。新石器時代早期的更大政體，是由集體的信仰和儀式固結在一起。法術和宗教有了新的功能，成為創造更強社會群體的機制，而這種群體具有爭奪領土、稀有資源的更佳力量。

法術（企圖透過模仿取得想要取得的東西）與宗教（企圖尋求更高力量的幫助）有著長遠歷史。舊石器時代晚期的獵人在洞穴幽暗深處的牆壁上繪出獵物的模樣。在史前人類的心靈裡，象徵（畫像）可以召喚實物。除了用藝術來施展法術，人們也透過舞蹈、音樂和個人裝飾來施展。編排過的動作、有韻律的聲音與服裝，均體現著集體渴望及嚮往。受到儀式鼓舞以後，獵人會帶著復甦的信心前去狩獵。

人類群體因其內聚力、豐饒性和存續性，也是受膜拜的對象。圖騰崇拜是法術與宗教的一種原始結合：它把人群歸等於一種動物，然後膜拜該動物以保障群體福祉。祖先崇拜的歷史同樣古老：它把過世親人視為經常守護在後人身邊的善靈。但全面性的宗教需要崇拜太陽、月亮或地母之類的神明，然後異化（對自然缺乏控制）獲得了其最精緻的表達方式。人類企圖透過懇求（禱告）、賄賂（獻祭）有大能的神明，以免受到他們無法控制之力量的傷害。

早期宗教形式如圖騰崇拜、祖先崇拜和膜拜太陽、月亮及地母，以化石的方式存在於後來的宗教中。我們所知的很多來自於此。希臘的郊野女神阿提米絲（Artemis）在古雅典受到穿母熊裝的跳舞女郎崇拜。義大利的鄉村之神盧波庫斯（Lupercus）在古羅馬城受到年輕貴族的崇拜：他們在山洞裡飲宴，然後穿著被屠宰山羊的皮在市內奔跑。

隨著村落結合成為部落政體，宗教在新石器時代早期獲得新的重要性。競爭和領土戰爭迫使小群體為尋求安全而結合為更大的單位。對圖騰、祖先和神明的共同崇拜創造出新的社會身分。分享的信仰和儀式促進了團結性，不過結果卻可能是敵對群體之間的慘烈衝突。位於格洛斯特郡（Gloucestershire）克里克利山的新石器時代早期堤道營地曾經受到攻擊和火燒，四百多枚燧石箭簇在其範圍內被發現。很多在新石器時代早期長塚出土的死者都是被箭射死，要不就是被棍棒、鶴嘴鋤、斧頭和石頭砸殺。

放射性碳定年法（這種方法著眼於有機遺留物的碳十四衰變）和貝葉斯統計（Bayesian statistics，貝氏計學）的結合為這些事件求得更精細的年代。堤道營地和長塚的興建日期大致與大殺戮同時。在約西元前三七〇〇年至前三四〇〇年之間，一種新的秩序——一種奠基於領土控制、部落群體、大規模儀式和戰爭的新秩序——在不列顛確立。這種秩序強化了戰爭領袖和大祭司組成的新社會階層，假以時日，一個統治階級將會從他們演化出來。

新石器時代晚期革命

新石器時代經濟因為充滿不可解的矛盾，注定無以為繼。其技術原始而無實用，社會缺乏糧食儲備挺過自然災難和艱困時期，隨著田地地力耗盡及人口不斷增長，處女地一地難求。

戰爭是這類矛盾的一種樣態，為部分群體提供了脫貧方法：搶奪別人的財產。但這終非解決之道，畢竟不會增加產能，只是將既有的土地、牲口和穀物重新分配。

「智人」的關鍵特徵是富有創造性。現代人透過發展新工具和新技術回應挑戰。他們適應了適應，透過文化創新而成長茁壯。新石器時代早期的經濟困境，透過農業、運輸和工具製造等方面的革命性推進得以打破。

以鋤頭為基礎的「園藝」受到了以犁為基礎的「農業」所取代。以牛拉的犁讓農夫可以耕種大面積田地、翻鬆泥土，釋放出泥土更多養分。拉犁牲口還可以產出糞便為土壤施肥。

灌溉系統把水帶到不毛之地。當農人社群群策群力去挖掘、維護並運作堤壩、水道和水閘系統時，降雨不規則的風險就不再構成威脅，而肥沃土地也可以永遠耕種下去。另一方面，排水系統可讓沼澤變成乾地，把營養豐富的土地變成本來不存在的可耕地。再一次，挖掘水道和保持水道暢通都有賴攜手合作。

陸上運輸因為輪子的發明和繁殖馱畜（牛、驢、馬、駱駝）而大幅改善，負載不再限於人類拿得動或拉得動的重量。水路運輸則因為船帆的發明而大有改善，風力受到駕馭，取代（或補充）了槳夫的肌力。

石頭、骨頭和木造的工具都有其局限性，只能透過削去一些部分塑形，而且斷了之後就不堪使用，必須拋棄。與此相比，金屬近乎神奇。金屬可以被融化、混合和形塑為數不盡的各種形式，冷卻之後會變堅硬且極端耐久。金屬也不會造成浪費：廢五金可以無限次回收再生。

紅銅是最早被人類加工的金屬，稍後人們會把紅銅和其他金屬混合，形成更堅硬的合金。到了西元前三〇〇〇年，紅銅被拿來和錫結合，形成青銅。接下來兩千年，青銅都是製造武器、裝飾品和禮器的首選物料。

金屬冶煉技術屬於全新技術，反觀製陶技術由來已久。不過隨著陶輪的發明，製陶技術獲得長足的發展；只消一把陶土和一雙手，一件可用的器皿眨眼工夫就可以在陶輪上被塑造出來。

總言之，在大約西元前四〇〇〇年至前三〇〇〇年之間，一系列的創新在西亞轉化了農夫的工作，可耕地靠著灌溉和排水系統而增加，耕作有了犁的幫助而變得輕鬆，土質因為固定施肥而有所改善。金屬冶煉匠增加了工具的種類，陶匠用陶輪造出更多又更好的容器。馱畜、輪車和帆船，讓沉重的貨物能夠運輸至遠處進行貿易。

雖然有許多新觀念乃源自西亞，亦有些是從其他地方輸入：中亞大草原游牧民族也許是率先馴化馬匹、建造馬車者，歐洲金屬冶煉匠在當時執本行當牛耳。好觀念很快便流行起來，新石器時代晚期改良過的農業方法迅速從西亞傳入歐洲，而在較遙遠地區，先進的農業技術則稍晚獨立發展出來。例如，中國人發明了獨輪車和梯田，又在種植和移植稻秧一事上拔得頭籌。

新技術的出現帶來了社會變遷。新石器時代早期的低科技經濟不需要專業勞動者，每個人都可以參與；新石器時代晚期、紅銅時代和青銅時代的高技術世界依賴箇中專家，有賴技術高超的木匠製造犁、馬車和船，有賴陶匠大量生產陶輪所造出的器皿以交換農產品，還有金屬冶煉匠度過漫長學徒階段以學習鎔鑄金屬的竅門。

專業化讓勞工脫離家宅，貿易商帶著珍貴的紅銅、黑曜石、火山岩、貝殼和半寶石前往遠方販售，諸多史前匠人就像他們後繼者一樣巡迴各地，一村接著一村來兜售技藝。家族、氏族和部落的紐帶於是變弱了。此時，除了以親屬關係為基礎的社會關係之外，還出現了以惠顧和商業為基礎的新關係。

一場二次農業革命——也許可以稱為「新石器時代晚期革命」（雖然更精確而言，是一些激進創新的緩慢累積）——轉化了經濟，顛覆了社會秩序。鋤頭和暫時性的菜園，被犁和有灌溉及施肥的田畝取代。因為這樣，母權制、以家庭為基礎、抱持平等主義的社群，受到威權、階級和父權制等新觀念取代。

由於這種現象對占人類半數的女性後果非常嚴重，我們有必要更仔細觀察「新石器時代晚期革命」的這一面向。

壓迫女性

談到父權制在新石器時代的確立時，恩格斯（Frederick Engels, 1820-1895）指出：「母權制被推翻，乃是女性具有世界歷史意義的失敗。」他認為那不亞於一場「革命」，是「人類曾經驗過最決定性的革命之一」。

他論述這個題材的著作《家庭、私有制和國家起源》（*The Origin of the Family, Private Property, and the State*, 1884）強烈依賴新學科人類學的研究成果，特別是巴霍芬（Johann Bachofen）論母權，以及摩根（Lewis Henry Morgan）論北美易洛魁人（Iroquois）的著作。

他有兩項洞察極具關鍵。首先，考古學證據和人類學證據都毫不含糊地顯示，父權制並非從一開始就存在，而是出現在人類社會發展的某個階段，取代了早期偏母權制的組織形式。其次，父權制的崛起看來是奠基於更廣大的經濟、社會和政治發展，如同恩格斯在其著作書名所暗示的，家庭、私有財產和國家是一起出現的。

從最早的時代開始，如果人類族群想要生存、繁榮，需有少年和青年勞動力的穩定供應。為了提供這些人力，又因為死亡率居高不下，年輕女子必須把人生大半光陰用於懷孕或哺乳。不過，舊石器時代的採集生計和新石器時代早期的鋤頭生計，可以跟照顧小孩並存不悖。因此在狩獵採集社群和早期農耕社群，雖然女性扮演的角色和男性有點不同，她們仍然享有平等地位；性別之間有所分工，但未出現壓迫女性的情形。男性負責狩獵，女性負責採集，而搬遷營地或到新地區開墾農田的事，則是所有人一起商量後做出決定。

當時也沒有現代形式的核心家庭，新石器時代早期的長屋是由擴大家庭居住。群婚看來是通例。從母居（丈夫和子女住在妻子家裡）和母系繼嗣（由母方這邊追溯親屬關係）稀鬆平常。

這就是巴霍芬所言「母權」的意義。子女的母親是誰總可知道，因為子女是母親所產下和餵奶。父親身分則較成問題，哪怕是在那些對於婚姻、單偶婚和婚外性行為有嚴格限制以求確定父親是誰的社會亦復如此。想要加強「父權」，必須對男女關係作出仔細的規範。

在早期人類社會——處於馬克思和恩格斯所謂的「原始共產主義」之下的社會——父親身分沒有什麼重要性。雖然社會組織的形式變化很大，但一項相當普遍的通則是：人們被組織為大型、鬆散和地理上分散的「部落」，「部落」又細分為較小型和關係較緊密的「氏族」。人們被期望和同一部落的成員結婚（內婚制），但不和同一氏族的成員結婚（外婚制）。看來，在最初，一個氏族的男人是娶另一個氏族的女人。當這種情形發生時，丈夫就會搬到妻子的村落居住。每一件事情，包括居住地點、資源控制、勞動力的組織和養育兒女，都是以母親為中心。

在新石器時代早期，作為這種親屬系統基礎的經濟過程是仰賴自給自足的村落。考古學家柴爾德（Gordon Childe）從性別角度描述其可能特徵：

> 女性種植、碾磨和烹煮穀物，紡織衣服，烤製陶鍋，製作裝飾品和法術道具。另一方面，男性則也許是開墾田地，建造房屋，照顧牲口，打獵，製作需要的工具和武器。

所以，氏族結構、母權和兩性平等，跟簡單的鋤頭耕種經濟乃完全相融。最終讓這個系統動搖的是放牧和犁的出現。

當女性肚皮隆起或需要餵奶時，便難以照顧和放養一大群牲口，不管那是綿羊、山羊、牛、馬還是駱駝。就像狩獵採集社會中，男性因為有行動自由而傾向於執行打獵任務那樣，放牧社會的男性也傾向於控制牲口。同樣地，不同於用鋤頭鋤小片菜園，犁大片的田需要大得多的氣力，並且要去到離村落較遠的地方進行。另外，這項工作需要駕馭牛隻和具備高超技巧，而這兩者都是男性專擅。

這種可謂新石器時代晚期成就的較先進生產技術，帶來了剩餘。因為男性控制了這種技術，他們也控制了剩餘。新的經濟體系發現自己跟舊的社會秩序產生矛盾。男性對剩餘的控制，跟母權互不相容。男性牧人或犁田者不甘願其勞動成果被妻子的兄弟占據，他的不甘願被累積加強，被以下的事實加強：剩餘的私人占據會導致私人財富的積累。父權制和私有財產堅持自己的權利，反對親屬與公共生產。

牲口群、犁和作坊為父權制創造出先決條件，然後全部仍然根植於剩餘生產的次級活動，加強了男性權力。增加的剩餘，創造出對貿易商品和工藝產品的需求，這些活動需要全部時間的投入、對設備或貨運的投資，以及長距離的移動。女性並不總能參與這類工作，因為懷孕和養育小孩的負擔把她們限制在低技術、離家近和兼職的勞動形式。所以，她們再次被較先進農業社會的生產過程和經濟剩餘拒於門外。

剩餘也助長了戰爭（它同時為戰爭提供了資源和誘因），而戰鬥者幾乎一律是男性。另外，成功的戰爭意味著掠奪和奴役，這進一步強化了男性對於社會資源的控制。這當然就是國家的胚胎（國家是男性被組織為一股軍事力量）。循此脈絡，我們除了可以把國家定義為壓制外部敵人和臣屬階級的裝置，還可定義為遂行父權制宰制的工具。

出現在私有財產、社會階級和國家暴力脈絡下的父權制，也是核心家庭的基礎。一旦對資源的公共控制被對財富的私人占有取代，母權的親屬制度就必然會瓦解。對土地、牛隻、穀物儲存、金屬製品和珍貴物品的私人擁有，均要求父親知道誰是自己的兒子。

在單偶婚和多偶婚的脈絡下，這意味著嚴格限制女性的性活動。男人繼續有自由跟奴隸、妓女及婚姻結構之外的其他女人發生關係，女人卻不行。她們的角色從此是為男性財產主生產合法後嗣。

這就是「女性的具有世界歷史意義的失敗」。用恩格斯的話來說，女性變成了「奴隸中的奴隸」，因為正如我們在下一章將會看見的，大部分男人亦遭剝削。女人自此背負雙重重擔：在田裡和在家裡都得吃苦頭。

第二章

第一批階級社會

約西元前三〇〇〇年至前一〇〇〇年

世界第一批階級社會，由集神明、祭司、法官、戰爭領袖角色於一身的獨裁者統治。

從大約西元前三〇〇〇年開始，在世界的某些部分，特別是在美索不達米亞、埃及、巴基斯坦和中國的肥沃流域，出現了第一批成形的階級社會。祭司、戰爭領袖和文職官員利用他們的地位來壟斷對剩餘的控制，將把自身權威強加於社會的其餘部分，開始為牟私利而剝削他人勞動力。

在這個時期（考古學家稱之為「青銅時代」），金屬被用來形塑武器、裝飾品和小飾物，但日常使用的主要勞動工具持續為石頭、木頭和骨頭製造。因為這個緣故，產能仍然偏低，剩餘仍然偏少。文明的傳播範圍也仍然有限：雖然帝國此起彼落，但大部分人類仍然生活在它們的控制範圍之外。

出於青銅時代精英階層的保守性格使然，技術創新通常發生在世界系統的邊緣而不是核心。到了約西元前一〇〇〇年，一波創新順勢推翻了古老帝國，開啟了一場經濟革命。這波創新是冶鐵。

法老王孟卡拉（Menkaura）和兩位隨侍女神。埃及硬砂岩雕像，約西元前2500年。

第一批統治階級

史前時代的蘇美（伊拉克南部底格里斯河—幼發拉底河三角洲一片土地）是由沼澤和沙漠構成。不過到了約西元前三〇〇〇年，新石器時代的拓荒者在這裡創造了人間版的伊甸園。

他們將沼澤的水抽乾，又灌溉沼澤之間的沙丘，創造出異常肥沃的農田。到了西元前二五〇〇年，一片大麥田的平均收成量是播種的八十六倍。我們從烘烤過的陶板上的文字進而得悉。蘇美人會發明文字，是因為他們創造的複雜城市和階級社會要求他們保留詳細的紀錄，特別是有關稅收和其他應付款項的紀錄。

古代蘇美的面積相當於今日的丹麥，當其肥沃泥土受開墾，便產生大量的農業剩餘。這讓「村居」升格「城居」成為可能，蘇美達成了考古學大師柴爾德所說的「城市革命」。

這場革命的主要考古標記，在於蘇美（和中東其他地區）看見的「台勒」（tell）。「台勒」指稱一些平頂的人工土墩，由數千年的聚居堆疊而成，代表著一層又一層被夷平的泥磚建築，訴說著世世代代居民的故事。它們顯示，紅銅時代的村落在西元前四千紀至前三千紀之間擴張成為青銅時代的城市。

考古挖掘發現這些城市雄踞著大型神廟和稱為「金字形神塔」（ziggurat）的人工土墩。在烏魯克（Erech），一座「早期王朝」（約西元前二九〇〇年至前二三〇〇年）的「金字形神塔」高十公尺，由晒乾的磚築成，表面貼著幾千只陶杯，最頂端是一層瀝青平臺。整座城市連住宅區和工業區在內，占地五平方公里。

神廟及其四周鄉村莊園屬於神明所有。拉格什（Lagash）的土地由大約二十名神明瓜分。女神鮑（Baü）占有四十四平方公里。這些土地有部分分配給個別家庭，另一部分則作為女神的私人莊園，由一群受薪勞工、佃農或服傳統勞務的「同族人」耕種。

女神鮑在外的情況下，祂的財產由神廟祭司代管。許多鮑的下屬僅擁有〇．三二公頃至一公頃的土地，但我們知道有一名高級神廟官員擁有十四．四公頃土地。由是祭司們構成了一個精英階層，集體控制了神廟所屬莊園的財富，也控制了其自身私人莊園的財富。

財富讓他們有權有勢，而權勢又被他們用來積聚更多的財富。有一道命令致力於恢復拉格什「自建城以來」的傳統秩序，指責祭司們對窮人敲詐勒索，把神廟的土地、牛隻、設備和僕人當成私人財產或奴隸。

從祭司階級產生出市長（後來改稱「王」）。在拉格什，市長同時是主神的大祭司和市民軍隊的總司令。他享有女神鮑莊園兩百四十六公頃土地的收成。拉格什市長只是眾多統治者之一，因為蘇美有著許多不同城邦，彼此間經常交戰。「烏爾軍旗」（從一座王陵出土的裝飾華麗盒子）描繪了四輪馬車踐踏敵人、長矛手威風凜凜，以及國王面前站著大批赤身露體俘虜的情景。

任何城邦無不生活在對鄰邦的恐懼中，個個都有土地、畜群、糧倉、金庫和勞動力要保護。對抵禦敵人來說，軍事力量具有最高重要性。但軍事力量一旦建立，就可以用於主動出擊。先發制人有時是對未來安全的最佳保證，掠奪性侵略有時會擴大一個統治者的財富和權力。

軍事力量同時有著內部功能。國家，含括統治者、祭司、官僚體系和他們控制的軍隊，乃維持城市新社會秩序的機制。官僚體系本身就是階級權力的一種工具。城市社會的複雜性需要文字去記錄事情，需要統一度量衡以利貿易，需要幾何學和數學來丈量土地。在一個愈趨複雜和由階級統治的社會，「誰欠了誰什麼」有必要被丈量、記錄和執法。

有些人被訓練成為主管這些技藝的專家，他們所受的教育專門而深奧，國家賦予他們權威和地位；舊範疇的專家如貿易商和匠人，也被納入新的階級結構中。自由市場並不存在，古代城市的經濟根植於政治秩序。統治者控制了什麼東西可以貿易、可以賣到哪裡和誰可以購買，特別是他們壟斷了金屬買賣，尤其壟斷了青銅和黃金的買賣。

簡言之，「早期王朝」時期的蘇美是世界上第一個五臟俱全的階級社會。這個社會的最底層是奴隸，其上是處於附屬地位的普通人，再上面是自由市民。一塊陶板提到了兩百零五個女奴和童奴，他們極可能受僱於一個紡織機構。另一塊陶板則描述了拉格什鮑神廟的人員層級體系：最上層是文員、官員和祭司，最下層是烘焙工、釀酒工和織布工，其中大半是女性，且多為奴隸。

埃什南納（Eshnunna）出土的房屋清楚顯示出階級差異的存在。蓋在大路旁的大房子占地兩百平方公尺以上，但小房子要多得多，通常只有五十平方公尺面積，排列在窄巷兩旁。

階級不平等導致仇視及反抗，從蘇美陶板約可見出緊張關係的存在。新的社會秩序不是建立在共識之上，必須訴諸武力壓制以維持。

一小群人何以有辦法獲得凌駕於多數人之上的權力？是什麼原因允讓少數人犧牲許多人利益來積聚財富？「階級」既是富人和窮人之間的一種社會關係，又是一個剝削和剩餘積累的經濟過程，必須持續複製，然而又因為受到抗拒，引起了「階級鬥爭」。統治者對財富和權力的攫取乃得力於貧窮與財產的結合，而這種結合讓所有前工業階級社會受到緊緊箝制。

貧窮是一種普遍狀態，傳統農業經濟並沒有讓人人能夠豐衣足食，有時甚至無法生產基本的維生之資。財產是對稀有資源的一種特權、一種先驗主張，將財富分配給某些個人、家族、地主、神廟、部落或城邦；財產可以是私人或者集體擁有，但永遠不會是所有人擁有。

貧窮和財產這種矛盾的配對，導致階級不平等、國家權力和戰爭崛起。史前蘇美神官和軍事專家因為控制了剩餘，故可以代表社會整體。起初他們的地位需要得到大眾認可，然而控制了剩餘讓他們變得有權勢。隨著權威鞏固，他們發現可以利用這股權威進一步自肥，並在不需要大眾認可下維持地位。以此方式，城市化蘇美的大祭司、戰爭領袖、市長和小國王發展成為一個剝削性統治階級，依其自身利益積累並消耗剩餘，變成了一股凌駕於社會而不再是代表社會的權力。

文明的傳播

類似情況差不多同時間或稍晚出現在其他許多地方。文明並非從單一中心向外傳播，而是順應環境獨立發展出來。

在蘇美，祭司構成了統治階級核心，神廟附屬莊園為他們提供財富，而金字形神塔成為他們最輝煌的豐碑，市長和戰爭領袖亦從祭司中選出。但在埃及，情形卻相反。傳說中的首位法老王美尼斯（Menes），透過軍事征服統一尼羅河三角洲（下埃及）和尼羅河流域（上埃及），創造出中央集權國家後，自稱「法老」（意為神明國王）。祭司、官員、商人、匠人和農民俱為法老臣屬，而由祭司和官員構成的統治階級是靠著國王賞賜以獲得莊園及地位。金字塔成為「舊王朝時代」埃及（西元前二七〇〇年至前二二五〇年）的代表性紀念碑，它不是神廟，而是王陵。

如同蘇美祭司和市長，法老王促進了「城市革命」的文化要件：灌溉、長距離貿易（特別是金屬、木材和石頭的貿易）、文字和紀錄、數字和幾何學、統一的度量衡、日曆和計時、天文學。

這種城市的套裝組合反映著國家和精英階層的需要。控制尼羅河的河水，可確保豐收、大量剩餘和一支健康的勞動力；官方貿易代表團，可確保軍備生產、宏偉建築和奢侈消費的原物料；具讀寫計算能力的官僚，則管理國家權力所仰賴的稅收和勞役。

城市革命乃獨立發生在好幾個其他地方，這顯示所有人類皆有能力企及最高成就，並無所謂「優秀種族」或「優秀民族」領先群倫。決定歷史差異的是文化和環境，並非生物學因素。

西元前二六〇〇年前後，城市文明出現在今日巴基斯坦境內印度河流域：摩亨佐達羅（Mohenjo-daro）的巨偉建築和郊區住宅區占地二．六平方公里，哈拉帕（Harappa）的城牆周長四公里，銘文印章和標準砝碼尺規彰顯出一套複雜精密管理制度的存在。

中國北方黃河地區的古代殷墟未見城牆，長十公里、寬四公里，極可能是西元前十三世紀的商朝王都。考古挖掘顯示這裡有豐富的王室墓葬、大量帶紋飾的青銅器，以及數萬片灼出裂痕、刻有文字的「甲骨」。

如果我們把時間向前快轉，會看見同樣的模式出現在其他地方。墨西哥的特奧蒂瓦坎（Teotihuacan）在全盛時期（約四五〇年至六五〇年間）是一座占地二十平方公里和住著大約十五萬人的城市。市中心是一片宏偉建築群，坐落著數座巨大金字塔。「太陽金字塔」的基臺占地兩百一十平方公尺，高六十四公尺。

位於非洲腹地的「大辛巴威」（Great Zimbabwe，一一〇〇—一五〇〇）是有兩萬居民的城市，財富來自牛隻、穀物種植和買賣黃金、紅銅、象牙及奴隸。其控制範圍涵蓋三比西河和林波波河之間的十萬平方公里土地。

人們一度相信文明是從單一中心向外輸出，學者曾寫下「來自古代東方的光」之類的話，這符合十九世紀「白人的負擔」之觀念（此觀念認為歐洲帝國主義者負有「開化使命」）。但考古學卻證明了事情並非如此：文明是在不同時間、不同地點所獨立發展出來。換言之，所有人類有著共通人性和相似的創造潛力。

不過，幾個文明中心確實對周圍社會產生巨大影響，「核心」（較先進的大城市地區）和「邊緣」（經濟上依賴「核心」的低度開發地區）存在著互動關係。

埃及法老王從黎巴嫩獲得木材、從賽普勒斯獲得紅銅、從蘇丹獲得黃金。有時候，這些東西是透過和平交換得來。例如黎巴嫩城市朱拜勒（Byblos）就是靠著木材貿易致富。當地商人僱用能讀寫埃及文的書記員工作。但貴重物品也可能是透過征服得來，例如北蘇丹就受到埃及兼併，被迫以黃金進貢。「核心」和「邊緣」的互動因此呈多面性，有著經濟、政治、軍事和文化等不同向度。

貿易需求鼓勵了商人、船長和造船者，從約西元前三〇〇〇年之後，由槳夫推動的長船便航行在愛琴海上。西元前二七〇〇年建造的特洛伊要塞（稱為「第二特洛伊」），是為了在土耳其西北部保護達達尼爾海峽入口的一座海港。邁諾斯人（Minos）得利於克里特島在東地中海的中心位置和高運量帆力貨船的革命性設計，在西元前一九五〇年至前一四五〇年間稱霸海上。克里特島的邁諾斯人統治者住在向四面八方延伸的石頭宮殿，宮殿裡裝飾著壁畫，並設有存放巨大陶製容器的貯藏室。

希臘詩人荷馬這樣形容奧德修斯征程風塵僕僕的面容：「你倒像是經常乘坐多槳船往來航行於海上賈貨之人的首領，心裡只想著運貨、保護船上裝載和你嚮往的利益。」水手和商人在許多青銅時代社會裡都是人們不陌生的人物。

貿易驅使大帝國的邊緣地區發生改變，戰爭威脅造成同等作用。西元前二三三〇年之後，阿卡德的薩爾貢王（Sargon of Akkad）統一美索不達米亞各城邦，打造出一個最終將領土從波斯灣擴展至地中海的帝國。「舊王國時期」的埃及法老王為了得到紅銅，征服西奈。因為受到超級強權黷武主義的威脅，位於邊緣地區的小國家和部落為了戰爭而組織起來。戰士、武器和戰船支配著青銅時代的世界，軍備競賽一世紀接著一世紀加快步伐。壁畫裡除了看見載滿貨物的商船，還可以看見載滿武裝部隊的戰船。

透過貿易和戰爭，透過貨物、人員和觀念的移轉，位於「核心」和「邊緣」的社會互相影響。考古學家把文化的分享、散播稱為「流布」（diffusion），是讓知識和產能增加的主要機制之一。進步會被路障阻礙，會被橋梁促進。

不過，充滿彼此競爭精英階級和敵對軍隊的世界也潛藏著停滯與退步的因子。正如我們將會看到的，青銅時代文明的矛盾反覆把人類拖進危機和野蠻狀態。

青銅時代的危機

青銅時代的帝國起起落落，以伊拉克為基地的阿卡德帝國突然在西元前二一九〇年前後垮臺，享祚一百四十年；同樣突然的是埃及「舊王國時期」的法老，在略早前（約西元前二一五〇年）被推翻。為什麼青銅時代早期文明會崩解？具體細節不明，但根據埃及史料文獻記載，當時發生了饑荒，政府政令不行，且遭利比亞人從西面入侵、努比亞人從南面入侵。這些事件何以發生，尚不清楚。為什麼一度強大的金字塔建造者，不再能夠餵飽人民、貫徹政令以及防衛邊界？

這種興衰模式反覆循環，新帝國從青銅時代早期危機的混亂中誕生。西元前一六〇〇年至前一二〇〇年之間，東地中海地區再次被敵對的帝國瓜分，這些帝國包括「新王國時期」的埃及、安納托利亞的西臺、美索不達米亞北部的米坦尼，以及由希臘人所建立的邁錫尼。但是這個青銅時代晚期的地緣政治體系，一樣在西元前十二世紀的狂風暴浪中被摧毀。據記載，四面楚歌的「新王國時期」法老王受到南邊的努比亞人和「來自各地的北方人」聯合攻擊；後者更危險，他們是多種族的海上民族，由大規模海盜艦隊集結而成。拉美西斯三世（Rameses III）宣稱：「這些人突然全部一起行動……沒有國家抵擋得了他們。」

身為著名水手和戰士，希臘人是這些海上民族之一。荷馬的《伊利亞特》（*Iliad*）和《奧德賽》（*Odyssey*）極有可能是根據發生於西元前一一九〇年前後的真實事件之口傳紀錄寫成，其史詩把真人實事轉化為傳說中英雄的事蹟。特洛伊戰爭的核心事實看來是希臘海盜對陸地發起的大規模劫掠。

所以青銅時代晚期的帝國就像青銅時代早期的帝國一樣，以瓦解結束。如果我們望向地中海之外，望向不同時代所發展出來的文明，就會看見同樣的興衰模式。

摩亨佐達羅和哈拉帕的印度河文明在西元前一九〇〇年前後滅亡。考古學家在摩亨佐達羅大城頂層找到大量未被埋葬的人類骸骨，他們明顯是突然被殺死。

中國歷史（從西元前二〇〇〇年的商朝到一六四四年至一九一一年的清朝）是許多朝代前後相續的歷史，期間偶然會出現分裂和內戰。綜觀這部歷史，雖然出現過讓人動容的技術成就，以及產能與人口的大量增加，但中國文明的性格基本上歸於保守，其社會經濟秩序只是一代代人之間和一個個朝代之間自我複製。中國以極端方式例示出古代文明的循環軌跡。

這讓我們面臨了兩個歷史疑問。為什麼古代帝國會起起落落？為什麼這種矛盾的社會形態會在極漫長的時間內自我複製？

古代世界的一大特徵是技術停滯不前。有好多次，人類賴以逃出既有「生產方式」（一個經濟和社會系統）之矛盾的方法都是將其轉化。氣候變遷摧毀了舊石器時代晚期獵人所仰賴的大型獵物的棲地。針對這個挑戰，人類的回應是透過種植穀物和飼養家畜來大幅增加產能、產出和人口，是為農業革命。不過，地力耗盡和人口壓力，於後來為新石器時代早期的生產方式製造出危機。在「新石器時代晚期革命」和「城市革命」中，這個矛盾受到第二次躍進的解決，其基本方法是創造可耕地、建設灌溉系統和以犁犁田。但「城市革命」同樣豎立了一道阻止進一步進步的障礙：統治階級。我們已經追溯過統治階級出現的歷程，指出其根源在於宗教、軍事和政治功能的專業化，以及原始經濟制度固有的短缺和不安全：第一批統治者就是那些他們的社會角色會讓他們控制稀有資源的人。

為什麼統治階級會是創新的一道障礙？「改善技術以提高剩餘」不是顯然符合他們的利益嗎？也對，也不對。就像社會生活的各方面一樣，他們承受著矛盾的壓力。

新的統治階級在他們的寶座上坐得並不安心。他們本身就是分裂：家族與家族競爭，城市與城市競爭，部落與部落競爭，帝國與帝國競爭。為了打倒國內的敵人，世家大族需要部曲和門客。為了對抗國外的敵人，他們需要軍隊和城堡。統治者也跟人民大眾分裂：因為人民受到剝削，有著潛在的造反可能性，所以必須用武力和詐欺加以對付。

「武力」意謂用貴族部曲和國家武力加以威脅；「詐欺」意謂聲稱統治者發揮重大功能，而且是按照公眾的利益行事。這兩者都體現在今日考古研究中占大宗的宏偉建築。以「舊王國時期」的埃及金字塔為例，它們是「神明國王」的陵墓，而「神明國王」被認為會永遠活著；換言之，金字塔是意識形態工具，用於將統治者抬升至讓人望而生畏的高度。金字塔是設計來讓百姓明白自己的位分，可謂階級戰爭中的意識形態武器。

所以，青銅時代的精英階層不會把他們控制的剩餘投資在改善技術及提高產能，取而代之的，他們把資源揮霍在軍事競爭、宏偉建築和奢侈生活。權力、政治宣傳和特權，消耗了由青銅時代農民勞力所創造的剩餘。

「創新」被視為一種威脅，尤甚於機會。統治階層不會弄髒自己雙手，生產性勞動都是由普通人負責。基於此一理由，新的發明即便出現，也較可能是出自下層。這讓普通人可以往上爬，擾亂既有的經濟安排，也大概會動搖社會秩序。所以統治階層素對「創新」抱持不信任態度。

青銅時代統治者極少對新技術感興趣，除非具有軍事用途；他們念茲在茲的是在一套競爭性的地緣政治系統中蓄積權勢，這就是為什麼富人的貪婪不會有饜足的時候。既有的宏偉建築為後來的人設定一道必須超越的標準，統治者競相建造更奢侈的王宮、更璀璨的陵墓和更美輪美奐的城市。不過最重要的是，他們會在軍事上競爭，每當兩個敵對國家擴張到一定程度就會發生衝突。一種緩慢的軍備競賽可以在青銅時代晚期的世界窺見：西元前一二〇〇年的帝國，看來比西元前一六〇〇年的帝國擁有更多士兵、更佳軍備以及防禦工事更堅固的城堡。

由是青銅時代一方面技術停滯不前，另一方面剩餘的消耗量卻節節攀升；戰爭、宏偉建築和奢侈生活的需要，意味著有進一步剝削的必要。頂層的過分積累反映在社會農業基礎的惡化。青銅時代晚期的戰士—領主是一群寄生性的社會精英，他們的經濟成本越來越難以為繼，這就是他們的世界會在西元前十二世紀發生內亂的基本理由。

但這是一道沒有內在解決方法的難題。停滯的技術反映著社會經濟保守主義，舊社會內部未能發展出新的力量，於是選擇變成了蠻族入侵和舊（已失敗的）帝國文明再復活之間的二選一。人類再次遇上瓶頸，只不過這一次因為階級和國家的存在，讓人類的創造性和進步面臨了可怕障礙。

題外話1：歷史如何運作？

青銅時代的瓶頸，提供了引人駐足思考、回顧的良機。一個複雜社會的所有元素此時俱已大備，很適合我們去問這道問題：歷史如何運作？

三部引擎推動著歷史的過程，首先是技術的發展。我們不妨將進步定義為知識的積累，這種積累讓人更能夠控制大自然、增加勞動生產力，並擁有可供滿足人類需求的更大經濟資源庫存。

這種意義的進步非屬必然發生，生活在商朝、邁錫尼希臘或諾曼英國的這些人們可能一輩子不曾碰到農用或家用工具的任何重大革新，唯有在現代資本主義社會裡，技術發展是內含於生產方式。馬克思清楚指出過：「原封不動保持舊的生產方式，是過去一切工業階級生存的首要條件。」

進步在前資本主義社會是不可靠的，並不內在於社經體系的動力，例如在前階級社會中生態危機對人類群體的滅亡威脅非常高，「新石器時代早期革命」看來是對氣候變遷和獵物銳減的反映。另一方面，在早期階級社會，技術發展受到更多變數的影響，有些是創新的催化劑，有些是進步的障礙，而為了明白這一點，我們需要再看看歷史過程的另外兩部引擎。

第二部引擎是統治者間對財富和權力的競爭，表現為統治階級之內的衝突（例如敵對貴族派系之間的衝突），也表現為統治階級之間的衝突（例如敵對國家或敵對帝國之間的戰爭）。

在現代資本主義社會，這類競爭同時有著經濟向度和政治—軍事向度。兩場世界大戰基本上是兩個敵對民族資本主義集團之間的戰爭。

相反地，在前資本主義階級社會，統治者間相互競爭本質上屬政治性，採取的是軍事力量較勁的形式。世界分為敵對派系和敵對政體，政局動盪乃為常態，結果便是軍事競爭，即無休止地追求擁有比對手更多的軍隊、防禦工事和軍備。

歷史進程的第三部引擎是階級鬥爭。在古代世界，窮兵黷武加速統治階級剝削，從農民身上壓榨出更多的剩餘。但這個過程有兩項限制：第一，農民和經濟體系必須能夠複製自己，過度橫徵暴斂偶會摧毀社會秩序的物質基礎；第二，是農民對於剝削的抵抗。

我們對青銅時代的階級鬥爭所知甚少，其中一樁例外來自西元前二千紀埃及底比斯（Thebes，今盧克索〔Luxor〕）的文件，有關採石工、石匠和木匠的工班，該工班專為貴族階層建造神廟和墳墓。這些檔案記錄了階級衝突。雖然上述的匠人收入相對較佳，工時還算合理，但愛欺負人的管理人有時會設法進行壓榨。有一次，那些被認為「超過所需」的匠人受迫進行強制勞動，但被剝削者有時會還擊。其中一份檔案顯示，在西元前一一七〇年，這批匠人在妻子的支持下起而罷工。這是歷史上第一次記錄在案的罷工，起因是匠人拿不到原定配給的食物，使他們的家人面臨挨餓處境。

至此，我們看到了催動歷史運作的三部引擎：技術發展、敵對統治者之競爭、階級鬥爭。每一部引擎各有所異，皆在不同領域以不同速度運作，帶來斷斷續續的結果。因此緣故，歷史過程極度複雜：不只每部引擎是一種矛盾的匯聚，而且三部引擎是同時運作，有時把事情拉向同一方向，有時把事情拉向相反方向。基於這項理由，每個歷史情境都是獨一無二，均為經濟難題、社會張力、政治對抗、文化差異和個人影響力的特殊關口，為歷史行動的發生提供了脈絡。但這個脈絡不會決定結果，決定歷史未來方向的是社會勢力的衝突，即有組織性人類群體的衝突。

讓我們回頭去看看青銅時代文明接二連三的危機，浪費性支出抽乾了可用於改善生產技術的資源，有效地扼殺了實驗與創新。不只是這樣，知識的推進還受到了法術、宗教和統治階級與生俱來對其並不理解之事物的懷疑所堵塞。

進步端賴「真實意識」（即對世界的知識），這種知識符合客觀真實，故為人類行動的有效指引。反觀「虛假意識」（例如相信國王是神或相信宗教儀式之有效性）卻有著適得其反的效果，構成知識的障礙，甚至對社會進步的障礙。在帝國文明中，理論和實作無法互動以改善技術和產能，心靈與物質被區隔了開來。埃及祭司研究星辰而非土壤，撰寫製作木乃伊的手冊而非自然科學的手冊。埃及農民產生的財富被浪費在向神祕主義致敬的宏偉建築。埃及的匠人會受到鄙視，正因為他們是體力勞動者。

所以，進步在古代的文明受到了堵塞，能夠打破這種困境的新力量缺乏蘊積機會，歷史的能量被浪費在推動一個個帝國的興亡。

不過，倘若西元前一二〇〇年前後世界體系的核心，被視為社會經濟保守主義停滯深處表面的政治浮渣，則邊緣地區相形有活力許多。這些地區因為較不受國王、祭司和官僚控制，牧人、農人和匠人可以把知識和技術推展至極限。

他們的創新不勝枚舉，其中一種有著最高重要性。青銅為昂貴金屬，只有貴族用得起，而且質地太軟，無法製造堅硬的工具和武器，一種便宜、堅硬且容易得到的新金屬即將征服世界。

在青銅時代晚期危機的狂風暴雨中，出現了來自北方的入侵者：用鐵的人。

用鐵的人

許多革命都是發生在世界邊緣，而非核心。邊緣地區的生活較不安全、較不積習，也因此較不保守。

青銅時代帝國文明中從事體力勞動的人，多半受到剝削鄙視。大量的剩餘被壓榨，並浪費在戰爭、宏偉建築和奢侈生活，極少用於技術革新，也罕有誘因將剩餘置於這種用途。革新涉及思考、質疑和想像新的可能性，所以人類創造性不只因為被拒絕給予物質資源而得不到發揮，還受到祭司的魔咒和神祕主義的催眠。

在一片停滯的黑暗中，偶爾會閃起創造性的火花：埃及人發明了玻璃，巴比倫人發明了會計，腓尼基人發明了字母。這些例外情況具有披露性，玻璃是一種奢侈商品，會計是衡量財富的方法，字母是記錄財富的方法。此類發明對於農人和匠人無甚用途，它們是有關財富的消耗和控制，不是財富的生產，並反映著一種學問與勞動彼此分離的社會。

但在邊緣地區的情形卻不是這樣。西元前一三〇〇年前後，發生在邊緣地區的一場產業革命開始轉化世界。這場革命發生的具體地點不得而知，但可以肯定的是，該地點不在權勢滔天的統治者的控制範圍內。

考古證據毫不含糊，從這個時代開始，金屬品的數量、分布範圍和精緻程度有了爆炸性增加；採礦技術進步帶來了更多紅銅、錫和黃金；冶煉技術獲得了改善，金屬匠人開始使用多模和脫蠟技術去製造前所未有複雜的金屬品。

薩丁尼亞出土了青銅戰士小人像，丹麥沼澤出土了青銅號角，此外還有塑成胸肌形狀的青銅胸甲、青銅盾牌、青銅劍、青銅劍鞘、青銅矛、青銅斧頭、青銅馬具、青銅刀等林林總總。有時會一次發現一大批，而已出土的青銅時代晚期寶藏數以千計，在劍橋郡埃爾罕（Isleham）找到的一批寶藏即包含六千五百件金屬製品。

不多久，一件更重大的事情就發生了：金屬冶煉工開始試驗方法，要從頑固的鐵砂中抽取出鐵。

鐵不算是新鮮事物，多個世紀以來，人們偶爾會使用粗糙的鑄鐵工具，但沒有發展出可用廉價方式大量生產上乘鐵器的技術。這也許是住在高加索山脈某個野蠻部落的創舉，新技術看來從那裡傳到了安納托利亞的西臺帝國。不過，因為西臺帝國的統治階級想要獨占生產鐵武器的技術，沒有讓這種技術流傳出去。

直到西元前一二〇〇年以降，鐵製品才變得普遍。當時鐵加工技術隨著青銅時代帝國的崩潰而抬頭，於是生產力在大國邊緣地帶和間隙地區空前地大幅提升。

鐵加工啟動了一連串的經濟、社會和政治變遷。青銅昂貴且質地較軟，因此大多數青銅時代農夫仍繼續使用木製和石製工具。鐵的儲藏量豐富、價格便宜又堅硬，但是對鐵的普及使用一直存在一道障礙：熔點很高。

冶煉鐵砂需要專門的熔爐：這種熔爐設有風箱，可以把空氣強制打入爐中，讓鐵砂和木炭達到極高溫度。這種技術被發明出來以後，很多農夫就可以自造熔爐，生產自己需要的鐵器。

那些不相信鐵能夠提高生產力的人，應該試試看用一把木鏟去掘土或用一把石斧砍樹。三千年前，鐵為農業、工業和戰爭帶來了革命，其巨大作用堪比蒸汽動力之於十九世紀。

它也威脅著要顛覆社會，使用青銅是貴族階級的特權，青銅時代世界是由坐在馬車上配備著武器和盔甲的軍閥所支配，他們是由使用原始工具不停辛勞耕作的農民大眾供養。

鐵是最佳的砍器和切割器，有鐵斧的人能夠清除茂密的森林，開闢出新田地，然後靠著鐵犁，他們可以翻動沉重的陶土。冶鐵技術造就了新一波的農業拓荒者和自由農民。

鐵也稱為民主金屬，青銅匠是為宮殿工作，鐵匠是為村莊工作，鐵讓普通人能夠取得一根長矛，甚至得到一把刀。如果他和其他人並肩站在一起，組成一個方陣，就可以抵擋馬車的衝鋒。如果他可以抵擋馬車的衝鋒，就可以殺死地主。西元前一千年的冶鐵工自己有所不知的是，他們是在熔鑄革命。

到小酋長統治地區內逐一聚落販售自己的製品和技藝，鐵器時代早期的鐵匠不知不覺推動了一種世界新秩序。敵對的酋長爭取他的服務，這提高了他的經濟價值、社會地位，以及他對自己和自身技藝的評價。這又讓他獲得獎賞、獨立性和作為創新者的自信。

荷馬的《伊利亞特》的《奧德賽》對此有所刻劃，宣稱是描述西元前十二世紀的事件，但到了西元前八世紀才最後定型，寫成書面。有時荷馬描述的是青銅時代晚期，有時則是描述自己的古風時代。當他說「一個占卜者、一個醫生、一個歌手和一個匠人肯定會到處受歡迎」的時候，是告訴我們在後帝國時代是什麼樣的情況。那時候是西元前八世紀的「黑暗時代」，是一個由小酋長和流動鐵匠構成的世界。自由匠人的新階級最初出現在野蠻的北方，但到了荷馬時代，他們在地中海東部確立已久。

青銅時代晚期的帝國在西元前十二世紀期間崩潰，既是因為被彼此的軍事鬥爭弄得元氣大傷，也是被來自內部的反抗和外部的攻擊給摧毀。取而代之的地緣政治體系是五光十色的較小政體，例如埃及之類的縮水帝國、烏加里特（Ugarit）之類的商業城邦，以及巴勒斯坦之類的蠻族聚落。冶鐵在這個較開放、較不自上而下發號司令的新世界裡蓬勃發展，海上商業中心賽普勒斯於西元前十二世紀至前十一世紀，在東地中海地區為以鐵作基礎的產業革命打頭陣。青銅時代文明興亡相續的固有節奏被打破了，新技術產生出新的經濟、社會關係和新的政治形式。歷史開鑿出新的渠道。

第三章

古代帝國

約西元前一〇〇〇年至前三〇年

希臘的民主革命把政治權力交給一般公民，為古代世界最偉大文化成就奠定基礎。

鐵是人類第三次技術大躍進的基礎，導致勞動生產力大幅增加，情形類似人類一萬年前從狩獵採集轉化為務農，以及約在六千年前從用鋤改為用犁。這三大技術躍進的結果之一，都是帶來人類社會組織的更大規模化。

青銅時代的帝國小型而分散，以大河流的沖積平原為基礎：在埃及是尼羅河，在伊拉克是底格里斯河和幼發拉底河，在巴基斯坦是印度河，在中國北方則是黃河。它們彼此被大片的沙漠、草原和山脈分隔。因為只有木製和石製的工具，它們的產能偏低，剩餘偏少。靠著青銅時代的技術，只有異常肥沃的大河流流域可以創造出足夠財富去建造城市、維持軍隊和打造帝國。

這種情形在西元前一〇〇〇年之後的世紀發生了改變。文明和帝國的規模以幾何比例增加。鐵器時代的農夫在荒野開墾出田地，用犁翻軟重質土。生產力和人口急遽上升。鐵器時代帝國締造者所能夠控制的

希臘短跑選手。黑彩花瓶上的繪畫，西元前6世紀晚期雅典。

剩餘，讓他們青銅時代的前輩相形見絀。

本章，我們要分析西元前一千紀的鐵器時代大文明和帝國，包括波斯、印度、中國、希臘和羅馬。

波斯：阿契美尼德帝國

在西元前六世紀中期至晚期，三位偉大的波斯征服者包括居魯士（Cyrus）、岡比西斯（Cambyses）和大流士（Darius），建立了一個龐大帝國，其版圖西至色雷斯（Thrace，保加利亞）、東至印度河（巴基斯坦）、北至高加索山脈、南至蘇丹的努比亞沙漠。

波斯人是伊朗西南部崎嶇山谷中的定居農夫，米底人（Medes）是伊朗東北部大草原的牧馬者。西元前五五〇年，波斯透過征服併吞米底。不到兩代人，伊拉克、埃及、土耳其、巴基斯坦和阿富汗全被納入波斯帝國版圖。因此，西元前六世紀的波斯帝國囊括了人類最早四個文明中心的其中三個：

尼羅河流域、底格里斯河—幼發拉底河流域，以及印度河流域。這些地方和介於它們之間的土地被整合為單一帝國，以納貢省分的地位受到統治。波斯人沒有企圖把這些省分統一為一個文化整體。波斯皇帝被稱為「大王」或「萬王之王」，他任由不同的屬民保留原有的民族和宗教身分、原有的經濟和社會組織，以及原有的政治結構。

波斯波利斯皇宮內覲見廳的階梯兩側裝飾著石頭浮雕，刻劃二十三個臣屬民族的代表帶著貢品前來朝見萬王之王，所攜禮物包括布匹、金屬器皿、黃金、象牙、馬和駱駝，還有羚羊、獅子和俄卡皮鹿（okapi）之類的珍禽異獸。波斯波利斯建築物上的銘文表列出帝國主要民族，又有數以千計的陶板記錄著支付給皇族、官員與工人的食物和銀子。

從幅員遼闊的國土徵集稅收該如何執行呢？帝國劃分為一些由太守統治的大行省，靠著道路網和一套官方驛遞系統將太守和帝國首都連接在一起。例如，「皇家大道」從西土耳其的省會薩第斯直通至位於伊朗西部的帝國行政中心蘇薩（Susa）。各太守握有龐大的陸軍與艦隊。不過，碰到大規模的造反或有需要遠征，萬王之王就會集結一支大軍，親自率領。這支大軍反映出帝國的多民族特徵：帝國轄下的每個民族都會派兵助戰。

萬王之王的財富從他在波斯波利斯、蘇薩、哈馬丹（Hamadan）、帕薩爾加德（Pasargadae）和巴比倫的宮殿的規模可見一斑。波斯波利斯是一個龐大的建築群，有覲見廳、宴會廳、寢宮，有儲藏貢品倉庫、羽林軍營房，有圍牆獵場，有巨大的觀賞湖，還有個供貿易商、匠人和勞工居住的城鎮。當亞歷山大大帝在西元前三三一年攻占波斯波利斯時，城內藏有的財富相當於雅典三百年的年收入（雅典是最富有的希臘城邦）。

儘管財富驚人，波斯帝國卻不太穩定，國祚短暫。居魯士大帝曾靠著統一波斯人和米底人，創造出一種強而有力的征服工具。波斯人是擅長以矛和弓作戰的步兵，米底人則是一流的輕騎兵。這種機動性、火力和震懾行動的結合，誕生出征服的龍捲風。但軍事優越性並不等於政治霸權或社會轉化，波斯人只是吸納了屬國的部分既有統治階級，並占有他們的部分剩餘，波斯帝國除了靠武力統合外缺乏任何凝聚力量。

帝國的龐大規模、民族多樣性讓中央逐漸被削弱，各地土皇帝和各省太守握有大權，造反情形屢見不鮮，在偏遠的邊區尤其如此。波斯帝國企圖凝聚地緣政治上分離和文化上大異其趣的實體，如土耳其、埃及、伊拉克、伊朗、阿富汗和巴基斯坦，由是傾向瓦解甚於聚合。

不過，打碎這個脆弱外殼的卻是一股外來力量。在西元前六世紀晚期，進入全盛的波斯帝國和位於其西北部邊陲的另一個文明發生衝突。這場衝突讓世界歷來最大的帝國傾其財富來對付一個農民構成的小社群，將兩個截然不同的社會和政治秩序置於最大考驗之下。兩者都是鐵器時代的產物，不過一方只是古代帝國主義在一個全球規模上的複製，另一方卻是在革命的狂風暴雨中被創造出來的社會新秩序。古希臘的小小城邦正是鐵器時代轉化所達到的最進步社會形式。然而在談希臘之前，我們必須先回顧文明在印度和中國的發展軌跡。

印度：孔雀帝國

西元前四世紀晚期，軍閥旃陀羅笈多建立了第一個印度帝國。這帝國在一世紀之後達至鼎盛，版圖涵蓋印度河流域許多地區，整個北方平原、恆河流域、尼泊爾和德干高原一大部分。這個西元前一千紀晚期鐵器時代帝國的面積，約等於西元前三千紀晚期印度次大陸青銅時代文明的十倍。讓我們看看這是什麼改變所造就。

印度的農耕開始於西元前七〇〇〇年前後，地點是印度河流域西部的卡契平原。此處小麥、大麥、牛、綿羊和山羊的野生祖先得到馴化，這些自然資源為由氣候變遷和過度狩獵造成的生態危機，提供了一條出路。

然而，有三千年時間，印度河流域的居民大都沒有接受農耕。這是因為，直至大約西元前四〇〇〇年前後，沖積平原都極為豐饒，讓人沒有必要選擇辛勞的農耕生計。在那之後，農業傳播迅速。西元前第四紀期間，印度河流域布滿農村。在三千紀中葉，由河谷農耕產生的大量剩餘促進了一場城市革命。印度河變成了青銅時代早期僅有的四個有獨立文明存在的地方之一。

不過，在西元前一九〇〇年前後，摩亨佐達羅、哈拉帕和其他印度河流域城市遭到拋棄，距離建立的日子僅五百年之久。印度次大陸的青銅時代早期文明是被自己的重量壓垮：精英階層的過多剩餘積累，與許斲傷了以木鏟和石頭鐮刀為基礎的農業經濟生產力。

在北方，截然不同的文化於中亞大草原的游牧民族間發展起來。這片遼闊地域有著縱深數百英里的草原，西起喀爾巴阡山脈、東至滿洲，最適合放牧牲畜。這裡降雨量低，冬天酷寒而夏天炎熱，讓農耕發展不起來。

大草原上的牧民馴化馬匹，發明馬拉車，開發出複合弓（由木、角及腱三部分組成），用紅銅、青銅、銀和金製作各種珍稀飾物。他們也是可怕的天生戰士，堪稱世界上最優秀的馬上弓箭手。

大草原上的生活缺乏保障，人口數、牲口數和牧草地的比例必須達到平衡，倘若夏天太陽太大，晒焦了草地，則戰爭、流離失所和大規模遷徙便隨之而來。這時，大草原上的居民也許就會以極具破壞性的力量衝擊外面的世界。他們定期但不可預測地湧出中亞，朝西方、南方或東方而去，離開枯乾的草原，前往豐裕的良田區尋找食物、飼料，掠奪財富並占領可定居的新土地。十三世紀的蒙古人、五世紀的匈人

（Huns），甚至西元前三世紀的匈奴都是這樣（中國人就是為抵禦匈奴而建造了萬里長城）。

更早之前，在西元前一五〇〇年前後，一支我們稱為雅利安人（Aryans）的民族離開了中亞大草原，跨過興都庫什山脈，進入巴基斯坦的印度河流域。起初他們是以游牧侵略者的身分而來，人數相對較少，而他們的生活方式和文化看來也保持原來的樣子。但經過幾個世紀之後，他們向北散布到恆河流域，再後來又向南散布到德干高原。

到了這時，他們已經擁有鐵器。鐵器是在西元前八〇〇年前後傳入印度。憑藉著鐵器，印度—雅利安人（印度人和雅利安人現在已完全混血）可以砍伐北印度和中印度的森林，開墾農田定居下來。

雅利安人引進了馬匹、馬車和征服者的戰士文化。掌權之後，他們創造了新社會結構（種姓制度）和新意識形態架構（印度教）的雛形。透過把自己界定為戰士（剎帝利）、祭司（婆羅門）或地主（吠舍），他們把征服隱含的社會歧視和宰制合理化。混種的農民形成第四個階層「首陀羅」，而其他人更是被完全排除階級制度之外，被視為「賤民」。

這些信仰最終會跟印度教結合（印度教是一種以保守、儀式繁複和敬鬼神知名的宗教），賦予種姓制度正當性。社會秩序被說成是自然和得到神明讚許。謹守種姓本分的人被認為是有德，死後會投胎至更高種姓，而叛逆分子被相信會在下輩子降級。

冶鐵技術讓印度河流域充滿高產能的農田、強大的君主國和大型軍隊。有大約三個世紀之久，敵對的國家為稱霸而戰鬥不休。到了西元前三二一年，當旃陀羅笈多篡得摩揭陀的王位之後，摩揭陀成為印度眾國中最強的一個。一個希臘作家估計，摩揭陀有二十萬步兵、兩萬騎兵、三千頭大象和兩千輛馬車。這肯定是一種誇大，但仍顯示出摩揭陀軍容多麼壯盛。旃陀羅笈多在西元前三二一年至前三〇三年之間征服恆河流域、北方平原和印度河流域。他的幾個繼承人進一步對南印度發起征服戰，到了西元前二六〇年，孔雀帝國的版圖已經涵蓋幾乎今日的印度、巴基斯坦和孟加拉的全部。

孔雀帝國的征服非常暴烈。羯陵伽是抵抗到最後的國家，孔雀王朝皇帝阿育王將其徹底摧殘：「十五萬人被流放，十萬人被殺死，有更多倍的人慢慢死去……。」

被征服的土地受到全面剝削，奴隸（通常都是戰俘）被徵用於採礦、建築、工業和家事服務，農人則被綁在田地裡辛苦幹活。政府修築並維護堤壩、蓄水庫和運河。農人為他們的田地交租，為他們的農產品納稅，而商人和匠人同樣要繳通行費、納稅。

孔雀帝國奠基在凌駕納稅農民和小商人之上的軍事威權，這一點可從《政事論》（*Arthashastra*）一書清楚看出。《政事論》是關於治國、經濟政策和軍事戰略的論典，寫就於旃陀羅笈多在位期間。根據該書所載，一切土地俱歸皇帝，所有農民都得向皇帝納稅，中間媒介僅是國家任命的官員。帝國被劃分為眾多省分，省分又劃分為區，再劃分為村落群；最小的單位是村落，每一村落都有一個頭人，而每一村落群都有一個會計和收稅人。這套層級制度層層向上，每一層都是向上級而非下級負責。

一套線人網絡會向當局舉報異議分子。完成孔雀王朝的統一大業和改良了帝國的行政制度之後，阿育王（西元前二六九－前二三二）試圖提倡佛法，以建立大一統的意識形態。佛法強調寬容、為追求和諧而壓抑差異，此舉是要調停孔雀帝國社會紛亂的一種嘗試。

但是並未見效，在阿育王死後五十年，孔雀帝國便瓦解了。其滅亡的原因不只一端，包括統治階級中印度教派別和佛教派別的衝突、屬國的反叛，以及領土受到不同外敵的侵占。

這個軍事高層已經變得空前臃腫，一名羅馬作家指出，孔雀帝國有六十萬步兵、三萬騎兵和九千頭大象。不過孔雀帝國始終是個匆匆拼湊而成的小國集合體，可以提供社會整合和政治凝聚力的共同文化、良好通訊及有效機制，全都付之闕如。

波斯帝國是遭外邦侵略摧毀，孔雀帝國是因為缺乏內部凝聚力而自潰。但中華帝國卻維持了兩千年，現在讓我們來看看中國的情形。

中國：秦帝國

西元前三世紀之末，中國被秦國軍閥始皇帝統一，他統治的國土要比青銅時代晚期的商朝大五倍。這是怎樣達成的？

中國的農業革命開始於西元前六〇〇〇年前後，第一批農村出現在華北的黃河流域，豬被馴化，稷（後來是小麥）被種植在有灌溉設施的梯田上。接下來幾千年，農耕向南傳播至整個中原。更後來，在西元前二〇〇〇年前後，中國的城市革命創造出以安陽等古代城市為中心的青銅時代文明。這文明在商朝達到鼎盛，該朝代統治了中國東北部四百年（西元前一五二三—前一〇二七）。

商朝勢力仰賴對穀物剩餘的控制，用以支付馬匹、馬車和青銅的費用，但卻走上其他青銅時代文明的老路：地緣政治競爭，導致商朝過分黷武並透支國力。衰弱下來之後，商朝在西元前十一世紀被來自西邊的周國入侵推翻。

周朝（西元前一〇二七—前二二一）從來都不是能夠有效中央集權的朝代，始終林立著敵對的諸侯國。在每個諸侯國中，諸侯任命自己的親屬、家臣和官員管理重要領土。這些領主從有城牆的城市進行統治，向周邊鄉村的農民榨取剩餘。

文明進步了。周朝期間，人們在中央平原南部邊緣的長江流域種植稻米，飼養水牛。一套運河系統被建構出來，供遠程運輸剩餘和奢侈品之用。農業邊界擴展至北部、西部和南部山區，但因為只有木製和石製工具可用，能產生的剩餘非常有限。周朝統治階層為了維持城市的基礎建設和軍隊，霸占相當高比例的剩餘。一首古中國的民謠道出了「馱畜」般老百姓的無盡勞苦和政治疏遠：

日出而作，日入而息。鑿井而飲，耕田而食。帝力於我何有哉？

在西元前四世紀至前三世紀的「戰國時代」，地區性動武到達高峰。但隨著周朝在東部的諸侯國彼此攻伐，一個新的強權在西部壯大起來。

自西元前五〇〇年前後起，中國人就開始大規模冶鐵。考古挖掘找到大量鑄鐵器具，如斧頭、犁、鋤頭、鏟、鐮刀、鑿子和刀等。因為戰爭頻繁，鐵也促進一場軍事革命。透過增加生產力，鐵製工具保證維持軍隊所需的剩餘不虞匱乏，而鐵製武器也增加了這些軍隊的殺戮威力。

馬車是古代中國的震撼性武器，到了這時數量應該大幅增加。不過馬車也是貴族階級的武器。反觀鐵把強有力的武器交到步兵手上，從十字弓射出的鐵簇可以刺穿大貴族的盔甲。鐵劍因為有堅硬和剃刀般鋒利的刀鋒，可以砍斷輓具、砍倒馬匹，讓大貴族從馬車上摔落。

除了帶來更多馬車、更精良的步兵之外，鐵一樣對防禦工事、戰爭機器和圍城戰有所推進。同樣重要的是騎兵出現了，讓中國軍隊成為真正的聯合兵種武力。

有許多個世紀，在周朝中國的北部邊界，草原游牧民族匈奴（他們是匈人和蒙古人的祖先）常常犯邊、寇擾。匈奴讓中國人明白到輕騎兵的價值，那是機動性和火力空前未有的結合。對這一課學得最好的是處於野蠻狀態的西北部諸侯國秦國，其他諸侯認為這個山區王國地處偏遠，不在華夏文化之列。秦國站在抵抗匈奴的第一線，軍事效率是重中之重，不容許傳統保守主義從中作梗，秦國君主可謂不得不爾的創新者。

在偏遠的西北地區，地方領主勢力薄弱，稅務、勞役和兵役都是國家對獨立的農夫徵發，負擔遠比其他地方為輕。

所以正是位處周朝邊陲的野性秦國，農業和戰事上的鐵器時代革命到達了臨界點。新秩序的締造者是秦王。在戰國時代的血腥高潮，秦國的馬車、弓手和騎兵把對手國家一個接一個擊敗。

這種征服的人命代價極大，其中一場戰事勝利之後，有十萬戰俘遭斬首，最後一場戰事告捷後，有十二萬「有財有勢」者被放逐。秦王此時改號自稱「始皇帝」。

軍事勝利締造出由軍事—官僚精英控制的中央集權帝國，而拜冶鐵技術應用在農業所產生的龐大剩餘之賜，該帝國的面積比商朝大上五倍。秦朝的道路系統比羅馬帝國的還要長，其運河系統無可比擬，度量衡、車軌甚至農具的形制皆被標準化。

人類歷史上最偉大的建築計畫「萬里長城」就是始皇帝所發起，目的是防禦匈奴。全長約三千六百公里，萬里長城的最早城牆高七．三公尺，寬得足以容納八個人並肩而行。各段城牆設有約兩萬五千座塔樓。這座長城只用了十二年便修築完成，動員數十萬民夫且消耗了數以百萬計農民創造的穀物剩餘。

誕生於征服和恐怖手段，國祚短暫的秦帝國極盡中央集權、剝削和嚴厲鎮壓之能事。始皇帝一直以來都被描繪為一位極度殘忍、疑神疑鬼和精神錯亂的暴君，他也許真的是這樣，而他的敵人更當然認定如此。為了摧毀誹謗朝廷言論的思想根據，秦政權下令焚毀天下書籍。私藏書本的士人不是被斬首就是被押去修築長城，勞動至死。秦帝國的不安全感表現在企圖抹去所有過往歷史，從「零年」[2]重新起算。

秦始皇陵由馳名的秦俑守護，表現出讓大金字塔、圖坦卡門（Tutankhamen）之墓也要相形見絀的鋪張。我們只能從古代記載略知這座陵墓的情況，因為迄今未進行挖掘。

秦朝在始皇帝於西元前二一〇年駕崩之後崩落，當時皇宮裡發生了一場權力鬥爭，同時間整個中國發生了一連串貴族和農民起義。最後勝利者是農民革命家劉邦，他成為新朝代漢朝（西元前二〇六－西元二二〇）的開國之君。

承繼的漢朝，體現了秦朝改革帶來的鞏固。中央集權的帝國上層結構被保留下來，但官僚、軍官和士人統治階級不再受喜怒無常的獨裁者威脅，且對大眾的剝削也減低到足以平息民怨的程度。問題在於這個新的帝國秩序：中國鐵器時代轉化的高峰，將促進或是阻礙後來的社會發展？中華帝國會是一道起跑柵門，還是一道障礙？

希臘的民主革命

冶鐵技術大大增加勞動生產力和剩餘規模，中央集權化統治階級對這筆新財富的占有，讓他們打造出波斯、印度和中國這些帝國。但冶鐵技術也帶來另一種可能性。因為這種金屬蘊藏量豐富且冶煉過程簡單，使人人可以擁有鐵製工具和武器；青銅只為貴族加持，反觀鐵器卻有成為大眾後盾的潛力。

這種情況發生與否，端視階級鬥爭的結果，就在世界一隅，於階級鬥爭中勝出者為大眾。領地貴族被底層發動的革命擊敗，掀起了參與式民主的激進變革，為人類歷史上最大一場文化成就創造出條件。這場民主革命的震央是希臘城邦雅典，西元前五一〇年至前五〇六年之間，城邦的階級鬥爭將獨裁統治轉化成為民主政治。

---

❷譯注：應指「元年」。

這場運動經歷了三個不同階段。第一階段，長達三十年之久的獨裁統治被推翻，由過渡的貴族政府所取代；第二階段，保守貴族意圖阻礙改革，激起了民眾起義，一個民主政府隨之上臺；第三階段，斯巴達為支持貴族反革命的軍事干預，被第二次民眾起義擊敗。

雅典的民主持續近兩個世紀，這種制度被希臘世界許多城邦仿效，以致到了西元前五世紀中葉，幾乎所有愛琴海城邦都變成民主政體。

雅典民主賦權給構成公民政體骨幹的小農。在西元前六世紀期間，大地主曾企圖透過債務奴役擴大自己莊園，這個機制對古代世界階級鬥爭如許重要，值得我們花時間去解釋。

傳統社會的小農遇上艱難時期毫無抵抗能力，有時為了生存而必須向富人借貸，唯一抵押品是土地和他們的勞力。大地主放款主要是看在有更多土地可以兼併，所以若能收回債款當然不錯，但收不回的話更好，如此便可沒收債務人的土地，使之淪為農奴。

雅典大眾透過鬥爭掙脫了債務和債務奴役的鎖鏈，在西元前六世紀之末崛起，成功保住自己的財產和自由。雅典社會的基本單位不是大莊園，而是農民「家庭」（oikoi），也就是以擁有一個小農場或作坊為基礎的父權制家戶。

公民─農人構成城邦的民兵。有錢農民（大概占全體公民的三分之一）以重裝甲步兵身分作戰，較窮的農民則以輕步兵身分作戰，或是在三列槳座戰船（trireme）當槳夫（這種船基本上是由三排槳夫驅動的撞角❸）。

希臘城邦之間戰爭頻繁，境內分為一千多個小城邦，互相爭奪土地資源和商業優勢。每個城邦內部把公民統合起來的民主制度，對外則把公民轉變為對抗其他城邦的軍事力量。民主是特定公民群體的政治表達，而非普遍社會階級的政治表達，例如頭號民主城邦雅典在西元前五世紀至前四世紀間，每四年就有三年在打仗。

陸戰的勝利依靠重裝甲步兵方陣（長矛手組成的緊密陣營）的規模和韌性，海戰的成功則依賴三列槳座戰船的數目、速度和靈活性。擁有土地和有義務服兵役，讓雅典的公民—農夫變成一支革命力量。西元前五一〇年至前五〇六年的民主革命，一方面是農民、匠人和小商販的革命，另一方面則是公民—士兵和公民—槳夫的革命。

古雅典的民主不及我們的周延，卻比我們深入。婦女、寄居者和奴隸都沒有政治權利，只有成年的男性公民有資格投票，但後者大部分是勞動者，而他們能行使切實的權力。城邦十名主要官員（「十將軍」）每年由選舉產生，主要立法機構「四百人議事會」（boule）由抽籤選出，全民露天會議的「公民大會」（ekklesia）是最高決策機構。司法由多至兩千五百名普通公民組成的陪審團審理，「陶片放逐法」（Ostracism）是選舉的反面，獲得六千片陶片選票的人會被逐出城邦十年。

雅典的民主憲法對小資產者給予保障，只有有錢人需要繳稅，而任何開戰決定都是由負責作戰者投票作出。任何懷疑雅典民主真實性的人，都應該讀一讀其貴族階層敵人的刻薄意見。雅典世界兩大派壁壘分明：寡頭派是歡迎「少數人」統治的人，民主派則是歡迎「全體公民」統治的人。反對民主的思想見於許多希臘哲學、歷史和藝術作品，蘇格拉底、柏拉圖和亞里斯多德等知識分子的作品，有一大部分可被詮釋為反民主的議論。

大部分古代社會裡，教育和文化都是留給有財富、權力需保護的少數人。古雅典有三萬人分享政治權力，為教育和文化奠定廣大的群眾基礎，結果迎來創造浪潮，作品的內容常呈右傾（也就是反對民主，而

---

❸譯注：撞角是固定在戰艦艦首用以撞毀敵船的突出物，說三列槳座戰船「基本上是……撞角」是指其基本作用為撞擊敵船。

不是歌頌民主），但這並未改變正是民主制度的存在讓此些議論得以湧現的事實。因為雅典的民主，我們收穫了帕德嫩神殿、雕刻與繪畫對人體的優異自然主義表象，還有修昔底德的史著、蘇格拉底的哲學，以及埃斯庫羅斯、索福克利斯和歐里庇得斯的悲劇。同樣重要的是，我們收穫了民主政治的理論與實踐的一次實驗。雅典最偉大的民主派領袖伯里克里斯指出：

> 我們的制度之所以被稱為民主，是因為政權握在全體公民手中，而非握在少數人手中……每個人在法律前面都平等……所要考慮的不是一個人屬於某個特殊階級與否，而是他是否具備真正的才能……任何人，只要他能夠對國家有所貢獻，就絕對不會因為貧窮而在政治上默默無聞。

同樣讓人動容的是民主的軍事成就。強大的波斯帝國兩次企圖征服希臘，雅典人兩度領導希臘人抵抗，一次在西元前四九〇年，地點是馬拉松；一次在西元前四八〇年，地點是薩拉米斯島海域。儘管兵力懸殊居下且僅為業餘軍人，雅典人兩次都取得勝利。兩場波希戰爭打下來，自由人的軍隊（代表世界歷來最進步的政治秩序）戰勝了傳統帝國的粗魯黷武主義。不過，正如我們將會看見的，希臘式民主注定走入歷史死胡同。

馬其頓帝國

除了是希臘最民主的國家外，雅典也是最富有的城邦，其財富來自阿提卡南部的銀礦、海上貿易，以及其在愛琴海各城邦反波斯聯盟中的領導地位（該聯盟逐漸轉變為一個帝國）。

希臘社會的民主形式，與希臘分裂為眾多互相敵對城邦的事實相互矛盾，前者提高了勞動人口的權力、文化發展，後者則促進了軍事競爭、戰爭和帝國主義。

看在希臘大陸傾保守的某些城邦眼裡，雅典可謂雙重威脅：雅典的民主讓其他地方的寡頭統治者害怕發自底層的革命；另外，雅典帝國越來越多的財富，也威脅著它與敵對城邦的纖弱權力平衡。

到了西元前五世紀中葉，民主和帝國主義的雅典看來即將雄霸希臘。在西元前四三一年至前四〇四年的伯羅奔尼撒戰爭中，斯巴達領導的保守派聯盟和雅典領導的民主陣營大打出手，雅典最終戰敗，其帝國瓦解，其民主被斯巴達新霸權蒙上陰影。此戰事實上是一場漫長反革命的第一階段，在該場反革命中，希臘貴族、馬其頓國王和羅馬總督接力完成對雅典革命（西元前五一〇年－前五〇六年間）所揭櫫之民主實驗的摧毀。

第二階段高潮是西元前三三八年的奇羅尼亞之戰，馬其頓國王腓力二世軍隊在這一仗擊敗了希臘城邦聯軍。自此以後，希臘城邦落入外國統治，外表上的民主在雅典和一些其他城邦繼續維持了一陣子，但真正發號施令的是別人。西元前三三六年，拂逆亞歷山大大帝的希臘城邦底比斯受到攻擊，被夷為平地。

馬其頓王國是一個混種國家，宮廷是希臘化的中心，腓力二世在打造軍隊時部分模仿希臘的重裝甲步兵方陣；但馬其頓也是一個封建地主和部落首領的聯盟，這些人鬆散地搭在一起，接受一個立志成為獨裁君主者的號令。這個拼湊起來的國家常常發生內亂，馬其頓國王的核心關注在保住王位，防止國家分崩離析。

局勢不穩孕育出帝國主義，馬其頓國王的權力有賴他能對下屬的效忠服務賜予獎賞，充實皇家府庫最容易的方法，就是打仗並掠奪戰利品。在腓力二世的統治下，馬其頓膨脹為一個帝國，控制整個巴爾幹半島南部。征服帶來的戰利品和貢品讓腓力二世可以犒賞將士，馬其頓軍隊逐漸壯大，變成一支完全專業化的軍力。腓力二世的特殊貢獻在於混合三個不同的元素，創造出一支混合兵種的武力。

王國前沿的山區部落提供了輕步兵兵力，馬其頓領主的貴族門客構成封建形式的重騎兵，自由農民則提供了希臘式的方陣，國家把其人力資源的傳統尚武性質結合希臘戰爭的方法和原則，由此得到的是一部力量前所未有的軍事機器。

西元前三三八年，馬其頓軍隊在希臘中部奇羅尼亞之戰摧毀希臘城邦的獨立性，七年後又在伊拉克北部的高加米拉（Gaugamela）摧毀波斯帝國。雅典人曾先後在西元前四九〇年和前四八〇年兩次打敗波斯人，解放了土耳其西部的希臘人城市，但他們後來卻臣服於相對落後的馬其頓王國。然後征服西亞的並不是雅典人，而是馬其頓人：腓力二世的繼承人亞歷山大大帝。為什麼會這樣？

希臘只有一五%土地為可耕地，山脈分隔著眾多小而分散的農業平原，這些平原是每個城邦獨立性的基礎。西元前五世紀時希臘城邦的總數約一千個，民主被包裹在這些敵對的小城邦裡，雅典這個最大且最富有的城邦僅含括三萬名左右的成年男性，連婦女、兒童、寄居者和奴隸計算在內，總人口大約是二十萬。希臘民主所依賴的社會基礎狹窄而破碎。

地緣政治的分裂意味著無數的局部戰爭，大國與各自盟友間的較勁偶爾會升高為全面戰爭，且隨著剩餘增加、地緣政治敵對性加劇，本來就高度軍事化的希臘社會變得更是如此。伯羅奔尼撒戰爭可謂此一趨勢的最高表述。

沒有一個希臘城邦強大得足以建立永久霸權，雅典在西元前四〇四年被斯巴達打敗，斯巴達又在西元前三七一年被底比斯打敗。到了「北方之獅」腓力二世最終征服所有希臘城邦之前，它們仍然處於對立分裂的局面。

與此同時，城邦的民主也因為軍事化程度升高而受到內部侵蝕，遙遠僵持的耗時戰爭需仰賴專業化的指揮官、傭傭兵和軍事專家。希臘的力量乃是倚靠著重裝甲步兵的長矛，當這款長矛由公民－農人揮舞時，民主就會強大；當長矛由專業的傭傭兵揮舞時，民主就會動搖。

古代希臘文明無比老練又有活力，但卻跟它身處的地緣政治、社會框架產生尖銳矛盾。民主在城邦之內和城邦之間皆不算普遍，希臘世界分裂為眾多敵對城邦這一點，就長遠來說意味著軍事專業人士將取代民主議會。反觀馬其頓卻抄襲希臘文明的優勢，用以創造出一套能將中型王國轉化為巴爾幹帝國的軍事系統。除了技術外，面積也攸關重要：馬其頓王國控制著夠大的領土、夠多的剩餘，使其可以發起征服之戰，統一希臘世界。

因為希臘是被來自上層力量而非發自下層的革命所統一，民主注定終結。希臘變成征服西亞的後勤基地，稍晚在亞歷山大大帝的帝國解體後，又淪為更大的馬其頓人「繼承國」的僅僅一省。占有波斯帝國的領土和剩餘（波斯的財富是希臘的數百倍），讓希臘文明能從城邦網絡晉級為世界帝國體系。

此時在更西邊，一個更有活力的軍事帝國正在崛起：古城邦羅馬亦正經歷蛻變為全球性帝國的過程，假以時日便將吞滅東方幾個強大馬其頓人王國。

羅馬的軍事帝國主義

羅馬是希臘式公民權觀念和馬其頓式軍國主義的融合體，由此產生出古代世界最有活力的帝國主義國家。

羅馬從西元前九世紀的鐵器時代村莊，演化成為西元前八世紀拉丁酋長的丘堡，然後在西元前七世紀中期至晚期被入侵的伊特拉斯坎人（Etruscan）改建為一座小城，自此由伊特拉斯坎人王朝統治直到大約西元前五一〇年。末代國王在一場貴族革命中被推翻，接下來兩個世紀，羅馬被捲入內部階級鬥爭和對外的帝國主義擴張，兩者過程密切相關。

內部鬥爭是貴族和平民之間的鬥爭，前者構成世襲的地主階層，對政府擁有排他的控制權，而只有貴族才可以進入元老院，也只有貴族才有資格擔任最高政府官員。

大部分平民都是普通農夫，就像希臘城邦那樣，羅馬的小農對艱困時期沒有抵抗力，經常陷入債務。債權人的權利受到法律保護，這些法律由貴族擔任的元老制訂，由同為貴族擔任的行政官執行。債務是大莊園賴以兼併小農場而不斷擴大的主要機制。

少數平民的經濟情況較佳，有些還非常富有，但他們仍被排除在政治權力之外。平民運動因此是平民貴人和平民大眾的一種階級聯盟，其主要武器是軍事不服從，就像希臘城邦的農民那樣。羅馬稱為「軍團」（legio）的城市民兵是由平民構成，他們習慣定期拒絕作戰，以推進社會和政治訴求。

希臘大眾因為採取革命行動贏得了全面的民主。羅馬的大眾從未成功推翻元老院，但他們確實大有斬獲，最終迫使羅馬社會內部進行激烈的權力重新分配。富有的平民被允許入選元老院和擔任高級官員，平民大眾贏得有效的否決權，新法律必須獲得民政機構「公民大會」同意，而任何開戰的決議都要經過軍政機構「百夫長大會」批准，不受歡迎的議案會受到新設立的護民官封鎖。

階級鬥爭以階級妥協和一部混雜的憲法畫上句點。統治階級沒有被推翻，但成員資格被迫開放，政治權力受到束縛，決定越來越需要民眾的同意。這表示小農的財產得到保護，不會因為欠稅、欠債而隨便遭沒收，大地主兼併別人土地的風氣受到限制。羅馬貴族因此調校野心的方向，改為指向外部敵人。

羅馬貴族之間競爭異常激烈，世家大族競相爭取高階職位，藉此攫取權力、威望和肥缺❹。財富是手段而非目的，貴族需要財富來累積政治權力，敵對派系透過恩庇培養附庸和門客，他們透過賄賂集結支持者和投票部隊，無法積累權力的家族注定沒落。貴族階級包括元老和騎士的成員資格越來越依賴財富，門客數目、公職和政治權力鬥爭，對維持階級地位至關重要。

平民對剝削的抵抗，決定了貴族間競爭的形式：一方面，平民的支持對於派系權力變得越來越重要；另一方面，平民的土地所有權限制了透過擴大既有莊園以積聚財富的機會。

戰爭與征服提供一條出路。對外征戰可以帶來戰利品（特別是金銀）、戰俘（淪為奴隸）及土地（可創造新農田和莊園），平民戰士可在這些好處中分到一杯羹，所以樂於投票贊成開戰，也英勇作戰。但撈到戰爭利潤最大部分的總是國家及元老－將軍們。

所以羅馬變成一個掠奪性的帝國體系，以暴力手段進行強搶。羅馬統治階級不是透過提高在本國的剝削程度累積剩餘，而是透過用武力搶奪外國統治階級控制的剩餘、勞動力和生產工具。

羅馬人在西元前五世紀和前四世紀期間征服整個義大利半島。西元前三世紀期間，他們為爭奪地中海西部的霸權，與迦太基帝國打了兩場大戰。西元前二世紀期間，他們又為了爭奪對希臘的控制權，與馬其頓王國打了兩場大戰。軍事積累的過程是自我助長，在一場戰爭搶奪到的剩餘會成為發起下一場戰爭的資源。被打敗的統治階級會被「羅馬化」：被授與羅馬公民權，被鼓勵採納羅馬的精英文化，在羅馬的未來征服中獲分一杯羹。這保證了不斷擴大的兵團穩定有新血注入。

隨著階級鬥爭的消解，羅馬獲得國內穩定，但在西元前三世紀和前二世紀期間不停對外侵略。內外相倚下，社會和平靠著從國外掠奪而來的剩餘資助。於是，從西元前七世紀晚期的一個拉丁小城邦，羅馬在西元前二世紀晚期蛻變成為古代世界最強大的帝國。

---

❹譯注：指卸任後的外派職位。

鐵器時代技術曾經創造大量剩餘，讓幾個帝國能夠在西元前一千紀建立起來，包括波斯的阿契美尼德帝國、印度的孔雀帝國、中國的秦帝國、馬其頓人繼承王國及羅馬帝國。但羅馬帝國的活力和耐久性卻獨樹一格。

在西元前三三一年的高加米拉之戰中，亞歷山大大帝摧毀了波斯帝國。在西元前二一六年的坎尼之戰中，迦太基的漢尼拔給了羅馬共和國同樣魂飛魄散的一擊。但羅馬拒絕投降，並最終打敗迦太基。關鍵在於羅馬帝國主義的社會基礎與波斯截然不同，阿契美尼德帝國是靠著向屬國農民徵稅來維持一支職業軍隊，羅馬共和國的軍隊卻是由自由公民組成的民兵。羅馬農民不只為數眾多，且和波斯農民不同的是，國家的利害關係到他們的利害。羅馬在坎尼損失八萬人，但據估計，羅馬的後備兵力有七十萬步兵加上七萬騎兵，而繼續對迦太基作戰同時符合貴族與平民的利益。

羅馬帝國體系的優越性，將會在共和國晚期（西元前一三三－前三〇）的重大危機中再次經歷考驗。

羅馬革命

西元前一三三年，格拉古（Tiberius Gracchus）靠著主張激進的社會改革而當選護民官。因為受到貴族的反對，他繞過元老院，直接把他的土地改革法案訴諸公民大會。翌年，他被右翼的暴民殺害。

羅馬政治危機的一個新階段由此展開，該階段將持續一個世紀，期間發生好幾次內戰，有時甚至威脅到羅馬帝國的生存，最後導致統治階級的徹底重整，國家的官僚系統化和皇帝的軍事獨裁。

危機源起於繼承自過去的城邦政體，無法順應由世界帝國創造的新社會勢力。貴族和平民貴人控制的元老院已僵化成為排他的階級，對「新崛起者」充滿敵意。元老院精英對高階職位的壟斷，讓其他部分貴族極不是滋味，包括小元老家族、第二級的「騎士」家族，以及許多已介入帝國政府和商業的義大利外省家族。

世襲特權與新的社會現實產生了矛盾，在西元前二世紀中葉之後，統治階級就無法繼續以舊有方式進行統治。少數人主張改革，也有少數人是死硬的反動派，大多數人則搖擺不定，但是因為非常在乎自身財產和特權，所以在危機時期一般都偏向反動派。因為這個原因，改革派尋求其他勢力的支援。

遠征邊疆地帶，毀了義大利的小農。第三次西班牙戰爭（西元前一五四—前一三三）需要數以萬計的士兵，尋常年頭裡，每八個羅馬公民就有一個以上在軍隊服役，多被派往西班牙作戰，在那裡一待多年。他們的田地落得荒廢，最後常常被大地主收購，因此外國奴隸取代羅馬公民成為耕種者。當時一位歷史學家指出：

> 有錢人用勸說、或強行購買、或奪取獲得跟他們產業連接的產業，或任何其他屬於窮人的小土地，形成龐大的單一莊園。他們在這些莊園僱用奴隸和牧羊人，避免使用從土地上被拉到軍隊服役的自由人。

結果造成一場雙重社會危機，義大利農民的減少讓羅馬共和國軍事活力仰賴的人力資源為之枯竭，住在鄉村裡的大量奴隸也構成重大的安全威脅。

新的奴隸經濟集中在西西里和義大利南部。數以萬計的俘虜被販賣為奴，送到貴族的莊園工作。奴隸起義爆發了三次：第一次是西元前一三六年至前一三四年在西西里爆發；第二次是西元前一〇三年至前一〇一年再次在西西里爆發；最後一次則是西元前七三年至前七一年在義大利本土爆發。共和國晚期的危機肇始於第一次西西里奴隸戰爭期間，並非偶然。格拉古和統治階級中改革派的最大擔憂為兵源問題和國內安全問題，這場辯論是在西西里別墅陷入火海的背景中進行。

許多復員士兵和失去田地的小農，最後都集中在羅馬，這個快速增長的帝國都城靠著戰利品、公共建設計畫及貴族消費的挹注，發揮了吸納大量貧窮和「多餘」公民的功能。羅馬的烏合之眾因此成為政治的變數之一。

帝國的增長也改變了義大利的羅馬人與非羅馬人的關係，至少半數軍團將士不是羅馬公民，而是「拉丁」或「盟國」公民，他們對戰事參與越來越多，要求分享更多戰利品的呼聲也越高。公民權變成一個爆炸性議題。西元前九一年至前八八年的「同盟者戰爭」，是義大利人為爭取平等政治權利而跟羅馬人開打的全面性內戰。

義大利充滿導火線：腐朽的元老、騎士階級官員和外省鄉紳；被債務所毀的小農；年復一年征戰後生活在貧困中的復員士兵；逐日增長的城市窮人群眾；以及很多為國家服務卻被排除在政治之外的非羅馬人。

但羅馬革命（這樣說是因為後來確實衍生成一場革命）有一個特殊之處：不滿者之中沒有哪個階級有能力主導整場運動。沒有人可以提出一個革命願景和達成這個願景的策略，也沒有人可以提供一個革命性替代選項。貴族中的反對派擔心民眾會威脅他們的財產，小農害怕沒有田地的窮人，自由公民害怕奴隸的競爭，羅馬人害怕自己的公民特權會因為義大利人大量獲授公民權而被稀釋。

所以，這場民眾運動可謂充滿矛盾的多階級聯盟，正是這一點讓羅馬革命成為一段歷時長達一個世紀之久，盤根錯節又曲折的過程。

透過元老院進行改革之路受到堵塞。主張由人民來統治的「平民派」，在統治階級內始終居於少數，無法發起自上而下的革命，打敗主張由元老院來統治的「貴人派」。既無革命階級能夠打破僵局，便只有靠軍事力量來決定結果，所以羅馬革命變成一場軍閥之爭。

野心勃勃的政治人物總是尋求威望崇高、利潤豐厚的軍事指揮官職位，戰利品和老兵在羅馬政治遊戲中成為高價籌碼，革命被轉化成為「平民派」和「貴人派」將軍之間的內戰。首先是馬略和蘇拉之間的戰爭，然後是凱撒和龐培之間的戰爭。

決定性人物是凱撒，他是高階貴族、一心一意的野心家、殺人如麻的帝國主義者，但也是傑出的指揮官、政治家和改革者。凱撒體現出羅馬革命的種種矛盾，是這場革命的主角。

凱撒在西元前四十九年至前四十五年的內戰中勝出，但因為只是民眾運動的領袖而不是革命階級，他被迫向舊秩序尋求妥協。這一點被證明短期內是不可能的，統治階級太過分裂且憤恨難平，凱撒企圖透過個人獨裁來壓制種種矛盾，最後卻導致自己遇刺身亡和內戰復燃。

由布魯圖、卡西烏斯領導的元老院反對派，很快就被凱撒派的領導人安東尼和屋大維打敗，但這兩個人接著瓜分了帝國，互別苗頭。羅馬革命的最後鬥爭，因此成為安東尼和屋大維之間的一場派系內戰。

最終屋大維成為「奧古斯都」，即第一任羅馬皇帝，建立以「新崛起者」、溫和改革和帝國主義戰爭為基礎的軍事獨裁政權。他的政權見證著一個義大利城邦向一個由官僚管理的全球性帝國的最後轉化，儘管如此，作為最成功的古代帝國，羅馬仍包藏著自身衰敗到最後解體的種子。

第四章

古典時代的終結

約西元前三〇年至西元六五〇年

中世紀世界早期繼承了古代帝國的豐富文化傳統。日耳曼和阿拉伯的軍閥喜歡穿戴得像是羅馬、拜占庭或波斯皇帝。

羅馬帝國體現著西元前一千紀鐵器時代文明的最高成就，其衰落、滅亡有著巨大的全球重要性，從這個超級強權的解體中所誕生的新社會力量和地緣政治秩序，構成中世紀歐洲的基礎。

鐵器時代的帝國雖然幅員廣大，卻有著青銅時代前驅的許多相同弱點，其政治統合是軍事力量發揮使然，而非經濟、社會、文化霸權所造就。帝國統治者極盡剝削之能事以累積剩餘，但又把剩餘揮霍在戰爭上，創造性和革新受到打壓，老百姓只是做苦工的人。因為技術停滯、貧窮遍布和人心離異，鐵器時代帝國最終顯示其性格就像青銅時代帝國一樣保守。

因此緣故，所以雖然羅馬帝國的崩潰代表一整個社會秩序的消逝，但這個過程並未產生一些能把人類提高到更高文化層次的新力量，就像馬克思所說的，它只導致「互相鬥爭階級的同歸於盡」。

聖奧古斯丁向肯特國王艾塞爾伯特講道，時為西元597年前後。出自19世紀書籍插圖。

在本章中，我們要分析導致羅馬帝國衰亡的內在矛盾、將之取代的統治階級（主要是日耳曼人、哥德人和阿拉伯人）的性格，以及三大一神教（猶太教、基督教和伊斯蘭教）的誕生。

古典時代晚期的危機

羅馬帝國代表公民權觀念與帝國主義的有力融合。公民權為利害關係人和士兵提供一個擴大的社會基礎，被征服的精英階級慢慢受到同化和涵化：他們被容許成為「羅馬人」，分享帝國的利益。與此同時，帝國主義讓戰利品、奴隸和土地源源不絕流入，這強化了國家、肥了統治階級、穩固了屬民精英階級的忠誠，並資助了把門客綁定於系統的恩庇制度。

但這一切是以沉重代價換來，帝國和文明的費用皆非常昂貴，雖然有些人得利，另一些人卻失利。羅馬統治可以保障財產和權力，但軍隊、城鎮和別墅的財富是依賴於一個以稅金、租金、利息和奴役形式壓榨農村人口的剝削系統。

羅馬帝國的絕大部分居民，都是在田地工作的農人、勞工、農奴或奴隸，他們都是一些馱畜，帝國和文明是在他們背上打造起來。最初他們的負擔（被剝削程度）尚算溫和且可以為繼，儘管收入被壓榨許多，但剩下的還足夠農民人家餵飽自己、在田裡撒種、養育新一批牲口，以及在農村市集購買基本必需品。這種情形之所以可能，是因為別人付出更高昂的代價：帝國是靠征服戰爭補貼，戰敗者的財物被強搶而為戰勝者增富，戰敗者為羅馬政府、羅馬軍隊和羅馬有錢人的生活支付大部分費用。只要帝國能夠繼續擴張，國內橫徵暴斂的情形就會受到在國外的強搶所緩和。

這個系統本質上屬擴張主義，是由對外國剩餘的軍事強占維持，其活力因此端賴此類剩餘的持續可得。在每征服一個地區後，征服下一個地區就變成必須，否則系統就會落入停滯和危機。但外國剩餘是一種有限資源，到了西元一世紀，羅馬的軍事帝國主義便面臨瓶頸。

希臘—羅馬帝國文明的局限性，與鐵器時代農業的局限性相呼應。鐵器時代的技術創造了一種以犁為基礎的粗放農業，從不列顛南部延伸至敘利亞，從歐洲的萊茵河、多瑙河延伸至非洲的亞特拉斯山脈，這是一片豐饒地域，遍布著可耕地、村莊和勤勞的農民，剩餘為數龐大。那些把自己組織起來奪取這些剩餘的人能夠打造軍隊和城市，但走出這片犁耕地域之後便是荒野：不列顛北部的山巒、日耳曼的森林、阿拉伯半島和北非的沙漠。當帝國軍隊進入荒野，就會陷入不可能打贏的游擊戰泥淖；敵人分散又捉摸不定，而且這些敵人太窮，即便征服了也不會有什麼利潤可言。

西元前五十三年，一支三萬人的羅馬軍隊在敘利亞的卡萊戰役被安息人的騎射手殲滅。西元九年，另一支三萬人的羅馬軍隊在條頓堡森林之戰被日耳曼部落消滅。西元二〇八年至二一一年，羅馬最後一次征服不列顛北部的嘗試，遭到游擊抵抗擊敗。羅馬皇帝塞維魯在開戰前下令說：「別讓任何人逃過我們的摧毀，也別讓任何母胎裡的男生逃出這種命運。」但他們並沒有逃，塞維魯死在約克，蘇格蘭從未被征服。在不列顛北部的沼澤和峽谷裡，帝國的利維坦在薄霧細雨中出擊，卻被臉上塗成藍色的突擊者痛宰。

所以羅馬帝國是有局限性的，其基石是鐵器時代的農業，有賴可耕地及大量勞工來提供軍隊、統治階級和基本建設（道路、城堡和城鎮）所必需的龐大剩餘。在有田可犁的地方，戰爭是有利可圖；但在無田可犁的地方，戰爭卻是一種浪費，軍隊進入荒野之時就是帝國國力透支之時。

羅馬帝國的擴張在西元前二世紀和一世紀達到巔峰，在一世紀初期之後急轉直下，然後在二世紀初期之後幾乎完全陷入停頓，不再有戰利品源源不斷流入。外部補貼結束了，羅馬帝國變得要完全依賴內部產生的資源。

但帝國與文明的開支並未減低，數千英里的邊界需要一支強大的軍隊和廣泛的防禦工事去防衛。帝國精英和門客群（特別是普通士兵）的凝聚力有賴奢侈消費和國家的慷慨。

從一世紀開始，特別是在二世紀晚期之後，帝國政府面臨的慢性財政危機越來越強烈，其反應方式如加強對農業剩餘的壓榨來維持政治—軍事上層結構，無可避免地導致向下迴旋的經濟衰退。增稅、強迫勞役和軍事徵用，摧毀了勉強餬口的農民，稅基因此萎縮，而稅基萎縮又反過來導致下一輪增稅的必要，從而把下一批農民推下懸崖。這般惡性循環不斷持續，羅馬晚期的帝國政府漸傾向軍國主義和極權主義，為努力維持基本開支最終消耗了本身社會—經濟資本，好戰的掠食者改為吃自己人了。

這些壓力有三種主要效應。首先是統治階級越來越沿著區域界線分裂，每一群人都設法維持對本身剩餘和軍隊的控制，內戰變得稀鬆平常，通常是發生在掌管帝國不同地區的皇帝領導的軍隊集團之間。

其次，外國入侵變得越頻繁，越來越凶險。在歐洲邊疆，入侵者是大規模蠻族部落聯盟；在東方，入侵者是以伊朗和伊拉克為基地的薩珊帝國。羅馬的軍事衰落在兩場戰爭中一覽無遺。一場是三七八年發生在色雷斯（保加利亞）的亞德里安堡，當時東羅馬帝國的整個集團軍被哥德人摧毀。十六年後，在義大利東北邊疆朱利安阿爾卑斯山的冷河，東羅馬帝國重組後的軍隊是以哥德人僱傭兵為骨幹，財政和人力危機讓羅馬帝國不得不仰賴蠻族士兵。

帝國財政危機的第三個後果是階級鬥爭的重現。地方農民因為受到國家壓榨，淪落為農奴，受到越來越嚴苛的剝削，所以想方設法反擊。許多農田荒廢，土匪潛行於不少鄉村地區，收稅人、抓壯丁隊和查封官受到廣泛的抵抗，有時候不滿情緒會爆發為農民起義，產生農村公社。

古代貴族作家曾談到一些被稱為「巴高達」（bagaudae）的農村造反分子。在他們的統治下，人們根據民眾法律生活，農民會發表演說，死刑會在櫟樹下宣判，並記錄在骨頭上，「一切皆無不可」。明顯的是，在「巴高達」的統治下，「布列塔尼人（Bretons）成為自己傭人的奴隸。」在這種模糊的描述中，我們隱約看見一個上下顛倒的世界，一個沒有地主、沒有收稅人的世界。

分裂、入侵和造反，這三項帝國沒落的症候反映出系統正在腐爛。最後，在四一〇年至四七六年之間，西羅馬帝國瓦解了：不斷有大塊大塊領土被不同的蠻族奪走，直到最後一塊不留。

到了五世紀末，歐洲已經分裂為一大批獨立的準國家。一個世界新秩序已然在古典時代晚期的烈火風暴中鑄煉成形，這個轉變的主要推手是來自中歐和東歐的部落聯盟，還有來自中亞的部落聯盟。

日耳曼人、哥德人和匈人

歐亞大草原是寬達數百英里的地帶，西起匈牙利平原，東抵太平洋。這裡氣候極端，不見樹木，從最早的史前時代到中世紀主要住著游牧民族。

歐洲、土耳其、俄羅斯、印度和中國歷史上反覆發生游牧民族從歐亞大草原入侵的事例，匈人在三七〇年代至四五〇年代的入侵，更加速西羅馬帝國的衰亡。

匈人的生計方式結合了狩獵、採集，以及放牧馬匹、牛隻、綿羊、山羊，大草原的貧瘠與其生活方式的原始，意味著他們人數少而分散，社會組織鬆散，沒有階層性。他們也極度專業化，匈人堪稱第一流騎者，以配備複合弓、套索和劍的輕騎兵進行部落戰爭；弓和套索都是大草原的固有工具，劍則是備受珍愛的舶來品。

我們無所確知匈人何以在四世紀中葉開始西遷，但他們的貧窮意味著缺乏對抗災難的餘裕：大草原上只要發生乾旱，就代表死亡。所以促使他們遷徙的八成是一場生態危機，用暴力向西擴張是逃離枯竭和人口過剩家園的一條出路。

他們抵達烏克蘭之後推翻了東哥德人，隨著他們進一步向西進逼，西哥德人逃入東羅馬帝國境內，然後哥德人和羅馬人的緊張關係引爆了戰爭，導致以君士坦丁堡為基地的東羅馬帝國的軍隊於三七八年在亞德里安堡之戰被殲滅。所以說，是歐亞大草原上的游牧民族間接開啟了舊世界的再造。

他們這樣做的同時，其本身也受到轉化。哥德人就像住在羅馬帝國萊茵河和多瑙河上游的日耳曼部落那樣，本來是富庶的農民，在被匈人征服之後，他們不得不向新主子繳稅納貢。匈人坐享農業剩餘而富有起來，而他們利用這些剩餘來增加軍事隨扈，也因此提高進行更多征服的能力。

但羅馬帝國內有更大的獎品等著他們去拿。就像哥德人曾經在亞德里安堡證明的，羅馬人的軍事力量已經減低不少，羅馬行省很多農民都已淪為農奴，剝削和人心離異讓羅馬帝國主義的傳統人力基礎邁向枯竭。在公民兵源不足的情況下，羅馬皇帝越來越依賴賄賂、僱用蠻族傭兵來防禦邊界。有時匈人會受僱成為羅馬人的盟友，有時也會接受賄賂，以這兩種方式（羅馬人的財富加上哥德人的進貢），匈人從牧民部落被轉化為跨大洲的黷武主義者。這個過程的高潮是阿提拉在四三四年登基為匈人之王。

在其全盛時期，阿提拉的帝國從波羅的海延伸至阿爾卑斯山，從萊茵河延伸至裏海。帝國內的稅金，加上帝國外的補貼及賄賂，源源不斷地流入匈人首都（一個半永久性的村莊和半游牧性的營地）。半世紀之前，匈人是以部落聯盟的形式作戰，從幾百個部落中選出一名戰爭首領統領大軍，但現在戰爭已經成為常態，他們社會的軍事化已經完成，最高領導人的權力變成了絕對。

匈人的戰爭國家由羅馬帝國的衰落餵養，大量吞食鐵器時代技術革命創造的剩餘。在羅馬軍事帝國主義如日中天之際，羅馬的剩餘被用於維持自由農民組成的軍隊。在其衰落之後，傭兵軍事帝國主義發展出來，羅馬的剩餘也被改為餵養匈牙利平原上的游牧民族帝國。

身為戰爭領袖，阿提拉控制著軍事剩餘，而因為戰爭變成永久性，他的威權也變成永久性。這位國王能夠不理會曾經限制任何個人權力的部落義務和社會束縛。不過，阿提拉的附庸國王、屬民首領和主要家臣的網絡，仰賴源源不斷的稅金、津貼和掠奪品來維持，所以阿提拉是個強盜頭子、戰爭販子，一個不停向前推進的征服者。進取性乃是匈人國家所固有。

對羅馬帝國晚期的統治階級來說，阿提拉可謂「上帝之鞭」。很多窮人對他看法有所不同。在四四〇年代，匈人和高盧的「巴高達」有時會結盟，共同對付羅馬—高盧地主，但匈人的王國太粗糙、太掠奪性且太不穩定，無法成為推動社會改變的力量。當阿提拉在四五一年進攻高盧（法國和比利時），他的向西推進缺乏外交手腕。「巴高達」因為受到疏遠，沒有採取行動，反觀羅馬—高盧地主和西哥德自由農民卻聯手一致。所以，短暫統一的西方在沙隆之戰決定性擊敗阿提拉。他被迫撤回他的中歐腹地，兩年後死去，帝國因為繼承者之間互鬥，以及屬民揭竿起義而解體。

人對羅馬帝國的干預是突發災難性，對歷史沒有任何正面貢獻。西羅馬帝國分裂成為無數由日耳曼人或哥德人統治的蠻族王國，東羅馬帝國變得官僚化、保守和呆滯，但匈人帝國就只是從地球表面憑空消失。

為什麼會崩潰得這樣突然又全面？在一代人的時間，匈人從放牧的游牧者轉化為軍事掠奪者，他們不再有任何生產力，完全依賴掠奪他人維持政權。

他們人數不多，統治的版圖卻極為遼闊，是個人力極端短缺的透支帝國。恐懼和力量讓他們在系統看似強大多久便維持多久，但擴張的終結會切斷維繫酋長、家臣和戰士等國家下層結構所仰賴的剩餘流入。這是缺乏自己生產基礎的暴力搶奪系統固存的力量透支，沒有壓倉物，只是一部飛馳過歷史、走向自毀的引擎。但這部引擎的暴力驅使日耳曼人和哥德人進入西羅馬帝國，確保了帝國政府的最後崩潰，被一大批由蠻族國王統治的新國家取代。

不過改變未若乍看來得多，蠻族國王們繼承了一大部分古代文明，所以羅馬對於中世紀世界的締造貢獻良多，文化傳承的主要載具是基督教會。為了明白這一點，我們必須往回看，考察一神信仰是怎樣從根植於史前古代的異教文化的子宮中誕生。

地母和大能神祇

神話、儀式和宗教均屬多面向，最深根源自遠古狩獵採集生活的朝不保夕。覓食的焦慮，可透過對獵物在藝術、舞蹈、音樂和個人裝飾中的巫術表象加以安撫。

同樣得看天吃飯的早期農人把大地看成是一位母親女神，一個豐饒和食物的泉源，會因為人的懇求、賄賂而賜予她的豐盛。早期農人的豐饒神明清一色為女性，女性有月經、會生產並分泌乳汁，明顯是自然繁殖力的象徵。但她們會是女性還有另一原因：婦女在前階級社會裡掌有大權。繼嗣方式通常是母系繼嗣，居住方式通常是從母居，發號施令的通常是女家長。

為什麼會如此？因為在以合作勞動和集體擁有為基礎的簡單社會裡，女性等於定點。因為需要生產、養育小孩，她們較無移動性（不管是地理上還是社會上的移動），又因不存在私有財產及因私有財產而起的特權，排除了社會權力的其他來源。婦女是社會的重心，男性環繞著她們運行，早期農人的地母觀念屬於社會現實的一個反映。

私有財產、階級之分和國家權力一起出現，相互依賴。分享和大致的平等是共同財產制的固有特徵，但當土地被劃分為私人田地，牛群被分配給不同的人飼養，有些人就會變得比其他人有錢。這種情況引起的緊張需要加以某種控制，否則社會就會分裂。這讓國家（武裝的男性群體）被發展出來，用來保衛以財產為基礎的新現狀。此刻掌握權力的是男人，因為照顧牲口和犁田的是男人而不是女人。當牲口和田地是共同擁有時，人人都會受惠；當牲口和田地落到私人手中時，則只會讓打理者有財有勢。

恩格斯所說的「女性的具有世界歷史意義的失敗」表徵在神話與儀式中，舊的地母被趕下寶座，由新一代的大能男神取代：希臘的天空是由宙斯統治，羅馬的天空是由朱庇特統治，猶太人的天空是由耶和華統治，阿拉伯人的天空是由杜沙雷統治。就像舊的地母象徵著大自然的力量，新的大能神祇則是象徵著部落、城邦和帝國的力量。

在古希臘最高聖地奧林帕斯，最古老的祭拜對象是地母、蓋婭、瑞亞、赫拉和狄蜜特，但到了西元前五世紀和前四世紀的「古典時代」，她們早被淘汰。取而代之的是宙斯，他獲得最豐富的供品、住在最宏偉的廟宇，並且受到著名運動會的尊榮。「巨人之戰」神話中，宙斯領導一群新神打敗泰坦諸神，包括他的父親克洛諾斯和其他舊神。宙斯代表的是秩序、父權制和文明，克洛諾斯則是野蠻的化身，代表混亂和母權制的世界。母權制變成失序世界的神話密碼。希臘英雄阿伽門農從特洛伊戰爭返家後，被妻子克呂泰涅斯特拉殺死，她和另一個男人相好，並立對方為國王。這時世界顛倒了過來，道德秩序為之崩潰。阿伽門農的兒子俄瑞斯忒斯殺死母親為父報仇，謀殺會孕育出謀殺，女權的代價是謀殺的循環。

厭女神話合理化了希臘文明的父權秩序。男性掌權的「家庭」（oikos）是社會結構的基本基石，城邦是由男性公民、男性家長、小有產者的集會管理。讓雅典民主不得善終的一個不小矛盾，就是對女性的政治排除、社會隔離和家庭內壓迫。

其他社會緊張關係，也可以在古代人的神話世界中找到表述。神話是思考的好材料，提供方法描繪、敘述和分析社會矛盾，並表象及投射了社會規範，但對社會規範的異議也會反映在神話中。我們是誰？我們從何而來？誰是我們的朋友，誰是我們的敵人？在一個分裂的世界裡，定義、連結起我們的是什麼？文化身分是在鬥爭中鑄造，而在古代世界，給予其形式及表達的是神話、儀式和宗教。

羅馬是個階級對立、黷武的帝國主義國家，其最高神為戰神朱庇特乃不足為奇，朱庇特．奧普提莫斯．馬克西姆斯（Jupiter Optimus Maximus）是城邦羅馬的守護神，所以每次開戰，羅馬軍團都會把他的象徵（鷹）帶到戰場上；所以他在帝國每個軍營受到膜拜；所以每次羅馬舉行凱旋儀式，最高潮都是向朱庇特獻牲、獻俘。

不過如果說帝國的暴力和剝削有其宗教表述，被壓迫者的抵抗同樣有宗教表述，神話既可以合理化社會秩序，也可以激勵對社會秩序的反抗。在這一點上，有一種古老的信仰特別突出。經過數百年的鬥爭之後，它被形塑為反文化抵抗的棍棒，不可抹去地深植在巴勒斯坦一般人的思想感情裡。稍後，它誕生出兩個後嗣（兩者同樣是意識形態鬥爭的武器），而加在一起，這三種宗教信仰最終征服半個世界，即猶太教、基督教和伊斯蘭教。雖然能夠被無止境地重塑為高度保守的意識形態，但這三種由古代世界矛盾產生的一神教之所以威力強大，因為它們一開始是被壓迫者的神話和儀式。

猶太教、基督教和伊斯蘭教

西元前五三七年，巴比倫尼亞（今日伊朗）的波斯統治者居魯士大帝批准一群猶太貴族流民的後裔「返回」故土。居魯士此舉是要讓忠於他的人控制新征服的帝國領土，被流放的猶太人樂於成為新的統治階級。

巴比倫之囚的回歸是猶太教—基督教歷史傳說中的核心事件之一。事實上，這些猶太精英會被安插在巴勒斯坦，是要充當帝國政府的傀儡政權。但他們隨身攜帶著一個意識形態火藥桶。在經過數十年的亡國、離散後，猶太人對最高大能神耶和華的敬拜，已經蛻變為一種否定所有其他神明存在的不寬容一神教。

過去，猶大眾先知曾經徒勞無功地痛斥假神，如今，一個被流放領導階層的受挫折民族主義在耶和華稱霸寰宇的號稱中找到表述；政治上的無能，在神的自大中找到宗教對位。如果神明非眾數而是僅有一位全能的上帝，那麼歷史就會是朝著單一個神定目的之方向前進，而那些被上帝揀選的人民也注定會在最後勝出——需要的只是他們始終保持忠誠順服。

亞伯拉罕和摩西的神話，還有掃羅、大衛和所羅門的傳說，主要在西元前六世紀建構出來。那是對猶太歷史的一種改寫，要用來宣示一套新的宗教「真理」，設計給一批新掌權的猶太精英賦予正當性；是這批四面受敵精英為自己在這個世界上的地位戰鬥時，所勾勒的挑釁性神話—歷史。

所以，獨一真神乃耶和華，猶太人乃其選民，巴勒斯坦乃猶太人的應許之地，這是一個邊緣小集團觀點，他們用宗教狂想方式來表達自己的復興主義雄心。本來除了盼望、禱告外，他們沒有什麼能做的，然而波斯帝國主義卻讓他們走出遭歷史遺忘的命運，把他們放上全球舞臺。在居魯士大帝一手安排下，新猶太教被安插在巴勒斯坦，並且繁榮茁壯。

事實證明屬於複雜的混種，猶太人活在更強大民族（波斯人、希臘人和羅馬人）的陰影下。巴勒斯坦是個小國，只偶爾獲得不牢固的獨立，更多時候臣屬於外邦帝國。猶太貴族因此徘徊於為獨立而戰、與帝國主義合作之間。為獨立而戰的風險極高，戰敗將會失去一切；但戰勝一樣有可能會讓他們失去一切，因為動員大眾為獨立而戰，可能催生出一場發自底層的民眾革命。猶太農民也是充滿矛盾，他們一方面害怕威權且懷有無力感，另一方面又對剝削者深惡痛絕。所以猶太教分裂為不同的敵對派系，有些是貴族派和通敵主義者，有些則是民眾派和激進派，公開鼓吹反抗外國勢力。

宗教至少有四次把猶太民眾熔鑄為一支強有力的革命力量。當塞琉古的希臘人國王企圖用宙斯崇拜取代耶和華崇拜的時候，他激起了全國性反抗，讓獨立的猶太人國家得以隨著馬加比起義而建立。

隨著羅馬收緊箝制，猶太人又陸續爆發三次起義，分別在西元六六年至七三年、一一五年至一一七年、一三二年至一三六年。每一次的戰鬥都漫長、艱難和血腥，每一次都有數以萬計的人被殺、數以十萬計的人被逐出家園。最後一次起義受到極凶殘的鎮壓，猶太人口所餘無幾。在那之後，古代世界千萬猶太人幾乎成了離散民族，主要散居在地中海東部的城鎮。

參與反帝國主義運動的猶太人中，有一個來自拿撒勒的傳道者，名叫耶穌。他有魅力而立場激進，在鄉村窮人之間吸引到越來越多的追隨者，所以遭到逮捕、審判和處決。他建立的小群體在他死後繼續存在，但很快分裂為兩種不同的傾向：其中一派繼續致力於猶太人的民族革命運動，這群人在六六至七三年的首次猶太起義敗北後被摧毀；另一群人則由大數的保羅（Paul of Tarsus）領導，他是受過希臘教育的猶太商人，採取保守意識形態，主張人可以指望得到的是靈魂救贖而非物質救贖。保羅派基督徒主張，靈魂得救的福音不只要傳給猶太人，還要傳給全人類。

《新約》記錄了耶穌的言行和初代教會的歷史，是一部修正主義作品，執筆者為第一次猶太人起義失敗後住在離散地的保羅派基督徒。根據《新約》，耶穌除了是人還是神，他的王國不是在地上而是在天上，而他的訊息是普世和有關靈魂，不是鼓吹革命。《四福音》的作者們創造出去政治化、去民族化的耶穌，所以這個耶穌能夠在猶太起義後席捲羅馬帝國的「反恐戰爭」中存活下來。

不過，有一些猶太教原來的東西保留了下來。以一種異教神祇做不到的方式，全能和無比仁慈的基督教上帝提供了馬克思所謂的「無慈悲世界裡的一顆慈悲心」，而這訊息對羅馬帝國境內受壓迫者具有強烈吸引力。

保羅派基督教可謂有力的合成，代表著猶太預言、大眾傳道，以及本質上為希臘傳統的救贖崇拜之融合。猶太人先知耶穌被轉化成為普世救主神，在此之外又添入兩個鮮明的基督教元素（皆引申自猶太革命運動的宗教根源）：與羅馬社會嚴格的階級劃分不同，保羅派基督教理想化了平等主義、民主主義社群；其次，取代主流異教思想對貪婪與暴力的合理化，保羅派基督教強調慈悲與合作。

羅馬帝國的剝削壓迫讓千萬人受苦，但政府的暴力總是能夠阻止有效的抵抗。這是一個讓基督教會得以不斷成長茁壯的矛盾，因為主要是從奴隸、婦女和窮人間吸收信徒，教會受到當時人們的極大猜疑，也反覆受到彈壓。但彈壓沒能起作用，大批男男女女勇於赴死（或被火燒死、或被猛獸咬死、或被釘死於十字架上），讓初代教會的殉教者名單蔚為大觀。

到了四世紀早期，教會已然成為地中海世界最強有力的意識形態組織，由教士、會眾和聚會處構成的地下網絡遍布整個帝國，眾多軍官、政府官員和有錢地主都信奉基督教。到了三一二年，皇帝君士坦丁大帝本人信仰了基督教，將其合法化，為其提供保護和照顧，在此世紀即將結束時，他的繼承人狄奧多西大帝將異教定為非法，把各神廟的附屬莊園移交給教會。

這時候，猶太教—基督教一神論被重鑄為一種維護國家權力、帝國和戰爭的意識形態，羅馬皇帝同時成為了為文明對抗野蠻的捍衛者、為教會對抗異教的聖戰士，以及為基督教正統對抗異端的鬥士。結果是基督教因其所包含的種種社會矛盾，變得像猶太教一樣分裂。敵對派系和敵對國家之間的競爭，還有對立階級的緊張關係，皆摧毀了單一普世教會的理想。

以君士坦丁堡為中心的東羅馬帝國，與以羅馬為中心的西羅馬帝國的加劇分裂（西元三九五年後告成且永久化），是東方東正教傳統、西方天主教傳統間疏遠的反映。地主和農民的階級鬥爭，也在傾向保守的天主教會、北非傾向激進的多納圖派（Donatism）教會的分裂裡找到表述。每一群體都追求各自不同的目標（有時還是互相衝突的目標），聲稱全能上帝跟他們站在同一邊。在最極端情況下，意識形態分歧有時會產生出全新的子嗣，就像猶太教曾經帶來基督教那樣。另一個偉大的世界性宗教就是由此而來。

從兩個阿拉伯商旅城市的文化熔爐裡（那裡出自沙漠的古代異教傳統經常跟各種版本的猶太教信仰和基督教信仰混合），產生出一種對一神教的新綜合：伊斯蘭教。這種信仰將會把阿拉伯沙漠的商販、部落牧民結合為一股革命性力量，短短幾年內便如旋風般打敗東羅馬帝國和波斯人的帝國。然後這些征服者將會建立新的文明，把阿拉伯半島的文化和宗教融合於繼承自古典時代的城市、技術、學問和藝術。

阿拉伯－伊斯蘭征服

動盪是思想的沃土，三大一神教皆誕生於動盪之中：猶太教由一個奮力要在西元前六世紀巴勒斯坦站穩腳跟的四面楚歌統治階級所打造；基督教源於對羅馬在一世紀期間壓迫的仇恨；伊斯蘭教是同一根莖上的第三根枝條，其在六二〇年代的早期出現毫不起眼，發生在阿拉伯半島中西部漢志地區兩個偏遠的沙漠城鎮，相當於一場小型爭執，然其隨後的激烈爆發將永遠改變世界。

匈人是未經城鎮、商人和城市文化洗禮的游牧民族，跟大草原的生活方式切斷關係、到處飄泊之後，他們就變得毫無重量。出於這個原因，他們的軍事衝擊雖然一度震撼垂死的古典時代，但同樣忽然消聲匿跡，不留下一絲痕跡。阿拉伯人卻非如此，與匈人相似，他們也屬沙漠游牧民族，放牧綿羊、山羊，飼養駱駝和馬匹。不過駱駝（最早是在西元前一〇〇〇年前後被馴化）可以背負重物走過大片沙漠，而很多駱駝飼養者後來成了商販。阿拉伯貿易商將到達波斯灣、阿拉伯半島南部、紅海海岸港口的奢侈貨品，透過陸路運往黎凡特、地中海地區。麥加、麥地那和其他阿拉伯城鎮靠著這種貿易致富，這些城鎮與沙漠道路上沿途的綠洲村莊，也是匠人社群和農夫社群的家。

簡言之，與中亞大草原形成鮮明對比的是，阿拉伯半島上有著複雜的聚落、社會階級和城市文化。特別是，除了沙漠牧民族的部落習俗、口傳傳說和多神教信仰之外，還存在著貿易商和鎮民信奉的阿拉伯宗教，以及猶太教－基督教宗教。

這裡也常常發生衝突，遠程貿易會斬斷親屬忠誠和部落忠誠的紐帶。沙漠襲擊可以讓部落民得到戰利品，但那對商販來說卻是搶劫；部落的血仇會為一個地方親族提供保護，但去到一個遙遠城鎮的貿易商卻不會得到這種保護。

在麥加、麥地那之類的地方，游牧民族與農民會以物易物，部落民與貿易商會爭吵，沙漠傳說與城鎮傳統會發生磨擦，男人與女人會討論世界是怎樣運作——更精確地說，是討論他們感覺世界應該怎樣運作。當這樣做的時候，他們是在宗教框架中看待事情，因為在中世紀世界早期，思考這些事情就是在反省上帝的目的。

如許濃厚宗教氣氛中，有個來自麥加小商人家族的年輕人獲得奇遇，他看見了異象，相信上帝（阿拉伯語稱為「阿拉」）直接對他說話。一小群追隨者相信他所言，其中一些還開始記下他宣稱是阿拉對他說過的話。他的名字叫穆罕默德，而他轉述的阿拉話語後來變成《古蘭經》。

伊斯蘭教保留了許多猶太教—基督教的神話和傳說，不論是猶太人、基督徒還是穆斯林，都把亞伯拉罕和摩西視為先知。三教的另一相同之處是秉持普世主義。伊斯蘭教同時打破部落和階級差異，而今敵對部落中許多互別苗頭的神明不復存在，只剩下獨一的最高神。曾經是氏族忠誠和血仇主宰的地方，現在被放諸四海皆準的行為通則取代。不再對被壓迫者（婦女、奴隸、窮人和邊緣人）的受虐視若無睹，慈悲心、仁愛和提供保護成為道德命令，穆斯林構成一個以平等、普世權利及單一法典為基礎的「共同體」（umma）。伊斯蘭教，是要在一個碎裂的世界創造秩序。

穆罕默德會遇到激烈反對也就不足為怪了。他從六二〇年前後開始傳教，卻在六二二年被迫離開麥加，前往麥地那尋求庇護。在麥地那，他建立了日後群眾運動的核心，除了有一批滿懷政治—宗教熱忱的年輕男女作為骨幹，又吸引到想要獲得商業利益的貿易商、想要獲得戰利品的部落領袖，以及渴望和平與秩序的鎮民、農民。他帶著一支軍隊在六三〇年返回麥加，取得勝利。自此穆斯林控制了阿拉伯半島中西部。

當穆罕默德在六三二年離世時，他的運動本有可能分崩離析，被沙漠部落互相攻伐的傳統撕碎。但這樣的事卻沒有發生。那是因為頭兩任哈里發（繼承人）阿布・巴克爾（Abu Bakr）和歐瑪爾（Umar），選擇把阿拉伯半島的暴烈精力引導到攻打外部目標：波斯帝國和拜占庭（東羅馬）帝國。

當阿拉伯－伊斯蘭軍隊發動攻擊，這兩個古老帝國大大失血。古代的偉大城市像骨牌那樣紛紛倒下：敘利亞的大馬士革在六三六年失陷，伊拉克的泰西封（Ctesiphon）在六三七年失陷，埃及的開羅在六三九年失陷、亞歷山卓在六四二年失陷。穆罕默德死後不到十年，他的追隨者便創造出一個龐大的中東帝國。

就像匈人和哥德人兩世紀前在歐洲體驗過的那樣，阿拉伯人發現東、西方兩個古老帝國排場十足卻是空心草包。波斯和拜占庭相互攻伐了數百年，一直不分勝負。最後一次交戰（六一三－六二八）讓雙方氣力耗盡，國庫空虛、人力枯竭，人民苦於苛捐雜稅、被強徵物資而怨懟不已。

這兩個帝國有城堡、披甲戰士和高級武器，阿拉伯人只有沙漠和駱駝。阿拉伯沙漠向北延伸，是一條沙子和礫石構成的長形地帶，西起敘利亞、東至伊拉克。在這些荒地中，駱駝是最優秀的交通工具，騎駱駝行進的軍隊就像在海上坐船一樣迅速。阿拉伯人會從沙漠任何地方突然竄出，因為裝備輕盈、具高度機動性，可以摧毀出動來對付他們的沉重軍隊和馬匹，然後遁入捲起的滾滾沙塵中。

敘利亞和伊拉克的受苦農民對主子的戰敗毫不在乎，常常還會歡迎阿拉伯人，把他們視為解放者。好多地主逃走了，稅率減低了。猶太教、基督教和波斯拜火教受到寬容，但許多人很快就歸從伊斯蘭教。阿拉伯人的統治，常意味著略為好轉的生活。

阿拉伯人持續征服，他們的軍隊橫掃北非海岸，攻破利比亞、突尼西亞、阿爾及利亞和摩洛哥，然後越過地中海入侵西班牙，在七一一年將其完全占領。其他軍隊向東推進，阿富汗的喀布爾早在六六四年就落入伊斯蘭教手中。

這是歷史上涵蓋範圍最大、最突然和最具轉化性的征服戰爭之一，但在轉化了世界的同時，征服者也轉化了自身：這兩個過程都極為矛盾且具爭議，阿拉伯人這支沙漠民族（游牧者、貿易商和土匪）首先席捲中東、北非，然後在繼承了古典時代財富之後垮臺，陷入互相敵視、謀殺和內戰漩渦。

第五章

中古世界

約六五〇年至一五〇〇年

就像古代帝國那樣，中世紀帝國（不管是在亞洲、非洲還是美洲）構成了人類社會發展的障礙。

現代資本主義於歐洲被創造出來，是在十五世紀初次出現，但其源頭可回溯至更遠。欲說明這一點，需要一整章的篇幅。不過在那樣做之前，我們必須先回答另一道問題：為什麼資本主義沒有在這時期的其他地方發展出來？

本章，我們將回顧五〇〇年至一五〇〇年這一千年間發生在中東、中亞印度、中國、撒哈拉沙漠以南非洲和美洲的事件。儘管都達到相當高的文化成就，但這些地區的文明皆成為經濟發展和社會發展無法跨越的障礙。

就像青銅時代和鐵器時代的帝國那樣，中世紀的非歐洲帝國仍由權勢強大的統治階級控制，他們霸占剩餘，耗費在毫無生產性的支出。技術按照戰爭而非工作的需要發展，人類創造性受到埋沒。因此緣故，

成吉思汗（1162-1227），軍閥和歷史上最大陸上帝國的統治者。出自同時代中國水墨畫。

當亞洲、非洲、美洲社會在一五〇〇年之後遇上擴張中商業資本主義的洶湧勢頭時，不得不向歐洲人的「槍砲、細菌和鋼鐵」屈服。

阿拔斯革命

阿拉伯人的東征西討，最終讓他們控制了一片從大西洋延伸至阿富汗的廣大領土，繼承拜占庭敘利亞、薩珊伊拉克、哥德西班牙的財富。這種權力及財富的積累，讓以沙漠部落和商旅貿易為基礎的社會秩序難以為繼。

靠著第一任哈里發阿布・巴克爾的領導，伊斯蘭帝國在穆罕默德死後仍然能夠維持統一。不過，其後三任哈里發都是遭到謀殺：歐瑪爾死於六四四年，奧斯曼死於六五六年，阿里死於六六一年。

六五八至六六一年的危機標誌著一個關鍵轉折點，阿里在一場全面內戰中被推翻且被殺，他兒子胡笙也在十九年後被殺害。得勝者穆阿維葉於阿里遇害同一年，建立了以大馬士革為中心的伍麥亞王朝（Umayyad dynasty）。

這些事件極為重要。阿里是先知穆罕默德的女婿。穆阿維葉是被謀殺的哈里發奧斯曼的堂侄，而奧斯曼一度跟穆罕默德非常親近。所以說，伊斯蘭教的政治－宗教精英自我撕裂。這道裂痕從來沒有痊癒。今日的伊斯蘭教遜尼派是直接上溯奧斯曼和穆阿維葉，什葉派則直接上溯阿里和胡笙。伍麥亞家族想要分享帝國的果實，但阿里和胡笙的追隨者想要保存早期伊斯蘭教的血統純正。換言之，這場分裂部分是一場階級分裂，遜尼派和什葉派的分裂至今帶有這個面向。

伍麥亞家族掌權一世紀，期間維繫了帝國的統一，對古老文明的財富和技術進行剝削。阿拉伯世界擁有灌溉農業、高級的城市手工藝、活絡的銀行系統和厚實的學術、文學及藝術傳統。相比之下，西方世界是生活在黑暗時代。

但兩項矛盾始終糾纏著伍麥亞帝國，最終把帝國拖垮。首先是阿拉伯世界的地理環境含括好幾個自然經濟單位，其統治階級追求各自的快速發展。地理距離讓伍麥亞帝國無法進行有效統治。如何可以期望大馬士革的軍隊能控制巴格達、開羅、突尼斯和法斯（Fez）？

其次，伍麥亞家族代表阿拉伯的戰士貴族階級。他們起初進行伊斯蘭教的征服戰爭，然後定居在敘利亞各座古城裡。這些精英建造宮殿，花費大量金錢在建築物、奢侈品。他們受到阿拉伯人普通士兵的支持，這些普通士兵住在駐軍城鎮，免繳賦稅，靠著年金度日。伍麥亞統治階級人數少且具寄生性，權力基礎是人數有限的白吃白喝軍人集團。

不過，伍麥亞帝國的經濟仍然蓬勃繁榮。舊帝國之間的戰爭曾經蹂躪農田、破壞貿易，抽乾了稅源和人力。「伊斯蘭和平」讓農業和貿易再度蓬勃發展，一些走下坡的古代城鎮蛻變為商業樞紐，商販、匠人階級在人數財富和自信上皆大幅增加。這構成了一場新革命的社會根源。

不少人改信伊斯蘭教，而這對伍麥亞政府構成一個財政問題，因為穆斯林豁免繳稅。對此，政府的解決之道是創造二等的穆斯林階層，把新的歸信者稱為「馬瓦里」（Mawali），不讓其享有阿拉伯人的特權。一道讓人無法在阿拉伯－伊斯蘭社會裡向上爬的障礙，就這樣被建立起來。

到了八世紀中葉，阿拉伯人是只占少數的軍事貴族階級，靠著以城市為基礎、人數漸增的穆斯林商販和匠人所繳納的稅收過日子。後者為伊斯蘭教中的異議分子——包括什葉派、更激進的「分離派」（Kharjiites）和各種的不同的「馬赫迪」（mahdis，彌賽亞）——提供了現成聽眾。這些異議運動無一強大得足以扳倒伍麥亞政權，具有決定性的是阿拉伯人統治階級本身的一個投機性分裂。

阿拔斯是穆罕默德家族的後人，他在伊拉克建立了一個支持者的地下網絡，讓自己成為各種不同異議群體的首領，然後發起一場造反，推翻了統治王朝。伍麥亞王朝被打敗，新的阿拔斯王朝在七五〇年成立，首都設在巴格達。權力現在被轉移到官員、商賈、伊斯蘭學者和神職人員等城市精英手中，權力基礎因此變得較廣、較有包容性，阿拉伯人身分和阿拉伯人戰士地位失去不少價值。農業、貿易和城鎮繼續成長。

即便如此，早期伊斯蘭教帝國的兩個矛盾很快便在更高層次重新出現。城鎮是伊斯蘭教生活的中心，但它們大多獨立自足。城市精英關注農業、貿易、手工藝品生產、宗教儀式和維持秩序，他們的關懷屬於地方性。

但阿拔斯哈里發們卻受到各種威脅：帝國邊緣的叛離、不滿之精英派系的政變，以及由宗教派別或受剝削農村大眾發起的起義等。因此早期的伊斯蘭教政府被迫獨立於社會之上運作，淪為一部累積維持王朝統治所必需的軍事資源的機器。中東社會的大眾，跟統治他們的早期伊斯蘭教政府之間分隔著寬闊鴻溝。

伍麥亞家族本來就因為大肆建造宮殿和消費奢侈品而引起民怨，阿拔斯家族猶有過之。為了讓自己不用受巴格達城市精英的掣肘，他們在薩邁拉（Samarra）的底格里斯河河畔建造了一座美侖美奐的宮殿城市。第一座宮殿建於八三六年至八四二年，比中世紀歐洲任何一座宮殿都要大上許多。但在接下來四十年，又有另外兩座同樣規模的宮殿被築造起來。

當阿拔斯王朝用僱傭兵來取代原有的阿拉伯部落軍隊時，它進一步失去錨定。僱傭兵主要是來自中亞的土耳其人，駐紮在薩邁拉。

宮廷和軍隊都是由稅金維持，特別是從非穆斯林徵收的稅金。與此同時，伊斯蘭社會的部落和城鎮發展出強烈的地方認同與意識形態。雖然伊斯蘭教在整個阿拉伯世界創造出一種單一的忠誠，但國家和社會之間卻不存在任何強力的紐帶。這是阿拔斯政府不穩定的原因。

在九世紀和十世紀期間，這個伊斯蘭帝國的統一性瓦解了。阿拔斯哈里發不久便得面對一堆敵人：開羅的法蒂瑪王朝、西班牙哥多華的一個伍麥亞王朝，還有其他地方無數獨立、半獨立的小統治者。這些政體之間與之內的衝突，增加了國家權力的開支，抽乾了國庫，進一步削弱了早期的伊斯蘭統治者。十一世紀期間，阿拔斯哈里發國形同垮臺。哈里發的塞爾柱土耳其人傭兵，因為得到來自中亞新血的加強和靠著歸信伊斯蘭教獲得合法性，自己奪取了權力。

一個政府遭到自己的傭兵篡權，可以反映其缺乏社會根基的程度。人民大眾被為宮殿、士兵和王朝戰爭所徵收的稅金壓得喘不過氣，對任何掌權者都毫無熱忱。另外，該地區仍然是由紛呈的少數民族構成，所以政治緊張很容易就會衍生為出於種族、宗教差異而發生的抵抗。

到了十一世紀結束時，中東分裂成許多弱小和不得民心的政權。它將會為此付出可怕代價，因為教宗烏爾班二世於一〇九五年十一月在法國克萊蒙（Clermont）發表演說時，呼籲西方封建精英階層「趕快前往東方解救主內弟兄」。十字軍東征行將開始。

拜占庭帝國、塞爾柱土耳其人和鄂圖曼土耳其人

拜占庭帝國一直被形容為活化石。當西羅馬帝國在五世紀期間衰亡時，東羅馬帝國保持不墜，注定要再存續一千年。為什麼兩者的歷史命運會如此大相逕庭？

防禦西羅馬帝國需要動用三分之二的羅馬部隊，但東羅馬帝國的稅收卻占整個羅馬帝國的三分之二。當羅馬帝國在邊界不斷升高的軍事壓力下分裂為二之後，西羅馬崩潰了，因為缺乏維持軍隊的資源。反觀東羅馬不只更加富有，還更加安全，因其邊界大部分受到海洋、山脈或沙漠的保護，地理環境讓活化石可以存續。

不只是這樣，它還為流產的收復羅馬失地運動提供了發射臺。在皇帝查士丁尼統治期間，拜占庭將軍貝利撒留征伐非洲的汪達爾人和義大利的哥德人，重建了「羅馬人」對原有大片大片領土的控制。

不過這種努力對帝國構成無法長久承受的壓力，特別是因為拜占庭帝國東部邊界的長期不穩定。在那裡，拜占庭和波斯帝國進行了一連串虛耗國力且無結果的大規模戰爭。所以在其後來大部分的歷史時期，拜占庭都是處於守勢。

拜占庭帝國是保守的軍事化國家。皇帝向農民徵稅、徵勞役，以維持帝國政府、資助教會、供養陸軍和艦隊，以及在邊界發起戰爭。統治階級由宮廷官僚、教會牧首、軍事將領和封建地主構成，主導的意識形態是一種教條化、儀式化的基督教——浸泡在香燭、聖像和聖歌裡。拜占庭世界知性貧乏，幾乎完全沒有想像力、創造力和創新性，其能夠享祚長久是因為地理形勢優越，以及繼承了先進的希臘—羅馬文化傳統（特別是軍事傳統）。拜占庭社會固然是停滯，但其對國家的完全從屬，讓國家可以維持一支專業化又高技術的大型軍隊。

拜占庭的領土劃分為由將軍控制的「軍區」（themas），每個「軍區」都要負責招募、裝備和提供一支大約一萬人的軍團，軍團包含被稱為「鐵甲騎兵」（cataphract）的重騎兵（從頭到腳穿鎖子甲、配備長矛、弓和劍）、重步兵（配備圓盾、長矛和劍）和輕步兵（通常是配備複合弓的射手）。這些訓練有素的正規部隊通常都有家戶兵、封建兵、非正規輔助兵和外國僱傭兵作為補充，在拜占庭歷史的晚期尤是如此。至少在正規軍，裝備和武器都是技術先進且最高品質。戰術好採近距離對決——在這些時候，優越的武器、盔甲和軍紀被認為是攸關勝負。這是希臘－羅馬式，或說是「西方式」的戰爭方式。

最終讓拜占庭帝國被打敗的是遇上了「東方式」的戰爭方式，一種植根於阿拉伯沙漠和中亞大草原人類學的作戰方式。拜占庭文明的崩潰是歷史的「長時段」之一，換言之，是個過程而非事件。這過程延續了超過八個世紀（起至六三〇年代，結束於一四五三年），反映著經濟、社會和文化的根本差異。過程中發生了四起指標性事件（分別發生在六三六年、一〇七一年、一二〇四年、一四五三年），每次都是一場決定性的軍事大敗，每次都導致領土大失血和（或）地緣政治實力的降格。

第一起事件發生在六三六年的雅爾木克河之戰。此役拜占庭帝國被一支阿拉伯－伊斯蘭教軍隊打敗，失去了對敘利亞的控制。大馬士革因此變成新伍麥亞帝國的第一個首都，這個帝國最終將會擴張至西班牙和印度。發生在我們現在稱為「中東」的地區一個深刻文化轉變由此開始。假以時日，「中東」大部分人將會歸信伊斯蘭教，自視為阿拉伯人。以「阿拉伯人聚居區」（medina）和清真寺為中心的城鎮，會成為一個持久的社會秩序的基本元素。這社會秩序將會在後來一波波的外國入侵下繼續存在。

一〇七一年，拜占庭帝國在馬拉茲吉爾特之戰遭遇第二次軍事災難，這次是敗在塞爾柱土耳其人手中。就像匈人和蒙古人那樣，土耳其人是歐亞大草原上的游牧民族，軍隊主力是輕裝備的騎射手。他們有些因為在邊界地區或當僱傭兵期間和穆斯林有所接觸，歸信了伊斯蘭教。從十世紀晚期開始到接下來的一世紀左右，一波波土耳其人侵略者橫掃南方的文明。他們首先攻擊印度西北部，然後在一〇四〇年代攻擊伊朗，在一〇五〇年代攻擊伊拉克，最終在一〇六〇年代攻擊亞美尼亞和安納托利亞。

這時候，定都在巴格達的阿拔斯哈里發國早分裂成為許多獨立的政治體，而這些繼承政權對土耳其人的入侵無法做出有效的抵抗（不過伊斯蘭社會後來在土耳其人大領主的統治下顯得深具韌性）。然後，在亞美尼亞的馬拉茲吉爾特，巴格達的塞爾柱蘇丹阿爾普．阿爾斯蘭（Alp Arslan）身先士卒，擊敗了一支人數多更多的拜占庭大軍——拜軍是皇帝羅曼努斯四世親自率領，由正規軍和西方封建領地的傭兵構成。這回戰敗的後果相當嚴重，拜占庭帝國失去了亞美尼亞和一大部分的安納托利亞，這兩個地區歸信伊斯蘭教的過程由此開始；伊斯蘭大業的明顯復甦促成十字軍東征。

以君士坦丁堡為基地的拜占庭，繼續控制著安納托利亞西部和巴爾幹半島。這部分是因為得到十字軍的支持，部分是因為塞爾柱帝國後來就像它的前驅那樣，分裂為五光十色和彼此爭戰不休的小國。

十字軍在十二、十三世紀對這地區的歷史發揮主導作用，但他們對拜占庭帝國而言是福也是禍。拜占庭的第三次軍事大災難發生在一二〇四年，當時第四次十字軍東征的艦隊攻擊並占領君士坦丁堡。該城市一大部分被摧毀，大量財物被劫走，人口據說從一二〇三年的五十萬人減少為一二六一年的三萬五千人。

所以當拜占庭在一個世紀後面臨新的土耳其—伊斯蘭威脅時，領土已經大為減少，國力已經大為削弱。一三〇〇年前後，一個叫奧斯曼的土耳其軍閥在安納托利亞西北部的土耳其人中間崛起，成為霸主。他建立的帝國「鄂圖曼帝國」，注定會在一個半世紀後完成摧毀拜占庭的大業。

塞爾柱帝國的分裂及拜占庭權力的衰落，在牧民、貿易商、托缽僧和海盜等變動不居的人口中，創造出一批不穩定的邊疆小國和敵對酋長。一名得勝的軍閥當可透過提供保護、獎賞來吸引越來越多的追隨者。基於某種原始的政治—軍事積累過程（其詳已經被歷史淹沒），奧斯曼脫穎而出，把足夠大量的土耳其戰士統合到他的麾下。

到了十四世紀中葉，奧斯曼的繼承者們（鄂圖曼的蘇丹們）控制了整個安納托利亞的西北部；一百年後他們同時控制了安納托利亞和巴爾幹半島大部分地區。在「征服者」穆罕默德二世（Mehmet the Conqueror）的統治下（一四五一－一四八一），鄂圖曼軍隊占領巴爾幹半島的其餘部分和安納托利亞中部，甚至占領克里米亞和黑海地區。穆罕默德的最高成就是對拜占庭施以第三個和最後一個打擊。一四五三年五月二十九日，鄂圖曼人從海陸兩路圍攻君士坦丁堡，歷經五十三日占領了這個拜占庭的首都，結束了希臘－羅馬基督教和阿拉伯－土耳其伊斯蘭教長達八百年的鬥爭，也結束了一個在某種意義下持續兩千年的文明。

蒙古帝國

一一九〇年前後，在遠離任何世界文明中心之處，一個叫鐵木真的蒙古酋長發起一場政治－軍事運動，要把歐亞大陸東部的草原游牧民族統一為單一的中央集權政治體。他在一二〇六年完成這份偉業，被蒙古各部落尊為「成吉思汗」（意為最高統治者）。

五年後，以協議或武力方式把東部草原所有親戚民族結合為新的蒙古超級國家之後，他走出帳篷，宣布獲諸神告知他已獲得「天命」。接下來他發起的征服戰爭將會粉碎亞洲和歐洲文明的基礎。

這一場風暴首先吹向金帝國。在第一次蒙金戰爭（一二一一－一二一五）中，蒙古軍隊深入中國，燒殺擄掠（此般燒殺擄掠在隨後半世紀將會在整個歐亞大陸幅員內重演多次）。金國皇帝被迫向蒙古大汗稱臣，但蒙古人隨後帶著擄掠品撤回北方。

然後他們改為西征，攻擊土耳其人—波斯人帝國「花剌子模」，在一連串戰役中將許多絲路大城如布哈拉（Bukhara）、撒馬爾罕（Samarkand）、訛答剌（Utrar）、默伏（Merv）、內沙布爾（Nishapur）、巴爾赫（Balkh）和赫拉特（Herat）夷為平地，很多至今仍為一片廢墟。數以十萬計的人喪生於大屠殺，在一片摧毀殺戮中，成吉思汗自稱「上帝之鎚」。

在成吉思汗及其繼承者們的指揮下，戰事不斷。後來入侵中國的戰爭中，蒙古人原打算殺盡農民以造出新草地放牧牛羊，不過後來中央政府成立，首都設在哈拉和林，經過大臣（包括中國人和波斯人大臣）勸說，蒙古精英改變主意，演化成為依賴稅收的統治階級。

帝國也向西擴張，花剌子模被滅、俄羅斯被征服，在一二三七年至一二四二年間，蒙古軍隊橫行歐洲，進攻波蘭、匈牙利和巴爾幹半島。隨著歐洲封建騎士在一二四一年四月兩場戰爭中連續被蒙古人大敗，一些基督教徒預言世界末日即將來臨。

但離家幾千英里的蒙古軍隊突然退回廣袤的大草原中，沿途燒殺擄掠。原來是成吉思汗駕崩了，哈拉和林陷入繼位之爭，蒙古西征的勢頭暫時止住。

待蒙古人恢復西征，力量已減弱，遇到的抵抗增加了。一二六〇年，蒙古大軍在中東的阿音札魯特之戰中被馬木路克王朝（Mamluks）決定性擊敗。

從大草原湧出的狂潮最終耗竭了自己，蒙古人已占領之地是那麼廣大，累積的財富是那麼驚人，以致失去進一步征服的鬥志——面對頑強抵抗時尤其如此。不過，在蒙古第五位大汗忽必烈（一二六〇—一二九四在位）的最高指揮下，蒙古人仍然統治了歐亞大陸的四個巨大汗國。

忽必烈本人建立元朝統治中國（被稱為「大汗之國」），成為該朝代第一位皇帝，其他三個汗國分別是西面的金帳汗國（其版圖遠達莫斯科和基輔）、位於中亞核心的察合臺汗國（兩百五十年之後汗國的後人將會征服印度，建立莫臥兒王朝），以及以波斯、伊拉克為中心的伊兒汗國（鼎盛時期控有安納托利亞、高加索和中亞西南部大片地區）。

然而，不管是在中國、中亞、中東還是印度，新的蒙古人統治者基本上並未改變原有的社會秩序。當初蒙古人橫掃歐亞，所過之處留下一片殘破，數十年後蒙古人開始定居下來進行統治時，他們只是以另一統治階級的身分，從同一農民生產系統壓榨稅金和勞役。

為什麼蒙古的衝擊，那麼壯觀卻又那麼淺薄？

蒙古是一片廣大的高原，氣候極端，夏季氣溫常常超過攝氏四十度，冬季氣溫有時會降至攝氏零下四十度；土壤薄而鬆，多礫石，冬天會凍結很長的時間。這表示大草原不利農業，但在夏天能夠產生豐茂青草（冬天也有青草但數量較少），足以供放牧綿羊、山羊、牛隻和馬匹。

蒙古大草原的傳統生活方式因此是季節性遷移放牧，飲食以肉、奶和乳酪為主，物質文化的基本材料為皮革和羊毛。人民分為家族、氏族和部落，每個部落由一名酋長統治，每個社群控制著一些夏天牧場和冬天牧場（有時部落間也會為了爭奪牧場發生衝突）。

蒙古人的軍事系統奠基於馬匹、鐙、套索、劍和複合弓。蒙古人擄掠隊或軍隊本質上為一群輕裝備的騎射手，「東方式作戰方式」（如伏擊、突襲和騷擾，而不是近距離對決）是蒙古戰士的拿手好戲。

成吉思汗的成就是透過中央集權化創造有效的軍隊數目，淘汰舊有的部落軍事組織，以嚴格訓練、講究紀律、論功晉升的正規部隊取而代之。他和他的繼承人日後還會把中國人和波斯人的技術（特別是武器及圍城戰的技術）納入蒙古人的軍事系統。

蒙古國因此是一個混種的形構，惟仍依賴於草原游牧部落的野蠻主義，後果就是讓掠奪性入寇演變為全球性災難。蒙古軍隊雖被轉化成為一支征服世界的武力，但遠比鄉村、城鎮和都市的居民原始，所以除了殺戮和破壞外，未能給被他們征服的人帶來什麼。

金國的人口普查顯示，中國北方在一一九五年有大約五千萬人；當新的蒙古統治者在四十年後再一次進行人口調查時（當時蒙古對金國已經發動過兩場大戰），人口只剩九百萬。一次又一次，蒙古人將整個群體不分男女老幼趕盡殺絕，有時因為匠人和文員有用而饒其不死，然總是會殺死所有農民。

只有到了數十年後，當蒙古政權按照中國或土耳其—波斯的傳統徵稅國模式發展時，一般老百姓的生命才變得有價值。但這樣當然不算是一種蒙古人的成就，只是蒙古精英受到更優越文明所同化的結果；這種同化讓蒙古的酋長們被轉化為中國式或土耳其—波斯式的廷臣。在金帳汗國、察合臺汗國和伊兒汗國，這種改變的最大表徵是歸信伊斯蘭教——那是既有中東精英階層的宗教。

就像某位出仕蒙古朝廷的中國人官員所言：「可以馬上得天下，不可馬上治天下。」要能夠創造可永續的政權、繼續控制較先進的社會，蒙古人有必要不再當蒙古人。

印度教徒、佛教徒和笈多帝國

印度的孔雀帝國滅亡於西元前三世紀晚期，印度的笈多帝國崛起於西元四世紀早期，相隔超過五百年。這段期間發生的經濟和社會變遷，更動了帝國主義的基礎。

農業繁榮昌盛：現在有了更多的穀物種類、更多的灌溉系統、更有組織的村落社群。村落是基本的行政單位，含括村民的房子及他們的小塊土地、灌溉設施（主要蓄水池是和水井）、牛場、荒地、村落公有地、村落四周的樹林、流經村落的溪流、村落寺廟及其土地、火葬場和田地。地方事務是由一個村議會、一個村法庭和偶爾舉行的村大會管理。

貿易同樣蓬勃，印度商人被整合到一個全球市場，這個市場一邊連結阿拉伯半島、西亞和地中海地區，另一邊連結中國和東南亞，布料、金屬、珍貴石頭、香料、鹽與珍禽異獸都是主要的交換商品。再來還有陶匠、織布工、金屬工、建築師、工程師、砌磚匠和各種可想像商品（從玉米到象牙）的經銷商。錢幣被大量鑄造，銀行業和借款成為尋常業務，港口和城鎮欣欣向榮。就像村落社群有著高度組織那樣，商人和工匠也有著高度組織；行會和合作社制定規則，規範商品品質和價格，為會員提供福利與保障。

商業的繁盛同時促進了佛教傳播，為其傳教者提供大量聽眾。印度教是精英階層（統治者、地主、祭司和軍人）的宗教，維護一種奠基於種姓與國家的靜態、傳統秩序。與此相反，商業可以打破社會界線，消解社會分歧，創造出新的社會實體；其要求跟種姓與國家相抵觸，商業精神在佛教裡找到它的意識形態表述。

佛陀（意指「覺者」）本來是一位印度教的戰士—王子，名叫悉達多（約西元前五六三—前四八三）。他後來脫離自己的種姓，經歷了深邃的宗教經驗，把餘生用在傳講新哲學。根據這套哲學，真正的快樂滿足來自接受自然和社會秩序，體認到一切都處於流變之中，以及達到一種超越於日常生活擾攘之上的精神平靜。

佛教的激進之處在於其眾生平等思想，還有輕視財產、階級及地位，它鼓吹一種有目的、正直和人人做得到的生活方式。就像所有偉大宗教一樣，佛教的原始訊息後來受到社會現實的扭曲，但仍舊維持吸引力——不只對商人、工匠和鎮民是如此，對很多處於階級體系底層的人亦復如此。

村落、城市行會、印度教寺廟和佛教寺廟，為印度的市民社會提供了形式與實質，為從前的孔雀帝國所不曾有過。這種有時被稱為「古典時期」（約三〇〇—七〇〇）的社經新秩序，形塑並限制了建立在其上的笈多帝國。

這個帝國由三位前後相續的戰士—國王打造而成，他們是旃陀羅·笈多一世（Chandra Gupta I，約三二〇—三三五）、三慕達羅·笈多（Samudra Gupta，約三三五—三七五）和旃陀羅·笈多二世（約三七五—四一五）。就像孔雀帝國那樣，它發源於肥沃的印度河流域，首都設在巴特那（Patna），從那裡首先擴張至印度北部平原區，然後擴張至印度中部的達干高原，最後擴張至印度南部。

笈多帝國屬於寄生性政權，政府下層基礎是土地持有和徵收稅金。很多官員的報酬都是土地，政府賜贈莊園以報答他們為國效力，而莊園常常是免稅。與此形成鮮明對比的是，農民需繳付收成的十分之一到六分一作為土地稅，這種剩餘支撐了笈多帝國的擴張行動。當然，從農民角度來看，這是一種浪費性開支。

另一方面，市民社會的強而有力限制了國家積累剩餘的力度。地方小君主和酋長享有相當大的自治權，國家官員形同封建的莊園擁有者，農民有他們的村議會和村大會，商販和匠人有他們的行會和廟宇。所以笈多帝國的中央集權化是不完整的，國家賴以管理的下層基礎淺薄，進行積累的大動脈受到阻塞，最終，虛有其表的帝國政府輕易就在壓力下分崩離析。

笈多王朝維繫廣大領土的時間只持續了一世紀，然後在六世紀期間，帝國以頗快的速度傾覆。第二次用一個帝國統一印度的嘗試，被證明就像第一次嘗試那樣脆弱、短命。帝國崩潰的催化劑是草原游牧民族匈人的入侵。匈人從中亞出發，沿著印度西北部的傳統入侵路線，穿過興都庫什山脈進入印度河流域。笈多帝國的迅速崩潰，顯示出它外強中乾的事實。

印度再次分裂為許多小國，此後至少有一千年時間，讓人眼花撩亂的小國此起彼落，彼此經常處於交戰狀態。這段期間，敵對王朝國家跟村落、生產和商業的世界沒有多少聯繫。政府飄浮在社會上方，寄生於社會，吸取社會的剩餘，但又與社會保持分離。軍事競爭迫使各國政府拚命積累剩餘，充滿壓迫性，但無一能夠積累到夠多的剩餘，無法建立夠強的軍隊以打敗敵人並建立新的帝國，來自地主、商人和村民的抵抗太大了。

另一方面，軍事基礎建設的重量也拖垮了市民社會。貿易日走下坡，進步的步伐逐漸變慢，社會出現了「封建主義化」的趨勢。種姓制度變得更加堅固，精英文化走向神祕主義和經院主義。村落變得內向保守。時間的循環理論——一種印度各大宗教分享的理論——表達出歷史現實。國家和社會的分離，還有兩者需求的矛盾，把印度次大陸困在經濟僵局裡。

中國歷史的旋轉門

秦帝國是中國歷史上第一個帝國，其建立是革命性創舉。青銅時代的商朝（西元前一五二三—前一〇二七）只統治著中國西北部的黃河地區，鐵器時代的周朝（西元前一〇二七—前二二一）從未構成有效的中央集權帝國，而戰國時期（西元前四〇三—前二二一）由於有九至十個的獨立國家競逐勢力，任何統一的表象皆蕩然無存；所以當秦始皇這位歷史上最偉大和最殘暴的征服者之一，終於第一次把中國統一起來的時候，堪稱巨大成就。秦王朝在始皇帝駕崩不久就宣告滅亡，但中華帝國總是被不同的王朝不斷重建。在印度，分裂為常態、統一為例外，然西元前二二一年之後的中國，情形卻剛好相反。為什麼會這樣？

印度和中國都是封建—徵稅的混合系統，其精英部分靠土地持有生活，部分靠國家從稅收撥出的薪金生活，惟兩者在中、印的比例有所不同。在印度，帝國政府相對於地方統治者、地主和商人來說較為弱勢，所以容易在壓力下崩潰。孔雀帝國（約西元前三二一—前一八〇）、笈多帝國（約三二〇—五五〇）

和莫臥兒帝國（一五二六—一七〇七）都是由漫長「戰國」時期分隔開的帝國間奏。反觀在中國歷史，王朝的前後相續才是主流形式，較知名的王朝包括漢朝（西元前二〇六—西元二二〇）、隋朝（五八一—六一八）、唐朝（六一八—九〇七）、宋朝（九六〇—一一二六）、元朝（一二七九—一三六八）、明朝（一三六八—一六四四）和清朝（一六四四—一九一二）。在一八〇〇年之前的兩千年裡，印度只有四分之一的時間歸於統一，中國卻有四分之三的時間歸於統一。這是一個決定性差異。

在中國，帝國政府是較為棘手、有力和成功的剝削者。這帶來三個結果：首先，因為較為安全，它較不黷武；其次，因為有大量剩餘和只有普通程度的軍事需求，它可以投資在公共工程，以增加生產力和進一步擴大稅基；第三，因為它不受其他社會勢力限制，所以傾向於過度剝削。

中國得天獨厚，交錯著許多可航行的河流，這些大河流又跟一些大運河連結在一起，形成了一套八萬公里長的水路網。這讓中國同時重視國內貿易與國外貿易，讓商人輕易觸及龐大市場，農產和工業生產因此受到刺激。造船業發達興旺，有一連串技術革新，中國製造的船隻大得足以容納一千人，且在十一世紀的鐵產量多過十八世紀的英國。中國比歐洲人早兩百四十年使用火藥，早五百年懂得印刷書本，早七百年懂得製作瓷器。

中世紀的中國大城市林立。宋朝首都開封的面積是同時代巴黎的十二倍。杭州城的房屋至少一百五十萬棟，居民多達四百萬人，而同時代倫敦的人口還遠低於十萬。

中國的城鎮固然巨大，但沒有發展成為獨立的權力中心，始終牢牢控制在朝廷官員手裡。唐朝首都長安同時是帝國的經濟和文化中心，是一座住著上百萬人的貿易大城。不過，城裡民居的風頭都被皇宮、官署搶去，而其上百個左右的有圍牆居民區（呈長方形網格狀分布）每晚會宵禁。

作為一個階級的商人並不追求權力，他們把向上流動的希望寄託在兒輩，指望兒輩飽讀詩書後可躋身士大夫的特權小圈子行列。士大夫的抱負則是擁有鄉村莊園。中國統治階級的社會理想是當鄉紳官員而非商人布爾喬亞，反映出帝國中央政府對於市民社會的凌駕程度。

法家與儒家在意識形態上的稱霸，也見證著國家的力量。法家主張政府運作順暢乃全民福祉的基礎，政府官員因此是國家的化身。但在很多人看來，這般見解太粗糙，畢竟誰能保證負責行政管理的人不落入腐敗無能？中國哲學家孔子（約西元前五五一—前四七九）為此提供了一個答案。孔子出身貴族之家，後來成為戰國時代魯國的主要大夫暨哲學家。他教導人要尊敬傳統和社會秩序，惟強調忠實、良知及自我控制的重要性。

儘管如此，一如在其他地方那樣，一個帝國社會的矛盾和壓迫往往孕育出更激進的哲學。道教鼓吹人們從世間退隱，避免被過分的貪婪、暴力和奢侈汙染，而和諧滿足端賴於把陰與陽這兩種相反的力量保持在平衡狀態。佛教在中國也有影響力，到最後，中國的佛教徒甚至比印度還多。對低下的社會階層來說，佛教可以提供比沾沾自喜國家官員的貧瘠意識形態有用得多的心靈慰藉，因為中國人並不享有被士大夫奉為理想的和諧狀態，不管在北方農田抑或中部平原稻田工作，農民生活都是無盡勞苦；政府官員和地方地主分去收成的一半，安全邊際近乎於零，一次歉收就代表有幾百萬人得要挨餓。

萬里長城、數千公里長的運河、皇宮殿宇、有城牆的大城市，一切均靠剝削農民。由於農民缺乏組織，聲音不會被聽見，怨氣因而在中國鄉村地帶的深處累積起來，釀成中國歷史反覆上演大規模農民起義的原因。秦朝、漢朝、唐朝、元朝、明朝、清朝，全都垮臺於民眾起義。

起義雖然頻繁，大部分卻不成功，當一個朝代毀於革命，通常都是某種更大危機的一環。這種危機有時涉及外族入侵，且總又涉及一批官員、地主或商人積極反對政府，但提供主要摧毀力量的通常脫不了農民起義。

然而那是一股破壞性力量，非建設性力量。貧窮而狗急跳牆下，農民自有可能組成民兵來推翻稅吏，但之後他們就會四散，回到自己的村莊。作為一個階級，他們分散在廣袤鄉村地區各處，專心照料家人和農田，對外面世界一無所知，因此不可能按照自己形象創造一個新的國家。農民唯一能期望的是拿好皇帝取代壞皇帝。在缺乏城市階級（資產階級知識分子或無產階級）可為革命提供領導的情況下，農民起義難以有多大作為。

政治革命不會導致社會轉化，只會讓一個朝代取代另一個，兩千年來，中國歷史都是一道旋轉門。此種情形要等到它接觸到另一個世界，受到一連串衝擊，足以把整個帝國體制打垮為止。不過這要等到二十世紀才會發生。

非洲：牧牛者、冶鐵師傅和貿易國家

歐亞大陸是一條巨大的東西向通衢，距離超過九千六百公里。幾千年來，人們併同觀念一直沿著這條通衢，跟其許多分支移動。因歐亞大陸為東西走向，通道由其統一氣候區形成，特別是歐亞大草原，幾乎不間斷地從中亞的喀爾巴阡山脈延伸至太平洋。雅利安人、匈人、土耳其人和蒙古人皆曾經利用這條大走廊，從其小路派生出希臘人、塞爾特人、哥德人、斯拉夫人。

商販、侵略者和屯墾者帶著觀念走在歐亞大陸諸多路徑上，當他們這樣做的時候，源於統一氣候區，在一個地區有效的方法也在另一地區奏效。農業革命所有重大馴化成果，包括大麥、小麥、稻米、牛隻、綿羊、山羊、豬和雞等，均可轉移。

非洲的情形卻是兀自不同。非洲南北縱長六千五百公里，中間途經數種巨大障礙，且穿過好幾個不同的氣候區：從南到北分別是海岸平原、沙漠、莽原、熱帶森林、莽原、沙漠，然後再次阻於海岸平原。沙漠與森林對移動構成障礙，無法務農。疾病肆虐，特別是靠著人血和牛血為食的采采蠅所傳播的那些。儘管動物種類繁多，但非洲並沒有一種強壯得足以拖犁的牽獸。種種地理環境讓非洲的發展注定不同於歐亞大陸，所受到的限制更大，機會較少。非洲人就像羅馬人、阿拉伯人和中國人一樣，有能力創造偉大的藝術、建築和機械工程，偏偏物理障礙阻礙他們建立大帝國與文明。

農業的推進緩慢且分布不均，撒哈拉以南的非洲沒有可媲美尼羅河或美索不達米亞、印度河或恆河、黃河或長江的肥美之地，不存在可維持一個帝國的大糧倉。另一方面，撒哈拉沙漠的古代岩畫刻劃著放牧牛隻、駕駛兩輪車的畫面，這些知識是從北方傳入。從西元前一〇〇〇年前後到西元六〇〇年，泛撒哈拉商路讓西非連接上地中海，開始帶來西非的轉化，地中海地區對撒哈拉以南非洲的黃金、鐵器、奴隸、鹽和象牙的需求越來越高，亦從這條貿易路線傳入冶鐵和養牛的知識。

西非發展過程中，尼日河可謂交易商品、傳播觀念的重要命脈，它由西流向東，在整塊地區畫出一條巨大曲線，穿過莽原和森林流到海岸區。與此同時，其許多巨大支流將外來文化傳入偏遠的西非洲內陸。尼日河的鐵、牛和貿易是奈及利亞的諾克文化（Nok culture，約西元前五〇〇—西元二〇〇）的基礎。在那裡，冶鐵早在約西元前四五〇年便出現，而非洲鐵匠很快便開創出新的技術和新的鐵器類型。與此同時，非洲陶匠展現出製作真人大小紅陶頭像的超凡功力。

地中海文明繼續扮演西非發展的間接催化劑，隨著最高價商品需求的增加，較大量的剩餘也可以積累起來。這首先為創造貿易城鎮打下基礎，然後又為創造貿易國家打下基礎。

在四〇〇年至八〇〇年之間，位於尼日河一座島上的傑內—傑諾（Jenne-Jeno）是重要的貿易城鎮，建有一道兩公里長的圓柱磚城牆，城內有許多圓形和長方形的泥磚屋。傑內—傑諾屬迦納王國的一部分，而迦納王國是個貿易國家，控制著尼日河三角洲，其全盛時期掌控了八百公里的西非土地。阿拉伯人稱其為「黃金國度」。

非洲其他地區也創造出自己的文明，大約西元前九〇〇年至西元三二五年期間，庫希特人（Kushites）控制著上尼羅河（今日蘇丹）很多地區，無視埃及、希臘化國家和羅馬的威脅，繼續保持獨立。

庫希特人最後被衣索比亞人打敗。紅海貿易小國阿克蘇姆（Axum）在西元前五〇年前後崛起，發展成為「非洲之角」的重要地區性強權，後來雖然受到阿拉伯人圍堵，這個衣索比亞人國家將會成為伊斯蘭教地區的一塊早期基督教飛地，以從岩石中鑿出的壯觀教堂聞名。

西非可謂非洲大陸的文化發電機，非洲的鐵器和牛隻貿易以這裡為起點。文化傳播的中介者是說班圖語（Bantu）的移民，這些人在西元前五〇〇年之後那五百年期間抵達東非和湖區，接下來五百年再深入非洲南部。

古代和中世紀的非洲乃所謂「結合和不均勻發展」的極端例子，狩獵採集者、牛隻放牧者和刀耕火種者同時並存，這是因為非洲的地理環境不容許任一種生計方式獨大。另外，在對外貿易影響下，非洲直接從石器時代跳到鐵器時代，略過了青銅時代的中間階段。

八世紀至十二世紀期間，阿拉伯的影響力大大擴展，阿拉伯人和西非的貿易既採取南北向的撒哈拉沙漠路線，也採取東西向的莽原路線。受阿拉伯貿易的帶動，廷布克圖（Timbuktu）之類的城鎮日進斗金。阿拉伯人也建立了一連串的貿易聚落，例如東非沿岸的基爾瓦（Kilwa）。

非洲再次為回應外來影響力而發生變遷，而非洲的變遷也再次反映出其人民的創造力與活力。一二〇〇年至一七五〇年間，西非出現了一連串此起彼落的貿易國家，例如馬利（Mali）、豪薩（Hausa）、貝南（Benin）、加奈姆—博爾努（Kanem–Borno）、桑海（Songhai）和阿散蒂（Ashanti），而在非洲中東部，「大辛巴威」文明受海岸貿易的刺激而誕生。

尼日河三角洲的貝南文明產製出最高品質的青銅器，其著名青銅頭像引人聯想到諾克文化的紅陶雕刻，時至今日仍被認為是中世紀藝術最偉大的傑作之一。「大辛巴威」以建築聞名，其「大石圈」（Great Enclosure）是當時撒哈拉以南非洲最大建築，由一圈長約兩百五十公尺、厚五公尺和高十公尺的石牆構成。「大辛巴威」統治者的財富來自於牛隻及買賣黃金、鐵、紅銅、錫，模式跟貝南及其他西非小國如出一轍，地理束縛限制了可從農業積累的剩餘，非洲許多城市革命都是依賴貿易。

從西元前一〇〇〇年至歐洲人在十五世紀到達為止，非洲社會的發展都與其他人的活動息息相關，地理關係讓非洲淪落至附屬地位。

新世界帝國：馬雅、阿茲特克和印加

人族最早在七百萬年前在非洲演化出來。現代人是在大約三十五萬年前演化出來，但他們也許晚至一萬五千年前才到達美洲。

非洲乃最古老大洲，美洲乃最年輕大洲，但撒哈拉以南非洲的文明跟美洲文明共享某些重要特徵，使它們在形態上有別於歐亞大陸文明。兩者都受到不利地理條件的拘束。

美洲南北縱長近一萬六千公里，囊括所有氣候區，因此緣故，在美洲某部分可行的方法在另一部分並不可行。不同的生態系統要求不同的維生策略，所以不同氣候圈之間文化交流的價值，不及同一氣候圈內的文化交流。

美洲的農作物豐富（有玉米、馬鈴薯、美洲南瓜、豆子、樹薯等），但可馴化的動物不多。反觀歐亞大陸卻是牛隻、綿羊、山羊、豬、雞、馬、騾、驢、駱駝的野生祖先之家園，為人類提供了肉、奶、毛、皮革和畜力，美洲人則只有羊駝、火雞和豚鼠。

不過在一個重要方面，非洲和美洲又有不同之處：非洲不是完全和歐亞大陸切斷聯繫，非洲文明的發展亦受到埃及、羅馬和阿拉伯商人的影響。極其重要的是，非洲從歐亞大陸傳入牛隻和鐵器，其自產的金屬和其他商品也受到外面世界的強烈需求。南北美洲卻欠乏這些文化天賦，無緣參與知識和技術的全球交流，從而失去了推進勞動生產力的主要因素。因此美洲人沒有輪子，沒有鐵器，也沒有犁。

這種種拘束限制了文明在北美洲的發展。歐洲人抵達時，大多數北美洲人若非仍是舊石器時代晚期的狩獵採集者，就是新石器時代早期的鋤頭耕作者。北美西南部普霍布洛（Pueblo）農夫的準城市文明（七○○—一三五○）和密西西比河中部的廟墩建造者文明（七○○—一四五○）已經消失無蹤。

另一方面，在中美洲和南美洲，歐洲人卻碰到一些全面城市化且代表著更古老傳統的文明：墨西哥的奧爾梅克（Olmecs）、馬雅（Maya）、托爾特克（Toltecs）和阿茲特克（Aztecs，西元前一二○○—西元一五二一），秘魯的查文（Chavín）、納斯卡（Nazca）、莫切（Moche）、奇穆（Chimú）和印加（Inca，西元前九○○—西元一五三二）。

美洲文明能夠完全獨立於歐亞大陸發展出來，足以證明全人類有著相同的生物稟賦：所有「人種」皆同樣有能力創造文化。另一方面，美洲文化面臨嚴厲的限制，其技術仍屬石器時代技術，金、銀、紅銅僅用於裝飾；其農業方法是新石器時代早期的方法。又因為產能低、剩餘少，美洲文明傾向於野蠻，要成功積累，常常需要極端的剝削和暴力手段。

墨西哥南部和瓜地馬拉的馬雅文明從大約西元前三○○年維持至西元九○○年，分裂為一些敵對的城邦，每個城邦由自居為神的世襲國王統治。馬雅人建造宏偉的禮儀中心：部分周圍環繞著石砌金字塔的廣場，金字塔頂端有宮殿、神廟和祭壇。一場貨真價實的城市革命發生在古典馬雅時期（約三〇〇—八〇〇），當時提卡爾（Tikal）之類的禮儀中心膨脹為叢林城市，居民多達五萬人。建築、雕刻及繪畫得到發展，黑曜石和玉被製作成高品質的物件，書寫、天文觀測和曆法計算受到推進，然而這些文化成就的推力為統治階級的宗教和意識形態，非農人需求。藝術和科學的存在是為了服務黷武的神明國王和神權政權。戰爭之所以開打，部分是為了得到可向馬雅諸神獻祭的俘虜，某些圖畫刻劃著戰俘在馬雅國王面前被虐殺的場面。雖然採取集約農業方式（在梯田上種植玉米、豆子、美洲南瓜、胡椒和根莖類蔬菜），但馬雅的農業技術仍然原始，沒有犁或動物肥料，而地力耗盡想必是馬雅人反覆碰到的頭疼問題。

儘管百般不可能，新石器時代早期的經濟仍然造就了一場城市革命和城邦林立的局面。不過馬雅的國王與祭司都是寄生蟲，他們吸取珍貴的剩餘，把剩餘浪費在打仗、建造金字塔和可鞏固他們地位的宗教神祕主義。就像其他古代和中世紀文明那樣，馬雅文明最終被自己的重量壓垮：精英階層和國家的開支，對整個系統的經濟基礎形成越來越沉重的壓力。

一波波來自北方的入侵者進入了馬雅人衰落後留下的地緣政治空間，托爾特克人最終在墨西哥中部建立霸權，從大約九五〇年維持至一一七〇年。接著迎來另一段分崩離析、戰爭頻繁的時期，從這般混亂狀態中崛起的阿茲特克文明帶有前面時代的同樣標記，它看來是原始技術和帝國野心之矛盾的特別又粗糙產物（不過有關此點必須謹慎，因為我們賴以了解阿茲特克人的許多資訊都是出自西班牙人手筆，但他們對土著文明深惡痛絕）。

阿茲特克人在一三四五年建立了首都兼禮儀中心特諾奇提特蘭（Tenochtitlán），於一四二八年至一五一九年間打造版圖遼闊的帝國。阿茲特克政府是中央集權的獨裁政權，有著戰士、祭司組成的統治階級，以及一支大型的職業化軍隊。他們看來不企圖同化屬民或發展生產技術，貢品（黃金、棉花、綠松石、羽毛、香支和巨量食物）被送至特諾奇提特蘭。除此以外，還有大量戰俘被送到那裡，供在「大廟」獻祭。他們的心臟會被挖出來，作為獻給太陽神的供品，屍體會被踢下階梯，任其往下滾。

阿茲特克帝國秉持一種粗糙的軍事帝國主義，其野蠻和徒勞以極端形式道出以新石器時代早期技術為基礎的城市革命的局限性。剝削的程度，以及維持這種剝削所必要的恐怖手段，都和可得剩餘的不足成正比。阿茲特克政府的暴力性格，與其屬民的貧窮是同一矛盾的兩面。

秘魯的印加帝國在一一九七年開始擴張，比墨西哥中部的阿茲特克帝國早兩百年，不過兩者的全盛時期出現在同一段時間（一四九三—一五二五），並且分享一些本質特徵。印加政府是個軍事化獨裁政權，擁有一支大型的職業軍隊，以及企圖控制每個人民日常生活的官僚系統。帝國核心是一些大型的宏偉建築群，例如首都庫斯科、薩克塞華曼（Sacsayhuamán）的堡壘和馬丘比丘的禮儀中心。

印加帝國控制著長約三千二百公里、寬約五百一十五公里的地區，領土內兼含海岸平原、崇山峻嶺和濃密森林。他們建立一套總長度估計為四萬公里的路網，其中包含無數的隧道、橋梁和堤道，每隔一天路程的距離設有一間驛館。

阿茲特克帝國、印加帝國均屬特例，在墨西哥中部及秘魯安地斯山區，古老帝國連同其統治階級、職業化軍隊和宏偉建築群，都是奠基於一種石器時代的經濟。統治階級叫人咋舌的揮霍花費，需要窮凶極惡的聚斂，所以帝國的統治權是靠恐怖手段維持。阿茲特克和印加統治者受到屬民憎惡，造反反覆發生。

結果是，當西班牙人在十六世紀早期抵達時，阿茲特克人和印加人的帝國隨之粉碎。這不單是因為西班牙社會制度較為先進，軍事技術較為優越，還由於一般老百姓樂見主子被打敗，他們有些人甚至積極投入打倒主子的鬥爭中。

第六章

歐洲封建主義

約六五〇年至一五〇〇年

中世紀歐洲由一群互相競爭的軍事精英構成，展現出過人活力。很快地，由農人、匠人和商販構成的新階級（中間階層）就會崛起，挑戰封建領主的統治。

概述過世界其餘地方一千多年間的發展情況之後，本章轉而把焦點完全放在同一時期的歐洲。為什麼我們要這樣做？因為資本主義和工業社會發源於中世紀歐洲，這個規模及重要性只有農業革命堪比的重大轉化，乃發端於歐亞大陸的西北邊陲地帶。

這是地理、政治、社會經過好幾個世紀複雜互動的結果，仰賴於歐洲人與大海的經濟聯繫，仰賴於領主、附庸和農民的社會關係，仰賴於商人、城鎮和貿易的角色，仰賴於封建鉅子沒完沒了的戰爭，仰賴於歐洲長期的四分五裂，以及仰賴於普羅男女為改善自身命運而發起的階級鬥爭。

掌握這些互動及了解導致資本主義興起的連串關口，是近兩百年來馬克思主義史學家的核心課題之一。我們必須給予這道問題應有的關注。

英國封建騎士。紅銅紀念匾，約1400年。

題外話2：時間的循環和時間之箭

我們在第二章討論了「歷史怎樣運作」的問題。現在也許是時候暫停下來，回顧一下我們的敘述所帶來的一般教訓。

歷史由循環和箭所構成。歷史的循環反映著大自然，因為大自然是個生、老、死、新生的循環過程，農夫的生產循環和家庭的繁殖循環均屬箇中例子；另一方面，歷史之箭則是創新、演化和革命的線性進步，透過它，社會世界會定期受到轉化。

歷史同時含括兩者。大自然、社會和人類必須全時間自我繁殖，否則只有滅絕一途。我們所做的許多事無可避免地都是重複且可預測，但歷史從不會照抄地複製自己，每個歷史關口都是獨一無二（我用「關口」來指歷史時間與地理空間中的一個特殊時刻，其中發生一些相關的經濟、社會和政治事件）；而可解釋每個關口特殊性的，是連續性（歷史循環）和變遷（歷史之箭）的結合。但每個關口各有關鍵性的程度差異。當歷史循環具有主導性，變遷就會是量變和有限；當歷史之箭占有主導性，變遷就會是質變及改頭換面。

讓我們重溫歷史的三大引擎：知識、技術和生產力的積累；敵對統治階級為控制剩餘所發生的鬥爭；階級之間就剩餘分配所作的鬥爭。這三部引擎的互動，推動了歷史過程。

鐵器的出現轉化了古代農業，帶來新的可耕地，增加了勞動生產力，大幅擴大了社會剩餘。技術是主要的推動者，人類勞動力畢竟有自己的理路，當有銳器可供使用時，沒有一個工作者會選用鈍器。

另一方面，羅馬帝國雖然是靠著冶鐵技術崛起，其歷史過程卻是靠著統治階級中敵對派系的軍事鬥爭驅動。在此，為控制剩餘而發生在上層的鬥爭乃主要推動者。

古典希臘文明為另一個鐵器時代文化，在西元前五世紀的綻放，可謂階級之間鬥爭具決定性作用的例子。西元前六世紀的重步兵革命，創造了城邦式民主，並為自然主義藝術、古典建築、戲劇、自然科學、哲學和歷史打下基礎。

三部引擎總是在特定的自然與社會框架中運作，地理環境既提供了機會，也形成了束縛，而繼承自過去的社會制度、實踐和習俗，構成進一步歷史發展的脈絡。

以下是一個例子。歐亞大陸的地理環境，讓人員、資源、工具和觀念的傳播比在非洲有效得多。但是，在歐亞大陸極東的中世紀中國，因為有強大的中央集權政府存在，讓獨立的城市資產階級無法發展出來，反觀歐洲較弱小的封建國家，卻容許這種階級在歐亞大陸的西部邊緣發展出來。這部分解釋了資本主義何以率先出現在歐洲。

歷史三部引擎的互動有時只會產生重複的循環，有時會產生逐漸的變遷，有時會帶來激烈的危機和激進的社會蛻變。從古至今數千年間，歷史循環在阿拉伯人、土耳其人、蒙古人、印度人、中國人、非洲人和美洲人之中具有主導性。他們一樣有變遷，但變遷緩慢，且是量變而非質變。農民構成古代和中世紀絕大多數人口，他們的生活受到歷史循環的宰制，即便有時因為被剝削太甚，揭竿而起，也會在擁立新皇帝之後返鄉務農。

商人的生活則具較高可變性，當中有些人走運發了財，有些人只是原地踏步，還有另一些人生意失敗和破產。但他們的個人命運並不會影響社會作為一個整體的運作。商人潤滑了生產過程的輪子，但不會去驅動它。他們占據的是社會的間隙，不是發號施令的高點。

統治者的生活更見可變性，因為朝代、帝國和文明皆有興亡，但這對受其統治的人們生活來說沒有多少分別。統治者是誰的重要性居次，畢竟他們只是軍事帝國主義競爭邏輯的化身，一個國王和另一個國王無大差異。

只有在世界一個部分，環境和力量的獨特結合足以產生夠強大動能，帶來徹底的社會蛻變。這種事以前發生過一次：人類首遇巨大蛻變是農業革命，於約西元前七五〇〇年之後發生在世界不同地方，所有古代和中世紀文明本質上都是這場革命的結果。絕大部分人口在農田裡工作，社會剩餘的大宗為農產品。但到了過去兩百五十年，隨著工業資本主義的發展，社會世界又經歷另一次蛻變。第二次蛻變創造出今日我們生活在其中的社會世界，因為這件事情肇始於歐洲，由那裡再散播到世界其他地方，所以接下來我們必須對歐洲這個世界上相對較小的地區投以不成比例的注意力。

題外話3：歐洲的獨特性

乍看之下，一五〇〇年以後歐洲在世界史上的頭角崢嶸令人覺得不可思議。歐洲不過是亞洲的一根側枝，而青銅時代和鐵器時代的大文明都是出現在別處：埃及、伊拉克、波斯、印度和中國。就連希臘和羅馬文明都是以地中海為中心，而不是以歐洲本身為中心。相較之下，史前和古代的歐洲顯得邊緣且落後。

但歐洲有著獨一無二的地理環境，跟海洋的關係要比其他大洲密切，盡是一些向海突出陸塊，三面被海洋包圍，包括波羅的海、北海、大西洋、地中海和黑海。歐洲無寬廣內陸，沒有一個歐洲人住得離海夠遠，如同蘇格拉底一度形容希臘人的那樣，歐洲人「像是圍繞著一方池塘的青蛙」。

歐洲凹凹凸凸的海岸線長三萬七千公里（相當於地球圓周的周長），內陸流貫著許多適於航行的大河，如窩瓦河、聶伯河、維斯瓦河、奧得河、易北河、萊茵河、塞納河、羅亞爾河、加隆河、厄波羅河、波河、多瑙河，這些和其他河流幾千年來一直是歐洲的通衢大道。

雖然歐洲許多地方橫亙著大山脈，但皆有路可通。「中歐走廊」起自俄羅斯南部的大草原，穿過多瑙河的鐵門峽谷和匈牙利平原進入西歐，「北歐平原」則是一片從莫斯科延伸至巴黎的開闊土地，兩者從新石器時代到納粹時代都是歐洲大遷移的途徑。

由北向南的移動相對困難，然有河流之助，還有許多山口可供使用，沒有一座山脈構成不可逾越的障礙。而且不管怎樣，南北向的移動比東西向的移動更不打緊，到底歐亞大陸呈東西走向，而那也通常是人員、貨物及觀念流動方向。

歐洲的地理環境比其他幅員相近地區有著更多不同的生態圈。發源自熱帶墨西哥灣的暖流掠過大西洋西部、北部和東部邊緣，緩和了歐洲氣溫，形成各異區域：有極北的冰封苔原，有俄羅斯北部、斯堪地納維亞境內針葉林帶的寒帶森林，有西歐落葉林帶的寬闊溫和氣候區，有中東歐的寬闊大草原，還有介乎山脈和極南邊海洋之間的溫暖地中海沿岸地帶。這種多樣性為經濟、社會和文化的發展帶來關鍵影響，為了充分掌握其意義，我們必須區分單一事件、關口以及部分歷史學家所稱的「長時段」（longue durée）。

一六四五年的內斯比之戰（Battle of Naseby）為單一事件，一六四〇年至一六六〇年的英格蘭革命是一個關口，但中間階層如小鄉紳、自耕農和富裕城市工匠與商販的興起（他們是革命的締造者），則是一段歷時三、四百年的「長時段」。

特別是在「長時段」脈絡裡，地理環境攸關重要。地理環境不會驅動歷史（歷史是由人的決定和行動驅動），但卻有助於創造歷史所發生的脈絡。地理環境既會製造束縛，也會提供機會，因為人是大自然的一部分，地理環境決定了什麼是可能。

因為地理環境使然，歐洲首先是一個溝通、衝突、互動的大洲，人員、商品和觀念能夠迅速流動，衰弱者、遲緩者和保守者會落入極不利的環境。歐洲的通行無阻性，讓活力與創新變得無比重要。

在今日有公路、鐵路和飛機航線的世界，要了解工業革命前水路運輸的核心重要性相當不容易。一頭拉車牛走一個月的路程，會消耗跟所拉貨物等值的飼料，但在相等時間內，河流駁船、出海商船能走的路遠得許多，所消耗的食物也僅是所載貨物價值的零頭。這就不意外現代歐洲早期最先進的地區（也是世界最先進的地區），同樣是水路最發達的地區。世界第一場資產階級革命發生在一個滿布島嶼、河口和海埔新生地的國家：荷蘭；第二場資產階級革命則是發生在一個四面環海的國家：不列顛。

歐洲在歷史上僅一次有多達半數土地統一在一個穩定的帝國政權之下，西元一世紀至五世紀的羅馬帝國涵蓋了萊茵河以西、多瑙河以南的整個歐洲，其他類似的帝國計畫（查理曼大帝、菲利普二世、路易十四、拿破崙和希特勒等的）則被證明無法持久。歐洲是個戰國林立的大陸，立志成為歐洲霸主的人總是挫敗於其地理環境。歐洲方便的東西向交通、諸多海路和內陸水道，還有眾多生態區與民族，全聯手一致阻止超大型政權的產生。

帝國（特別是國祚長久的帝國）在本質上均屬性格保守，反觀中世紀和現代早期的歐洲小國家卻承受不起保守的代價。歐洲是衝突的大洲，因而也是追求變遷的大洲。在尼羅河、幼發拉底河、恆河和長江，歷史的循環主導著整部中世紀歷史，但在萊茵河，發揮主宰作用的卻是歷史之箭。

「智人」歷史的第一場重大轉化——農業革命，在西元前八〇〇〇年由中東和中亞打頭陣；第二場重大轉化——工業革命，在十四世紀和十八世紀之間發軔於歐洲。我們現在必須在工業革命前的歐洲封建制度尋找這個轉化的根源。

西方封建主義的興起

羅馬帝國的終結既非整齊劃一，也並不突然，那是一個複雜過程而非單一事件。首先是帝國一分為二，然後在三九五年至四七六年之間，帝國的西半部解體，被多得讓人眼花撩亂的日耳曼人王國取代。居帝國東半部的拜占庭帝國，大致完好無缺地再持續近兩百五十年，在那之後又以越來越殘缺的形式存在七百五十年。

拜占庭帝國企圖維持古典時代晚期社會秩序，作為古代軍事帝國主義的一種衰落形式，這個帝國極具剝削性且保守，儘管如此，仍在三九五年之後存續超過一千年。反觀與其有著相似社會結構的西方堂兄弟，不到百年而亡。這是因為拜占庭的稅收是原羅馬帝國的三分之二，但需要防禦的邊界相對短得多。此時期的西歐在政治上支離破碎，可謂戰國時代，這就是封建主義興起的地緣政治脈絡。

一種退化已經就緒，古代和中世紀複雜階級社會的統治者基本上有三種組建軍隊的方法：他們可以向人民徵稅，用稅金來募兵；他們可以同時徵稅和讓自由人有服兵役的義務；或者他們可以用賜地換取軍事服務。

第一個選項通常出現在強大的中央集權國家，這是國王和皇帝嚮往的選項，因為那意味他們不需要依賴除了有義務以外還有權利的人。第二個選項通常出現在政府支配性較低和自由農民較強大的國家。第三個選項則通常出現在封建領主力量強大的國家。現實上這三種選項會以不同比例混合，例如中世紀歐洲軍隊常由職業的皇家軍隊、地方招募的民兵和封建家臣構成，不過三者的比例對於決定政權的穩定性可謂關鍵。

在五世紀到九世紀之間，大部分西歐國家都同時徵稅、徵兵，且表現出封建主義特徵，統治者們為了更有效控制領土，會賜土地給親族、家臣以換取軍事服務。隨著歲月流轉，這種封建成分變得更重要，這部分是因為這些國家小型、不穩定、相對較弱，另外也是因為重裝甲騎兵在戰場上漸具決定性。

九世紀和十世紀是特別動盪的時期，許多國王遭廢，內戰經常爆發，城市生活近乎不復存在，遠程貿易大幅下滑，維京人、馬扎爾人和阿拉伯人發起深入境內的摧毀性寇掠。在回應這些危機時，因為沒有強大帝國精英階層掣肘，締造出嶄新的社會、政治和軍事秩序。

為了粉碎國內造反、防禦外敵入寇、對抗敵對國家軍隊，中世紀早期統治者出於必要，把襁褓中的封建制度轉變為發育完全的系統。他們因此創造出強大的武裝團體，讓國家靠著大批領主扶持。起初，封地的控制權仍由國王授予，中世紀統治者的地位得以大為加強。然而假以時日，隨著封地變成世襲財產，權力的天秤傾向擁有土地的國王附庸。

十世紀由維京人定居者創立的諾曼第公國即是一個好例子。初始公國權力高度集中，統治者為所有土地的法定主人，各大封地的管理人由其任命。這些人是他的附庸，是他的直屬封臣，只要主人不高興就可以撤換。

在他們底下，封地進一步劃分為采邑。每一采邑都能夠維持一個騎士的生活，使其擺脫勞動的需要，專心磨練戰技。采邑收入可以提供座騎馬匹、鎖子甲及重裝甲騎兵配備武器。這是諾曼第公國的核心：數千名披甲騎士分屬於不同領主，由個人忠誠和依賴的紐帶連結，立基於受封的土地。

披甲騎士堪稱十一世紀戰場上的坦克，數百名騎士以緊密隊形在空曠平地進行的正面衝鋒幾乎不可阻遏。重騎兵對中世紀早期戰爭的重要性，就像重步兵之於古典時代的希臘人和羅馬人。

透過把土地持有連結於軍事服務，封建制度在國家和統治階級之間鑄造出一條緊密的紐帶，同時確保封建制度的農業基礎受到悉心照料，因為地位的維持部分依賴於對封地的良好管理。但這種制度包含著些許危險，封建制度本質上並不穩定，國家權力和統治者所控制的采邑跟騎士數目直接相關，由此增加了國與國對領土的爭奪。另外，為避免采邑被分得太小以致無法養活一名騎士，盛行長子繼承制度（也就是說整個采邑全由長子繼承），凡不是長子的兒子都得赤手空拳打天下。因為沒有繼承權和有可能失去地位，他們得靠提供傭兵服務維持生存，或想辦法贏得自己的采邑。騎士、貴族和王子皆是如此，封建貴族各階層的非長子只能夠透過戰功來維持地位。

機會比比皆是，彼時內戰和對外戰爭相當頻繁，爭奪領土讓封建統治階級內部分裂，讓敵對封建政權總在互相傾軋，而追求掠奪品、報酬、土地的非長子是這些衝突的刀鋒。

封建制度因此是不穩定、動態性兼具擴張主義取向，例如在十一世紀中葉，諾曼人征服了法蘭西北部很多地方和英格蘭全境，還有幾乎整個義大利南部和西西里。

封建暴力自相矛盾，這種暴力對封建國家的生存卻屬必要，戰士軍隊可以捍衛國家、征服新領土及維持國內秩序。但這暴力有一種屬於自己的動力，隱含著會將封建秩序打破的力量。

封建制度的過剩暴力需要一些管道宣洩，此即導致十字軍的血腥邏輯。十字軍的兩百年歷史是對固存於西方封建制度中過剩暴力的最極端表述。

十字軍和聖戰士

一〇九五年十一月二十七日，教宗烏爾班二世在克萊蒙大公會議發起第一次十字軍東征：

讓那些從前十分凶狠地因私事與別人爭奪的人，現在為了上帝去和異教徒戰鬥吧！讓那些過去做強盜的人，現在去為基督而戰吧！讓那些過去與自己的親朋兄弟爭戰不休的人，現在理直氣壯地和那些褻瀆聖地的野蠻人戰鬥吧！讓那些為了微薄薪水而拚命勞動的人，於東方征途中去取得永恆的報酬吧……

教會擁有的莊園遍布西歐，可謂一家龐大的封建企業，與世俗封建君主競爭權力和財富。任何可以擴大教會威望的事情，如在一〇九五年煽動的宗教狂熱和活動，都是一項利多。另外，就像其他封建貴人一樣，主教們熱衷於把暴力輸出海外，以維持國內的和平。

對烏爾班二世之呼籲的回應遠超預期，數以萬計的人響應號召。一支龐大的封建軍隊在一〇九七年進入敘利亞，在一〇九八年征服安提阿，在一〇九九年攻占耶路撒冷。十字軍去到哪裡便施暴到哪裡，男女老幼通通被殺死在遭占領城市的街道上，戰俘一律斬首，而清真寺、猶太會堂和「異端」教堂被洗劫一空，劫掠品裝滿一輛又一輛馬車。

四個十字軍國家建立起來，讓十字軍戰績彪炳的原因是封建重騎兵在戰場上所向披靡。十字軍始終是一個軍事精英少數群體，例如只有五百名騎士防守安提阿公國，為了生存，他們必須投資於軍事實力。這需要密集的剩餘積累，因此阿拉伯農民受到極端剝削、貿易商隊不斷遭到劫掠，十字軍國家與四鄰伊斯蘭教國家關係十分惡劣。

十字軍之所以能輕鬆攻入中東，還因為中東分裂成為數不少的敵對國家。這些國家各由不得民心的獨裁者統治，靠著僱傭兵維持權力，與市井社會高度脫節。許多伊斯蘭教統治者本來有意跟十字軍相安無事。

但持久的和平不可能維持，雙方有兩大矛盾存在。首先，十字軍國家的弱小和不安全，使其變成兼併主義者，需要更多土地去維持更多的騎士，這對伊斯蘭教統治者來說是個直接威脅。其次，十字軍國家出於軍事積累的需要，境內稅收、地租和勞役都非常沉重，十字軍因而受到其穆斯林屬民的仇恨，不可能指望招募到可靠的土著部隊為他們進行防禦。

第一波十字軍的「震懾」攻擊，壓制了穆斯林一代人的抵抗，但十字軍對伊斯蘭教國家統治者的威脅亦啟動了一項政治結合的過程。北敘利亞和北伊拉克在一一二八年統一，然後，附近由十字軍統治的奧德薩伯爵國（County of Edessa）在一一四四年被收復和吞併。一一四六年至一一四八年的第二波十字軍是回應伊斯蘭教的復興而發動，卻以災難收場，粉碎了十字軍所向無敵的神話。大馬士革和南敘利亞加入新建立的伊斯蘭國，讓十字軍的安提阿公國縮小為一小片海岸飛地。最終，在一一八三年，薩拉丁促成埃及與敘利亞的統一。這起事件讓穆斯林的抵抗達到臨界點，薩拉丁呼籲伊斯蘭世界以民眾聖戰回應十字軍，穆斯林遂開始轉守為攻。

一一八七年七月四日，薩拉丁在哈丁之戰率領三萬人馬摧毀了十字軍耶路撒冷王國的全部軍隊，耶路撒冷本身隨即被攻破。雖然後來再次東征，但十字軍從未能恢復元氣，接下來一世紀，他們的城堡一個接一個失陷，領土逐漸被吞噬。

十字軍國家對中東毫無貢獻，其統治者只是野蠻的剝削者，靠著武力和人民的恐懼統治，之所以能夠維持一段不短的日子，完全是因為伊斯蘭統治階級的分裂和頹廢。不過他們的暴力入侵成為一次伊斯蘭教復興的催化劑，於鬥爭中打造出新的統一政體及身分認同。

十字軍也透露出西方封建制度的局限性。騎士和城堡是昂貴之物，為了加以維持而必須極盡剝削之能事。儘管代價高昂，戰士階級的暴力對一般人們身家性命構成不間斷的威脅，由此引起的仇怨或會因為對暴力的恐懼而受壓抑，但這種仇怨終不能被消除。封建制度無法造就以共識為基礎的穩定社會秩序。

在西歐，這類矛盾有助於在舊秩序中創造新的社會勢力。國王開始將自己凌駕於封建軍隊之上，國家開始駕馭權力過大的臣下，而鄉紳和自耕農集結起來捍衛王權，反對封建領主式的多頭馬車。

新的社會勢力也引入新的戰爭方式。以長矛、弓箭和槍為武器的普通人，開始挑戰封建騎兵在戰場上的制霸。

中世紀歐洲的領主、市民和農民

中世紀世界有時會讓人感覺保守、停滯、蒙昧，自古典時代落幕，歐洲精英階級就開始模仿「希臘人的榮光」和「羅馬人的壯盛」。繼羅馬帝國而出現的時代，被描繪為無知、貧窮和暴力的時代。

事實正好相反，羅馬帝國統治階級是創新的一道障礙，反觀中世紀世界（至少在歐洲是這樣）要比古代有活力得多。理由十足簡單，隨著知識、技巧和資源的積累，人類走向進一步社會發展的能力提升了，技術知識和裝備越進步，勞動生產力就越容易獲得進一步改良，進步的部分因此傾向加速。

只不過技術僅能決定什麼是可能，不保證潛能一定會實現。潛能可否實現，端視歷史的另外兩部引擎：統治階級內部為控制剩餘所作的鬥爭，以及階級之間就剩餘分配所作的鬥爭。

封建制度等於競爭性軍事發展系統，戰爭這個最極端的競爭形式永遠不會趨於保守，那些不採納最新技術和戰術的人肯定吃敗仗。軍事技術因此是中世紀社會秩序一個特別有活力的部分，平板盔甲凌駕於鎖子甲，火器取代弓箭，木造城堡被改建為石造城堡，小型的封建部曲讓位於大型的職業化軍隊，若不能與時並進者就會走向滅亡。

但新的戰爭方法更加昂貴，而對更好的武器、盔甲及防禦工事的要求，則觸發了經濟成長和社會變遷。對可為王權點綴的事物（豪華府邸、掛毯、精美家具、時髦衣服、珠寶首飾、餐具、優質葡萄酒等）的需求亦發揮同樣作用，貴人們為表現財富、地位而不停歇地競爭。

封建競爭因此為工匠創造了工作、為商販創造了市場，這些人雲集於城鎮，組織為行會，在聚居地點四周建立城牆好讓自己維持獨立，並由國王頒授城市特許令。城鎮居民偏好能夠維持法律與秩序的強大國家，因此國王和市民發現，他們聯合起來對抗封建領主式的多頭馬車。

在鄉村地區，幾項更重要的變遷正在發生。對於軍備、奢侈品和排場的成長需求只能夠透過市場購買得到滿足，這表示國王需要錢。徭役因此可以用現金代替，而農奴則演化成為一種較不個人化且包袱較輕的商業契約，這讓農村和農民企業家得到強化。

不管怎樣，農奴制度從來不是普遍現象。在中世紀的英格蘭（因為有「土地清帳書冊」和大批流傳至今的莊園紀錄，我們對中世紀的英格蘭社會有特別清楚的了解），大部分農民始終擁有實質的權利。就連「壞蛋」都受到莊園習俗的保護，而「佃戶」和「自由人」在法律規定上均屬自由。現實上雖有各種不同的封建收費要支付，有時還得服徭役，但大部分英格蘭農民都是以獨立農夫的身分在租來或根據習俗擁有、以無年限方式擁有的田地上工作。

「諾曼征服」之後，盎德魯—撒克遜村莊（包括其農人等級、集體組織及數百年歷史的習俗）大都維持不變。在個別莊園的層次，諾曼英格蘭可謂一種封建權威和鄉村傳統的折衷。

在農村強大的歐洲地區（如英格蘭），農民可利用封建領主之間的競爭以推進自身地位。正是在莊園和農村的微型關係中，我們找到了從封建制度向資本主義轉變的胚芽。

七至十二世紀期間，歐洲農業向前躍出一大步，關鍵是有輪重犁的出現。最初是由戴軛牛隻所拉，後來發展出適合的輓具後又改為用馬來拉，這種中世紀重犁可以翻動最堅實的土壤，使其成為大塊大塊的土塊，釋放出土壤中的養分，許多不宜耕種的土地於是變成良田。原有土地因為採取輪耕、休耕和施肥等方法，可以無盡期地利用。據歷史學家估計，這段時期的穀物產量增加了一倍。

許多其他創新共同推進了勞動生產力。有複雜曲柄和飛輪的水車可以大量處理穀物，並為鐵匠的車間帶來動力。河流被挖成運河以容納駁船，航海船隻用舵取代舵槳。獨輪車的發明，減輕了鄉村體力勞動；眼鏡玻璃的發明，拉長了文員、抄寫員和學者的職業壽命。

社會剩餘穩定增長，十三世紀的歐洲人口和財富一再增加。土地上，在封建精英層級底下，小鄉紳和較富裕的農民正推動一個經濟進步的過程（大部分都超越歷史視界）。

封建領主尤感興趣於提高從土地持有獲得的收入，以及大手筆花費在浪費性開支（興建大教堂和城堡，組建、裝配軍隊，競逐於炫耀排場和奢侈行徑）。競爭性政治－軍事積累是封建制度的動力，卻與經濟改進互相抵觸，後者需要把剩餘投資在開墾土地、抽水、圈地和農業器具等。

近年的研究顯示，帶來這些改進的人通常都是中世紀農村社會的中間分子，他們的目的是創造更有效率和生產力的農田，以滿足市場需求。他們密切注意農田管理、節省資源使用及小心投資，想辦法增加經濟利潤並提升自己的社會地位。

簡言之，大約一三五〇年至一五〇〇年間，在歐洲經濟最進步地區，很多小鄉紳和較富有的農民成為農民資本家。正是這個中間階層推動了十四世紀晚期和十五世紀早期延燒整個歐洲的爆炸性社會鬥爭。

中世紀歐洲的階級鬥爭

讓我們總結迄今提出的論說。在十一世紀極具支配性的西方封建制度受到五個動態過程的動搖。

首先，中世紀經濟同時在勞動生產力和總產量兩方面急速提高，一個結果就是製造破壞工具的技術急速提升，軍事支出因此激增。

其次，政治地貌的分裂與封建領主之間對土地、收入及人力的激烈競爭，驅使統治階級尋求現金以招募士兵、購買裝備和建築防禦工事，人民的封建責任因此可用現金代替。

第三，農村的韌性和抵抗，在歐洲很多地方都對封建領主主義構成限制。農民形成一個有力的集體，足以保衛他們的傳統權利，有時還會爭取到實質斬獲。

第四，市場的擴大為社會中間分子的經濟和社會發展製造機會。社會頂層是把資源浪費在戰爭、炫耀和奢侈品的封建貴人，社會底層是窮人和勉強自給自足的農人，而介於他們中間的則是後來被稱為「中間階層」（the middling sort）的人，他們是小鄉紳、富裕農夫、城市工匠和城市商販，構成中世紀社會最具經濟進取精神的部分。隨著市場擴大和社會關係越來越商業化，中間階層以小資本家身分出現在社會變遷的最前沿。

第五，封建制度受到中央集權君主國家興起的動搖。在歐洲一些地方，君主未能伸張權力，各地諸侯繼續保有政治支配性，但在其他地方，國家穩步壯大（儘管偶爾會出現倒退的情形）。

英格蘭為後一過程提供了清楚例子。隨著物換星移，中世紀英格蘭國王越來越不依賴他們的封建部曲，改為依賴職業化軍隊或受過訓練的民兵。英格蘭王室透過跟君主派貴人和中間階層結盟，邊緣化地方諸侯的勢力，減低了封建領主亂政的風險。這種結盟解釋了英格蘭何以能在十四世紀的戰場上那麼神乎其神。在克雷西（Crécy）、普瓦捷（Poitiers）和阿贊庫爾（Agincourt），敵眾我寡的英格蘭裝甲步兵和長弓手（後者是從英格蘭和威爾斯的自耕農中間招募）一再摧毀主要由封建騎士構成的法國軍隊。

改變的力量是由十四世紀的重大危機推動，封建制度的揮霍浪費繼續跟人口增長及普遍繁榮的需求發生矛盾，社會面臨要投資在戰爭和炫耀，抑或莊園、工業和貿易的抉擇。到了十四世紀中葉，中世紀歐洲的經濟已經處於嚴重不良狀態，很多人陷入貧窮飢餓。一三四八年，黑死病肆虐歐洲，導致三分之一的人口殞命。人口的大量減少以及貧窮，威脅到封建領主的收入和農民本身的生存，此危機引發了激烈鬥爭。

一三五八年，農民革命在法國北部爆發，而在巴黎，馬塞爾（Étienne Marcel）率領三千名工匠前往皇宮，強迫皇太子披上革命旗幟。一三八一年，英國農民在泰勒（Wat Tyler）領導下進入倫敦，與城市人口的一些部分結成聯盟，對抗國王和市長。曾經是神職人員的激進分子波爾（John Ball）提出了這樣一問：「當亞當耕田、夏娃織布時，紳士淑女何在？」

在法蘭德斯的城鎮與鄉村，與義大利北部的城邦，普通人也揭竿而起，反抗地主、商賈和主教的壓迫。一三七八年，佛羅倫斯的梳毛工（ciompi）推翻商賈統治階層，奪取了權力，控制了城市兩個月。

在遙遠的波希米亞，當激進派傳道人胡斯（Jan Hus）在一四一五年以異端罪被燒死在火刑柱時，捷克民眾起而造反。他們配備手槍，以四輪馬車構成的防禦工事禦敵。胡斯派反抗歐洲封建勢力的鎮壓長達二十年。胡斯運動中持民主主義─平等主義的塔博爾派（Taborite）主張：「所有人都應該以兄弟的方式生活在一起，沒有人應該屈居人下。」在毫不留情的反革命暴力面前為爭取自由而鬥爭，塔博爾派完全不準備妥協，宣稱「所有領主、貴族和騎士都應該像不法之徒那樣在森林中被處死」。

十四世紀危機引發的反封建革命浪潮最終在各地一一被敉平。那是一場中間階層的革命，其勢頭最旺之處在歐洲經濟最發達的地區：法國北部、法蘭德斯、英格蘭、義大利北部和波希米亞。這是尚未充分成形之社會勢力的早熟爆發，封建制度仍有足夠力量可以在革命的早期腹地壓制革命，小資本主義和中間階層尚未所向無敵。

即便在革命運動中，轉化世界的激進願景也跟某些原始偏見糾纏在一起，從對黑死病的生物性害怕產生出屠殺的政治性恐怖：主教和國王們指控猶太人在水井下毒，反猶太暴徒因而殺入猶太人聚居區。

但舊秩序不可能恢復。黑死病之後出現的嚴重勞工短缺，讓階級勢力的天秤在歐洲許多地區強烈傾向農民。造反是被鎮壓了，但社會關係的商業化繼續由內侵蝕封建秩序。

新的社會勢力，也就是為市場生產的小鄉紳和富裕農民、城鎮的小商販和工匠、新產業的創業者，還不夠強大，無法在政治上取得突破。但「市場封建制度」（這是當時人的稱呼）意味著對城市手工藝、工業事業、長距離貿易和放債人的需求增加，進而又推動對市場取向農人的農業產出之需求。

越來越多的貨物和勞務被商品化，社會關係以商業契約的形式被重塑。中間階層的經濟情況持續提升，革命的幽靈潛行在中世紀晚期的歐洲。

新君主和新大陸

一四九一年，法國國王查理八世與布列塔尼公國女繼承人安妮結為夫妻，完成了法國的統一。他的繼承人們，特別是法蘭西斯一世（Francis I，一五一五－一五四七年在位），打造了一個強大且中央集權的絕對君主國，貴族被禁止養兵，巴黎高等法院被奪去政治權力，教會被迫臣服於王權之下。朝廷僱用了一萬兩千名官員執行其命令，不管是世俗還是神職的貴胄都成為廷臣，要靠國王的寵信才能得勢。

一四八九年，卡斯提爾女王伊莎貝拉與亞拉岡國王斐迪南結為夫妻，為西班牙的統一鋪平了道路。絕對王權被建立起來，貴族、城鎮和議會變成臣屬於皇家官員之下，宗教裁判所被轉型為推行國家恐怖政策的凶狠工具。一段時間之後，隨著日耳曼地區和西班牙統一在查理五世（Charles V，一五一九－一五五六年在位）之下，並出現新教宗教改革的挑戰，宗教裁判所將變成一個泛歐洲的鎮壓系統。

在英格蘭，玫瑰戰爭（Wars of the Roses，一四五五－一四八五）被證明是封建時期的最後一場內戰。從一四八五年開啟統治的都鐸王朝君王把領主變成廷臣，國有化教會財產，與議會攜手統治，奠定英格蘭海上強權的基礎。大眾的民族意識在都鐸王朝統治下發展起來，人民日漸自視為英格蘭人而非某個郡下或諸侯國的一分子。莎士比亞的戲劇常常反映出這股新情緒，在他筆下，亨利五世及他的士兵是深深愛國且願意為國捐軀的「一群兄弟」。

新君主國間的軍事競爭，讓新生的民族主義具有了急迫性。一四九四年至一五五九年間統治法國的瓦盧瓦王朝（Valois），跟統治西班牙及神聖羅馬帝國（主要由日耳曼地區和中歐構成）的哈布斯堡王朝發生衝突，歐洲生靈塗炭。義大利北部為主要戰場，雙方投入大量大砲、騎兵、火槍手、矛兵，結果導致有些學者所稱的「軍事革命」，亦即只有大國負擔得起的戰爭。

地區性巨頭及小國一一瓦解，落後國家在軍事競爭的要求下必須與時並進才能生存，所以在經濟越落後的地方，追求建立絕對王權的手段就越凶殘。莫斯科沙皇「恐怖」伊凡（Ivan the Terrible，一五四七－一五八四年在位）僱用外國傭兵建立他的帝國，粉碎傳統波雅爾（boyar）貴族的反對。俄羅斯的經濟落後，意味著這個絕對王權國家缺乏真實的社會基礎，市民社會只是受到國家恐怖手段的威嚇而屈服。

新的君主國引發一個過渡時期，封建制度快速衰落，但新興的資產階級（市場取向的農夫、商賈和工業家）尚未有足夠的力量奪權和按照自己形象重塑社會。既非彼亦非此，十六世紀早期的社會變動不居和不穩定，其結果是絕對王權的出現。由於通常得到中間階層的強力支持，國家有足夠力量可以鎮壓封建諸侯的多頭馬車，但在把過於強大的領主轉變為千依百順的廷臣之後，國家卻拒絕議會與起義群眾提出的更激進要求。

新的君主國擺盪於弱化的封建制度和襁褓中的資本主義之間。這也是為什麼「義大利戰爭」（Italian Wars）是多面性，同時有著封建、王朝、民族和政治—宗教面向，屬於過渡時期的戰爭。

透過競爭的動力，新的模型——統一的國家、中央集權的政府、皇室軍隊、粉碎內部異議、發動民族—王朝戰爭，以一種或另一種形式被套用在整個歐洲。新君主國的衝擊力不僅限於歐洲，在整個歐洲爆發的經濟力量同時以一波殖民暴力席捲世界。歐洲從十五世紀晚期以降急速改變，世界其他地方卻沒有改變，在亞洲、非洲和美洲，帝國起起落落，但其社會經濟秩序基本上無異。

自一三六八年打敗蒙古人以後，中國較不受威脅，明朝（一三六八－一六四四）的安全依賴於儒家官僚系統的極端保守性格。印度更不寧靜，在一五二六年至一五二九年之間，來自西北部的穆斯林入侵者「老虎」巴布爾（Babur the Tiger）征服了大部分印度次大陸，建立了莫臥兒帝國。但這並沒有改變印度社會的基本性格，數十萬個農村的生活和勞動持續跟以往無大差別。同樣情形也見於薩非帝國的波斯和鄂圖曼帝國的土耳其，社會頂部固然會出現朝代更迭之類的情形，但日常生活的紋理幾乎完全不受影響。這些王朝國家有些較穩定、有些較不穩定，飄浮在亞洲地緣政治單位（土耳其、波斯、中亞、印度、中國、日本）的上方，本質上是無根和寄生性。

非洲跟美洲的情況無大差別，西非的桑海帝國、墨西哥的阿茲特克帝國及秘魯的印加帝國都是窮凶極惡的掠奪性系統，國家上層結構與社會－經濟基礎之間缺乏有機關係，前者只是從後者抽取剩餘，把剩餘消耗在戰爭、宏偉建築和奢侈品。這些國家就像玻璃板，很容易被小石頭砸碎。

與此相反，十六世紀歐洲的新君主國牢牢根植於各自社會，而歐洲人的黃金欲和火藥行將把世界改頭換面。

葡萄牙人為歐洲殖民主義的先鋒，是歐洲西部邊緣的一個多山國家，有著綿長的大西洋海岸線和許多天然良港。葡萄牙人因此在歐洲人中間以擅航馳名，對歐洲人的「發現之旅」發揮關鍵作用的是大型複雜帆船的出現，早期的創新之一有尾舵，另一項漸進而複雜的過程則是索具的改善。到了十五世紀晚期，中世紀的單桅單帆橫帆船「柯克船」（cog）發展成為三桅複帆的較大型帆船，讓船可以更加貼風航行、更有效利用風力。因為船隻變得較快速又安全，大洋航行在歷史上第一次成為可能。

在一四九二年至一五〇四年之間，哥倫布帶領四次遠征，去到所謂的「新大陸」。雖然他是葡萄牙人，但他的資助者是西班牙國王和女王，所以他在古巴和海地建立的殖民地成為了西班牙屬地。

一四九七年至一四九九年之間，達伽馬（Vasco da Gama，一四六〇－一五二四）從里斯本出發，繞過非洲到加爾各答。不到二十年，葡萄牙人就建立起一個海岸線長達兩萬公里的貿易帝國，從大西洋海岸的波哈多角（Cape Bogador）延伸至太平洋的摩鹿加島，而且在西非、波斯和印度設有一些前哨站。

一五一九年至一五二二年之間，麥哲倫（Ferdinand Magellan，一四八〇－一五二一）環繞世界一圈，洞悉了地球的基本形狀和各大洲的位置。葡萄牙航海家因此為西班牙的「大征服者」畫出地圖，讓他們在十六世紀早期占領了中美洲和南美洲很多地方。

哥倫布在西印度群島找到很少黃金，他曾經嘗試把土著變成奴隸和農奴，讓這些新殖民地有利可圖。但是，殖民暴力和外地傳入的疾病，在五十年之間讓海地人口從一百多萬銳減至只剩兩百人。

黃金欲並未因此降低。所以，在一五一九年，科爾特斯（Hernán Cortés，一四八五－一五四七）指揮一支六百六十人的軍隊、十八匹馬和十門大砲從西班牙的古巴殖民地出發，向美洲大陸進發，兩年內就征服了中美洲的阿茲特克帝國。在一五三二年至一五三五年，皮薩羅（Francisco Pizarro，一四七八－一五四一）複製科爾特斯的成就，帶著僅僅一百零六名步兵和六十二名騎兵便摧毀了秘魯的印加帝國。

這些勝利是鋼鐵、火藥、馬匹對石器時代技術的凌駕，不過同樣關鍵的是阿茲特克與印加統治集團的分裂和人心不附。因為阿茲特克統治階級極盡殘暴之能事，有更多美洲土著在決定性的特諾奇提特蘭之戰中站在西班牙人一邊，對抗阿茲特克人。

西班牙是歐洲最不發達的國家之一，西班牙君主投入了打擊地緣政治對手的王朝戰爭，以及打擊新教宗教改革的宗教戰爭。他們需要黃金支付軍費，因此「新西班牙」受到無情剝削，那些沒有被槍砲、疾病或饑荒殺絕的土著通常會在礦場或莊園工作至死。一五一二年至一五一三年的《布林戈斯法》（Laws of Burgos）規定印第安人一年需要為西班牙人工作九個月，如果他們拒絕，妻子、兒女就會被賣為奴，財產充公。另外，他們也要需要向西班牙教會繳交什一奉獻。

秘魯利馬地區的人口從兩萬五千銳減至兩千，墨西哥人口從一千萬減低至三百萬，而位於今日玻利維亞的採礦城鎮波托西（Potosi）卻因為強迫勞役，人口膨脹至十五萬。一位西班牙貴族在一五三五年向國王報告：「我在這個國家去了很多地方，目睹了可怕的摧毀。」

歐洲殖民主義對世界的轉化由此展開，荷蘭、英國和法國很快就仿效葡萄牙人和西班牙人，建立海外帝國。在歐洲資本主義的破曉時刻，這個系統已把血腥之手伸向三大洲。

但為何相對落後、封建並受教會支配的西班牙，在海外殖民一事上會扮演領頭羊角色？西班牙國王需要新大陸的金銀來支撐他們在歐洲的地緣政治野心，而一樁地理學上的意外也讓他們能夠繼承葡萄牙的海上傳統。歐洲行將為此付出高昂代價。

新一波的革命開始於一五二一年。鎮民、農民和小鄉紳的革命在一五二〇年代席捲日耳曼地區，一直持續到一五三〇年代初期。宗教內戰很快就在這個國家延燒。一代人之後，這把火燒向了法國。特別是在一五六六年，全面性革命在低地國家（Low Countries）爆發，新教荷蘭人和天主教西班牙人之間的戰爭將會在那裡持續至一六〇九年。

在西班牙帝國政府企圖撲滅世界上第一場資本主義革命的過程中，來自美洲的金銀支撐了其軍隊含兩代人。

第七章

第一波資產階級革命

約六五〇年至一五〇〇年

始於一五一七年的宗教改革，引發長達一個半世紀的社會和政治鬥爭，讓世界為之丕變。

到了十六世紀伊始，在中世紀歐洲社會內成長起來的新勢力已經達到臨界點，但這並不保證商業資本主義一定會獲勝，根植於年深日久舊社會和政治結構的強大既得利益也許會讓它胎死腹中。革命行動要取得成功，必須清除掉腐朽的社會階級及過時的意識形態，只有這樣才可能推翻舊秩序並創造出空間，讓貿易和積累的爆炸性成長出現（當時的人類產能已使這種爆炸性成長成為可能）。

這在世界資本主義的第一階段，即十五世紀至十七世紀期間，就是文藝復興、宗教改革、荷蘭革命和英格蘭革命（一六三七－一六六〇）的內在意義（最末者的意義特別重大）。前述事件讓商業資本主義成為西北歐的支配性經濟形式，在十八世紀帶來的結果將會是奴隸制、殖民主義和全球戰爭。

1525年日耳曼地區一個起義農民，手上揮舞著一面寫著「自由」的旗幟。同時代木刻畫。

文藝復興

歷史有交替前進的傾向，當一種進步性轉變在世界的一個部分碰到阻礙，新的社會勢力也許會改為向另一個前沿推進。

十五世紀的歐洲醞釀了一場巨大風暴，在一五一七年至一六六〇年間，這場風暴毫不停歇地席捲整個大洲，直到很大一片地域的封建精英被擊垮至無法再起為止。

這場風暴是由文藝復興的閃電所預告。不過，「釋放人類精神的鬥爭」（這是米開朗基羅和達文西的理解方式）注定不是在文藝復興的主要中心取得勝利，即不是在佛羅倫斯、羅馬取得，而是在阿姆斯特丹、漢堡和倫敦取得。

文藝復興在十五世紀義大利的顯著進步性格乃無可置疑，整個封建秩序都受到它的批判性檢視。雖然十四世紀晚期至十五世紀早期的反封建群眾起義（發生在法國、英格蘭、法蘭德斯、佛羅倫斯、波希米亞等地）都以失敗告終，但促其出現的新社會勢力繼續成長茁壯。用資本方主義方法管理一座農場、經營一個礦井或運載貨物的做法，慢慢侵蝕封建社會關係，牟利動機動搖了以恩庇、忠誠和效勞為基礎的人際紐帶。

舊的觀念無法解釋這些新的現實，教會的古代教義（由學者和僧侶用拉丁文來加密）看來日漸與現實生活不相干。透過進取精神和創新，透過技術和勤奮，人們重新創造了世界。

一場學術和藝術上的「人文主義」運動，重新流露出對人有自我改善能力的信心。中世紀教會的悲觀主義和宿命論，突然受到一種強調成就、事業和不害臊個人主義的心態對抗。

這種學術和藝術的重生（名副其實的文藝復興❺）是在欣欣向榮的十五、十六世紀義大利城鎮的溫室氣氛中發展起來，中世紀神學家的迂腐經院主義受到體現於希臘文和拉丁文古籍的古人學問挑戰，平板的宗教聖像則受到充滿活力和創造性的自然主義人像挑戰。

這是興起中城市資產階級的文化。就像義大利人文主義者巴蒂斯塔・阿伯提（Leon Battista Alberti，一四〇四－一四七二）對話錄裡的一個角色所說的：「一個人不可能從事比賺錢更自由的工作，因為我們所販賣的是我們的勞力，貨物只是被轉移的。」貪婪是好事，積聚是美德，財富是努力的獎賞，新文藝復興人的真正指標是財富，而非出身或血統。

佛羅倫斯是這股新文化的發源地，該城在中世紀晚期的財富是靠著銀行業及貿易賺得。「新富們」（nouveaux riches）透過成為藝術品的光顧者來表現自己的地位提升，他們出資興建強調幾何圖形和對稱的新建築，這些新建築清晰、優雅、簡約，與陰暗沉重的哥德式建築形成鮮明對比。他們也向運用透視法、

❺譯注：「文藝復興」（Renaissance）的字面意義就是「重生」。

明暗對照法作畫的畫家買畫，這些畫家如實顯現世界，與中世紀繪畫執迷於事物的宗教寓意形成鮮明對比。

文藝復興縮影在四位義大利大師身上。伯拉孟特（Donato Bramante，一四四四—一五一四）不只是建築天才，還用石頭作品來表達秩序、實用性，以及一種奠基於人之行動的文明理想。達文西（Leonardo da Vinci，一四五二—一五一九）不只是藝術家和發明家，還是探險家和開拓者，被形容為「人類歷史上最有無窮好奇心的人。」拉斐爾（Raphael，一四八三—一五二〇）不只是藝術大師，還是古典傳統及基督教傳統的最高合成者，在梵蒂岡教宗寢宮所繪的巨大壁畫中，把古代傳說和基督教教義共冶一爐。

最偉大的大師當然是米開朗基羅（Michelangelo，一四七五—一五六四），他用石頭和顏料來刻畫人類精神的奮鬥，描述人類如何透過釋放出自己的創造性潛能而登仙。在米開朗基羅的作品中，人類的美、高貴和力量看似獲得了一種爆炸性威力。

伯拉孟特、達文西、拉斐爾和米開朗基羅等人，在現代的黎明時刻充當一場歐洲文化革命的尖兵，他們在藝術與思想上預示了封建制度向資本主義的轉換。不過，十五、十六世紀義大利的政治架構窒息了文藝復興的潛能，被引向用藝術歌頌傳統形式的權力與財富。

當時的義大利分裂為一大堆敵對的國家、宮廷和城市，每個國家本身又被敵對的大家族所分裂，義大利文藝復興的分裂統治階級因此投入一輪輪向內指向的政治—軍事競爭。米開朗基羅的時代同時也是「傭兵團」（condottieri）的時代，這些傭兵團總是不缺工作，總是會有小國君主僱他們去打沒完沒了的地方戰爭。

銀行家和商賈構成的新興城市資產階級被困在這個過程的邏輯中，其中許多人都是靠著服務既有的封建鉅子賺錢，而他們最成功的那些人也立志成為封建鉅子。佛羅倫斯的麥第奇家族（Medicis）本來是銀行家，但在十五世紀晚期成為自己城市的實質統治者（過程中失去了家族財富），後來又產生出四位教宗、兩位法國王后。

對麥第奇之類的家族來說，財富不是目的本身，而是在既有權力架構內尋求政治提升的機制。這些義大利文藝復興商人－銀行家不只沒有推翻封建秩序，反而把自己變成封建領主。他們沒有推進社會轉化，而是設法把自己轉化為「紳士」。他們讀的不是革命小冊子，而是卡斯蒂利奧內（Baldassare Castiglione）的《廷臣論》（*The Courtier*）——一本談明日之星恰當禮儀的文藝復興時期手冊。

不管怎樣，義大利城邦的商業資本主義缺乏「經濟深度」，其基礎是放貸和貿易，符合一個需求增加、貨物日益商品化的封建結構之需求。義大利的資本家借錢給君主蓋宮殿和僱「傭兵團」打仗，卻罕少借錢供人改善莊園、採礦和發展新技術。義大利的資本是投資在賺錢，不是創造物品，是投資在政治－軍事競爭，不是在新的生產方法。

這一點別具意涵，顯示義大利文藝復興的社會基礎非常淺窄，對一般人的日常經驗沒有多少衝擊，他們的生活和勞動所受影響微乎其微。它是一小撮城市精英的事，而且主要關乎頭腦、美學和反省，缺乏實際用途——這項事實反映在拉丁文的沿續使用，致使文藝復興時期作品不比中世紀僧侶作品更易讓人讀懂。

這種流弊在文藝復興高峰時期的羅馬已變得明顯，當時教宗儒略二世（Julius II，一五〇三－一五一三年在任）委託伯拉孟特設計一座新的聖伯多祿大教堂、委託米開朗基羅為西斯汀禮拜堂繪畫、委託拉斐爾裝飾梵蒂岡寢宮。這些都是文藝復興的眩目璀璨為無知與迷信服務的例子，是人類天才受到財富和權力汙染的例子。

不過在別的地方，一種不同的文藝復興卻聚集了動能，吸引到的不是錦帽貂裘的精英分子，而是「中間階層」的農人、商販和工匠。事實證明，這場「民眾文藝復興」（popular Renaissance）在質疑舊秩序、散播懷疑主義及動搖權威、既有智慧一事上更加義無反顧。它將產生出自己的天才，而他們將會用一般人的語言為它發聲：包括塞凡提斯（Miguel de Cervantes，一五四七－一六一六）用西班牙語發聲，拉伯雷（François Rabelais，一四九四－一五五三）用法語發聲，莎士比亞用英語發聲。

另外，這種文藝復興也將會表現為真正的革命形式，受到來自下層和能夠掙脫封建舊秩序的力量推動，所成就的不只是一場藝術上的革命，還是一場社會生活本身的革命。這是宗教改革的內在意義。

宗教改革

在十八世紀之前，宗教信仰近乎是劃一，而神學除了為男男女女提供他們討論自己和上帝關係的語言，還提供他們討論彼此關係的語言。他們服從政府是因為此舉符合「上帝意旨」；當他們造反時，他們也是符合「上帝旨意」。當他們從服從走向造反，並不是上帝改變了心意，而是世界發生了改變。總之，神學提供了政治論述的語彙。

天主教會支配西歐長達一千年，對其教長、教條的挑戰總是被粉碎，被綁在火刑柱上燒死的所謂異端和外道多不勝數。只是反抗的底流繼續存在，像瓦勒度派（Waldensians）、胡斯派（Hussites）和羅拉德派（Lollards）之類的宗教激進分子，分別在歐洲城市、波希米亞和英格蘭組織祕密網絡。它們都一度是大型的群眾運動，但無一近乎於做到宗教改革在一五二一年之後所做到的事：把政教兩者撕開。現在這種事之所以可能成功，是因為在中世紀晚期歐洲成長的新社會勢力已臻成熟。

危機開始於意識形態的層次，教會因為腐敗而腐爛。教宗職位成為敵對義大利貴族世家互相爭奪的獵物，樞機主教和主教透過身兼多職大發其財，贖罪券像商品那樣被銷售，許多僧侶過著奢侈生活，教士常常是無知又懶惰。

教會坐擁大批土地，修道院院長和主教無比富有，但國王和貴族一樣如此，讓封建統治階級中神職部門特別脆弱的是隱含在教會腐敗中的虛偽：財富與使命之間的矛盾。

一五一七年，一個名叫馬丁・路德（Martin Luther，一四八三－一五四六）的日耳曼地區小教士在威登堡大教堂的門上貼出他的《九十五條論綱》（*Ninety-Five Theses*），反對教廷販售贖罪券和其他離譜行徑。此舉獲得廣泛支持，讓他有信心維持己見。當教宗在一五二〇年傳諭威脅要革除路德的教籍時，他在威登堡廣場焚毀了這封「敵基督諭旨」（Bull of Antichrist）。然後，神聖羅馬皇帝在一五二一年召他出席沃姆斯議會（Diet of Worms），會上威脅要以異端罪把他燒死。但是他仍然拒絕撤回言論。

路德的信息會那麼驚天動地，是因為他否定神職人員的權威。新教徒（後來對追隨路德者的稱呼）被鼓勵自己閱讀和詮釋《聖經》。路德認為，得救不在上教堂、聽從神職人員吩咐或者樂善好施，而是在於個人與上帝的私人關係。這解釋了為什麼在每場宗教風暴的核心都找得到一部印刷機，中世紀的書籍是以拉丁文書寫，由修道院僧侶用手抄寫，然後收藏在教會圖書館，只供少數人閱讀。書本包含觀念，而觀念有可能具有顛覆性，所以書本不被認為應該供大眾閱讀。

喬叟（Geoffrey Chaucer，約一三四三－一四〇〇）的《坎特伯里故事集》（*The Canterbury Tales*）是一個好例子。此書於十四世紀晚期用英文寫成，書中對教會中人有讓人不敢恭維的描寫，在宗教激進分子中間吸引導大批讀者，後來由英國印刷業先驅卡克斯頓（William Caxton，約一四二〇－一四九二）再版，從而接觸到更廣大的讀眾和聽眾。

這已經夠糟了，但更具顛覆性的是由威克里夫（John Wycliffe，約一三二〇－一三八四）推廣的英語

《聖經》（威克里夫是羅拉德派領袖，他的主張預示了宗教改革）。在當時，擁有一本未經授權的《聖經》是有可能會被判死刑的，因為上帝的話語被認為不該以一般人聽得懂的語言被聽見。所以首部英語《聖經》被迫在日耳曼地區印刷，然後才在一五二六年走私進入英國；其翻譯者廷代爾（William Tyndale，約一四九二－一五三六）是一名英格蘭新教徒，後來以異端罪被處決。宗教改革堪稱一場觀念戰爭，主要武器是印刷出來的《聖經》白話文譯本。

宗教改革的第二階段由喀爾文（John Calvin，一五〇九－一五六四）領導，他是法國人，定居瑞士日內瓦，在那裡建立起神權獨裁政權。他把和天主教會的決裂推至邏輯極致，拒絕整個主教層級系統，以由長老統治的自治會眾取而代之——事實上就是一個由地方中產階級主持的教會。

因此，宗教改革的本質是跟封建制度的精神支柱（天主教會）決裂，以及鼓吹（但只是有限度鼓吹）自由探索和辯論。

新教主要是中間階層的宗教，而在大部分歐洲最發達的地區，中間階層是資本主義式農業的先鋒，也是推進商業與工業的先鋒。

路德的信息幾乎馬上讓日耳曼地區的城鎮陷入動盪。城鎮的各行會因為痛恨封建義務、什一奉獻和商業精英的社會支配性，集結到新宗教的旗下。許多城鎮在第一波熱潮（一五二一－一五二二）投入路德派的懷抱，最後共有三分之二的日耳曼地區城鎮是這樣。

南日耳曼地區的貧窮騎士也發起了一場革命（一五二二－一五二三），不過卻被統治王侯打敗，宗教改革已遇到來自上層的反對。

一五二四年至一五二五年間，情況嚴重得多的日耳曼地區農民起義一樣被打敗，由社會最低下階層發起的這場起義，代表對整個封建秩序的挑戰。《梅明根憲章》（Memmingen Charter）的「十二點聲明」

形同革命宣言，要求結束封建義務、對公有地的侵占和農奴制度。就像激進派新教領袖閔采爾（Thomas Müntzer，一四八九－一五二五）所說的：「我們的君王和統治者極盡能事地放高利貸、偷竊、搶劫……他們壓迫貧窮的莊稼人和工匠。」

路德與其他主流新教領袖譴責革命，呼籲人們服從統治階級。路德這樣宣稱：「寧可所有農民死亡，也不願君王和行政官員死亡。」他寫了一本題為《反殺人行劫的農民暴徒》（*Against the Murdering, Thieving Hordes of Peasants*）的小冊子，鼓勵封建領主殺死造反的農民，認為這「就像必須殺死一隻瘋狗」一樣。

為數可觀的日耳曼地區王侯集結到宗教改革旗下，路德本人在一五二一年獲得撒克遜選侯庇護。發自下層的民眾宗教改革，受到發自上層的貴族宗教改革抵制。王侯們有諸多理由支持宗教改革，宗教改革非常強大，所以很多人認為更好的做法是順勢而行，勝過與其迎頭相撞。由貴族來領導，也許可以阻遏宗教改革往更激進的方向發展。但宗教改革同樣對貴族的野心有用，新教成為他們可以甩開更高世俗及宗教權威、動員對抗敵對貴族力量，以及沒收教會財產的一個機制。

日耳曼地區王侯會倒向路德派，是因為他們同時痛恨教宗、神聖羅馬皇帝，但也採取暴烈手段對付那些威脅他們財富與權力的極端派新教徒。每當發生這種事，路德派領袖都會出面為他們背書。

類似的事情也發生在法國。許多貴族因為敵對家族的惡鬥而成為新教徒，喀爾文派領袖支持這場發自上層的宗教改革，結果就是在日耳曼地區和法國，天主教徒和新教徒的鬥爭發展成為敵對王侯的聯盟之間的宗教戰爭。

不過一旦新教不再是民眾聲音的表達，而只是貴族派系的標籤，便就失去了勢頭。南日耳曼地區重新投效皇帝和教會，法國新教徒自始至終居於少數。

日耳曼地區再洗禮派（Anabaptists）的失敗，象徵著民眾宗教改革與貴族宗教改革之間的決裂。有近兩年時間，明斯特（Münster）都是由年輕荷蘭裁縫學徒范・萊頓（Jan van Leyden，一五〇九－一五三六）領導的再洗禮派極端分子所控制，天主教徒和路德派精英受到排斥，一個平等主義者公社被建立起來，為迎接最後審判日作準備。但最後審判日始終沒有來臨，最後，當地的君主－主教用斷糧手段逼明斯特投降，然後把俘虜的再洗禮派領袖們折磨至死。

保守和激進改革者的分裂，摧毀了宗教改革在日耳曼地區和法國兩地的革命潛力，讓集結的封建反動力量找到一個缺口。

鄂圖曼帝國

天主教和新教的大決裂是發生在伊斯蘭教的陰影之下。「反宗教改革運動」的天主教王侯發現自己必須兩面作戰：對北方的「異端」作戰，對東方的「外道」作戰。

十一至十二世紀的塞爾柱土耳其帝國，由貴人、戰士和奴隸構成上層，下層則是阿拉伯－伊斯蘭社會的堅實基礎。一套徵稅系統設計用來支持一支土耳其軍隊，在缺乏強大政治中心及牢固社會根基的情況下，輕易就被十字軍的衝擊打破。有一陣子，土耳其人變得只是中東眾多民族包括阿拉伯人、波斯人、亞美尼亞人、庫德人和猶太人等的其中之一。

十四至十五世紀的鄂圖曼土耳其帝國結構相對堅固得多，鄂圖曼的帝國主義乃慢慢累積勢頭，然後在三位能征慣戰的蘇丹領導下神威大發。他們是「征服者」穆罕默德二世（Mehmet II，一四四四－一四四六年、一四五一－一四八一年在位）、「冷酷者」塞利姆一世（Selim I the Grim，一五一二－一五二〇年在位）和「立法者」蘇萊曼一世（Sulayman I the Lawmaker，一五二〇－一五六六年在位）。

穆罕默德二世征服了安納托利亞及巴爾幹半島大部分地區，又在一四五三年攻陷占君士坦丁堡，完成對所餘無幾的拜占庭帝國的肢解。塞利姆一世擊敗波斯的薩非王朝和埃及的馬木路克王朝，又把敘利亞、埃及和阿拉伯半島西部（包括聖城麥加和麥地那）納入鄂圖曼帝國版圖。

蘇萊曼一世於一五二六年在莫哈奇之戰（Battle of Mohacs）擊敗匈牙利人，占領匈牙利並作為攻打維也納的發射臺，在一五二九年對維也納進行長達一個月的圍攻。他的軍隊還征服了伊拉克、利比亞，攻占重要海軍基地羅德島，將威尼斯人趕出地中海東部，授權巴巴里海盜（Barbary Corsairs）在北非海岸從事海盜行為。

在穆罕默德二世、塞利姆一世和蘇萊曼一世的勵精圖治下，鄂圖曼帝國成為世界最強大的國家，版圖西至多瑙河、東至底格里斯河、北至克里米亞、南至馬格里布。歐洲基督徒生活在不間斷的恐懼中，擔心鄂圖曼帝國的浪潮終將把他們吞噬。

鄂圖曼帝國擴張力道在十六世紀初期那麼強大，為何卻在一五六六年戛然而止？

十四世紀期間經歷了較為緩慢的政治－軍事積累過程，鄂圖曼人在十五世紀到達讓他們能夠打倒較弱鄰國的臨界點。

控制敘利亞、埃及和伊拉克的財富之後，鄂圖曼人發生第二次質變，因為他們在中東獲得大量可耕地、富裕城鎮及利潤豐厚的商路。增加的歲入讓他們可以擴充大型、現代和職業化的軍隊，攻占羅德島和打敗威尼斯人也讓他們稱霸地中海東部。

鄂圖曼政府為高度中央集權的獨裁政體，有一套官僚體系管理，由皇室正規軍和封建戰士組成的軍隊捍衛。蘇丹的地位高高在上，以絕對權力統治。

許多官員、軍人皆為奴隸出身，於帝國的基督徒社群中徵選，土耳其人和阿拉伯人相對較少。因此鄂圖曼帝國是個古怪的「去民族化」混合體，同時包含鄂圖曼、伊斯蘭及拜占庭的成分，既不是民族國家，也不是真正的王朝國家。雖然蘇丹之位一般都由兒子繼承，但繼位的兒子是從後宮眾多奴隸姬妾所生的兒子中選出，他們的不幸兄弟通常會被勒死在宮殿僻靜之處，以確保政權的穩定。

陸軍（還有海軍）可謂國家根基，是一支高科技的陸軍，配備有大型大砲和數千名火槍手；其核心為加尼沙里軍團（Janissaries），即蘇丹親兵，出身奴隸的精銳火槍部隊。他們的薪水（還有砲兵軍火工廠和軍事運輸部隊的薪水）由國家歲入支付。

作為這些皇家部隊補充的有「西帕希」（spahis），他們是國家封建（state-feudal）外省騎兵，為了回報蘇丹的賜地而提供軍事服務。

整個軍事—官僚複合體是由非穆斯林人頭稅、牲畜稅、農產品稅支撐，由國內關稅、貿易及工業稅收補貼。國家收入也花費在藝術品、宏偉建築、宮廷儀式及奢侈品，以及用來補貼統治的官僚階級。

這些浪費性開支縮影在帝國首都上，讓過剩的堂皇建築舉目皆是，君士坦丁堡變成一座遍布宮殿、清真寺和海邊別墅的城市，在一五五〇年是世界兩大城市之一，倫敦只有其十分之一的規模。不過它是個將剩餘消耗在浪費性開支的城市，不是能創造財富、引領社會變遷的城市。

鄂圖曼帝國可謂種族與宗教的大雜燴，這裡有土耳其穆斯林、阿拉伯穆斯林、阿爾巴尼亞穆斯林和波士尼亞穆斯林；有塞爾維亞東正教徒、保加利亞東正教徒和希臘東正教徒；有亞美尼亞人，有德魯茲派（Druses），有馬龍派（Maronites），有科普特派（Copts），還有猶太人。這些不同的社群各自成一個「米利特」（millet）[6]，各有自己的領袖和法典。鄂圖曼蘇丹未曾試圖整合這幅複雜的社會—文化馬賽克，抑或用統一的管理單位、文化和身分認同將不同種族、宗教焊接在一起。「米利特」制度是現代民族國家的對立面，是從中世紀的四分五裂樣態繼承而來。

所以一個核心矛盾一直侵蝕著鄂圖曼權力的基礎，哪怕在它如日中天時便是如此。該帝國採取一種鑲嵌經濟，有著一個由國家規限的社會。那是一個經濟和社會發展受到軍事—官僚複合體之利益阻礙的地方，剩餘並沒有被投資在改善莊園、促進工業成長，而是被國家占用來支持帝國的擴張。

就長遠來說，這種情形肯定會動搖帝國的軍事活力。沒有投資在技術和新生產工具，鄂圖曼帝國很容易會被強大的敵人扳倒。這些敵人相形沒有那麼強勢，沒有榨乾社會經濟基礎的生命力。

一五七一年十月七日，一支有兩百三十艘戰船的基督教國家聯合艦隊，和一支有兩百七十艘戰船的鄂圖曼艦隊，在希臘海岸的勒班陀（Lepanto）附近爆發大戰，爭奪地中海航道的控制權。這場海戰後來演變為大規模近身肉搏戰，各艘船隻被抓鉤和登艦板扣在一起，上演一場發生在海上的陸戰。

這場仗打了好幾個小時，最後基督徒大獲全勝，是世界史上最決定性的勝利之一，因為它打斷了鄂圖曼海軍向西方發動攻勢的支柱。

基督教國家船隻的火砲較大，且水兵穿著盔甲、帶著火槍，而鄂圖曼的船隻則靠奴隸槳夫推動，武器是撞角和弓箭。這種差異決定了勝負，海上戰爭的新技術打敗了舊技術，由創新和工業帶動的西方已迎頭趕上東方。

鄂圖曼帝國的勢頭到勒班陀之戰時已然耗盡，蘇萊曼大帝崩逝後，帝國不再有多少新增領土。

自此之後一世紀左右，東、西方的實力處於均衡狀態，鄂圖曼帝國沒有推進，也沒有後撤。不過當鄂

---

❻ 譯注：「米利特」為自治型宗教社群。

圖曼人在一六八三年第二次圍攻維也納失敗時，結果卻與第一次失敗迥然不同。基督教歐洲開始反擊，而到了一六九九年，神聖羅馬帝國已經收復匈牙利。鄂圖曼帝國的漫長衰落過程宣布開始。

西班牙帝國

十六世紀是「西班牙人的世紀」。在歷史的大部分時期，西班牙在世界政治局勢上都扮演頗為邊緣的角色。這一點很好解釋，就像歷史學家艾略特（John Elliott）所說的：

> 西班牙是一片乾旱、不毛、貧瘠的土地：其土壤有一成是裸露岩石，有三成五毫無生產力，有四成五普通肥沃，有一成十分肥沃。它是一座被庇里牛斯山分隔於歐洲大陸的半島，孤立而偏遠。它是一個分裂的國家，被從庇里牛斯山延伸至南部海岸的中央高地穿過。它沒有天然的中心，沒有好走的路徑。它分裂、散開，是一個不同種族、語言和文明的複合體。這就是西班牙——過去如此，現在亦然。

西班牙只有一次逃離地理環境所加諸的鐵籠，短暫登上世界霸主的寶座。不過，當一四九二年至一五八八年間西班牙晉身超級強權時，其一舉一動卻是天搖地動。正因為這樣，西班牙語才會成為世界上第二多人說的母語（第一名是漢語，第三名是英語）。

西班牙霸權，部分是王朝陰謀的意外產物。當亞拉岡的斐迪南在一四六九年跟卡斯提爾的伊莎貝拉結為連理，人們都預期這兩個伊比利亞半島的強大王國將會統一。在伊莎貝拉於一四七四年繼承卡斯提爾王位，以及斐迪南於一四七九年繼承亞拉岡王位之間，內戰如火肆虐，但反對「兩王統一」的勢力最終被打敗。

到了一四九二年，斐迪南和伊莎貝拉以同樣毫不留情的方式攻破南方的摩爾人飛地格拉納達（Granada），讓歷時八百年的「重新征服」（Reconquista）終於底定。基督徒和穆斯林就控制伊比利亞半島所作的鬥爭至此結束。

新統一的國家同時帶有本身暴力誕生過程，以及繼承而來之社會結構的印記。斐迪南和伊莎貝拉利用他們的勝利，對卡斯提爾行使絕對王權（卡斯提爾是新西班牙的核心，占有全人口至少三分之二）。這裡本來有相當多的大莊園，但不少被改變為綿羊養殖場，將絕對王權牢牢確立。

地方議會（cortes）失去權力，淪為橡皮圖章。那些從前從王國奪走土地的貴人，現在被迫雙手奉還。城鎮失去很多原有的獨立性，而一五二〇年至一五二一年間以城市為基礎的公社起義（comunero revolt）被蕩平。摩爾人和猶太人被逐出境，被稱為「莫里斯科人」（Moriscos）的歸信者則面臨迫害。

宗教裁判所被創立，作為政府實施恐怖政策的工具。教會被授權去追查、盤問、折磨、處決各種異議分子和不服從者，當時的宗教術語稱這些人為「異端」。一層反動和鎮壓的陰霾，籠罩著西班牙大部分地區。

查理五世在一五一六年繼承西班牙王位，三年後繼承哈布斯堡王朝在奧地利的領土，然後又被選為神聖羅馬皇帝，讓他成為整個中歐的統治者。由於他還控制著低地國家和大半個義大利，所以實質上控制了半個歐洲。

歐洲乃戰國林立的大洲，一項特徵貫穿其整部現代史：定期會因為有某個強權想要推翻政治家所謂的「權力平衡」和建立泛歐洲霸權而引爆戰爭。查理五世（一五一六－一五五六年在位）是第一個立志這樣做的現代歐洲統治者，主戰場在義大利。

「義大利戰爭」在一四九四年至一五五九年間肆虐，通常由歐洲兩大強權對打：一方是法國，另一方則是哈布斯堡西班牙和神聖羅馬帝國。其他小一點的國家則圍繞著這兩個主角，形成不斷變換的聯盟。

國際戰爭變成一種技術上更複雜的大規模作業，大量財富會被這樣的戰爭消耗，所以哈布斯堡王朝雖然在義大利取得最後勝利，付出成本卻遠遠超過任何收益。

菲利普二世（Philip II，一五五六－一五九六年在位）繼承了西班牙王位（但沒有繼承神聖羅馬帝國）。身為十六世紀下半葉歐洲最有權勢的天主教統治者，他同時在三條前線投入戰鬥：在地中海東部抵抗鄂圖曼土耳其人的推進；對抗法國的瓦盧瓦王朝和其他大國的統治者；以及對抗席捲北歐的新教宗教改革。

大量金銀現在從新大陸殖民地源源流入，每年都會有兩隊船隊抵達西班牙，所有財寶的五分之一會直接送入皇家金庫，被用來養一支龐大的職業化軍隊。換言之，新大陸的黃金被用來資助舊大陸的權力。

西班牙軍隊在十六世紀上半葉被轉化成為當時最讓人望而生畏的武力。西班牙人發明了很多步兵作戰的新方法，推動一場「軍事革命」。西班牙「大方陣」（tercios）成為文藝復興時代歐洲的軍事精英。

為數三千人（等於現代的一個旅），「大方陣」由一半火槍兵、一半長矛兵構成：前者部署在兩翼，以輪番發射的方式讓火力呈最大化；後者構成核心部分，大概是十排或以上，用來抗擊敵人方陣的推進。「大方陣」可謂西班牙對於法國人、日耳曼人和義大利人大量使用重騎兵的一個回應，由現代大砲支援，有如羅馬人軍團、希特勒裝甲車隊一般令人聞風喪膽。

即便如此，菲利普二世的西班牙一樣發現自己國力透支，尤其在著手對付低地國家的新教徒革命時特別明顯。西班牙的龐大資源，使其在那裡的鎮壓可以沒完沒了地進行下去（從一五六六年持續至一六四八年，不過強度在一六〇九年之後便有所減弱），但荷蘭的優越防禦陣地和新教徒革命分子的頑強抵抗，使「大方陣」陷入泥淖。

西班牙無敵艦隊的戰敗為關鍵轉折點，英格蘭從一五八五年起對荷蘭革命分子的支持讓西班牙無法取勝。伊麗莎白一世對蘇格蘭瑪麗女王（被放逐的天主教統治者）的處決，確認了英格蘭是新教碉堡的立場。菲利普二世的反應是發動自十字軍以來最龐大的兩棲遠征（一百三十艘船、五萬五千人、兩千五百門大砲），要給北方的新教徒運動致命一擊，但西班牙無敵艦隊在英倫海峽被火災、風暴和砲火摧毀，西班牙的國力自此一蹶不振，迅速衰落。

菲利普二世為人不苟言笑、盲信宗教而獨裁，是十六世紀下半葉天主教反宗教改革運動的化身。不過，他同時透過抑制法國勢力、阻遏鄂圖曼帝國，以推進並粉碎新教宗教改革來維持西班牙帝國權威的做法，抽乾了國家的血液。

西班牙的絕對王權從未成功統一伊比利亞半島。亞拉岡的三個省分（亞拉岡、加泰隆尼亞和瓦倫西亞）因為有著根深柢固的地方勢力，一直保留著許多歷史特權。帝國的主要負擔因此總是落在卡斯提爾肩上，這負擔具有斲傷性。

皇室收入從一四七四年的不到一百萬銀圓增加至一五〇四年的兩千六百萬，到了十六世紀中葉，這些歲入的八成都是用於軍事。集團軍的規模在一五二〇年代是三萬人，到了一五三〇年代增至六萬人，到十六世紀中葉更是增至十五萬人。少了新大陸的金條、銀條（占皇家歲入的約四分之一），這種軍事規模將無法維持。

然而金銀的流入是一把雙面刃：減緩國家破產的時間一陣子，卻動搖了西班牙經濟的基礎。它以兩種方式這樣做。

首先，殖民地市場的擴大鼓勵了母國轉向生產經濟作物（主要是布料、油和葡萄酒），但這種榮景只持續到新大陸的生產者進入市場便戛然而止，因為到了那時候，西班牙的跨大西洋出口已經失去價格競爭力。到了一五七〇年代，西班牙農業嚴重蕭條，亦成為大量入口穀物的國家。

其次，新大陸的金銀助長了舊大陸的通貨膨脹，最後造成卡斯提爾的羊毛在歐洲市場變得無比昂貴，英國和荷蘭的商人越來越有壟斷性。這時候，西班牙國內產業因為有錢人用金銀大量購買舶來品而陷於停滯。

雖然從新大陸運來的金銀在十六世紀末達到歷史高峰，菲利普二世統治晚期歲入也增加了四倍，偏偏政府就是不夠花用。不只西班牙的專制政權在一五九〇年代中期破產，經濟也倒地不起。鄉村變貧窮，加上人口流失，產業基礎萎縮。

不滿引發革命，惟這些革命都胎死腹中，西班牙羸弱的市民社會被統治一個世紀的哈布斯堡專制主義掏空，無法對寄生性精英階層發起有效挑戰。這些精英將會繼續支配西班牙三百年，下級貴族（hidalgos）因為階級尊嚴拒絕工作，逐漸邁向貧窮，而普通人穿著黑衣服艱困地生活，勞苦不停。

進一步的衰落，尾隨一六四〇年代的危機而來，當時西班牙在「三十年戰爭」的結尾戰役中被法國打敗，引發外國入侵和分離主義者的造反。國家破產，社會一片貧窮，瘟疫流行。

哈布斯堡王朝和宗教裁判所卻仍屹立，西班牙繼續處於法律、君主和信仰（即壓制、專制主義和迷信）的箝制中。

「西班牙世紀」過去了，西班牙在歐洲的反革命行動被打敗，其財富源頭陷於枯竭。西班牙把目光放回自己身上，發現自己被打回原形，再次是「乾旱、不毛、貧瘠的土地……孤立而偏遠」。

西班牙是被哈布斯堡王朝的帝國野心，以及歐洲國際戰爭的巨大成本拖垮。哈布斯堡王朝在歐洲的廣大領土，吸乾了其治下卡斯提爾地緣政治核心。

接下來，歐洲的重力中心將會從基礎淺窄的半封建絕對王權國家，轉向更徹底的絕對王權國家。後者同時具有牢固的社會─政治基礎和緊密的政治中央集權化，正是波旁法國。

反宗教改革

法國革命家聖茹斯特（Louis de Saint-Jus）曾說：「玩半套革命的人就是在自掘墳墓。」社會史家托尼（R. H. Tawney）以稍微不同的方式說出同一道理：你不能一隻爪子一隻爪子給老虎剝皮。❼這就是群眾宗教改革會失敗的內在原因。

就像資產階級革命作為宗教改革的一種意識形態運動而出現，反革命也包含一種對天主教正統教義的獨斷再肯定，即包含反宗教改革。

一五四五年至一五六三年之間的特倫特大公會議（Council of Trent）頒布了一系列命令，致力於達成兩大目標：一是剷除教會的腐敗，另一是重新肯定天主教的教條。

曠職、身兼多職及買賣教職都受到禁止，新的神學訓練課程被建立起來，形塑天主教意識形態第一線的教士與主教之品質、專注力得到改善。另一方面，特倫特大公會議卻不肯在使天主教和新教有別的中世紀教義上讓步，繼續主張尊崇聖徒、行善可得救、遵守七大聖禮、基督在聖體（即聖餅）中是真實呈現，以及教宗無誤論。

---

❼譯注：指你給老虎一隻爪子剝皮時，就會被其另一隻爪子所傷。

特倫特大公會議為天主教會建立起防禦，反宗教改革運動的另外兩項特徵則是為發動攻勢而設。一五四〇年，教宗保祿三世批准耶穌會成立。該修會的創立人羅耀拉（Ignatius Loyola，一四九一－一五五六）原是西班牙軍人，後來成為苦行僧、神祕主義者和神學家。因為慎選成員、訓練嚴格且高度講究紀律，耶穌會成為反宗教改革運動的「特種部隊」，除了活躍於天主教腹地並在美洲及印度群島從事傳教工作以外，他們也在北歐的新教國家組建顛覆性地下網絡。

第二項攻擊性武器是宗教裁判所。這個邪惡的組織最初是十三世紀早期教廷的阿爾比十字軍（Albigensian Crusade）在法國南部對付異端卡特里派（Cathars）時成形，但後來只存在於西班牙，首先是作為對抗摩爾人（西班牙穆斯林）封建鬥爭的一項武器，然後是作為新的絕對王權君主國的支柱。直到西班牙、奧地利和日耳曼地區在查理五世手中統一之後（一五一九－一五五六），教宗才在一五四二年決定在義大利重建宗教裁判所，將之變成為泛歐洲的鎮壓機構。

由羅馬的六名樞機主教主持，宗教裁判所變成常設的反革命法庭，其裁決結果不得上訴。宗教裁判官可以進入任何天主教國家逮捕並折磨異端，沒收其財產，把定罪者交由當局處決。宗教裁判所把該焚之書收入定期更新的「禁書目錄」。宗教裁判所傳票所到之處，藝術、科學、思想和探索的自由俱受到威脅，文藝復興的人文主義文化被轉化為一種對傳統權威的歌頌，藝術和建築被僵化為崇拜權力、財富和神祕主義的巴洛克風格。科學家也許會被綁在火刑柱上，連同他們的著作一起被焚。在反宗教改革的歐洲大聲說出心裡想法，有時會惹來殺身之禍。

文化潛力和政治反動的反差，亦即文藝復興和反宗教改革的反差，在義大利最為鮮明。那裡的城邦早在十二世紀便於廣大的封建世界中崛起，成為獨立的商業和權力中心，於十五、十六世紀是文藝復興許多最偉大藝術、建築和科學成就的東道主。然而，在這些城邦，商業資本主義從一誕生便遭到扼殺，新的社會－經濟勢力未能突破傳統的政治－軍事結構，商業財富繼續受到舊有精英階級的控制。假以時日之後，文藝復興就甘心為反宗教改革服務。

兩個因素被證明是決定性的。首先，城邦的經濟受到封建行會及受監管市場的框架束縛，這個框架受到強大商業寡頭（很多時候是單一家族）的支配，所以商賈與銀行家演化為以城市為基礎的鉅子，他們利用自身對市政府和行會的控制來穩固地位、實現更大的政治野心。其次，因為義大利仍分裂為一大堆敵對的小國，所以戰爭頻繁，容易遭外邦入侵和成為大國之間的戰場。支持教皇國的圭爾夫派（Guelphs）、支持神聖羅馬皇帝的吉伯林派（Ghibellines）之間的戰爭持續了大半個中世紀。類似的，在一四九四年至一五五九年間，義大利北部成為法國與神聖羅馬皇帝長期軍事對壘的主要舞臺。

所以，義大利始終受到商賈－君主、傭兵隊長和外國軍隊的箝制。新教吸收到的歸信者不多，而這些為數不多的歸信者很快就被來自羅馬的反宗教改革十字軍粉碎。

另一方面，西班牙則是統一的民族國家，在這裡，反宗教改革以作為專制王權的工具而取得勝利。菲利普二世（一五五六－一五九八）是最典型的天主教統治者，他陰鬱、言語乏味、官僚作風、盲信且憎恨生命。他強調君權神授，每個人啟奏時都必須屈膝，地方議會被奪去權力，貴族淪為為逢迎拍馬之流。國王親自主持恐怖的「信仰行動」（autos-da-fé），即宗教裁判所的公開處決儀式。不到十年，西班牙的新教就被摧毀殆盡。摩爾人受到極端壓迫：他們被禁止說阿拉伯語，不得穿土著衣服，不得守傳統婚喪習俗。當他們在一五六八年造反時，當局以全體滅絕手段恢復秩序。

法國又是另一種情形。因為和摩爾人內部鬥爭的緣故，西班牙的封建制度在中世紀期間達到較高程度的中央集權化。法國君主的權力則總是較弱，部分的法國也比西班牙經濟發達。新教宗教改革因此能有更大斬獲，爭取到三分之一的法國人成為信徒，有大約兩千五百間教堂舉行集會。就像其他地方那樣，法國的宗教改革是由中間階層從下面推動，但部分貴族為謀求利益也歸信了新教，讓自己成為新教社群（稱為胡格諾派）的領袖。

一五六二年，士兵在吉斯公爵法蘭索瓦的付薪下對新教徒發動屠殺。新教徒的貴族領袖孔代親王路易馬上呼籲支持者和教友拿起武器抵抗。有近四十年之久，敵對貴族派系之間的宗教戰爭在法國肆虐。然後在一五七二年八月，這些宗教戰爭採取大屠殺的極端形式。繼巴黎的「聖巴托羅繆日大屠殺」之後，一連串相似的屠殺在其他法國大城鎮發生。宗教裁判所在西班牙摧毀了羸弱的民眾宗教改革，天主教的死刑執行隊在法國扮演相同角色。

不過戰爭依仍持續。大屠殺固然讓戰爭更加狠毒，但也強化了貴族的控制，因為一般人紛紛投靠地方貴族尋求保護。宗教改革的激進潛力因此進一步受到貴族派系和宗教戰爭的邏輯扭曲。

這些戰爭以妥協結束，新教領袖納瓦爾的亨利繼承法國王位成為亨利四世（Henry IV，一五八九－一六一〇年在位），但為了重新團結分裂的國家，他宣布放棄新教信仰，改宗天主教（一五九三）。一等最後一批抵抗中心被削弱之後，他頒布了《南特詔令》（Edict of Nantes，一五九八），授予胡格諾派信教、敬拜的自由。

戰爭造成巨大的經濟破壞，而宗教改革的淪為貴族派系傾軋也終止了其推進。宗教戰爭的這些後果當然會決定接下來兩百年法國歷史的軌跡，一個強大的絕對王權君主國將會在十七世紀期間興起，貴族的城堡（大封建領主權力基礎的所在）將會被皇家大砲摧毀，而貴族將會被降格為廷臣。一個國家封建主義政權會僵化社會關係、妨礙經濟發展，並為法國社會加上巨大軍事負擔。絕對王權國家對市民社會的勝利，具體體現在一六八五年對《南特詔令》的撤銷，此舉讓胡格諾派變成為被迫害的少數。群眾宗教改革落敗讓矛盾不斷累積，最終釀成一七八九年的法國大革命。

反宗教改革在西班牙、義大利大奏凱歌，在日耳曼地區、法國亦大有斬獲，但宗教改革在北歐存活了下來。該地區自此成為世界歷史發電機，理由亦在此。

荷蘭革命

在十六世紀，有三百萬人住在「低地國家」，相當於整個英格蘭和威爾斯的人口數目，其中有大約半數住在城鎮。布魯日、根特、布魯塞爾、安特衛普、烏特勒支、萊頓（Leiden）、哈倫（Haarlem）、阿姆斯特丹和其他法蘭德斯及荷蘭城鎮，是文藝復興時代歐洲最發達的貿易中心，這些城鎮裡至少有二十五個的人口超過一萬。此地區滿布水道，河流、河口、運河和溝渠比比皆是。好些大河流如萊茵河、默茲河（Meuse）／馬士河（Maas）和斯海爾德河（Scheldt）等發源於歐洲內陸，然後流經「低地國家」，再流進北海海岸迷宮似的河口、島嶼及泥灘。

隨著封建秩序被金錢與市場轉化，「低地國家」的地理環境讓這些國家成為歐洲最有經濟活力的部分之一。法蘭德斯和荷蘭社會變得受商人及工匠的支配，文化和市民組織欣欣向榮，有權有勢的行會支配了城市生活，防衛傳統自由和特權的力量龐大。

宗教改革像雷暴那樣席捲「低地國家」，在這裡，人們特別不能容忍封建領主和教會的腐敗。但「低地國家」受到帝國西班牙的統治，從法蘭德斯和荷蘭商業財富所徵得的稅收被用來養活十五萬人的西班牙軍隊，支持一位遠在天邊的天主教徒暨哈布斯堡王朝國王的政治野心。

統治「低地國家」的法蘭德斯和荷蘭貴族，發現自己被夾在帝國政府的需求，還有喀爾文派及再洗禮派城市人口的反抗之間。一五六四年，他們被迫將西班牙總督格朗韋勒撤職，但此舉未能安撫日益升高的反對聲浪。

兩年後，天主教當局一次打擊異端的嘗試遇到前所未有的抵抗。武裝新教徒在「低地國家」各處舉行大型露天會議，一位根特的貴族暨歷史學家驚訝地指出，四、五場講道就足以改變人們維持了三、四十年的信仰。

那一年的八、九月，革命群眾在一個又一個城鎮推翻舊秩序。天主教堂在一陣「打破偶像的怒火」中受到攻擊，保守的市鎮寡頭紛紛垮臺，統治的王侯被迫授予路德派和喀爾文派敬拜的自由。再洗禮派乾脆自行賦予自己這種自由。由奧倫治的威廉率領的一派荷蘭貴族讓自己成為革命運動的首領，其他大部分貴族不是靜觀其變，就是支持西班牙國王發動的反革命暴力。

決心擊敗威脅其遼闊帝國完整性的宗教改革和政治革命，菲利普二世把「低地國家」變成歐洲的主戰場。荷蘭革命持續了四十多年，大敗與大勝反覆交替。西班牙派出數以十萬計的部隊，消耗了巨量的財富，外國士兵和宗教裁判所帶來全面性的恐怖。一五七六年十一月攻占安特衛普後，西班牙人為宣洩憤怒，摧毀了一千棟房屋，殺死八千名市民。軍事恐怖手段打敗法蘭德斯人的運動，並恢復西班牙人在比利時的統治。荷蘭革命卻難對付得多。

要從南面進入荷蘭，須經過一段接連有大河流切過的狹窄走廊地帶。這片土地一般低窪又泥濘，排水堤縱橫交錯，河流和排水堤形成天然防線。荷蘭高密度的聚落形式也幫了忙，許多城鎮都有城牆，即便是村落也可以透過加設臨時的防禦工事變成要塞。其結果就是形成軍事理論家所謂的「複雜地形」，這種地形讓移動及補給困難，入侵軍隊會受制於天然障礙、隱藏陣地和有防禦的戰略要點，舉步維艱。讓入侵者頭痛的還有城市民兵（荷蘭兵力的核心）趨向專業化、「海上丐軍」艦隊的運作，以及越來越多為幫助教友而戰的外國自願者。

喀爾文派和再洗禮派教會的成員就像一個革命黨的活動家，而戰爭激進化了這場革命。「聯省共和國」（荷蘭後來的稱呼）不久就成為歐洲再洗禮派信徒比例最高的地方，有些地區高達一半人口是再洗禮派。再洗禮派鼓吹政治民主和社會平等。

在此同時，日耳曼地區、法國、英格蘭和蘇格蘭的喀爾文派教會在荷蘭流亡者的促請下，發揮類似「革命國際」的作用，為荷蘭人的反抗提供支持。在荷蘭作戰的外國人隊伍是這方面最具體的展現，他們形同一支新教的「國際縱隊」，因為荷蘭革命已然成為對抗反宗教改革運動的最前線。

當荷蘭在一五八四年被西班牙的第三回征討逼至戰敗邊緣時，英格蘭的伊麗莎白一世宣布參戰。這是因為，如果西班牙帝國控制了英倫海峽海岸，英格蘭新教徒國家的安全就會失去保障，而讓荷蘭人能夠抵抗下去才符合英格蘭的利益。猶有進者，支持荷蘭的政策受到中間階層的歡迎（他們是都鐸王朝的磐石）。

英國的介入刺激菲利普傾盡全力，於一五八八年派出無敵艦隊大舉出擊。部分由於惡劣天氣、部分由於英國艦隊造成，這支艦隊的敗北變成轉捩點。西班牙已經國力透支，帝國在同一時間有太多事情要做，包括在日耳曼地區支持天主教徒的哈布斯堡家族堂兄弟、在義大利維持西班牙的利益、在地中海跟鄂圖曼帝國爭鋒、介入法國的宗教戰爭、防禦美洲廣大地域，以及保護往返大西洋貿易路線的船隊。一次又一次，西班牙在荷蘭前線的部隊因為領不到薪餉而譁變，潰散奔逃。一次又一次，不管西班牙花費多大力氣，荷蘭都挺了下來。西班牙最終在一六〇九年放棄收復荷蘭，「聯省共和國」遂成為世界上第一個資產階級國家。

就連馬克思主義史家有時都會看不見這場荷蘭革命的重要性。這場革命漫長、複雜，受戰爭支配，歷經三波高潮（一五六五年至一五六八年、一五六九年至一五七六年、一五七六年至一五八一年），每一波都尾隨一次西班牙反擊。最後一次反擊在英格蘭的支持下被擊退，之後革命就以傳統軍事鬥爭的方式進行。

奧倫治家族的分量於革命後期階段越來越強，但只是扭曲了而無改變戰爭的革命性格。商業資產階級取得勝利，讓勝利成為可能的是小商販、工匠和勞工構成的城市小資產階級。喀爾文派和再洗禮派教會則提供了必要的革命領導階層。

與那些反宗教改革取得勝利的地區不同，十七世紀對荷蘭來說是黃金時代。他們的貿易、海軍和海外帝國都讓人刮目相看。他們的城鎮大樓林立，擁有歐洲最精美的藝術作品。

不過荷蘭的面積非常小，這一點長遠來說，被證明是這個新國家經濟發展和政治實力無法克服的約束。如果邁向世界經濟新秩序想要取得決定性突破，那麼資產階級革命就必須在一個更大的舞臺贏得勝利。這件事將會在十七世紀發生。

三十年戰爭

到了一六〇九年，西班牙帝國政府已放棄敉平荷蘭革命的念頭，這讓荷蘭能夠成為一個欣欣向榮的新教資產階級國家。但荷蘭戰爭的結束也讓西班牙的哈布斯堡王朝統治者得以騰出手腳，對別的地方採取行動。

神聖羅馬帝國由哈布斯堡家族的另一分支所統治，皇帝的權力基地在奧地利，那裡是皇家家族莊園最密集的地方，但他的權威涵蓋日耳曼地區、西利西亞、波希米亞、摩拉維亞、匈牙利和義大利北部一些部分。神聖羅馬帝國乃王朝性超級國家，涵蓋大部分的中歐地區，但也嚴重分裂，特別是在日耳曼地區、波希米亞這兩個宗教改革有著支配性的地方，皇帝的權威受到地方王侯藐視，教會財產受到新的世俗地主侵占。

十七世紀初期，西班牙和奧地利的哈布斯堡王朝對日耳曼地區宗教改革發起一場反革命。這被稱為「三十年戰爭」（一六一八－一六四八）的衝突，始料未及的後果是把歐洲大陸改變得面目全非，其徹底的程度直到法國大革命（一七八九－一八一五）才被超越。

危機的爆發地點是波希米亞（今日的捷克共和國）。捷克貴族的獨立性和財富受到維也納中央集權、天主教化政策的威脅，貴族們將三名帝國官員拋出城堡窗戶（史稱「布拉格拋窗事件」），三人跌落糞堆裡，安然無恙。翌年，即一六一九年，捷克貴族又拒絕承認哈布斯堡王朝新皇帝斐迪南二世，改將波希米亞王位交給日耳曼地區主要新教王侯巴拉丁諾選侯腓特烈五世，此舉等同宣布波希米亞脫離神聖羅馬帝國和天主教會而獨立。

波希米亞為歐洲經濟最發達地區之一，雖仍受到封建鉅子支配，社會卻是處於過渡階段，因為市場和金錢已經重塑了領主、商人和農民的關係。波希米亞正是準新教異端胡斯派在十五世紀早期繁榮昌盛的地區，新教主義和宗教寬容傳統反映著波希米亞社會改變中的性格。

但一六二〇年在布拉格附近發生的白山之戰，天主教聯軍擊敗了腓特烈。帝國政府重新確立，捷克的自由被廢除，波希米亞王位被宣布為哈布斯堡家族的世襲財產，反宗教改革張牙舞爪展開。波希米亞貴族本來可以透過把衝突轉化為一場民眾戰爭（就像兩世紀前的胡斯派革命那樣）重建抵抗，但出於階級利益的考慮讓他們沒有這樣做。他們不希望看見社會革命的幽靈復活，就改向其他新教王侯尋求幫忙，卻沒有成功。

北日耳曼地區的新教聯盟無餘力可以幫忙。神聖羅馬皇帝和天主教聯軍採取攻勢，戰爭迅速擴大，荷蘭、丹麥、瑞典和法國被捲入其中，其他國家也介入，以防止天主教得勝和哈布斯堡王朝宰制歐洲。一場宗教戰爭因此轉變為一場地緣政治衝突，宗教改革的轉化潛力被王侯偏斜，轉化成為敵對國家之間的傳統軍事鬥爭。

每次天主教聯軍看似將要在日耳曼地區取得勝利，新的捍衛者就會出現，依序有巴拉丁諾選侯、荷蘭共和國、丹麥國王克里斯蒂安、瑞典國王阿道夫，最後是法王路易十三的首席大臣黎塞留樞機主教。因為這個緣故，戰爭遲遲未有了結，日耳曼地區飽受摧殘。一度是歐洲經濟最發達的地區之一，日耳曼地區如今人口流失、財產毀盡、飽受軍隊劫掠。在一六一八年至一六四八年間，其人口也許銳減大半。

最後，哈布斯堡王朝打成平手，欲創立泛歐洲專制政權的企圖亦宣告失敗。日耳曼地區成為一片小國林立之地，這些小國時常互相交戰，設有關稅壁壘，信奉不同宗教。

天主教聯軍在哪裡勝出，反動之舉就會毫無節制。波希米亞農民所受的封建剝削進一步加大，很多人最後都要向地主繳納一半收成，讓農村幾無剩餘可用於改善農田和提高產量。城鎮人口大量流失，捷克語走向衰落。

中歐各民族不是破碎化，就是不管語言、血統和文化的邊界而融合在一起。日耳曼地區到了一八七一年才達成統合，哈布斯堡帝國的各屬民直到一九一八年方得以獨立。這是「被偏斜」的宗教改革所付出的代價，此種「偏斜」將群眾革命改換為貴族的派系傾軋。

戰爭對西班牙和法國的影響一樣重大。哈布斯堡西班牙因為受到本身歐洲帝國和新大陸帝國的資助，在十六世紀一直擁有最強大的軍隊。但地緣政治的顯赫掩蓋了社會經濟的停滯，封建地主階級仍然支配著伊比利亞半島，貿易和城鎮仍然低度發展。科學與文化在哈堡斯堡專制主義和宗教裁判所的雙重壓力下凋零。

十六、十七世紀是個過渡年代，商業資本主義和資產階級革命提升了一些國家，使其能在社會經濟發展上超越其他國家。帝國西班牙雄霸歐洲的政治野心，倚靠未曾改革過的封建專制基礎，這讓它的努力在一個權力平衡變得絕對不利於「舊制度」（ancien régime）的世界中難以為繼。「三十年戰爭」期間，重力法則尤顯露無遺。歷經一世紀設法打壓北歐的宗教改革未果之後，西班牙的資源在一六一八年至一六四八年之間被抽乾，導致其軍事力量一蹶不振。歐洲的地緣政治霸權，從此落入法國手中。

隨著十六世紀晚期宗教戰爭以妥協落幕，一六二〇年代至一六三〇年代間的法國在樞機主教黎塞留主政下，成為強大的絕對王權國家。胡格諾派失去他們的要塞，不再構成國中之國。法國境內貴族被迫屈膝，城堡被拆毀，決鬥被定為非法，陰謀遭到粉碎；貴族變成廷臣，地方高等法院失去實權，皇家高級長官（intendant）和巡迴專員取代前者的統治地位。

君主派被賞以官職及特權，法國貴族演變為受優遇的國家官員和侍從階級。地方貴族的封建苛索，加上支持國王戰爭機器的政府稅收，讓農民陷入極度貧困，他們無望的生活只偶爾被注定失敗的起義打斷。

一六三五年至一六四八年間，法國介入「三十年戰爭」以防止哈布斯堡王朝取得勝利。法國因此稱霸歐洲，波旁王朝將支配歐洲超過一世紀，這就是國家資源掌控在君主手中的結果。

不過，假以時日，不列顛將顯示自己是法國最持久且越來越厲害的對手，最終將會在爭奪帝國及建立現代經濟的努力上勝出。

要了解為什麼會這樣，我們現在要把目光轉向十七世紀期間不列顛發生的事件。因為在那裡，宗教改革和反宗教改革的鬥爭，還有資本主義階級革命和專制主義的鬥爭，結果都非常不同於在法國、西班牙及日耳曼地區所看見的。在這個歐洲西北邊緣的中型島嶼，宗教改革的革命潛力獲得最充分的實現。

英格蘭革命的起因

在十七世紀上半葉的中歐，反革命結束於馬克思所謂的「互相衝突之階級的同歸於盡」。哈布斯堡王朝的天主教大軍經歷三十年的戰爭才被抑止住，這項努力讓封建專制的西班牙一蹶不振，也摧毀了日耳曼地區的發達經濟。

但英格蘭的情形卻是另一副模樣，反革命的企圖導致封建專制主義垮臺、國王被處決和一個新興階級共和國的成立。這截然不同的後果，是數以萬計革命分子於一六四〇年代一連串關鍵轉捩點所做出的堅決行動所導致。而他們所處身的群眾運動，根源可回溯至一世紀以前的英國宗教改革。

一五三〇年代，發自上層的宗教改革導致了英格蘭與教皇國的決裂、政府對英格蘭教會的控制，以及修道院的解體（修道院土地被收歸國有）。在解釋上述事件時，大部分歷史學家都著眼於都鐸政權的王朝需求。不錯，亨利八世（Henry VIII，一五〇九－一五四七年在位）想要離婚，以便能再娶，生出合法子嗣。但是有另外兩項因素同等重要。

首先，都鐸政權部分依賴於小農、商販和工匠構成的中間階層支持，他們是英格蘭相對發達的經濟之先鋒，許多都是新教早期和熱情歸信者。對彼時英國經濟動力具有核心重要性的（因此關係到商業農夫、商人和船主的荷包）當數羊毛貿易。

克倫威爾（Thomas Cromwell，一四八五－一五四〇）這個在一五三二年至一五四〇年間擔當亨利八世首席大臣的人物，就是來自這個階級，他是一名堅定的新教徒。安妮．博林（Anne Boleyn）也是一名新教徒，她和亨利的婚姻正是由克倫威爾撮合。亨利本人則是宗教保守派，但在其子愛德華六世（Edward VI，一五四七－一五五三年在位）主政期間，英格蘭教會受到徹底改革。

其次，國有化的修道院土地已經迅速被賣掉或贈出。那是從諾曼征服以來最大一筆土地所有權轉移，擴大並添富了英格蘭鄉紳，由此強化土地擁有階級對都鐸王朝和新教的支持。

發自上層的英格蘭宗教改革，因此是一個扎根甚深的宗教、政治和社會變遷過程。這就是亨利的女兒瑪麗（Mary I，一五五三－一五五八年在位）執政時企圖復興天主教之舉，何以注定失敗。這也是為什麼伊麗莎白一世（Elizabeth I，一五五八－一六〇三年在位）的新教徒政權具有韌性又受歡迎，一五八八年擊敗西班牙無敵艦隊，只是這一政權力量的最顯著指標。

但舊秩序沒有遭遇決定性的挫敗。地區性王侯（特別是在北部和西部的那些）常常保留相當大的權力，大貴族利用他們在朝廷的地位，確保得到尊貴頭銜、高級官位、土地賜予、生意合約和專賣權利。封建競爭一度跟軍事武力密切相關，現在則變成要依賴宮廷陰謀。

一五三〇年代的宗教改革存留著英格蘭社會的核心矛盾尚未解決，事實上，透過強化新經濟，後來數十年間只深化了這種矛盾。舊有的貴族越來越依賴朝廷的眷顧，想方設法維護自身特權。與此同時，小鄉紳、自耕農（富有農人）、企業家和市民努力發展著自己的農田及生意。

英格蘭人口在一五〇〇年至一六五〇年之間增加超過一倍，每十二人便有一人是住在城鎮，有數十萬人受到農村產業僱用。議會裡的鄉紳與市民代表對經營的障礙越來越感到憤怒，皇室稅收、關稅和貿易壟斷看似都是設計來養肥一群遊手好閒的廷臣。

頭兩位斯圖亞特王朝國王，詹姆士一世（James I，一六〇三－一六二五年在位）和查理一世（Charles I，一六二五－一六四九年在位），都反覆跟議會發生衝突。朝廷與國家關係的轉折點出現在一六二九年，當年查理國王解散議會，實行直接統治。「十一年暴政」（一六二九－一六四〇）乃企圖在英格蘭建立歐陸式的專制主義，此舉引發英格蘭鄉紳和市民所有階級焦慮，任意地徵稅、徵用物資及住宿命令，勢必威脅到他們的財產。政治的中央集權化動搖了地方精英的傳統權威。與外國天主教強權的聯合不符合城市的貿易利益，天主教在朝廷的影響力更讓被充公教會土地新擁有者心裡不踏實。查理的首席大臣史特拉福伯爵組織的一支愛爾蘭天主教徒軍隊看似是一股強制性力量，能夠出動來把絕對王權強加於英格蘭。

危機在一六三七年爆發，問題癥結點是宗教。大主教勞德的高教會派國教是走保守路線的新教主義，幾乎讓人難以跟天主教區別開來。宗教上的尊奉變成政治順服的同義詞，主要的分裂線界於喀爾文派（在英格蘭被稱為「清教徒」）跟高教會派及天主教徒之間。

在蘇格蘭低地，貴族、市民和喀爾文派牧師很早就聯合起來推動自己的宗教改革。查理既是英格蘭國王，又是蘇格蘭國王，一直想要在邊界兩邊伸張本身統治權。勞德企圖強迫蘇格蘭教會使用國教的《公禱書》，由此激起一場暴動。當愛丁堡聖吉爾斯大教堂的首席牧師在一六三七年七月二十三日於會眾面前唸誦《公禱書》的內容，一名市場女商販珍妮・蓋德斯（Jenny Geddes）將自己的板凳扔向他，怒吼說：「你竟敢讓我望彌撒！」教堂陷入一片混亂。不久後，一大群喀爾文派蘇格蘭人聚集在愛丁堡城堡的山腳下，簽署了一份《神聖盟約》（Solemn League and Covenant），誓言捍衛他們的宗教。蓋德斯因此點燃了英格蘭革命（因為蘇格蘭對這場革命從頭到尾有高度的參與，所以稱之為「不列顛革命」要更加貼切，不過「英格蘭革命」的說法已經因為被提過太多次而生了根。）

國王企圖用武力鎮壓蘇格蘭的「盟約分子」，但英格蘭北部各郡民兵不是蘇格蘭人的對手，而「第一次主教戰爭」在一六三九年以不分勝負的結果結束。隔年，國王招募一支更大的軍隊，但「盟約分子」越過邊界，用砲火把敵人打得雞飛狗跳。蘇格蘭人受到英格蘭清教徒的暗中鼓勵，占領了英格蘭最北邊三個郡，要求四十萬英鎊賠款。查理不得已簽署了《里彭條約》（Treaty of Ripon），予以同意，就此結束「第二次主教戰爭」。

為了支付賠款讓蘇格蘭人快快走人，查理別無選擇，只得召開議會。他在「十一年暴政期間」推出的破格徵稅措施法律地位可疑，越來越受到爭議，而且完全不足以支付賠款。那個準專制主義的斯圖亞特政府已經垮臺，跟蘇格蘭及英格蘭有產階級的決裂，使其在面臨革命時資不抵債。

一六四〇年十一月召開的「長期議會」（Long Parliament）卻無心情同意撥款組建一支皇家軍隊或支付賠款給蘇格蘭人，其目的完全放在拆解襁褓中的絕對王權主義整部機器。事實證明，要做到這一點，必先經過內戰。

革命和內戰

絕對王權主義威脅到地方精英的權力、特權和財產，朝廷的勝利將意味著武斷權力及國家壟斷的勝利，將會為貿易自由帶來無數拘束。勞德的高教會派國教是這種政治方案的意識形態矛頭，而靶子則是激進的新教信仰。這也是勞德企圖把彌撒強加在蘇格蘭時會激起革命的原因。

同一批議題現在讓倫敦議會拒絕答應國王開徵新稅以向蘇格蘭人支付賠款的要求，議會要求在批准撥款前必須「矯正弊端」。這包括廢除苛捐雜稅、廢除國王的法庭、規定國王在未得議會同意無權解散議會、撤除主教們在上議院的席位，以及以叛逆罪起訴史特拉福伯爵。

「長期議會」的議員都是保守的有產者，會以革命分子的方式行事有兩項理由：首先，他們認為絕對王權主義是對他們財產的直接威脅；其次，他們受到倫敦中間階層、城市窮人和勞動婦女的鼓動、哄誘和施壓。

在「十二月天」期間（一六四一年十二月二十七日至三十日），大批群眾聚集在白廳和西敏寺，緣於國王任命了一位君主派擔任倫敦塔的副塔長。倫敦塔副塔長是首都最重要的軍事職位，查理作出這項任命，顯示他準備發起一場政變，鎮壓議會並威懾倫敦。

在群眾示威下，副塔長的任命被撤銷了。但人們不以此為滿足，繼續高喊：「不要主教！不要主教！」主教是議會最反動的成員。他們很多人被阻止進入議會，且至少有一人被拋入河裡。

君主派用劍攻擊群眾，群眾則以磚、瓦、卵石還擊，隨著戰鬥口號傳開，整個倫敦動員起來，而議會受到一萬名武裝學徒的包圍。倫敦團練（London Trained Bands），也就是首都民兵，拒絕驅散他們。

十二月三十日，下議院彈劾十二位為首的主教，上議院把他們打入大牢。教堂鐘聲響遍整個倫敦，街道上處處營火。至此為止，革命一直是由發自下層的大眾行動推動。

不到一星期後，國王企圖發動政變。一六四二年一月四日，他帶著一百名武裝守衛進入下議院，打算拘捕五名為首的反對派議員，但那五人事先獲得警告，逃到了倫敦城。倫敦城城門被關閉，格子吊閘放下，鐵鏈橫過街頭。有好幾天，數千人準備就緒，手持戟、劍、棍棒或任何找得到的武器。婦女從家中拿出板凳和木桶構築街壘，又燒熱水要「給騎兵們兜頭澆去」。

但騎兵並未前來，倫敦明顯已投向革命的一邊，查理光憑手上力量不足以收復這座城市。國王在一月十日出逃，翌日，五名逃走的議員回到西敏寺，沿途受到群眾歡呼喝采。

查理在牛津另立首都，很快組建了一支軍隊，革命因此轉變為內戰。繼首都起義後，君主派與議會派在全國各地發生數以百計的戰鬥，爭奪對軍火庫、戰略據點和民兵部隊的控制權。

因為議會代表社會經濟居優勢者，不僅控制了倫敦，還控制了京畿各郡、英格蘭東南部、東盎格利亞及大部分港口、有城牆的城鎮，因此具有財政、人力和戰略資源可以發動一場有效的戰爭。光是這樣還不夠，一大問題是它的不夠專業和地域主義。戰爭固然在全國各地開打，但只有少部分人願意合併成一支大

軍為全國性目標而戰，很多人拒絕離開自己的郡出外作戰。

第二個問題是議會領導階層性格保守。三分之一的上議院議員和三分之二的下議院議員在一六四二年皆忠於議會，但大多數屬長老派教徒及有產者，害怕戰爭也許會催生出社會革命這條「九頭蛇」（長老派是英格蘭和蘇格蘭對於喀爾文派新教徒的稱呼），當中僅有少數人贊成不惜一切，全面開打。他們大部分都是小鄉紳，比長老派更想看到教會分權化、民主化，所以被稱為「獨立派」（Independents）。

作為一種政治—宗教傾向，從「獨立派」的左翼崛起越來越重要的「宗派分子」（Sectaries），他們是激進的新教群體，專為許多支持議會派的普通人的民主和平等理想發聲。「獨立派」漸漸在軍官中成為主流。軍隊是革命力量的凝聚性表述，在這裡，保守主義和軍事必要性的矛盾成為直接攸關生死之事；另外，在這裡，來自下層的壓力，即來自普通士兵的壓力，也是最尖銳地被感受到。

克倫威爾（Oliver Cromwell，一五九九－一六五八），這名中年鄉紳、劍橋議員和國會派騎兵指揮官，崛起成為軍官中的「獨立派」領袖。他是行伍中「宗派分子」的保護者，也是全面性革命戰爭的大力鼓吹者，其麾下「鐵騎隊」（Ironsides）都是招募「有信仰的人」，因為克倫威爾相信「最懂得禱告的人最懂得作戰」。

> 數目不多的老實人要勝過一大堆不老實人……如果你選擇信上帝的老實人當騎兵隊長，老實人就會追隨他們……我寧願要一個雖不起眼、卻知為何而戰並珍愛自己經歷的老上尉，也不願要你所謂的純粹紳士。

他的目標相當清楚。長老派的議員和將軍是想讓兩方有產階級達成一種妥協的和平，但克倫威爾公然宣稱：「假如國王湊巧就在我攻打的一群敵人當中，我會像對任何其他的人一樣，毫不猶豫對他放槍。」一六四五年二月十五日，議會中的保守派被擊敗，《自抑法》（Self-Denying Ordinance）獲得通過，成為法律。該法律規定兩院議員都不得擔任軍事指揮職務。既有的軍事結構——根植於保守主義、地方主義和既得利益——被拆除，取而代之的是「新模範軍」（New Model Army）。

「新模範軍」是一支由中間階層組成的革命軍。雖然很多新兵都是被徵召，但「新模範軍」仍有不少老兵和激進分子作為革命骨幹，其基調由彼得斯（Hugh Peters）之類傳道人的講道定下，亦從軍中流傳的單張和小冊子之規定，以及政治和宗教狂熱分子在辯論中的作用。

一六四五年六月十四日，「新模範軍」在納斯比（Naseby）打垮了君主派的主力軍。國王自此未能組建第二支軍隊，「新模範軍」不讓他有這種機會。不到一年，所有君主派的軍事反抗悉數被蕩平。革命勝利了。但那是一場什麼種類的革命？是什麼樣的新社會願景引導著它的未來方向？

軍隊、平等派和共和國

構成議會大多數的長老派鄉紳，總認為「新模範軍」是一種讓人遺憾的必需品。他們在一六四六年的當務之急是解散新模範軍、與國王達成協議和粉碎政治—宗教異議，因此構成終結革命的過程。因為是大資產者，他們對激進分子的害怕尤甚於對君主派。

士兵只剩下兩個可能選擇：被派去愛爾蘭打一場殖民戰爭，或是毫無補償地馬上被解散。另外，他們的軍餉已經被拖欠了好幾個月。他們一面對此不滿，一面嚮往社會有更大的自由。每個團隊都選出兩名代表去表達心聲，以及聯合其他團隊的代表採取政治行動。這些軍中活動家，也跟「平等派」（Levellers）建立密切聯繫。「平等派」是一個激進民主黨派，在倫敦和其他城鎮都有著強大基礎，最知名的「平等派」領袖是曾經從軍的李爾本（John Lilburne，一六一四－一六五七）。

克倫威爾等軍隊將領陷入天人交戰。作為有資產的鄉紳，其社會本能保守，傾向在可能的情況下跟國王達成妥協。但他們也是成功的革命分子，決心要捍衛戰場上的斬獲。而且身為軍官，他們承受著來自普通士兵中激進分子的直接壓力，而這種壓力是議會議員不需要承受的。

一六四六年至一六四九年的政治衝突因此包含四股不同的勢力：一是想要逆轉內戰結果的君主派；二是長老派人士，他們想跟國王達成和解，創造出由大資產者構成的保守政權；三是「獨立派」（軍隊將領和議會中的少數），他們擺盪於妥協和革命行動之間；四是「平等派」，他們受到倫敦群眾和許多一般士兵的支持，力推徹底的民主改革。

一六四七年十月，勢力龐大的「平等派」迫使軍隊將領跟他們舉行一場辯論，史稱「普特尼辯論」（Putney Debates）。辯論中，激進派軍官雷恩斯巴勒（Thomas Rainsborough）指出：「我想英格蘭最窮的人就像最富有的人一樣，有生活要過。如果政府中沒有人代表他們發聲，英格蘭最窮的人便無義務聽命於政府。」

代將軍們發言的艾爾頓（Henry Ireton）回答：「假如不是在王國裡有永遠固定利益的人……也就是說除非他是擁有土地或擁有生意……沒有人有權對王國事務置喙。」

英格蘭將會變成什麼樣子？是變成由小資產者構成的激進民主政權，還是由大地主和商賈支配的保守君主立憲政府？

在這個問題獲得解決之前，國王已經逃走並發起第二次內戰。如今，蘇格蘭、威爾斯和英格蘭大半長老派信徒都加入君主派行列，對抗革命所釋放出的激進主義。但「新模範軍」在一六四八年夏天以猛虎撲羊之姿打敗所有敵人。

面對反革命的企圖以及持續受到來自下層的壓力，克倫威爾和「獨立派」現在屬意革命行動。一六四八年十二月，「新模範軍」進行了第二場革命，普萊德上校（Colonel Pride）出動一隊騎兵，將為首的保守派議員趕出下議院。於是，本來受長老派支配的「長期議會」變成被「獨立派」支配的「屁股」（Rump），然後國王受到審判並定罪，一六四九年一月三十日以背叛英格蘭人民罪名在白廳公開處決。

靠著左派的支持粉碎右派之後，軍隊將領（他們的立場本來一直搖擺於左派和右派之間）改為對「平等派」開刀。克倫威爾在國務會議上表示：「各位先生，除了剪除他們以外，我們別無他法，否則他們就會剪除我們。」

「平等派」的領袖們被逮捕，監禁在倫敦塔。一場普通士兵的兵變遭到鎮壓，四名兵變領袖在牛津郡伯福（Burford）的教堂墓地被槍斃。

一六四九年春天的鎮壓行動，摧毀了從一六三七年七月蓋德斯在聖吉爾斯大教堂扔出板凳後就一直推動著英格蘭革命的群眾運動。中間階層的行動在革命期間好幾次發揮決定性作用，也對君主派和議會派在全國各地的對抗發揮重大作用。一次又一次，抗爭都是靠著一般人民（或是作為城市群眾、或是作為「新模範軍」士兵）的集體行動向前邁進。群眾運動的失敗因此是一個轉捩點，自此革命的動能被發自上層的軍事獨裁打消。

一六四九年之後，軍政府的社會基礎薄弱，支持者主要是小地主、商人和軍官。大部分的大資產者對他們充滿敵意，且大部分的小資產者在他們的黨派敗北後陷入消極無為。軍隊最後甚至跟「屁股議會」鬧翻，但新的選舉無法產生一個好控制的議會，所以軍事獨裁被正式化：克倫威爾在一六五三年成為共和國的護國公，而英格蘭也在一六五四年被劃分為一些由市長—將軍（major-general）統治的軍區。

新體制越來越不受歡迎，也越不穩定，特別是在克倫威爾於一六五八年去世之後。軍隊無法擴大自己的社會基礎，因為有產階級敵視軍事統治和不信任它包庇的激進分子。

當蒙克（George Monck）將軍這位駐守蘇格蘭的較保守軍事指揮官在一六六〇年初發起兵變時，抵抗迅速土崩瓦解。他進入倫敦，並邀請查理一世的長子復位，登基為查理二世。這次復辟事實上是「新模範軍」反對自身的政變。讓其成為可能的是革命運動（軍隊是其最高表述）的被挖空。

資產階級革命是高度矛盾的過程。資產階級是擁有財產的少數，想要能夠用革命行動推翻政府，唯一方法是動員更廣大的社會勢力。但這些勢力有自己的利益所在，而革命為一賦權過程，以致他們的期望和要求很快就超出資產階級革命領導階層願意予以滿足的程度。群眾運動固存的民主和平等憧憬，會觸動大資產者最根深柢固的恐懼，這常常導致資產階級革命流產。這種情形曾在一五二〇年代的日耳曼地區發生，一六二〇年代又在英格蘭發生一回。在這兩個情況中，保守的新教顯貴在面對一般民眾的激進新教運動時都出現退縮。

這個群眾運動的規模和性格是決定性的。這場革命經歷一連串危機，在每一次危機，革命和反革命力量都發生直接衝突。革命會向前推進還是向後倒退，端視對決的結果而定。但到了某個階段，就連最激進的資產階級成員（如果他們想保有財產的話），都必須扼殺曾幫助他們登上權力高峰的群眾運動。

第八章

絕對王權的歐洲和資本主義全球化

一六六〇年至一七七五年

世界在十八世紀被資本主義的全球化改形換貌。對初級商品的急增需求，同步助長了對奴隸的需求。

資產階級革命的偉大時代，開始於一五一七年的日耳曼地區宗教改革，結束於一六六〇年的英格蘭王政復辟，帶來許多不同後果。只有在兩個地方，商業資產階級成為支配階級：荷蘭和不列顛。在其他地方，封建秩序基本上繼續維持，但卻因為舊政權經歷的長期危機而發生實質變貌。大部分歐洲地區都變成為被絕對王權的國家封建君主政體統治。

然而，一六六〇年至一七七五年這百年間（一七七五年是美國革命槍響宣布第二個資產階級革命時代來臨的一年）並非保守反動的年代；正好相反，全球變遷的步伐加快了，就算在絕對王權君主政體的架構中亦復如此。階級鬥爭緩和下來，但歷史的另外兩部馬達，也就是累積性技術進步和敵對精英階級間的競爭，卻運行得更加急促。

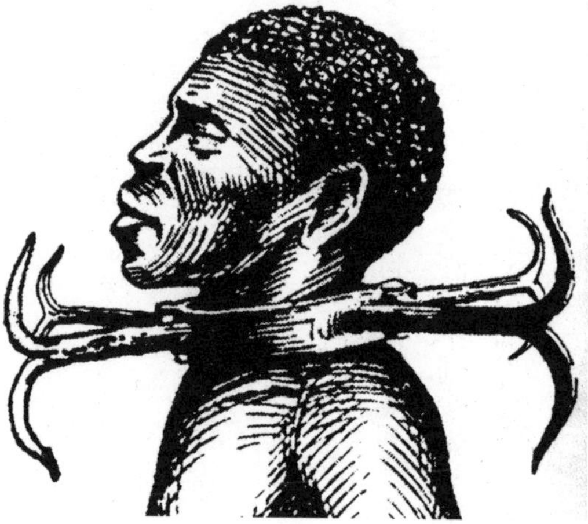

戴著有鉤鐵領圈的非洲奴隸。19世紀早期版畫。

這一大部分得歸功於發生在西北歐的資產階級革命促進了全球資本積累。有絕對王權的統治者為了維持權力，須逐漸依賴自己國家內發展起來的資本主義系統企業、技術和生產力。

絕對王權的法國

「新型君主政體」（New monarchies）最初出現在十五世紀晚期。十六世紀絕對王權的典型是哈布斯堡家族統治下的西班牙，但這個國家的社會基礎太過淺窄、太受到地方特權的束縛，而且太依賴輸入的金條、銀條。三大軍事鬥爭的重擔，也就是基督教歐洲對抗鄂圖曼帝國、為反宗教改革運動對抗新教徒、為哈布斯堡帝國主義對抗法國，讓西班牙絕對王權在十七世紀上半葉一蹶不振。

西班牙帝國的全部重擔幾乎都落在卡斯提爾大約五百萬的人口肩上，反觀法國卻有兩千萬人口。西班牙絕對王權受到亞拉岡、加泰隆尼亞和瓦倫西亞的相對獨立所減損，反觀法國卻在百年戰爭（一三三七－一四五三）期間變成相對統合的政治體。對抗英國一系列遠征軍的過程中，法國貴族集結於國王四周。為了贏得戰爭，法國開徵國家稅收並建立一支全國性軍隊，這就是法國絕對王權的核心。

即便如此，法國仍然太過遼闊，通訊方法太過原始，管理結構太過粗糙，封建領主的勢力太過根深柢固。所以從十五世紀到十七世紀，法國始終高度分裂，總是傾向解體。

「義大利戰爭」（一四九四－一五五九）提供過剩封建暴力有效的宣洩管道，擴大了國王權力作為中央集權化軍事力量的機制。但當時的法國仍沒有強大得足以承受在義大利戰敗的後果，所以當衝突結束，法國就隨著貴族派系傾軋及分離主義，以及一連串宗教、社會衝突，在「宗教戰爭」（一五六二－一五九八）中分崩離析。

內戰隨著貴族重新集結在納瓦爾的亨利（即亨利四世）四周而告結，他們會這樣做，主要是害怕頂層的混亂讓發自底層的革命有機可乘。這種修好，一方面體現在新國王脫離新教、改宗天主教（「巴黎值得一場彌撒」），另一方面體現在一五九八年以寬容態度對待派胡格諾派（法國新教徒）的《南特詔令》。

復興的法國君主國在接連三位大政治家敘利（Sully）、黎塞留和馬薩林（Mazarin）的鞏固下進入一個新階段，賣官之舉被制度化，創造出以宮廷為基礎的「穿袍貴族」階級，與傳統的「佩劍貴族」分庭抗禮。法國貴族日漸透過閒差、年金和頭銜，被整合進入宮廷。另一後果是新生的法國資產階級被部分整合進入國家，因為當中很多人的資本都投資在官職、包稅和國債。

在此同時，一個以監督官（intendants）這類負責司法、警察和財政的地區專員為基礎的中央集權管理結構，被套用在鄉村地區。這個結構和地方高等法院的既有司法系統平衡，目的是繞過後者對於皇室權威的抵抗。

必要時，國王權威也會用快速成長的皇家軍隊維持，該軍隊是由快速增加的稅收支付。在一六一〇年至一六四四年之間，來自「平民稅」（taille）的歲入（「平民稅」是向所有普通民眾開徵的土地稅）增加了兩倍。農民起義和城市暴動受到凶殘壓制，皇家大砲被用來粉碎胡格諾派領主對於趨向中央集權化政府的軍事抵抗。

但法國在絕對中央集權和封建多頭馬車之間的擺盪並未就此完全停止，在「三十年戰爭」結束時，緊張關係爆發成為另一輪的內戰。「投石黨運動」（Fronde，一六四八－一六五三）是一場錯綜複雜的衝突，其中國王受到地區貴族、地方高等法院、胡格諾派信徒、大城鎮資產階級和很多地區的農民反對。

不過因為集結在宮廷四周的國家封建精英新秀人數太多，新的行政下層建築太過牢固，抵抗力量太過扞格、缺乏一致目標，「投石黨運動」以失敗告終。到了這時候，君主的勝利已然完滿。當年輕的國王路易十四（Louis XIV，一六四三－一七一五年在位）在一六六一年馬薩林去世後親政時，他稱得上擁有真正的絕對王權。

法國貴族從區域性鉅子階級，轉化為抹香水的廷臣、國家官員、軍官之類精英階級，其權力、財產和特權（包括對世襲封建莊園的控制）如今都仰賴皇家部隊而非私人部曲的保護。他們僅占全人口的二%，卻幾乎壟斷所有高級職位，分享國家收入大約四分之一強。

重商主義指引國家的經濟政策，政府補貼用於促進殖民擴張、貿易公司和新產業，目的在增加王國財富、獲得更多稅收，最終目的則是提升軍事支出以擴大部隊的規模。法國軍隊在路易十四在位期間擴充了十倍，十八世紀早期達到近三、四十萬人。

絕對王權的法國可謂一個獨裁政權、一座軍火庫和一個軍營，整個法國社會都被戰爭所規限、壓制。反對行動——通常都是對蹂躪大片鄉村地區的徵兵和徵稅的絕望反抗——受到常設全國性警力的粉碎，有必要時還會出動軍隊。

「太陽王」路易十四為了稱霸歐洲，打了三場大戰：「荷蘭戰爭」（一六七二－一六七八）、「九年戰爭」（一六八八－一六九七）和「西班牙王位繼承戰爭」（一七〇一－一七一四）。每一次，他都被一個能夠阻礙法國推進且耗盡法國資源的聯盟打成平手，每一場戰爭都帶來國內一輪饑饉、人口減少及民怨沸騰。

儘管如此，在整個十八世紀，法國仍是歐洲舉足輕重的力量，依然能夠內部統一，有力量在歐洲、印度和北美打一系列大戰。但這些戰爭的成本，也就是同時跟歐陸和殖民對手進行政治－軍事競爭的代價，對一個奠基於貴族特權的國家封建系統來說是高得負擔不起。

這表現為國債危機的持續擴大。絕對王權國家在一七八九年垮臺，為其國家封建性格的直接結果。君主國的穩定本來是靠把貴族轉變為不用繳稅的廷臣、官員和軍官的寄生階級，法國絕對王權主義的整個重擔因此落在「第三階級」肩上，即落在普通百姓（主要是農民）肩上。對貴族特權的捍衛，最終將啟動舊制度的致命危機。

絕對王權主義有時會被詮釋為中世紀封建制度至現代資本主義之間的過渡，這是一種誤導性見解。絕對王權政權是一個國家封建形構，其中貴族統治階級的權力、財產和特權都是由中央集權的獨裁君主捍衛。中世紀封建鉅子的政治－軍事競爭，變成現代早期敵對王朝霸主之間的國際競爭。在這兩種情況下，戰爭的主要重擔都是由農民來扛，進步性經濟及社會發展都受到對軍備和宮殿的龐大浪費性支出拖慢。

不過有一個不爭的事實是，西方絕對王權主義（路易十四的法國是最佳例子）仰賴金錢化交換、商業關係、城市生活和個人自由的一定程度發展。某種程度上，在某些地方，襁褓中的絕對王權主義能夠集結低下階級的支持，對抗封建的多頭馬車。那些曾造就荷蘭和英國資產階級革命的力量，有時會在一些本身太弱而無法奪權的地方支持絕對王權政府，然後繼續在舊社會的子宮裡發展。法國在十八世紀期間經歷了商業和殖民的繁榮，而資產階級在規模、資源及自信上都有所增長。

不過，在東歐，政治—軍事競爭的動力卻產生一種性質上大不相同的絕對王權主義，能夠把「再次農奴化」加諸奧地利、普魯士、波蘭和俄羅斯農民。

東方專制主義

絕對王權國家是一種比中世紀君主國先進的國家。國王乾綱獨斷，政權、軍權一把抓，也因此更能擺平內部反對者和外部競爭者。路易十四在位時的法國霸主地位是箇中最佳明證。十七世紀晚期至十八世紀早期，歐洲為了阻遏波旁王朝的擴張，先後締結了幾個聯盟。

然而法國社會保留著某種程度的混種特徵，資產階級革命尚未能夠發生，但農奴制已經廢除，城鎮不斷擴張，商業資本主義大幅發展。在這種種新的社會現實中，西方絕對王權主義包含著一種對貴族的遷就。貴族會集結君主四周，是因為君主可以在不穩定的世界維護他們的傳統特權。

但發生在歐洲東部的情形卻相當不同，在那裡，政治—軍事競爭還動搖了中世紀君主制和封建貴族。為了創造強大得足以捍衛國家領土的軍隊，一樣需要中央集權化。但由於東歐社會相對落後，這些變化的結果較顯無情而反動。

不是所有朝此方向推進的國家都獲得成功。波蘭王國因為受到分裂的封建軍國主義者階級「什拉赫塔」（szlachta）的支配，未能創造出絕對王權，從而導致最後被摧毀，不再能保持獨立國家，領土在一七七二年、一七九三年和一七九五年三度遭奧地利、普魯士及俄羅斯瓜分。直至一九一八年以新基礎重新建國為止，波蘭人始終是個扛負分裂、被殖民命運的民族。

上述掠奪者的絕對王權化過程相對成功許多，三個國家向絕對王權的演化皆受瑞典擴張主義的影響。自十六世紀中期至十八世紀早期，瑞典打贏發生在波羅的海的一連串「北方戰爭」，包括阿道夫對「三十年戰爭」的決定性干預，橫掃整個中歐，先後開進五個首都城市（莫斯科、華沙、柏林、德勒斯登和布拉格）。奧地利、普魯士和俄羅斯受到的震撼非同小可。

事實上，奧地利的絕對王權是為了回應多重軍事威脅。十六、十七世紀期間，哈布斯堡王朝被捲入三面作戰：在東南面跟鄂圖曼土耳其人對戰、在西面跟法國瓦盧瓦王朝（後來是波旁王朝）對戰、在北面跟日耳曼地區宗教改革對戰。在征伐日耳曼地區宗教改革一事上，哈布斯堡王朝於「三十年戰爭」期間先後在布萊登菲爾德（Breitenfeld）和呂岑（Lützen）兩次被瑞典人大敗。

不過，奧地利的絕對王權因為哈布斯堡領土的異質性及其多民族的歷史傳統而被稀釋，這在十八世紀對其王權構成限制，讓其在十九世紀無法創造一個民族國家。所以，哈布斯堡帝國在整個現代時期顯得有點時代錯亂、搖搖欲墜。它最終將包含五千萬人口，其中只有一千兩百萬是條頓人，其他有一千萬是馬扎爾人（匈牙利人）、六百六十萬是捷克人、五百萬是波蘭人、四百萬是烏克蘭人、三百二十萬是克羅埃西亞人、兩百九十萬是羅馬尼亞人、兩百萬是斯洛伐克人、兩百萬是塞爾維亞人、一百三十萬是斯洛維尼亞人，以及七十萬是義大利人。事實證明，要把這樣紛紜的民族融合為一個有凝聚力的整體是不可能的。

普魯士的情形則恰好相反：它不是統治著繼承而來斑駁省分的古老王朝國家，而是一個新的民族—軍事國家。這個國家的核心是傳統的普魯士地主貴族：「容克」（junkers）。

按起源，「容克」是征服北日耳曼平原東部斯拉夫人土地並定居下來的條頓十字軍騎士階級，其演化過程一直受到三個因素的形塑。首先，因為他們耕種的土地不夠肥沃（主要是沙、礫石、黏土和沼澤構成），莊園的收成並不好——是以馬克思稱他們為「包心菜容克」（cabbage-junkers）。其次，他們的領土沒有多少天險，容易受到攻擊。日耳曼地區在歐洲占據中央地位，卻缺乏清楚的天然邊界線，其東面尤是如此（在那裡，北日耳曼平原和波蘭及俄羅斯的歐洲部分匯合成為巨大的開闊空間）。第三，日耳曼地區在政治上四分五裂。直到十九世紀早期，日耳曼地區像是一幅馬賽克畫，由大約三百個封建國家組成，有王國、公國、主教采邑和城邦。因此，日耳曼地區是大國之間的交兵地。「三十年戰爭」期間，戰火幾乎波及日耳曼地區全境（大部分都是由外國軍隊開打），人口數據估計減少了約三分之一。

建立在十七、十八世紀的普魯士絕對王權國家是這三個因素的函數。為了威嚇城鎮和農民，布蘭登堡—普魯士「大選侯」威廉（Frederick William，一六四〇－一六八八年在位）與四面楚歌的「容克」貴族建立強固聯盟。他讓他們免稅，放鬆對他們莊園的控制，又把他們轉化成為國效力的軍官階級。在其統治下，歲入增加兩倍，最後多至法國的一倍（法國是更富有的國家），軍隊規模也從四千人擴大至三萬人。在「士兵國王」威廉一世（Frederick William I，一七一三－一七四〇年在位）統治期間，軍隊規模進一步擴大至八萬人。這是因為兼併了新的領土讓人口和歲入增加的緣故。

在腓特烈大帝（Frederick the Great，一七四〇－一七八六年在位）的統治下，普魯士的軍國主義經歷一次質的躍進：在蛻變為歐洲最完全的絕對王權國家之後，此時企圖建立一個泛日耳曼地區霸權。腓特烈在一七四〇年奪取西利西亞（Silesia），此舉一次讓普魯士人口增加五成，並引發「奧地利王位繼承戰爭」。他成功打敗奧地利連番反攻，堅守住新得來的省分，讓日耳曼地區的權力天秤從奧地利哈布斯堡王朝傾斜向普魯士霍亨索倫王朝（Hohenzollern）。

「七年戰爭」（一七五六－一七六三）期間，俄羅斯、奧地利、法國、瑞典和薩克森（Saxony）聯合起來，從各個方向攻擊普魯士。普魯士頂住了攻擊，見證無情獨裁君主在把它轉化為歐洲「斯巴達」一事上有多成功。國家收入的六分之五都投入戰爭，大舉徵兵讓軍隊人數擴充至十五萬。被強徵入伍的農民受到魔鬼訓練及毫不留情的軍紀規範，學會進行複雜精密的行動和發射密集的近距離火力。「容克」成為一個精英的軍官階層，由土地擁有和為國服務定義，深深效忠於他們的財產、特權和權力賴以維繫的君主。

如果說絕對王權的普魯士類似現代的軍營，那麼絕對王權的俄羅斯就類似中世紀的監獄。沙皇的獨裁政權是在十五至十七世紀之間打造。莫斯科大公（中世紀時候的準沙皇）透過臣服於蒙古人—韃靼人的金帳汗國而權勢漸增，發展成為（用馬克思的話來說）「一身而兼任韃靼人的劊子手、佞臣和奴隸總管」。金帳汗國的分裂讓這個前臣屬國在俄羅斯睥睨群雄，其統治者仿效蒙古人—韃靼人作風，獨裁、高壓而野蠻。

接下來兩百年，莫斯科大公為鞏固霸權，奮力與敵對的王公、城邦、波雅爾貴族和自由農民鬥爭。他們的最後勝利體現在一六一三年羅曼諾夫王朝（Romanov dynasty）的建立。中央集權沙皇國的出現是三個因素的產物：一是形成階段的內部戰爭，二是強大外敵在邊界上的威脅，三是其仰賴的原始農耕系統。

俄羅斯領土遼闊，通訊方法落後，其冬冷夏熱的大陸型氣候十分嚴苛，有大片土地是不能耕種的荒野，為北方冰封苔原和針葉林，而很多可耕地的土壤欠佳。在莫斯科所在的地帶，針葉林漸次轉變為混合林，是個多沙、多黏土和多沼澤的地區，土壤酸化而少腐植質。再南面，樹林被寬廣的草原取代，是黑土區的所在。那裡土質較佳，但因為降雨量不穩定、生長季短和農業技術原始，農業發展受到限制。

因為土地多而貧瘠，俄羅斯的農業採取粗放發展：舊地區不斷有農民走入曠野開墾新的農田。俄羅斯的農村貧窮，但大體能夠自給自足，貿易和城鎮因此並不發達。這樣所造成的市民社會分散、破碎而無組織。沙皇國的極端中央集權和俄羅斯社會的原子化是孿生子，精確反映著國家內部沒有其他權力來源。

就像一個粗魯趕騾人趕著一頭負重過重的騾，俄羅斯國家走著自己獨立的歷史道路，很少理會它所依賴的卑賤人民大眾的死活。在十五世紀中葉剛擺脫金帳汗國之後，莫斯科是與日耳曼地區大小相當的內陸國家；到了一六〇〇年，擴張至歐洲大小；到了一六五〇年，併吞西伯利亞之後，變得比歐洲大兩倍。在這兩個世紀中，沙皇每年得到的新領土相當於一個荷蘭大小。

俄羅斯農業的貧乏和下層結構的落後，意味著當局只有用異常無情的方法，才能積累到維持不停歇帝國主義的剩餘。這兩個特徵，包括落後及軍國主義，意味著沙皇俄羅斯在本質上是一部以農民的勞力和血作為燃料的戰爭機器。彼得大帝在位期間（一六八二－一七二五），軍事支出占國家歲入超過五分之四，軍隊膨脹至三十三萬，國家僅只一年沒有戰爭。在十八世紀至十九世紀初的全盛時期，沙皇僱用十萬名地主及五萬名官僚對一億農民進行徵稅、徵兵和監視。對外，隨著沙皇的愚昧農民士兵開槍鎮壓一八四八年的革命，俄羅斯的絕對王權主義成為歐洲的憲兵隊。對內，它是受僱暴徒、神職人員和告密者的樂土。

政治－軍事競爭的要求在十六至十八世紀催生出一種特色鮮明的東歐絕對王權主義。農民和城鎮的相對落後，讓東歐君主可以和貴族打造緊密的聯盟，進行「第二次農奴化」，以及把國家的利益置於市民社會的利益之上。奧地利、普魯士和俄羅斯的獨裁政權都是建立在貴族特權和農民悲慘之上的戰爭機器。

國家對剩餘的虹吸讓社會陷入經濟停滯。長遠來說，這些政權是不可永續，因為在其他地方，即在西北歐，一種截然不同而具有轉化世界潛力的社會秩序業已生根發芽。

荷蘭、不列顛和商業資本主義

只有在歐洲的一個部分，即在其西北邊緣，資產階級革命能夠擊敗舊秩序的抵抗，為構築新的社會秩序打下基礎。在荷蘭和不列顛，十六、十七世紀大鬥爭的結果極具決定性，足以釋放出商業資本主義的全面社會－經濟力量。

傳統封建主義如十字軍時代西歐的封建主義，把剩餘浪費在騎士、城堡和貴族氣派的炫耀。國家封建主義（State feudalism），菲利普二世的西班牙、路易十四的法國、「大選侯」的普魯士及彼得大帝的俄國皆屬此類，則是把剩餘浪費在皇家軍隊、邊界防禦工事和國家儀典。

荷蘭擊敗西班牙（一五六六－一六〇九）、英格蘭議會取勝國王（一六三七－一六六〇），讓一個新世界的出現成為可能。這個新世界，由自由市場、牟利動機和一個熱衷積累資本的鄉紳及商人階級支配。資本的經濟支配性和資產階級的社會支配性，受到相當不同於歐陸絕對王權國家的政治制度框架保護。

荷蘭是由「聯省共和國」七個省的代表所構成的議會統治。某些時期還設有一個「執政」（Stadtholder），他是被選出的官員，一律由奧倫治家族成員擔任。所以聯省共和國也許可以被形容為一個「準君主立憲政體」。

不列顛始終是正式的君主國，但其君主斷然是一位「立憲」君主而非絕對王權君主，權力受到限制，每個重要決定都是出自由資產階級選出的議會。議會又分為由傳統貴族構成的上議院，以及由無貴族頭銜的鄉紳、銀行家和商賈構成的下議院。

荷蘭的共和派和奧倫治派（保守派）之間，還有不列顛的輝格黨（自由派）和托利黨（親君主派）之間，固然總有不和的時候，但他們的爭執無非有關徵稅、開支、朝廷影響力和官職的分配，並不存在根本的分歧。十八世紀荷蘭和不列顛的統治階級在捍衛秩序上相當團結一致，他們努力防堵，不讓發自下層的革命有再起可能。而且，不管傳統貴族和商業資本家之間有什麼分歧，快速擴張的新經濟都為所有人提供了機會，而這些機會傾向於將社會上層的差異模糊化。地主靠著在自己的莊園內挖煤或投資殖民地種植園大發利市，銀行家透過買地讓自己躋身鄉紳，舊頭銜和新金錢在日趨同步致力於資本積累的精英階層中融合為一。

但這還不是工業資本主義。商業資本主義的時代要到一八〇〇年才真正結束，在此之前，大部分財富仍是由前資本主義階級創造，而商業資本家是透過充當中間人積累利潤：或是充當國家市場的中間人，或是充當海外貿易的中間人，或是充當外包制度的中間人（把獨立工匠的產品收購回來再轉賣出去）。

但一種驚人的擴張主義烙印在全球經濟。資本主義是歷史上最有活力的經濟和社會系統，它會成長、蛻變，會吞噬地球最遙遠的角落，吸入越來越多的人類材料，將擋在路上的一切踐踏在腳下。形成如此的理由很簡單：和較早期各種形式的階級社會不同（那裡的剩餘是被投入政治－軍事競爭，用經濟學的角度來說就是被浪費），它透過資本積累產生的剩餘則是被投資在新一輪的經濟發展。為了競爭市場，新資本主義經濟中的農人、商賈和工匠有必要把資源投資在改善農地、建造更大船隻、創造新技術。在競爭殘酷的商業及商品世界裡，擴大銷售額、增加營業額和提高利潤的壓力無休無止。不這樣做的人就會有出局的風險，就像馬克思說過的：「積累！積累！這是資本的摩西和先知！」

所以，在競爭性資本積累的要求下，荷蘭和不列顛很快就引領了一場全球性轉化。在《共產主義宣言》裡，馬克思這樣描述商業資本主義（一個「全球化」系統）的動態特徵：

> 美洲的發現，繞過非洲的航行，為新興的資產階級開闢了新天地。東印度和中國的市場、美洲的殖民化、對殖民地的貿易、交換手段及一般商品的增加，使商業、航海業和工業空前高漲，因而使正在崩潰之封建社會內部的革命因素迅速發展……
>
> 不斷擴大產品銷路的需求，驅使資產階級奔走於全球各地。它必須到處落戶、到處開發、到處建立聯繫……

荷蘭的黃金時代從十六世紀晚期維持至十八世紀早期，期間填海造陸，引進新的農業方法。阿姆斯特丹以北的辛斯卓克（Zaanstreek）以擁有一百二十八座工業風車而自豪。一個荷蘭探險家發現了塔斯馬尼亞和紐西蘭。荷蘭的貿易商在開普敦建立據點，把葡萄牙人趕出錫蘭，又在印尼建立一處大型殖民地（稱為「巴達維亞」）。荷蘭東印度公司的利潤讓阿姆斯特丹成為世界金融之都。荷蘭城鎮到處都是市立宏偉建築和堂皇房子，荷蘭市民資助科學實驗及委製藝術作品。

荷蘭的迅速發展步伐，導致跟不列顛在一六五二年至一六七四年之間發生三場海戰。第一場海戰是不列顛禁止荷蘭船隻進入其港口引起（這種措施是設計讓英國船隻爭取到更多貨運生意）。第二場戰爭的主因是不列顛奪取了荷蘭位於曼哈頓的殖民地新阿姆斯特丹（不久之後改稱紐約）。第三場仗會開打，是因為不列顛企圖要完全壓制荷蘭共和國。

然而不久之後，為對抗共同敵人路易十四，這兩個資產階級國家結成聯盟。如果英、荷衝突持續下去，荷蘭一定會敗北，它的國土面積太小，不足以長期挑戰英國。在經濟和政治上，國土面積同樣攸關緊要，只有大的經濟體可產生足以進行世界規模資本積累的資源，只有大的政治體具有足以維持世界規模陸、海軍的資源。荷蘭面積太小，不足以統治世界。

荷蘭在十七世紀期間失去美洲的大部分據點（北美洲的據點被英國奪去，南美洲的據點被葡萄牙奪去），但在十八世紀繼續藉由東、西印度群島的財富繁榮興旺。在一個只有屈指可數海上強權支配的蓬勃商業經濟裡，每個參與者都可以分到一杯羹。儘管如此，資本主義全球化的領導權現在落到英國手中。

英國的歷史由一項事實形塑：本身是一座大島嶼，資源豐富且位於活力十足的大洲邊緣。環繞四面的大海既可充當護城河，又可充當商業高速公路。十七世紀的革命釋放出固存在英國地理環境的經濟潛力，讓發展海上貿易、海軍和海外帝國成為可能，把英國推向成為全球超級強權的道路。

英國的外貿總值從一七〇〇年的約一千萬英鎊上升至一七六〇年的約兩千萬英鎊，然後又在一七九〇年躍升至約四千萬英鎊。貿易額意味著對農業產出和工業產出需求的增加。例如，煤產量從一六五〇年的五十萬噸上升至一八〇〇年的一千五百萬噸。工業成長步伐從一七一〇年至一七六〇年的每年〇．七％上升至一七八〇年至一八〇〇年的每年二％。人們從鄉村被吸引至蓬勃發展的城市地區：住在市鎮的人口比例從一六五〇年的九％增至一八〇〇年的二〇％。

貿易、農業和工業的蓬勃發展，催生出能把儲蓄轉用於貸款的現代銀行系統，滿足人們對資本不斷增加的胃口。這一點縮影在英格蘭銀行和國債於一六九四年的創立。自此，英國政府靠著向富人借貸挹注自己。讓這個信用系統能夠保持健全的，當然是整體經濟的成長、投資人對國家償付能力的信心，以及有產階級透過議會以立法權控制行政權。

英國政府因此能隨著其全球觸角的增加而擴大軍隊編制，軍事支出從「九年戰爭」期間（一六八八－一六九七）的五千萬英鎊增至「七年戰爭」期間（一七五六－一七六三）的一億六千萬英鎊，又在法國大革命和「拿破崙戰爭」期間（一七九三－一八一五）上升為十六億六千萬英鎊。

只有在此時期邁向尾聲時，工業起飛才宣告開始。在十七世紀晚期和整個十八世紀，幾乎所有工業生產繼續是由工匠在小作坊中產出。機械化和工廠生產晚至一八〇〇年仍處於襁褓階段。資本主義發展中的關鍵角色仍是貿易商而不是製造商，是中間人而不是生產者。賺大錢的是銀行家和商人（他們控制著全球的貨物流動），而不是礦場主或製造廠廠主。資本積累是透過控制分配和交換達成，而不是透過生產。

全球化不是什麼新鮮事，資本主義總歸是一個世界系統。該系統的第一階段，即一四五〇年至一八〇〇年的商業資本主義，以三角貿易（triangular trade）為其最高表述。十八世紀期間，這種貿易創造出最大的資本積累，為控制者帶來驚人財富，產生很多將會驅動工業革命的剩餘。在此同時，它又是商業階段資本主義野蠻性格的最高象徵，因其靠著奴隸來維持。

殖民地、奴隸制和種族歧視

在十七世紀晚期至十九世紀早期之間，數以百萬計的非洲男女和兒童被運到美洲，被迫在歐洲人經營的種植園裡工作。

西非海岸的奴隸販子付錢給當地酋長抓俘虜當奴隸，引發了部落戰爭、大規模的流離失所和傳統社會的崩潰。俘虜首先會被囚禁，然後送上船，密密麻麻擠在一塊，展開「中段航程」（middle passage）。❽他們被鎖鏈鎖在低層船艙，只能在他們躺著的地方排泄，屎尿布滿地板，空氣瀰漫惡臭，很多人作嘔和死亡。經歷過這種遭遇的埃奎亞諾（Olaudah Equiano）——一名獲得解放的奴隸，後來成為廢奴鼓吹者——日後回憶道：

> 空氣很快就變得非常不適合呼吸，因為充斥各種臭味，引起奴隸嘔吐。很多人都死了，成為他們買主短視貪婪的受害者。更讓人難受的是鐵鏈造成的腫痛……婦女的尖叫聲和垂死者的呻吟聲，讓整個恐怖場面近乎不可想像。

大部分在「中段航程」活下來的人會被賣到西印度群島或美洲其他地方的種植園工作。在種植園裡，

❽譯注：三角貿易分三段航程：第一段是從歐洲至非洲，第二段是從非洲至美洲，第三段是從美洲回歐洲。

他們常吃不飽、衣不蔽體，住處簡陋，工作量是人體所能承受的極限，受到腳鐐和鞭子的壓制。埃奎亞諾回憶道：「奴隸監工大多都是品格最差的人……他們以嚇人的方式傷殘奴隸……在各方面徹底把奴隸當成牲畜對待。」

在十六世紀，阿茲特克人和印加人的貴金屬是帝國的最大獎品，而在十八世紀，最大的獎品換成是西印度群島的甘蔗種植園。不過兩者都遇到一個難題：勞力短缺。美洲的土著人口幾乎被第一批歐洲殖民者的槍砲和帶菌滅絕，但殖民者本身（包括數以千計以契約僕人身分輸入的勞動力）也被疾疫大量殺死。需求的是對傷寒、黃熱病和其他熱帶疾病有抵抗力的新勞動力，解決方法是從西非輸入奴隸。

為了給歐洲供應糖、咖啡和菸草（以及為了讓供應這些東西的人變得非常富有），一百五十年間約有一千兩百萬非洲人被執為奴，運到美洲，其中約一百五十萬人死於中途。這個損失率比起提供較衛生環境讓更多黑奴存活下來更有利可圖。生還者在西印度群島的生活並沒有比較好過，因為營養不良、過勞和受到太多鞭打，種植園黑奴的死亡率高得嚇人。

在一千兩百萬非洲人飄洋過海的同一時期，只有大約兩百萬歐洲人移民至新大陸。然而到了一八二〇年，白人人口卻約略是黑人的一倍。歐洲人生存下來並開枝散葉，黑人卻只有一一死去的份。

消滅新大陸原住民是歷史上最嚴重的「危害人類罪」之一，奴隸貿易是另一。兩宗罪行又因為用種族歧視來自圓其說而罪上加罪。

所有階級社會都總存在某種形式的種族歧視，理由有四。

首先，統治階級為爭奪剩餘的控制權，需要動員一般人加入他們的鬥爭。例如十字軍東征期間，穆斯林被妖魔化，以合理化在中東發生的種族滅絕、掠奪和征服。

其次，階級社會用生存鬥爭來讓人與人相爭。統治階級利用這一點來促進分裂，讓人們較不容易聯合起來對抗剝削者。例如，羅馬貴族授予貧窮公民若干特權，並把他們納入恩庇網絡，同時鼓勵他們鄙視外國人和奴隸，視這些人為「蠻族」。

第三，如果把帝國主義（用軍事力量奪取他人的領土資源和人力）的受害者描述為文化或種族上較低等，要合理化帝國主義就會相對容易。這樣，帝國主義便能以執行「開化任務」自居。

最後，是奴隸制的影響。奴隸制基本上是對人的暴力掠奪，把他們絕對置於一個主人階級之下，並以極端方式剝削他們的勞動力。它幾乎無可避免會出現在征服的脈絡，又由於對人性的否定多少隱含在奴隸狀態中，它總是會被以種族歧視的觀點合理化。因此殖民主義、奴隸制和種族歧視構成緊密的連鎖。

十八世紀期間歐洲快速的殖民擴張及奴隸貿易同樣快速成長，共同重新改造了種族歧視的意識形態，放大其歷史重要性。新的種族主義是在三角貿易的脈絡中發展而成，在這種貿易中，船隻先是把商品載到西非交換黑奴；當地的酋長發動戰爭抓捕俘虜，以為市場供應黑奴和換取入口商品；黑奴會被運過大西洋，在奴隸市場中賣給種植園園主；然後船隻帶著糖、咖啡和菸草（後來還有棉花）回到歐洲。

三角貿易的經濟重要性再怎樣強調都不為過。例如，在十八世紀的法國，南特、波爾多、馬賽之類的港口，以及奧爾良、里昂、巴黎之類的工業中心，都是拜以奴隸制為基礎的「大西洋經濟」之賜而繁榮興旺。法國船隻把數以十萬計的奴隸從西非運送到西印度群島，其他船隻則載著麵粉、醃肉、葡萄酒、布料和機器從法國出發，它們返航時帶著糖、咖啡、可可豆、木材、靛青染料和毛皮。估計當時依賴這種貿易維生的法國人為數在兩百萬至六百萬之間。

英國的商業資產階級同樣依賴三角貿易。布里斯托是靠著奴隸和糖的利潤而成為英國第二大城，該城市的蓬勃海上經濟，從關稅的巨額增加可見一斑：從一六三四年的一萬英鎊，暴增為一七八五年的三十三萬四千英鎊。一名當時的編年史家記載：

這城市沒有一塊磚不是用奴隸的血來黏合。豪華的府邸、奢侈的生活、穿號衣的僕役——這些東西全是在布里斯托商人買賣下，奴隸痛苦呻吟創造出來的財富。

利潤催生出種族歧視，奴隸狀態（龐大財富依存於此）受到種族歧視的合理化。非洲人被描繪為愚蠢、懶惰、暴力和雜交，而與時代風格一致的是，這類刻板印象常常得到偽科學的加持。十八世紀歷史學家朗格（Edward Long，一七三四－一八一三）主張，非洲人和人類是「同屬不同種」，接近紅毛猩猩多於人類。啟蒙運動哲學家休謨（David Hume，一七一一－一七七六）也這樣說：

我傾向於懷疑尼格羅人（negroes）天生比白人低等……世界上沒有一個文明民族的膚色不是白色，甚至在以傑出行為或思想而聞名的人當中，也沒有任何人不是白人。黑人沒有創造性的製造者，沒有藝術，沒有科學。

種族歧視將土著民族視為低等人，以此合理化殖民主義和奴隸制。在最惡劣的時候，土著被認為是次等人類，只有能力從事粗重的體力勞動。在最好的時候，他們則被認為愚昧落後，需要西方人的幫助才能開化和成為基督徒。

資本主義總是高度矛盾。一方面，它的經濟活力大幅增加了我們提供人類所需貨物與勞務的能力；另一方面，世界的財富由少數人把持，讓大批人們落入被剝削、被壓迫和被暴力對待的田地。這種矛盾在十八世紀體現為一種對比：歐洲港口城市資本階級的大發利市，和大西洋航程及西印度群島種植園的慘無人道。就像馬克思所說的：「資本來到世間，從頭到腳，每個毛孔都滴著血和髒東西。」

這不是資產階級躍升至全球支配地位的唯一人命代價。歐洲統治者為了贏得殖民地而無所不用其極，其他統治者意識到權力的天秤對他們不利，認定有必要阻止對手制霸世界。歐洲因此反覆陷入戰爭中，而歐洲的戰爭也越來越全球化。

戰國林立的大洲：一個帝國相爭的世界

歐洲人是從十五世紀晚期開始探索、殖民世界，到了十八世紀晚期，他們已經成為全球政治的支配性力量。商業資本主義帶來的人類社會轉化，注定會像農業革命一樣所向披靡，正如馬克思在一八四〇年代晚期所說的：

> 資產階級，由於開拓了世界市場，使一切國家的生產和消費都成為世界性……資產階級挖掉工業腳下的民族基礎……資產階級，由於一切生產工具的迅速改進，由於交通的極其便利，把一切民族甚至最野蠻的民族都捲到文明中了……它迫使一切民族——如果它們不想滅亡的話——採用資產階級的生產方式；它迫使它們在自己那裡推行所謂文明，即變成資產者。一句話，它按照自己的形象創造出一個世界。

但這個新的經濟系統是在舊的國家系統中發展。商業資本主義和絕對王權國家並存，兩股動力一起運作：一是敵對銀行家群體、商人群體和工業家群體的資本積累，一是敵對王朝的政治—軍事積累。歐洲人在整個十八世紀之所以反覆發生軍事衝突，既是為了爭奪海外商業利益，也是為了爭奪在歐陸的領土和權力。

這些戰爭的主軸是資產階級英國跟絕對王權法國之間的衝突。英格蘭革命是世界史上最具決定性的事件之一，促使英國成為一種新的全球性商業資本主義經濟的跳板。它一旦從跳板上躍起，勢頭便不可遏止。

十七世紀晚期歐洲的支配性力量不是英國，而是法國，後者的人口相當英國的兩倍，經濟產出相應也較高。不過因為英國活力十足的資本主義經濟，其人口和產出在十八世紀期間增加得比法國快速。另外，由於法國為歐陸強權，必須維持一支龐大軍隊去保衛邊界；英國則為海上強權及島嶼堡壘，故其統治者的政策是維持一支小型陸軍和一支強大海軍。

英國政府的財政也很強健。雖然控制議會的商賈、地主階級偏好低支出政府，並避免參與歐陸戰爭，但英國不斷成長的資本主義經濟，使其每逢重大利益攸關時機有資源可以支持軍事行動，例如英格蘭銀行在成立之後迅速吸引資金，讓政府有融資可以擴大皇家海軍。蓬勃的貿易，加上現代銀行制度，帶給英國重大優勢。

一六八八年至一八一五年間，英、法兩國衝突形成主要的全球斷裂線，起初雙方衝突與打壓英格蘭革命重疊，到最後則與打壓法國大革命重疊。

前面提過，歐洲的地理環境使其成為戰國林立的大洲。歐洲東西向移動方便，海路、水道眾多，與此同時，許多半島及各類生態區孕育出眾多不同的族群與「民族」。自西羅馬帝國滅亡後，就不見任何統一歐陸的嘗試能夠取得成功。有志建立歐洲帝國的人一律會被強大的聯盟打敗。

從十六世紀開始，英國的政策就是防止任何單一強權稱霸歐洲，特別是防止任何單一強權控制英倫海峽的港口，威脅英國安全。這種政策的成功是透過結合結盟、補貼和出兵遠征。貫穿整個十八世紀，英國帶頭建立一連串對抗法國的同盟，為日耳曼地區小邦提供津貼，又定期派遣小型部隊赴歐陸，與盟友並肩作戰。

起初英國顯得贏弱。一六四九年至一六六〇年民眾運動被摧毀，讓君主主義在王政復辟後大盛，而法國對這一點大加利用。查理二世（一六六〇－一六八五年在位）雖然名義上屬於新教徒，骨子裡卻親天主教、親法國，甚至一度跟路易十四結盟，企圖征服信奉新教的荷蘭共和國。

他的王位在一六八五年由弟弟詹姆斯二世（一六八五－一六八八在位）繼承。詹姆斯二世為天主教徒和親法派，嚮往君主獨裁。因為得到法國的津貼，他能夠建立一支愛爾蘭人的天主教徒軍隊，作為君主派反革命的潛在工具。最初，他得到英國資產階級的支持。當查理二世的私生子蒙茅斯公爵（Duke of Monmouth）這位堅定的新教徒於一六八五年在西郡（West Country）登陸提出王位要求時，議會與軍隊選擇支持詹姆斯二世。他們害怕群眾革命運動會捲土重來，「美好舊事業」只得在「塞奇高沼之戰」（Battle of Sedgemoor）敗北。

但君主主義對新教徒地主及商賈的財產、權力和宗教是嚴重威脅，當詹姆斯二世的意圖變得明顯，又隨著「塞奇高沼之戰」讓群眾革命的危險消除，議會和軍隊領袖就策劃了一場政變。一六八八年的「光榮革命」是一六四五年勝利和一六六〇年妥協的重申。荷蘭統治者奧倫治的威廉與妻子瑪麗・斯圖亞特（詹姆斯二世的姊姊）受邀登上英格蘭、愛爾蘭及蘇格蘭的王位。軍隊為擁立威廉而兵變，詹姆斯二世出逃法國。

詹姆斯黨直到一七四六年都是個威脅，在法國的支持下，他們發起一連串嘗試，企圖阻止新教徒對英格蘭、愛爾蘭及蘇格蘭這「三王國」王位的繼承，特別矚目的三次發生在一六八九年至一六九一年、一七一五年，還有一七四五年至一七四六年。詹姆斯黨革命可謂英國和法國全球性衝突的一部分，這兩個國家在一六八八年至一八一五年打了六場大戰，整段時期內足足有一半時間處於正式交戰狀態。

英、法爭霸是下列所有衝突中的顯著因素：「九年戰爭」（一六八八－一六九七）、「西班牙王位繼承戰爭」（一七〇一－一七一四）、「奧地利王位繼承戰爭」（一七四〇－一七四八）、「七年戰爭」（一七五六－一七六三）、美國獨立革命戰爭（一七七八－一七八三：法國介入對付英國）、法國大革命、「拿破崙戰爭」（一七九三－一八一五：英、法幾乎持續戰爭）。兩國的衝突蔓延全球，衝突的中心地點固然是歐洲，但在印度、西印度群島、北美洲和其他地方一樣上演了大規模戰事。

英國從一開始就享有三大優勢。第一項優勢是在英格蘭革命時期打造出新型陸軍和新型作戰方式。法國軍隊打的是緩慢謹慎又具高度防守性的「陣地戰」，與此相反，繼承了「新模範軍」的傳統，英國軍事思想強調機動性、火力和攻擊性。

第二，英國的經濟及強健金融下層結構，使其能夠補貼在歐陸的盟友。例如，這時期戰爭反覆出現的特徵就是，作為海上強國的英國跟作為陸上強國的普魯士常常結成聯盟。英國在美洲和印度打敗法國，是靠著普魯士農民士兵於日耳曼地區戰場上所流的血。

第三，英國能比法國投入更多資源在海軍行動和殖民地戰役。英國受到英倫海峽保護，法國卻有必要防衛綿長的陸上邊界。英國的作戰方式是使用小型、職業化且具高科技的遠征部隊，法國則被迫維持一支由徵兵所構成打大陸戰爭的大型部隊。

這三大優勢，加上英國人口和經濟的產出比法國成長快速，顯示法國勢力被局限在歐洲，只能眼睜睜看著海外殖民地一一丟失。

英國的地緣政治勝利，由兩場決定性戰役起頭和收尾。一場勝利是馬博洛公爵（Duke of Marlborough）於一七〇四年在「布倫亨之戰」（Batte of Blenheim）取得，終結了路易十四在歐陸的霸權。第二場勝利則是威靈頓公爵於一八一五年在滑鐵盧取得，終結了拿破崙在歐洲的霸權。然後，英國縱貫十九世紀大部分時候都是獨大的全球性強權，一八一五年至一九一四年間幾無在歐洲打過一場大戰。這種制霸之所以可能，是因為取得對法國的地緣政治勝利，以及在工業革命中擔任領航者，這兩項成就都根植於英國社會十七世紀中葉發生的革命蛻變。

英國國勢茁壯大大有助於第二輪資產階級革命，歐洲的絕對王朝國家及國家封建主義國家皆無法匹敵英國資本主義經濟的成就。法國落後得越來越遠，而地緣政治競爭日益增加的壓力乃是導致一七八九年大爆發的一大因素。

不過在那之前，美洲人已經進行過一場壯觀彩排。一七七五年，隨著火槍聲在遙遠麻省的列星頓（Lexington）和邦克山（Bunker Hill）響起，一個革命的新時代便告揭幕。

第九章

第二波資產階級革命

一七七五年至一八一五年

法國大革命就像所有大革命一樣，由起自下層的群眾行動推進向前。

英格蘭宗教改革，創造出強大的中央集權國家及由廷臣和莊園主構成的貴族階層，然後，英格蘭革命創造出君主立憲政體及由資產階級組成的政府。這兩個發展將英國統治階級變貌為由銀行家、商賈和商業農人支配的精英階層，其結果是英國商業資本主義的潛力被充分釋放出來。

溯始於一四五〇年前後的世界大轉化自此可以急速加快步伐。隨著英國海、陸軍在印度、北美和西印度群島創造出龐大的殖民帝國，財富源源不斷流入英國，使之同時轉化為一部經濟發電機和一個地緣政治超級強權。

跟英國的軍事競爭，大幅削弱了絕對王權法國的財政和政治聲譽。與此同時，資本主義及富有資產階級於法國國內的發展，創造出有潛力推翻政府並重塑社會的社會勢力。驚天動地的法國大革命由此而起，此後一切都不一樣了。

一名武裝的法國革命分子，約1793年。同時代畫作。

本章要仔細分析現代世界史的這起關鍵事件，不過我們將從啟蒙運動和美國革命講起。啟蒙運動是通往一七八九年的觀念革命，美國革命是一場殖民地起義，為法國提供把觀念落實為行動的楷模。

啟蒙運動

十八世紀的歐洲分為三個部分。第一個部分包含大部分南歐和東歐，被困在傳統的封建制度和絕對王權裡。在那裡，獨裁君主統治著由地主和受教士蠱惑的農民構成的傳統社會，而這些社會自中世紀以來便幾乎不曾改變。

第二個部分包括西北歐，正在被一種活力十足及成長快速的資本主義經濟轉化。這種經濟奠基於商業農耕、海上貿易、新工業和現代銀行制度，變遷之激烈從倫敦的成長可見一斑：其人口在一五六〇年僅僅超過十萬，一六四〇年增長為三十五萬，一七一五年增長為六十三萬，到一八一五年更是增長為一百四十萬。

第三部分則由中間群體構成。在這裡，封建主義及絕對王權的殘餘，與發展迅速的商業資本主義交錯在一起。法國堪稱最佳例子，有正在成長的商人艦隊、在印度和美洲的殖民帝國，以及越來越富有和自信的城市資產階級。但法國也有乾綱獨斷的國王、勢力龐大的天主教教會、寄生性廷臣階級及地主階級、被封建義務和什一稅壓得喘不過氣的農民階級，以及被各種通行費、稅收和瑣細規定綁手綁腳的國內貿易系統。

法國資本主義的成長意味著這些矛盾不可能無了期地維持下去，促其更快瀕臨危機點的是跟英國的全球爭霸。巴黎人口在十六世紀中葉至十九世紀初期翻了兩番，乃法國經濟擴張的一項指標。可是在同一時期，倫敦的人口成長了十二倍。雖然巴黎的面積在十六世紀中葉是倫敦的兩倍，但到了十九世紀中葉卻變得只有倫敦的一半。這是英國經濟動力更加強大的指標。

最具殺傷力的問題是兩個民族國家之間的軍事競爭。「七年戰爭」（一七五六—一七六三）期間，法國把它在印度和美洲的帝國輸給了英國。軍事失敗是法國社會逐漸升高之危機的外在表述，一場觀念上的革命則是這危機的內在表述。早在法國的舊制度被一七八九年革命推翻以前，便已經在思想上受到拆解。

舊制度因為無力維持意識形態防衛工具，暴露出自身的反動性格。一波新的啟蒙思想對意識形態瓦礫的掃除是那麼的徹底，以致就連獨裁君主和公爵們都帶著新歸信者的熱情，擁抱「理性」及「科學」的看待世界方式。

十七世紀反革命運動的代價（該運動的範圍和發生在奧地利、義大利、西班牙及法國的反宗教改革運動多少重疊），是讓荷蘭、英格蘭和蘇格蘭在該世紀之末成為思想、科學和藝術的重鎮。《聖經》的現成智慧受到擯棄，改為偏好觀察、實驗和運用理性。例如牛頓就獲得自由，解決曾經困惑哥白尼、克卜勒和伽利略的物理學問題，成功解釋宇宙是怎樣運作。

但「理性」聲索的領土遠遠超過自然科學。荷蘭和英格蘭的革命否定君權神授說，改為強調被選出的人民代表的權力和特權。但如果政治秩序不是由上帝規定，如果是人類創造了自己的政治秩序，那這種秩序應該採取何種形式？

一六四七年的「普特尼辯論」已透露出箇中危險：在少了上帝的權威作為根據之後，對於權力應當如何行使的看法將會莫衷一是。在普特尼辯論中，那些代表上層階級發言者主張，在國家裡沒有永遠固定利益的人不該在管理公共事務上有發言權；但那些代表下層階級說話的人卻力稱，如果一個人沒有人代表他在政府裡發聲，他就沒有責任服從政府。這就怪不得革命時期的英格蘭會產生出霍布斯（Thomas Hobbes）和洛克（John Locke）如此南轅北轍的政治哲學家。

最後，辯論因為一六六〇年和一六八八年的安排而消聲。英格蘭分裂的精英階層達成協議，團結起來打壓低下階層。在十八世紀期間，議會中的兩大黨輝格黨和托利黨雖然會為官職的分配繼續爭吵（當日的諷刺者稱之為「舊腐敗」），但他們對社會其他部分則是擺出聯合陣線。該世紀晚期，有大約兩百個犯了侵害財產罪的人被判死刑。

相反地，未經改革的法國社會的緊迫政治問題找不出這類解決辦法。也因此，啟蒙運動才會在法國欣欣向榮，最大成就是三十五冊的《百科全書》（*Encyclopédie*）。這套全書囊括人類所有知識和思想，由數百名知識分子撰文，賣出約兩萬五千套。

讓啟蒙運動具有顛覆性和政治腐蝕性特徵的（儘管許多提倡者有著較為保守的意圖），是對那些在當代思想審視下顯得不理性的制度和實踐之批判。被當代評論家視為不理性的東西，通常都是不符資產階級利益的東西（他們本身就是屬於這個階級）。

商業及以市場為基礎的關係，正在瓦解恩庇、特權和勢力的網絡。金錢交換取代了以世襲地位和莊園為基礎的所有權。所以，被新思想家視為非理性的包括教會及其神學、國王們主張的神授君權，以及腐朽貴族階級的政治獨占性。

那私有財產本身又是如何？它是合乎理性的嗎？有些人認為不是。盧梭（Jean-Jacques Rousseau）這樣說：

第一個圈起一塊地的人（他心想：這是我的，並找到一些頭腦簡單的人居然相信他的話）是文明社會的真正創造者。人類將可免去多少的罪行、戰禍、謀殺、禍害、恐怖，要是當時有誰敢把界樁拔掉，並對其他人大聲疾呼：「別聽這騙子的鬼話。如果你們忘了地上的果子屬於每一個人、土地本身不屬於任何人，你們就有禍了。」

啟蒙運動是一場多面向的思想運動，但其本質是激進批判，主張人類事務中任何不能在為自己提供足夠解釋的東西都應該受到挑戰。置於十八世紀晚期歐洲的脈絡，這款主張形同意識形態的火藥桶，當理性精神抵達低下階層之後尤為如此，屆時國王的寶座也許會搖搖欲墜。

啟蒙運動一部激進小冊子在談到征服者威廉時這樣說：「一名法國無賴領著一群武裝匪徒登陸，違背當地民眾的意願自立為英格蘭國王。可以說這一切的起源都是卑鄙無恥的……君主制及世襲繼承使整個世界陷於血泊和廢墟中……自由在全世界一直受到追捕。亞洲和非洲早將她驅逐出境，歐洲視她為陌生人，英國則已向她發出驅逐令。」

這番話是在一七七六年一月出自潘恩（Tom Paine）的手筆。他的小冊子《常識》（*Common Sense*）把沙龍知識分子的浮誇語言一變而為酒館「技師」（工匠）的閒談。此書一出版，馬上賣出破紀錄的十五萬冊，一年內銷售五十萬冊。這並沒有什麼好奇怪的，數十萬普羅男女都開始擁抱激進觀念，想要參與一場改造世界的戰鬥。

在《常識》於新英格蘭城市費城出版的九個月前，鄰近麻省的民兵在列星頓向英軍開火，引燃美國獨立革命。

美國獨立革命

一七六四年，住在北美洲東岸十三處殖民地的美洲人，都認為自己是英王喬治三世的子民。但到了一七八八年，出於自身的決定和行動，他們讓自己成為在革命和戰爭中打造的共和國自由公民。

很多其他改變也發生了。那十三處殖民地組合成為一個獨立的聯邦國家，國王和議會被丟進垃圾桶，取而代之的是總統、參議院和眾議院。

有些有錢人如支持國王的君主主義者失去了財富，另一些人也許一度以封建領主的方式管理自己的事務，發現他們的佃農已經不再聽話。女性（至少是有些女性）變得坦白直率，她們閱讀報紙、創辦學校教育女兒，帶著「敬畏自我」的態度待人接物，又追問她們的「愛國者」丈夫：「為什麼我不該得到自由？」

對一些黑人來說，環境也變得非常不同，麻薩諸塞州和佛蒙特州均已完全廢除了奴隸制，其他州將會很快跟進。一七七六年住在乞沙比克河（Chesapeake River）沿岸的自由黑人只有幾千名，到了一八一〇年，他們的數目將會增加至六萬。

改變並沒有本來可能的大。事實上，改變比很多人原本希望的小得多。因為美國獨立革命（一七七五—一七八三）並不只是美洲殖民地為爭取獨立所作的鬥爭，還是不同族類美國人❾之間的鬥爭。該鬥爭將會決定他們為之而戰的是一個什樣的共和國。

北美洲殖民地的問題肇源於「七年戰爭」（一七五六—一七六三）的結束，英國人在「七年戰爭」中打敗法國，奪取法國人在印度和加拿大的帝國。在這個過程中，美國人出了一份力：殖民地民兵跟英國正規軍並肩作戰，確保了殖民地西面邊界的安全。勝利結束法國的威脅，也因此結束美國人對英國軍事支持的依賴。這場戰爭也讓英國政府債臺高築，需要靠增稅來還債。

英國對美洲貿易徵稅有三方面的目的：避免讓英國地主繳較高的稅；保護英國商業不受外國競爭威脅；幫助英國政府償還債務。一言以蔽之，《糖稅法》（一七六四）、《印花稅法》（一七六五）、《湯森德稅法》（Townshend taxes，一七六七）和《茶稅法》（一七七三）是設計來抽乾美國人的財富，讓英國的統治階級受惠。如果美國人繼續繳稅，就會陷入經濟停滯和低度發展。因為這種危險而有了那句著名的口號：「無代表不納稅。」受到不符自己利益的稅法威脅，美國人要求他們有權決定是否繳稅。

在一七六四年至一七七五年之間，英國的徵稅努力受到直接行動的挫敗。雖然十三處美洲殖民地只有三百萬人，而且每二十人才有一個住在城鎮，但他們仍滙聚成一場龐大的抵抗運動，讓英國的徵稅措施無法執行。

這場運動是由舉行會議、遊行、焚燒芻像和豎立「自由竿」構成。群眾對抗稅務員和士兵，可能的通敵者受到恐嚇，官方儀式受到擾亂，有時候還會有財產受到破壞。

---

❾譯注：當時美國還沒有建國，這樣稱呼是為了方便理解。

杯葛行動受到一個由工匠（「技工」）、小商人、地方農夫和異議知識分子構成的激進城市群體監督，為首的活動家把自己組織為「自由之子協會」（Sons of Liberty），在至少十五個城鎮設有分支機構，結合為一殖民地間的「通訊」聯盟。

抵抗的一貫模式是挑起對抗（有時會導致流血衝突），然後英國人就會讓步。但在一七七三年，當東印度公司一整船的茶葉被假扮成印第安人的百名「波士頓茶黨」成員倒入海裡後，英國決定攤牌。蓋奇將軍（General Gage）被任命為麻薩諸塞總督，部隊被派至美洲，又通過新的法律（稱為《不可容忍法令》），規定可以把美國滋事分子押至英國受審。

十三處殖民地的代表全參加了一場大陸會議，同意繼續杯葛英國的茶葉。地方委員會被授權執行這項決定，殖民地民兵被動員起來支持民權。大陸會議受到大地主和商賈的支配，大部分地方委員會起初也是這樣，但是「精英的革命」很快就被「中產階級的革命」取代。

革命需要大眾起而行動支持激進的要求，但有資產者心懷忐忑，其中許多人都從既有的經濟體系得利。他們全都害怕普通老百姓在被喚起去反抗政治權威之後，很快就會質疑社會秩序的合理性。不少有資產者的策略是跟抵抗運動同步，想辦法引導方向，例如紐約地主暨律師利文斯頓（Robert Livingston）就說過，革命就像是「在一條你不可能攔阻的溪流裡游泳」，要「順應水流以引導其方向」。

被發自下層的群眾行動推入革命，大陸會議事實上是授權建構一部新的國家機器。每個城鎮現在都面臨兩個選項，要麼承認國王的法官、稅務官和軍官的權威，要麼是承認受到大陸會議授權的杯葛委員會的權威。革命與否視乎這個選擇結果。「雙頭權力」，亦即要求政治效忠的敵對權威，強迫每個人作出選擇，因為他們不可能同時效忠兩者。

一七七五年四月十九日，第一陣槍聲在列星頓響起。英軍在前往康考德（Concord）查抄叛軍武器途中殺死八名美國民兵，並打傷十人。抵達之後他們發現武器已經搬走，在返回波士頓途中，受到一群群民兵的騷擾，又被包圍在波士頓。戰爭開始了。

殖民地民兵不久就得到一支大陸陸軍的補充。由大陸會議出資組建，並由華盛頓指揮，這支軍隊很快成為胚胎美國的軍事表述。民兵是保衛本鄉，大陸陸軍則是打全國性戰爭。

英國人贏得大部分戰役（兩大例外是一七七七年的薩拉托加之戰〔Battle of Saratoga〕和一七八一年的約克鎮之戰〔Battle of Yorktown〕），但輸掉整場戰爭。理由有三：首先，地理環境對革命分子有利，因為美洲殖民地由大片荒野構成，這對英國人構成沉重後勤負擔，也提供了進行游擊戰的理想環境。其次，美國人得到法國人強力和越來越大的支持。起初這種支持只是供應武器，但後來法國人同時在海、陸兩方面提供全面性軍事干預，英國人只好在綿長和脆弱的海上補給線末端苦苦作戰。第三，革命分子在政治和軍事上都把自己組織得足以發動一場全面戰爭。反抗的核心部隊是工匠、小商販和偏鄉農人，他們逐漸支配地方委員會和民兵，英國只控制士兵占領的地區。反抗分子雖然常常打敗仗，但總是能夠撤退、重整旗鼓後回頭再戰。

一般人受到他們在對抗中的角色加持。他們是為自己認為繼承自古代的「權利」和「自由」而戰。他們是為「道義經濟」（moral economy）而戰：在這種經濟中，每個人都有值得尊敬的角色，也更多是為了群體甚於為自己工作。他們也是為了在公共事務上有自己的代表而戰：為一種窮人和富人一樣有投票權的激進民主制而戰。

到頭來，一七七六年那些讓人陶醉的理想受到一七八八年的最後安排所稀釋。一七七六年的《獨立宣言》曾斷言所有人生而平等，擁有一些不可剝奪的權利，包括生存權、自由權和追求幸福權。但一七八八年的美國憲法所尊崇的卻非激進民主制和道義經濟，而是財產統治、自由市場，以及由地主、商賈和銀行家組成的閃閃發光精英階級。所以，在這層意義和其他意義下，美國的資產階級革命是半途而廢。特別是奴隸制還保留著，且在接下來數十年，將會擴大成為一個利潤無比豐厚的經濟系統。美國獨立革命不過百年，就會有超過六十二萬美國人為了確立一七七六年《獨立宣言》宣稱的「人人生而平等」而喪生在一場更大的衝突：南北戰爭。

因此美國獨立革命設定了一些讓未來世代美國人，包括男性和女性、白人和黑人、富人和窮人等，用來衡量自身的基準。還不只是這樣，彼時更被證明是世界革命新時代的揭幕者。因為在美國憲法獲得批准的隔年，巴黎人民就攻陷巴士底監獄，擊退一次軍事政變，並引發法國大革命。

攻陷巴士底監獄

巴士底是一座位於巴黎東邊的古老城堡暨國家監獄，其作為絕對王權的象徵，威脅性地俯視著工匠、小商販和一般勞工居住的街區。就像君主國法國一樣，它看來不動如山。

不過在一七八九年七月十四日，巴黎市民拿著他們能找到的任何武器，團團包圍住巴士底監獄，要求投降。守軍開火，三小時的戰鬥中有八十三人被殺，但進攻者的決心摧毀了守軍的士氣，最終獄門大開。

巴黎市民攻擊巴士底監獄，是為了挫敗法國國王對付自己人民的一次軍事政變。起義打斷了絕對王權的骨幹，把自封的「國民議會」轉變成為實質的法國政府。「國民議會」立刻廢除封建制度，通過一部人權宣言，創立新的「國民衛隊」。全法國的城鎮皆仿效首都榜樣，成立新的地方革命政府。

消息抵達農村後，農民紛紛起義，史稱「大恐慌」（the Great Fear）。數以萬計的農民列隊前往地主的莊園焚燒地契，數以十計的外省城鎮裡，窮人示威抗議糧食短缺、物價騰貴和失業。

世界被上下翻轉過來，一百四十年來未受挑戰的絕對君主國，經過三日城市革命後便被推翻。法國大革命開始了。

接下來二十五年，國內外的反革命勢力將會設法摧毀法國人民在一七八九年取得的成就。大革命將會一次又一次動員廣大的人民去捍衛自身。早在一七八九年十月，一個保王派的陰謀便醞釀出來，其震央是路易十六和瑪麗・安東妮（Marie Antoinette）位於巴黎郊外的凡爾賽宮。兩萬名市場賣菜的婦女組成遊行隊伍，前往凡爾賽宮，她們的丈夫尾隨在後。他們攻入凡爾賽宮，強迫國王返回巴黎，自此，國王和追隨者處於人民的監視之下。市場婦女的勝利鞏固了立憲君主國，結束了法國大革命的第一階段。現在讓我們暫停下來，回顧整場革命的來龍去脈。

在一六八八年至一七八三年間，英國跟法國打了五場曠日持久的戰爭，加起來的時間長達四十二年。這些衝突的地點從北美洲森林到印度平原，但總以歐洲為中心。因為英國的經濟比法國成長得快，又因為法國總是被迫跟英國在海上作戰，以及跟英國的歐洲盟友在陸上作戰，法國失去了帝國，經濟嚴重受損。就連偶爾獲得的勝利都是以太高代價換來，例如，法國政府因為介入美國獨立革命而破產。在那之後，國王被迫企圖改革稅制。

這些基本事實必須被放在更大的脈絡下檢視。資本主義是個活力十足的經濟系統，其競爭優勢會威脅傳統社會和國家。英國在十八世紀期間成長得比法國快，乃拜英格蘭革命釋放出來的力量之賜。法國經濟當然也有成長，整個十八世紀的每一年都以一・九%的比率成長，且布料的產出增加二五〇%，鐵的產出增加三五〇%，煤的產出增加七五〇%。到了一七八九年，法國的人口有五分之一是從事工業或手工業。但這樣還不足以和英國並駕齊驅，所以法國的絕對王權主義未能通過戰爭的考驗。到了一七八〇年代，法國的帝國危機也變成財政危機。來自更強經濟體軍事競爭的壓力下，路易十六被迫試著把國家現代化。

戰爭稅本來就是勞動人口的一個沉重負擔，偏偏貴族和教士完全不用繳稅，改革的重點是讓他們盡應有本分。但當國王任命「改革性」內閣去合理化稅制的時候，由貴族控制的最高法院卻否定了其建議，許多為首的貴族甚至呼籲舉行群眾示威反對政府，其核心要求是舉行「三級會議」來解決危機。

一七八九年的「三級會議」是一六一四年以來的第一次召開，顧名思義由貴族、教士和平民三個層級的代表組成。選舉「第三階級」（平民）代表的活動在每個小鎮和村莊展開，吸引大眾的政治參與，引發大量政治悲憤及要求。「第三階級」代表絕大多數人民，卻是由專業的中產階級（特別是律師）主導，主要是因為他們懂得必要的政治技巧。

「三級會議」於一七八九年四月在凡爾賽宮舉行，一直舉行至六月。結果是陷入政治僵局，國王的大臣們要求稅制改革，代表們要求申訴，「第三階級」拒絕承認貴族和教士的高一等地位。

當「第三階級」宣布成立「國民議會」，並邀請貴族、教士參加時，國王關閉了「第三階級」的開會會場。代表們因此移師到附近一處網球場，誓言不制訂憲法絕不解散。作為回應，國王罷黜他的首席改革派大臣，又調動兩萬部隊進入巴黎。

這時的首都業已是各種政治會社和會議發酵的地方，街道上到處有人派發單張、小冊子或演講。大約四百名曾參加「三級大會」代表選舉的中產階級「候選人」在市政廳集會，建立了一個委員會（公社）。不過，讓專制政權倒臺的是巴黎群眾（以工匠、小商販和一般勞工為主）。這些群眾拉攏士兵，把他們拉到人民的陣營。國王不敢派更多士兵進城，然後巴士底監獄被成功攻陷。農民仿效巴黎和其他大城鎮的例子揭竿而起，而他們的起義具有決定性。法國是個農業占大宗的國家，大部分士兵都是農家子弟，當農民攻擊地主的莊園時，士兵會為地主而戰的機率近乎於零。

有少數貴族和教士加入了「第三階級」成立的「國民議會」。議會中相對保守的多數派偏好君主立憲政體，認為這種政體可以中斷革命和保護財產及特權，其由曾經參加美國獨立戰爭的將軍拉法葉侯爵（Marquis de Lafayette）領導。

起初，在革命的蜜月時期，較激進的革命分子受到邊緣化對待。但他們的力量隨著宣傳和煽動的繼續發酵而壯大。光是在一七八九年下半年就有大約兩百五十份報紙創刊，不久後，一度行醫的馬拉（Jean-Paul Marat）所創辦的《人民之友》（*L'Ami du Peuple*）就脫穎而出，成為最受歡迎的報紙。

有許多激進會社讓人有機會辯論革命的方向，其中最著名的會社是由律師羅伯斯比（Maximilien de Robespierre）主導的雅各賓俱樂部（Jacobins）和由另一位律師丹頓（George Jacques Danton）主導的哥德利埃俱樂部（Cordeliers）。

一七九一年六月，國王企圖逃走，投靠在邊界集結的反革命軍隊。他被抓住，帶回巴黎。不過在下一個月，巴黎市民在戰神校場（Field of Mars）排隊簽署廢除國王的請願書時，拉法葉侯爵指揮的「國民衛隊」向他們開火，殺死了五十人。

一年前，在同一個地方，群眾曾慶祝攻陷巴士底監獄一週年紀念，陶醉在結盟節的嘉年華氣氛中。此刻，一條血河分隔開拉法葉侯爵等保守君主立憲派和馬拉、羅伯斯比及丹頓等激進共和派。革命進入了一個新階段。

雅各賓派獨裁

一七九二年夏天，三年前由城市革命創造的君主立憲制度崩潰。八月十日，數以萬計的「無套褲漢」（sans-culottes）和「結盟軍」（fédérés）包圍並攻擊國王住所杜樂麗宮（Tuileries）。

「無套褲漢」是穿長褲的巴黎勞工階級，他們被組織成為四十八區（section）。這些地方會議是作為城市委員會（公社）的選區。「區」變成工匠、小商販和一般勞工參與民主的管道。「結盟軍」則是要前往前線參戰的外省自願士兵，他們代表法國其他地方革命分子中的精英。

「國民衛隊」不只沒有保護國王，反而加入起義的行列。但「瑞士衛隊」（外國傭兵）保持忠誠，有大約六百個保王派和三百七十名革命分子在戰鬥中被殺，杜麗樂宮被攻占，國王被捕。

一七九二年八月十日的起義，有著跟一七八九年七月十四日起義一樣重大的決定性。一七九一年通過的憲法（其中規定擁有財產的人才有投票資格）被推翻。根據這種有限制投票資格而選出的立法議會（一七八九年「國民議會」的繼承者）遭解散。臨時召開的「國民公會」（National Convention）由共和派主導，宣布廢除君主制並建立共和國。隨後國王受審，一七九三年一月處決。

讓一七八九年至一七九二年立憲君主政體被摧毀的，是三個解決不了的矛盾。首先，大多數貴族和教士對革命保持強烈異議，想方設法加以推翻，而宮廷變成陰謀的中心，流亡人士開始組織軍隊，反革命的威脅具體而真實。

其次，受一七八九年事件鼓舞起的群眾期望落空。他們預期的政治和社會改革並未實現，有的只是糧食短缺、通貨膨脹和失業。這在巴黎和其他地方引發暴動。

第三，為了掩飾政權內部逐漸加劇的分裂，一個由各種政治勢力組成的不神聖同盟同意對法國大革命的外國敵人宣戰。國王及其支持者希望反革命會取勝，拉法葉侯爵和君主立憲派希望領導一支可以團結全民的十字軍，吉倫特派（Girondins）為溫和共和派，希望藉助一波民族熱情取得權力。

他們全都失望了。戰爭起了反效果，保守派將領投奔敵人，法國遭遇慘敗。敵人指揮官宣稱將會「殺雞儆猴，把巴黎交給士兵，讓叛亂分子得到罪有應得的懲罰」。

這些張力在八月十日的起義達到巔峰。然後，讓起義成為可能的群眾熱忱流入正在組成的新自願軍。「勇敢，勇敢，再勇敢！」丹頓這樣呼籲（他入選「國民公會」，現在是革命政府的一名領袖）。

一七九二年九月二十日，法國革命軍在法國東北部的瓦爾米（Valmy）截停入侵者的推進。「國民公會」第二天就宣布廢除君主制。

但由吉倫特派主導的新政府如今就像前任的其他政府一樣，急著想讓革命煞車。資產階級革命的核心矛盾這時再度出現。一掌權之後，溫和的共和派就把保護財產的需要放在優先。一名吉倫特派領袖宣稱：「你們的財產受到了威脅。」另一名吉倫特派領袖宣稱，「無政府主義的九頭蛇」正在蠢蠢欲動。第三名吉倫特派領袖則警告，如果不能結束反覆發生的起義，「巴黎就會被摧毀」。

但反革命的威脅還沒有完全消除。正好相反。到了一七九三年春天，英國已加入對法國開戰的行列。在西部的旺代（Vendée）地區，也有一些保王派起義。外國軍隊再次從東北部向巴黎推進，吉倫特派的將軍迪穆里埃（Dumouriez）投奔敵人。

一七九三年五月二十六日，羅伯斯比號召人民再次起義。五月二十九日，巴黎各區開會選出一個新公社。五月三十一日至六月二日，群眾包圍「國民公會」，要求逮捕二十九名吉倫特派領袖。自此，受過清算的議會將會是由雅各賓派支配。

「公安委員會」這個由「國民公會」選出的十二人機構，此時形同政府。委員會每週要向「國民公會」報告一次，每個月重選一次。三個知名雅各賓派人物羅伯斯比、聖茹斯特和庫東（Georges Couthon）成為「公安委員會」的主導角色。公安委員會確立一種全面戰爭經濟、大規模徵兵、國有化戰爭工業和推行累進稅。富人被迫貸款給國家。流亡人士和教會的土地被沒收，分為一小塊一小塊分配給農民。物價受到管制，投機被定為重罪。

為了阻遏反革命，公安委員會實施一種「恐怖」政策。斷頭臺在巴黎市中心的協和廣場豎立起來，成為革命正義的象徵。在一七九三年九月至一七九四年七月之間，巴黎和其他地方的雅各賓派權力當局處決了數以千計的人犯。

此舉是必要的嗎？恐怖政策是兩個因素的產物。首先，反革命的威脅非常巨大，而且無時或已。在反革命軍占領的城鎮或鄉村，共和派會遭到全體屠殺。反革命軍殺死的人肯定遠多於雅各賓派，如果他們得到最後勝利，一定會大開殺戒。死刑對於想搞反革命的人具有嚇阻作用。

第二個因素是雅各賓派政權的高度矛盾性格。該政權在狹隘不穩的基礎上搖搖晃晃，因為雅各賓派不是代表特定的階級，而是特定的歷史時刻：在該歷史時刻，對立的各種階級勢力處於微妙的平衡狀態。但如今，大部分的資產階級（包括原來的保王派、君主立憲派及溫和共和派）都投向反革命，只有最激進的少數人支持雅各賓派的獨裁政權。其領袖主要是有資財的專業人士，他們的統治主要倚靠「無套褲漢」民眾運動的支持。

革命緊急情況所要求的激進政策，讓大部分有產階級害怕、仇恨，這加強了反革命的力量。與此同時，「公安委員會」是由「國民公會」選出的機構，而雅各賓派領袖仍是私有財產的強烈捍衛者，因為他們認為私有財產是社會的基礎。這讓政府及其最激進的支持者的關係發生一些緊張。

在共和二年（一七九三—一七九四）的政治—軍事緊急事態中，革命政權的生存受到威脅，斷頭臺遂成為以上各種矛盾的仲裁者。除了對付反革命分子外，恐怖政策也「吞噬自己的子女」，消滅敵視獨裁政權的革命分子。左翼的「埃貝爾派」（Hébertis）分子在一七九四年三月遭到處決，次月輪到右翼的「寬容派」（Indulgents）分子被處決。以這種方式，中間主義的「公安委員會」設法維持日益動搖的政治平衡。

恐怖政策的效果是癱瘓了抵抗幾個月，但只造成政權的大眾基礎進一步萎縮。社會—民主承諾落空，群眾運動日漸走下坡。聖茹斯特看出不對勁，寫道：「革命凍結了。」

與此同時，在前線，被重塑過的法國革命軍已經擊退入侵者。讓雅各賓派獨裁政權得以出現的緊急情況已經消失，那些出於必要支持的資產階級開始退縮。「國民公會」準備要向「公安委員會」開刀，革命行將要被逆轉，危機在一七九四年七月爆發。

從熱月政變到拿破崙

感激不是一種政治態度。當國內造反受到鎮壓和法國軍隊占領布魯塞爾之後，革命派資產階級向他們的雅各賓派救主開刀。意識到自己的權力正在流失，羅伯斯比要求進行另一次大清算。但在一七九四年七月二十七日，他在「國民公會」的敵人把他噓下臺，然後對他和他的政治盟友發出逮捕令。

雅各賓派退入市政廳，呼籲革命，但支持並不踴躍。這個政權先前攻擊自己的支持者、處決左翼分子、解除對食物投機的禁令，又推行減薪。巴黎四十八區中只有十六區派遣武裝人員前往市政廳，這些人在等待數小時不見有人出來領導後作鳥獸散。接著雅各賓派領袖被逮捕、審判和處決，羅伯斯比、聖茹斯特、庫東與其他十八人在七月二十八日被送上斷頭臺，翌日又有另外七十一名雅各賓派成員被處死。

有些左翼分子參加了這場「熱月政變」（coup of Thermidor），「熱月」為革命曆對七月的稱呼。這是一個錯誤，他們的群眾基礎已經崩解，所以摧毀羅伯斯比的中間主義獨裁，讓權力決定性地向右派傾斜。「熱月政變」等於一場反動的政變。

街頭上充斥著闊少（jeunesse dorée）組成的無賴幫派，一群暴徒關閉了雅各賓俱樂部。有財產才有資格投票的規定被通過，「白色恐怖」大行其道。「無套褲漢」在一七九五年四月和五月舉行的兩次起義（「芽月起義」和「牧月起義」）遭到鎮壓。權力的天秤進一步向右派傾斜，而死灰復燃的保王派在一七九五年十月發動一場未遂政變（「葡月政變」）。政變被砲兵軍官拿破崙用「一串清風似的霰彈」粉碎，但這政變的發生暴露出熱月派政權的不穩定。

「熱月政變」不是一場反革命，而是資產階級對大革命內部激進民主的反動，但透過給群眾運動洩氣和解動員，資產階級讓保王派的反革命更有可能發生。熱月派政權的大權集中在五人組成的「督政府」（Directory）手裡：這是一個強勢的行政機關，對民眾起義和保王派反革命都一樣下手不容情。

但「督政府」無法在選舉中獲得授權，所以在一七九七年變成形同獨裁政府的機構，依賴軍隊的支持。這種畸形情況在一七九九年十一月獲得解決，當時共和國最顯赫的將軍拿破崙發動「霧月政變」，奪得政權。拿破崙自任第一執政，然後在一八〇四年稱帝。

「霧月政變」結束了法國大革命，但沒有推翻法國大革命，正好相反，它保存且捍衛了法國大革命的一些基本成就。拿破崙就像克倫威爾一樣，是「革命的軍人」，不是它的仇人。封建義務已不復存在，農民能保有他們新分得的土地。國內關稅繼續免徵，全國性的行政系統建立起來，人人在法律面前平等，政教保持分離。即便君主制在外國刺刀的扶持下於一八一五年恢復，舊制度仍然不可能重建。

另外，督政府、執政府和帝國的軍隊把革命傳統帶到海外，廢除了農奴制、國有化教會土地，並取消國內關稅。這些改變的其中一些在日耳曼地區、奧地利和義大利部分地區被證明是不可逆轉。不止如此，法國大革命的榜樣還具有感染性，全歐洲知識分子、活動家都受到其理想和勝利的激勵。他們有些人歡迎拿破崙的軍隊，另一些人則設法在自己國家複製法國大革命。

那是個光輝燦爛的黎明。一切有思想的存在都分享到這新紀元的歡欣。一種性質崇高的情緒激動著當時的人心……一種精神的熱誠在整個世界悸動。

這是日耳曼地區哲學家黑格爾對法國大革命之衝擊的回憶，他的情感受到歐洲各地的知識分子呼應。英國詩人華茲華斯（William Wordsworth）宣稱：「活在那樣的黎明時代是至福，但擁有青春年華便是天堂！」貝多芬的熾熱交響樂，還有莫札特《唐．喬凡尼》（*Don Giovanni*）中的歌詞「自由萬歲！」均是受法國大革命啟迪。潘恩為捍衛法國大革命而寫的《人的權利》（*The Rights of Man*）賣了十萬本。數以千計的英國工人示威，支持法國的勝利；皇家海軍在一七九七年因為普通水手的兵變而癱瘓。

其中一個受法國大革命感染而行動的人是年輕新教徒律師托恩（Wolfe Tone），他成立一個名為「聯合愛爾蘭人」（United Irishmen）的激進組織，要爭取愛爾蘭擺脫英國獨立。這個運動開始於貝爾法斯特的新教徒中產階級中間，然後傳播到愛爾蘭其他地方，吸引了許多天主教農民。不過，一場早熟的起義被鎮壓，有大約三萬人在秋後算帳中被殺（這個數字讓一七九三年至一七九四年間法國大革命恐怖統治期間被處決的人數相形見絀）。

法國大革命在歐洲和世界其他地方都啟迪了類似的激進運動，不過它在雅各賓派全盛時期之後走下坡，包括「自由、平等、博愛」理想的褪色，以及一七八九年至一七九四年間推動革命向前的大型群眾運動退潮，讓它引發自下層的爆炸潛力大為減弱。長遠來看，這將會把世界範圍的革命運動帶向終結。

例如，雅各賓派曾在一七九四年二月通過一道廢除奴隸制的命令，但拿破崙卻在一八〇一年派一支軍隊前往海地，恢復奴隸制。這種對比縮影著資產階級革命的矛盾特徵：群眾的賦權乃推進革命所不可少，但卻是對以私有財產為基礎之社會秩序的一種威脅。這種矛盾在拿破崙的帝國極為明顯，最終也導致其崩潰。

法國大革命創造出以大眾動員、群眾熱情及按能晉升為基礎的新軍事系統，機動性、侵略性和群眾性被用來擊敗舊制度歐洲的沉重軍隊。一八〇五年，法軍在「奧斯特利茨之戰」（Battle of Austerlitz）一舉擊敗奧地利和俄羅斯聯軍，讓拿破崙成為中歐的主人。

但拿破崙的龐大軍隊必須仰賴行軍經過的土地供養，而他們也壓榨所征服的土地以獲得戰爭物資。法國人擺出解放者姿態，給人的感覺卻是壓迫者。羅伯斯比曾預言很少人會歡迎「武裝傳教士」，痛苦的教訓證明他此言不差。

因為拿破崙打破了歐洲的勢力均衡，歐陸的統治階級把他看成不共戴天的仇人。因為徵稅、徵兵和徵用物資，拿破崙也得罪了普通百姓。

法國在一八〇八年對西班牙的入侵，使其得要同時對付英國正規軍和西班牙游擊隊，這讓法國的軍力在接下來六年逐漸被抽乾。一八一二年，拿破崙入侵俄羅斯。他打贏了博羅金諾之戰（Battle of Borodino）並占領莫斯科，卻沒想到未能結束戰爭，之後他被迫撤退，在隆冬的漫漫長路中折損了大部分將士。

一八一三年的萊比錫之戰（這一戰法國面對的是俄羅斯、奧地利和普魯士聯軍），逆轉了奧斯特利茨之戰的戰果。翌年，法國本土遭入侵，拿破崙被迫遜位。拿破崙在一八一五年的「百日東山再起」因滑鐵盧之敗而止步，之後受到第二次放逐，死在流放地。

拿破崙的成功祕訣在於他是「革命的軍人」，本身就是資產階級革命的範例：他出身相對低微而自學成功，是個靠著能力爬至頂層的專業人士，但也是個受個人野心驅使的最高機會主義者。

他的天才體現了法國大革命所釋放出的巨大軍事動能。組成這股軍事力量的，是為一個民族國家服務的公民，不是順服於一個專制君主的子民；是由出身行伍的軍官領導和為捍衛自己土地而戰的農民，不是由有貴族頭銜的莊園主率領的被強徵農奴。在某種意義下，這就是奧斯特利茨之戰的內在意義。

拿破崙法國異乎尋常的韌性，是法國大革命力量的證言；拿破崙帝國的解體，還有波拿巴政權的最終垮臺，則是奠基於財產及民族的資產階級革命之局限性的證言。被占領歐洲的農民反抗法軍加諸他們的掠奪，支持在他們主人領導下的反革命十字軍。這是博羅金諾、萊比錫和滑鐵盧之戰的意義。

但是拿破崙的失敗無法逆轉一七八九年。雖然復辟政權（「王座和祭壇」的政權）反動而具有壓迫性，其保守外觀掩蓋了本身活力十足的內涵。法國大革命已經清除年深日久的糾結，釋放出一種新的資本主義經濟秩序的能量，覆水難收。

盧維杜爾和海地奴隸革命

「國民公會宣布廢除所有殖民地的奴隸制。準此，它宣布居住在殖民地所有人不分膚色都是法國公民，享有憲法賦予的所有權利。」

這道命令於一七九四年二月四日發出，並非由雅各賓派「公安委員會」所提議，而是「國民公會」接見過加勒比海島嶼海地三名代表後的自發性反應。這三名代表包括一位白人殖民者、一位黑白混血兒和一個黑人自由人，到巴黎來是為了要求廢除奴隸制。

他們的要求獲得如雷掌聲，不用交付辯論便獲得通過。丹頓宣布：「法國人民的代表直到此刻之前，都是作為自利者為我們自己頒布自由。但今天，我們宣告普遍的自由。」

法國大革命就這樣抵達激進高峰，推動這般進展是有五十萬黑奴在大西洋遠端進行武裝起義。這場起義在商業資本主義的全球大廈裡炸出一個洞。

一七六〇年至一七九〇年之間，英國和法國加勒比海殖民地每年的糖產量增加一倍，達到近三十萬噸。十八世紀在倫敦、巴黎蔚為時髦的咖啡廳文化，對糖的需求看來是無止境。大西洋經濟——帝國、奴隸制和貿易的緊密連鎖——以指數方式成長。牙買加和海地的種植園主，還有布里斯托、利物浦、波爾多及南特的商業資本家，是他們時代的新超級富豪。

被運過大西洋的一千兩百萬名非洲奴隸中，有三分之二是進入甘蔗種植園工作。一般種植園會僱用數百名黑奴，一年的大部分時間裡，不管什麼季節，他們每天工作十六小時，甚至十八小時。給養是最低限度的，奴隸被期望用自身耕種的小菜園農產品補充不足；醫療護理實際上不存在；紀律由配備皮鞭和槍的野蠻監工來維護。因為過勞又缺乏醫療照料，早死在黑奴是家常便飯。這是由競爭性資本積累的鐵律所決定：買新奴隸替換死亡的，比花錢擴大奴隸的福利來得划算。

最大又最賺錢的殖民地是法國控制的聖多明各（St Domingue），即海地的西半部（海地的東半部由西班牙控制）。大約六萬名自由居民組織成一支保衛奴隸制的武裝力量，但卻出現內部分裂。大部分人都可以從剝削奴隸獲得一些利益，只是得利的程度各有不同。用歷史學家布萊克本（Robin Blackburn）的話來說：聖多明各涉及「一個殖民及商業體系、一個貴族政治秩序、一個種族性的階層等級，以及一個同時存在於白人和自由有色人種內部非常不平等的私人財富分配體系」。

巴黎爆發革命的消息，引發聖多明各統治集團的分裂。殖民權力機構的這種內部不和，為發自底層的革命創造了機會。

革命開始於一七九一年八月二十一日夜晚。「傾聽自由的聲音，它在每個人心中說話。」發起造反的人這樣呼籲。有數以萬計的人起而響應，暴動很快席捲聖多明各的北部平原，吞沒數百座種植園。它孵化出無數武裝反叛團體，而這些反叛團體很快就成為肆虐整座海島、日益複雜的多邊衝突的一種特徵。

不過黑人的反抗起初並非一場奴隸解放的戰爭。大多數黑人將軍都不是廢奴主義者，他們的目的不過是帶給自己及追隨者自由，並改善大多數奴隸的處境。

兩個因素改變了這場衝突：一是反對法國大革命的戰爭開打，讓雅各賓派領導人無比渴求盟友；二是黑人將軍盧維杜爾（Toussaint L'Ouverture）的激進領導。

因為受到保王派、西班牙人和英國人的攻擊，聖多明各的新雅各賓派總督在一七九三年八月二十九日發布了廢除奴隸宣言。該宣言是用奴隸的語言克里奧爾語（Creole）撰寫，確保在奴隸的小屋裡能被理解。結果是「引發奴隸起義的鞭炮式連鎖反應」（布萊克本語）。

大多數黑人將軍本來站在法國的敵人一方戰鬥，但保王派、西班牙人和英國人都贊成奴隸制。因此在一七九四年五月，盧維杜爾與盟友決裂，加入法國共和派。當「國民公會」解放奴隸的命令抵達海地後，盧維杜爾再無反顧，自此成為——用西印度群島歷史學家詹姆斯（C. L. R. James）的話來說——一個「黑皮膚的雅各賓派」。他已經準備好為廢除奴隸制打一場全面戰爭。

在關鍵的歷史轉折點，革命由誰領導有時至關重要。革命領袖既不應是純粹的烏托邦分子，也不應是完全的實用主義者，而是能把兩者辯證地結合在一起。它要求一個超過當前情況的替代性未來的願景，但該願景又要是反映從當前孵化出的可行性。他們必須能夠放眼一個新世界，同時又把自己錨定在舊世界。這就是盧維杜爾及其軍隊在一七九四年擔任的角色。

盧維杜爾成為海地全體黑人起義的領袖，他的軍隊紀律嚴明、機動靈活而有戰力，成為奴隸革命的中流砥柱，在其周圍活躍著無數地方抵抗團體。對奴隸主和殖民者來說，海地很快就變得無法管治。

英國在一七九八年企圖全面征服這塊殖民地，但被擊敗。這次敗北讓英國損失兩萬人（在加勒比海舞臺跟奴隸起義及法國遠征軍戰鬥的總損失則達六萬人）。奴隸至此解放了海地。

從一七九九年開始統治法國的拿破崙決心恢復法國在美洲的帝國。一八〇二年，他派遣一支新的軍隊前往海地，要他們粉碎「黑皮膚的雅各賓派」。盧維杜爾被捕，解送至法國，次年因為缺乏醫療照顧而死在獄中。

但他的運動並沒有死去。黑人將軍和黑白混血兒將軍向法國人進攻，宣布獨立，發起新的解放戰爭。他們滿懷被壓迫者的怒火，使敵人節節敗退。

他們的其中一個敵人，日後驚訝地回憶說：

> 這些黑人都是些什麼人！你必須和他們交戰過，才會知曉當他們不能求助於計謀時，作戰起來是多麼勇敢、多麼不怕死。我看見過一隊縱隊冒著大砲的砲火衝鋒。大砲把他們撕成碎片，他們還是繼續前進，毫不退卻。他們倒下的人越多，剩下來的人看來就越發勇武。

拿破崙派出三萬五千人到海地，其中近三萬人死於戰火或疾病。到了一八〇三年底，「黑皮膚的雅各賓派」已經第二次贏得獨立。

他們打敗了世界最大的兩個殖民強權。一八〇四年一月一日，他們宣布成立海地共和國——一個由奴隸革命創造和由黑人統治的獨立國家。日後它將會作為燈塔，為整個美洲的最終解放照亮道路。

玻利瓦和西班牙美洲的革命

海地並非受到法國大革命衝擊而受到轉化的唯一美洲部分。在一八〇八年至一八二六年之間，新大陸上泰半西班牙帝國的領土，均被說西班牙語的殖民者率領的革命占領。

觸發這一波革命的是法國對西班牙的入侵。拿破崙推翻了西班牙國王，把王位給了自己弟弟。此後六年，伊比利亞半島陷入戰火中，西班牙帝國當局為之癱瘓。

「你們想要知道我們的未來何在嗎？」南美洲革命領袖玻利瓦（Simon Bolivar）這樣說。「我們只是消費者，只被允許栽種靛青、穀物、咖啡、糖、可可豆和棉花，在空曠的平原上養牛，在荒野中狩捕野生獵物，以及為西班牙無止境的貪婪在土地裡開採黃金。」

南美洲的殖民依賴在十八世紀晚期加劇化，自由貿易政策掃除了貿易的限制，為西班牙的壟斷商打開了殖民地市場。舶來品湧入殖民地，殖民地商人血本無歸，而西班牙從美洲賺到的錢不斷增加。來自殖民地的金銀和稅收，被用來資助西班牙在歐洲的強權野心。秘魯的金、墨西哥的銀、奧利諾科河咖啡種植園及拉布拉他河養牛場的利潤，被用來支付西班牙軍隊軍餉。

馬德里當權的是保守派或自由派並無多大分別，因為兩邊都是帝國主義者，不過自一八〇八年之後，他們變成沒有利齒的帝國主義者。南美洲的西班牙殖民當局很快發現自己陷入困境，得不到來自母國的支持。

十九世紀剛開始時，西班牙美洲大約住著一千七百萬人，其中只有十五萬左右是「半島人」（peninsulares），即來自西班牙的移民。另外有三百萬人是克里奧爾人（criollos），即西班牙人屯墾者在美洲生下的後裔。克里奧爾人在一八〇八年跟西班牙的關係，非常類似北美殖民者在一七七六年跟英國的關係。

政府職位一般被保留給西班牙人，商業機會一律由西班牙人壟斷，因種族身分而來的特權是日常生活的特徵。

在一八〇六年和一八〇七年，克里奧爾人民兵兩次打敗英國對布宜諾賽利斯的攻擊。從這個骨幹發展出一場克里奧爾人的革命。一八一〇年五月，拿破崙在馬德里政變的消息傳來後，克里奧爾人民兵在布宜諾賽利斯奪取了權力。

革命運動迅速延燒到南美洲和中美洲很多地區，到了一八一四年，當法國人終於撤出西班牙時，西班牙帝國的大部分新大陸殖民地已經丟失。主要例外是秘魯：在保王派這個在南美洲的最大集中地，克里奧爾人的革命遭到擊潰。

一八一五年，復辟後的西班牙派出其曾派到新大陸的最大一支軍隊，發起一場極盡恐怖之能事的反革命戰爭。委內瑞拉的克里奧爾愛國運動遭處決，財產充公。到了一八一六年，革命看似瀕臨失敗邊緣。

但這不是它的第一次重大挫敗，一八一〇年許多初次起義都被打敗了。獨立運動從這一點學到了教訓，所以後來能夠復原並反擊。在南方，聖馬丁（José de San Martin）克服各地方民兵的地域主義，打造了一支中央集權的革命軍「安地斯軍」，能在南美洲各地作戰。在北方，玻利瓦同樣明白組織和領導的需要。

與聖馬丁相對保守的性格不同，玻利瓦是堅定的革命分子。他曾經這樣斷言：「只有大多數人是主權。那些取人民而代之的人是暴君，他的權力是僭奪。」分析近期的失敗，他得到的結論是：「是我們的不團結而非西班牙軍隊讓我們回到奴役狀態。」團結、中央集權化和全面戰爭——可怕的力量——乃想打敗保王派所不可少。

對西班牙這樣無情的敵人不能有所妥協。「我們的忍耐力已經耗盡，壓迫者逼我們展開一場生死戰。他們將會從美洲消失，而我們的土地將會除淨感染它的怪物。我們的恨不能平息，這場仗將會至死方休。」

玻利瓦在委內瑞拉反革命的暗夜中撐起整個革命運動。他推行中央集權和重建軍隊，然後在一八一九年率領軍隊翻越安地斯山脈，領導革命在哥倫比亞、厄瓜多和委內瑞拉取得勝利。保王派把持的秘魯，最後也在一八二四年被擊潰。

但這場鬥爭比本來需要的更艱苦、漫長且昂貴，得到的也只是淺薄的勝利。不久後，玻利瓦就流亡國外，然後在一八三〇年病逝，死時是個理想幻滅的人。

他較為激進的願景，包括進行土地改革以結束農民的貧困，以及創立可跟美國互別苗頭的南美洲「合眾國」，俱未得到實現。他說：「我恥於承認，但獨立是我們獲得的唯一好處，而且是以其他一切為代價換來。」

南美洲的廣大及其地理空間和政治－軍事影響力的不協調；西班牙南美洲人口的稀疏；不同地區之間的經濟和社會差異；敵對既得利益之間的無數小衝突：所有這一切都阻礙了一場沆瀣一氣、瀰漫大洲範圍的運動。

其結果是林林總總的派系：西班牙人與克里奧爾人之爭、保王派與愛國派之爭、保守派與自由派之爭、中央集權者與地方主義者之爭、壟斷商與自由貿易商之爭。有時，這些衝突會乾脆表現為革命分子與反動分子的衝突。就像常見的那樣，這些複雜性和衝突阻礙了有效的行動。

南美洲沒有融合為單一的合眾國，反而分裂為馬賽克似的眾多國家：阿根廷、烏拉圭、巴拉圭、智利、玻利維亞、秘魯、厄瓜多、哥倫比亞和委內瑞拉。

更糟糕的是，拉丁美洲的資產階級革命被其軟弱的民眾運動所拖累，這裡超過八成人口不是西班牙裔，大多數人口是土著印第安人，很多是黑奴，其他是混種（梅斯蒂索人〔mestizos〕、帕爾多斯人〔pardos〕或桑博人〔zambos〕）。

這些人有如拉丁美洲的馱畜，很多人是以農業僱工或牛仔（gauchos）的身分在克里奧爾人的莊園工作，有些是採礦工，其他是耕種偏僻土地的自耕農，或是在較大型聚落裡做買賣的小商販，兩者都是勉強餬口度日。

同時代人對於西班牙美洲的嚴重社會不平等及平民大眾的悲慘生活有無數評論。墨西哥米卻肯州（Michoacan）的主教指出，他只看見兩個社會群體，「一個一無所有，一個坐擁一切……沒有過渡或中間層級：他們要不是有錢，就是貧窮……。」

克里奧爾人的大莊園主生活在對窮人的提心吊膽中。因為這個緣故，在保王派強大的地方，大多數克里奧爾人都是保王派，而在愛國派強大的地方，大部分克里奧爾人都是愛國派。總之，誰的武裝力量足以讓窮人不作怪，他們就投向誰的陣營。

玻利瓦雖然是最偉大的克里奧爾人革命家，卻體現著這種矛盾。他一方面譴責同僚「大談自由和憲法」，卻「偏好把低下階層視為他們永遠的農奴」。不過玻利瓦的理想主義，也被他的一個想法證明為虛假：南美洲是一座激烈社會矛盾的火山，「只有用絕對權力才能維持秩序和創造繁榮。」因為不願意領導也許可以轉化拉丁美洲的大眾草根革命，他不自覺地成為一場死產社會革命的接生婦，後來只能哀歎這場革命的局限性。

西班牙美洲革命創造了一批由克里奧爾人貴族統治的國家。但隨著英國銀行、商人和運輸業者取代西班牙人，一種半殖民依賴（semi-colonial dependency）的形式持續存在，拉丁美洲也繼續是個低度發展的大洲，其生產商主要是出口商。

保守的大莊園主繼續完全掌控自己的土地，大莊園變成社會的重力中心，區域性寡頭控制新獨立的國家，政治擺盪於同一統治階級內部的保守派和自由派派系之間。教會——富有、有勢力和無所不在——繼續是一股支配性力量。軍隊膨脹為腐敗的既得利益者，發展出發動軍事政變的嗜好。

但對絕大多數人來說，生活一點沒有改變，無盡辛勞換來的依然是貧窮、飢餓和疾病。拉丁美洲的悲劇在於西班牙的殖民勢力是那麼的空洞，以致不需要動員群眾就能將之推翻，不需要仰賴發自下層的社會革命，在頂層出現的政治革命自可發生。

但因為缺少群眾革命的動能，二十年的政變、法令和戰爭絲毫未能改變拉丁美洲的經濟落後、社會不平等及文化停滯，在整個十九世紀裡是地球上最保守的地方之一。就像墨西哥農民形容的，後革命時代的秩序是「同一頭騾換人騎」。

第十章——

工業資本主義的興起

約一七五〇年至一八五〇年

由英國領頭的工業革命創造出工業勞工階級——一個「除了身上鎖鏈外沒有東西好失去」的階級。

第二波資產階級革命加速了商業資本主義在歐洲和世界其他地方的傳播步伐，而與其一起發生的是一種激進轉化的開始：工業革命。

商業資本主義帶來了商品交換、金錢流動及資本積累的激烈增加，但這些變化並未改變生產。對商品的需求在十八世紀期間以指數成長，但商品的生產方式卻幾乎毫無改變。農田繼續是由人而非機器耕作，絕大部分商品都是獨立工匠在小作坊中產出。

在一七五〇年至一八〇〇年期間，新的生產系統——「工廠」在英國率先上場。一八〇〇年至一八五〇年間，這個系統開始轉化全球經濟，其激烈程度是農業革命以來所未見。在發揮這種轉化作用的同時，創造出新的社會階級：工業無產階級。這個階級很快就顯示出其具有無與倫比的集體組織和抵抗能力。

威爾斯鐵工廠的女工人，1865年。

兩位萊茵蘭年輕知識分子馬克思和恩格斯，把他們對這種新社會現實的理解結合於德意志哲學、法國社會主義和英國經濟學的理論傳統。這種綜合的結果就是馬克思主義，而馬克思主義不只是對世界的一個解釋，還是對世界革命一個指引，致力於把人類從各種形式的剝削、暴力和壓迫中解放出來。

工業革命

一八一四年，即滑鐵盧之戰的一年前，一名日耳曼地區人這樣形容他參觀的一座城市：「數以百計的工廠……每間都高五、六層。建築物旁邊佇立著巨大的煙囪，冒出滾滾煤炭黑煙，告訴我們這些工廠使用了威力強大的蒸汽機。」他描述的是曼徹斯特——世界的第一座工業城市。

一七七三年至一八〇一年間，這座城市的人口增加了兩倍，從兩萬三千人上升為七萬人。一七九九年有三十三間紡織廠，到了一八一六年增加為八十六間。半個世紀後，其人口將會是三十萬，當時全市最終總數一百七十二間紡織廠的大部分都已落成。該城市生產的紡織品是那麼有壟斷性，以致在世界另一頭被販售時，人們會逕稱為「曼徹斯特商品」。

三條匯聚的河流為曼徹斯特的紡織廠提供了水力及對外運輸路線。一套運河、碼頭和貨倉的網絡促進曼徹斯特工業革命的第一階段。然後，蒸汽動力和鐵路的出現，將曼徹斯特的發展帶入第二階段。第一間以蒸汽為動力的紡織廠早在一七八九年便告開動，一條連接利物浦的鐵路線在一八三〇年完成。

創新及產品大量增加的速度，均是前所未有。曼徹斯特代表著一場經濟革命：這場革命將會徹底改變人類經驗，其程度是近一萬年前的農業革命之後就不曾有過。

但這場革命為什麼會發生在十八世紀的英國？英格蘭革命在十七世紀終結了專制君主的統治（與此一起被革命的還有支持國王的領主和主教），用立憲君主取而代之，而這個君主受到由鄉紳和商賈支配的議會控制。

英格蘭的資產階級革命讓商業農耕、海外貿易和帝國打造能夠急速成長，財富湧入倫敦、布里斯托及利物浦等港口大城市。

特別重要的是三角貿易：商品被運送到西非交換奴隸；奴隸被運過大西洋，為美洲的糖、咖啡、菸草和棉花種植園提供勞動力；種植園的產品被運回英國和歐洲銷售。一七五〇年，布里斯托是英格蘭第二大城，人口四萬五千，到處都是碼頭、貨倉和商人資產階級擁有的豪華連棟屋。布里斯托靠著奴隸制發展起來。

商業資本積累不只讓作為英國新統治階級的地主、商賈和銀行家大發利市，還哺育了科學家和工程師社群，他們的發明巧思打開賺更多錢的新可能性。古希臘人已經研究出蒸汽機的原理，卻從未造過一部，純屬紙上談兵。光有聰明是不夠的，想要把一個聰明觀念落實為一部可被利用的生產性器具，競爭性的資本積累過程乃是不可或缺。這就是英國在十八世紀所發生的事。一種穩定的緩慢量變，也就是商業財富的不斷增加，最終引發由創新及投資所驅動的工業成長之新動力。

早在一六九八年，英國發明家暨創業家塞維利（Thomas Savery）就製造了一部簡單的蒸汽機，並取得專利。更有效率的蒸汽機不久陸續出現。紐科門（Thomas Newcomen）於一七一〇年左右發明的蒸汽機，被用於推動煤礦中的搖臂泵。瓦特在一七六三年至一七七五年間發展出更有效率的蒸汽機，可減低七五%的煤消耗量，讓大規模的工業應用變得經濟。後來瓦特又跟伯明罕金屬商品製造商博爾頓（Matthew Boulton）合作發展，販售一系列蒸汽機。

差不多同一時間，紡織業利用水力的先驅阿克萊特（Richard Arkwright）在曼徹斯特進行蒸汽動力的首次實驗。先前他曾發明精紡機和梳理機。他在紡織廠對動力、機器和半技術勞工的先驅性結合，是工廠系統的起源。

過往，曼徹斯特的棉布鉅子靠著包工制度致富，也就是將工作包給在自己家裡工作的紡織工進行。他們很多都是住在小城鎮或城鎮周圍鄉村的村莊。十八世紀的曼徹斯特是一座由商人連棟屋和作坊住宅構成的城市。後者是一種三層樓建築，頂層被用作工坊。這種作坊裝有單扇大窗，讓盡可能多的陽光照入，以利有技術的織布工操作手搖織布機或珍妮紡紗機。

與此相反，工廠系統提供龐大的規模經濟。基於機械動力、節省勞工機器和廉價的半技術工人（很多是婦女與小孩），大量生產讓勞動生產力和產出可以大增。

競爭的壓力壓低了手搖織布機紡織工的薪水，壓縮了仍然仰賴包工制度的棉布商人的利潤。工人最後被迫進工廠工作，商人改為投資在蒸汽機和精紡機。

曼徹斯特從一座作坊住宅、運河和碼頭的城市，變成一座出租公寓大樓、紡織廠和鐵路的城市。在這樣改變的同時，其迅速增加的人口中有很多人的生活越來越受到壓迫。

工業革命的黑暗面，對一個移民到英國工作的二十二歲年輕人帶來很大衝擊，他的家人在曼徹斯特有一間紡織廠。在一八四四年觀察這城市時，他指出：「曼徹斯特及其郊區的三十五萬工人，幾乎全都住在惡劣、潮濕而骯髒的小宅子裡，而這些小宅子所在的街道又多半極其糟糕、極不清潔，建造時一點也沒有考慮空氣是否流通，考慮的只是業主的巨額利潤。」

這個年輕人的父親把他送到曼徹斯特，部分是為了矯正他的激進取向，但效果適得其反。恩格斯很快就認識了馬克思（兩人成為一輩子的朋友），投入革命社會主義。還不只如此。在新誕生的工業無產階級身上，他除了看見悲慘，還看見一些別的什麼。這些工人大量集結在工廠和貧民窟，已凝聚成一股政治力量。對此，他在發軔性之作《英國勞工階級狀況》（*The Condition of the Working Class in England*）中有精彩描述。

恩格斯初到英國時，這個國家正因為工業無產階級發動的第一次大型群眾運動而翻騰。數以萬計的人向憲章主義者（Chartists）集結。恩格斯在曼徹斯特看見的貧窮和抵抗之有力混合，將會被納入他與馬克思對歷史、人類衝突及社會轉化機制的理解。這種理解的成果將會是馬克思主義：國際勞工階級革命的理論和實踐。

憲章運動和勞工運動的起源

法國大革命是由勞動人民發起的群眾運動推動，激發了追求深遠民主和社會改革的願景。但在「熱月政變」之後，主導群眾運動的激進分子敗下陣來。

他們的運動一直是個充滿矛盾的階級聯盟，雅各賓派領袖代表著資產階級中激進的少數派。大部分革命活動家根本不是真正的資產階級，而是城市中產階級的成員（律師和其他專業人士）或城市小資產階級（工匠和小商販）。

與此相反，受薪勞工並不構成一個有自己政治身分的社會階級。他們幾乎所有人都是受僱於小作坊，當中不少人都立志成為小有產者。他們大部分都追隨與之生活在一起且為之工作的小資產階級領導。因此，構成革命群眾的「無套褲漢」可謂小有產者和受薪勞工的混合體。

農民也有類似特徵。貧窮農民和鄉村受薪勞工是追隨反抗「封建制度」的較富有農民的領導，革命村莊聯合起來反對地主和收稅人。法國大革命和拿破崙的軍隊之所以那麼厲害，是因為他們是由農人士兵組成，要捍衛農村不受莊園的剝削。士兵們奮戰是為了阻止貴族捲土重來。

但他們的收效有限，法國大革命的應許始終未能實現，因為它自始至終是一場致力捍衛私有財產的資產階級革命。社會平等及真正的民主，皆與私有財產不相容。

群眾運動受到那些在「熱月政變」之後統治法國的人所截停，但並未被摧毀。大革命先前激進化了一整個世代的人，有數以千計的活躍分子在一七九四年過後許久，繼續受到法國大革命理念的鼓舞。

革命失敗有何教訓受到熱烈辯論，人們得到的結論常常是錯的。一七九六年，巴貝夫（"Gracchus" Babeuf）和他的「平等陣線」（Conspiracy of the Equals）發起企圖推翻督政府的政變。但一個活躍分子的陰謀尚不足以取代一場群眾運動，恐怖主義者不可能把國家扳倒。巴貝夫遭到逮捕和審判，於一七九七年遭處決。

但他的革命理念流傳下來。他曾經這樣宣稱：「上天給予每個人平均分享所有財產的權利。」這句話是小資產階級激進分子和勞工階級社會主義者分野的縮影。

沒有運動，觀念是無力的；沒有觀念，運動是無方向的。激進派歷史學家霍布斯邦（Eric Hobsbawm）所謂的「雙重革命」，亦即法國大革命和工業革命的結合，其本質在於觀念和運動的融合，讓無所不包的社會轉化成為可能。憲章運動是這種融合的第一次全面性表達。

法國大革命對英國一直有著強烈衝擊。潘恩捍衛法國大革命的小冊子《人的權利》賣了十萬冊。有著雅各賓派政治傾向的激進會社，如倫敦通信協會（London Corresponding Society），如雨後春筍出現。兵變在一七九七年癱瘓皇家海軍，接著愛爾蘭在一七九八年爆發革命。

鎮壓粉碎了抵抗。但正如湯普森（Edward P. Thompson）在《英國工人階級的形成》（*The Making of the English Working Class*）裡指出的，一七九〇年代的擾攘創造出一個激進的傳統，而該傳統呼應十九世紀初期興起的階級鬥爭浪潮。（會出現此浪潮，是因為工業革命創造新的社會階級：集中在工廠和城市的受薪勞工構成的無產階級。）

激進派領導者特爾沃爾（John Thelwall）在一七九六年指出：

> 壟斷和可憎的資本積累，在它們的窮凶極惡中帶有矯治的種子……不管是什麼原因把人們推在一起……都有利於知識的散播，最終會促進人類自由。所以每個大工廠和製造廠都是一種政治會社，那是沒有議會法令可以噤聲，沒有治安官可以驅散。

與法國大革命中擁有財產或立志擁有財產的「無套褲漢」不同，工業革命的無產階級只可能透過集體所有制解放自身。蒸汽機、煤礦、運河、駁船和紡織廠都不能細分。如果工人推翻雇主，他們將要以合作社方式營運工廠。所以無產階級在每個意義下都是一個集體階級。工人的鬥爭是傾向廢除私有財產，也就是傾向為法國大革命沒有實現的社會平等和政治民主創造先決條件。

早期英國無產階級的鬥爭採取很多不同的形式，有破壞機器以阻止去技術化、減薪和失業的盧德運動（Luddite campaigns）；有要求政治改革的大型示威，例如一八一九年在曼徹斯特聖彼得廣場舉行的一次——在這次所謂的「彼得盧之戰」（Battle of Peterloo）中，示威者受到軍警以軍刀攻擊。再來還有一波波罷工和成立工會行動（以一八二〇年代中期至晚期最為顯著，然後在一八三〇年代中期再次勃興）。「全國大團結工會」（Grand National Consolidated Trades Union）在一八三四年成立，招收了五十萬成員。同年，當六名多塞特郡農場工人（「托爾帕德爾烈士」）因為加入工會而遭到流放，有十萬人參加在國王十字車站舉行的抗議大會，加以聲援。

這股浪潮在一八三八年至一八四八年的憲章運動達到高峰。這個運動是雙重失敗的產物。首先，一八三二年的《改革法》給予大部分中產階級投票權，但仍不給予勞工階級投票權，當初為爭取改革而建立的跨階級聯盟因此在對罵中瓦解。其次，「全國大團結工會」的革命工會主義因罷工屢受鎮壓而失敗，工會本身也因為內部爭執而崩壞。不管是和中產階級自由派結盟或呼籲大罷工，都無法為勞工階級的利益帶來推進，但一八三〇年代的動盪不安反映出激進情緒蔓延得更廣。

一八三八年新成立的「倫敦工人協會」（London Working Men's Association）發表了一份「人民憲章」，提出六點要求：每一選區人口數目相同；取消參選議員財產限制；二十一歲以上男子有普選權；議會每年改選；不記名投票；議員改為有薪制。該憲章得到一些大型露天會議的背書：格拉斯哥的會議有二十萬人參加，紐卡索（Newcastle）的會議有八萬人參加，里茲（Leeds）的會議有二十五萬人參加，曼徹斯特的會議則有三十萬人參加。一個新的群眾運動誕生了。

支持「人民憲章」的請願書收集到一百二十八萬人簽名，憲章大會也在一八三九年於倫敦召開。但議會回絕憲章運動的要求，並加以打壓。大規模逮捕隨即展開。從倫敦派出的警察把伯明罕「鬥牛場百貨公司」變成戰場。憲章運動礦工在紐波特（Newport）舉行的武裝示威，受到士兵突襲和開槍鎮壓。

不過憲章運動不久便恢復元氣，在一八四二年呈上新的請願書。這次有三百三十一萬五千人簽名，請願書一樣遭到回絕，然後一輪反對減薪的罷工變成一場捍衛「憲章」的政治大罷工。不過當局再次以重手鎮壓。

憲章運動在一八四八年第三次捲土重來，但這次力度變弱。新的請願書只收集到一百九十七萬五千人簽名（原本期望收集到五百萬）。一場在肯靈頓公園（Kennington Green）舉行的群眾示威參加人數也不如預期。很多人無疑受到部署來防範示威者的軍警（甚至有砲兵）嚇阻，但真正的問題是政治意志不夠堅決：憲章運動的領導者不準備對政府發起直接挑戰。

這個運動無疑存在著結構性弱點，其高點湊巧與經濟衰退同時，但隨著僱用和薪金增加，示威就減少了。自一八四八年之後，英國經濟進入一段長時期的榮景。

勞工階級在一八四〇年代還處於襁褓狀態，大部分的人繼續住在鄉村地區，很多住在城鎮的人都是作坊師傅或自僱的工匠，而不是工廠工人。這是憲章運動區域性分野的基礎：在倫敦，它是一個較為小資產階級的運動；在北方的新工業地區，它是一個較為無產階級的運動。

但政治的弱點更具殺傷力。有些領袖是相對保守，是「道德力量」（moral force）的鼓吹者。其他則偏好「實體力量」（示威、罷工，甚至是起事），但往往前後不一加上猶豫不決。在那些想要在既有政治架構中工作的改革派，和那些相信國家必須推翻的革命派之間存在著分裂（革命派內部的一貫程度也不一致）。

但不管有多少弱點及缺失，憲章運動都代表一個新的和革命的階級爆炸性地走上歷史舞臺。資本主義已創造出「自己的掘墓人」（馬克思語）。

一八四八年革命

雖然歐洲各強權盡了最大的努力，但拿破崙的垮臺仍然不能帶來舊制度的復活。「雙重革命」（法國資產階級革命和英國工業革命）代表全球規模的人類社會不可逆行的轉化。

全面的反動，亦即回到國王、主教及貴族頭銜地主主宰一切的世界，將面臨兩道無法跨越的障礙：首先是新興有產階級的力量強大無比，這批人包括靠著商業和殖民地貿易致富的商賈、買走教會土地的資本家農夫，還有擺脫封建負擔的農民；其次是民族國家面對增加稅收、改善基礎建設、發展現代工業，以及支持不斷成長人口的壓力，這些壓力表現為軍事競爭的形式，而強大軍隊仰賴財政、工業和人力資源。

一八一五年加諸歐洲的「王座和祭壇」政權外表上全然反動，實質上卻不太如此。例如，日耳曼地區在一七八九年還分裂為三百個小邦，但拿破崙在一八〇六年建立了萊茵邦聯（Confederation of the Rhine），廢除農奴制，確立商業自由，又統一了法律。根據一八一五年的維也納會議，各大強權固然是把萊茵蘭交給普魯士，但拿破崙的自由改革被保留下來，而獨立的日耳曼地區小邦也減少為三十九個。

所以日耳曼地區的政治發展並未被逆轉，只是被中斷了三十年。與此同時，其經濟繼續發展，讓由普魯士「容克」（有頭銜的貴族）主管的專制警察國家，跟萊茵蘭資產階級所擁財富與自信之間的矛盾不斷加深。

類似的緊張關係也見於歐洲不少地區，風暴最終在一八四八年捲起，就像歐洲現代史常見的那樣，宣布新黎明來到的是高盧公雞。自一七八九年來，巴黎的革命傳統就不曾中斷，該傳統上一次展現是在一八三〇年七月，當時查理十世（一八一五年被扶上王位的波旁王朝國王）因為喜歡擺出專制君主的架勢，在四天的城市起義中被推翻。繼位的路易．菲利普（Louis Philippe）屬於王室中的奧爾良派分支，他承諾嚴守立憲君主分際。

一八三〇年革命把權力從地主貴族手中奪走，轉交給金融資產階級。「七月王朝」可謂銀行家的王朝，只有人口中最富有的一%有權投票。

一八四八年二月，學生和中產階級發動的共和派抗議受到警察攻擊，住在巴黎東邊的窮人聞訊大舉起義。「無套褲漢」再次揭竿而起，扳倒國王。

一八四八年的法國革命，獲得柏林、布達佩斯、米蘭、巴勒莫、布拉格、羅馬、威尼斯和其他數十個歐洲城市起義呼應。唯二沒有受到這場「人民之春」影響的歐洲大國是英國和俄羅斯。

舊制度在各處都崩潰了。絕對王權君主撤回他們的部隊，批准自由憲法，允許新的議會在政府建物裡集會。

一八四八年革命的動力類似於一七八九年的革命，舊制度的警察和軍隊被大量動員的工匠、小商販及工人驅離街道，激化群眾的是普遍低沉情緒引發的社會改革要求。歐洲自一八四五年就陷入嚴重的經濟危機，數以百萬計的人失業並處於貧窮狀態。但權力主要落入資產階級自由派手中，不管他們屬於共和派還是君主立憲派，都望向兩個方向，同時害怕絕對王權主義的反動和群眾激進主義。後果就是猶豫不決和癱瘓，這對革命來說是致命的。

反革命開始還擊。七月，巴黎的共和派新政府宣布關閉當初為減緩失業而於二月在首都設立的國家工廠，吩咐被解僱者回到自己的村莊或從軍。巴黎的勞動人民再次起義，四萬造反者面對三萬士兵和大約十萬民兵的包圍。六月二十三日至二十六日的四個恐怖天，卡芬雅克將軍（General Cavaignac）的軍隊攻破一個又一個街壘，推進至巴黎東邊郊區，粉碎起事者的抵抗。

「六月天」（June Days）是對全歐洲反革命吹起的號角聲。一八四八年下半年，各處的絕對王權軍隊都對激進革命發起攻擊，而自由派政治家（例如組成日耳曼地區「法蘭克福議會」的那些律師和地主）則發表演說，通過決議。

為什麼一八四八年革命會以失敗收場？一八四八年的自由派只是他們之前英格蘭革命和法國大革命先驅的蒼白模仿。克倫威爾與羅伯斯比都決心要對絕對王權主義取得決定性勝利，反觀一八四八年的資產階級領袖卻是沒有擔當的一群。

在第一波資產階級革命（一五六六年的荷蘭革命、一六四二年英格蘭革命、一七七五年的美國獨立革命及一七八九年的法國大革命），推動力量都是小資產階級的群眾行動。這不只對打敗舊制度來說是必要的，對克服資產階級領袖保守性格來說也是如此。小資產階級在城市群眾和鄉村群眾中都占大宗，而在每個情況中，市民和士兵都拉攏到大量農民在行動中站在他們背後。又因為這些運動的小資產階級性質並無威脅私有財產的原則，最激進的理念亦不過是一種小資產者的民主。

一七八九年和一八四八年的一項關鍵差異，在於農民的角色。一七八九年，農民受到各種封建義務的束縛，所以革命會蔓延至鄉村地區；反觀封建制度在一八四八年已經被廢除，所以農村保持平靜。這表示要孤立和擊潰紅色巴黎很容易。農民士兵先是開槍鎮壓革命分子，然後（正如我們將會看見的）投票給路易・波拿巴（Louis Bonaparte）。

資產階級自由派在一七八九年純粹是由群眾運動帶動，而在一八四八年，其作為本性保守的有產者階級性格更暴露無遺，顯示出自身害怕發自底層的革命勝於發自上層的獨裁。

雖然馬克思與恩格斯主張資產階級受到「共產主義幽靈」的驚嚇，但這種觀點看來是出於對一七八九年革命動力的誤解。一八四八年，無產階級（英國的無產階級除外）規模相對小型、欠缺組織且缺乏政治意識。那一年的革命也發生得太過迅速，讓這些初生的無產階級無法成長為影響事件進程的有力主角。一個簡單的事實是，作為有產階級的少數派，資產階級從來不願領導發自下層的革命，必須被推著走。

在法國，二月起義摧毀了君主政體，但六月的反革命又摧毀了群眾運動。一八四八年十二月的總統選舉讓拿破崙的姪兒路易．波拿巴取得壓倒性勝利，三年後的一八五一年十二月，他發動軍事政變，奪得獨裁權力。翌年，他宣布「第二帝國」成立，自封為拿破崙三世。

類似情形發生在歐洲其他地方，反革命鄉村被用來粉碎革命城市，但就像一八一五年不可能把時鐘撥回到一七八九年，「六月天」也無法抹消一八四八年「二月天」的影響力。農奴制在普魯士、奧地利都被廢除，有限度的憲法已經在全歐洲很多地方登場，統一運動已經在日耳曼地區和義大利取得勢頭。在奧地利哈布斯堡王朝的多民族帝國，民族主義的蠢動已經無法被捻熄。

其他分裂線也打開了，從愛爾蘭、波蘭再到馬其頓，民族主義和社會不滿被共治為有力的一爐。而透過一八四八年至一八七三年的長期經濟榮景，將有一股新勢力崛起，該勢力有潛力讓下一輪的「人民之春」成為真正驚天動地的事件。

題外話4：何謂「馬克思主義」？

馬克思主義有時會被形容為德意志哲學、法國社會主義和英國經濟學的混合體，這種說法正確但不完備，它把馬克思主義當成純粹理論性而不具實踐性，也因此對其本質有所未見。

馬克思主義的基本觀念是由馬克思和恩格斯在一八四三年至一八四七年之間構思出來。他們的共同努力代表思想上的一次革命，成就堪比牛頓、達爾文、佛洛伊德和愛因斯坦科學方面的建樹，為理解人類社會整體創造出一套截然不同於以往的典範。

但正因為他們思想革命的研究對象是人類社會，其研究室也只能是他們居住其中的社會世界。馬克思主義之所以可能出現，是因為馬克思和恩格斯是著床於他們身處時代民眾鬥爭的積極革命分子，特別是在一八四八年革命的政治火爐裡測試並精煉了他們的觀念。那時候馬克思在科隆的革命派報章《萊茵報》（*Rheinische Zeitung*）擔任主編，恩格斯是革命軍一員，在萊茵蘭—普法茲（Rhineland-Palatinate）防禦普魯士的入侵。兩人都在一八四九年革命失敗後被迫流亡。

馬克思與恩格斯在同時代的哲學、社會和經濟學中吸收觀念，以他們對具體現實的直接經驗為基礎，對這些觀念進行轉化。在這層意義下，稱馬克思主義為「唯物主義」是正確的（「唯物主義」的反面是「唯心主義」，後者是些非以經驗為基礎的理論，從未在實踐中得到成功測試）。

兩人都受過德意志哲學的訓練。德意志哲學當時受到黑格爾的觀念主導，而黑格爾的辯證法在馬克思思想中具有中心位置。辯證法以兩個觀念為基礎：一是萬物都包含內在矛盾；二是「矛盾是一切運動和生命的根本，只有在有矛盾的情況下，事物才會移動、具有衝動和活動」。

黑格爾的辯證法屬於唯心主義性質，思考的主要是人類思想的轉變，特別是，他認為歷史乃是他所謂的「絕對精神」（Absolute Spirit）的展開。馬克思則「把黑格爾顛倒過來」，將其唯心主義辯證法改變為唯物主義辯證法。他的論點非常簡單：矛盾是存在於真實世界而不是人腦裡的東西，所以推動歷史的是現實社會勢力的衝突。思想的作用是弄明白這些勢力，好讓人類對歷史的干預能得到更佳指引且更有效果。

欲掌握真實世界，意味著要研究從其中崛起的新資本主義經濟。英國經濟學家對此開了先河。在這方面，對馬克思和恩格斯影響最大的人是李嘉圖（David Ricardo，一七七二－一八二三）。李嘉圖對資本主義的性質取得兩大發現：首先是「商品價格取決於生產該商品所必需的相對勞動數量」，換言之，是人類勞動而非資本才是所有財富的根源；其次是他意識到「勞動價值的提高必然會帶來利潤的下降」，換言之，勞動的得利等於資本的失利，反之亦然，薪資與價格呈負相關。

這兩個發現的意涵是：就所得分配發生的衝突（階級鬥爭）乃是資本主義所固有。李嘉圖因此透露出資本主義系統的高度矛盾性和潛在爆炸性，因此他的作品代表主流古典經濟學的高峰。他的後繼者從這種有革命意涵的觀點後撤，而資產階級經濟學也慢慢淪落為為貪婪和自由市場混亂塗脂抹粉的工具，至今猶然。

與此相反，馬克思繼續緊隨著李嘉圖經濟學的科學洞察。他的封頂成就是在一八六七年出版《資本論》（*Capital*）第一卷（第二卷和第三卷是在他死後編輯他的文稿而成，分別於一八八五年和一八九四年出版），這些文本仍然是任何想對現代世界經濟作出嚴肅分析的基本起點。

馬克思與恩格斯的第三個思想淵源是法國社會主義。誕生於法國大革命和由它未實現的人類解放應許所促進，法國社會主義分裂為改革派－烏托邦派、革命派－共產主義派兩翼。烏托邦派如聖西蒙（Comte de Saint-Simon）、傅立葉（Charles Fourier）和英國的歐文（Robert Owen），相信理性論證、好榜樣及漸進改革足以帶來社會轉化。共產主義派則以巴貝夫和布朗基（Auguste Blanqui）為代表，不抱烏托邦派的幻想，堅持只有武裝起義能夠推翻剝削階級；他們的錯誤在於以為祕密地下運動的直接行動，便足以引發普遍的群眾起義。

馬克思與恩格斯分享法國社會主義者對剝削和貧窮的仇恨。就像烏托邦派那樣，他們可以想像一個美好許多的世界；而就像共產主義派那樣，他們毫不懷疑革命行動是創造更美好世界所必需。但他們和兩者也有極大分歧：他們譴責烏托邦派天真地相信富人會自願交出財富和權力；他們攻擊共產主義派不切實際地幻想著擁有軍警和監獄的國家可以被一場政變推翻，然而只有動員數百萬人的群眾革命才有可能擊潰政府，奪走有產階級財產，以及建構一個以民主、平等和合作為基礎的新秩序。

法國大革命規模夠大，卻只創造出新類型的剝削性社會，其中缺少懷著公共利益（universal interests）的革命階級，那批操作革命的資產階級淨想為自己取得權力。「無套褲漢」和農民都是小有產者，就連最窮的人都嚮往擁有一間作坊或一片農田，但新出現在曼徹斯特的工業勞工階級卻截然不同。這些人不只是財產較少的受薪勞工階級，因為集中在紡織廠和快速成長的大都會，他們是應處境要求而會採集體解決方式思考人類解放問題的階級。英國的憲章運動已顯示勞工階級確實具有革命潛力。

一七八九年的教訓和一八四八年的經驗，還有恩格斯對曼徹斯特勞工階級的研究，全都指向同一方向，指向歷史難題的一個解決辦法。

這道難題如下。人類勞動生產力在歷史中的穩定成長，意味著增強消除匱乏的能力。但少數人繼續享有龐大財富，而數以百萬計的人得生活在貧困中。這道難題可歸結為推手（agency）的問題：誰能夠重新調整世界，讓人類勞動可為人類需要服務？

答案是勞工階級。這部分是因為他們在系統裡沒有既得利益，「除身上的鎖鏈以外沒有東西好失去」，但古羅馬的奴隸和中世紀歐洲的農奴同是這樣。所以另一個因素具有決定性：工人不可能透過個人占有私有財產而解放自己。他們是龐大且正成長中全球性勞動分工的一部分，也因此只有集體控制生產工具、分配和交換，可以為資本主義提供一個有可信度的替代選項。所以工業勞工階級是歷史上第一個以公共利益為念、志在解放人類全體的階級，其登上歷史舞臺讓馬克思主義成為可能。指出無產階級的革命潛力是馬克思與恩格斯最重要的思想成就，因此馬克思主義的核心是勞動人民反對資本主義的階級鬥爭。

題外話5：何謂「資本主義」？

要領略資本主義的社會轉化規模，一招有用的方法是記起人類歷史上只有另一次經濟革命可與之相比，那就是農業革命。農業革命結束了人們早前在荒野裡狩獵和採集的生活方式，創造了一個農人世界，讓人們可以生產自己的食物，而農耕也帶來生產力及產出的巨大增加。

這又讓剩餘的積累可以產生，養活非生產性的社會階級，這些剩餘被用於維持軍隊及從事政治－軍事競爭。西元前二五〇〇年前後的蘇美文明、二世紀的羅馬帝國和一七〇〇年的路易十四法國雖然多所不同，但其本質上沒有分別；在這三個情況中，統治階級皆占有農業生產者的剩餘，用來進行戰爭、興建宏偉建築及維持奢侈生活。

因為軍國主義和壯闊排場呈競爭性，這套系統活力十足，但也極盡浪費之能事：作戰馬車和廟宇、披甲騎士和城堡、大砲和宮殿，抽乾了來自生產性經濟的財富，絕大部分的剩餘都不是被投資在技術創新及改善經濟。結果就是，在前工業社會，人類勞動生產力的增加相當緩慢。

工業資本主義與這種現象形成尖銳對比。馬克思在《共產主義宣言》某一著名段落指出：

資產階級除非對生產工具，從而對生產關係，從而對全部社會關係不斷地進行革命，否則就不能生存下去。反之，原封不動地保持舊的生產方式……卻是過去一切工業階級生存的首要條件。生產的不斷變革，一切社會狀況不停的動盪，永遠的不安定和變動，這就是資產階級時代不同於過去一切時代的地方。一切固定的僵化關係，以及與之相適應的向來被尊崇之觀念和見解都被消除了，一切新形成的關係等不到固定下來就陳舊了。一切階級的和固定的東西都煙消雲散了……

據估計，世界人口在兩千五百年前達到兩億，但要到約兩百年前才達到十億。自那時候迄今，人口增加為七十億。這表示工業革命之後，人口的增加速度快了十八倍。

據估計，羅馬帝國一年產鐵八萬五千噸，而在一九〇〇年，五大產鐵國單日就能夠生產出這個數量。今日，五大產鐵國更是每小時就可以生產出這個數量。

該怎樣解釋這些轉變？《資本論》第一卷給出了答案。馬克思從商品談起（商品是資本主義經濟的基本），指出商品同時擁有「使用價值」和「交換價值」。一件商品的「使用價值」奠基於它可以滿足的需求，所以一根香蕉的「使用價值」就存在於其固存的營養內容。一件商品的「交換價值」奠基於它和所有其他商品共通處，也就是為市場生產它所需要的勞動，而這種價值是用價格來代表。但「使用價值」和「交換價值」馬上就有了潛在脫節性，產生形成中的矛盾。香蕉也許被需要且買得到，但是飢餓的人卻買不起。

「使用價值」支配著前資本主義的交換。這時候，商人只是中間人，負責撮合出售一筆剩餘的生產者和有著一種需要的消費者。一名自耕農也許是為了買一件新的犁而賣出他剩餘的穀物，一名富有的貴族也許是為了餵飽扈從而購買穀物。商人透過這種買賣獲得利潤，但他的社會角色只是作為其他社會階級的經濟中介。

「交換價值」在資本主義中變得有支配性。商人買入一物只是為了出售該物而獲利，他們的原則是為交換而交換。當這個商人的原則變成社會的普遍原則，向資本主義的過渡便告完成。

十七世紀荷蘭和十八世紀英格蘭的商業資本主義中，商人是透過貿易來積累資本，但商人的資本積累稍後可以投資在運河、機器和工業革命的工廠。而工業化反過來讓更大的資本積累成為可能。

到了一八〇〇年，資本主義已經進入一個以指數方式成長的自我助長過程。其驅動力來自競爭，不是古代城邦或中世紀王國那種政治—軍事競爭，而是敵對資本家之間的經濟競爭。

珍妮紡織機的問世，意味著一名工人可以生產出和八名獨力生產的工人一樣多的布料；動力紡織機讓一位操作者可以做六位手搖紡織機織工的工作。凡不投資在新技術的資本家，都會在售價上被使用節省勞力機器的競爭者打敗，他們發現了市場的鐵律：經濟競爭的壓力，驅使每個人削減成本、增加產出和降低售價。成功的指標是利潤，最成功的資本家占有較大的市場份額、賺到較多的利潤，然後這些利潤會被再投資到生意中，更進一步擴大競爭力。

因此資本主義是一種競爭性資本積累的系統，是三項元素的動態結合：買入一物只是為了出售該物而獲利的商人原則；因工業創新而成為可能的勞動生產力大幅提高；經濟被劃分成為競爭性的資本單位。

這個過程的原料當然是勞動力（labour-power）。勞動力本身此時變成一種商品，變得具有一種獨特的性格：固定以低於它對消費者之真正價值的市場價格被購買。兩者的落差，也就是資本家所付工資和他們以這種方法所獲得商品的價值，成為利潤來源。

馬克思是指出這一點的第一人。他對李嘉圖「價值勞動理論」的貢獻，在於指出工人的工資非按其勞動（labour）支付，即不是按他們實際上做的工作支付，而是按他們的勞動力（labour-power）支付，即按他們工作的能力支付。這種差異是資本主義系統的內在祕密：如果工人是按勞動獲得工資，就會獲得他們生產產品的全部價值，那樣就不會有利潤存在；如果工人是按勞動力獲得工資，就可以用市場價格僱用他們，並要求他們從事價值更大的工作。

重點在這裡，在資本主義底下，生產財富的勞動同時代表工資和利潤。因此，工資不可能代表花在生產過程中的勞動的全部價值。資本家出工資買來的是具有某種技術水準的工人在某段固定時間內的產能，他預期會獲得的是在生產中增加的價值，這價值大於他所支付工資的價值，兩者的落差就是「剩餘價值」（surplus value）或利潤。

資本主義底下的工人因此同時受到異化和剝削。他們的被異化，來自他們對勞動過程沒有控制權；他們的被剝削，來自他們沒有享受到自己勞動的全部價值。常見的階級衝突是被異化、被剝削的後果，資本家和工人被鎖死在對生產過程及生產回報的無窮鬥爭中。

資本主義還在另一層意義下是自相矛盾。經濟競爭盲目混亂，投資熱潮會導致生產過剩、商品賣不出去和破產浪潮，而榮景會衰落，泡沫會爆破，變成呆帳的黑洞。財富被浪費，而財富的創造過程垮陷。

資本主義轉化了人類勞動生產力，創造出巨量物質財富，讓人類許多難題的解決有了實際可能性。然而這種應許被系統本身否定。一方面，競爭和自由市場的混亂意味著一種容易崩盤、暴跌和讓群眾貧窮的高度矛盾經濟體；另一方面，職場的異化及剝削意味著大部分人的生活被勞苦、貧窮和壓力摧毀。

勞工階級的形成

在前資本主義社會，勞動階級經常享有對生產工具很大的控制權。中世紀農民有時作為村集合體的一分子，可以直接使用農田、牧草地、林地和犁隊。中世紀工匠在城市作坊裡使用自己的工具工作，參加自主管理的行會。

早期的資本主義出現在這個中世紀社會階層的頂層，富有農民成為農業企業家，最成功的大師級工匠成為大貿易商。資本主義和資產階級革命都是受到十八世紀英格蘭所謂的「中間階層」驅動，增加的產出和擴大的市場後來增加了致富機會。那些能夠投資在農場改良或新作坊的人占有競爭優勢，最有錢商人和農人與最貧窮勞工的差距擴大了。

特別是從十七世紀晚期開始，隨著資本積累的加速，最初採取商業資本主義和包工制度的形式。工匠繼續在家裡或工廠裡工作，但他們此時是按照商業資本家的訂單生產，而不是按照自己的計畫生產。

工廠系統徹底改變了這種現象，從十八世紀晚期開始，工業化讓資本積累得以加速。隨著其加速，中間階層也分裂成為占少數的大師傅和占大多數的受薪勞工。後者跟一般勞工群眾融合在一起，構成新的社會階級：無產階級（馬克思和恩格斯的這個用詞源自拉丁文，原指古羅馬的城市窮人）。

這個階級的形成過程（無產階級化）是一段暴力過程：農人總是頑強地守住他們的土地，工匠總是珍愛獨立工作的自由和尊嚴，因此為了創造一個無產階級，有必要把生產者和生產工具分開，所以資本主義的歷史是一部驅逐、奪產及致貧的歷史。

英格蘭農民的崩壞肇始於中世紀，十六和十七世紀期間惡化，又在十八和十九世紀達到高峰。讓他們貧化的主要機制是圈地。

中世紀農業是以開放的農田為基礎，兩、三片大田地被分割為一塊塊，每一塊分配給一戶農家，但田塊與田塊之間卻不設籬笆，因為很多農活是集體進行。每戶農家也享有各種公共權利，例如在林地採集燃料、打獵，以及在公有地放牧。

圈地容許一戶或以上的大農家在土地上設立籬笆，當成私產。圈地運動因此意味著對農民奪產。出於這項理由，有好幾個世紀，圈地運動都是英格蘭鄉村地區激烈階級戰爭的焦點。

當時一首作者佚名的打油詩說道：

> 他們吊死男人、鞭打女人，
> 只因為這些男女從公有地把鵝偷走；
> 但他們卻讓更大的壞蛋逍遙法外，
> 這些壞蛋把公有地從鵝那裡偷走。

土地掠奪者通常都有政府撐腰。在十八世紀晚期和十九世紀早期，圈地是由一系列的議會圈地法令推動，這個時期的議會由有產者掌控。

在此同時，蘇格蘭高地的地主為了創造有利可圖的養羊牧草地，在一波清算運動中把佃農驅逐出他們的莊園。一八一四年至一八二〇年間，薩瑟蘭女伯爵（Duchess of Sutherland）僱傭英格蘭士兵驅逐一萬五千名農民，燒掉他們的村莊，把八十萬畝氏族土地改為畜養十三萬頭綿羊之用。

其他人的抵抗受到貧窮的粉碎，動力紡織機最終讓八十萬名手搖紡織機織工失去工作。這種情況並不是一次性發生，工廠產品與日增強的競爭力導致布料價格穩步盤旋下降。

手搖紡織機織工並非不聲不響投降，在神祕的「盧德將軍」（General Ned Ludd）領導下，他們作出狗急跳牆的反擊，投入搗毀工廠機器的祕密運動。這群「盧德派」受到政府鎮壓，一八一二年在約克舉行的一場大型公審秀，導致一些人被處決或流放。手搖紡織機織工最後不敵飢餓的壓力，前往發展迅速的工業城市尋找工作。

愛爾蘭的無產階級化更加暴力。愛爾蘭是英國殖民地，由盎格魯—愛爾蘭新教徒地主階級支配愛爾蘭天主教農民階級。愛爾蘭人以極大的不屈不撓戰鬥，但他們的起義還是一次又一次被更優越的軍事力量打敗，受到無情的鎮壓。

一八四五年至一八五二年之間，愛爾蘭的主食作物馬鈴薯因枯萎病而嚴重歉收。地主們卻繼續出口食物牟利，饑荒殺死了一百萬人，又迫使另一百萬人移民國外，讓總人口降低約四分之一。

曼徹斯特、格拉斯哥及十幾個其他北部工業城市的無產階級，乃是由英格蘭圈地運動、蘇格蘭高地清算運動、愛爾蘭饑荒和手搖紡織機織工及其他手工藝者的貧窮化所創造，可謂由飢餓創造出來。

由是馬克思所說的「資本的原始積累」必然或多或少涉及強制剝奪農民和工匠對生產工具的控制權，只有那樣，他們才能被導向為資本而勞動。馬克思指出：「對他們的這種剝奪的歷史，是用血和火的文字載入人類編年史中。」

全球資本主義在過去兩百五十年來的動力，讓越來越多的農民和工匠社群失產、變窮，淪為受薪勞工。這個過程在今日的中國、印度和巴西都看得見，但該動力繼續影響既有的勞工階級，舊的產業沒落、新的產業崛起，格拉斯哥今日的客服中心勞工就像百年前的技工一樣多。

隨著勞工階級性格和構成的改變，隨著他們反覆被競爭性資本積累改變面貌，建構階級身分、團結性和組織的過程也必然會更新。俄國馬克思主義者托洛斯基（Leon Trotsky）曾提出「在己階級」（class in itself）和「為己階級」（class for itself）的對比：前者是指階級作為一種社會關係和一個經濟過程的事實，無視於工人是否自覺到他們的處境；後者則是指階級意識、聯合組織和積極反抗已經發展出來。

前者是一種客觀事實，後者是主觀決定的結果。工人們要麼可以繼續當作無知、一盤散沙和被動，即繼續是歷史的受害者，要麼可以設法理解自己的處境，彼此聯合起來參與一場改變世界的抗爭，即變成歷史的推手。

「在己階級」和「為己階級」之分別，在在左右著人類的未來。

第十一章——

鐵血時代

一八四八年至一八七三年

「發自上層」的資產階級革命：在美國南北戰爭期間，有大約二十萬黑人為聯邦陸軍作戰。他們大多數本來是奴隸。

在英格蘭憲章運動和一八四八年發生在歐洲多處的革命失敗後，資本主義進入一段長期的榮景。榮景持續至一八七三年，然後經濟才崩潰，陷入跟先前榮景為時一樣長的蕭條。先前的榮景是由鐵路建築引領，鐵路機械化貨物及人員的運輸，為煤、鐵、工程和建築業創造出龐大市場，成為新「資本時代」一項極為搶眼的象徵。

然而，欣欣向榮的資本主義讓社會和地緣政治秩序失去穩定，為第三波的資產階級革命提供了背景——不過這一波資產階級革命很大程度是發自上層，而不是由發自下層的群眾行動驅動。義大利「復興運動」（Risorgimento）、美國南北戰爭、日本明治維新和德國統一：理解這些的最佳方式是全部將之視為發自上層的資產階級革命。

二等兵特勞特曼（Louis Troutman），隸屬美國有色人種部隊第108團F連。1865年1月至5月。

不過這個時期開始且結束於一些戲劇性事件，以各自方式預告二十世紀的重大抗爭。這些事件包括：中國在一八五〇年至一八六四年間的太平天國起義；一八五七年至一八五九年間的印度兵變（發生在日後被稱為第三世界之地點的反帝國主義起義）；一八七一年的巴黎公社（歷史上無產階級革命的首例）。

印度兵變

農業革命和工業革命都對人類經驗作出無所不包的轉化，因此在歷史上各有突出的地位。但兩者之間有一項重要差異。

農業革命的傳播速度極為緩慢，歷時數千年，而且創造的農業社群極為保守，數十世紀下來只有看不見的變化。

與此相反，工業革命卻是個社會—經濟大漩渦，其中涉及（正如馬克思所說的）「生產的不斷變革」和「一切社會關係不停地動盪」。即便在工業革命之前，當歐洲資本主義還在舊的專制秩序中醞釀時，資本主義已經向全球伸出觸手，其探險者、水手、商人和奴隸販子為了掠奪及獲利而探索其他大洲。一七五〇年之後，資本積累的過程加快速度，資本主義邁向全球化的衝動趨於熱烈。資本主義需要初級產品以餵飼不斷成長的工業，需要為產品開拓市場，需要為剩餘資本尋找新的投資機會。帝國變成一種必然性，而資本主義為歐洲人提供了他們想得到帝國所需的刀鋒。

技術與組織讓小群歐洲士兵可以征服美洲、非洲及亞洲的本土政權，他們面對的國家往往是腐敗、高壓、分裂和充滿民怨。為數數萬的土著軍隊有時遇上僅僅幾百甚至幾十名歐洲士兵，一樣會不戰自潰。

印度是油水最多的殖民地之一，好幾個歐洲國家在十七世紀期間於印度海岸建立貿易站。到了下一世紀中葉，英國和法國因為殖民利益衝突，而在孟加拉、馬德拉斯（Madras）發生一連串小規模戰爭。

一七五七年，為東印度公司服務的軍官柯拉夫（Robert Clive）攻占加爾各答，又在普拉西之戰（Battle of Plassey）打敗孟加拉的「納瓦卜」（Nawab）。「納瓦卜」名義上是莫臥兒皇帝的總督，實際上卻是獨立的統治者。這樣的「納瓦卜」有很多個，他們常常彼此交戰，正因為這樣，歐洲人能夠一省接著一省征服印度。

「納瓦卜」金碧輝煌的宮廷和孟加拉貧窮的村落間，橫亙著一條巨大鴻溝。孟加拉農民把統治者視為壓迫者，他們沒有動機為這些統治者作戰。因為宮廷本質上是寄生性，在孟加拉社會沒有生根，所以充斥著派系和陰謀。

讓柯拉夫的三千部隊可以打敗「納瓦卜」五萬大軍的，不是更強大的火力。事實上，孟加拉人的火槍和大砲比東印度公司多得多。勝負的關鍵在於「納瓦卜」的資深指揮官心懷異志（他們很多人率領的兵馬都沒有投入作戰），以及英國人新作戰方法的有效性（這種方法強調機動性、火力和攻擊性）。

封建軍隊是一盤由眾多戰士組成的散沙，資產階級軍隊則是受過嚴格訓練的一體。那時代的火槍裝填緩慢、射程有限，而且極欠準頭，理想情況是在五十公尺內的距離對敵人進行大舉射擊，這樣可以在關鍵時刻突破敵方戰線。在普拉西，柯拉夫需要對付的只是「納瓦卜」軍隊的一小部分，但對方兵力仍為自己的兩、三倍。所以，孟加拉會被征服，是結合敵人內部分裂及資產階級作戰方法的優勢。同樣道理也適用於歐洲人對亞洲、美洲和非洲許多地方的征服。

普拉西之戰是一個轉捩點，法國的勢力從此衰落，許多土著統治者都尋求跟東印度公司崛起的勢力妥協。中印度的馬拉塔人（Marathas）在一八二三年被征服，巴基斯坦西南部的信德（Sind）在一八四三年被征服，旁遮普（巴基斯坦北部和印度西北部）的錫克人在一八四九年被征服，印度中北部的奧德（Oudh）在一八五六年被征服。到了十九世紀中葉，英國以僅僅二十五萬人的軍隊控制兩億人口，軍隊的八成是英國軍官率領的印度兵。東印度公司跟傀儡「納瓦卜」和土邦大君結盟，這些土著統治者生活豪奢、維持帝王排場，但掌控實權的是東印度公司官員。

「扎明達爾」（Zamindars，地主）和大商賈也在東印度公司的統治下欣欣向榮，他們跟公司官員分享對農民加強剝削得來的利潤。農村的貧窮日甚一日。一七六九年，也就是「普拉西之戰」的十二年後，莊稼歉收導致饑荒和疫疾，估計造成一千萬人死亡。

帝國主義導致經濟倒退，最顯明例子是紡織業。英國的紡織品因為工業革命而起飛，讓印度市場充斥廉價的進口貨，本地紡織品商人和手工業者紛紛破產。在十九世紀期間，印度對農業依賴的比例從五成增加至七成五，英國統治下的印度被「去發展化」（de-developed）。

一八五七年，印度中北部怒氣大爆發。印度教、伊斯蘭教和錫克教的印度兵，因為被命令用「不潔」

動物的油脂來潤滑彈藥，群情激憤，發動兵變。兵變者讓英國猝不及防，奪取了印度北部一大片土地，圍困坎普爾（Cawnpore）和勒克瑙（Lucknow）的孤立駐軍，且在古都德里擁立新的莫臥兒皇帝。

英國的反擊戰打得吃力且異常暴力。為了對付北印度的叛軍，英國從本土派出部隊，又從南印度的孟買和馬德拉斯派出印度兵。遭俘虜的兵變者會被綁在大砲砲口，轟成碎片。

「印度兵變」（一八五七—一八五九）是印度次大陸第一場獨立戰爭暨第一場反帝國主義鬥爭，其中有不同族裔和宗教的印度人並肩作戰，讓英國一向推行的分而治之策略挨了一記耳光。但兵變者在戰鬥時有一隻腳是踩在過去。他們唯一能想到取代英國統治的選項，就是回到封建主義的昔日。他們沒有挑戰傳統統治者的財產和權力，也因此沒有作出社會解放的應許，因而完全不能動員廣大的農民。

儘管如此，這次兵變對英國統治的威脅仍是真實有餘，讓英國在兵變之後對殖民統治方式改轅易轍。維多利亞女王被宣布為印度女皇帝，一個新的印度政府亦告成立。英國加強跟土著印度統治者的關係，讓一個由辦事員、管理者和律師構成的印度中產階級能夠發展起來，鄉村的婆羅門和頭人被委任為收稅官和收租官，法治取代了東印度公司官員的為所欲為。現在剝削及貧窮被受到緊密控制的官僚系統和一支改革過的英印軍隊來維持。蓄意培養族群、宗教和種姓的分野，是印度帝國統治者用來弱化土著抵抗的機制。

印度人要自己負擔當臣虜的費用：稅收的四分之一被花在維持軍隊，僅僅一%用於健康、教育和農業。饑荒在一八六〇年代殺死一百萬人，在一八七〇年代殺死三百五十萬人，在一八九〇年代殺死一千萬人——激進派美國歷史學者戴維斯（Mike Davis）稱之為「維多利亞時代晚期大屠殺」。

說印度在經濟上受惠於英國殖民統治是老生常談，也是謊話。印度的農業被貧窮化，工業被摧毀，財富被外國資本抽走。假以時日，這種事實將會催生出新一輪爭取印度獨立的抗爭。

中國的太平天國起義

據估計，一八五〇年至一八六四年的太平天國起義奪走兩千萬到三千萬人的生命，是第二次世界大戰前歷史上最血腥的衝突。此事件既是一種反抗不可忍受處境的中世紀農民造反，也是一種反抗殖民壓迫的現代民族主義革命。就像「印度兵變」那樣，中國的太平天國起義是發自被侵犯亞洲社會深處的草根性爆發，它在面向未來的同時也回望過去。

自從馬可．波羅在十三世紀東遊之後，歐洲商人就一直覬覦中國的財富，但中國保守而自足，用不著歐洲人提供的任何東西。英國東印度公司在十九世紀早期解決了這個問題，方法是把印度大面積的土地改種某樣會自己產生需求的商品：鴉片。到了一八一〇年，東印度公司每年賣給中國人的鴉片已高達三百五十噸。當清政府企圖終止這種貿易時，英國訴諸戰爭。兩次鴉片戰爭（一次發生於一八三九年至一八四二年，一次發生於一八五六年至一八六〇年）都是大英帝國為了企業化毒品大王的利益而開打。

中國的歷史一直像一扇旋轉門，其中的朝代偶然會因為革命及征服而被取代，但政府和社會的基本結構保持不變。這扇旋轉門上一次旋轉是在一六四四年，當時瀕臨瓦解的明朝遭滿洲人推翻。雖是出身東北滿州的蠻族，滿洲皇帝迅速採納了在中原地帶長居占主導地位的士大夫文化。士大夫是飽學、高薪又超保守的官僚，控制著國家的民政系統。他們跟地方地主及城市商人結成聯盟，一同統治中國。

到了十九世紀中葉，腐敗和壓迫再次到達臨界點，農民的怒氣眼看就要大爆發。不過旋轉門這一次卻因為歐洲帝國主義的干預而卡住。

兩次鴉片戰爭暴露出封閉朝廷的軍事落後。在第一次鴉片戰爭，英國出動一列艦隊及一支遠征軍，占領了廣州、上海和中國其他港口，然後沿著長江逆流而上，進逼南京，脅迫清廷求和。其後簽訂的《南京條約》規定中國割讓香港，並開放包括廣州和上海在內的四處口岸，以及償付一筆鉅額戰爭賠款。

英國並不以此為滿足。清廷對英國其他要求的回絕，導致十五年後的第二次鴉片戰爭（又稱英法聯軍之役），這次法國、俄羅斯和美國加入掠奪的行列。一支一萬八千人的英法聯軍攻陷占天津的大沽砲臺，然後往內陸朝北京推進，清帝國京城淪陷占，皇帝的夏宮被搶掠、焚毀。

鴉片戰爭帶來的結果之一，是讓利潤高昂的鴉片貿易大幅增加，到了十九世紀晚期，中國的鴉片消耗量增加九十九倍，有四分之一的成年男性成為癮君子。另一個結果是歐洲控制了中國的港口及貿易，一連串的外國飛地或小型殖民地（「租界」）在海岸地區建立。歐洲官員控制了中國的稅關，歐洲居民享有「治外法權」，歐洲傳教士享有向任何中國人傳教的自由。

鴉片戰爭及外國租界暴露出滿清皇朝和古老中華帝國的衰朽，觸發中國農村醞釀了一段很長時間的農民革命。被債務和飢餓壓得透不過氣，一向飽受鄉紳、放債人、稅吏和腐敗地方官員的欺壓，中國的農民群眾已準備好揭竿而起。

太平天國運動於一八五〇年在中國南方爆發，參加者是農民、勞工和貧窮而心懷不滿的士人。其領袖是一名喚洪秀全的私塾老師暨基督教神祕主義者，自言肩負了摧毀魔鬼並建立一個「太平天國」之神聖任務。這個「太平天國」的特徵將會是平均分配土地、天下財物共有，以及廢除社會差異（包括對女性的壓迫）。太平天國起義分子預示了二十世紀的革命社會主義，卻用一種基督教彌賽亞主義式語言來包裝他們的社會解放訊息。

不出三年，太平軍便達兩百萬之眾，並攻取占據前朝舊都城南京，統治範圍涵蓋中國四分之一土地。有十年時間，中國一分為二：保守的滿洲人統治北方，激進的太平軍統治南方。

但十九世紀中國的極端貧困，動搖了太平天國早年的平等主義理想。物資稀少意味著只有少數人能夠過得好，而革命領袖利用自身地位來確保他們及其隨從是過得好的少數人。就此而言，太平天國起義可謂跟歷代的農民起義如出一轍：先前的農民起義都是很快創造出一個壓迫性只略小於舊皇朝的新皇朝。真正社會解放的經濟先決條件並不存在於傳統中國。雖然在太平天國最後幾年，有一位新的統治者推動較符合現實的西式現代化政策，但為時已晚，當時西方列強已經決定插手中國內戰，支持滿洲人政權重建秩序。

一批中國商人斥資組建了新軍。這些新軍配備歐式武器，先是由一位美國軍官率領，然後由一位英國軍官戈登（Charles George Gordon）率領，最終擊潰太平軍。戈登成為著名維多利亞時代英雄，有「中國人戈登」之稱。

「常勝軍」（新軍後來得到的稱呼）的勝利對中國近代史有深遠影響。太平軍起義動員中國內部所有的進步力量（農民、激進派、心懷不滿的士人，加上有改革思想的官員），彰顯出將國家導向改革及現代化以回應帝國主義威脅的可能性，然其失敗讓此路不通。清廷繼續苟延殘喘，成為靠帝國主義支撐的政治老古董。為了讓廣大的中國群眾乖乖聽話，滿洲人與西方人互相需要彼此。

帝國主義軍隊曾在一八六〇年占領北京，他們在四十年後又這樣做了一次。一九〇〇年八月十四日，一支一萬九千人的國際侵略部隊占領中國首都。英國、法國、德國、俄國、義大利、日本和美國部隊全都參與這起軍事行動，目的是鎮壓一次對抗殖民主義的民族主義起義。該起義是由稱為「義和團」（通稱「拳民」）的祕密組織領導。慈禧太后主政的清廷默許義和團的作為，「拳民」與清兵肩並肩對抗入侵者。

儘管如此，當「拳民」遭敉平後，清政府被允許繼續存在。這是因為西方列強認為清廷是他們想在中國攫取更多殖民好處所不可或缺。令他們頭疼的問題是中國人不只為數眾多（十九世紀中期約為三億五千萬），而且在語言、文化和歷史上融為一體。任何征服中國的企圖都會很快引致入侵者軍隊過度拉長戰線，任何這樣的嘗試都注定失敗；事實上，這就是日本人在一九三一年至一九四五年侵華的命運。日本人成功控制沿海地區，但是從來未能支配中國的廣大腹地，中國人不間斷的軍事抗爭，需要日本固定部署數以十萬計的部隊。

滿洲人的統治及外國租界的存在，於十九世紀以降至二十世紀初期有效地扼殺中國的發展，當歐洲、美國和日本邁步向前時，中國節節後退。然而，因為沒有一個強權能夠在政治上支配中國，注定讓一場拉長的革命以益趨激烈的程度爆發。在某種意義下，太平天國起義乃是長達一世紀的中國人革命（以一九四九年為高峰）的初始階段。

義大利復興運動

當民族主義志願軍在一八六〇年登陸西西里，欲推翻統治該島的腐敗獨裁政權以將西西里與義大利統一起來的時候，當地農民以為口號「義大利萬歲！」中的「義大利」是指起義者的王后。作為統一和資產階級民族國家的現代義大利，乃是被重新創造出來的。

自從經歷過一七九六年至一八一四年不完整資產階級革命之後，義大利就一直處於政治不安寧狀態。該革命發自上層，主要推手是拿破崙的征服部隊，法國人推翻舊政權，扶植了一個由義大利自由派率領的共和政府。稍後，隨著法國共和國變為拿破崙帝國，義大利共和政府也被波拿巴家族成員統治的王朝所取代。封建制度被廢除，事業對中產階級開放，但因為統治者是外國人，又沒有推行土地改革，新政權的吸引力相當有限。

絕對王權政府在一八一四年復辟，卻無法將社會扭轉回早先的狀況，亦面臨由法國大革命釋放的新社會勢力反對。所以在整個十九世紀，義大利的政治都受到其未竟資產階級革命所支配。

四項議題有著最高重要性。首先，義大利分裂為幾個獨立國家，經濟發展因為欠缺由統一國家主導的單一市場而受到拖累。

其次，部分是因為國家分裂及由此導致的羸弱，義大利繼續受到外國強權支配，如在十九世紀上半葉是受奧地利哈布斯堡王朝支配。

第三，資產階級幾乎完全被排除在權力之外，各個政權都操縱在絕對王權君主、天主教會和擁有土地的貴族手中。自由派對憲法改革的要求，就是資產階級對政治賦權的要求。

第四，與法國不同，義大利並沒有農民革命。對封建制度的形式上廢除並未導致大規模的土地再分配，義大利繼續是由地主和農民組成的傳統社會，人民大眾貧困得無以復加（這裡的「貧困」兼指經濟上、思想上及文化上）。

因為這些緊張性的存在，義大利在四十年內經歷四次革命，分別發生在一八二〇年、一八三一年、一八四八年和一八六〇年。前三次革命都失敗，最後一次成功帶來國家統一和獨立，但卻沒有解決社會問題。

讓現代義大利國家崛起的「復興運動」發生在一八五九年至一八七〇年之間。三項因素的結合讓這場運動得以出現：皮埃蒙特人（Piedmontese）的雄心、法國跟奧地利的敵對，以及發生在南義大利的革命（一場很大程度上同時發自上層和下層的資產階級革命）。

皮埃蒙特與薩丁尼亞王國在其準立憲君主伊曼紐（Victor Emmanuel）和自由派首相加富爾伯爵（Count Camillo Cavour）的統治下，成為活力十足的經濟發展中心。在此基礎上，皮埃蒙特統治階級為了利益考量，著手主導義大利民族統一大業。

一八五九年，皮埃蒙特人聯合法國，在義大利北部擊敗奧地利人。這讓整個地區的權力平衡狀態為之打破，奧地利所支持義大利小國的專制君主像骨牌一樣紛紛倒下。接著，在倫巴底、帕瑪（Parma）、艾米利亞（Emilia）、羅馬涅（Romagna）和托斯卡尼成立的各個自由派新政府，投票通過與皮埃蒙特合併。

翌年五月，老練革命分子加里波底（Giuseppe Garibaldi）率領一千名志願「紅衫軍」登陸西西里，目的是推動反對「拿坡里和西西里」絕對王權政權的革命。在西西里西岸的馬爾薩拉（Marsala）登陸四天後，即一八六〇年五月十五日，他的小型軍隊贏得「復興運動」的決定性軍事勝利。

因為知道西西里農民在看著，加里波底決定正面進攻一座守軍人數和裝備都更上乘的山頭（他對自己所率領民族主義志願軍的士氣和銳氣深具信心）。當「紅衫軍」攻占山頭，把可恨的拿坡里人士兵趕走的消息傳開後，革命在西西里各處爆發。那一年結束前，兩西西里王國便不復存在，整個義大利南部成為新統一國家的一部分。

一八六六年，皮埃蒙特在普奧戰爭中與普魯士結盟，因而獲得威尼斯。一八七〇年，拿破崙三世在色當（Sedan）的戰敗讓教皇失去主要保護人，於是義大利部隊進入教皇國，將其兼併為義大利王國的一部分。

但終究還是沒有社會革命發生。早在一八六〇年八月，為了贏得義大利南部地主們的歸心，加里波底的人馬曾向起義農民開槍。不久後，全面性戰爭蔓延到南部許多地區，這是因為農民為結束自己的貧窮狀態而搶奪未耕種的土地。地主僱用私人軍隊把他們趕走，這些軍隊很快就發展成為黑手黨。

由國家支持，黑手黨的恐怖活動將會讓農民停留在貧窮狀態再一百年。十九世紀晚期，義大利農家收入的四分之三是花在食物，但很多人仍然挨餓。每年有兩百萬人感染瘧疾。大部分義大利農村村民依舊是文盲，受教士擺布。

但民族統一促進了工業革命。在一八六一年至一八七〇年之間，鐵路的長度增加近兩倍。在一八九六年至一九一三年之間，工業產出每年以五%的比率成長，是當時歐洲最高的成長率。米蘭、杜林、熱那亞和其他西北部城市變成工業重鎮，繁榮的北方從義大利貧窮的農村腹地吸取人力，於是挨餓的農民變成工業工人——這個無產階級化的過程，將會在第一次世界大戰之前、期間及之後引發一波波激烈的階級鬥爭。

美國南北戰爭

當槍聲於一八六一年四月十二日在薩姆特堡（Fort Sumter）響起時，大部分美國人以為戰爭將會在夏天過去前結束。林肯總統號召七萬五千軍人服役九十日。他以為這個人數和天數便已足夠，但是到戰爭在四年後結束時，共有六十二萬美國人喪生，比美國歷史上所有戰死的人加起來還多。人命代價會如此高昂，是因為這場戰爭攸關重大。

南北戰爭是美國歷史上的樞紐事件，是為了完成第一場革命戰爭未竟之志的第二場革命戰爭，是要決定兩個不相容社會系統的哪一方將會支配北美洲大陸。當林肯當選總統時，有十一個南方州退出聯邦。南方的領袖把理由說得相當清楚。邦聯總統戴維斯（Jefferson Davis）指出：「在美國，對奴隸制的不絕反對意味著必有一戰。」邦聯副總統史蒂芬（Alexander Stephens）將邦聯這個新國家的存在理由定義如下：「它是奠基於一個偉大的真理：黑人與白人並不平等。充當奴隸，臣服於優秀的種族，是黑人的自然和道德狀態。」奴隸制就是血流成河激烈美國南北戰爭之所由自。

有一些軍事理由讓南北戰爭那麼激烈且持久：美國幅員廣闊，許多地方是樹木濃密的荒野、交通方式落後，現代武器的強大殺人威力，以大量生產工業裝備和供應軍火的能力。但主要原因在於這是一場革命戰爭，要決定美國將會走向何種社會。

一八六〇年的選舉是美國歷史上最兩極化的總統選舉之一。共和黨的競選綱領強調北部資本主義經濟及西部開發，主要政見著眼於提高關稅保護美國工業、為新屯墾者提供免費土地，以及由政府向鐵路建築提供補貼。

共和黨的口號是「言論自由、土地自由、勞動自由、人身自由」。林肯指出：「自由勞動制度給所有人帶來希望，為所有人帶來能量、進步和狀況的改善。」這是年輕、有信心、向前望的資產階級語調——有必要時也可以是一個革命分子的語調。

美國南方是保守的農業社會，賴以賺錢的主要是出口一種單一商品：棉花。南方就像北方一樣欣欣向榮。隨著紡織業在新英格蘭、英國、法國和其他地方不斷成長，對棉花的需求水漲船高，棉花的價格也水漲船高。一八〇〇年，棉花的出口總值是五百萬美元，占美國總出口量的七%；到了一八六〇年，棉花出口總值增加至一億九千一百萬美元，占總出口量五七%。當北方的工廠主、礦場主和鐵路大亨大發利市時，南方的傳統種植園園主也是如此。

兩者之間存在許多分歧。高關稅固然保護了北方的工業，卻讓南方的消費者承受高物價。向西擴張的行動主要是由北方的開拓者進行，因此威脅到自由州和蓄奴州的權力平衡。鐵路補貼肥了北方的資本家，對南方的種植園園主則毫無好處。

兩套經濟系統、兩種社會秩序、兩類有不同需求的統治階級被綁在同一政體裡。國家應該代表哪一方的利益？

有一個議題放大了雙方的敵對關係，將其變成一場大災禍。這個議題就是奴隸制。

南方種植園的財富仰賴四百萬黑奴的勞動。共和黨內有主張廢奴的激進派，然而，以下這番話卻是相對溫和的林肯所說：「分裂的家無法持久。我認為這個政府不能在半奴隸制、半自由的狀態下長存。」

在一八六〇年的總統選舉中，林肯只贏得四成的普選票，但卻幾乎在北方的每個郡勝出，所以在北方整體贏得五四%的大多數選票。反觀他在南方得票數極低，只在一些聯邦主義者的飛地（例如維吉尼亞州西部和田納西州東部）獲得選票。北方廢奴主義者清楚了解這意味著什麼。亞當斯（Charles Francis Adams）寫道：「偉大的革命已經在這個國家發生，一舉推倒奴隸主的宰制。」

接下來的抗爭漫長而血腥，因為那是一場兩個敵對系統和對立政治意識形態的革命戰爭。美國人沒有妥協、談判、協議或和解的選項可選擇。戰爭結果對雙方都有非比尋常的重大關係：對北方，結果關係到聯邦的存續、民族經濟的統一和工業成長政策；對南方，結果關係到奴隸制的生存，而那是他們社會秩序的基石。

戰鬥的激烈和持久程度讓它激進化。在開始的十八個月，廢奴並不是聯邦的戰爭目標，但敵軍在親奴隸制將軍的領導下步步為營，雙方僵持不下，北方開始出現厭戰和失敗主義情緒。為了重新替戰鬥注入活力，林肯被迫宣布解放黑奴。

這樣做有很好的實際理由：黑奴的存在讓白人得以抽空參加邦聯方軍隊，但逃走的黑奴卻可以被招募為聯邦方士兵。但政治理由的分量更大：為反對奴隸制而戰將會讓聯邦理直氣壯，杜絕任何歐洲人支持南方的可能，以及爭取到廢奴主義者和黑奴本身參與國家的「激烈考驗」。林肯指出：「我們必須解放黑奴，否則唯有死路一條。」一八六二年九月發表的《解放宣言》隱含著對美國民主的重新定義，他在其中表示：「正如我不願當奴隸，我同樣不願當主人。這表達了我的民主觀。」

諸多在南北戰爭中為聯邦而戰的男女，都是受到林肯的「給自由一個新誕生」的願景激勵，其中之一是張伯倫（Joshua Chamberlain）。他是新英格蘭的大學教授暨廢奴主義者，與流亡美國的德國革命分子友好（這些革命分子與在倫敦的馬克思和恩格斯有接觸）。張伯倫的名字被載入史冊，因為他以上校身分率領緬因州第二十志願步兵團防守「小圓頂」（Little Round Top），在蓋茨堡之戰第二天敵眾我寡的情況下奮勇退敵。

再來還有蕭上校（Robert Gould Shaw），他是年輕的波士頓廢奴主義者，服役於麻塞諸塞州第五十四自願步兵團。一八六三年七月十八日，他的步兵團企圖奪取防衛火力強大的華格納堡（Fort Wagner），也就是南卡羅萊納州查爾斯頓港的門戶。這次攻擊本著最高的英勇精神進行，但卻被打敗了。蕭上校站在敵人城牆頂上被槍擊身亡。這次攻擊是廢奴主義革命的具體化身，因為發生在邦聯地域的深處，而蕭上校的志願兵團是由黑人士兵構成，很多人本為奴隸。整場南北戰爭中有二十萬黑人為聯邦作戰。

一八六四年，戰爭進入第三階段。此時聯邦軍隊發起全面戰爭，要粉碎南方。「對莊園開戰，把和平帶給農宅。」丹頓曾經在法國大革命這樣呼籲。此刻，在美國第二次革命的高峰，謝爾曼將軍（General Sherman）的軍隊行軍穿過邦聯的心臟地帶，縱火焚燒宅邸，並釋放奴隸。

戰爭在一八六五年四月結束，接下來十年是由「重建」（Reconstruction）主宰。南方大部分地區都處於軍事占領下，追求快速致富的北方創業家紛紛南下，他們被稱為「提包客」（carpetbagger）。解放的奴隸獲得投票權，用這項權利選出黑人法官、州議員，甚至國會議員。

但一等南方種植園園主的權力被打破、北方資本的宰制確立，聯邦軍隊隨即撤走。州政府被舊一批的精英重新把持。南方黑人被取消投票權，受到隔離對待，遭三K黨的種族主義無賴恐嚇，從此以擔任低下勞工或貧窮佃農餬口度日。奴隸制被一種遍見於南方的種族隔離制度取代，這種情形將會延續近一個世紀。

所以，就像所有資產階級革命，美國南北戰爭同時帶來巨大的進步和巨大的失望。此戰事讓美國可以進行龐大的地理擴張和工業擴張，變身成為世界超級強權，但也讓大部分美國人的生活受到剝削、貧窮和種族歧視的毒害。

日本明治維新

一八四八年是世界歷史的一個分水嶺，在此之前，一直是資產階級領導群眾革命去拆解國家、推翻舊有統治階級和按照資本主義路線重塑社會。荷蘭革命、英格蘭革命、美國獨立革命和法國大革命本質上都是這樣。但在一八四八年之後，資產階級未再扮演這種角色。為什麼會這樣？

工業革命意味著歐洲正在蛻變為資本主義經濟，以及由工廠主與工人構成的社會。除卻英國為例外，這種蛻變仍處於早期階段，但已經進步得足以讓舊有的政治變革機制失靈。十六、十七和十八世紀的激進群眾（小資產階級）被轉化為生活舒適的有產者少數階級，和由城市及農村受薪工人組成的多數階級。

在較早期由小資產階級（農人、商人和作坊工匠）主導的激進運動中，私有財產俱被視為神聖不可侵犯。然而，隨著受薪工人這類「除身上的鎖鏈外沒有東西好失去」的人，於十九世紀新激進運動中人數漸增，私有財產也越來越受到質疑。革命變成對任何類別的有產者來說都更有風險。

另一方面，受到已發展成為資本主義經濟國家（特別是英國）的競爭壓力，既有政權越來越願意遷就資本家、自由派和民族主義者的改革要求。大國地位是要靠軍隊槍砲、戰船去建立並鞏固，而這些東西又有賴現代工業及基礎建設。改革與現代化因此成為地緣政治的最高要求，這就是資本主義全球化的轉化力量。

激烈鬥爭仍然常常是必須。在法國和奧地利於一八五九年打了一仗後，義大利北部在皮埃蒙特的領導下統一；但義大利南部卻是靠一支一八六〇年到達西西里的小型革命軍觸發的群眾起義，才完成與北方的統一。

美國南北戰爭期間，北方的資本家被迫動員兩百萬人（每十人中有一人原是黑奴）才能擊潰南方種植園園主的武裝抵抗。林肯一直是革命領袖，面對造反時毫不妥協，願意透過解放奴隸激進化鬥爭，然後決定發起全面戰爭。不過整個過程卻是由上層發動，以既有的國家機器管理。

上層發動的資產階級革命裡更極端的例子之一，是一八六八年的日本明治維新，這事件形塑了直至一九四五年為止的整部遠東史。

十五、十六世紀期間，日本飽受封建內戰的蹂躪。就像中世紀歐洲的軍閥，日本的大名僱用職業戰士（武士）作為部曲，進行一系列的權力爭奪戰。十七世紀之初，德川氏族成功打敗、制服所有對手，其首領變成了將軍。將軍是國家的實質統治者，反觀天皇只有儀式作用。江戶（今日東京）成為新首都。

德川將軍的作風，與十八世紀歐洲的絕對王權君主相似：各路大名把一些家人送到將軍宮廷當人質，槍砲和外國書遭禁，對外貿易只限在單一港口進行，歸信天主教的日本人受到迫害。在政治獨裁下，日本變成一個封閉社會，對新觀念充滿不信任。

但是戰亂的結束讓農業及貿易得以復甦，農人、工匠和商人欣欣向榮，經濟漸趨貨幣化。城鎮不斷成長，隨之活絡起來的還有詩歌、小說和戲劇等等城市文化，對外國商品及外國勢力的禁制執法越來越不嚴格。舊有階級走向沒落，長期的太平讓很多武士成為多餘，被迫改為務農或經商；那些繼續保持武士地位的人成了寄生蟲階級，生活方式越來越跟時代脫節。

這些經濟與社會變遷，意味著到了十九世紀中葉，德川幕府的政治大廈已經十分脆弱。讓這大廈加速傾倒的是一八五三年率領艦隊抵達江戶灣的美國准將培理（Perry），培理的任務是為美國資本主義在日本建立貿易租界。最後雙方簽訂一份不平等條約，其中規定日本開放外國貨進口，但又對日本的出口貨物加以限制。條約還賦予美國僑民商業特權和治外法權，英國、法國、俄國和荷蘭紛紛要求比照辦理。

德川幕府因此暴露出政治—軍事弱點，也就是沒有能力保護日本的利益，讓其不受外國帝國主義者侵害。一八六七年至一八六九年間，幾位大諸侯獲得武士的支持，聯合起來推翻德川幕府，重新尊崇天皇。當時的天皇名喚「明治」。

明治維新是由日本社會中一些最保守的勢力領導，其口號屬於傳統主義性質，並不爭取大眾的支持，商人、工匠和農民在其中只扮演小角色。但在一個後膛槍和鐵甲艦的時代，武士注定過氣。維新主義者在宣言裡指出，他們想要「整個帝國有統一的治理」，以便「國家可以和世界其他民族平起平坐」；換言之，他們需要一個現代民族國家及發展資本主義工業。

自此變革急遽發生：舊的階級區分和特權被一掃而空，新的議會系統建立起來，鐵路和工廠紛紛落成；軍隊引入徵兵制度，陸軍根據德國的方式改造，海軍則根據英國的方式改造。

日本的轉型同時受到保守勢力及進步勢力反對，政府必須動用新徵來的軍隊鎮壓不滿浪人的起事（浪人是緬懷封建舊時代的無根武士）。農人（占人口的五分之四）同樣是輸家，因現代化的成本是由土地的高稅率和消費的低水準支付，故而明治時代發生數十起地方性農民起義。直到第二次世界大戰結束為止，日本農民始終貧困。

現代日本是由以下三個因素的結合形塑：地緣政治競爭、對現代化及資本積累的內部抵抗，以及繼承自過去且在新軍事制度中昇華的武士文化。在這些壓力下，日本演化為一個壓迫性的國家，由一群致力於民族—帝國擴張的軍國主義精英控制。

一八九四年，日本參與對中國的帝國肢解；十年後，打敗俄羅斯，奪得朝鮮和滿洲的控制權；再十年後，參加第一次世界大戰，接收德國在中國的屬地。換言之，在明治維新之後的半個世紀裡，日本的統治者將自己重塑為一個現代的軍閥—帝國主義者階級——駕駛戰艦的武士。

德國統一

晚至十九世紀中葉，日耳曼（亦稱德意志）地區仍然分裂為三十九個邦國。透過政治統一創造單一民族市場，變成關係到日耳曼地區資本主義未來的核心問題。

透過發自下層的革命解決這個民族問題的嘗試，已經在一八四八年失敗，當時法蘭克福議會企圖統一日耳曼地區，透過演講和通過決議推行一部自由派憲法，但在一八四九年的反革命中被其他日耳曼地區邦國的軍隊瓦解。

普魯士因著其絕對王權政體、「容克」貴族和軍國主義文化，在十八世紀成為「歐洲的斯巴達」。這讓它雖然地理環境欠佳，無險可守，卻仍然能以一個現代民族—王朝國家的身分生存下來。

在粉碎「四八年人」（Forty-Eighters）❿的過程中，普魯士軍隊的「容克」軍官已顯示自己是反革命的黑心肝。他們看來對民族主義—自由主義的追求深惡痛絕。但世界正在以「容克」無法控制的方式發生改變，工業革命轉化了歐洲的經濟、社會和軍事地理。第一條鐵路在一八三〇年代中葉落成，而到了一八五〇年，已鋪設鐵路的長度達到兩萬三千五百公里。這種新技術的軍事重要性顯然易見，鐵路可以在極短時間內，把軍隊從一處戰場送到另一處戰場，「容克」固然用不著議會，卻必然用得著鐵路。

---

❿譯注：指一八四八年在日耳曼地區起義的人。

一八一五年，作為打敗拿破崙後重整歐洲計畫的一部分，萊茵蘭被交給普魯士（該地區正迅速成為德意志的工業發電機）。雖然萊茵蘭的革命分子（包括馬克思和恩格斯）在一八四九年被打敗，但普魯士「容克」的軍事力量卻越來越依賴萊茵蘭的礦場、鋼鐵廠和機器廠。

一八四八年的一個教訓是，工業時代產生的新社會階級（資產階級、無產階級，以及和由專業人士、經理和公務員組成的中產階級），不可能長久安於被一群準封建統治者分裂的日耳曼地區。現在的問題是，民族—經濟的統一是否可能由上層策劃安排，不是非得由發自下層的群眾革命推動不可。

當「容克」貴族俾斯麥在一八六二年被任命為普魯士首相時，他認定自己的歷史使命，在於想辦法讓初生日耳曼地區資本主義的活力為普魯士軍事君主國服務，以此搭救自己的階級。代之以讓資產階級革命衝破它的中世紀外殼，普魯士將會被重構為（如托洛斯基日後所說的）「一座有著資本主義地基的封建砲塔。」代之以讓各種重大問題由「演講和多數決」解決，它們將會以鐵和血解決。代之以採取法國的模式（武裝起義、焚燒宅邸、斷頭臺的陰影），將會採取普魯士的模式：一場靠皇室軍隊的士兵和大砲來完成的發自上層革命。

俾斯麥的計畫靠著三場閃電戰完成。第一場是一八六四年的對丹麥之戰，爭奪的是什勒斯維希（Schleswig）和霍爾斯坦（Holstein）這兩個有爭議的邊界省分，這一戰讓普魯士國王成為日耳曼地區民族運動的領袖。第二場是一八六六年的對奧地利之戰，這一戰摧毀哈布斯堡王朝在日耳曼地區的影響力，催生由普魯士控制的北日耳曼邦聯（North German Confederation）。第三場則是一八七〇年的對法國之戰，這一戰讓較小的日耳曼地區邦國或多或少自願加入由普魯士支配的新帝國。

在這七年之間，普魯士形同征服了日耳曼地區。新秩序由精算過的一幕政治戲劇揭開序幕：一八七一年一月十八日，普魯士國王於凡爾賽宮舉行的盛大儀式中被宣布為德國皇帝。這位「容克」國王在敵人被占領的首都中，用現代德國民族主義的旗幟把自己包裝起來。

一八七一年的政治－軍事勝利帶來四十年的急速工業化。一八七〇年至一九一四年之間，德國的煤產量從三千四百萬噸增至兩億七千七百萬噸，生鐵產量從一百三十萬噸增至一千四百七十萬噸，鋼產量從三十萬噸增至一千四百萬噸。克虜伯公司（Krupp）在魯爾區埃森（Essen）的鋼鐵廠和軍械廠建築群，成為歐洲最大的工業事業體，在一八七三年僱用的工人人數為一萬六千，在一九〇〇年為四萬五千，在一九一二年為七萬。

工業擴張之所以可能，是因為銀行信貸、國家合約和保護性關稅。在一九〇七年至一九〇八年及一九一二年至一九一三年的五年間，德國大銀行的存款增加四成。銀行借錢給人去投資工業，變成工業股份的主要持有人。

國家在興建鐵路、購買軍備上的支出是工業榮景的關鍵，最大的國營企業「普魯士國家鐵路管理局」和德國最大的私營企業「德意志銀行」規模相當。一八七〇年至一九一四年之間，政府花費在陸軍和海軍的經費增加十倍。

一八七九年，德國開徵新關稅，基本上是針對進口貨物，用來提高舶來品的售價以保護本國工業。到了一九一四年，德國的進口關稅平均為一三％。

十九世紀中葉稱霸全球經濟的英國，二十世紀初期被德國趕超。一九一四年，德國的煤產量幾乎跟英國相等，生鐵產量高出三分之一，鋼產量多一倍。德國資本主義在化學和電器業這些新產業的推進更加突出，至一九一四年，德國公司已經稱霸全球的合成染料生產，賣出超過世界一半的電器用品。

發自上層德國資產階級革命（推行者為君主、貴族軍官和農民士兵）引發高速工業化，其結果是同時動搖了德國的社會和歐洲的國家系統。

基於相互依賴關係，普魯士的「容克」與萊茵蘭的資本家結成不自在的政治聯盟。另一方面，快速增加的德國勞工階級構成整個社會秩序的致命威脅。與此同時，德國資本主義對原物料、新市場和投資管道不斷增加的需求，讓它跟歐洲其他強權發生衝突，特別是與英國這個主宰全球的帝國。在普法戰爭之後不到四分之一個世紀，這兩方面的衝突——國內的階級鬥爭和國外的帝國主義鬥爭，就會把新德國推向一個災難性危機。

巴黎公社

德國統一不是普法戰爭的唯一後果，還有另外兩個後果。首先是讓路易．波拿巴（一八五二年自封為拿破崙三世）的搖搖欲墜獨裁政權垮臺，其次是催生歷史上第一場無產階級革命，向世人顯示出一個工人國家也許會是什麼樣子。巴黎公社（Paris Commune）只維持兩個月，但其捍衛者（就像馬克思所說的）「曾經衝進天堂」，建立了一個「具有世界意義的新起點」。

路易．拿破崙（馬克思稱他為「小拿破崙」以區別於他叔叔）是靠著高盧的偏倚革命（lopsided revolution）傳統得勢（這種革命指由巴黎帶頭，但法國其餘部分沒有跟進的革命）。一八四八年的前進勢頭早在六月就被攔住，當時革命的先鋒——住在巴黎東邊的工人，被卡芬雅克將軍的士兵孤立起來，並開槍掃射。在十二月的總統選舉中，路易．拿破崙從天而降，取得壓倒性勝利，囊括全法國七五%選票。他的成功祕訣是空心：因為沒有立場，他可以滿足每個人的立場。路易．拿破崙是個有著顯赫姓氏的「強人」，讓人感覺可以帶來秩序、正義和繁榮。

他當了三年總統，然後在一八五二年十二月稱帝，一直掌權至一八七〇年十月在色當戰敗為止。

拿破崙三世的統治是一個政治弔詭，代表以官僚體系的力量將革命的不穩定壓住。在一八四八年「六月天」之後，法國的活躍政治勢力（仍然以首都為中心）就分裂為兩個勢均力敵的陣營：一個是由君主派、教士和其他保守分子組成的反動集團，另一是由共和派、自由派和民主派組成的進步集團。在一八四八年十二月的總統選舉，這個分裂被農民選票的龐大力量壓倒。路易・拿破崙是由消極的大多數（passive majority）選出。自此以後，巴黎的派系就受到第二帝國官僚機器的抑制。

馬克思認為，波拿巴政府的角色在於「強迫階級鬥爭停戰」、「打破占有者階級（appropriating class）的議會力量」和「確保舊秩序還有一口氣」。但如果國家變得半脫離於市民社會，如果政治精英迴避審視和究責，那貪汙腐化就可以在整部官僚機器蔓延。有些投機者和企業家因為跟皇帝親近，可以靠著政府合約大發利市，其他資本家則對自己被排除在小圈子外感到憤憤不平。與此同時，在義大利和墨西哥進行的軍事冒險（部分是為了給政權的民族和王朝主張充氣）踢到鐵板。雖然經濟有所成長（法國的工業產出在路易・拿破崙統治期間翻了一番），但貧窮在巴黎及其他大城市的郊區悄悄蔓延，而獨裁者的警察和線人受到普遍憎恨。

俾斯麥毫無困難地讓拿破崙三世在一八七〇年六月因為受不了挑釁而投入戰爭。由於民望正在流失，法國皇帝無法對普魯士首相設計來羞辱他的外交冒犯置之不理。但是普法戰爭暴露出拿破崙三世政權的無能：其軍隊被大敗，皇帝被俘虜，新的資產階級—共和派政府在巴黎成立。

普魯士取得決定性勝利之後，俾斯麥要求懲罰性賠償。法國必須割讓東部邊界省分亞爾薩斯和洛林，並支付一筆龐大戰爭賠款。當共和派政府拒絕接受條件，巴黎被普魯士軍隊包圍了五個月。這是戰爭的民主階段。國家軍隊已經被打敗，現在被一支巴黎民兵取而代之。一支新的「國民衛隊」很快成立，人數達三十多萬。於是，鬥爭從兩個民族國家之間的戰爭，轉變成為一場革命保衛戰。

群眾運動的幽靈纏繞法國統治階級。更激進力量兩次推翻共和政府的企圖都被粉碎，但政府領袖意識到手上的權力正在流失。正如馬克思所說的：「巴黎被武裝起來就是革命被武裝起來。」剩下的看來只有普魯士人和革命兩個選項。最後，資產階級共和派選擇向國家的敵人投降。

他們在一八七一年一月底同意與普魯士人簽署停戰協議，然後馬上組織大選，就像一八四八年時那樣，舉行大選的目的是動員消極的農村選民，壓倒有革命傾向的首都選民。結果，選出的六百七十五名議員中有四百人是君主派。保守派政壇老將梯也爾（Auguste Thiers）被任命為新政府的首腦。

三月十八日，他派部隊解除巴黎「國民衛隊」的武裝，部隊拒絕向聚集反對他們的群眾開槍。那天下午，梯也爾和他的政府因為對大局失去控制，逃離首都。權力落入「國民衛隊」的中央委員會手中。十天後，權力被移交給新選出來代表巴黎革命人民的「公社」。

巴黎公社是歷史上最民主的團體之一，其成員由男性普選選出，如有違選民的託付可以被直接取消資格，對執行集體決定負有個人責任，酬勞不多於一名技術工人的平均工資。巴黎公社因此透露了一樁歷史祕密：工人國家必須採取的形式。

這是一種新類型的權力，不是一個高於社會、由統治階級控制、用軍警進行鎮壓的壓迫性政府，而是一個著床於社會本身的政府。不管是被選出的代表還是武裝民兵，均是參與式群眾民主的表達。

馬克思在巴黎公社遭到鎮壓後指出：

> 「公社制度」將把靠社會供養又阻礙社會自由發展的寄生贅瘤，即「國家」，迄今所吞食的一切力量，歸還給社會機體……它實質上是勞工階級的政府，是生產者階級同占有者階級鬥爭的結果，是終於被發現的、可使勞動在經濟上獲得解放的政治形式。

巴黎公社並不完美，它並沒有賦予女性投票權，儘管女性在這場抗爭的角色從頭到尾都無比重要，三月十八日發生的第一場革命就是由女性領導。革命女鬥士路易絲．米歇爾（Louise Michel）於公社敗北後在法庭上的不遜言詞，可被視為巴黎公社的天鵝之歌：「我不會為自己辯護。我不要別人為我辯護。我完全屬於社會革命。如果你們讓我活下去，我將不會停止呼籲復仇。」巴黎公社的綱領及策略亦未有足夠的大膽，沒有在政治和軍事兩方面進取地把革命帶到巴黎以外，所以讓反革命有時間恢復元氣、集結力量。

五月二十一日，梯也爾的部隊攻入巴黎。接下來一週，他們一條街接一條街戰鬥，要收復首都。五月二十八日，城東的革命要塞被攻破，隨之而來的是一場瘋狂大屠殺。頭兩天有近兩千人被射殺。很多人都是經過三十秒的街頭「審判」就被草草處決，因為他們都是窮人，一條命並不值錢。最終共有兩萬至三萬人被殺，另有四萬人被關在監獄船上，等待審判。

巴黎公社開啟了世界歷史新一章。資本主義暴力和無產階級革命的鬥爭，野蠻主義和社會主義的鬥爭，始自一八七一年。

第十二章

帝國主義和世界大戰

一八七三年至一九一八年

「帝國時代」是一個爭奪殖民地、國際緊張升高及軍備開支不斷提高的時代。這一切最終引發了世界大戰。

一八〇〇年至一八七五年間，有一種奠基於大量生產工廠的新種類資本主義，即工業資本主義，支配著世界經濟發展。在這個時期，資本家之間和民族國家之間的競爭，推動一個以指數成長與全球化的過程，轉化了經濟、社會結構及政治系統。

但沒有事情的運作會永遠平順。資本主義的發展毫無計畫、自相矛盾，而隨著系統的膨脹，週期性危機的規模和衝擊也會增加。全球的資本主義市場雖為人類勞動的產物，卻變成有自己生命的怪物機制，明顯超出人類控制，卻又主宰所有人類活動。資本主義系統被證明既不會（如古典經濟學某些狂想所主張的那樣）自我調節，又不接受人類調控。競爭性資本積累的邏輯，像鐵律一樣強加在政治家、銀行家和工業家身上。因此，系統的每次重大危機都變成二擇一的選擇：是要在乎資本的邏輯，還是人的需要？是要進

「羅德斯巨像（Rhodes Colossus），腳跨開普敦和開羅。」《潘趣》（*Punch*）雜誌1892年12月10日。羅德斯（Cecil Rhodes）是百萬富翁、礦場主及帝國主義者。

行割喉的競爭，還是餵飽飢餓的人？是要帝國主義戰爭，還是國際團結？

在這一章，我們要分析一個極度病態的系統，怎樣激化一八七五年至一九一八年間的帝國主義、軍備開支和世界大戰。我們也會分析這段期間的大眾抵抗運動，在何種程度上可對資本主義系統構成挑戰，提供一個革命性的替代選項。

長期蕭條：一八七三年至一八九六年

一八四八年至一八七三年間，歐洲經濟經歷史無前例的榮景。在一八五〇年至一八六〇年的十年間，英國棉產品的出口量比前三十年加起來還多。比利時的鐵在一八五一年至一八五七年間的出口量翻漲一倍。世界貿易在一八〇〇年至一八四〇年之間增加不到一倍，卻在一八五〇年至一八七〇年間增長超過二五〇％。歐洲鐵路在一八五〇年的長度只有兩萬三千三百五十公里，但到了一八七〇年卻增至十萬兩千公里。在一八五〇年至一八八〇年間，英國蒸汽船的噸位數增加十六倍，世界其餘地區增加四倍多。

所有指標都是向上。在經歷一八四〇年代的貿易蕭條和革命激盪後，一個自信、成長又有無限機會的新時代看似宣布揭幕。霍布斯邦把一八四八年至一八七五年稱為「資本的時代」，其下墜發生得異常突然。一八七三年五月，維也納股票市場崩盤，接著一堆銀行因為貨幣供給收縮而倒閉。恐慌迅速蔓延，在德國，是斯特勞斯伯格（Bethel Henry Strousberg）名下鐵路帝國的崩潰戳破投機的泡沫。接下來四年，德國公司的市值減少六成。

一八七三年九月，庫克公司（Jay Cooke & Company）這家主要投資在鐵路、美國數一數二的銀行，也宣布破產。此事件引發的恐慌連累了九十八家銀行、八十九家鐵路公司和一萬八千家其他公司。到了一八七六年，每七位美國人中就有一位失業。

究竟是怎麼一回事？這道問題可以從兩個層次回答。最直接的原因是歐洲和美國的剩餘資本氾濫，流入投機投資，創造出灌水的資產價值。政治在這方面也起了作用。

俾斯麥於普法戰爭中的勝利、統一德國的誕生，以及法國的巨額賠款，共同在德國助長投機熱潮。南北戰爭中聯邦的勝利，還有一八六五年至一八七七年重建時期由政府支持的資本主義，在美國發揮相同影響。在歐洲和美國，政治統一及鐵路興建熱潮都助長市場的狂熱。

但起作用的還有更深層因素，這些因素把金融的崩潰變成曠日持久的不景氣。資本主義是沒有計畫性的，每逢景氣，資本家就會一窩蜂投資在有利可圖的事業；但如果太多人進入同一產業，就會導致產能過剩，而當商品和勞務賣不出去，就會湧現一波破產潮。

讓景氣進一步不穩定的，是勞工階級有限的購買力。因為資本家致力於把工資最小化、利潤最大化，工人缺乏收入購買所有靠他們勞力生產的商品和勞務。過度生產及消費不足是任何資本主義危機的孿生特徵，金融市場泡沫化及崩盤總是發生在更大經濟系統嚴重失靈的脈絡。

利潤和價格在一八七三年之後直直落。在一個由許多中小型公司構成的世界，激烈競爭會導致價格和利潤大跌。一八七三年至一八九六年的「長期蕭條」是以通縮而非通脹為特徵。與一八五〇年至一八七三年相比，一八七三年至一八九〇年的成長率大幅滑落：在德國，從每年四・三%降至二・九%；在美國，從每年六・二%降至四・七%；在英國，從每年三%降至一・七%。這表示「長期蕭條」與一九三〇年代的「經濟大蕭條」不同，程度上要相對的慢和淺。很多公司賺錢，很多工人的生活水準獲得提升（這部分是因為工資沒有跟隨價格的步伐下跌）。新的產業（例如化學和電器業）大步成長。新的資本積累中心趕超舊的「世界作坊」（workshops of the world）[11]。但農產品價格消沉一代人的時間，失業率居高不下。世界資本主義沉定在自由派經濟學家凱恩斯日後所說的「就業不足的均衡狀態」（underemployment equilibrium）。由此可見，資本主義系統並非總是欣欣向榮。市場並不會自我糾正，「看不見的手」可能帶來的長期不景氣就像長期景氣一樣多。

在一八八六年審視這一幕的恩格斯認定，世界已陷入「無止境經常蕭條的絕望泥潭」。失業者的困境是其指標：

> 每一回冬天的來臨都重新帶來這個重大問題：「該拿失業者怎麼辦？」雖然失業人數年復一年增加，卻乏人解答這個問題。失業者再也忍耐不下去，而要起來掌握己身命運的時刻，幾乎指日可待了。

資產階級怎樣回應他們系統這個居首重大的危機？我們可以分辨出三種趨向。首先是資本的急速集中與集聚。中小型公司破產後，市場變成被大企業支配，而這些大企業又會結合成為托拉斯（trust）或卡特爾（cartel），以這種方式管理競爭，保護價格和利潤。工業巨頭極度仰賴政府合約及銀行貸款，從而創造出國家、金融資本和工業資本的緊密連鎖關係。就這樣，古典資本主義被當時一些馬克思主義評論家所謂的「壟斷資本主義」、「國家資本主義」或「金融資本主義」（事實上是三種成分皆有）取而代之。這個過程在德國、美國最突出，這兩個國家現已趕超英國，成為數一數二的超級經濟強權。

新資本主義的一項關鍵特徵是保護主義。只有英國一個國家繼續擁護自由貿易。一九一四年德國的平均關稅是一三%，奧匈帝國是一八%，法國是二〇%，俄羅斯是三八%，美國是三〇%（美國關稅在一八九七年一度高達令人目瞪口呆的五七%）。

第二個趨勢是殖民主義。為了追求廉價的原物料、專屬市場和新的投資管道，列強將低度開發世界的許多地方轉變成為地緣政治戰場。遠東、中亞、中東、非洲和巴爾幹半島都爆發殖民地之爭。非洲在一八七六年只有一成地方是落入歐洲人的統治，但到了一九〇〇年，超過九成的非洲土地淪為殖民地。

鐵路再次成為事件中心，隨著市場在歐洲過飽和，新的鐵路鋪設到全世界。「柏林通往巴格達」鐵路是一個著名例子，設計來連接德國、奧匈帝國、巴爾幹半島和鄂圖曼帝國，其直接挑戰了英國、法國在愈趨重要的中東地區利益。

保護主義、殖民主義俱屬競爭性，這解釋了「長期蕭條」的第三個結果：列強之間緊張關係的升高，

⓫譯注：意思和「世界工廠」差不多。

以及武器支出的增加。這本身又有一個經濟衝擊，和導致主要資本主義國家內部權力結構的改組：政府、將軍與武器製造商互相勾結，形成日後所謂「軍工複合體」（military-industrial complex）的雛型。例如，英國的軍事開支在一八七〇年代至一八八〇年代之間保持穩定，卻從一八八七年的三千兩百萬英鎊陡升至一九一四年的七千七百萬英鎊。英國統治者此舉是為回應全歐洲範圍的軍備競賽，特別是回應越來越龐大的德國艦隊之挑戰。德國海軍的支出在一八九〇年代中期是九千萬馬克，到了一九一四年增加至四億馬克。為了繼續領先德國艦隊（德國艦隊從七艘戰列艦擴充至二十九艘），英國艦隊從一八九九年的二十九艘戰列艦增至一九一四年的四十九艘。

就像「經濟大蕭條」那樣，「長期蕭條」是被軍事開支終結。國家合約讓英國的阿姆斯壯—惠特沃斯（Armstrong-Whitworth）之流公司晉身企業巨頭，這公司最終支配了泰恩賽德（Tyneside），僱用了全部機械工人中的四成。加乘效果相當可觀，有一千五百家小公司是阿姆斯壯—惠特沃斯的直接轉包商，還有幾千家公司為成長中二十萬人口規模的工業城市提供商品及勞務。

「長期蕭條」創造出一種新形態的帝國資本主義（imperial capitalism），第一次世界大戰由此倒數計時。

非洲大獵

一八九八年九月二日，一支兩萬人的英國部隊和一支五萬人的蘇丹部隊，在喀土木（Khartoum）附近的恩圖曼（Omdurman）對戰。蘇丹是非洲屈指可數仍保持獨立的國家之一。

該國不宜人居，既有炙熱的沙漠，也有疾病肆虐的雨林。蘇丹人自己也是這麼看，他們說：「在創造蘇丹時，阿拉笑了。」在這片不饒人的土地，生活異常艱苦。但英國偏偏決定要從原住民手中把它搶走。

由大約六百個部落組成，存有一百種語言和十幾種不同的生活方式，蘇丹是不久前才結合為一單一政體。讓這種事發生的是帝國主義在十九世紀所帶來的衝擊。

土耳其裔埃及人對蘇丹的征服開始於一八二〇年代，直到六十年後仍然繼續進行。埃及人的占領極盡剝削壓迫之能事。收稅是一種準軍事行動，仰賴犀牛皮鞭協助執行。官員貪汙腐化，所以不僅有稅款，還有賄款要繳。故此，除了地理環境的嚴峻和貧窮以外，蘇丹人還得忍受外國統治者的霸凌。不過這在一八八一年至一八八四年間引發一波有力的反抗運動，把外國人驅逐出蘇丹，建立獨立的伊斯蘭國家。

抵抗運動會以伊斯蘭教作為號召，是因為只有宗教才能提供一個意識形態的架構，把蘇丹極其蕪雜的人群統一起來。又因為是在反對帝國主義的抗爭中被打造出來，這個國家不止伊斯蘭化，還極權又黷武。

湊巧地，埃及人也在一八八二年試圖以革命推翻英國在開羅支持的傀儡政權。但這場革命被粉碎，而英國人也取代土耳其人，成為埃及的實質統治者。緊接著，英國想要重新收復蘇丹卻失敗了，讓這個新伊斯蘭國家在一八八五年之後能夠全面控制自己的領土。不過，英國起初重新征服蘇丹的計畫並非全心全意。蘇丹是一片不毛之地，難以控制又不值得占領，所以英國政府才沒有非戰勝不可的決心。

但在下一個十年，許多事情發生了改變。直至一八七六年為止，對歐洲人來說，非洲大部分地區皆為未知的「黑暗大陸」。他們的勢力局限於在海岸地區或接近海岸地區建立的貿易站（其中很多的歷史都可回溯至十七世紀，而這反映出歐洲資本主義在當時的重商性格）。非洲其餘的部分則分割成許多處於不同發展階段的政體。在十九世紀大部分時間，埃及都是由一個邁向現代化的民族主義政權統治。北非的其餘地方是由跟鄂圖曼帝國有著某種聯盟關係的傳統伊斯蘭君主統治。阿比西尼亞（衣索匹亞）是個內陸的高地王國，有著古老的基督教文化。西非的阿散蒂人和南非的祖魯人是黷武的部落王國。撒哈拉以南非洲其餘的很多地方則與蘇丹相似，是由讓人眼花撩亂的小部落組成。一個重要例外是南非，在那裡，英國統治著納塔爾殖民地（Natal Colony）和開普殖民地（Cape Colony），而波爾人（荷蘭裔的白人農民屯墾者）控制著內陸的川斯瓦（Transvaal）和奧倫治自由邦（Orange Free State）。

一八七六年之後，非洲這種政治地理形勢在一代人的時間，受到英國、法國、葡萄牙、西班牙、德國、比利時和義大利的帝國主義徹底改頭換面。十九世紀中葉，工業資本主義傳播到歐洲許多地方，對初級產品、新市場及投資管道的需求因而快速成長。然後，一八七三年的金融崩盤和隨之而來的全球不景氣，激化歐洲資本家之間的競爭。結果就是在一八七六年至一九一四年之間，幾乎整個非洲被歐洲列強瓜分殆盡。這種土地掠奪現象在當時和後來都被稱為「非洲大獵」（Scramble for Africa）

非洲可以為歐洲成長中的工業和城市，提供黃金、鑽石、銅、錫、橡膠、棉花、棕櫚油、咖啡、可可豆、茶葉和很多其他東西。這塊大洲的居民（包括越來越多的白人屯墾者）又可以為歐洲製造商提供市場。殖民地的基礎建設計畫（例如鐵路建設計畫），讓歐洲工業家和債券持有人口袋滿滿。

由於這個原因，同時也是因為列強的地緣政治緊張不斷升高，瓜分非洲變成競爭性且帶對抗性。這讓不少缺乏經濟價值的地方跟著水漲船高。大國奪取殖民地變成是要把別國比下去。它們以此作為阻礙別國擴張的方法，也利用新取得的殖民地作為將軍力投射到別國「勢力範圍」的平臺。它們也想用殖民地來當作討價還價的籌碼。

法國控制了幾乎整個馬格里布（摩洛哥、阿爾及利亞及突尼西亞）和西非，夢想打造一個從大西洋延伸至印度洋的橫跨非洲帝國。與此相反，英國則夢想打造一個從開羅到好望角的南北向帝國，把它在埃及、東非和南非的既有屬地連成一塊。但德國人搶占了坦尚尼亞，讓英、法兩國的如意算盤都被卡住。

殖民主義使非洲人陷入深重苦難，抵抗受到大砲、機關槍和屠殺的敉平，土地在槍口威脅下被奪走，變為白人擁有的莊園。土著農人和牧人因為財產被搶奪、重稅、勸誘和恐嚇，被迫變成受薪勞工。

「北奈及利亞保護國」的英國高級專員盧吉（Frederick Lugard）堅持用「消滅」來回應一九〇六年的農民起義。有大約兩千名以鋤頭作武器的非洲村民被使用連發槍的士兵射殺。俘虜被斬首，頭顱插在尖刺上。造反的村莊被夷為平地。

德國軍事指揮官特羅薩（Lothar von Trotha）和盧吉一樣，明白主張「消滅」是對付製造麻煩的非洲人的好方法。一九〇四年至一九〇七年之間，有數以萬計的赫雷羅人（Herero）和納馬人（Nama）被德國人驅入納米比亞沙漠，飢渴而死。

在一八八五年至一九〇八年的比屬剛果，有數百萬人（可能占人口的一半）因為戰爭、飢餓和疾病而死。當時整個比屬剛果形同一座巨大的強制勞動營，土著工人如果採集不到規定數額的橡膠或象牙，就會被砍掉雙手。

正是「非洲大獵」在一八八五年至一八九五年間的白熱化，讓英國人回到蘇丹。光是還有非洲人統治的獨立國家存在這一點，就足以讓人感到遺憾，但真正讓英國人覺得有必要征服蘇丹的，是法國人準備在英國人的後院鬧事。

基奇納將軍（Herbert Kitchener）花費兩年的時間，沿著尼羅河修築一條鐵路，好讓他的部隊不管推進到哪裡都能獲得補給。他的人馬裝備現代步槍、機關槍和大砲，大部分蘇丹人的武器都只是矛和劍。「恩圖曼之戰」是一場大屠殺，基奇納的部隊僅有四百二十九人傷亡，但蘇丹人卻有一萬人被殺，一萬三千人受傷，五千人被俘。英國人任由受傷的蘇丹士兵躺在戰場上流血而亡，有時也會用刺刀把他們刺死。

這時，一小支法國遠征軍抵達南蘇丹尼羅河上游的法紹達（Fashoda）。基奇納溯河而上，與他們對峙，表示對方若不撤退就要開戰。法國人摸摸鼻子走掉。

「法紹達事件」是列強殖民衝突升溫的一個體現，這種衝突不僅發生在非洲，也發生在遠東、中亞、中東、巴爾幹半島、中歐和北海。資本主義不只散播了一種由礦場、種植園和機關槍構成的掠奪性殖民主義，還把人類推向第一場現代工業化世界大戰。

題外話6：何謂「帝國主義」？

在一九一六年一月至六月之間，俄國布爾什維克黨流亡領袖列寧寫了一本暢銷小冊子，名為《帝國主義：資本主義的最高階段》（*Imperialism: The Highest Stage of Capitalism*）。以勞工階級為聽眾，這本小冊子的目的是解釋資本主義的性格及一九一四年所爆發帝國主義戰爭的特徵。

列寧沒有號稱小冊子的內容是他原創。他的目的是概括並通俗化研究全球化系統首屈一指理論家的作品，包括英國自由派經濟學家霍布森（John Hobson）的《帝國主義》（*Imperialism*, 1902）、奧地利馬克思主義者希法亭（Rudolf Hilferding）的《金融資本》（*Finance Capital*, 1910）、波蘭—德國馬克思主義者羅莎．盧森堡（Rosa Luxemburg）的《資本的積累》（*The Accumulation of Capital*, 1913），以及俄國馬克思主義者布哈林（Nikolai Bukharin）的《帝國主義與世界經濟》（*Imperialism and World Economy*, 1915）。

這些研究都是企圖解釋霍布斯邦所稱的「帝國時代」（一八七五年至一九一四年），相當於馬克思資本主義理論一個激進更新。因為首先目睹了歐洲的軍國主義化，然後又目睹軍國主義化爆發為第一次世界大戰，這批思想家發展出新理論來解釋資本主義系統非比尋常的暴力性。

他們主張，經濟成長的急速步伐及工業投資的巨大規模已經轉化了資本主義的性格。在馬克思的時代，資本主義系統由小型、中型公司支配，其主要是在國內市場和殖民地市場競爭。但正如馬克思自己在《資本論》所指出的，資本主義的趨勢是邁向「資本的集中與集聚」（concentration and centralisation of capital）。

資本積累是競爭性，又因為較大的企業可以達到較大的規模經濟，它們通常可以把較小的對手踢出局。生產因此越來越集中在大工廠，而這些大工廠的所有權越來越集聚在大企業。危機加速了這個過程：透過把競爭壓力激烈化，會讓較弱的公司破產，讓較強的公司以壓低的價格買入資產和擴大市場。發展中的資本積累中心特別處於有利位置，因為它們建立新產業時採用最新技術。

「長期蕭條」就帶來這種後果。十九世紀晚期，很多國家的每個產業都是由少數幾家巨頭公司支配。在此同時，經濟霸權從英國轉移到德國和美國手中，它們的產出都在世紀之交超越英國。

列寧以五項特徵為帝國主義歸納出一個簡潔的定義：

一、生產和資本高度集中發展，以致產生經濟壟斷組織。
二、銀行資本和工業資本匯合，形成「金融資本」，並發展為金融寡頭。
三、相對於商品的輸出，資本的輸出變得益形重要。
四、瓜分世界的資本家已經形成國際壟斷同盟。
五、資本主義大國已將世界上的領土瓜分完畢。

就像馬克思在十九世紀中葉分析資本主義時所做的，列寧和他的同時代人透過聚焦在資本主義系統最先進的部分，歸納出其主要趨勢。他們的分析繪製出作為整體全球資本主義的路徑，惟帶頭的是德國和美國。

二十世紀初期，企業巨頭的龐大規模具有決定性：它們大得足以控制國民經濟及影響國家。每個產業的大公司都組成卡特爾或托拉斯，共同瓜分市場，訂定產量、價格和利潤

僅僅西門子與AEG這兩家公司，便幾乎包辦德國的整個電器業，而有兩個集團（每個集團由三家公司組成）包辦化學工業。一項研究估計，在一九〇五年約有一萬兩千家德國主要公司被組織成為三百八十五個卡特爾。列寧指出：「卡特爾變成整個經濟生活的基礎之一。競爭被轉化成為壟斷。」

因為能夠獲得信貸是大規模投資的先決條件，金融資本於是隨著壟斷資本一同興起。在一九〇七年至一九〇八年，以及一九一二年至一九一三年的五年之間，德國大銀行的總存款增加了四成。就像工業資本那樣，金融資本越來越集中化。到了一九一三年底，柏林最大的九家銀行（連同其分支機構）控制了德國全部銀行資本的大約八三%。光是其中最大家的「德意志銀行」就控制二三%。

工業與銀行變得互相倚賴。希法亭寫道：「越來越多的工業資本不屬於使用這種資本的工業家。工業家只有透過銀行才能取得對資本的支配權，對工業家來說，銀行代表這種資本的所有者。另一方面，銀行也必須將自己越來越多的資本投注在工業上。」所以透過不同的信貸形式（擴大貸款或購買股票、債券），銀行變成工業的所有者和組織者。所以希法亭才會說：「金融資本就是由銀行支配，而由工業家運用的資本。」

工業卡特爾及銀行辛迪加的權力轉化了國家的角色。只有英國一個國家是幾乎沒有在資本積累上扮演直接角色，而且僅在第一次世界大戰以前是如此。與此相反，在德國，在資本化一事上唯一可以跟私營的德意志銀行比肩的事業體，只有國營的普魯士國家鐵路管理局。

鐵路投資（一種戰略必要性），加上軍備開支，讓國家成為重工業產出的最大單一顧客。德國政府在一八七〇年至一九一四年間花費在海、陸軍的經費擴增十倍。克虜伯公司位於埃森的工廠在第一次世界大戰前四十年的營收增加四倍，而這幾乎完全是國家採購軍備的合約所造就。除了直接投資、給予國家合約，政府也用關稅為本國工業提供保護，使其免於受到來自外國的競爭。「以鄰為壑」（beggar-thy-neighbor）政策由德國在一八七九年開先河，其他大國（英國除外）紛紛跟進。

到了二十世紀初期，世界資本主義的發展已變得極度矛盾。一方面是全球化現象：經濟快速發展，巨頭公司占有主宰地位，對新市場的不停歇尋找，不斷擴大的國際貿易。另一方面則是經濟民族主義：不同的工業卡特爾、銀行辛迪加，跟軍事國家融合為敵對的民族主義—資本主義集團。

以最尖銳形式經歷這種矛盾的是這些集團中最有活力的「德國」，隨著尋找市場的德國資本數量持續膨脹，甚至跑出自己的國界之外。但它隨後碰到了障礙：保護性關稅、封閉的殖民地市場及外國資本家的競爭。這是第一次世界大戰最深層的根源。金融資本主義（意指巨大壟斷體的成長，還有工業資本、銀行資本及國家資本的融合）已經創造一個民族主義彼此競爭的危險世界。

布哈林這樣指出：

> 當競爭最終抵達其最高階段，當它變成國家資本托拉斯之間的競爭，那麼使用國家權力以及與國家權力連接的可能性，就會開始扮演一個吃重的角色……世界鬥爭圈的形勢越是嚴峻（我輩時代是以金融資本的「民族」群體之間最激烈競爭為特徵），訴諸國家權力鐵拳的情況就會越常見。

一九〇五年革命：俄羅斯大彩排

一九〇五年一月九日，一支二十萬人的龐大示威隊伍匯聚在聖彼得堡沙皇的冬宮前。有一位教士帶領這群工人，他們穿著做禮拜才穿的衣服，後面跟著家人，唱著聖歌，高舉沙皇的肖像。他們是要來向「小父親」⑫請願，申訴不平。

宮殿前方的雪地上站滿黑壓壓的人群。突然間，哥薩克騎兵發起衝鋒，用刀砍向男女和小孩。然後宮門警衛輪流射擊，示威者驚惶地逃入四周街道。這一次慘案的死者很可能超過一千人，所以被稱為「血腥星期日」。翌日，十二萬五千名聖彼得堡工人發起罷工，抗議大屠殺。一九〇五年的俄羅斯革命開始了。

從那一刻起，革命的浪頭起起伏伏，交錯著群眾罷工、農民起義和軍隊兵變。革命在秋天到達高潮，當時傳來俄國在遠東被日本打敗的消息（日、俄是為了爭奪朝鮮和滿洲的控制權而開打）。從十月中到十二月初，有五十天時間，首都受到「聖彼得堡工人代表蘇維埃」的統治，那是個代表二十萬工人的民主機構。這個警察國家在十月受到聖彼得堡一次大型罷工癱瘓，在十二月又經歷另一次，然後在十二月初，莫斯科發生武裝起義。

但革命運動始終未能取得突破，工人最後因為筋疲力竭撤退。當局展開反擊，有三千五百人在祕密警察策劃的反猶太人大屠殺中被殺，執行屠殺的是國家支持的準軍事組織「黑色百人團」（Black Hundreds）。聖彼得堡的蘇維埃受到鎮壓，其領袖遭到逮捕。莫斯科郊區的工人居住區受到砲擊，投降者被冷血槍殺。

待人數大量減少、分散各處之後，流亡的革命分子紛紛辯論是哪裡出了差錯。最能看出問題所在的人，亦為最能體現革命精神者，是二十五歲的猶太知識分子托洛斯基。他是短命的聖彼得堡蘇維埃的實質領袖。

托洛斯基的「不斷革命論」（theory of permanent revolution）——後來被一九一七年的事件證明正確——解決了俄羅斯歷史一道世紀謎題：革命若想要得到勝利，必須採取何種形式？

縱觀整個十九世紀，致力於反對沙皇制度的激進知識分子幾乎完全為單獨行動。他們沒完沒了討論自己的困境，不斷嘗試尋求群眾的聲援，但總是失敗。知識分子自詡為「人民的喉舌」，但他們的聲音又總是空洞的回聲。

大部分革命分子，亦稱為「民粹派」（Narodniks），嚮往一場推翻沙皇、地主和神職人員的農民革命，嚮往一個以村莊、免費農田和地方生產為基礎的後革命烏托邦。有些民粹派「走向人民」，深入鄉村，煽動村莊進行革命。其他人相信「行為的宣傳」，希望能夠採用些恐怖手段（例如暗殺顯要）激發革命。換言之，民粹派企圖利用呼籲或炸彈扳倒沙皇，但他們成功做到的只是招來警察的打壓。他們希望喚起的農民群眾，始終處於政治沉睡狀態。

農民生活是由日常耕作及社會孤立所形塑。一個農民最大的願望，只是可以看見自己的土地擺脫枷鎖，看見自己變成富裕獨立的農夫。俄國農民就像馬克思一度形容法國農民那樣，是「一袋馬鈴薯」，也就是說他們並不是真正的集體，而是被小財產的實際或夢想綁在一起的階級。

農民起義是成功革命的必要條件。沒有農民起義，軍隊（絕大多數是徵自農民）將會繼續效忠國家，對革命分子開火。但農民起義不是充分條件，因為農民作為一個小有產者的混合體，沒有能力創造自己的革命運動或黨派。他們必須受到外來的領導，也就是受到城鎮的領導。但哪一個城市階級可以提供領導

⓬譯注：俄國人稱沙皇為「小父親」。

呢？知識分子缺乏社會分量，能夠領導的必然是資產階級或無產階級。

幾乎所有「社會民主黨人」（這是當時俄國對社會主義者的稱呼）都相信，俄羅斯的落後意味著革命只能是以資產階級革命的形式出現。他們拒絕接受民粹派的烏托邦幻想，不認為既有的農村可以被直接轉化為農業公社。「孟爾什維克」（Mensheviks）主張資產階級自由派可以領導鬥爭，所以社會民主黨人應該支持他們，避免採取任何會破壞階級聯盟的「過激主義」或「極端主義」；「孟爾什維克」意指「少數派」，因為他們在俄羅斯社會民主黨於一九〇三年倫敦一場會議分裂後成了少數派。「布爾什維克」（多數派）卻堅持主張俄羅斯資產階級太小、太弱又太過依賴沙皇制和外國資本，而且作為大有產者階級太過害怕革命動亂，以致無法提供必要的領導，所以革命在歷史現階段雖必然會產生一個資產階級政府，但革命本身必須由無產階級與農民的聯盟來領導。

「布爾什維克」領袖列寧認為資產階級膽小的意見，被證明為正確。一九〇五年，當首波來福槍聲響起後，資產階級自由派就逃之夭夭。工人們只能單獨戰鬥。

但托洛斯基從一九〇五年的事件看得更深：只有無產階級具有領導革命的潛力；只有在城市中發生的大罷工和起義性示威可以引發農民革命；也只有在農民革命之後，軍隊會兵變，政府會瓦解。不過在那之後，欲完成並鞏固民主的勝利，要防止反動力量重新集結以粉碎革命無產階級，有必要建立一個工人政府。

任何工人政府只能是無產階級利益的喉舌，會支持工人對工廠的控制、支持農民對土地的奪取，以及充公有錢人的財產。托洛斯基力主，任何較小的做法都會讓勝利失色，讓財產和權力繼續留在階級敵人手中，以及讓革命所仰賴的工人和農人喪失士氣。

所以他反對列寧主張用「無產階級和農民的民主專政」來實現一場「資產階級革命」，堅持要讓「無產階級專政」，並推行一場「不斷革命」，好讓俄羅斯的民主化可以引發社會主義的世界革命。

托洛斯基的願景是個不凡的願景。俄羅斯是歐洲大國中最落後者，城市寥寥無幾，國土極其遼闊但交通方式落後。一億五千萬人口中大部分都是農人，其中大部分又因為土壤貧瘠、氣候嚴苛和技術原始而身處貧困。俄國有大約兩億五千萬人是受薪勞工及其家眷，但他們多住在農村。真正的城市無產階級約三百五十萬人，他們受僱於工廠、礦場，其中僅有兩百萬人受僱於大得夠資格受政府監管的工廠。

不過這群無產階級人數雖少，卻是高度集中，身處沙皇經濟和政治權力的核心；此階級是經過一代人的時間，由國家贊助的工業化迅速打造而成。在鐵路、榴彈砲和機關槍的時代，俄羅斯若想繼續保有大國地位，就需要煤礦、鋼廠和機械廠去生產這些東西。地緣政治的這種最高要求，觸發了創造現代工業的國家行動。

政府投資（由高稅率及外國貸款挹注）加上關稅保護，創造出破紀錄的八％年成長率；而且俄羅斯建立的新工業是最先進種類的工業。美國排名前一千大企業只僱用一八％的工人，但俄羅斯前一千大企業卻僱用超過四一％的工人。另外，俄羅斯無產階級有三分之二集中在三個地區：聖彼得堡、莫斯科和烏克蘭。

沙皇國已經創造出自己的掘墓人。工人在一九〇五年未能把這頭猛獸埋葬，但到了一九一七年，情形將會不一樣。

鄂圖曼帝國和一九〇八年的「青年土耳其人」革命

革命具有感染性，一九〇五年的俄國革命亦不例外，觸發了一輪革命，最引人注目者為波斯革命（一九〇六年）、土耳其革命（一九〇八年）、墨西哥革命（一九一〇年）及中國革命（一九一一年）。

發生在土耳其的革命，將會在接下來二十年將中東改頭換面。

一九〇八年，這個地區受到鄂圖曼帝國支配，該帝國統治著土耳其、敘利亞、伊拉克和阿拉伯半島西部，是十四世紀期間一名說土耳其語的軍閥所創建，歷經十五世紀晚期至十六世紀初期一連串征服大戰，打造出橫跨歐亞的巨大版圖。當時鄂圖曼軍隊向西征服巴爾幹半島，進逼中歐，最遠到達維也納；向東推進至裏海和波斯灣；征服紅海兩岸，紅海就此成為鄂圖曼帝國內海；幾乎橫掃整個北非，把埃及、利比亞、突尼西亞和阿爾及利亞都納為鄂圖曼帝國一省。

帝國由一位專制的蘇丹，以及一部士兵和官員構成的機器統治。為了方便管理，鄂圖曼帝國的市民社會（鄉村地區地主和農民，城鎮地區商人和工匠）被區分為不同的「米特利」（民族—宗教群體），各由保守的社群領袖控制。鄂圖曼政府在境內主要關注維持秩序和收稅，市民社會是為了帝國政府利益而存在，經濟是為政治服務。經濟和社會勢力的自由發展受到官僚系統、封建精英及部落精英的阻礙，這些人鐵了心要捍衛自身傳統權力和特權。因為這個理由，十八世紀期間，地緣政治霸權從停滯的鄂圖曼帝國轉移到活力十足的歐洲對手手中。

隨著中央權力式微，帝國的固有弱點，包括缺乏地理及民族上的一貫性，就此暴露出來。十九世紀初期，埃及在當地太守統治下形同獨立，希臘透過武裝起義贏得自由。鄂圖曼帝國變成「歐洲病夫」。雖然分裂的威脅不斷升高，鄂圖曼統治階級仍堅拒改革和現代化。接連幾起「發自上層的資產階級革命」的企圖俱告失敗。

鄂圖曼帝國在十九世紀得以續存，端賴列強間的彼此敵對，還有外國貸款和投資的源源流入。英、法兩國在克里米亞戰爭中支持土耳其人，藉此遏止俄羅斯向南擴張。之後英國、法國的銀行家又貸款給土耳其，供其修築鐵路和採購軍備。十九世紀晚期的現代化，因此把鄂圖曼帝國帶進半殖民依賴（semi-colonial dependency）狀態。哈米德二世（Abdulhamid II，一八七六—一九〇九）政權將六成收入花在軍隊和行政管理，三成用在還利息給外國銀行家。

一九〇五年至一九〇七年期間，受到俄羅斯榜樣的鼓舞，生活在東土耳其的亞美尼亞人揭竿而起，反對當局開徵新稅和徵兵的命令。鄂圖曼當局無力鎮壓起義，只好取消徵稅命令、給予亞美尼亞人特赦。不過在當局這樣做之前，革命已蔓延到帝國其他部分。

一個稱為「聯合進步委員會」（Committee of Union and Progress, CUP）的地下反對網絡，在服役於巴爾幹半島的中階軍官間形成。這個「青年土耳其人」（Young Turk）運動的心臟地帶是鄂圖曼統治的塞隆尼卡（Salonika，今日希臘的塞薩洛尼基〔Thessaloniki〕）。「聯合進步委員會」為中產階級民族主義者的組織，他們對哈米德政權的積弱腐敗感到憤怒。這個組織以建立自由派憲法為職志，致力推動可以讓鄂圖曼帝國回復大國地位的改革及現代化。

一九〇八年七月三日，有位初生之犢的陸軍上尉採取片面行動，發布一起革命宣言。受此驅動，「聯合進步委員會」領袖恩維爾·帕夏（Enver Pasha）在七月二十三日要求朝廷恢復憲法（這部憲法是在一八七六年十二月通過，但三個月後被取消）。巴爾幹半島的鄂圖曼部隊紛紛起義作為響應。恩維爾提出要求的第二天，哈米德宣布舉行議會選舉。軍隊造反迫使獨裁政權不得不讓步。

這是一場軍事政變，還是群眾革命？兩者皆是。那是一場由軍官領導的革命。軍隊軍紀起了反作用：普通士兵並沒有兵變，他們只是按照軍官的命令反對政府。但他們也因為軍餉被拖欠及腐敗橫行而充滿不滿情緒。革命點燃一波罷工（在一九〇八年八月至十二月之間發生一百一十一起），導致平均工資上漲一五％。革命也蔓延到農村地區，農民因為抗稅、抗徵兵，開始揭竿而起。帶頭的是亞美尼亞人，但土耳其人、阿拉伯人很快跟進。

所以這是一場由中產階級軍官領導的群眾革命。為什麼「青年土耳其人革命」會採取這種特別的方式？

鄂圖曼帝國工業不發達且需依賴外國資本，所以其資產階級、無產階級都特別羸弱。大城市之外，鄂圖曼社會在地理上分散、社會上駁雜、文化上紛歧，為國效力的中產階級（絕大多數是軍官）是唯一有凝聚力、組織和願景去領導一場革命的社會群體。鄂圖曼帝國為軍事國家，鄂圖曼革命很自然是由軍人領導。一個傳統的帝國正趨沒落，受到現代性力量的威脅，所以創造出一種特殊形式的資產階級革命：法國式革命（發自下層革命）加上普魯士式革命（發自上層革命）的混種。

獨裁統治雖然結束，但獨裁者仍然在位。「聯合進步委員會」站在革命的最前頭，卻被排除在國家權力之外。一九〇八年七月至一九〇九年四月之間，鄂圖曼帝國受到不穩定的雙頭權力統治，皇宮和軍營就政治權力的爭奪纏鬥不休。

一九〇九年四月中，危機爆發。伊斯蘭保守主義者在蘇丹的默許下，於伊斯坦堡發起反對新改革政府的群眾示威，而忠於朝廷的準武裝部隊在阿達納省（Adana）屠殺了一萬七千名亞美尼亞人。「聯合進步委員會」出手對付這場反革命。四月二十二日，來自巴爾幹半島的軍隊進入伊斯坦堡，恢復憲法。一週後，他們占領耶爾德茲宮（Yildiz Palace），強迫哈米德二世退位。

這場二次革命讓「聯合進步委員會」的領導階層形同掌控了國家權力。但鄂圖曼帝國累積的矛盾被證明並非新政權可以解決，一九〇九年至一九一四年是持續發生政治危機的時期。

革命釋放出一些強而有力的勢力。如果「聯合進步委員會」想要建構一個現代的資本主義民族國家，就必須圍堵無產階級和農民的起義，也必須能夠鎮壓帝國各屬民（塞爾維亞人、希臘人、保加利亞人、亞美尼亞人和阿拉伯人）的民族獨立嚮往。

革命行將受到戰爭的轉化。在一九一一年至一九二三年間，土耳其被捲入一連串的戰爭，導致舊土耳其帝國被摧毀，新土耳其共和國創立。鄂圖曼人在一九一二年失去利比亞，在一九一三年失去馬其頓。四面楚歌的「聯合進步委員會」領導階層變得越來越極權，越來越依賴外國貸款及專家，以興建鐵路和現代化軍隊。一九一三年一月，立憲政府在一場軍事政變中被推翻，由「聯合進步委員會」三位最高領袖的獨裁取代。因為越來越依賴德國資本及軍事顧問，導致鄂圖曼政府在一九一四年八月初，與柏林建立祕密軍事同盟。

此時「聯合進步委員會」的領袖開始鼓吹泛土耳其民族主義。這同時對帝國內的屬民及俄羅斯在中亞的利益構成威脅，因為帝國內有約一半人口不是土耳其人，而中亞有很多土耳其人生活在沙皇統治之下。與激烈打壓國內少數民族並行的，是對高加索用兵和把鄂圖曼帝國轉化為德國帝國主義的前哨站。

一九〇八年至一九〇九的「青年土耳其人革命」是由中產階級領導，有著資產階級—民族主義目標，工人、農民士兵和少數民族的群眾革命受到打壓。隨著被領袖帶進一場工業化的世界大戰，鄂圖曼帝國的人民將會付出慘痛代價。

薩帕塔和墨西哥革命

墨西哥市和莫雷洛斯州（Morelos）首府庫埃納瓦卡（Cuernavaca）的距離不到四十英里，但在一九一四年，這兩座城市卻宛如相異世界。墨西哥市是由地主、生意人和政治人物組成的資產階級自由派控制，庫埃納瓦卡則是由薩帕塔民族解放軍（Zapatistas）控制。

在庫埃納瓦卡，所有人都穿白色睡衣、戴大草帽和趿涼鞋，這是墨西哥工人的穿著。他們看起來都是同一個樣子，你不可能分得出誰是領袖、誰是追隨者。每個人都說鄉村的土語，幾乎所有人都是純種印第安人血統，很少人懂得讀書、寫字。

簡言之，庫埃納瓦卡是由起義的農民控制，有錢人已經逃跑。游擊隊領袖原是一名小農，名叫薩帕塔（Emiliano Zapata）。

薩帕塔是墨西哥農民革命的化身，他從未完全超越農村的天真和地域主義。他討厭城市，不信任穿西裝、皮鞋的人。「他們全是一群王八蛋。」他這樣形容墨西哥追求自利的政治人物。所以他避開墨西哥市、全國政治，以及用高官厚祿收買他的企圖。

不能被腐化的他在十年革命中始終忠於農民的大業。作為回報，墨西哥南方的窮人把他奉為偶像崇拜。當一個住在偏遠村落的老婦人被問到她對薩帕塔的觀感時，她回答：「我們是貧窮的山區印第安人，會緊緊抓住首領薩帕塔馬匹的尾巴，跟隨在他後頭。」

薩帕塔的政治願景及其領導農民革命的追求，體現在他發表的阿亞拉計畫（Plan Ayala）。該計畫第六款要求歸還有錢人在村莊占奪的農田、樹木和水源，第七款要求把所有大莊園的三分之一重新分配給沒有土地的人，第八款要求把反革命分子的所有財產充公，將其中三分之二作為戰爭撫卹金和對窮人的賠償。

阿亞拉計畫是對背叛的一個回應：一九一〇年，窮人曾被說服參加反對獨裁者迪亞斯（Porfirio Diaz）的武裝抗爭，但他們的革命願景後來遭到背叛。

革命開始前，墨西哥受到西班牙裔地主精英階級的支配，政治由一個凡事為己謀的小圈子把持，選舉是由密室協議和選票舞弊決定。不管是誰當選，都一定是大莊園園主。

這並不表示墨西哥從未改變，只表示任何改變都是迎合同一批人的利益。經濟情況事實上正在發生改變，世界對墨西哥主要出口產品的需求不斷增加，在一八九〇年代中期以後更是如此。這讓大莊園園主大發利市，他們用賺來的錢擴大莊園、挖掘灌溉系統、添購新的碾穀機。擋住他們發財之路的是村民。但大莊園園主有的是錢，而政府又貪汙腐敗，他們輕易可以僱用打手、賄賂地方警察，為所欲為。村民要到城鎮捍衛自己的土地所有權，卻會被法院像垃圾那樣掃地出門。

這就是迪亞斯獨裁下墨西哥的情況。但這個由老去獨裁者及環繞他的自利派系構成的政權太過排他且不知變通，所以當自由派政治人物馬德羅（Francisco Madero）在一九一〇年挑戰迪亞斯的獨裁時，獲得中產階級的廣泛支持。更重要的是，當迪亞斯拒絕下臺時，農民紛紛揭竿而起。

不過馬德羅當權後卻要求游擊隊解除武裝，然後他又食言而肥，拒絕實行土地改革。農民起義抗議時，大批武裝警察和聯邦士兵湧入農村地區。墨西哥農村的階級戰爭很快重新開打。

墨西哥社會的核心矛盾在於大莊園跟農村之間的衝突，在於西班牙裔地主跟印第安農民之間的衝突，在於少數有錢人跟大部分窮人之間的衝突。迪亞斯的保守派支持者與馬德羅的自由派支持者的歧異僅屬次要。

拉丁美洲的保守派一般擁護獨裁者，跟軍隊和教會靠近，支持主要是來自統治階級中較傳統的部分（例如古老的地主世家）。自由派偏好議會政府，想要較為獨立於外國勢力（特別是美國的勢力），支持主要來自商人和中產階級。

但保守派與自由派的共通處大於分歧處：他們是西班牙裔有產階級的兩翼。這就是為什麼自由派一趕走迪亞斯之後，馬上向農民開刀。

墨西哥北方的主要游擊隊領袖是前「社會型盜匪」（social bandit）維拉（Pancho Villa）。所謂「社會型盜匪」係指專門打劫有錢人，但受到一般老百姓愛戴的不法之徒。在危機時期，「社會型盜匪」有可能會壯大為農民革命隊伍，讓維拉之類的人物變成國民領袖。

但維拉政治上不老練，且有點投機取巧。雖然他從未跟墨西哥北部的農民決裂，卻也沒有為他們提供清晰、一貫的革命領導。

薩帕塔很快成為南方游擊隊的主要首領。因為本來是個小農，他在農村的根基要比維拉牢固，而他的政治願景也更忠實反映農村窮人對土地、水源和安全的渴望。

維拉、薩帕塔及其他群眾首領的反抗，癱瘓了國家機器在許多鄉村地區的運作。政府的軍警只能守住主要城鎮，任由周圍鄉村地區落入叛軍手中。

然後歷史在較高的層次重演：馬德羅被旗下一名將軍韋爾塔（Victoriano Huerta）謀殺，另一名自由派政治人物卡蘭薩（Venustiano Carranza）馬上組成「護憲軍」，重新跟農民結盟，恢復反獨裁的抗爭。維拉和薩帕塔的農民軍在一九一四年進入墨西哥市。但他們並沒有接管國家權力，而是把控制權交還給資產階級自由派。

薩帕塔將墨西哥農民的農業─社會革命體現得太絕對，其中包含了農民的地域主義。他痛恨有錢人和自由派。他因為對謊言和背叛經驗老到而變得聰明。阿亞拉計畫的內容流露出怨恨，譴責馬德羅企圖「用刺刀的蠻力讓農村閉嘴和溺斃在血泊裡，只因為農村要求他實現革命當初的承諾」。

然就在一九一四年十一月，身處權力最高峰的他，卻將國家大權交給卡蘭薩的「護憲派」──馬德羅的自由派繼承者。薩帕塔甘於回到莫雷洛斯州，作為當地農民革命的導師。

因為無法想像（更遑論動手創造）一個工人與農民組成的民主國家，薩帕塔任由他和追隨者在墨西哥社會頂層撬開的空間，重新被農村的階級敵人占領。或遲或早，當這些敵人完成準備工作和認定時機成熟，就會動手反攻，要剷除薩帕塔民族解放軍的危險榜樣：由鄉村老百姓發起的發自下層革命。

這花了他們六年時間。然後他們在美軍的幫助下在北方展開掃蕩，很快就逼得維拉到處奔竄。雖然游擊抵抗持續著，但北方革命運動的元氣自此沒有恢復。維拉最後在一九二三年七月被謀殺。

南方的抵抗要頑強得多。但到最後，戰爭造成的大肆破壞及人口流失，讓薩帕塔民族解放軍變成人數越來越少的小股游擊隊。

儘管如此，南方革命首領在一九一〇年組成的「兄弟幫」繼續維繫。他們有些人接受特赦，但沒有人反轉槍頭對付仍留在戰場上的舊同志。一般老百姓不在乎獎賞或威脅，繼續偷偷摸摸為叛軍提供支援。

薩帕塔本人中了詭計，走入陷阱，在一九一九年四月被槍殺。莫雷洛斯州的政府軍事指揮官宣稱：「薩帕塔消失了，薩帕塔民族解放軍死了。薩帕塔不過是個幫派分子。」

事情沒有這樣簡單。薩帕塔派的首領和奧夫雷貢（Alvaro Obregon）結成聯盟，在一九二〇年作為一支戰勝軍的一部分，再次進入墨西哥市。卡蘭薩遭到推翻和暗殺。這一次，自由派決心要保留權力，所以放任莫雷洛斯州的農村不管。對他們來說，薩帕塔已死，而墨西哥作為一個整體，已經變得對資本主義安全，這就夠了。

想要勝利，一場革命必須不斷推進，將越來越多的群眾吸納到鬥爭中，在時機許可時奪取國家權力，然後利用該權力作為槓桿，把革命成果擴大至國際。反過來看，如果一場革命停下步伐（更遑論是向後撤退），就會讓階級敵人有機會重組力量並籌備反擊。

薩帕塔民族解放軍在十年革命期間非比尋常的韌性，為農村人民帶來持久利益。但是他們的地域主義——以為在自己的鄉村從事革命便已足夠——讓他們未能擁有改變世界的眼界。

一九一四年：墜入野蠻

一九一四年六月二十八日，塞爾維亞民族主義者普林西普（Gavrilo Princip）刺殺了正在波士尼亞境內塞拉耶佛進行國是訪問的奧匈帝國王儲斐迪南（Franz Ferdinand）大公。五週後，奧地利、俄羅斯、德國、法國和英國爆發大戰。一千五百萬人將會在接下來四年的工業化大屠殺中喪生。這究竟是怎麼回事？

重大事件都有多層原因。更精確地說，直接導火線會觸發一連串像是俄羅斯套娃娃似的矛盾：外交矛盾套著的軍事矛盾，地緣政治矛盾套著的外交矛盾，經濟矛盾套著的地緣政治矛盾。這就是歷史學家泰勒（A. J. P. Taylor）何以能夠主張，世界大戰會在一九一四年七月至八月發生，是因為鐵路時刻表。他指的是交戰國都相信這會是短暫快速的戰爭，以致於用火車動員和部署軍隊的速度將決定戰爭結果。所以，當一個國家開始動員，其他國家就起而效尤。

但這只是危機爆發的最直接原因及最不重要原因。在處理複雜事件時，主流歷史學家常犯的錯誤之一是只盯住一個原因。火車時刻表的妙說，反映出大戰有時候可以被小事觸發。但是大戰總有大原因，「歷史偶然說」（cock-up theory of history）能解釋的事情並不多。第一次世界大戰是一場醞釀了數十年的帝國主義戰爭，現在讓我們探入其底層起因。

雖然歐洲局勢緊綳，但塞拉耶佛行刺事件起初並未引起普遍震撼，看來僅是奧匈帝國一樁國內事務。奧匈帝國是位於歐洲心臟地帶一個搖搖欲墜的王朝帝國，由說德語的哈布斯堡家族統治。奧地利和匈牙利的統治階級攜手管理帝國，由老耄的獨裁者約瑟夫（Franz Josef）兼任奧地利皇帝和匈牙利國王（這種安排稱為「雙重君主制」）。但奧匈帝國近半數人口既非奧地利人也非匈牙利人，而是隸屬九個少數民族的其中之一。

哈布斯堡政權受到勞工階級越來越大規模的激烈行動，和屬民日趨高漲的民族主義情緒威脅，其回應方式是有時鎮壓，有時改革。但一九一四年的立憲政府已經破局，國政由赫岑多夫（Conrad von Hötzendorf）之類的鷹派人物把持。他力主：「只有一種侵略性政策……可以挽救這個國家免於毀滅。」反對派受到恐嚇，當局決定透過決定性軍事行動來重申國家權威。

被選中的靶子是塞爾維亞，這個巴爾幹半島上的獨立國家，對奧地利統治下的塞爾維亞人來說是抵抗的一座燈塔。一九〇六年至一九一四年間，赫岑多夫在國務會議上二十五次極言攻打塞爾維亞。塞拉耶佛事件為哈布斯堡王朝的鷹派提供了絕佳機會。

七月二十三日，奧地利政府對塞爾維亞發出最後通牒，指控塞爾維亞人涉及斐迪南遇刺案，表示如果塞爾維亞不完全配合案件調查，和壓制境內的反奧地利情緒，就要對塞爾維亞宣戰。因為對塞爾維亞的回應不滿意，奧地利在七月二十八日發出戰爭動員令，又在多瑙河的另一頭對貝爾格萊德開火。這是第一次世界大戰的第一輪槍聲。

塞爾維亞與俄羅斯為盟國，俄國人與奧地利人在巴爾幹半島則是地緣政治對手。俄羅斯本身亦處於革命邊緣，聖彼得堡的工人已經在維堡區（Vyborg）建立街壘，正在跟沙皇的部隊戰鬥。

七月三十日，沙皇命令名下軍隊動員，就像維也納，在聖彼得堡控制大局的是鷹派。立場強硬的部長和將軍極力主張，戰爭對捍衛俄羅斯在巴爾幹半島的利益屬必要，而且此舉可激起人民的民族主義熱情，緩和他們的革命情緒。

但俄羅斯的動員對德國構成致命威脅，國家統一及迅速工業化已造就德國歐洲最強國家之位，使其三個神經敏感的對手：俄國、法國和英國，締結為「三國同盟」（Triple Entente）。德國只剩下一個主要盟友（即奧匈帝國），因此面臨得在兩條戰線對抗強敵的不利前景。

對此，德國以一項精心安排的戰爭計畫作為回應，稱為「施里芬計畫」（Schlieffen Plan，以設計該計畫的總參謀長命名）。這項計畫預計採取閃電戰用六週打敗法國，然後把大批德軍移往東部面對「俄羅斯壓路機」。時間的拿捏至關重要。當俄國人在七月三十日下達動員令時，「施里芬計畫」即刻啟動。於是德國政府在八月一日對俄羅斯宣戰，八月三日對法國宣戰。

英國人只猶豫了一下子，他們害怕德國宰制歐洲，直接威脅大英帝國的安全。這場危機由此暴露出主要分裂線：德國和英國的帝國主義競爭。

十九世紀中期，英國（本來的「世界工廠」）是唯一的工業超級強權，出產世界五〇％棉花、六〇％煤和七〇％鋼。到了一九一四年，英國在這些工業的占有率大降，棉花降至二〇％，煤降至二〇％，鋼更降至一〇％。德國和美國的工業生產力都超過英國。不過英國仍擁有最大的帝國，在二十世紀初的全盛時期，英國控制世界超過五分之一的土地和四分之一的人口。惟支撐其全球霸權的工業力量卻正在衰退。

在此同時，帝國主義的緊張關係不斷升高。國民經濟的每個領域都更受到領域內少數巨型壟斷公司支配。這些公司不停地尋找原物料和新市場，在全球規模上跟外國對手發生衝突。民族國家之間傳統的地緣政治衝突，和資本集團之間的經濟衝突，由此融合在一起。各大國都為了防範其帝國主義對手而投入軍備競賽。

所以，在第一次世界大戰前夕，歐洲是個徵兵規模前所未見的大洲。食物、衣著、武器、裝備和彈藥的工業化供應，意味著歐洲六百萬常備軍可以即時開赴戰場；另有大約一千三百萬後備兵可以作為補充。

在一九〇六年至一九一二年之間，德國推行「世界政策」（Weltpolitik），要讓德國崛起中的帝國主義跟英、法的既有帝國一較高下。該政策主要表現於跟英國的海軍進行軍事競賽。德國的「世界政策」挑戰英國外交的兩大原則：維持歐陸的權力平衡，以及防止英倫海峽港口落入敵對國家之手。這兩項原則都是根植於英國的島嶼地理形勢、商業利益和傳統的海上霸權。

英國及其航運路線受到一支龐大艦隊的妥善保護。一個分裂的歐洲讓英國統治階級有暇去剝削它的帝國和從海外貿易牟利。但如果歐洲由一個強權稱霸，特別是如果這個強權控制了英倫海峽的港口，就會對英國構成威脅。海軍軍備競賽導因於此。為了繼續領先德國，英國將其艦隊從一八九九年的二十九艘戰列艦增加至一九一四年的四十九艘，也從「光榮孤立」（splendid isolation）走出來，與法國、俄國締結同盟。

這對德國構成一項無法久撐的軍事負擔。在英國海軍擴充的同時，法、俄兩國的陸軍也在擴充。德國是個兩面受敵的歐陸強權，所以被迫放棄海軍軍備競賽，專心擴充陸軍。德國不可能同時在歐洲防衛自己，又在海上挑戰英國。

到了一九一二年底，德國的領導階層深信他們已經輸掉歐洲軍備競賽，實力的天秤正在變得對他們不利，因此傾向於打一場先發制人的戰爭，而且是越早打越好。德國陸軍首長毛奇（Helmuth von Moltke）力主，一場「諸國之戰」（a war of nations）乃是無可避免。

所以第一次世界大戰是由互相敵對的民族國家聯盟的軍事競爭引起，而這些民族國家代表敵對帝國主義資本集團的利益。

資本的集中與集聚，也就是在一八七〇年代中期之後急速加速的長期過程，創造出一個由全球性敵對企業構成的世界。工業化的傳播也創造出資本主義工業的一些大型新中心。所以歐洲大國的傳統衝突受到競爭性資本積累的重新配置和重新注入能量。這些深層的矛盾反映在軍備競賽、軍事聯盟和戰爭計畫上，標誌著大戰的倒數計時。這些內在緊張受到七、八月危機的觸發。

但工業化帝國主義不只把歐洲拉入大戰的衝突，還創造出空前未有的毀滅手段，其規模讓第一次世界大戰成為歷史上最恐怖的戰爭。一九一四年，資本主義把人類推向野蠻，這是左派許多人早已料到的。但沒有人預想得到的是，歐洲各社會主義政黨領袖竟然大力擁護戰爭。

改革還是革命？

一九一四年八月四日，「德國社會民主黨」（歐洲最大的社會主義政黨）在德國議會投票中一致贊成批准政府進行戰爭借貸。此舉等於支持一場將會造成一千五百萬人喪生的帝國主義戰爭，這個決定震驚了歐洲的左派。「那是我們人生中看過的最大悲劇。」俄國革命分子布哈林這樣說。托洛斯基指出：「德國社會民主黨的投降，比德國的宣戰更讓我覺得吃驚。」列寧最初以為他在報上讀到的消息是捏造的。

德國工人運動深受打擊。年輕的德國社民黨活躍分子托妮・森德爾（Toni Sender）說：「一切看似分崩離析。」當時她坐在一列開往前線的貨運火車上，火車裡擠滿部隊。他們大部分都是有家室的男人，表情黯然，對於即將發生的事毫無熱忱。幾天前的七月二十八日，十萬名反戰示威者走上柏林街頭。在開戰前的最後四日，德國各處共發生兩百八十八場反戰示威，參加者加起來多達七十五萬。這種群眾運動自一九一一年就屢見不鮮，一直都是由德國社民黨率領。但社民黨在八月四日的投票卻把反戰運動打入深淵，把德國勞工階級送入「容克」軍官階層及其戰爭機器手中。

八月四日傍晚，一小群革命分子在羅莎・盧森堡（Rosa Luxemburg）的柏林公寓聚會。他們發布了一則反帝國主義宣言，邀請大約三百名具領導性的社會主義者簽署。蔡特金（Clara Zetkin）是唯一願意立刻簽署的人。反戰的社會主義者突然間變成極小的少數派。

德國的情形在整個歐洲重演：各國的社會主義政黨紛紛拋棄國際主義，改為支持自己的政府投入帝國主義世界大戰的決定。「第二國際」（Second International）這個各社會主義政黨的世界聯盟被證明是贗品，不但未能力挺無產階級團結性暗含的國際主義，反而在民族主義的戰號吹響沒多久就解體。一九一四年的歐洲孕育著兩種可能性：社會主義革命，抑或帝國主義戰爭。如果歐洲社會主義的領袖（他們站在數千萬有組織和激進工人的前頭）選擇前者，第一次世界大戰的大屠殺也許就永遠不會發生。是哪裡出了差錯？為什麼那麼多鼓吹國際團結性、反對戰爭的演說及決議，到頭來都是一片空言？為什麼社會主義領袖會背叛其勞工階級支持者的利益，遷就資本主義的吩咐？（事實上，他們在上個世紀便一再如此。）

及至一九一四年，歐洲資本主義自一八七〇年代以降的爆炸性成長，已經創造出一個有數千萬人的工業無產階級。在歐洲許多地方，群眾罷工把勞工階級熔鑄為一個有戰鬥性的勞工運動。這又為德國社民黨之類的政黨創造出龐大的選民基礎。到了一九一二年，德國社民黨已擁有一百萬成員和九十份日報，是世界上最大的勞工階級組織。它有一個婦女部、一個青年部、各種工會和合作社，還有許多的體育會社和文化會社。

在這一年，德國社民黨獲得選舉突破，在每三張選票中就獲得一張，以一百一十席成為德國議會的最大政黨。不過，從一個非法少數團體蛻變為一部龐大選舉機器的過程，也改變了這個政黨的社會和政治性格。

這反映在修正主義的興起上——修正主義後來又被稱為改革主義。其主要鼓吹者是伯恩斯坦（Eduard Bernstein，一八五〇—一九三二），他力主資本主義已經趨向穩定，所以改善勞工階級處境的最好方法是漸進式改革。伯恩斯坦設法改變德國社民黨的形象，讓它從鼓吹社會革命的政黨改頭換面為鼓吹社會—民主改革的政黨。

伯恩斯坦從未主導德國社民黨，卻有力地把它往右拉。更能代表大多數人觀點的是考茨基（Karl Kautsky，一八五四—一九三八），他是中間主義者而非修正主義者，相信資本主義等於剝削性及暴力性，社會主義等於理性及必需。但他同時相信資本主義體系充滿矛盾，最終必然會自己崩潰，不需要勞工階級的革命行動介入。所以考茨基理論上是個革命分子，實質上是個改革派，這讓他可以縮短伯恩斯坦的全面改革主義和盧森堡之類革命分子的激進主義之差距。不過這三種趨勢同時存在於德國社民黨，未分裂為不同的黨派。

改革主義同時反映勞工階級的有限階級意識，以及勞工官僚的物質利益。資本主義底下的工人大多數都有「混雜意識」（mixed consciousness），這是三項因素互動的結果。首先，因為資本系統奠基於剝削、壓制和暴力，會引起受害者仇視、抵抗，由此階級鬥爭遍見於資本主義。另一方面，社會的主導觀念是統治階級的觀念，而大部分工人至少會接受這些觀念的其中一些。讓這些觀念得到加強的則是第三項因素：因為階級力量的天秤看似對工人不利，他們常常缺乏信心，不敢戰鬥。

列寧曾提出一種區分：「工會意識」（trade union consciousness）和「革命意識」（revolutionary consciousness）。前者是大多數工人大多數時候的態度，他們不喜歡資本主義的一些面向，有時會起而戰鬥要求某些改革，但不願投入全面性的鬥爭去推翻資本主義。改革主義是「工會意識」的政治形式，表達工人對於系統內政治改變的有限度憧憬，並未反映作為一個階級的工人之利益。要實現該利益必須推翻資本主義，用一種奠基於民主、集體所有制和人類需要的制度取而代之。

不過改革主義倒是能夠反映勞工階級運動中一個特殊社會層次的利益。這個社會層次由工會領袖、從政的社會主義者、他們的全職幹部、研究者和政治化妝師（spin-doctors）構成。

勞工官僚的政治角色是在職場談判剝削條件，以及在議會爭取社會改革。在扮演這個角色時，他們得跟統治階級的代表一起工作，是勞動和資本之間的中介角色。與一般工人相比，勞工官僚的社會地位優越得多：工會幹部和政治人物享有較高的薪水、較佳的工作環境。勞工官僚是工人一般、日常改革主義意識的化身：是左派政治的最小公分母。

這種改革主義意識包含民族主義。如果目標是在系統中進行改革，資產階級民族國家就變成政治行動的架構，而非進行革命以推翻的目標。「國家利益」因此給改革的範圍加上一層限制。

在一九一四年之前，這些事實無一明顯。盧森堡站在與修正主義鬥爭的最前沿，她領導革命社會主義傳統對抗德國社民黨領袖們越來越強烈的官僚保守主義。她所寫的其中兩本小冊子《改革或革命》（*Reform or Revolution*, 1899）和《群眾罷工》（*The Mass Strike*, 1906）都是馬克思主義傳統的里程碑。不過就連盧森堡都未能預見一九一四年八月四日的背叛。這起事件讓世界社會主義運動分崩離析。

第一次世界大戰是由革命所結束：一是一九一七年發生在俄羅斯的革命，一是一九一八年發生在德國的革命。革命發生時，「社會主義」的部長站在革命工人街壘的對面。他們先是把工人帶進帝國主義戰爭的大屠殺，然後設法將工人送入法西斯反革命的手中。這就是改革主義在資本主義危機時刻扮演的歷史角色。

第一次世界大戰

第一次世界大戰開始時，穿紅褲子和藍外套的法國步兵向機關槍和現代大砲發起一波波衝鋒。法國一個月內就失去四分之一的兵員。

三年後，戰爭的面貌已經永遠改變。每場戰役都持續數個月，戰場的覆蓋範圍超過數十平方公里。放眼望去，戰場一片廢墟，布滿橡膠、樹樁、彈坑、帶刺鐵絲網和屍體。大部分時間看不見一個人，部隊都留在戰壕和隧道構成的地下複雜網絡。進行攻擊時，他們一小群、一小群匍匐前行，對掩蔽物作出最大利用。

儘管如此，傷亡人數仍然可懼。上百萬人在凡爾登戰役（Battle of Verdun，一九一六年二月至十二月）被殺或受傷，另外一百萬人在索姆河戰役（Battle of Somme，一九一六年六月至十一月）被殺或受傷。在這兩場戰役，勝利一方都只向前推進幾英里。沒有戰役可以打破僵持局面，戰爭繼續以原來方式開打。然後又有一百萬人在帕斯尚爾戰役（Battle of Passchendaele，一九一七年七月至十一月）被殺或受傷。天空不間斷地下雨，戰場變成了濕漉漉的泥沼，數以千計的傷者在跌倒後溺斃。再一次，戰勝一方只推進幾公里，戰爭拖沓不前。

第一次世界大戰帶來的死亡、摧毀和浪費都是史無前例。工業社會大量生產以滿足人類需要的能力，被轉化成為這種能力的對立面：工業化屠殺。這場戰爭是民族資本主義集團競爭的極端表達，敵對集團的全部工業實力被投入於建立、武裝和維持百萬大軍，結果是陷入僵局。

全民徵兵創造了幾百萬的軍隊。普魯士軍隊在一八一五年滑鐵盧戰役的人數是六萬，在一八七〇年色當戰役的人數是二十萬，但德國軍隊一九一四年在西線的人數是一百五十萬。槍砲、彈藥和補給品大量生產，提供這樣的大軍持續戰鬥。英國在一八一五年的滑鐵盧戰役有一百五十六門大砲，共發射數千枚砲彈，但在一九一六年的索姆河戰役卻有一千四百門大砲，幾天內發射了近兩百萬枚砲彈。

現代火力創造出不可穿透的「鋼鐵風暴」和一個「空蕩蕩的戰場」。士兵從一個彈坑爬到另一個彈坑，躲在千瘡百孔建築物的瓦礫或坑道中。僵持和對耗是整場衝突的兩大特徵。工業產出具有決定性重要性，對更多槍砲、砲彈和炸藥的需求持續不斷。數百萬工人被轉移到戰爭工業工作。大後方變成砲轟和封鎖的目標。

第一次世界大戰的戰壕成為屠殺的象徵，但並未引起屠殺，反而提供保護，讓士兵較不受「鋼鐵風暴」傷害。

僵局只是故事的一半，工業化軍國主義的活力同時還創造出越來越致命的破壞手段。敵對集團的科學家和工程師投入科技軍事競賽，競相提高自己國家的殺傷力。一九一四年，戰場上還有數以萬計的騎兵，到了一九一八年，已經被數以千計的坦克取代。一九一四年八月，英國在整條西線只有三十架軍事飛機，到了一九一八年八月，光是在一場戰役便部署八百架。

基於此，戰爭的性質必然發生改變。一九一四年八月和九月的運動戰，到了十月和十一月被轉化為僵持的壕塹戰。一九一五年期間，任何不顧一切派兵衝過無人地帶以求打破僵局的嘗試總是被擊退，傷亡慘重。政府要員和將軍由此得出結論：他們需要更多的兵員和彈藥。在大戰的第三階段（一九一六年至一九一七年），血腥至極和歷時數月的戰役在凡爾登、索姆河和帕斯尚爾開打，它們是完全動員的全民戰爭大量徵兵與大量生產的苦果。

壕塹戰普遍出現在各條戰線，西線的經驗可以在東線、巴爾幹半島和中東找到。東部的戰線常常防守較弱、較容易突破，但長距離交通方式的落後拖慢了得勝軍隊的步伐，讓敗方可以在較後方重建戰線。

僵局最後被兩項因素的革命性結合打破：一是以「火和運動」（fire and movement）為基礎的新步兵戰略，一是坦克和空中火力的支援。但這並沒有終結屠殺。新的運動戰被證明比壕塹戰的僵局更加凶殘。傷亡人數不是由戰爭的性質決定，而是由戰鬥的規模決定。它是工業資本主義的產物。

兩個因素具有決定性：首先，大國隨著工業擴張和競爭而陷入敵對；其次，大國之間發生衝突後，同一批工業可以大量產製破壞工具。這是第二次世界大戰之所以比第一次世界大戰歷時更久、更血腥的原因之一；第二次世界大戰持續了六年，殺死六千萬人，而第一次世界大戰只持續四年並殺死一千五百萬人。這是因為相隔二十年後，全球的工業產能大為增加，如果今日發生一場世界大戰，斷然會比第二次世界大戰更加致命。

固存於現代工業化戰爭中的屠殺和掠奪，使社會四分五裂。為了維持戰爭的正當性，統治階級妖魔化「敵人」，醜化「叛徒」及「間諜」。有時，這會帶來種族滅絕。鄂圖曼土耳其人在一九一五年一場國內「反恐戰爭」中殺死一百五十萬亞美尼亞人，他們是用槍和棍棒殺人。一代人之後，甚至連種族滅絕都被工業化了：納粹透過專門的滅絕工廠，謀殺六百萬猶太人及其他六百萬人。

統治階級面對的危險是，士兵和工人會因為反對戰爭而發動革命。他們不會繼續為資方的帝國及利益打仗，而是可能會將階級利益置於民族仇恨之上，跟敵國的士兵和工人沆瀣一氣。

第一次世界大戰就是因為這種發自底層的革命而結束。從一九一七年開始，一波抗議和革命浪潮席捲整個歐洲。先是俄羅斯革命終結了東線的戰爭，然後是德國革命終結了西線的戰爭。那之後有好幾年時間，革命的勢頭看來要蔓延到全世界。人民對戰爭的反感，幾乎讓每個地方的統治階級垮臺。資本主義僅僅以毫釐之差逃過一劫。這股世界革命浪潮正是接下來要敘述的。

第十三章

革命浪潮

一九一七年至一九二八年

一九一七年的布爾什維克革命是一股世界革命浪潮的催化劑。這浪潮結束了第一次世界大戰，也幾乎終結了引起大戰的資本主義制度。

第一次世界大戰是敵對民族—資本家集團之間的帝國主義戰爭，目的是重新分配全球資源和權力，讓一群統治者得利、另一群統治者失利。絕大部分普通民眾只是犧牲者，他們不會從戰爭勝利獲得任何好處，只會在屠殺、摧毀和貧困中失去許多。

因為這樣，又因為逐漸壯大的反戰少數派的激盪，曾在一九一四年八月大戰爆發時被遽然中斷的群眾抗爭逐漸恢復勢頭，最後發展成為歷史上最大一波勞工階級革命浪潮；先是終結了東線的戰鬥，然後又終結了西線的戰鬥，最後甚至威脅到西歐資本主義的生存本身。

發生在一九一七年至一九二三年的這些事件肇始於俄羅斯革命的爆發，結束於德國革命的失敗，對今日活動家來說，代表最豐富的歷史經驗礦脈。這場運動是怎樣醞釀出來的？採取了什麼樣的形式？後來又

俄羅斯革命海報，上面寫著：「女工人，拿起妳的步槍！」約1918年。

為什麼會失敗？

一九一七年：二月革命

在維也納、彼得格勒、柏林、巴黎和倫敦，戰爭的爆發都讓興高采烈的愛國者大批聚集街頭。罷工結束，示威被取消，架設在工人居住區的街壘被拆下來。托洛斯基談到「奧匈帝國群眾的愛國狂熱」，蘭塞姆（Arthur Ransome）談到「這一刻讓俄國上下變為一體」，盧森堡談到出現在德國的「瘋癲譫妄」。

但不是所有人都醉倒，愛國群眾以中產階級占絕大多數，工廠和工人區的情緒總是比較低沉。不過政治意見已經被強力拉向右。勞工運動的領袖已經向沙文主義投降，所以即便還有反戰的聲音存在，最初也不會被人聽見。數以千萬計的人熱烈支持戰爭，又有數以千萬計的人感覺別無選擇，只能支持自己的部隊。資本主義不但把世界推入野蠻，還把人類推向集體瘋狂。

幾乎所有人都以為大戰會像一八七〇年的普法戰爭那樣為時短暫，德國人相信他們在六週內便可以攻占巴黎，法國士兵在運送部隊的火車側邊塗寫「往柏林」的字樣，英國的官員宣稱戰爭將會在聖誕節前結束。但事與願違，第一次世界大戰曠日持久，空前血腥。這是因為現代資本主義的先進工業有能力大量生產破壞規模前所未有的武器。

隨著對屠殺的投資增加，戰爭目標也擴大了。德國領導階層計畫稱霸整個中歐，併吞比利時和法國東部的工業地區，並創造出延伸至巴爾幹半島、土耳其和中東的勢力範圍。英國在非洲搶奪了德國的殖民地，有計畫與法國、俄羅斯瓜分中東。法國想要收回在一八七一年割讓給德國的亞爾薩斯、洛林兩省，也對工業化的萊因蘭有所圖謀。軍事力量已取代經濟競爭，成為資本積累的主要機制；人命與財富的大出血被期許有利潤作為補償。

歐洲士兵、工人和農民為此付出的代價極為驚人。德國每八個戰鬥年齡的男性就會死去一個，法國是每五個死去一個，還有數百萬人永遠殘廢。有些城鎮因為派往前線的地方部隊太多，而完全沒有了男性。在大後方，人們面臨減薪、物價上漲和食物短缺，因為現在所有資源都被導向戰爭生產。一九一七年，德國工人平均只攝取到所需卡路里的三分之二，當中有七十五萬人在戰爭結束前餓死。社會被翻了過來，以前從未離開過自己村莊的農民，被派到遙遠的戰場赴死；年輕工人被帶離開都市的貧民窟，推入現代工業化戰爭的大漩渦中；本來是家庭主婦的女人，取代男性在彈藥工廠的位置，並加入工會。

階級緊張加劇。吃不飽、躲在泡水戰壕裡飽受砲轟的士兵，越來越仇視住在前線後方鄉村別墅的參謀人員。工人被禁止因為生活水準下降而罷工，反觀銀行家和大雇主靠著戰爭利潤大發利市。到了一九一六年至一九一七年冬天，戰壕裡和整個歐洲大後方的情緒慍怒沉鬱。一場完美風暴正在醞釀，但將會在哪裡刮起？

列寧於一九一七年一月在蘇黎世對一群年輕工人說：「我們老一代也許無法活到能見證臨近中革命的決定性戰役。」然而，俄羅斯的落後卻讓它成為歐洲最弱的環節。俄國對稱霸世界血腥之爭的參與已超出其能力負荷。俄國地域太廣大、農業太原始、鐵路網太疏落、工業基礎太小，使其不足以在一場彈藥消耗戰中維持百萬大軍。托洛斯基寫道：

> 在頭幾個月，士兵們未經思索或幾乎沒有思索，就在砲火中死去。但隨著一天天過去，他們累積了經驗——下層士兵被無知地指揮的痛苦經驗。他們憑著漫無目標的作戰行動次數，或沒有晚餐可吃的次數，來衡量將領的糊塗程度。在這些人和事的血腥混雜中，出現了一個概括性的詞：「混亂」。

飢餓加上絕望感，啃蝕著戰壕裡的農民士兵，軍紀蕩然和逃兵變成普遍現象，軍陣僅僅是靠鞭打、槍決來維持。飢餓也在工人居住區流連。儘管如此，在一九一七年二月二十三日早上，沙皇尼古拉二世的權力看似穩固如昔，無人預感得到當天（國際婦女節）發生的一場示威會引爆俄國革命。

地下革命黨人本來只想開幾場會議、演說和散發傳單，沒有號召示威或罷工。但這無關要緊。有什麼綳斷了，群眾再也忍受不了現狀。女紡織工起而示威，大聲喊著口號走上街頭：「打倒高物價！打倒飢餓！給工人麵包！」走過其他工廠時，她們比手畫腳或投擲雪球，呼籲工廠裡的工人加入示威行列：「出來！不要工作了！」隨著示威的能量將一群又一群工人拉入行動，抗議活動匯聚成一場自發性大罷工。

第二天，彼得格勒的四十萬工人有一半參加了示威。這一次示威隊伍除了要求便宜麵包以外，還喊出兆頭非常不好的呼聲：「打倒獨裁專制！打倒戰爭！」

當天及翌日都有警察、哥薩克騎兵和士兵團隊跟示威群眾發生衝突的情形，但不是所有場面都瀰漫血腥。當哥薩克騎兵被命令向兩千五百名來自愛立克森紡織廠的工人衝鋒時，他們只是從軍官前面的狹窄空間走過，有些人還一邊走，一邊對工人微笑。托洛斯基寫道：「紀律只剩最薄弱、透明的一層外殼，立時有破裂的危險。」

有五天的時間，從二十三日到二十七日，由於工人群眾面對著武裝力量的進逼，革命岌岌可危。托洛斯基繼續說：「毫無疑問，每場革命的命運到了某種關頭，都是由軍隊的動向決定。」不管士兵自己有多大怨憤和不滿，不管他們對奉命射擊的群眾有多少默默的同情，要他們調轉槍頭對準自己的上司，都是風險極高的事。為了有信心發動兵變，他們必須確定面前的群眾有力量和決心取得勝利。

那五天，在彼得格勒街頭，這件事是由上千個或大或小的「遇見」決定，由一個眼神、一抹微笑或一句口號決定，由反抗野蠻軍官命令的飢餓母親之的訴求決定，由擁擠大街上共同人性的壓力決定，由革命的微生物學（micro-biology）決定。

到了第四天，一波兵變潮席捲各處軍營，工人與士兵匯聚街上，揮舞著槍枝和紅旗一起遊行。剛從前線調回來恢復秩序的兵團，同樣紛紛改投革命陣營，將軍對軍隊失去控制，他們告訴沙皇，除非他遜位，否則局面無法收拾。就這樣，沙皇的中世紀帝國在五天的無產階級革命中被摧毀。俄羅斯現在是一個共和國。

但它是哪種類型的共和國？將會被如何治理？統治它的人會是誰？人民會獲得他們要求的麵包與和平嗎？這些問題仍有待回答。俄國革命才剛剛開始。

雙頭權力：革命的機制

那是歷史上最大一場無產階級革命，戰鬥完全透過工人的群眾行動進行並取得勝利，資產階級與中產階級在其中毫無角色。然而權力卻不是落到工人手上，而是落到原杜馬（Duma）的立憲民主黨（Kadet Party）資產階級自由派政客手裡。立憲民主黨是由自由派地主、工業家及知識分子組成的政黨，這種結果就像大象生出一頭小老鼠，托洛斯基稱此為「二月革命的弔詭」。究竟發生了什麼事？

這是因為當時的民眾尚未被組織成為一股能管治社會的政治力量，他們也沒有信心擁抱這個能力。由於政治上的真空總是會受到填補，所以俄羅斯政府的高層職位馬上受到既有資產階級自由派的「反對派」議員填補。

很多民眾仍然相信這些有從政經驗且口若懸河的政治人物的辭令和承諾。只有痛苦經驗才能讓他們明白立憲民主黨是他們的階級敵人，只代表有錢人的利益。

左派政黨領袖讓情況更加混亂。社會革命黨（Social Revolutionaries）是激進知識分子的政黨，由以往民粹派的幾個派系融合而成。他們繼續專注在農民身上，又在革命期間透過農民選票膨脹為大規模運動。但他們僅是富農保守性格、中農搖擺態度和貧農消極態度在政黨的體現，這種分裂、落後的階級基礎，讓社會革命黨無法提供決定性的革命領導。他們很快就分裂了，右翼的社會革命黨人支持臨時政府，左翼的社會革命黨人變成布爾什維克的盟友。

孟爾什維克（改革派社會主義者）主張，俄羅斯社會民主黨人的責任是支持自由派資產階級建立議會民主和公民自由的努力，不是去搞自己的革命。布爾什維克（革命派社會主義者）起初採取相似立場。即便在一九〇三年跟孟爾什維克決裂之後，他們繼續相信俄國革命會是有限度的「資產階級革命」，這種立場的邏輯要求他們在一九一七年支持臨時政府。

四月三日，布爾什維克領袖列寧抵達彼得格勒的芬蘭車站，結束流亡生涯，受到數千名工人和士兵的歡迎。他馬上反對黨的原有政策，主張要求俄國馬上退出世界大戰、推翻臨時政府，並發動全世界的社會主義革命。

布爾什維克是極端民主的組織，在整個一九一七年都充滿內部辯論，所以列寧不可能指望用一場演說就推翻黨的原有立場。他必須發起一場強硬的黨內鬥爭，去改變受到諸如史達林等較保守領袖強烈支持的政策。

三件事情被證明具有決定性。首先，列寧體現著黨基層活動家的心緒，而這些活動家又是根植於一場在回應越來越惡劣社會和政治危機時，迅速向左移動的勞工階級運動。

其次，基於其代表的階級勢力使然，臨時政府無法滿足群眾的要求——這些要求濃縮在布爾什維克的口號「和平、麵包和土地」。政府決定繼續留在大戰中，既解決不了經濟危機，也不打算把土地分給農民。

第三，群眾被組織成為一個「工人、士兵和農人委員會」（蘇維埃）的網絡。這些蘇維埃給予民眾要求民主的表達，組織大型抗議活動去爭取這些要求，代表著一個強褓中的人民政府。

布爾什維克將會用兩句口號具體化蘇維埃的潛力：「打倒臨時政府」、「所有權力歸於蘇維埃」。這兩句口號的意涵是資產階級政府必須被推翻，由一個新的無產階級政府取代。

「二月革命」的弔詭創造出托洛斯基所謂的「雙頭權力」（dual power）：兩個相互競爭的政治權威中心同時存在社會中。其中一個為臨時政府，控制著舊有的國家機器，代表有產階級的利益；另一個為蘇維埃，是革命群眾的民主議會。

雙頭權力極不穩定，也因此不能長久。要麼是臨時政府粉碎蘇維埃，重建私有財產無可爭議的統治權，要麼是蘇維埃推翻臨時政府，創造出新的社會秩序。

列寧的使命是灌輸他的黨這種認知，讓它準備好進行二次革命。隨著托洛斯基和一小群追隨者在七月加入布爾什維克，他的立場得到強化。兩位革命領袖自此成為攜手合作的親密政治盟友。

列寧的小冊子《國家與革命》（*State and Revolution*）寫於一九一七年八月，對於重新武裝布爾什維克有著重大貢獻。他堅稱，資本主義政府不是一種中性力量，而是會堅定捍衛統治階級的利益。他的這種立場是對純正馬克思主義傳統的一種重申，因為馬克思曾經力主（他的見解主要是吸取自一八七一年巴黎公社的教訓）必須粉碎資本主義政府，用新類型的政府，即一種以群眾民主參與為基礎的政府來取而代之。

列寧寫道：「政府是階級矛盾不可調和的產物及表現。在階級矛盾客觀上不能調和的地方、時間和條件下，便產生政府。政府的存在證明階級矛盾不可調和。」更簡單地說，「政府是階級統治的機關，是一個階級壓迫另一個階級的機關。」它包含「一批批的武裝隊伍」，用以鎮壓群眾對統治階級剝削、壓迫和暴力的反抗。列寧呼籲社會主義者致力廢除階級，也因此是致力廢除壓迫性政府。但政府只會隨著階級矛盾的凋謝而凋謝。在革命的火爐中，當階級鬥爭處於白熱化時，工人必須創造自己的政府去保護、推進自己的利益。

列寧仿效馬克思，稱這種狀態為「無產階級專政」。這個用語非常不好，因為我們一般認定專政與民主是南轅北轍。惟其所包含的觀念卻是道理十足，不管是由哪個階級控制，政府都會是一個壓迫性機構。但資產階級政府只會捍衛有錢人的財產，反觀工人政府（當選的代表要向群眾議會負責，而武裝的群眾民兵也處於民主控制之下）則會捍衛絕大多數人的利益——雖然執行這種任務有時是採用「極權主義」方法。

一九一七年的過程中，蘇維埃在管治社會所扮演的角色越來越吃重。彼得格勒的普通工人、士兵和水手越來越不把臨時政府的命令當一回事，只服從蘇維埃頒布的命令。在事件和經驗的衝擊下，群眾意識大幅度向左移動，權力正從舊政府過渡到新民主。

臨界點會在某個時點到達。那時，群眾會期盼蘇維埃最終解決革命危機、滿足群眾的要求，落實革命的承諾。

時機的拿捏無比重要，一場早熟的起義有可能會讓革命先鋒陷於孤立，使統治階級輕易將其摧毀。但太晚起義也有可能致命，因為如果革命黨人未能在群眾期盼處於高峰時及時提供起義領導，人民可能很快會變得認命和冷漠，退回到千篇一律的日常生活中。這樣一來，推動革命的熱情和能量就會漏光，統治階級將會有機會重建破碎的權力機器。列寧的布爾什維克黨為接受一個最高測試而重新武裝，這個測試就是為奪取政府權力而領導、組織一場武裝的無產階級起義。

二月至十月：革命的韻律

隨著階級鬥爭在一九一七年起起伏伏，俄國革命經歷了五次重大危機。頭四次危機如「二月天」、「四月天」、八月的科爾尼洛夫政變（Kornilov Coup）和十月革命，包含成功的群眾行動，推動著革命向前挺進；它們弱化了舊秩序，強化了群眾組織，增加了民眾的意識、信心和戰鬥性，並且築好下一回推進的平臺。另一次危機的「七月天」則是一個局部挫敗，導致革命運動撤退而不是挺進；即便如此，還是把一名總理拉下馬，且教給群眾一些寶貴功課。

第一次危機，摧毀君主制的五天革命，導致一個由資產階級自由派控制的臨時政府上臺，並催生出一個發展迅速的群眾民主議會（即蘇維埃）的網絡。

第二次危機發生在四月十八日至五月五日，是由新任外交部長米留科夫（Miliukov）引發。當時他表示政府決定繼續與英、法結盟，對德作戰。為此群眾在四月二十日至二十一日發動大規模示威，許多士兵手執武器參加遊行，也有很多人高呼推翻臨時政府。但跟臨時政府攤牌的時機未臻成熟，所以列寧和布爾什維克黨人努力抑制示威的勢頭。儘管如此，「四月天」仍讓政府陷入危機，導致米留科夫於五月二日下臺。五月五日，一個聯合政府成立，納入克倫斯基（Kerensky）和另外五名「社會主義者」部長。

「七月天」危機表現為七月三日至五日在彼得格勒發生的一場流產革命，代表對臨時政府比四月堅決許多的挑戰。起義迎來一波鎮壓，布爾什維克黨人被迫轉入地下。問題在於彼得格勒的工人和士兵充滿革命情緒，但國家其他地方的人卻非如此，所以如果在彼得格勒發動革命，有可能會陷入孤立，像巴黎公社那樣最後以被血洗收場。所以鐵的紀律不可或缺，布爾什維克黨人和群眾一起示威遊行，但強力勸說他們不要立刻嘗試推翻政府。許多工人譴責布爾什維克黨人是叛徒，也有不少他們自己的成員及緊密支持者感到失望。隨著示威遭打壓，數百人被逮捕，革命派印刷廠被查封，列寧和其他布爾什維克領袖被迫躲藏。勞工階級居住區的情緒惱怒憂鬱，支持布爾什維克的人大量減少。

但「七月天」並不是個決定性失敗，它導致立憲民主派總理李沃夫親王（Prince Lvov）於七月二十一日下臺，由「社會主義者」克倫斯基取而代之。布爾什維克也成功領導了一次撤退，防止革命遭斬首。彼得格勒的群眾運動暫時被威嚇住，但是沒有瓦解。不過布爾什維克的撤退，卻足以鼓勵一次未遂的沙皇派反革命行動。

八月二十六日，將軍科爾尼洛夫向臨時政府要求獨裁權力，以恢復國內及軍隊的秩序。代表臨時政府的克倫斯基予以回絕，然後科爾尼洛夫向彼得格勒進軍。列寧見革命受到威脅，呼籲所有革命黨人必須挺身捍衛蘇維埃和彼得格勒（也因此間接呼籲他們捍衛臨時政府）。

布爾什維克的這起干預是決定性的：表示整個革命運動都被動員起來，反對政變。科爾尼洛夫的軍隊土崩瓦解，他的士兵不打算為一位沙皇派將軍作戰。托洛斯基寫道：「造反滾回去了，粉碎了，沒入了地裡。」未遂政變維持了四天（八月二十七日至三十日）。

革命的鐘擺此刻激烈擺盪，幾百萬人的期待不斷升高，逼近臨界點。七月的陰鬱被八月的欣喜驅散，布爾什維克的新增黨員人數一下子激增。

布爾什維克是以小型群眾黨的姿態進入革命年代，三月初在彼得格勒只有約兩千名成員，然後在四月底增加至一萬六千人，到七月底又增加至三萬六千人。這個時候，彼得格勒工業工人之中每十名便有一名以上是布爾什維克黨人，表示這個黨對勞工階級整體越來越有影響力。布爾什維克在首都的得票率從五月的二〇%增加至八月的三三%，再增加至十一月的四五%。在六月初舉行的第一屆蘇維埃代表大會，有一三%代表是布爾什維克黨人，到了十月底的第二次代表大會，布爾什維克代表的人數增加至五三%，而他們的盟友左翼社會革命黨人又占了二一%。

布爾什維克在科爾尼洛夫政變失敗後的水漲船高，正值俄國經濟、社會及軍事危機走向惡化：士兵拒絕作戰，槍殺軍官，掉頭回家；農民搶占土地；少數民族紛紛鬧獨立；工業生產邁向停頓。國家權力的操縱桿被卡住，蘇維埃對社會各方面的控制越來越大，臨時政府形同癱瘓。

在九月十二日至十四日之間的某個時間點，仍然躲著的列寧寫了一封信，題為「布爾什維克必須掌握國家權力」。信是寫給布爾什維克的中央委員會、彼得格勒委員會和莫斯科委員會，信中指出：布爾什維克黨人在彼得格勒和莫斯科的蘇維埃都已占大多數，這證明革命的時機已經成熟；群眾意識倒向左邊，確保了如果革命先鋒有所行動，群眾一定會追隨，此刻拖延時日反而會引起危險。

但時日還是受到拖延，布爾什維克領導階層猶豫不決，直到十月，中央委員會才批准列寧提出的決議（列寧喬裝易容前來開會），決定立刻起事。即便如此，領導階層的猶豫不決仍未完全消除，然後季諾維也夫（Zinoviev）和加米涅夫（Kamenev）兩位中央委員公然反對列寧的政策。甚至在起事的前夕（十月二十四日），列寧還感覺有必要寫一封信給中央委員會，表達自己的著急：「情況已經萬分危急……非常清楚，現在拖延起義等於自取滅亡……歷史不會饒恕那些延誤時日的革命者，他們本來在今天可以獲得勝利……。」

為何布爾什維克領導階層會那麼不願意行動？為何它會差點未能通過這個終極的考驗？所有政黨，即便是最革命性的政黨，都會出現組織性的保守主義傾向。缺乏謹慎和慣例，沒有組織可以長存，大膽冒進是自找死路。布爾什維克經過那麼多年艱苦鬥爭建立起來，對警察國家的力量有著深刻體驗，基於自我保存的要求必然會有保守的成分。不過當時機來臨，也就是當力量的天秤斜向革命黨人時，他們就絕對不應錯過。克里夫（Tony Cliff）在他撰著的列寧傳裡指出，工人的力量絕大多數時候都要比他們的敵人弱，又說：

> 任何不考慮這個事實而控制住自己不耐煩心情的革命黨，都會讓落入冒進主義，自取滅亡。不過，當認為敵人較強的習慣想法成為通往勝利之路的主要障礙時，革命的時機即告成熟。

一九一七年：十月革命

右派歷史學家常常形容十月革命是布爾什維克的一次「政變」，靠著俄國在一九一七年秋天落入「無政府狀態」才得以成功。這是一種嚴重的誤解，他們的基本錯誤在於從上層，而非從下層看待歷史。在他們看來的無政府狀態，事實上是國家權威流失，以及新的群眾權力機構興起；他們所說的政變，事實上是數以百萬計工人、士兵、水手和農民民主意識的表達。

沙皇國指揮著百萬大軍，卻在二月革命被推翻。臨時政府繼承了沙皇的百萬大軍，但照樣被十月革命的風暴刮走。這種規模的歷史事件不會光是政變可以帶來的，十月革命的大大成功遮掩了其真正性質。在當時，革命時機已經非常成熟，社會危機非常深重，政府權威已經非常空洞，群眾已經完全準備好採取決定性的行動，以致僅僅數萬人便足以將群眾的意志付諸實現。

就像二月革命，十月革命僅花了幾天工夫：開始於十月二十日，結束於十月二十五日／二十六日晚上。惟與二月革命不同（二月革命是沒有計畫的自發性爆發，是局部領導階層憑感覺摸索的混亂群眾運動），十月革命是彼得格勒蘇維埃一次有明確目的之軍事性質奪權行動，由托洛斯基指揮，而他是「軍事革命委員會」的三巨頭之——這個委員會由彼得格勒蘇維埃選出，並對彼得格勒蘇維埃負責，是首都群眾意志的最高表達。

在十月革命的最後一天，俄羅斯巨大怒火的全部能量集中在大約兩萬五千名武裝男女手中，其中有工人、士兵和水手，他們是有組織的人民武裝特遣隊。其他人沒有多少事好做，大部分工人留在家裡、大部分士兵留在軍營裡，他們先前曾經辯論、投票並授權給他們的領袖和武裝特遣隊，此時需要做的只是正式把權力從一個階級轉移給另外一個階級。沒有發生搶掠或騷亂，劇院、電影院和商店照常營業，傷亡人數寥寥無幾，遠小於「二月天」和「七月天」。

其高潮是一個反高潮。政府所在地的冬宮由沙皇派軍官、哥薩克騎兵、戰爭老兵和「婦女營」志願軍把守，這就是願意準備為克倫斯基而戰的全部社會力量。

涅瓦河（River Neva）上戰列艦「曙光號」（Aurora）的大砲威脅，無法阻止武裝工人與水手湧進冬宮迷宮似的入口和走廊，抵抗在一片慌亂中瓦解。在愛森斯坦（Eisenstein）於一九二七年執導的十月革命電影中，發生於冬宮的駁火場面要有看頭得多。

托洛斯基在十月二十五日傍晚向彼得格勒蘇維埃報告說：「臨時政府已不復存在。」列寧從躲藏處現身，宣布俄國歷史的新紀元已經來臨。他說：「我們擁有群眾組織的力量，它一定能戰勝一切，並把無產階級引向世界革命。在俄國，我們現在應該著手建設無產階級的社會主義國家。全世界社會主義革命萬歲！」

新政府的激進政策可謂史無前例，一道土地命令下令將地主的財產轉移給數百萬農民，一道工業命令下令將工廠交由工人控制，一道民族命令准許俄羅斯帝國境內被壓迫的少數民族獨立；有錢人的宅邸被沒收，改為供窮人居住；受教育和得到健康照顧成為每個公民的權利，既有的婚姻法及離婚法作廢，兩性平等成為強制性，通姦、同性戀和墮胎被除罪化。

沒有類似的情形曾經發生，大部分先前的革命（即便處於它們最激進的階段）都是由資產階級控制，主要例外是一八七一年的巴黎公社，但它只發生在一座城市，且只維持了兩個月。此刻是歷史上第一次，工人在一個現代民族國家掌握了權力。

革命的前八個月是必要的準備階段。鬥爭的起起伏伏（革命的韻律）是讓群眾學習不可或缺的過程，讓群眾丟棄幻想、培養信心和在政治經驗的嚴酷挑戰下向左靠攏。雙頭權力（革命的機制）在組織上體現社會力量不斷升級的對抗：臨時政府是所有反動力量的集結點，蘇維埃體現著群眾越來越發達的意識和意志。布爾什維克（革命的政黨）提供了深入民間的基層活動家的網絡，在每個層次為鬥爭指示方向。

群眾、蘇維埃和黨的關係，就像一部引擎的蒸汽、引擎箱和活塞之間的關係。群眾（蒸汽）是驅動革命的能量，但卻是由蘇維埃（引擎箱）凝聚這股能量，由黨（活塞）領導它的方向。

不過「紅色十月」讓人飄飄然的勝利，馬上就受到經濟崩潰、農民抵抗、民族瓦解及軍事─帝國解體的威脅。

在俄羅斯一億五千萬人口中，只有約三百五十萬是工廠工人，其他大部分是農民。而在為戰爭動員的一千兩百萬士兵中，大部分是從農村徵調。軍隊中軍官和士兵的階級分野，反映著農村地主和農民的階級分野。農民士兵支持革命，因為他們痛恨軍官，厭倦了戰爭，希望得到土地。他們支持布爾什維克，是因為後者給予他們土地。但城市正在挨餓，而工業的崩潰意味著工人沒有什麼東西可以拿來跟農民交換食物。彼得格勒的每日麵包配給量從一九一七年十月的三百克，降至翌年一月的一百五十克，到二月更降至只有五十克（相當於十分之一條麵包）。

危機復因為德國的侵凌而加大。德國人拒絕簽署和約，除非布爾什維克答應割讓穀物、煤礦豐富的烏克蘭的一大片土地。德國的最後通牒讓布爾什維克的領導階層陷入分裂，有些人主張打一場捍衛俄國領土的「革命戰爭」。列寧主張接受最後通牒，因為布爾什維克沒有軍隊可以打仗；托洛斯基主張既不要打革命戰爭，也不要接受最後通牒，因為他相信德國馬上就會爆發革命。接著德國軍隊入侵烏克蘭，幾乎完全沒有遇到抵抗。黨中央至此接受了列寧的立場，德、俄簽訂的《布列斯特─立陶夫斯克條約》（Treaty of Brest-Litovsk）讓德國獲得一大片烏克蘭土地。食物短缺益發嚴重，革命看來將會慢慢被餓死。

不旋踵便有其他帝國主義掠食者需要對付：捷克軍團進逼泛西伯利亞鐵路，英國部隊進逼北方的莫曼斯克（Murmansk）和南方的巴庫油田，日本人進逼太平洋海岸上的海參崴。這些情況又鼓勵了反革命的白軍採取行動，一場激烈內戰行將開打。

布爾什維克一直主張社會主義必須擴展至全球規模，方可取得成功。當初他們對在俄國發動社會主義革命猶豫不決，因為他們相信俄國的落後經濟頂多能夠產生一場資產階級革命，從而造就議會式民主和促進資本主義發展。現在他們被困在無法靠一國之力解決的經濟矛盾裡，除非能夠藉助歐洲的工業力量，否則無產階級革命要麼會被農村的赤貧窒息，要麼會被外國和沙皇的軍隊屠戮。

一九一八年一月的第三屆蘇維埃代表大會上，列寧表示：「在一個國家內取得社會主義的最終勝利是不可能的。支持蘇維埃政權的我國工農隊伍，是世界大軍的一個支隊。」兩個月後，他把話說得更直白：「絕對肯定的是，如果德國不爆發革命，我們肯定會完蛋。」

革命正在瀕危。它是可以被拯救的嗎？它有可能走向世界嗎？

一九一八年：大戰如何結束

革命會在一九一七年初的俄羅斯爆發，乃因為它是列強中最弱的環節。但革命迅即蔓延開來，到了大戰的第三個冬天，工業化戰爭的壓力讓整個歐洲陷入高度緊繃狀態。

一九一六年的災難弄垮了一些政府，並把一些將軍拉下臺。尼維爾將軍（General Nivelle）取代霞飛將軍（General Joffre）成為法軍總司令，他馬上發起新的攻勢，宣稱「我們的座右銘是勝利乃確定無疑」。但事實並非如此，法軍在五天內便損失十二萬人，尼維爾在一個月後遭到解職。當時，一波兵變已經席捲法國軍隊，法國的普通士兵受夠了。

革命開始於一九一七年四月底，在五月蔓延開來，到七月達至高峰。逃兵變成普遍現象，有時整支部隊會拒絕作戰，士兵在示威大會高唱革命歌曲。有大約四萬人直接捲入，六十八個師受到影響，在為期兩週的一段期間，前線幾乎不見法國部隊。這些兵變被鎮壓，但五百五十四個死刑判決中只有四十九個被執行。戰壕環境獲得改善，而法軍在第二年一整年都採取守勢。

一九一七年十月，義大利軍隊崩潰。在一九一五年五月至一九一七年九月之間，卡多爾納將軍（General Cadorna）在義大利東北前線的索查河（Isonzo River）下達了不少於十一次的進攻令，每次進攻都是鎩羽而歸。光是一九一七年的兩次進攻，義大利的傷亡人數就高達三十多萬。當奧軍和德軍在十月底反擊時，義軍全線潰敗，被追擊一百一十二公里。義軍的逃兵人數比戰死沙場者多出一倍，數以萬計的士兵丟棄步槍，從前線開溜，大喊：「戰爭結束了！我們要回家了！支持俄羅斯！」一條新的戰線在義大利東北部深處勉強建立起來。卡多爾納被解職，士兵的生活處境大獲改善。義大利在一九一八年下半年之前未再發動新攻勢。

在無人地帶的另一面，即在德國、奧匈帝國、保加利亞和鄂圖曼帝國，生活環境更糟糕。全民戰爭代表在前線的不停進攻，也代表想辦法讓敵人餓到受不了，屈膝投降。正是因為這樣，英國海軍封鎖了德國的海港，而德國潛艇不斷偷襲英國的海運。

德國於第一次世界大戰戰死士兵達一百八十萬，但另有近九十萬人是在大後方餓死。隨著農民被徵調去當兵，糧食產量大減。戰爭物資的生產被放在消費需求之上。德國貿易受到海軍封鎖的重創，到了大戰後半期，平均德國工人攝取到的卡路里量只有正常的三分之二。

一九一七年四月，大約二十萬德國機械工人發起罷工，抗議麵包配給量削減。不滿情緒蔓延至在基爾（Kiel）的「東海艦隊」水手，他們本來就痛恨惡劣的生活環境、嚴苛的軍紀及軍官階級的特權，麵包配給量的削減讓這些不滿情緒一併爆發。水手選出「飲食委員會」，要求當局承認。但暴動被敉平，兩名首領遭到處決，其他領袖則被發監服苦役。

然後新一波的罷工在一九一八年一月席捲德國，在柏林和十幾個其他工業中心，共有五十萬人走上街頭。一些稍成氣候的工人委員會被組織起來，協調示威者之間的行動。反戰的社會主義者扮演領導角色，活躍分子把發生在德國的事件直接跟俄國革命相提並論，但當局再次重手鎮壓，群眾運動趨於消沉。

德國統治者獲得最後一次機會。俄國革命和《布列斯特－立陶夫斯克條約》結束了東線的戰爭，所以東線的德軍現在可以被抽調到西線，對英、法發動攻勢。但美國已經參戰，正將數以十萬計的部隊陸續運過大西洋，德國能把握的機會非常短暫。

一九一八年春天，魯登道夫將軍（General Ludendorff）訓示在五個地方發起攻勢，協約國的戰線幾乎被突破。英軍總司令黑格（Douglas Haig）發出一道命令，指出：「我們身後無路可退，我們心中充滿對正義事業的信仰。我們每個人都要戰鬥到最後一刻。」戰線守住了。攻勢於七月結束時，德國損失了五十萬軍隊。協約國的損失更多，但美國部隊正在以每個月三十萬人的員額比率抵達。

協約國如今能夠轉守為攻，開始大有斬獲。西線的戰鬥變得空前未有的激烈，德國人遭遇一連串挫敗，失去他們在一九一四年征服的大片地域。

第一次世界大戰的一大特徵，是同盟國受到巨大包圍。到了一九一八年秋天，所有戰線都受到沉重且逐日俱增的壓力。在九月至十一月之間，同盟國四國一一垮臺。

鄂圖曼土耳其人在巴勒斯坦的戰線，於九月十九日至二十一日的米吉多戰役（Battle of Megiddo）遭擊破，被擊潰的三整支軍隊向北竄逃，潰敗持續至今日的土耳其－敘利亞邊界。阿拉伯民族主義者游擊隊在這次勝利中扮演核心角色，解放了約旦以東說阿拉伯語的地域。中東戰爭由十月三十日簽訂的《穆茲羅斯停戰協定》（Armistice of Mudros）結束。

保加利亞位於馬其頓的防線，九月底受到英國、法國、塞爾維亞、希臘和義大利聯軍兩週攻勢的擊破。保加利亞是個低度開發的小國，其於一九一二年至一九一八年此六年間損失軍事人力的比例高於其他交戰國；它的農業崩潰了，襁褓中的工業被套上德國戰爭機器的牛軛。保加利亞的領袖帶領人民走向一場災難，到一紙停戰協議於九月二十九日在薩洛尼亞前線（Salonika Front）簽訂時，保加利亞很多軍隊已經解體，國內也爆發一場革命。

奧匈帝國防線由義大利人在維托里歐威尼托戰役（Battle of Vittorio Veneto，十月二十四日至十一月四日）擊破，一紙停戰協議在義大利人攻占了亞得里亞海港市的里雅斯特（Trieste）之後簽訂。軍事失敗讓搖搖欲墜的奧匈帝國瓦解，軍隊分裂為不同的民族部隊，自由派在數十個城市奪權：捷克人和斯洛伐克人在布拉格、布爾諾（Brno）和布拉提斯拉瓦（Bratislava）奪權；南斯拉夫人在札格雷布（Zagreb）和塞拉耶佛奪權；波蘭人在科拉科克（Cracow）奪權。哈布斯堡王朝雙首都（說德語的維也納，以及說馬扎爾語的布達佩斯）也被革命的浪潮席捲：一個社會民主黨人領導的聯盟在維也納當權，一群自由派貴族在布達佩斯上臺。

九月二十九日，兩大德國將領興登堡（Hindenburg）和魯登道夫向德皇啟奏，大戰已經打輸。他們要求簽署停火協議，達成有條件的和平，建立一個納入社會民主黨人的政府，指出「有必要用一道發自上層的革命來防止發自下層的爆發」。

德皇態度頑固，企圖將大戰繼續打下去。「東海艦隊」被下令出海跟英國皇家海軍進行殊死決戰，德國水手將會是戰爭之神的最後祭品。

水手們在十月二十九日開始兵變。這一次他們並沒有待在船上，而是發動攻勢，組織武裝示威，把革命情緒傳播到整支艦隊和各個碼頭。到了十一月三日，德國在基爾的海軍基地落入革命委員會的控制。基爾具有扳機作用，大規模示威隨即於德國全國各地爆發，幾天內，數十個城鎮就落入工人、士兵和水手的委員會控制。

十一月九日，革命延燒到柏林。數十萬群眾走上街頭，城市各處插滿紅旗和社會主義者的橫幅。反戰的革命派社會主義者李卜克內西（Karl Liebknech）在皇宮陽臺向群眾講話，宣布一個「社會主義共和國」和一場「世界革命」已經誕生。德國革命開始了，就像俄羅斯曾經有「二月天」一樣，德國現在有自己的「十一月天」，一九一七年的場面將會在歐洲的心臟地帶重演。

第一次世界大戰這場當時為止人類歷史上最血腥的大屠殺，是由全歐洲數以百萬計的工人、士兵、水手和農民的革命行動所終結。

德國革命

一旦了解自己不可能獲勝後，同盟國就提出一系列有條件和平的建議。每項建議都被拒絕，協約國（英國、法國、義大利、美國）想要取得全面勝利，按照自己的利益任意瓜分世界。在這種情況下，德國、奧匈帝國、鄂圖曼和保加利亞的領袖決定戰鬥到底。

全世界統治階級的貪婪本來會讓屠殺無止境地繼續下去，阻卻了這種情形是因為革命的爆發，最先是在俄羅斯爆發，然後是在保加利亞、奧匈帝國和德國。革命的傳染力亦未止步於敗陣同盟國的邊界內，而是迅速傳播到英國、法國和義大利。英國首相勞合．喬治（David Lloyd George）在一九一九年寫給法國總理的一封信中，抱怨道：「整個歐洲都被革命的精神充塞。從歐洲的一端到另一端，政治、社會和經濟等方面的整個既有秩序都受到人民大眾質疑。」

大戰的尾聲，革命風暴的中心從彼得格勒轉移到柏林，從歐洲的邊緣轉移到歐洲的心臟地帶。歷史的未來走向將端視德國革命的結果而定。如果革命在德國得勝，將會把歐洲最富有的工業經濟體和最大的勞工階級帶向社會主義革命一邊，為飽受圍攻的俄國布爾什維克政權送來馳援，建立從北海到太平洋的工人政權，而且極有可能將革命輸出到全世界。

如果這樣的事情發生，人類歷史的未來走向將會截然不同。那樣的話，將會沒有「經濟大蕭條」、沒有納粹、沒有史達林主義、沒有第二次世界大戰、沒有冷戰。論攸關之重大，很難有事情超越一九一八年至一九二三年。

德國的十一月天出現了大規模示威、大罷工及兵變，工人、士兵和水手的委員會網絡迅速形成。俄國革命曾顯示這樣的網絡，代表一個奠基於直接民主的潛在替代性政府結構。不過就像彼得格勒蘇維埃在二月革命之後所做的，德國的各委員會也決定把權力交給傳統的議會類型政府。社會民主黨人（右翼社會主義者）與獨立社會民主黨人（左翼社會主義者）組成的新政府，得到一個一千五百名工人和士兵代表構成的會議之背書，這既顯示出委員會的力量（新政府有需要它的支持），也顯示出其政治眼界的稚嫩（竟會相信一批職業政客）。

德國的社會主義者分裂為三群。德國社民黨的領袖支持大戰和反革命，主要目標是摧毀那個讓他們得以上臺的運動，讓德國成為對資本主義來說安全的地方。社民黨領袖艾伯特（Frederick Ebert）在十一月成為德國總理。格勒納將軍（General Groener）很快給他打了電話，表示如果艾伯特支持在軍隊裡維持「嚴格紀律和嚴格秩序」，以及致力「對抗布爾什維克主義」，最高司令部就會承認新政府。艾伯特與格勒納成為堅定的盟友。

獨立社民黨是中間主義者，成員包括伯恩斯坦之類的修正主義者、考茨基之類的較激進議會派社會主義者，以及經濟學家希法亭之類的馬克思主義知識分子。讓他們聯合起來的，是他們不同程度上都屬於口頭上支持革命、行動上支持改革的人。一九一九年一月，社民黨的得票率為獨立社民黨的四倍（一千一百五十萬票對兩百三十萬票）；不過到了一九二〇年六月，兩者的得票數幾乎旗鼓相當。這是一次大戰之後，歐洲兩年革命期間德國工人有多麼急速地向左轉的指標。

第三個群體是「斯巴達克同盟」（Spartakus League），或說德國共產黨（「斯巴達克同盟」於一九一九年一月一日改組為德國共產黨）。該群體是由李卜克內西與盧森堡領導的革命派社會主義者群體，性質類似俄國的布爾什維克。一九一八年十一月，獨立社民黨成員人數極有可能是「斯巴達克同盟」的十倍之多。

社民黨是政府中的支配性黨派，其領袖跟德軍最高司令部密切勾結。因為士兵已經感染革命精神，隸屬社民黨的內政部長諾斯克（Gustav Noske）授權將領建立新的準軍事組織，稱為「自由軍團」（Freikorps）。軍事敗北、經濟危機和社會動盪把舊世界撕得四分五裂，許多德國人的政治立場移向左派。其他人（包括很多低階軍官、未授銜軍官和軍事專家）移向右派，「自由軍團」就是從這些死硬右派分子中間招募。該團立刻就以粗暴、反猶太人、極端民族主義和對左派充滿敵意而聞名，團中很多無賴後來將會加入納粹黨。

柏林是德國革命的首都，以及新建的德國共產黨最堅強的基地。一月四日，社民黨支配的政府開除獨立社民黨的柏林警察首長艾希霍恩（Emil Eichhorn），理由是他拒絕鎮壓工人示威。為此，數萬名工人湧上街頭，很多人都帶著武器。一個臨時革命委員會在警察總部成立。

但共產黨的領導階層猶豫不決，柏林部隊懷有敵意，而柏林之外的支持行動也非常少。柏林的活躍分子在革命時機成熟前便煽動行動，革命的首都因而陷入孤立。不只是「自由軍團」，就連許多來自柏林之外的士兵，都願意參與對「斯巴達克起義」的血腥鎮壓。李卜克內西被擊昏，然後遭到槍殺；盧森堡的頭骨被槍托擊碎，然後被射殺，屍體被扔入運河。德國革命受到斬首。

德國共產黨是個新創的黨，在柏林之外的支持者人數有限，缺乏較悠久組織的權威性，很多活躍分子都欠缺經驗且傾向於冒進主義。一九一七年七月，布爾什維克曾抑制彼得格勒的無產階級，防止他們在時機尚未成熟前發動奪權行動。一九一九年一月，斯巴達克分子未能在柏林做到同樣的事，為此付出可怕代價。

不過，這個挫敗並不必然是致命性。危機繼續在德國全國各地走向成熟。獨立社民黨獲得的支持度逐漸高於社民黨，然後又被德國共產黨超越。「自由軍團」受到武裝工人和革命士兵越發有效的抵抗。到了一九二〇年三月，估計有兩萬人在一連串地區內戰中被殺。

這時候，德國統治階級發起一場恢復「法治」的政變，派遣部隊進入柏林，推翻社民黨政府，任命保守派官僚卡普（Wolfgang Kapp）主政。

這回變成是右派操之過急，主要工會聯盟的首領號召工人進行大罷工，數以百萬計的工人不只走上街頭，還組成新的委員會，並拿起武器。「魯爾紅軍」（Ruhr Red Army）把所有右派部隊從這個德國最大的工業區趕走，卡普在幾天後垮臺，社民黨部長重新歸位。政變透露出統治階級的真實面貌，所以德國工人大幅向左移動。統治階級的被打敗也顯示出革命的力量，人們信心不斷上升。

但是革命的潛力未能發揮。德國共產黨縮手，沒有為一場無產階級起義作準備。卡普政變並未像一九一七年八月的科爾尼洛夫政變那樣，為社會主義革命鋪平道路。共產黨在一九一九年一月的行動太過大膽，使其領袖受到充分教訓，所以現在大環境雖然已經完全改變，他們卻變得太過膽小。

德國革命的最後一幕在一九二三年上演，搖搖欲墜的威瑪政權迎上一次新危機，給了德國共產黨人第三次機會。法國部隊占領了魯爾（德國勞工階級的心臟地帶），超級通貨膨脹摧毀了通貨、中產階級的儲蓄和勞工階級的購買力，所以一次反對政府的大罷工獲得普遍支持，有兩個州建立了工人政府，被認為是一場全國革命的發射臺。勞工階級看來已經準備就緒，但是要求起義的命令卻遲遲沒有出現：原來德國共產黨領導階層再次被他們的膽小和狐疑給打敗。

時間拿捏在革命的藝術中無比重要。一九二〇年夏天，還有一九二三年夏、秋兩季，幾乎確定是革命黨人可以在歐洲心臟地帶領導勞工階級取得勝利的時刻，他們未能掌握時機的後果無可估算。

葛蘭西和義大利的「紅色兩年」

一九二〇年夏天，義大利就像德國一樣處於革命邊緣，因為世界大戰的壓力早在不穩定的社會秩序裡挑起嚴重分裂。在義大利的「紅色兩年」（Biennio Rosso），即一九一九年和一九二〇年，這個國家差點就可以透過社會主義革命解決內在張力。這種事沒有發生，帶來慘重後果。左派的失敗變成右派的機會：墨索里尼率領的法西斯主義者將在一九二二年奪權。

後大戰危機的根源在於義大利漫長、蹣跚且從未能夠徹底完成的資產階級革命。雖然被法國人在一七九六年至一八一四年強加反封建改革，然後又歷經一八二〇年、一八三一年、一八四八年和一八六〇年的四次革命，義大利仍只勉強達成半生不熟的現代化。這個國家是托洛斯基所謂的「結合和不均勻發展」（combined and uneven development）的活生生例子。到了一九一五年五月，即當要進入第一次世界大戰時，義大利在北方的「工業三角」（熱那亞、米蘭和杜林）有著先進的資本主義工業及現代勞工階級，但南方仍為貧窮的農村地區，由地主、神父和黑手黨支配。

大戰爆發前，北方勞工階級的激進主義便開始滲透鄉村腹地，進行煽動。作為反擊，腐敗的政府訴諸嚴厲鎮壓和民族主義辭令。就像歐洲其他地方那樣，帝國主義被用來動搖社會主義的吸引力。義大利分別在一八九六年、一九一一年至一九一二年對衣索比亞和利比亞展開殖民戰爭，然後參與世界大戰，主要目的是確保在巴爾幹半島領土上排除奧匈帝國的勢力。

雖然經濟發展尚可，但義大利缺乏可支撐其帝國野心的工業基礎。就像俾斯麥一度指出的：義大利胃口極大，卻是一口爛牙。大戰讓義大利社會承受巨大壓力，將其年深日久的社會緊繃推至危機地步。

大多數義大利人都是從一開始就反對參加大戰，且一直反對到底。不幸的是「社會主義黨」（Socialist Party）——同時包含改革派和革命派——未能發出清晰的反戰指示。它的口號是「既不支持也不搞破壞」（反觀列寧的口號卻是「打倒帝國主義戰爭」）。

義大利在戰爭中死了一百萬人，而論悲慘的程度，麵包短缺且飢餓的大後方，與前線不相上下。杜林的工廠在一九一七年八月爆發大罷工，軍隊在十月和十一月有大批人沒上工。

農村的悠久貧窮、工廠的新近剝削、大戰帶來的屠殺和匱乏，這三者加在一起創造了「紅色兩年」。一九一九年夏天爆發了一場聲援俄國革命為期三天的大罷工。一九二〇年春天，杜林金屬工人發起罷工，要求承認他們的「工廠委員會」（camere del lavoro）；首屈一指的革命黨人葛蘭西（Antonio Gramsci）視之為義大利版本的俄羅斯蘇維埃，這場運動在一九二〇年八月臻於高峰。米蘭的機械工人為了對抗僱主的鎖廠（lockout），占領了工廠。一場占領運動席捲「工業三角」，共有約四十萬名金屬工人和十萬名其他工人參加。被占領的工廠被當成軍事基地看待：工人用以抵抗警察，工廠內堆滿武器。義大利勞工階級受夠了，瀰漫造反情緒。

政府不知所措。首相喬利蒂（Giovanni Giolitti）向參議院承認他沒有足夠武力可以鎮壓占領運動，所以作出些許讓步，跟工會領袖達成協議。「社會主義黨」不準備挑戰這項決定。改革派同時支配工會組織和黨組織。倘若是個大型且扎根夠深的革命黨領導一九二〇年八月的起義，那麼義大利勞工階級就有可能會奪得政府權力，叫農人和窮人追隨。這種事沒有發生的主要理由，是缺乏革命清晰度、組織和方向。

如步德國革命後塵，義大利無產階級敗北的代價再度是人民強烈右傾：在義大利的個案，法西斯主義幾乎接踵而來。

葛蘭西這位「紅色兩年」最偉大的革命分子，以及當時首屈一指的馬克思主義理論家，是以生命付出此代價的人之一。他在一九二六年受到墨索尼里手下法西斯分子囚禁，一九三七年死亡，本來健康狀況就不太好的他，最終受到監獄的惡劣環境完全損害。

我們有必要就他對馬克思主義的貢獻略致一詞，因為他的作品一直受到嚴重扭曲（扭曲者包括史達林主義者、歐洲共產主義者和學院派馬克思主義者），導致一種經過徹底竄改的「葛蘭西馬克思主義」大為流行。讓這種情形受到助長的是他的晚期著作，也就是著名的《獄中札記》（*Prison Notebooks*），出了名的晦澀難懂：這是他為了應付監獄審查官而不得不如此。

在監獄中，葛蘭西對西方資本主義中「公民社會」的複雜及多層次性格有重要思考，又對「陣地戰」（wars of position）和「機動戰」（wars of manoeuvre）的革命策略之不同作出區分。雖然有時候需要提煉和加以限定，但這些概念都代表對馬克思主義理論的重要貢獻。

不過，它們完全不代表葛蘭西對自己在「紅色兩年」的革命理論與實踐之否定。與史達林主義者、改革主義者和討論課堂批評家所主張的不同，《獄中札記》中毫無證據顯示葛蘭西已不再相信勞工階級的核心性，不再相信發自下層的鬥爭，不再相信有必要建立基層組織推行參與式大眾民主和發動武裝革命推翻政府。這也是為什麼一九二六年審判他時，法西斯檢控官表示有必要監禁葛蘭西，「讓這顆頭腦停止運作二十年」。

世界革命

資本主義是一個世界體系。不少近年有關「全球化」的討論，都誤以為資本主義表現全球化取向只是近年來的事。這可不是馬克思的觀點，在他看來，現代工業和世界市場的建立是攜手並進；換言之，全球化和資本主義是一樣年紀。其出現要先於二十一世紀初的數位科技，先於二十世紀的無線電通訊，先於十九世紀的電報電纜，也先於十八世紀的奴隸貿易和十七世紀的第一批殖民地，可以溯源至十五、十六世紀商業資本家建立貿易網絡的初始。

資本主義不只是全球性，還無處不在，一旦在世界的一個部分落地生根，就會迅速傳播出去；這是劃分為敵對企業和敵對國家的世界中競爭性特徵的一項函數。那些未能在經濟上發展，而停留在前工業社會體系的人群或國家注定會失敗：西班牙征服者用鋼鐵、槍枝打敗阿茲特克人和印加人的石頭武器；歐洲人用燧發槍、火砲術征服印度；機關槍、大砲被用於粉碎祖魯族和德爾維希人（Dervishes）。這就是為什麼發自下層的資產階級革命，如荷蘭、英國、美國、法國革命，很快就被發自上層的資產階級革命模仿，後者發生在義大利、德國、日本、土耳其及許多其他地方。這是因為資本主義會引發一場工業革命，任何其他地方的統治階級都被迫熱烈擁抱改變，否則就會在地緣政治鬥爭中落敗。所以經濟和政治—軍事競爭的要求確保工業化一旦啟動，就會席捲全世界。商業的全球化變成工業的全球化。

如果資本主義是一個世界體系，隨之而來的推論就是勞工階級是一個國際階級。工人被民族主義分裂開來，但民族主義並未反映他們的真正利益。為了對付全球運作的資方，工人必須跨越民族界線，聯合起來。要達成社會解放，他們必須摧毀民族國家，創造一種參與式大眾民主。為捍衛既有收穫免遭國際資本的反革命奪回，他們必須把鬥爭傳播到全世界。

僅僅在一個國家裡建立社會主義是不可能的。馬克思、恩格斯、列寧、托洛斯基和很多其他主要馬克思主義者，全都強調無產階級革命必須推廣到全世界，否則就會失敗。一種社會主義的「緊縮經濟」只能是暫時措施。貧窮或不安全最終都會迫使革命只考慮自己，為生存而創造新的剝削和黷武形式，否則工人國家就會毀於有敵意的壓力（經濟制裁、內戰和外國軍事干預）。這種理解對十月革命之後布爾什維克領袖的思考方式有著基本重要性。這就是他們為什麼會急於在一九一九年創立「共產國際」（Communist International），又稱「第三國際」（Third International）。

布爾什維克想要創立一個國際性革命機構，取代各國社會民主黨組成的「第二國際」。「第二國際」在第一次世界大戰爆發之初，因各成員投票支持自己政府而破裂，新的「共產國際」將會是世界革命的最高司令部，其頭四屆代表大會具有真正的革命性質，規模和重要性都越來越大。第一屆大會在一九一九年三月舉行，共有來自三十三國的五十一名代表參加；第四屆大會在一九二二年十一月至十二月舉行，共有來自六十一國的四百零八名代表參加。

世界革命的目標有多少現實性？

革命是有感染性的。因為資本主義是一個世界體系，其重大危機也會是國際性；相似的狀況會引發相似的反應，其他地方發生革命的消息會迅速粉碎從眾（conformity）和順服（obedience）的薄門面。美國獨立革命激發了法國大革命，一八四八年的革命延燒到歐洲各地，一九一七年的俄國革命觸發人類歷史上最強而有力的革命浪潮。俄國革命除了讓德國、義大利翻騰外，也為整個歐洲及歐洲以外的地方帶來衝擊。

一九一八年年底，匈牙利的自由派民族主義者政府垮臺，由庫恩（Béla Kun）領導的「蘇維埃」政府（共產黨人與社會民主黨人合組）取代。一九一九年四月，一個「蘇維埃共和國」於慕尼黑成立，同一個月，革命分子企圖在維也納奪權。雖然都是曇花一現，但卻讓人瞥見另類的可能未來：布達佩斯、慕尼黑和維也納在歐洲的心臟地帶形成一個革命集團。

這樣的事並未發生。在上述三個情況中，革命黨人都不夠強大，無法防止改革派背叛革命。一位巴伐利亞革命領袖在「蘇維埃共和國」被推翻後、面對處決判決時，這樣總結他跟社民黨和獨立社會主義者「盟友」合作的經驗：「社民黨人會發端，然後逃跑並背叛我們。獨立社會主義者會上鉤，加入我們，然後讓我們失望。我們共產黨人處境艱困，全是休假中的死人。」他說的道理相當簡單：革命有可能發生，但革命會一再受挫，是因為工人太過信任改革派領袖，這些領袖都是一心一意捍衛資本主義和政府。

革命之火並沒有只在戰敗國（如奧匈帝國、德國）或弱國（如俄國、義大利）燃起，它也延燒至英國、法國和西班牙。

英國部隊因為政府拖延他們從法國調回國的時間而兵變，又在被派往俄國對付布爾什維克軍隊時拒絕作戰。一九一九年的格拉斯哥機械廠工人罷工，導致警民激烈衝突和軍隊出動。一九二〇年初，採礦工會、運輸公會和鐵路工會結合為「三方同盟」，讓政府大驚失色。

西班牙有自己的「布爾什維克三年」（Trienio Bolchevista），在一九一八年至一九二〇年之間一再出現麵包暴動、群眾罷工、農人搶奪土地、街頭暴力衝突，一些城鎮宣布成立布爾什維克共和國。美國小說家帕索斯（John Dos Passos）寫道：「就像所有其他地方那樣，對這裡而言，俄羅斯是燈塔之火。」

傳染力也從一個大洲跳到另一個大洲，澳洲、加拿大和美國相繼發生大罷工，工人要求有權組織工會、加薪和改善工作環境。革命情緒也從國際大都會傳染到地處邊緣的殖民地：愛爾蘭共和軍發動游擊戰以爭取獨立；埃及群眾發起示威要求結束英國殖民統治；罷工、抗議和暴動在印度各處上演；以及中國學生引發一場反對殖民主義的群眾運動。

一九一八年至一九二三年之間，人類的未來懸而未決，主流歷史學家拒絕承認這段時期的潛力和光輝，粗糙地視之為一個混亂失序的階段。他們更感興趣的是將軍們的調兵遣將及政治家的算計，而非一般人的群眾運動。他們缺乏歷史想像力，無法想見一個被發自下層的革命所轉化的世界。

第一場中國革命

一九一一年至一九四九年間，中國受到曠日持久的複雜戰爭及革命過程所轉化。這個過程的第一階段因為受到第一次世界大戰和俄國革命的衝擊而加速，結束於一九二七年的反革命。第二階段由第二次世界大戰觸發，結束於中國共產黨的勝利和中華人民共和國在一九四九年的成立。在第一階段，一場仿效俄國模式的無產階級革命是有可能發生的，它在一九二七年的失敗改寫了這個國家後來的整部歷史。

中國的革命是由帝國主義觸發。十九世紀期間，列強陸續在中國沿岸建立租界（擁有商業特權的殖民地）。租界是透過賄賂、威脅和軍事行動的結合而獲得。中國的民族主義抵抗遭到擊潰，北京的衰朽滿清朝廷得到列強支持（列強支持是為了繼續保有租界）。

但在一九一一年十月，因為無力保護國土而威望全失的清廷，被一場軍事政變推翻。一個共和國宣布成立，剛從流放歸來的民族主義領袖孫逸仙成為總統。

但孫逸仙很快就被軍隊司令袁世凱取代。袁氏解散國會，自任獨裁者。當時的資產階級民族主義者仍然太弱，無法執行自己的歷史任務，即無法組成穩定的政府、統一國家和執行現代化改革，故其地位遭軍人取代。但軍官們一樣沒有方法可以克服那些撕裂中國社會的衝突。

孫逸仙與他的中國國民黨在南方港市廣州建立了一個新的政治基地。不過，中國的大部分地區既不是由北京的獨裁者統治，也不是由廣州的自由派統治，而是受割據各地的軍閥支配。全部軍閥加起來超過一千人。

中國的資產階級因為三個理由而體質羸弱。首先，中國三億五千萬人口只有五分之一是住在稍具規模的城鎮，基本上是一個農業國家，由地主和農民構成，鐵路寥寥無幾，道路顛簸，只有少數大型工業。其次，資產階級內部因與帝國主義的矛盾關係而分裂。有些中國資本家想要建立本土工業，對外國租界採敵視態度，其他人則選擇跟外國資本家建立密切經濟關係。

第三，資產階級害怕群眾。就連那些想要為民族獨立而戰的人都擔心局面會失控，國家落入激進勢力的主宰。他們忘不了太平軍及義和團的夢魇。

廣州資產階級和北京獨裁政府的弱點創造出一個政治真空。這個真空由軍閥填補，他們是地方軍事強人，靠著跟他們控制地區內的地主、商人、軍官和犯罪幫派結盟而大權在握。中央政府權威的低落，意味著秩序的崩潰及財產的備受威脅，導致一大批小型割據勢力雜然並存。因此滿清被推翻只讓中國在面對外國帝國主義侵凌時更加脆弱，而最大的威脅來自日本。

日本在一八九四年至一八九五年的甲午戰爭之後實質控制了朝鮮，又在一九〇四年至一九〇五年的日俄戰爭之後實質控制了滿洲。這兩場衝突讓日本成為宰制中國最甚的帝國主義國家。第一次世界大戰期間，日本奪取德國在中國的殖民地，又向中國提出二十一點要求，相當於要整個中國淪為日本的保護國。大戰結束時，日本因擁有世界第三大艦隊而晉身強權，其對德國殖民地的占奪也在一九一九年凡爾賽和會上獲得其他戰勝國的承認。

中國代表拒絕簽署《凡爾賽和約》，此消息傳到北京之後，激發起新的革命熱忱。學生領導的反對帝國主義抗議引起數以百萬計中國百姓的追隨，他們舉行群眾會議、遊行示威、抵制日貨，並在上海發起大罷工。

一九一九年的「五四運動」比一九一一年的革命更加壯闊。大戰物資的生產讓上海等大港口和生產中心的勞工階級人數大增，信心也大增。俄國革命已顯示勞工階級要怎樣才能在一個以農民為大宗的國家領導一場社會主義革命。一九一八年，一個馬克思主義讀書會在北京大學成立。一九二一年，中國共產黨在上海創黨。翌年，十幾個城市爆發大罷工，中國工人集結起來對抗公司打手、外國警察和軍閥軍隊。創立不久的中國共產黨變成一個群眾政黨。

民族鬥爭與社會鬥爭開始互相加強，若不動員群眾打敗帝國主義及軍閥，民族獨立將不可能達成。同樣地，沒有打倒外國資本家和警察，工人將無法終結他們的貧窮。

一九二四年至一九二七年間，國民黨跟共產黨聯合起來。俄國人在黃埔建立一所軍校，訓練國民黨軍官，而中國共產黨被鼓勵接受孫逸仙的國民黨政治領導。

當國民黨將軍蔣介石在一九二六年展開北伐之後，工人和農民會在國軍接近時發動反對軍閥的起義。

一股民族革命與社會革命的浪潮席捲整個南中國。

地主、大商家和放貸人逃之夭夭，村莊合作社建立起來，城市工人占領了他們的工廠。反對纏足、童妓、鴉片菸癮及其他年深日久陋習的運動紛紛出現，一個社會解放的新時代看來正值黎明。

上海是中國革命的彼得格勒。一九二七年三月，當蔣介石逼近這個城市時，六十萬工人進行十二日的大罷工。武裝的工會民兵占領城市，一個由工人領袖控制的政府上臺主政。國民黨的軍隊抵達之後，工人按照他們領袖的吩咐放下武器，以歡迎解放者的態度歡迎國軍。不過沒多久，蔣介石便縱放軍隊對上海進行一場反革命的大屠殺，有超過五萬人遭戮，工會被解散，活躍分子網絡被清算。幾天內，上海的勞工階級革命運動便被摧毀殆盡。

反革命的恐怖行動從上海傳播到其他城市和省分，到夏天結束前，跟地主、資本家及外國勢力掛鉤的國民黨已粉碎第一次中國革命。這樣做的同時，他們也毀了爭取群眾以贏得民族獨立的可能性。

國民黨是資產階級民族主義者的政黨，其領袖和軍官出身自有產階級，所以在他們的眼中，一九二六年至一九二七年的無產階級和農民革命，較軍閥及帝國主義者更具威脅性。

但上海工人當初為什麼肯放下武器？他們為什麼會把權力移交給資產階級民族主義者？勞工階級的共產黨領導階層為什麼會犯下這般災難性錯誤？

托洛斯基曾激烈反對中國共產黨跟國民黨聯合，堅定認為中國工人必須維持獨立組織（包括一支武裝的革命民兵），以及貫徹社會主義革命。但是他倒臺了。列寧死後，托洛斯基被邊緣化，此時在俄國說了算的人是史達林。

中國共產黨是被他們的外國顧問帶向災難。這是因為俄國領導階層在四面受敵的情況下走向官僚獨裁，對國際勞工階級革命不再懷抱好感。

反殖民起義

中國革命是第一次世界大戰之後，發生在殖民地和半殖民地國家最重要的起義，但相似的例子所在多有。

十九世紀期間的反殖民起義通常採取傳統形式，領導人大多為部落首領或王朝後人，被用來對抗現代火力的是老舊的武器及過時的戰術。這些起義的目的在恢復舊秩序。

二十世紀初期的反殖民起義卻有所不同。由新的反抗運動率領，且由社會最先進的部分帶頭，這些起義受到俄國革命及當時最激進的觀念誘發。讓這種情形成為可能的是帝國主義對傳統社會的轉化。基礎建設和工業在外國資本推動下的急速發展，創造出新的勞工階級。上海和廣州、孟買和加爾各答、貝爾法斯特和都柏林，成為現代工業城市。市場穿透遙遠的村莊，使該地帶經濟陷入危機，從曼徹斯特輸入的機織產品，讓印度的鄉村紡織工失去生計，直直落的商品價格讓拉丁美洲的農民陷入赤貧。

大戰同時加速了工業化、貧窮化的步伐，新的戰爭工業從鄉村吸入工人，數以百萬計的亞洲人、非洲人被動員為士兵或勞工，然而徵兵、徵稅和食物短缺，也使貧民窟和村莊的生活陷入悲慘。戰爭撕裂了傳統社會，但又創造出新的社會勢力：受過教育的中產階級，以及工業勞工階級。這兩個階級皆能創造出現代的群眾反抗運動。

托卡洛斯基曾指出，「結合和不均勻發展」是他所處時代世界資本主義的特徵。先進技術、大型工業和現代城市，跟住滿用手拉犁的文盲農夫的農村並存不悖。同一座城市裡，既住著參加共產主義讀書會的大學生，也住著封建軍閥及他們的武裝隨從。罷工工人的糾察員，跟揮舞中世紀刀劍的無賴對峙。因為「結合和不均勻發展」在殖民地、半殖民地表現為極端的形式，所以那裡的階級鬥爭常常更形激烈，發生在愛爾蘭及印度的事件提供了對照例子。

愛爾蘭是英國最古老的殖民地，有一部長篇的貧窮、壓迫及抵抗史。在一九一六年的復活節，八百名武裝的共和派分子占領都柏林市中心的主要公共建築物（特別是郵政總局），與安全部隊展開激戰。貝爾法斯特、都柏林均在第一次世界大戰前夕發生過激烈階級鬥爭，愛爾蘭在一九一四年看來已經處於自治邊緣。但「復活節起義」是早熟的，群眾支持有限，而計畫要參與的「愛爾蘭義勇軍」（本質上是一支贊成自治的民兵），在最後一分鐘打消主意。所以共和派的前鋒落入孤立，遭到打敗。

但英國接著處決起義領袖之舉激怒了愛爾蘭的民意，導致愛爾蘭人的政治立場大幅度向左轉，最主要的共和派政黨新芬黨（Sinn Fein）因此在一九一八年年底的大選中獲得壓倒性勝利。新芬黨人拒絕前往倫敦國會就職，自己組成一個愛爾蘭議會。由柯林斯（Michael Collins）組建的「愛爾蘭共和軍」發動了一次軍事行動，摧毀英國的安全機構。

一九一九年至一九二一年間，英國對愛爾蘭發動一場粗暴的殖民戰爭。眼見無法取勝，英國人改為採取分化策略，以允許南愛爾蘭獨立換取對北部阿爾斯特省（Ulster）的統治權。

獨立戰爭於是演變為內戰。英國支持柯林斯之類的「自由邦人」（Free Staters），反對瓦勒拉（Eamon De Valera）之類拒絕接受分治的「共和主義者」。

愛爾蘭革命派社會主義者康諾利（James Connolly）因為參加復活節起義而被處決，他曾預言分治將在「邊界兩邊引起狂歡節似的反應」，此言不差。以農民為主的南部受到「綠色」的愛爾蘭天主教共和派政治精英支配，而較工業化的北部則受到「橙色」的盎格魯－愛爾蘭新教皇室派支配。南、北愛爾蘭的邊界將派系裂縫擴大為鴻溝，讓愛爾蘭勞工階級發生嚴重分裂，也因此失去了作用。

如果愛爾蘭是英國最古老的殖民地，那印度就是英國最大的殖民地，人口約兩億五千萬。大戰期間，印度的人力、物資、金錢源源流入歐洲及中東戰場。大戰結束後，示威、罷工和食物暴動於印度各地延燒。

一九一九年四月十六日，戴爾將軍（General Dyer）下令五十名士兵向聚集在阿姆利則（Amritsar）一處有牆園地內的兩萬示威者開火。士兵連續射擊了十分鐘，殺死一千人。慘案的消息傳開後，反抗升級到新的高度，數以百萬計的農民、工人和城市窮人一起投入群眾運動，印度教徒和穆斯林並肩反對雇主、地主及警察。孟買總督承認這場運動「讓我們大吃一驚」，「差一點就獲得成功」。

運動的失敗與英國人的對策無關，而是因為進一步的行動被甘地和國大黨的領袖（國大黨是印度主要民族主義政黨）下令取消。甘地將「非暴力」奉為原則。雖然不久前的大戰非常殘酷（甘地贊成印度在大戰中幫助英國），又雖然外國占領軍對印度示威者的打壓非常暴力，甘地仍然反對印度民族運動在獨立抗爭中採取武裝自衛手段。

甘地是偽裝成神祕主義者的溫和民族主義者，他反對使用暴力可謂限制了爭取獨立的民族鬥爭，阻止它演化為一場反對剝削的階級鬥爭——往這個方向演化的話，將會威脅國大黨所代表的印度資產階級的利益。如果是由決心堅定的革命分子領導，印度民族運動也許早在一九二〇年代初期便結束英國的統治。但在態度搖擺的自由派領導下，英國對印度的統治時間拖長了二十五年，而且當這統治一結束，馬上就發生凶狠程度史無前例的社群衝突和族群清算。

為什麼殖民革命會告失敗？托洛斯基的「不斷革命理論」——最初提出來是為了解釋俄國革命的性質——提供了一個答案。資產階級民族主義者總是搖擺不定，因為他們跟一種以土地和資本私有制為基礎的社會秩序緊緊綁在一起。每當工人和農人的群眾運動強大得足以威脅殖民統治，它們也會威脅到本土地主及資本家的財產和權力。階級本能確保了民族主義領袖要麼對群眾運動加以抑制，要麼是加入粉碎群眾運動的反革命。印度提供的是老生常談的教訓：群眾的解放只能靠群眾自己去爭取。自由不會從天上掉下來，只能靠冒死鬥爭取得。

史達林主義：革命失敗的苦果

到了一九二三年年底，第一次世界大戰所激起的革命浪潮幾乎在世界各地均已消退。德國革命失敗了，威瑪共和國這個自由派議會政權達成一定程度的穩定。一九一七年的十月革命並未點燃布爾什維克一直賣力推動的世界社會主義革命。列寧本人變成革命希望破滅一個讓人心戚的象徵：他因為一連串中風而越來越失能，最終在一九二四年逝世。俄國革命處境孤立，受到敵人包圍，飽受戰爭蹂躪，因經濟崩潰而陷入貧困。為了在絕處掙扎求生，布爾什維克政權唯有只為己謀，把原來的種種社會主義理想拋到九霄雲外。

二十世紀政治史的一則大謊話，就是說這樣的結果乃是不可避免，說史達林主義乃是布爾什維克革命的直接結果。實際情況大相逕庭。一九二七／八年冬天，史達林統治下出現在俄國的黨國官僚體系執行了一場反革命。這股權力已經積蓄十年，所以當在一九二〇年代晚期斷然行動的時候，乃能夠摧毀勞工階級民主的所有殘餘痕跡。會議密密麻麻坐滿人，發言者被轟下臺，反對派遭到黨國機器的清算、流放（該機器現在都是由十月革命後才參加共產黨的幹部支配），托洛斯基與季諾維也夫領導的「聯合反對派」受到剷除。

一九三〇年代，官僚系統為了加強箝制，清算了布爾什維克黨的幾乎所有舊部。十月革命時代的老將被逮捕、刑求和假裝公審，安上「搞破壞者」的罪名後，被史達林的祕密警察處決，或流放到西伯利亞的勞改營。

在列寧最後一屆政治局（一九二三年）的九名成員中，只有史達林、莫洛托夫和柯倫泰（Kollontai）三人至一九四〇年底還活著，其他人皆已列名鬼錄。列寧是死於自然原因，托姆斯基（Tomsky）是因為害怕被捕而自殺，加米涅夫、季諾維也夫、布哈林、雷科夫（Rykov）和托洛斯基都是被謀殺。

為什麼會這樣呢？布爾什維克領導人一次又一次表示，落後的俄國不可能單獨達成社會主義。列寧在一九一八年一月十一日指出：「在一個國家內取得社會主義的最終勝利是不可能的。支持蘇維埃政權的我國工農隊伍，是世界大軍的一個支隊。」布爾什維克領導人所未能預言的，是最終壓倒他們的是哪些反革命形式。三項連鎖性物質因素最終摧毀了俄國革命：農民的社會分量、戰爭導致的經濟崩潰，以及勞工階級的解體。

是工人與農民的聯盟，讓俄國革命成為可能。農民的人數和工人的人數是十與一之比。如果工人沒有把農民拉到自己的陣營，就會被效忠於沙皇的農民士兵敉平。布爾什維克因為承諾麵包、和平與土地，農民才會支持十月革命。

不過在那之後，工人和農民的利益就分道揚鑣了。勞工階級是個集體階級，因其勞動屬集體性。工人們不可能把礦坑、工廠或鐵路拆分為一個個的個別單位，他們必須把經濟作為一個有機的整體來經營。反觀農民卻是個人主義者的階級，因為每個農民都嚮往成為獨立、富裕的農夫。農民會支持答應讓他們占有土地的城市革命黨人，但進一步的合作則仰賴城市生產出可跟農村進行貿易的產品。如果城市做不到這一點，就無法跟農村進行貿易，從而陷入挨餓狀態。布爾什維克明白這一點，他們遇到的麻煩是生產力直線下滑。世界大戰、革命和內戰一起對工業生產造成巨大擾亂，讓工業產能只剩下不到一九一四年水準的五分之一。

食物、燃料和其他必需品的短缺，讓一九一八年底至一九二〇年底之間至少有一千萬俄國人死於飢餓、疾病和寒冷，比在第一次大世界大戰戰死沙場的人要多一倍。這導致第三個因素的產生。隨著數以百萬計的工人拋棄城市，回到住著家人的鄉村，勞工階級實質上解體。俄羅斯的城市人口減少了超過一半。

還留在城市裡的工人也已經變得不一樣。革命政府必須管理龐大的領土、重生破碎的經濟，並打一場對抗白軍的內戰（白軍受到不少於十四支外國遠征軍的支持），所以一九一七年的革命無產階級被轉化成為一九二〇年的紅軍。然後隨著經濟的一些部門重新開動，新的工人從鄉村被吸收到城市，所以一九二〇年代的俄國勞工階級不只遠少於一九一七年，其組成也相當不同。

到了內戰尾聲，革命勞工階級瓦解，農民控制土地，地主和資本家階級都受到清算。至此，在國家層次運作的有組織社會勢力，只剩下黨國官僚體系。

如果恢復完全的民主，國家將會被國際勞工階級的利益和俄國農民的利益之間的矛盾撕裂。布爾什維克別無選擇，只能緊抓住權力，希望得到世界革命的拯救。有一陣子，革命傳統本身可以作為一股歷史力量而作用，哪怕此刻已經是個革命機構而非革命階級的化身。

但是布爾什維克不可能抵抗引力，最終會屈從包圍著他們的有敵意社會勢力。列寧看得出來這一點，早在一九二〇年便說過：「我們的政府實際上不是工人政府，而是工農政府……但還不止這樣。我們黨的綱領顯示，這個政府是帶有官僚主義弊病的工人政府。」稍後，因為震驚於前沙皇官員及新招募到政府機器的投機分子勢力，他提出這道問題：「這個龐然的官僚機構——到底是誰在領導誰？」

一九二七年至一九二八年的「新經濟政策」企圖解決經濟矛盾，爭取在下一波全球革命浪潮發生前的呼吸空間，允許私人企業和自由市場在國營事業之外發展起來，創業家階級（被稱為「新經濟政策人」）及「富農」階級應運而生。在此同時，掌管國營事業的紅色工業家在行為上越來越像傳統資本家。在一個四面楚歌國家運作一種落後經濟的壓力，轉化了統治政權的政治特徵。

一九二七年冬天，列寧的「誰在領導誰」問題獲得確定的答案。同時粉碎了右派（代表「新經濟政策人」和「富農」）、左派（代表布爾什維克傳統），史達林的中央派從共產黨的密室中露面，成為新官僚統治階級的政治表徵。

第十四章

經濟大蕭條和法西斯主義的興起

一九二九年至一九三九年

經濟大蕭條讓歐洲人的政治立場走向兩極化，革命派工人紛紛拿起武器，抵抗法西斯主義的推進。

自俄國革命及其激起的全球群眾運動失敗後，出現一段短暫的相對穩定時期。資本主義系統獲得部分的經濟復甦，各國政府回歸到沉悶的議會政治，而曾經被一九一七年至一九二三年群眾運動燃起熱情的數以百萬計工人，也重新墜入日常生活的異化和冷漠中。但這段呼吸空間為時短暫。

一九二〇年代中期至晚期的普通經濟榮景，是建立在金融投機的浮沙上，各個「基本指標」如工業投資、上升的勞動生產力及增加的製造業生產量，始終疲弱。當榮景在一九二九年爆破，整個經濟墜入前所未有的危機。在這場後來被稱為「經濟大蕭條」的災難中，數以百萬計普通人的處境極其絕望，以致再次被吸引到對抗資本主義的群眾鬥爭。

然而其他力量也在作用，經濟危機粉碎了中間立場，讓人們朝左、右兩極分化，所以一九三〇年代成

西班牙革命女民兵，1936年。

為社會主義革命和法西斯主義反動的激烈戰場。後者的勝利將會直接導致另一場世界大戰，比第一次世界大戰歷時更久、更血腥，也更野蠻。

長嘯的二〇年代

在美國，第一次世界大戰後的鬥爭浪潮為時短暫。從一九二〇年起，經濟欣欣向榮，新的個人主義文化應運而生。到了一九二八年，工業產出相當於一九一四年的翻倍。經濟學家宣稱資本主義的「兒童期疾病」已成為過去式，而「世界的經濟狀況看來處於大步向前的邊緣」。

美國市場滿溢以往僅有少數人才買得起的消費品，一般家庭獲得電力供應，中產階級人家購置電話、收音機、留聲機、吸塵機和冰箱，數以百萬計的人每週上電影院一次。汽車不再是奢侈品，變成大眾市場商品。「美國夢」看來已經變成日常的現實。「每個人都應該變得有錢」，通用汽車財務主管和民主黨全國委員會主席拉斯各布（John J. Raskob）如是說，而許多一般美國人都有同感。

歐洲加入「長嘯二〇年代」（Roaring Twenties）的時間要遲一點。戰爭的經濟衝擊、社會脫臼加上革命浪潮，對歐洲的影響相對比美國大。但在一九二三年之後，歐洲人同樣加入了「爵士年代」（Jazz Age）。

提供美國貸款的「道威斯計畫」（Dawes Plan），在一九二〇年代晚期有助於振興德國經濟和穩定威瑪政府。英國展開一場新的工業革命，在米德蘭（Midlands）和英國東南部發展汽車、飛機等高科技工業及耐用消費品工業，又在舊的都市區四周建立新的郊區。

就像在美國一樣，資本主義的重新穩定讓很多人對於繁榮的前景充滿樂觀。隸屬社民黨的德國總理穆勒（Hermann Müller）在一九二八年宣稱：「我們的經濟健全，我們的社會福利系統健全，你們將會看見納粹以至共產黨被傳統政黨吸收。」德國首屈一指的經濟學家也是有志一同：「歐洲經濟生活有一股清楚的趨勢，那就是敵對的趨勢將會平衡彼此，成長變慢，最終消失。」

不過，資本主義的矛盾並未消失。同樣重要的是（但較少人注意到就是），經濟復甦表現出明顯局限性。在第一次世界大戰之前及期間，世界經濟其實都是由各國的軍火開支撐持，正是前大戰時期的軍備競賽為一八七三年至一八九六年的「長期蕭條」畫下句點。即便在十九世紀晚期，一樣有跡象顯示經濟系統嗜槍砲成癮。但軍火支出在一九一八年減到只有戰時的零頭，帶來大量失業的後果。經濟系統被證明不能光靠生產民用產品復甦，市場原來即不會「自我調節」。

成長在整個一九二〇年代都是不全面且有限度，每有一家公司賺錢，就有一家公司關門。兩次世界大戰之間的「戰間期」，英國失業人口從未低於一百萬，礦坑的減薪在一九二六年引發一場六個月之久的礦工罷工和一場九天的大罷工。戰爭賠款讓德國經濟在一九二〇年代早期倒地不起，而惡性通貨膨脹在一九二三年讓許多人的儲蓄大失血。

法國經濟受到德國戰爭賠款的支撐，美國經濟受到戰爭貸款還款和一種「容易錢」政策（低利貸款政策）的支撐。美國能夠迎來十年榮景，原因在此。但即便在美國，有些資本家之所以能夠「長嘯」，也只是因為其他資本家哀哀叫。

資本主義的一個核心矛盾在於，它在職場只給予低薪，卻在市場要求高消費。長遠來說，你不能兩者兼得。當薪水為了削減成本、提高利潤而被壓低時，工人就買不起他們勞動所生產的貨品；但如果提高薪資、削減利潤，資本家就會失去投資的誘因。尋求利潤是資本主義系統的動能。

在美國的「長嘯二〇年代」，農家收入降低，薪資不見提升，所以「實體經濟」的需求低迷不振。工業投資因此變得極為呆滯，無法吸收系統中充斥的剩餘資本。於是這些資本就轉進投機，又特別是投入華爾街股票交易的自我助長投機泡沫。

費茲傑羅（F. Scott Fitzgerald）的小說《大亨小傳》（*The Great Gatsby*, 1926）描寫了這個時期的空虛。幾位主角（個個皆是美國資產階級富得流油的成員）生活空洞、毫無社會建樹，他們一片混沌的頭腦及無止境的尋歡作樂，反映金融寄生主義的泡沫經濟。

金融泡沫，與資本主義年紀相當。十七世紀早期的荷蘭發生過鬱金香的投機泡沫，十八世紀早期的英格蘭發生過殖民地投資的投機泡沫（「南海泡沫事件」）。一八七三年至一八九六年的「長期蕭條」是由緊接著投機榮景發生的金融崩盤所引發。

泡沫運作的方式很簡單：如果一種紙面資產的需求夠高，其價格就會上升；如果一種資產價格上升，就會有更多投資人想購買，希望可以從該資產的進一步上升獲利；如果有夠多的剩餘資本，又如果紙面資產的價格因為高需求而不斷上升，脫鉤（take-off）就可能會發生，也就是資產純粹因為有越來越多人想購買而繼續升值，不理會其價格及其所代表財貨或勞務之實際價值的關係。

紙面資產本質上是以貸款換來的所有權憑證，可採取的形式有很多種，包括公司股票、政府公債、保險公司保單、外幣持有、抵押品包裹、期貨等，「金融服務業」是深具創意的。資本的「正常」回報是可分享實體經濟的利潤，但當紙面資產與實際商品的價值不再有關時，就會出現「投機性」回報，然後價格的上升會變成自我助長，有時還會在發横財心理的狂熱推動下被推至眩目高度。

全球債務在一九二〇年代增加了大約五成，這是虛構性資本創造性的一項指標，並出現一批全新的公司：控股公司和投資信託公司。這些公司什麼都不生產，只交易其他公司的股票，投資的常常是其他控股公司和投資信託公司。這種虛構資本的層次有時可高達五層，甚至十層。

高盛貿易公司是一個例子。該公司創立於一九二八年十二月四日，發行了一億美元股票，其中九成是直接銷售給一般大眾。憑藉這筆資本，該公司投資其他公司的股票。一九二九年二月，高盛與另一家投資信託公司合併，這時候其資產增至兩億三千五百萬美元，到了七月，這家聯合企業成立子公司謝南多厄公司（Shenandoah Corporation）。當謝南多厄推出一億兩百萬美元股票販售時，得到七倍的超額認購。沒有人想要錯過白白賺錢的機會，所以謝南多厄公司順應民意，發行更多股票。

當股票狂升，資本就會從對外貸款、工業投資和基礎建設計畫中抽出。沒有事情比在華爾街投機更有利可圖，充斥的游資熱錢和疲弱的經濟，同時助長紙面資產價格與實際商品價值之間的巨大落差。

這種泡沫是陷阱，有些觀察家試著提出警告。巴布遜（Roger Babson）於一九二九年九月五日在年度國家商業會議指出：「遲早會出現崩盤，到時候情形也許會十分可怕。」但末日先知在派對裡並不受歡迎。成批富豪都在股市押下大量金錢，好讓自己更加富有。他們衷心讚成柯立芝總統在上回十二月的國情咨文裡所說的：「自美國國會成立以來，從未目睹比眼下所見更美好的前景……國家寧靜與富足……繁榮程度堪稱歷年之最。」

稍後當股市發生震盪時，財政部長梅隆（Andrew Mellon）迅速出面安撫人心：「沒有值得憂慮的理由，繁榮的高潮將會持續下去。」《華爾街日報》同樣急於驅散投資人的焦慮：「昨日股票主體的價格波動，持續顯示一場大推進暫時被技術性修正拉住。」

一九二九年十月二十四日，華爾街股市崩盤。這次金融崩潰將世界拖入經濟大蕭條，並觸發一系列事件，而這些事件最終將引致史達林格勒保衛戰、奧斯維辛（Auschwitz）集中營及廣島核爆。人類歷史上最大悲劇的第一幕揭開了。

飢餓三〇年代

「黑色星期四」這天，華爾街股市下跌近三分之一，數以千計的金融資本家被掃除，幾百萬普通人失去積蓄。一旦開始，股市崩盤便與之前的泡沫一樣自我助長。就像上升的價格曾將投機資本吸入漩渦，此刻崩潰的價格也創造出拋售浪潮，大家都想要「清算」資本，搶在價格進一步下跌前拋售手上的股票。另外，當投資人發現自己過度暴險，就會借債還債，助長恐慌性賣壓。整個財務義務的複合體突然解體。

謝南多厄公司股價最高峰時是三十六美元，最後跌至五十美分。高盛公司股票一度衝至二二二・五美元，兩年後，你可以用一或兩美元買到一股。

崩盤並非事出無因。農業自一九二七年起便陷入蕭條，工業也在一九二九年春夏因為過度擴張、消費不足而走下坡，農業和工業危機觸發金融崩盤。不過股市崩盤又反過來影響實體經濟，導致信用緊縮，扼殺貸款及投資，使需求大為萎縮。

資本的集中與集聚，放大了危機的規模。當一家小型或中型公司破產，其整體衝擊有限，畢竟很多其他公司會繼續經營；但當一家大銀行或工業企業破產，就會把許多其他銀行和工業企業拖下水，創造出一波通縮浪潮——這就是一九三〇年代發生在美國的事。到了一九三三年，已經有九千家美國銀行倒閉，工業生產減半，每三名工人就有一名失業。復甦的希望渺茫，美國資本主義成了一潭死水。

一個世界體系的存在，即意味著一場世界危機。華爾街崩盤觸動了全球暴跌，全球貿易總值僅剩下一九二九年的三分之一。一九三二年，全世界失業人數從一千萬暴增為四千萬。那一年，德國每三名工人就有一名失業，英國則是每五名中有一名失業。

經濟大蕭條會這麼慘烈，與各國領袖的政策有關。激烈緊縮並不是各國在崩盤一開始的反應，但當世界經濟在一九三一年直直落時，官員們慌了。美國總統胡佛執迷於「穩健貨幣」和「平衡的預算」，取消大規模開支的計畫，不久後又對其繼任者羅斯福大談「縮減赤字」的美德。他的財政部長開出的處方是「清算勞工，清算股票，清算農夫」。

另外，隨著極右派政府在面對群眾反抗時硬推緊縮政策，民主不久就受到攻擊。保守的德國總理布呂寧（Heinrich Brüning）對大蕭條的回應是削減工資、削減薪水、削減價格及提高稅收。在他尚未這樣做之前，每四名德國工人有一名失業；他這樣做了之後，每三名德國工人就有一名失業。

布呂寧擔任總理沒多久，深重的經濟危機及德國社會的兩極化癱瘓了政治系統。布呂寧辭職後，興登堡總統接連任命了三位總理：馮・巴本（von Papen）、馮・施利克（von Schleicher），最後是希特勒。三人皆沒有在議會中掌握多數席位，都是根據緊急法令統治，民主自一九三〇年起就停止在德國運作。一九三三年一月之後，民主的可能性更是被納粹的獨裁統治摧毀殆盡。納粹黨是由興登堡授權，而興登堡是代表德國的傳統統治者。

英國一九二九年當選的少數派工黨政府，發現自己受到金融資本的圍困。隨著失業人數急升，必須削減失業救濟金以滿足「保障預算平衡的重大需要」。一位內閣部長稍後回憶說：

我最難忘的一個回憶就是……我們代表政府的二十位男性和一位女性在黑色星期日傍晚，站在唐寧街花園等待來自紐約的電報，好知道英鎊是否得到拯救，以及削減一成失業救濟金的條件是否堅持不變。

條件堅持不變，銀行家想要以削減失業救濟金作為工黨政府完全屈服的象徵。他們還希望無異議的通過，也就是整個內閣都必須投下同意票，否則政府就必須辭職。費邊社（Fabian）的碧翠絲・韋伯（Beatrice Webb）在日記中寫道：「所以決定英國政府人事及政策的，是英國和美國的金融家。這是加倍奉還的資本階級專政！」

內閣意見分裂，政府宣布辭職。前任工黨首相麥克唐納（Ramsay MacDonald）成為反動又縮減赤字的「國民」政府首腦。

各國政府也讓本國貨幣貶值，好讓出口貨品比較便宜，與此同時，又對進口貨品課以關稅，使之價格較昂貴。不過保護主義是個競爭的過程，當對手國家做一樣的事時，效果就是加速「競次」（race to the bottom）。隨著價格下跌、市場萎縮而來的是國際貿易的災難性崩潰。

通貨收縮與保護主義相加，摧毀了任何經濟復甦的可能性，兩者讓世界有十年時間被鎖死在經濟低迷及普遍貧窮中，不啻保證了自由派經濟學家和國家政策批評家凱恩斯所說的「就業不足的均衡狀態」

（underemployment equilibrium），也就是大眾的長期失業。

經濟大蕭條的經濟學是瘋人院的經濟學，任何經濟系統之目的都應該是生產人們為過上幸福生活所需的財富與勞務，但這卻不是資本主義之目的。

資本主義是個競爭性資本積累的系統，由利潤所驅動。利潤的驅力，即不擇手段、盡可能快地獲取盡可能多的利潤，曾經在一九二〇年代晚期創造投機泡沫。如今在金融崩盤之後，維持利潤意味著削減工資、大砍勞務和阻塞貿易，因此讓世界墜入無了期的低迷不振。

數千萬人的生活支離破碎，農民因為市場消失、商品價格垮掉而破產；工人失去工作，得靠施粥所施捨的食物果腹。那些仍有工作的人活在隨時被開除的恐懼中，讓資方在薪資、工作環境，以及工作量的討價還價中占盡優勢。

在歐洲各國，推行緊縮政策的主流政黨盡失人心，人民政治立場走向兩極化：一方面是勞工階級的激進運動，一方面則是中產階級的法西斯主義運動。一九三〇年代期間，在柏林、維也納、巴黎、巴塞隆納和倫敦的街頭上，希望與絕望的力量（革命和反革命的力量）反覆發生衝突，競相爭取人心。

一九三三年：納粹奪權

一九三三年一月三十一日，德國國家社會主義工人黨（簡稱納粹黨）領袖希特勒成為德國總理。一個月後，共產黨被禁，其報章被查封，有一萬名共產黨員被送進集中營。不久後，社民黨領袖和德國工會領袖也被送進集中營。才幾個月光景，納粹就摧毀了世界上最強大的勞工運動。

工會及社會主義政黨是民主的基礎。沒有大型的勞工階級組織，資本與政府的統治就會不受挑戰。到了一九三三年年底，保守派政黨和自由派政黨一樣受到取締。德國自此變成一個極權主義的警察國家。

納粹主義讓德國人付出天文數字的代價，七百萬德國人將會死於第二次世界大戰，一千四百萬人無家可歸。隨著蘇聯紅軍在一九四四年、一九四五年推進到德國東部，將會有數以百萬計的男人被槍殺，數以百萬計的女人被強暴。納粹發起的大戰在全球奪走六千萬人性命。在一九三九年至一九四五年間，十世紀的種族神話與二十世紀的科技融合在一起，創造出人類歷史上最大的災難。是什麼原因讓這種事成為可能？

經濟大蕭條對德國的打擊大於對其他歐洲國家。美國銀行家要求償還「道威斯計畫」的借款，這筆借款曾經在一九二〇年代中期振興德國的經濟。銀行家要求大量削減開支，以達到收支平衡。德國政府不得不從，削減了工作、薪資和福利，此舉導致經濟直直落，有三分之一工人失業。農場和小生意破產，經理人、專業人士、運輸工作者就像礦工和鋼鐵工人一樣找不到工作。

資本主義危機撕裂了社會肌理，促使人們的政治立場走向兩極化。當人們的憤怒對象是銀行家、政治家和經濟系統，他們就會向左靠攏，偏好階級鬥爭及革命。當他們的憤怒對象是彼此，就會向右靠攏，偏好仇恨政治（politics of hate）。經濟大蕭條同時創造出懷抱革命希望（revolutionary hope）的社會主義政黨，以及懷抱反革命絕望（counter-revolutionary despair）的法西斯主義政黨。

法西斯主義是一種嶄新形態的政治運動，最先出現在第一次世界大戰之後的義大利。這個詞本來就是義大利文。早在一九一九年和一九二〇年的「紅色兩年」期間，墨索里尼已經開始爭取右翼民族主義者的支持（他是個不穩定的政治冒險家，當初因為支持義大利參與第一次世界大戰，而跟「社會主義黨」決裂）。

法西斯主義基本上屬於中產階級運動，成員有退伍軍人、專業人士、學生、小地主和小有產者。法西斯的準武裝部隊「黑衫軍」（squadristi）喜歡攻擊占領工廠的工人、罷工警戒線（picket-lines）、工會辦公室、社會主義者印刷廠和個別的活躍分子，不過當工人運動處於攻勢時，他們的影響力有限。只有在一九二〇年夏天的工廠占領運動敗北後，法西斯主義者才成為一股主要力量。「黑衫軍」的積極成員在一九二〇年十月只有一百九十人，到了一九二一年十一月卻增加至兩千三百人。

左派的失敗讓不少住在貧民窟、缺乏社會主義傳統農村的失業者和勞工階級青年感覺法西斯主義有吸引力，左派的失敗也讓法西斯主義者在他們核心的中產階級支持者眼中顯得更有可信性。但左派仍然是個威脅，而這確保墨索里尼得到工業家和自由派政治家的支持。自此，「黑衫軍」獲得一些重要資本家的資助，警察對其行徑也大開綠燈。義大利統治階級縱容法西斯流氓去砸碎正在撤退的工人運動。

到了一九二二年十月，墨索里尼已經勢力強大得足以向政府要求官職。一次法西斯主義者的「進軍羅馬」遊行未被制止，讓墨索里尼被國王伊曼紐任命為首相。自此以後，「黑衫軍」與警察攜手一道摧毀勞工階級運動，並建立一個極權主義國家。

墨索里尼廣受歐洲統治階級圈子的仰慕，被認為是一位能在混亂中建立秩序的「強人」。義大利「黑衫軍」提供其他人可以仿效的政治榜樣。其中一名企圖仿效者為希特勒，他是個失敗的藝術家、大戰老兵和激烈的反猶太主義者。但襁褓中納粹黨的「啤酒館暴動」（一九二三年十一月在慕尼黑發動的未遂政變）受到警察鎮壓。

希特勒的黨將要再蟄伏六年。不過，它在大選中的得票數節節上升：一九二八年是八十萬票（占三%），一九三〇年是六百萬票（占一八%），一九三二年七月是近一千四百萬票（占三七%）。它的準武裝組織「衝鋒隊」（Sturmabteilung）又稱「褐衫軍」（Brownshirts），從一九三〇年年底的十萬人躍升至一九三二年中的四十萬人。

納粹以三種方法攫取權力：一是經常舉行群眾集會、遊行，製造一種有力量和決心對付社會危機的印象；二是讓「褐衫軍」不斷在街上進行抗爭，摧毀勞工階級組織；三是由希特勒遊說大企業與國家領袖資助、支持。

就像義大利的法西斯主義者，納粹的核心為中產階級。希特勒表達了他們面對一個分崩離析且粉碎他們希望的世界時之憤懣。小有產者、資淺行政人員和小城專業人士，既憎恨引發危機的資本家、政治家，又憎恨代表工人的工會與左派黨派。他們對自己的無力感到憤怒。

認為有一個「國際猶太人陰謀」存在的這種想法，將莫斯科與華爾街、共產黨人與資本家、窮人與有錢人共冶一爐，堪稱納粹不可理喻世界觀的最高表達，成為那些托洛斯基稱為「人類塵埃」（human dust）之人的醜陋意識形態。這種意識形態把本來迥不相干的個人，一塊黏在法西斯主義群眾運動中。

納粹也竊占了德國的重建國格大業。《凡爾賽和約》切去德國大片領土，限制德國軍隊的規模，又加諸德國龐大的戰爭賠款。威瑪政府無力扭轉如此有損國格的設計，希特勒則承諾採取行動。

到了一九三二年底，傳統德國精英中一些有勢力的部分，已經準備支持納粹以自己的方式解決經濟危機。希特勒將會撕毀《凡爾賽和約》、止付扼殺性的戰爭賠款，並重建德國在歐洲的勢力。「褐衫軍」將會摧毀國內的左派。

納粹揚言要統一國家意識，要讓世界變得對德國資本安全。這就是重量級魯爾工業家蒂森（Fritz Thyssen）會成為納粹的殷切支持者、總理馮．巴本會說「如果希特勒的運動崩潰或被粉碎將會是一場災難」，以及第一次世界大戰的元帥（興登堡總統）在一九三三年一月（當時對納粹的支持正在下降）會邀請第一次世界大戰的上士（希特勒）組建政府的原因。

法西斯主義的勝利並非不可避免。一九三二年七月，社民黨跟共產黨加起來的得票數是一千三百萬

（占三六％），幾乎和納粹黨（占三七％）旗鼓相當。社民黨和共產黨都有自己的武裝自衛力量，到工人居住區耀武揚威的納粹黨人常常受到攻擊，潰散奔逃。晚至一九三三年一月三十日的下午和傍晚，反對希特勒的群眾示威一直在德國各地自發性出現，數以百萬計的工人明白納粹黨代表的危險，準備好一戰。

但社民黨領袖在面對大蕭條和納粹時態度軟弱，呼籲以「忍耐」態度面對緊縮政策，以「合法方式」回應「褐衫軍」的暴力。希特勒上臺後，社民黨的主要報紙宣稱黨會「堅定地站在憲法和合法的基礎上」。

共產黨領袖該受到的責備不遑多讓，指控同樣嚴重。他們本來應該爭取社民黨的工人，組成一條對抗法西斯暴力和接管的聯合陣線，但卻不此之思，採取愚蠢的黨同伐異立場，自陷於孤立之中。他們低估法西斯主義的危險，又把社民黨人斥為「社會法西斯主義者」，以社民黨人對勞工階級的威脅更甚於希特勒為由，拒絕跟社民黨人合作。

為什麼共產黨會走這種路線？社民黨當然是導致一九一八年至一九二三年德國革命失敗的罪魁禍首。自那之後，共產黨傾向於走極左路線，對改革派領袖懷有極深的敵意，不願意和他們組成聯合陣線，追求共同目標。不過，共產黨的派系本能還是受到莫斯科的加強。

以莫斯科為基地的「共產國際」，此時受到史達林和俄羅斯新官僚統治階級的控制。極左派系主義成為蘇維埃的官方政策，用以掩蓋正在俄羅斯發生的反革命走向。

一九二三年，年輕的德國共產黨曾錯失領導一次社會主義革命的機會。一九三三年，同一個共產黨——一個智慧未隨年紀增長，而且受到史達林主義嚴重扭曲的黨——又錯失一次阻止法西斯政變的機會。沒有什麼比這個讓革命領導的重要性顯現得更清楚。

俄羅斯的國家資本主義

首先是華爾街崩盤把世界拖入經濟大蕭條，令四千萬人失去工作，然後現代最野蠻的政治運動「納粹黨」在德國奪權。這就怪不得數以百萬計絕望的活躍分子苦苦尋找一個替代方案，也怪不得他們會相信史達林是對抗資本主義和法西斯主義的旗手，大量失業及法西斯主義的威脅讓他們變得沒有批判性。為什麼他們應該相信西方對於蘇聯殘暴不義的報導？難道資本主義報章會詆毀社會主義革命的原鄉不是理所當然的嗎？

畢竟，當世界其餘地方陷在蕭條的這個時候，蘇聯經濟正欣欣向榮。史達林的「五年計畫」的成功程度看來宏偉驚人，一九二七年至一九三七年間，工業出口成長四倍之多。蘇聯在一九二九年只占全球工業產值的四％，但這數字在一九三九年卻上升為一二％。

但這並不是社會主義的勝利，而是正好相反。在俄國，任何一絲讓工人控制工業的設計都已經被剷除。取而代之的是一個國家資本主義發展的新模型，在其中，統治階級是由政府官僚體系構成，國家經濟的運作像是一家單一大企業。所有形式的異議及反抗都會被當成反國家罪行看待。

這種從工人民主改變為一種新形式階級社會之轉變，是革命性群眾運動的解體和失敗所導致。

列寧曾看出箇中危險：「目前黨的無產階級政策不是由基層決定，而是由可以被稱為黨的『老近衛軍』的那一小部分黨員所擁有的巨大無比的權威決定。」黨充滿革命後才加入的鑽營者，因為黨員身分已成為取得政府、軍隊或工業職位的護照。早在一九二二年，每四十個黨員中只有一個是在二月革命之前入黨。

列寧也看出史達林是興起中黨國官僚體系的潛在領袖。在死前不久所寫的一份祕密「證言」中，列寧警告其他黨領導同志，時任總書記的史達林已把無限權力掌握在手中，但他這個人太粗野、太官僚，不適宜擁有這樣的權力，所以「應該考慮解除史達林的職位，任命另一個人代替他」。這「證言」被壓了下來，而隨著公民社會被戰爭和經濟崩潰挖空，黨國機器大肆膨脹去填補真空。史達林的職位讓他控制了這部機器，到了一九二〇年代中期，它是社會的支配力量。

官僚體系的警察在一九二八年輕易消滅了黨內的反對潮流，被消滅的既有布哈林領導的右派（代表在新經濟政策下發展起來的私人資本家的利益），也有托洛斯基領導的左派（代表布爾什維克的革命社會主義傳統）。

對托洛斯基不利的，是一個氣力耗盡的貧窮農民國家的惰性力量。沒有世界革命的扶持，落後又被戰爭撕裂的俄羅斯只能消耗其本土革命分子，直到他們人數少得可以被掃入勞改營並被人遺忘為止。

儘管如此，革命年間的理想主義及自我解放仍留存在大眾記憶中，被用來指控後來發生的事。因為這個理由，剩下的革命分子在一九三〇年代被追捕至死。在一九一七年的布爾什維克黨人中，每十四名中只有一名到了一九三九年還是蘇聯共產黨的成員，其他人都死了。

官僚體系會在一九二八年進行肅清行動，是因為它有權力這樣做，也是因為它面臨一個嚴峻的危機。當時農民拒絕為城市提供足夠的穀物，而外國政府又和俄國切斷外交關係及貿易聯繫，揚言要發動戰爭。領導階層的反應是沒收穀物、大砍薪資和推行急速的工業化。史達林表示：「放緩工業化的步伐就會落後，而落後的人會挨揍……我們比先進國家落後了五十年至一百年，必須在十年內跑完這段距離，否則就會萬劫不復。」

俄國挺過了內戰和外國侵略，新政權沒有被軍事力量摧毀。但世界革命的失敗讓俄國在一個由資本主義支配的全球經濟中陷於孤立和貧窮，所以反革命不是透過暴力推翻來達成，而是透過經濟及軍事競爭的無情外在壓力。蘇聯需要出口穀物購買機器，需要機器建立現代工業，需要現代工業來生產槍砲、坦克和飛機，以在民族國家相互競爭的掠奪性全球系統中自我防衛。

私人資本積累速度太慢。在一九二〇年代被布哈林稱為「蝸步走路」的社會主義會讓俄國遠遠落後，輕易就被敵對大國肢解。只有國家有權力集中資源，實施計畫，壓制反對聲音，強推急速工業化。

史達林的政策反映世界經濟的更大趨勢。在大蕭條的衝擊下，世界各國紛紛轉向「國家管理型資本主義」（**state-managed capitalism**），用更多的公共支出及政府干預，來補償私人資本投資的低落。蘇聯的做法代表這個光譜的極致。史達林的目標是透過大量生產打造國家權力，蘇聯統治者因此變成國家資本主義積累的化身。

但他們也用手中權力好好犒賞自己，哪怕搶劫農民、大砍工人薪水，還有讓勞改營關滿奴工。一九三七年，工廠領導一個月的薪水是兩千盧布，技術工人是兩百至三百盧布，最低薪的工人是一百一十至一百一十五盧布。差別待遇的情形在軍隊裡更極端，上尉一個月的軍餉是兩千四百盧布，普通士兵是十盧布。但跟國家資產階級的頂層成員相比，工廠領導和軍隊上尉的收入還算是少的了。前者一個月的薪資可多至兩萬五千盧布，超過最低工資的兩百倍。

所以官僚體系發展成為特權階級，完全有理由效忠於史達林和國家資本主義體制。它不惜以巨大人類痛苦作為代價，把工業化強加在社會上，表現出十足的無情。為了投資在重工業，消費受到犧牲。投資在工廠機器及原料和投資在消費品的比率，在一九二七年是三三%，一九三二年增至五三%，一九五〇年增至六九%。結果是物資短缺和大排長龍，不過這些長龍也比本來的要短，因為薪資在六年間被削減了五成。

穀物以賤價向農民收購，用來餵養城市越來越多的人口，並支付進口外國機器的費用。因為這個原因，當世界市場的價格在一九二九年暴跌時，至少有三百萬農民餓死。

但這樣還不夠。政府下令進行「農業集體化」，數以百萬計農民被指為「富農」（即為市場生產的有錢農民），土地被奪並流放他處。很多人死了，其他人淪為勞改營的奴工。

西伯利亞勞改營逐漸擴大成為一個龐大的奴隸帝國，由史達林的安全機關營運。勞改營的囚犯人數在一九二八年是三萬，一九三一年是兩百萬，一九三五年是五百萬，到了一九三〇年代晚期極有可能超過一千萬。還有一百多萬人直接被警察謀殺，每年的死亡人數從一九三〇年的兩萬人，升高至一九三七年的三十五萬人。

這種規模的國家恐怖行徑反映經濟的落後、國家資本主義積累的步伐，以及達到這種積累所必需的剝削程度。勞工階級、農民和少數民族受到慘重打壓，完全不敢吭聲。

其所造成的破壞不限於蘇聯一地。馬克思主義的革命內容被拋棄了，但措詞被保留下來，用於合理化官僚體系的政策。「共產國際」成為將蘇聯意識形態和政策加諸外國共產黨的載具。

在一九二七年拋棄世界革命，改為擁抱「一國社會主義」之後，史達林設法尋找體面的國外盟友，以打破蘇聯的孤立狀態。所以他吩咐中國共產黨服從國民黨將軍蔣介石的命令，又命令上海勞工階級放下武器，結果迎來一場反革命的大屠殺。

翌年政策又突然轉變為派系主義和冒進主義。在「共產國際」災難性的「第三時期」，史達林宣布進行一次新的革命挺進，要求各國共產黨跟社民黨人切斷關係，準備好馬上起而奪權。這種新政策不僅反映著，也有助於合理化國內政策。對「富農」的攻擊被形容為對私人資本主義的攻擊（這是事實），也被形容為向社會主義的一次大挺進（這不是事實）。「第三時期」的極左轉向，在蘇聯國內為官僚體系的權力和強行的工業化提供了一片煙幕。在國外，它促進災難性的黨同伐異，特別是在德國，工人運動的分裂讓希特勒得以在一九三三年上臺。

但納粹黨一副要恢復侵略性德國帝國主義的態勢，所以史達林開始環顧歐洲，尋找盟友。「共產國際」相應地從瘋狂的極左立場轉向「人民陣線主義」（popular frontism）：各國共產黨現在開始跟資產階級自由派結盟，抑制勞工階級的行動，以安撫俄羅斯政府的潛在盟友。所以在一九三〇年代中期，史達林的「共產國際」不但沒有推進世界革命，反而變成積極的反革命。這將會在一九二七年至一九三三年製造出另一場災難。

一九三六年六月：法國大罷工和工廠占領

納粹的奪權讓整個歐洲都感受到震波。希特勒以在國內獨裁及在國外推行帝國主義為方法，解決經濟危機。他的榜樣為許多其他國家的統治階級所樂意模仿。

國家鎮壓和法西斯恐怖活動對勞工組織的破壞，讓資本家可以衝高對工人的剝削程度，同時取消了社會主義替代選項。托洛斯基指出：「法西斯的歷史任務就是粉碎勞工階級，破壞其組織，以及在資本家無法透過民主機制進行統治時抑制政治自由。」

第一個複製此模式的成功嘗試出現在奧地利。第一次世界大戰後的革命浪潮在奧地利創造出強有力的社會民主黨，成員有六十萬人，在選舉中囊括四成選票，也擁有自己的準軍事防衛力量。奧地利的統治階級想要粉碎這個運動。

聯邦總理陶爾斐斯（Engelbert Dollfuss）在一九三三年三月進行內部政變，解散國會，以行政命令進行統治，又鎮壓勞工階級組織。社會民主黨領袖建議支持者不要有所作為，他們選擇支持親天主教的法西斯主義者陶爾斐斯對抗他的親納粹法西斯主義者對手。一九三四年二月十二日，陶爾斐斯政權對社會民主黨人發起全面性逮捕。工人們在抵抗四天後被擊潰，十一名活躍分子被吊死。奧地利勞工運動被迫轉入地下。

但奧地利工人至少有所抵抗，不像一年前的德國工人那樣。於是「維也納要勝過柏林」變成全歐洲左派的集結口號，在一九三〇年代中期常常可聽見。

維也納不是法西斯主義者在一九三四年二月謀求權力的唯一首都城市。二月六日，巴黎一大群右派示威者要求達拉第（Edouard Daladier）領導的自由派新政府辭職下臺。經過示威者跟警察的一晚戰鬥後，十五人死亡。達拉第因為害怕自己維持不了秩序，選擇辭職。這讓法西斯主義者看起來可以憑藉武力扳倒政府。

但「法國勞工總聯盟」（CGT）在二月十二日號召大罷工，社會主義黨、共產黨各組織了群眾示威。當社會主義黨和共產黨的示威者相遇時，人群中爆出如雷掌聲。人們大喊：「聯合！聯合！」共產黨領導人一直想讓兩群示威群眾分開。他們仍然受到「第三時期」的瘋狂政策洗腦，認定社會主義者是「社會法西斯分子」。但勞工階級強行讓他們有派系成見的領袖聯合。

這時的史達林因為在歐洲受到孤立且備受希特勒的威脅，無比渴盼在西歐大國之間找到盟友。所以「共產國際」一改政策，要求各國共產黨不只應該跟社會民主黨結盟，還應該跟自由派結盟。這導致法國共產黨、社會民主黨和激進黨（法國自由派政黨之謂）達成一項選舉協議，共組了「人民陣線」（Popular Front）。「人民陣線」在一九三六年五月贏得大選，新政府由社會主義黨領袖布魯姆（Léon Blum）組建。

工人因為受到他們政黨的勝利激勵，馬上採取攻勢。從五月二十六日開始，這場運動膨脹為有兩百萬工人參加的大罷工，有超過四分之三的罷工者採取占領工廠的形式。英國大使把法國當時的處境比作一九一七年的俄國。

雇主和警察都束手無策，統治階級這時把希望寄託在社會主義總理。他呼籲罷工工人以「公共安全」為念，安排資方代表和工會代表在馬提尼翁府（Matignon Hotel）進行談判。資方因為處於劣勢，作出巨大讓步：薪資提高七％至一五％；每週工時從四十八小時減至四十小時；兩星期有薪假期；原則上同意工人有集體談判的權利。

「人民陣線」的三個黨派都建議工人接受《馬提尼翁協議》（Matignon Agreement），馬上回到工作崗位。共產黨領袖多列士（Maurice Thorez）這樣指出：「所以下一步是什麼？……我們必須知道，當要求獲得滿足時，該怎樣結束罷工。我們甚至必須知道，當所有需要還不能完全滿足時，怎樣接受一個妥協。」

但資方一旦重獲主動之後，工人爭取到好處注定會很快減少，在蕭條時期特別是如此。而多列士完全沒有提及要創造一個工人委員會的網絡以保護爭取到的利益，以及組織未來的行動以爭取更多的利益。他沒有把「六月運動」視作為大眾民主建立永久喉舌的機會。他要他的支持者讓步，沒有利用工廠占領作為進一步推進的平臺。

大部分工人在一九三六年六月也許並不願意為爭取更多而戰鬥，但是他們的心緒迅速向左移動。僅僅一年光陰，共產黨的成員人數就從九萬躍升至二十九萬，迅速成為「人民陣線」內部的支配性力量。

但法國共產黨領導階層熱烈忠於史達林，也堅定於維繫「人民陣線」。這表示它不會做任何讓自由派政客不高興的事，也表示它把政治要求減到最低，不鼓勵罷工和示威。任何質疑這種方針的異議者都會被驅逐，結果就是勞工階級的利益完全被置於統治階級的利益之下。托洛斯基寫道：

「人民陣線」實際上是無產階級與帝國主義資產階級結盟……這個聯盟包括議會內及議會外兩個方

面。在這兩方面，激進黨都保持完全的行動自由，卻無恥地限制無產階級的行動自由。

隨著勞工階級運動後退，政府向右移動。布魯姆後來拋棄經濟擴張和社會改革政策，改為採取通縮和重整軍備政策。換言之，「人民陣線」選擇槍砲而不是牛油。這並沒有能拯救他。一九三七年六月，布魯姆因為資本出逃引起的金融危機，被迫辭職。下一個人民陣線政府是由激進黨人而非社會主義黨人領導的中間偏右政府。第三個政府在一九三八年四月成立，這一次右翼的激進黨人達拉第重作馮婦，成為總理。事實上，它已完全不算是一個人民陣線政府，因為完全不包含社會主義黨人（倒是包含一些右派政黨的成員）。

財政部長雷諾（Paul Reynaud）在一九三八年十一月十二日宣稱：「我們生活在資本主義制度中，我們必須遵守資本主義制度的法則，這些法則有利潤法則、個人風險法則、自由市場法則和競爭誘因。」所以政府頒布了一系列減薪、增加工時和破壞僱用條件的命令。其實通貨膨脹業已吃掉工人在一九三六年六月取得的加薪。新一輪的攻擊代表對法國工人的全面反攻。

「法國勞工總聯盟」號召大罷工。但支持者零零落落，而警察對參加罷工者特別粗暴。在巴黎郊外比揚古工廠（Billancourt works）的雷諾汽車工人，跟一千五百名鎮暴警察戰鬥了二十四小時。落敗後走出工廠時，他們被迫向警察行法西斯致敬禮，高喊：「警察萬歲！」

這次示威的失敗結束了一九三四年二月和一九三六年五月至六月事件激發的偉大工人運動。工會成員從高峰時期的四百萬滑落至只剩下一百萬。每六間「法國勞工總聯盟」地方分支機構就有一間關門。數以千計的工運活躍分子被開除。

托洛斯基曾經在一九三四年寫道：

任何以「法國不是德國」這句話自我安慰的人，都是沒有希望的。在所有國家中，同樣的歷史規律一直在發生作用，即資本主義的沒落……資產階級正帶領社會走向徹底破產，無法保證人民的麵包與和平。這正是為何它再也無法容忍民主的秩序。

托洛斯基的結論是，在這種情況下，要麼是走向社會主義革命，要麼是走向法西斯的野蠻主義。法國勞工運動的瓦解和一蹶不振，為以下這些事件鋪平了道路：法國在一九四〇年的軍事投降、納粹德國對法國北部的占領，以及貝當元帥領導的親法西斯「維琪政府」在法國南部的建立。托洛斯基的分析被證實了。

西班牙內戰

歐威爾（George Orwell）在一九三六年十一月這樣談到巴塞隆納：

這是我生平首次來到勞工階級居統治地位的城市。幾乎每棟建築都被工人占領，懸掛著紅旗……每間店鋪和咖啡店的門口都寫有文字，說明已被收歸集體所有……沒有私人汽車，全都被徵用了。所有的有軌電車、計程車和大部分其他交通工具，都被漆成紅色與黑色……從表面上看，這座城市的富有階級已經消失……最重要的是，人們有著對革命和未來的信念，產生出一種突然進入平等和自由時代的感覺。人們嘗試著表現得像是真正的人，而非資本主義機器上的一個個小齒輪。

西班牙已經分裂成為兩大武裝陣營。在七月十七日至十八日，佛朗哥將軍（Francisco Franco）發起一場軍事政變，企圖推翻在馬德里的民選人民陣線政府。這場政變受到軍隊、教會、大地主，以及所有右翼黨派如卡洛斯黨（Carlists）、君主黨和長槍黨（Falangists）撐腰，在較為落後的西班牙農村地區普遍取得成功。不過在七月十九日、二十日，武裝工人包圍巴塞隆納和馬德里的軍營，強迫士兵投降。他們的行動在以勞工階級為大宗的西班牙地區觸發群眾革命。

西班牙勞工階級的人數在一九一〇年至一九三〇年之間增加了一倍，構成全人口的約四分之一。在一九三六年七月，他們在五個主要地區揭竿而起，包括巴斯克地區（西班牙的七成鐵產品、礦產品和船隻在這裡生產）、產煤地區阿斯圖里亞斯（Asturias）、首都馬德里、安達盧西亞（Andalucia，這裡有八十萬勞工在大莊園工作）和加泰隆尼亞（這一區聚集了超過一半的勞工階級）。

西班牙的階級緊張自十九世紀晚期起一直高漲。工業化催生出組織良好、有鬥爭傳統的勞工階級，但卻在政治上分裂。馬德里的「勞工總聯盟」由「社會主義黨」領導，與此相反，支配加泰隆尼亞的「全國工人聯盟」是個無政府主義—工團主義組織。較小的左翼政黨包括「西班牙共產黨」、「加泰隆尼亞統一社會黨」、「馬克思主義統一工人黨」和「伊比利亞無政府主義聯盟」。

一九三一年，西班牙的君主獨裁政權被推翻，由民選的自由派—共和派政府取代。但新政府違背推行改革的諾言，重手鎮壓占領土地的行為和罷工。一九三四年十月，這個政府在議會失去大多數席位，被保守派的新政府取代。兩萬名阿斯圖里亞斯煤礦工人揭竿而起，激戰兩週後被敉平。三千人在投降後被殺，全西班牙有四萬名活躍分子被下獄。

但是在一九三六年二月，由自由黨、社會主義黨和分離主義者黨派組成的人民陣線贏得了大選。在這勝利的激勵下，數以百計的工人和農民馬上採取行動，攻擊監獄釋放被囚禁的活躍分子，以罷工提出經濟或和政治要求，以及從地主手上搶奪土地。右派的政變正是被這場運動激起，政變在半個西班牙的戰敗則跟人民陣線政府無關。官方建議是「保證日常生活的正常性，以建立對國家軍事力量的信心的榜樣」。

但因為「國家軍事力量」正在進行政變，政府的這起建議等同於建議向佛朗哥投降。另外，社會主義黨和共產黨的領導人機械性地複述這則訊息：「時局是困難的，但絕不絕望。政府確定它有足夠的資源可以克服〔叛軍的〕犯罪企圖。」

工人沒有理會他們，發自下層的革命保住西班牙北部和東部大部分地區。工人控制工廠，農民占奪土地，群眾民兵被組織起來。民兵的軍官是被選出來，並不擁有特權，採取什麼戰術是經過辯論。很多東西都要湊合，因為大部分武器都在發起戰爭的民族主義者手裡。但共和派有一項潛在的決定性優勢：可以用革命訊息打動被徵調去為軍官、地主和神職人員利益作戰的普通士兵。

托洛斯基指出：

> 內戰已經爆發……所有人都知道，打內戰不僅需要軍事武器，也需要政治武器。從單純的軍事觀點來看，西班牙革命要比其敵人弱小得多。它的力量在於能夠喚起廣大群眾投入行動，甚至可以把士兵從反動軍官那邊爭取過來。要實現這一點，只需要認真地、勇敢地提出社會主義革命的綱領。必須立即宣布沒收資本家的土地、工廠和商店，轉交給人民……在這樣一個綱領的影響下，法西斯軍隊頂不住二十四小時。

結果卻不是這樣。「全國工人聯盟」的領袖在巴塞隆納把權力移交給自由派，而「馬克思主義統一工人黨」的領袖不願意跟「全國工人聯盟」決裂，為革命提供決定性和獨立的領導。

巴塞隆納是西班牙革命的彼得格勒，但卻是沒有蘇維埃或布爾什維克的彼得格勒。既沒有民主委員會的網絡可以給群眾意志予以有組織的表達，也沒有一個革命黨矢志投入權力鬥爭和創造工人政府。只存在革命的蒸汽，不存在引擎箱或活塞。

在馬德里，西班牙共產黨變得越來越強大。這部分是因為工人受到激進色彩的辭令吸引，部分是因為史達林為他們提供武器。誰是老闆，誰說了算。既然槍枝是來自共產黨，共產黨就有權發號施令。不過現在西班牙共產黨扮演一個積極的反革命角色，它的口號（「首先贏得戰爭，然後贏得革命」）讓工人產生錯誤期望，合理化讓民兵解除武裝、把工廠歸還給資本家的政策。作為對莫斯科「人民陣線」路線的致敬，西班牙共產黨利用對俄製武器的控制，幫助資產階級共和派組建了一支傳統的「人民軍隊」。這支軍隊由上層控制，專門捍衛私有財產。

到了一九三七年四月，歐威爾已經看見一個不同的巴塞隆納：「漂亮的飯店和餐廳裡坐滿有錢人，狼吞虎嚥高價餐。反觀勞工階級的食物價格飛漲，薪水卻無相應增加……排隊買麵包、橄欖油和其他必需品的長龍長達幾百碼。」

第二個月，資產階級自由派與他們的史達林主義盟友已經強大得敢於採取攻勢。他們用三卡車的「突擊衛隊」（Assault Guards）驅逐電話交換局內的「全國工人聯盟」——電話交換局是工人在七月時首先占領的大樓之一。作為回應，城市處處出現街壘。即使在這時候，如果「全國工人聯盟」和「馬克思主義統一工人黨」能夠決心採取行動，在加泰隆尼亞發動奪權起義，然後號召農民搶占土地、工人控制工廠和殖民地獨立（佛朗哥精銳部隊中有兩萬五千人是摩洛哥人），他們也許仍可贏得勝利。

但他們卻沒有這樣做。他們做了相反的事：呼籲支持者放下槍枝。經過五日戰鬥造成五百人死亡之後，大部分街壘都被移除了。

野蠻的鎮壓跟著上場，五千名「突擊隊」隊員進駐巴塞隆納。「馬克思主義統一工人黨」被定為非法，其領袖遭到逮捕、刑求和謀殺。「馬克思主義統一工人黨」的民兵被強制納入「人民軍」，受正規軍紀規範。異議分子被扣上「托洛斯基派法西斯主義者」的帽子。莊園和工廠歸還給原主人。

一九三七年五月的反革命殺死了一九三六年七月的革命。至此，西班牙內戰從一場階級之間的革命戰爭，改變為同一階級內兩個敵對派系（自由派和法西斯主義者）的傳統戰爭。現在勝負將會是由火力而不是由政治決定。這表示佛朗哥會得勝，因為他得到法西斯義大利和納粹德國的支持。

巴塞隆納在一九三九年一月落入法西斯手中，馬德里於三月失陷。這印證了托洛斯基對西班牙革命的斷語：「不讓無產階級突破資產階級民主的框架，實際上就等於拒絕民主革命，而不是保衛民主革命。」

第二次世界大戰的起因

到了一九三九年底，歐洲大部分地區的勞工階級運動都已經落敗、崩潰。史達林主義和法西斯主義成為支配性力量，獨裁戰勝民主，革命的希望（revolutionary hope）被反革命的絕望（counter-revolutionary despair）取代。

一千萬人被囚禁在史達林的勞改營，十五萬人被囚禁在希特勒的集中營，佛朗哥的民族主義者在西班牙謀殺了二十萬人，法國的工會人數減少四分之三。極權主義政府在不同程度上皆屬於法西斯主義政權，如今在歐洲到處出現：一九二〇年代出現在土耳其、匈牙利、義大利和波蘭，一九三〇年代出現在南斯拉夫、德國、奧地利、保加利亞、波羅的海國家、希臘和西班牙。

不過，極權主義不是一種翻版現象，史達林主義和納粹主義同樣殘暴，性質、目的卻有所別。俄羅斯經濟的落後代表想要急速積累資本去打造基礎建設、重工業和軍備，唯一方法是採取極嚴酷的剝削手段。這是由國家用恐怖手段剷除一切抵抗而達成。德國則毫不落後，在當時是歐洲最大的工業強權，但經濟崩潰撕裂了社會，使中產階級陷入絕望，社會主義革命的幽靈得以復活。納粹主義是對這場危機的極右派回應。

納粹政權有三大基本特徵。首先，是由中產階級和勞工階級最落後部分構成的群眾運動。促使這些原本不相干的「人類塵埃」集結在一起的，是黨及其使命：摧毀國內敵人、恢復德國的強大。

其次，納粹主義是一種反革命的工具。在當權以前，納粹的準軍事組織（四十萬人的褐衫軍）就已經被用來攻擊工會、左翼政黨和示威工人。一九三三年一月後，褐衫軍與德國政府融合在一起，膨脹為恐怖的警察機器，致力於剷除一切反對聲音。

第三，納粹主義是德國帝國主義的表述。希特勒犧牲斯拉夫「次人」（sub-humans）以擴大德國「生存空間」的主張，呼應了德國資本主義在中、東歐的傳統帝國主義野心。

第一次世界大戰期間，德國領導階層夢想建立一個從波羅的海延伸至博斯普魯斯海峽的帝國，並擁有影響力長驅直入波斯灣的勢力範圍。希特勒在一九三〇年代恢復、擴大這些野心，可謂病態的種族主義者和極權主義獨裁者，但他卻不是為了統治世界本身而不顧一切要打一場世界大戰。他的外交政策是反映德國資本主義的長期利益。

列強的緊張關係並沒有在一九一八年解決。在許多方面，這一年反倒使緊張關係惡化。《凡爾賽和約》部分肢解了德國，在其邊界建立一些敵對國家，又向其索要鉅額戰爭賠款，且施以軍備限制。這些做法並未讓衝突結束，只是為下一階段的衝突創造條件。

經濟大蕭條讓列強的緊張關係在一九三〇年代升高。隨著貿易崩跌，每個國家都貶值貨幣，好讓出口貨品變便宜，又調高關稅以限制外國貨進口，世界於是分裂為一些經濟封閉的敵對集團。

國家權力也透過公共投資來刺激成長。俄國是最極端的例子（那裡的一切經濟活動都是由國家控制），但德國一樣借錢來投資基礎建設（特別是修築高速公路）和重整軍備。

利潤豐厚的國家合約加上二五%左右的減薪，導致德國工業投資的巨大擴張，失業人數從一九三三年的六百萬下降至一九三九年的近於零。但德國繁榮的資本主義經濟受限於原物料的缺乏，加上外國市場的關閉，想要作出進一步的資本積累，就必須打破既有的國界。德國需要亞爾薩斯和洛林的鐵工廠（這兩省已經在一九一九年歸還法國）、捷克的武器工廠、波蘭的煤礦、羅馬尼亞的油田，甚至大概需要烏克蘭的穀物產區，還有遙遠高加索或中東的油田。

隨著德國經濟及軍事實力的提升，希特勒對《凡爾賽和約》越加不屑一顧。一九三六年三月，他派軍隊重新占領非軍事化的萊茵蘭（當初把萊茵蘭劃為非軍事區，是為了保護法國東部邊界）。一九三六年至一九三九年間，德國為西班牙的民族主義者供應槍砲、坦克、轟炸機和志願軍，利用西班牙內戰作為其快速成長軍事力量的訓練場地。一九三八年三月，希特勒將奧地利兼併到德意志帝國。德、奧統一未遭奧地利當局抗議，又受到奧地利納粹黨人的熱烈歡迎。一九三八年十月，希特勒兼併鄰國捷克以說德語為主的蘇臺德區（這種占奪為德、義、英、法四國於九月三十日簽訂的《慕尼黑協議》容許）。失去蘇臺德區讓捷克失去山脈屏障，受到進一步侵略時無險可守。一九三九年三月，捷克其餘部分順理成章被擴張中的納粹帝國吞噬。

當時歐洲劃分為兩大陣營。德國和義大利在一九三六年十一月便組成軸心國，兩個國家都採取擴張主義，野心威脅到英國和法國的利益。不過英國政府亟欲避戰，法國無法靠自己的力量應付軸心國的挑戰，綏靖因此成為西邊陣營的官方政策。基於這種政策，英、法拒絕給西班牙共和國提供軍火，默許希特勒在歐洲的兼併行動，又任由義大利征服東北非洲的衣索比亞。

英國統治階級越來越分裂，但綏靖政策能夠反映大多數人的利益，至少到一九三九年九月之前為止是這樣。英國想要捍衛一九一九年的瓜分結果，於是較小的歐洲國家在大國賽局中淪為犧牲品。英、美希望圍堵希特勒以維持權力的均勢，對法西斯主義也有好感，認為是可以把勞工階級打扁的大鐵鎚，因此把德國視為對抗蘇聯的碉堡。另也擔心世界大戰會被另一輪的革命浪潮畫下句點，所以綏靖政策不是出於一廂情願的愚蠢幻想，而是反映英國資本主義在當時的利益。

讓這種政策維持不下去的，是德國資本的擴張繼續對歐洲地緣政治體系的界限施壓。英、法帝國主義面臨的危險是，一旦到達臨界點，即德國的經濟和軍事實力一旦過於強大，它們就有被壓倒的可能。

波蘭被認為是這樣的臨界點，為此而展開狂熱的最後關頭外交行動。一九三九年三月三十一日，英、法向波蘭保證，如果波蘭受到侵略，兩國將會出兵支援。但英、法繼續尋求以外交方法解決德國的領土要求，又拒絕跟蘇聯進行任何方式的協商。

史達林因為無法跟英、法結盟，改為選擇與希特勒簽署互不侵犯條約（一九三九年八月二十三日的《莫洛托夫—里賓特洛甫條約》），雙方協議瓜分波蘭。就在一週後的九月一日，德國從西面對波蘭發起攻擊。俄國人隨後跟進，在九月十七日從東面對波蘭進擊。波蘭不到三週就被打敗，只剩下零星抵抗，不再是個獨立的民族國家。英、法在九月三日向德國宣戰，但卻沒有對波蘭提供軍事支援。儘管如此，第二次世界大戰還是爆發了。

社會主義革命在兩次世界大戰戰間期的失敗，讓法西斯主義取得勝利。這勝利意味著一九三〇年代危機的解決不是透過推翻資本主義，而是透過一場新的帝國主義戰爭。歐洲勞工階級在戰間期的失敗，帶來人類歷史上最血腥、最野蠻的戰爭。

第十五章——

世界大戰和冷戰

一九三九年至一九六七年

第二次世界大戰的凶殘，由冷戰的凶殘緊隨於後。世界繼續生活在原子彈的陰影下。

一九一四年至一九四五年間，一場地緣政治危機在歐洲上演。雖然這場危機受到一九一七年至一九二三年的世界革命打斷，而且在某種程度上受到一九三〇年代中期至晚期的人民起義打斷，但這些發自下層的起義的失敗，足使這場地緣政治危機決定全球事件的方向。

危機的根源是對立民族－資本主義集團之間的競爭，這種競爭表現為軍事競賽、帝國主義戰爭和強制性重新劃分世界。至少直到一九四一年為止，這場競爭的主要軸心是英國和德國。帝國主義在歐洲的鬥爭，某種程度上等同於對全球霸主地位之爭。

這場危機隨著一九四一年時蘇聯和美國加入第二次世界大戰，大大改變了面貌。至遲到了一九四二年歲末冬季，軸心國定會戰敗的事實已昭然若揭。同樣清楚的是，英國（和歐洲）的帝國主義已經有所衰落，蘇聯和美國兩大超級強權行將會支配後大戰時代的世界。美、蘇間的緊張關係導致歐洲在戰後被瓜

原子彈在廣島爆炸，1945年8月6日。

分、一場核子軍備競賽，還有兩個敵對民族—資本主義集團的全球對峙（這對峙後來被稱為「冷戰」）。

接下來二十年，世界政治受到三個主要因素形塑：核子武器對峙及兩大超級強權的全球代理人戰爭；一場以軍備開支和美國財經優勢為基礎的長期經濟榮景；發生在第三世界的一波反殖民抗爭。

第二次世界大戰：帝國主義

第二次世界大戰是人類歷史的最大悲劇，戰事持續六年，殺死六千萬人，又將數以千萬計其他人的生活撕成粉碎。就像第一次世界大戰一樣，它將現代經濟的生產及解放潛力轉化為這種潛力的對立面：一個用於殺戮和破壞的工業化機制。隨著戰爭將人類勞力的產品轉變成為空前未有大屠殺的工具，第二次世界大戰透露出位於資本主義系統最核心的異化。

第二次世界大戰對生命、財富的耗損均教人嘆為觀止。一九三九年九月至一九四五年八月期間，平均每天有兩萬七千人喪生。到了一九四二年，俄國工廠每年生產出兩萬四千輛坦克、兩萬兩千架飛機。在一九四五年四月最後進攻柏林的第一天，九千門俄羅斯大砲發射超過一百二十萬枚砲彈，砲轟是那麼的猛烈，連六十公里外的牆壁也會震動。

是什麼動機促使這等驚人的人命與資源消耗？答案並非如英國、俄國和美國統治階級主張的那樣，是為了打敗法西斯主義，讓世界變成對民主來說安全的地方。盟軍領袖的動機並沒有比軸心國領袖的動機高尚，讓我們來檢視證據。

德國一直企圖恢復自己在歐洲的宰制地位，並掌握可以讓德國資本主義繼續擴張的原物料、勞動力、工廠和市場。義大利在看到德國勝利在望時加入戰爭，因為仍然是個二流強國，法西斯義大利需要一個強大盟友，以實現在北非和巴爾幹半島建立帝國的野心，以及將地中海變為義大利內海的野心。

蘇聯因為領土無比遼闊、資源豐富且專注於基本工業化，目光較不向外看。史達林的主要關心是國家安全，為了國家安全，他準備好攻擊芬蘭、兼併波羅的海國家，以及與納粹德國瓜分波蘭。

史達林政權是那麼無能又殘暴，以至幾乎在一九四一年六月遭德國入侵淹沒。大清算讓紅軍失去大量軍官，在戰爭頭幾個月，有數百萬人被殺或被俘。但俄國的無邊無際（同時是就其領土、人力和資源而言）最終吸收德國軍隊的震波並將其吞沒，在充分動員後逆轉史達林格勒戰役（一九四二年八月至一九四三年一月）的局勢。然後，隨著紅軍向西挺進，史達林的帝國野心不斷膨脹。

「三巨頭」史達林、美國總統小羅斯福和英國首相邱吉爾，在大戰的最後兩年舉行一連串會議，討論戰後的安排。在其中一場會議（一九四四年十月在莫斯科舉行），邱吉爾寫了一張便條紙遞給史達林，上頭寫著：

> 羅馬尼亞：俄羅斯九成，其他國家一成

希臘：英國（得到美國的同意）九成，俄國一成
南斯拉夫：各一半
匈牙利：各一半
保加利亞：俄國七成五，其他國家兩成五

看了便條紙之後，史達林把俄羅斯在保加利亞占的成數改為九成，用藍色鉛筆在左上角打了個勾，然後把紙條還給邱吉爾。數以千萬計人們的命運，就這樣由兩位後期的歐洲征服者決定。

歐洲的戰爭是贏取在東線。俄國人殺死了大約四百五十萬德國士兵，英國人和美國人只殺死大約五十萬德國士兵。這種落差部分是因為英國要弱得多，而且英、美同時在遠東跟日本人打一場全面戰爭。

邱吉爾的主要目標是捍衛大英帝國。在德國也許會稱霸歐洲的態勢清楚之後，他就偏好一戰。英國統治階層總是害怕有個控制西北歐的敵對強國會威脅其海上優勢和貿易。當德國於一九四〇年五月至六月以閃電戰在六週內打垮法國時，英國人恐懼的威脅出現了。英國本身並未受到入侵，但其與海外帝國的交通馬上受到威脅。這也是為什麼直到大戰晚期，邱吉爾一直偏好在地中海、中東和遠東採取行動，而不是在西北歐開闢第二戰線。他想要捍衛埃及、蘇伊士運河和印度。他宣稱：「我成為國王的首席大臣，不是為了監督大英帝國解體。」

這讓大戰變得比原本更難打、更漫長、更血腥。一九四二年，英國用來控制印度的軍隊多於跟日本人交戰的軍隊。印度發生的民族主義示威受到凶暴鎮壓，示威者被槍殺、鞭打和集體強暴，有三萬名反對派分子下獄。一年後，因為英國當局沒有採取救濟行動，有三百萬人在孟加拉餓死。這就不奇怪有些印度人會選擇加入「印度國民軍」（Indian National Army），站在日本人一邊作戰。

英國是個衰落中的工業及帝國主義強權，靠海保護才免於受納粹占領。這表示它可以在一九四二年之後成為一個投送美國軍力的平臺。美國轟炸機從英國機場出發攻擊德國，美國部隊從英國港口出發入侵法國。

英國在金融、經濟及軍事上都無法單獨打一場世界大戰，需要美國成為「民主的軍火庫」，透過「租借條約」為其提供糧食、燃料和軍備。美國提供這種幫助，無關乎兩個「民主」統治階級之間的情誼。美國懷有自己的帝國野心，希望透過戰爭成為全球霸主，到時，老牌歐洲帝國的受保護市場將會對美國貿易打開大門。「租借法案」是設計來用犧牲大英帝國的方式推進美國的利益，其條件要求英國清算幾乎所有金融儲備和海外資產。英國的統治階級只剩兩個選項：要麼向德國求和、失去帝國，要麼成為美國的經濟和軍事附庸。他們選擇了後者，英國在第二次世界大戰期間與美國鎔鑄的「特殊關係」保持至今。

英國和美國事實上是在打兩場帝國主義者戰爭，一場在歐洲及地中海對戰德國、義大利，另一場是在遠東對戰日本。

日本是靠著甲午戰爭、日俄戰爭和第一次世界大戰崛起，成為一個主要帝國主義強權，其工業化步伐迅速，但缺乏重要資源。日本的工會勢力薄弱，民主沒有生根。自從一九二七年之後，日本政府的政策越來越受到統治階級中軍國主義者左右。日本軍國主義者想要趕走英國、法國、荷蘭和美國在亞洲的勢力，打造一個自己的帝國。他們在一九三一年占領滿洲，一九三七年全面入侵中國，一九四〇年宣布創立「大東亞共榮圈」的計畫。

一九四一年十二月，日本同時攻擊英國占領的馬來亞，以及美國在珍珠港的太平洋艦隊，掀起對英、美的戰爭。不到六個月，日本就幾乎占領了整個東南亞及西太平洋地區。英國在印度維持大量部隊，用以同時控制殖民地並防範日本入侵，美國則投入龐大海軍資源擊敗日本帝國。在一九四四年十月的萊特灣戰役（Battle of Leyte Gulf），美國出動了兩百二十五艘戰船（其中三十四艘是航空母艦）、約一千五百架飛機。

在漫長的消耗戰中，蘇聯與美國工業力量的結合無比重要，其他國家對勝利的貢獻僅屬次要。因為這層原因，大戰的結束不只意味著德國帝國、義大利帝國和日本帝國的結束，也表示英國帝國和法國帝國的衰微。英國人是開著美國人的坦克、卡車一路打入德國，法國人是尾隨美軍返回巴黎，柏林則是被自東而來的蘇聯軍隊占領。

第二次世界大戰是相互競爭資本主義集團為了重新瓜分世界而引發的一場帝國主義戰爭，勝利者之中具有支配性的是美國和蘇聯的統治階級。這場帝國主義者世界大戰創造出新的全球兩極化分裂。

第二次世界大戰：凶殘野蠻

納粹德國、史達林主義俄國及軍國主義日本，至少有三項共通處：勞工運動疲弱或不存在、有一個極權主義的警察政府、戰爭手段極盡野蠻之能事。這三件事情彼此相關，強大的勞工階級是民主的基礎，而原子化的勞工階級是獨裁的前提。一九三〇年代革命運動的敗北，意味著民族主義、種族主義和軍國主義的宰制，意味著淪入凶殘野蠻。

反猶太主義為納粹黨提供了一個意識形態架構，把華爾街、莫斯科共冶一爐的「國際猶太人陰謀」狂想，表達出憤怒中產階級的非理性情緒，中產階級的生活受到經濟危機摧毀，生活在對勞工階級的恐懼中。一種範圍更大的反斯拉夫種族主義呼應了有千年歷史的種族神話，被用來合理化新的帝國戰爭：以中世紀條頓騎士為榜樣，東歐的「次人」（波蘭人和俄國人）合該受到奴役和種族清算，以為作為「主人人種」（master-race）的雅利安人創造「生存空間」。納粹種族主義加上德國帝國主義的雙重邏輯，為被攻占的波蘭和俄國地區帶來種族屠殺。當戰爭的勢頭變得對入侵者不利後，種族屠殺更趨白熱化，猶太人尤其成為德國人戰敗的代罪羔羊。

大概有六百萬波蘭人被殺（總人口的一六％），其中有半數為猶太人，他們首先被迫遷入隔都（ghettos），然後從一九四二年起被解送到滅絕營。最大一座滅絕營「奧斯威辛—比克瑙」（Auschwitz-Birkenau）是工業設施似的建築群，唯一用途是以盡可能快的速度殺死盡可能多的人。三百萬人命喪於此，其中兩百五十萬死在毒氣室，其他則是死於飢餓或疾病。

總計起來，納粹謀殺了六百萬猶太人和六百萬其他民族，史稱「納粹大屠殺」（Holocaust）。還有數百萬人死於飢餓和隨機槍殺。東線戰爭奪走兩千七百萬俄國人的生命（總人口的一六％），絕大部分是戰俘或占領區內的平民百姓。

史達林在戰爭中的行為幾乎一樣殘暴。他沒有下令進行種族屠殺或建造死亡工廠，卻用軍隊作為征服工具，強迫數百萬人充當奴工，又派出像希特勒蓋世太保一樣冷血的警察隊伍四處作惡。

布爾什維克在一九一八年對德軍的戰壕派發傳單，呼籲德國士兵調轉槍頭對付自家軍官，參加世界革命。一九四一年，史達林稱對抗希特勒的戰爭為「偉大衛國戰爭」（Great Patriotic War），讚揚十九世紀沙皇將軍的成就。蘇聯軍隊在一九四四年進入德國領土後，展開由國家批准且毫無揀別性的謀殺、強暴和破壞，估計有兩百萬德國女人被強姦，其中很多人受到重複侵害。在這種恐怖氣氛中，有一千四百萬平民逃離家園，向西跋涉，進行歷史上最大一場大遷徙。

日本人占領中國，就像納粹占領波蘭或史達林主義者占領德東一樣殘暴，至少有一千五百萬中國人在第二次世界大戰期間被殺。很多年輕女性被強迫充當慰安婦，很多囚犯被用作藥物實驗和武器測試。補給中斷的日本士兵還會把地方老百姓當成牲畜一樣宰食。

凶殘野蠻的不只有極權主義政權，那些同時是帝國主義強權的民主國家繼續對殖民地人民大力鎮壓：英國人在印度、法國在中南半島、美國在菲律賓，都是如此。這些「民主」國家也犯下戰爭罪行，英、美對德國城市的地毯式轟炸常常是沒有任何軍事目的。一九四三年七月二十七日對漢堡的轟炸，導致一發不可收拾的火風暴，房屋紛紛爆炸，躲在地窖中的人窒息而死或被活活烤死。柏油路面沸騰，讓逃跑的人像蒼蠅黏在捕蠅紙一樣黏在上面。人們頭髮著火，眼皮溶化，皮膚被碳化。一夕之間死了四萬人，死亡人數是納粹轟炸倫敦八個月以來的一倍，幾乎所有死者都是平民。

英國皇家空軍轟炸機司令哈里斯（Arthur Harris）毫不羞愧地鼓吹報復性和恐怖性轟炸，目的是摧毀德國每一座大城市。他發動的夜間空襲（最多時動用多至一千架飛機）共殺死六十萬德國平民，摧毀六十四座城市裡的三百四十萬幢房屋。

但承受最恐怖命運的城市是日本的廣島和長崎。一九四五年八月六日，美國B-29轟炸機「艾諾拉·蓋號」（Enola Gay）在廣島投下一枚暱稱「小男孩」的原子彈。原子彈的爆炸在第一天至少殺死四萬五千人，稍後又讓差不多數目的人因為傷病而死，大部分都死得緩慢且極其痛苦。三日後，「胖子」被投擲於長崎，第一天殺死至少三萬人，後來幾天造成差不多數目的死亡人數。

這兩個城市都毫無軍事價值，當時大戰幾乎已告結束。突顯美國擁有原子彈確實可以促使日本投降，但美國政府此舉亦是想要展示新獲得的軍事力量，藉此證明自己夠格擔當世界霸主，同時也是想用活靶來測試原子武器的效果。在某種意義下，廣島和長崎乃是後來所謂「冷戰」的第一批犧牲者。

第二次世界大戰的帝國主義特徵，讓世人被困在一場工業化消耗戰及種族屠殺中。如果一九一七年至一九二三年的偉大革命浪潮未曾失敗，這場大戰就不會發生。

在第一次世界大戰後，人類面臨一個嚴峻的選擇：選擇社會主義革命，或是選擇失業、法西斯主義和戰爭。選擇結果主要是由於革命組織和領導的失敗而決定，這些失敗的代價繼續支付至大戰結束及之後，因為戰間期大部分歐洲國家勞工階級運動被摧毀，阻止了類似一九一七年革命的爆發。代之以，在大戰的尾聲，納粹主導了一場毀天滅地的暴力衝突。

當希特勒躲在柏林的地下碉堡，幻想著不存在的軍隊、發布「戰鬥至死」的不可能命令，並加緊屠殺猶太人、布爾什維克及其他叛徒的時候，他的祕密警察徵召少年人和老人對抗蘇聯坦克，沿著公路路邊吊死一批批逃兵。史達林主義的恐怖手段一樣在一九四四年至一九四五年臻於高峰：據估計，有三百萬被釋放的蘇聯戰俘因投降或通敵罪名被送至勞改營，另外有十三萬五千名士兵因反革命罪名而遭逮捕。

大戰後對世界的瓜分面對的阻力比一九一八年少，這有一大部分得歸功於史達林主義的古怪性質和影響力。史達林主義的核心是黨國的官僚階級，其政策是反革命和民族資本主義。但它自稱繼承了布爾什維克和十月革命的衣缽，而這種宣稱受到大部分社會主義活動分子的接受，他們繼續把史達林奉為世界革命運動的領袖，把蘇聯視為貨真價實的社會主義社會。史達林主義政權的威望是那麼巨大，以致莫斯科對世界各國共產黨發出的指令總是被照辦，讓革命運動一再受到俄國官僚體系利益的挾持。

第二次世界大戰：抵抗

在第二次世界大戰期間，軸心國在占領區受到越來越大的反對。當初日本軍國主義者在一九三七年攻擊中國時，本來料想可以迅速征服中國，用不著投入更大規模的戰爭。然而，他們的凶殘同時激起國民黨和共產黨的激烈抵抗，讓他們被迫直到大戰尾聲還把大約六十五萬部隊部署在中國。德國對被占領的歐洲雖然進行警察恐怖統治，但一樣被迫部署大軍維持占領區的安定。即便到了大戰最尾聲，柏林本身受到攻擊時，希特勒仍讓四十萬部隊留守挪威。

很多被占領國家都是自我解放。解放南斯拉夫的不是盟軍，而是布羅茲（Josip Broz）領導的「人民解放軍」。「人民解放軍」驅離德國人，粉碎德國人的法西斯主義盟友「烏斯塔沙」（Croat Ustaše），又把君主派的「祖國軍」（Chetnik）邊緣化。「人民解放軍」是真正的多民族群眾運動，到大戰尾聲時有近一百萬南斯拉夫人積極投入其中，這給了狄托（Tito）⓭一個強大的獨立基礎。所以在後來的「冷戰」中，南斯拉夫既沒有向西方靠攏，也沒有向東方靠攏。

波蘭同樣有一個強大的抵抗運動。在高峰期，「波蘭救國軍」（Polish Home Army）有近四十萬成員。隨著紅軍逼近華沙，莫斯科電臺宣布行動的時刻已經到來，呼籲波蘭人參加對抗德國人的鬥爭。大約有五萬波蘭人起而響應，其中包括很多共產黨人和猶太人紛紛從躲藏處走出來。他們占領華沙市中心，建在猶太人「隔都」的集中營被解放。

但史達林接著下令紅軍暫停推進，讓納粹可以集中火力粉碎起義。這場戰鬥歷時兩個月，華沙在遭受大規模砲擊後投降，然後德國人展開懲罰性的恐怖行動。受傷的戰士在床上活活被燒死，護士遭到強暴、鞭打和謀殺，德國人以射殺波蘭小孩取樂，光是在舊城區便至少有三萬人被殺。

波蘭反抗軍因此受到斬首，執行處決的人是納粹，但絞刑架卻是史達林豎立。蘇聯是發起征服戰爭的帝國主義強權，不想讓土生土長的勢力跟它打算扶植的傀儡政權競爭，所以它具有積極的反革命特性。

史達林在東方的政策，與英、美在西方的政策相似。但史達林的角色再次是決定性的。第二次世界大戰期間，英、法統治階級的立場都嚴重分裂，有人害怕社會主義革命，有人害怕德國帝國主義。邱吉爾會反對綏靖政策，是因為他相信革命的威脅正在消退，而納粹的威脅正在增加。他的目標是捍衛大英帝國，要繼續讓世界對大公司及有錢人來說安全。

「三巨頭」在戰時會議中約定好如何劃分他們在歐洲的勢力範圍，史達林被允許在東部為所欲為，邱吉爾和羅斯福被允許在西部為所欲為。有三個挑戰是英、美需要面對的：法國、義大利和希臘。

隨著一九四〇年五、六月的戰敗，法國統治階級無可挽回地分裂為兩大陣營。一邊陣營是貝當元帥在南法建立的維琪政權，採取的是與德國合作的態度；另一陣營是流亡英國的戴高樂將軍領導的民族主義者，這邊陣營在美國協助下組建了一支「自由法國軍」。

「自由法國軍」參與了盟軍在北非和西北歐的戰役，但共產黨領導的法國地下反抗軍發展得更加強大。一九四四年六月至十一月解放法國期間，工人發起罷工，而反抗軍擊敗德國地方軍事單位，成立了解放委員會和人民法庭。

但當流亡的法國共產黨領袖多列士從莫斯科回到巴黎之後，卻呼籲勞工階級服從戴高樂派，標榜「一個國家、一支軍隊、一隊警力」的口號。

在義大利，墨西墨索里尼於一九四三年七月被法西斯大委員會解職。保守派將軍巴多格里奧元帥（Marshal Badoglio）組建新政府，與盟軍議和。但德國連忙派部隊進入義大利，重新把墨索里尼立為義大利北部傀儡政權的首領。納粹的占領觸動了一場共產黨領導的起義，參加的鄉村游擊隊員迅速增加，從一九四三年底的一萬人增至大戰尾聲的十萬人或更多。

地下反抗團體也在城市形成，數以十萬計的工人最後採取罷工行動。北部三大工業城市熱那亞、米蘭和杜林，在一九四五年春天被武裝起義解放，共產黨成員人數從五千激增至四十萬。

⓭譯注：狄托為「人民解放軍」領袖布羅茲的化名。

但當義大利共產黨領袖陶里亞蒂（Palmiro Togliatti）結束流亡，從俄歸國之後，卻宣布他的黨將會加入巴多格里奧的政府，呼籲游擊隊員放下武器、工人返回工作崗位。

納粹在希臘遇到一場規模越來越大的游擊起義。他們在一九四四年年底撤出，讓希臘落入「希臘人民解放軍」（EAM-ELAS）的實質控制。「希臘人民解放軍」是共產黨支配的抵抗運動。在法國和義大利，共產黨領袖都遵照史達林的指示解除武裝。希臘的共產黨也嘗試這樣做，指出「每個人的主要國民責任是確保秩序得以維持」，呼籲支持者力挺「聯合國民政府」。但邱吉爾已經決定要恢復君主制、粉碎左派，他在致駐希臘英國司令官的電報上說：「當你在一座被征服城市看見有造反正在醞釀，不要猶豫，立即採取行動。」結果就是爆發一場英國支持且致力於消滅「希臘人民解放軍」的內戰，戰況曠日持久又凶狠。再次，西方領袖的這項行動是受到史達林支持。他告訴邱吉爾：「我對英國在希臘的政策充滿信心。」

大部分被占領的歐洲國家，都是在大戰最後兩年由在地的反抗組織從納粹手中解放。隨著納粹的力量崩潰，這些組織從小型的地下單位發展成為動輒數百萬人參加的群眾運動，大部分都是由共產黨主導。

然而，對歐洲社會進行徹底革命轉化的機會，從一開始就被扼殺。舊有的統治階級，包括前法西斯主義者和通敵者，重新掌權（不管是在國內或殖民地都是如此）。不管是在東部還是西部，這種反革命的主要推手都是史達林主義：在東部如此，是因為紅軍粉碎了所有獨立的政治力量；在西部如此，是因為數以百萬計工人都由聽從莫斯科指示的共產黨領導。

冷戰

「蕈狀雲改變了世界。」軍事史學家黑斯廷斯（Max Hastings）談到廣島原子彈時這樣說。

原子彈帶來的傷害前所未見：

馬的皮膚全部脫落，一身粉紅色地站立著；衣服圖案烙印在人們的皮膚上；女學生臉上垂落著緞帶狀的皮；生還者滿身醜陋的燒傷傷痕，沒有獲得有效藥物緩解的希望；大堆燒焦和皺縮的屍體。

這枚原子彈威力相當於一萬兩千五百噸黃色炸藥，造成的地面溫度高達攝氏四千度。全市九成以上的建築物被爆炸或火焰摧毀，大約四分之一的市民立即喪生，另外四分之一的人因為傷勢嚴重慢慢死去。

雖然這類武器已經夠瘋狂恐怖，但美國還是在一九五二年測試氫彈。氫彈的威力是投在廣島的原子彈的一百倍。蘇聯在核子軍事競賽中沒有落後太遠，在一九四九年測試第一枚原子彈，在一九五五年測試第一枚氫彈。

軍事開支上升到和平時期前所未有的水準：美國用在購買軍備的錢是GDP的兩成，蘇聯（因為經濟規模較小）更是多達四成。到了一九六〇年代晚期，兩個超級大國核子摧毀力量的總噸數已是廣島原子彈的約一百萬倍。美、蘇統治階層有能力摧毀人類文明十幾次。

「相互毀滅保證」是用來形容兩個帝國主義集團之間恐怖平衡的詞彙，雙方的核子庫存發揮阻止全面性戰爭的作用。但互相猜疑和敵對表示大戰的危機從未遠離，雙方最接近爆發大戰的一次是一九六二年十月的古巴飛彈危機期間。先前蘇聯祕密在古巴裝設核子飛彈（古巴是加勒比海的一座島嶼，島上裝置的飛彈可以輕鬆射至美國），美國要求蘇聯撤除飛彈，並著手準備核戰。

美國讓它的洲際導彈、核子潛艇和遠程轟炸機進入高度警戒狀態，又集結了一支十萬人的入侵部隊。美國司法部長羅伯特・甘迺迪回憶說：「我們全都同意，如果蘇聯人準備要為古巴打核戰，他們就是早已準備好要打核戰。所以我們現在攤牌，跟六個月後攤牌是一樣的。」俄國人讓步了。但有兩週的時間，全世界都屏住呼吸，全人類都處於終極瘋狂的邊緣，因為世界有可能會在一小群擁有核子彈的法老王命令下被毀滅。

不管怎樣，「相互毀滅保證」還是發揮限制兩大超強發生全面戰爭的作用，但卻未能制止發生在兩個敵對帝國邊緣的無數代理人戰爭。第一場代理人戰爭爆發於第二次世界大戰結束五年後。

朝鮮在一九四五年以北緯三十八度線為界，被劃分為蘇聯占領區和美國占領區。隨著「冷戰」加劇，這種劃分變成永久狀態，南、北韓在一九四八年各自成立了國家。然後一場致力統一南、北韓的三年戰爭（一九五〇—一九五三）將各大國捲入其中：由蘇聯支持的中國站在北韓一邊，美國及其盟友站在南韓一邊。兩百萬韓國人和兩百萬中國及西方士兵被殺，南韓有一半人口失去家園，南、北韓經濟都陷入凋敝。這場戰爭沒有贏家，也沒有簽署正式的和平協議。衝突狀態被前線的帶刺鐵絲網、瞭望塔和象徵性軍事對峙永遠定格。韓戰是一場絕對徒勞的戰爭。

造成這種軍事對峙的背後原因何在？

第二次世界大戰創造一個兩大超級強國對立的世界。兩個超級強國各自建立勢力範圍，在勢力範圍內擁有經濟主宰權。這兩大勢力範圍在一個不尋常的程度上是彼此獨立，各自構成基本上自足的帝國主義集團。

史達林在東歐最初扶植了一批除共產黨人外，還包含民族主義者、自由派和社會民主黨人的政府。但隨著蘇聯收緊控制，非共產黨人被驅逐出政府，那些太有獨立思想的各國共產黨人也是如此。到了一九四八年，親蘇聯的史達林主義者獨裁政權已經在東歐各國建立。大型工業被國有化，引入由政府規劃的經濟，由俄羅斯開先河的國家資本主義經濟發展模式現在被東歐各國一一採用。但這是發生在一個帝國主義的框架內，東德、波蘭、捷克、匈牙利、羅馬尼亞和保加利亞的經濟都是從屬於經蘇聯經濟。克里夫（Tony Cliff）在其發軔性著作《蘇聯的國家資本主義》（*State Capitalism in Russia*）中解釋說：

> 傳統的帝國主義國家以三種方式剝削它們的殖民地：以低價購買殖民地的產品；以高價把「母國」的產品賣給殖民地；創立由「母國」資本家控制和僱用「土著」的事業。俄羅斯國家資本主義用同三種方法剝削它的殖民地。

蘇聯仍然是個相對落後的國家，其統治階層因此致力於創造封閉的帝國市場。相反地，美國卻是當時世界上最發達的經濟體，生產全球約五成的製品，支配了世界貿易，其統治階層因此希望看見開放的市場。要做到這一點，就要打破老牌的歐洲殖民帝國，並限制新蘇聯帝國的範圍。

「馬歇爾計畫」（Marshall Plan，一九四八－一九五二）就是為此而設的主要機制。此計畫以優惠條件為歐洲國家提供龐大貸款，幫助重建破碎的經濟。作為回報，他們必須鼓勵自由貿易和邊緣化共產黨人，就像一個曾參與此計畫的美國經濟學家日後指出，此舉「是為了強化那些仍然不在史達林掌握的地區」。

「一道鐵幕落在歐洲大陸。」邱吉爾在一九四六年三月對一群美國聽眾這樣說。「鐵幕」一詞自此成為流行語，被用來形容一九四五年至一九八九年漫長冷戰期間的主要經濟、政治和意識形態斷層線。

在東方，異議分子被妖魔化為「帝國主義間諜」、「法西斯主義者」，關入勞改營。在西方，共產黨人被列入黑名單，被吩咐「滾回俄國去」。有些英國工會明令禁止共產黨人出任高級幹部。美國參議員麥卡錫（Joe McCarthy）主持的「非美活動委員會」（Un-American Activities Committee）對「共黨同情者」進行系統性的獵巫行動，各行各業的激進分子被開除且禁止工作，有些人被逼至自殺，羅森堡夫婦（Julius and Ethel Rosenberg）因涉嫌把製造原子彈的機密交給蘇聯而被處決。

異議分子常犯的一個錯誤，是認同於另一邊的帝國主義勢力。在東方，反史達林主義者理想化西方的資本主義民主；在西方，共產黨人繼續把俄羅斯視為社會主義者的祖國。東方集團的工人受到國家資本主義的剝削，西方集團的工人受到企業資本主義的剝削，但每個地方的人都受到「冷戰」意識形態的混淆，誤以為兩種敵對制度水火不容。

不過有些活動家明白，西方的民主和東方的共產主義都不能為人類提供真正的替代方案。他們有些人保留著激進許多的革命觀，對人民權力和平等社會有著殷切的嚮往。當反對「冷戰」兩種敵對制度的剝削、壓迫和暴力的鬥爭爆發時，這些活動家（他們是發自下層鬥爭的古老傳統肩負者）將會跟新的群眾力量重新取得連結。

大繁榮

資本主義是個不理性、常常失靈的系統，危機從未遠離，繁榮和蕭條都是它的自然節奏。

十九世紀晚期的「長期蕭條」純粹是因為帝國主義、重新武裝和世界大戰才結束。一九二〇年代的經濟系統呆滯創造出投機泡沫，因為資本是流入金融市場而不是流入工業。當泡沫在一九二九年爆破時，經濟系統墜入大蕭條。再次，它需要帝國主義、重整軍備和世界大戰來結束低迷不振。在這個脈絡下，從一九四八年延續自一九七三年的「大繁榮」（Great Boom）才會顯得那麼異乎尋常。

這期間的成長率令世人嘆為觀止，前所未有。美國在一九七〇年的全部經濟產出勝過一九四〇年的三倍。一九四八年至一九七〇年之間，德國工業產出增加五倍，法國的產出增加四倍。舊工業擴張，新工業興起，巨大工廠僱用數以百計、數以千計乃至數以萬計的工人。汽車工廠為滿足不斷擴大大眾市場而採取的裝配線生產方式，尤能象徵一種新的消費者經濟。美國最終有七千萬工人受僱於製造業。

失業率在發達國家普遍下滑：在美國跌至三%，在英國跌至一．五%，在德國跌至一%。新的勞動者被吸納至職場：美國黑人從南方莊園遷移至北方工廠，義大利農民離開西西里的貧窮農村到杜林、米蘭工作，土耳其人在科隆汽車工廠找到工作，阿爾及利亞人在巴黎飯店找到工作，旁遮普人在英國紡織廠找到工作。對勞動力的需求是如許殷切，以致女性以和平時期前所未有的人數進入職場。一九五〇年，英國每五名已婚婦女只有一名工作，之後比例穩步上升，到了一九七〇年是每五人有兩人，到了二〇〇〇年是每五人有三人。薪資與生活水準一起提高，勞工階級家庭買得起吸塵機、洗衣機、冰箱、電視和二手汽車。

把人民「從搖籃照顧到墳墓」的福利國家建立起來，各國政府大量投資於公部門工作、社會住宅、公立醫院、新的學校和窮人福利。青年文化誕生，因為歷來第一次，年輕人有足夠的獨立性、收入及免於工作的自由，可以培養自己的穿著品味、音樂品味和身分認同。

高成長率、急速提高的生活水準、一個只會偶爾下滑的商業循環（即使下滑也輕微得幾乎讓人注意不到）：這些情況讓許多人認為資本主義已經解決了本身各種問題，可以把無止境和越來越大的繁榮帶給所有人。社會民主黨人克羅斯蘭（Tony Crosland）在其頗受讚揚的一九五六年著作《社會主義的未來》（*The Future of Socialism*）中表達了這種情緒：

> 充分就業的福利國家……在很多早期的社會主義先驅眼中應該就像天堂。貧窮與不安全正處於消失的過程，生活水準迅速提高，對失業的擔心穩定降低，普通年輕勞工懷抱的希望是他們父執輩從來不敢想像……我們英國人現今站在人人富裕的門檻。

學院中人跳出來為「人人富裕」的新時代提供理論基礎。社會學家談到「寬裕勞工」的「中產階級化」（也就是變得舒適、安全、滿足，因此不再對階級政治感興趣）。其他人建構出一些強調社會凝聚力與社會共識的社會模型，要不就是主張「意識形態的終結」，認為意識形態在一個技術官僚管理和社會工程的年代已然落伍過時。政治人物得出一個廣泛共識：大部分的人都偏好國家規畫與公共開支，讚美改革、現代化和英國工黨領袖威爾遜（Harold Wilson）所謂的「技術革命的白熱」。

當時的樂觀情緒如一齣老電影的重播，先前的兩次榮景（一次是一八四八年至一八七三年，另一次是一八九六年至一九一四年）同樣被認為是預告財富永遠增加的新社會來臨。克羅斯蘭的修正主義呼應著德國社會民主黨理論家伯恩斯坦在第一次世界大戰前夕的主張。

但資本主義的各種矛盾並未消失。新的榮景奠基在不穩定的基礎上，長遠來說難以為繼。事實上，它是三項因素的產物，而這三項因素都是根植於第二次世界大戰：軍備開支、國家管理（state management）和勞工階級的好鬥。

雖然在一九四五年之後有所下降，但軍備開支仍然因為冷戰而居高不下。國家採購武器的合約讓一群大公司有鐵打的生意及利潤。一旦得到合約，對武器生產的投資就幾乎是零風險。加乘效果讓武器生產的榮景可以刺激經濟整體，因為軍火生產商需要從其他資本家購買原材料、零組件、動力和其他服務，而軍火工業的工人也會把薪資花在購買形形色色的消費品。尤有甚者，因為軍火生產是一種浪費性開支，也因此會讓剩餘財富流出系統之外，減低資本積累的傾向，不會導致經濟過熱，也不會對市場、價格和利潤造成壓縮，引起經濟暴跌。

第二項因素是，國家的經濟角色擴增得更大。除購買軍火以外，二戰後的各國政府還國有化大型工業、建造基礎建設、擴張政府人力，並對收入作再分配；「再分配」採取福利、年金和「社會工資」（表現為醫院、學校和其他公共服務）的形式進行。這些情況一樣會為資本家提供市場和利潤，例如社會住宅需要建築公司興建，公共醫院的藥物需要藥廠供應，國有化鐵路網的機車車輛需要工廠來製造。乘數效應一樣在這裡面發揮作用。

這個因素密切相關於第三項因素：被經濟大蕭條、世界大戰激進化的勞工階級的好鬥。統治階級知道第一次世界大戰是被發生在一九一七年至一九二三年的一波革命浪潮終結。他們知道戰間期的經濟蕭條刺激了革命潮的再起（一九三六年的法國和西班牙都是例子）。他們也知道從第二次世界大戰崛起的歐洲勞工階級，既不能忘懷戰間期的失業和貧窮之苦，也受到一九三九年至一九四五年戰時經濟的充分就業加持。戰後的共產黨即時威脅固然消退了，但左派對國家規畫及福利的要求，卻在歐洲勞工階級中間成為普遍要求，因為他們決心不讓一九三〇年代的情況重演。

保守派軍官暨國會議員霍格（Quentin Hogg）於一九四三年在英國下議院指出：「如果你們不給人民社會改革，他們就會給你們社會革命。」戰後的「馬歇爾援助計畫」有著相似動機：透過減輕社會困苦，以阻止共產主義的傳播。歐洲的資本主義在第二次世界大戰之後能夠存活，乃拜美國的貸款所賜，這些貸款讓其可以進行投資，維持充分就業並打造福利國家。

「永久性軍火經濟」和「福利國家」公式加起來的經濟效果，是一種由國家支撐的榮景，足讓資本主義有一整代人的時間以前所未有的比率成長。

但這種成長不可能永久，也沒有永久，資本主義的矛盾只是暫時被掩蓋，並未得到解決。到了一九六〇年代晚期，西方資本主義進入新的危機階段。

毛主義的中國

一九四九年夏天，中國共產黨在人民解放軍的簇擁下進入北京，上臺掌權。國民黨領袖蔣介石逃到臺灣，他的軍隊經過四年內戰後土崩瓦解。共產黨領袖毛澤東宣布「社會主義革命」展開，「人民共和國」成立。全世界許多人接受這種說法，而毛主義也成為一九六〇年代和一九七〇年代眾多活動家的意識形態支柱。

一九四九年事件是一場真正的革命殆無疑義，百萬農民大軍推翻舊有的統治階級，打破西方帝國主義的勢力，為新的社會秩序創造基礎。蔣介石是地主和資本家的代表，麾下軍隊貪汙腐化，許多士兵都對他們控制地區的農民進行無情掠奪。另外，國民政府也未能盡到任何政府的首要責任：守護國土，對抗外敵。

國民黨在第二次世界大戰結束時看似比共產黨強大，控制更多的領土，部隊由美國提供裝備。但國民黨政府不過是紙老虎，反觀共產黨卻是深深扎根在解放區。解放軍軍紀嚴整，不會搶掠農民。中國共產黨限制地主的地租金額。在對軍閥、國民黨或日本人作戰上，共產黨表現都相當勇武。

毛澤東以有本領的民族主義者和社會改革家自居作為號召。共產黨因為對抗帝國主義而獲得中產階級支持，也因為保護農村免受士兵、地主和官員的荼毒而獲得農民支持。內戰期間，甚至有數以十萬計的國民黨部隊向共產黨投誠。

但這並不代表一九四九年發生在中國的是一場社會主義革命，甚至並不表示那是一場發自下層的革命。因為其中不包括人們民主地把自己組織起來，為追求解放起而行動的勞工群眾運動。正好相反，中國共產黨幾乎完全沒有城市勞工階級的成員，它在一九二六年年底有三分之二黨員是工人，這個比例在一九二八年跌至一〇％，在一九三〇年跌至二％，此後更跌至近於零。一九四九年，中國共產黨是一個由中產階級領導、農民追隨的政黨。

為什麼會有這種演變？一九二七年，蔣介石屠殺了五萬上海工人，摧毀襁褓中的勞工運動。毛澤東帶著約一千名共產黨人撤退到遙遠山區才保住性命，此後以游擊隊的方式運作，慢慢擴展他們的「中國蘇維埃共和國」。不過他們後來遭到國民黨軍隊的強烈圍剿。

因為有被殲滅的危險，中國共產黨在一九三四年十月發起著名的長征，轉進至中國內陸深處，那是一次無比堅毅的行動。出發時的八、九萬人在路上死傷大半，還有一些留在沿途建立新基地，最後只有約四千人完成為時一年的旅程。到了那時候，毛澤東已是毋庸置疑的領袖，而中國共產黨也不再是個城市勞工階級的政黨。因為所在地是中國最落後的地區之一，與所有大城市完全切斷聯繫，中國共產黨是個由中產階級領袖和農民游擊隊組成之運動的特性，從此永遠定格。

中共領導人不是自利的政客，他們都是革命分子，為自己信仰的神聖大業作出巨大犧牲。不過在沒有勞工階級革命運動可以向他們問責的情況下，不是社會主義革命分子。中國共產黨由中產階級領導人支配，而雖然普通農民黨員的共識和熱情高漲，他們對於黨並沒有民主控制權。後來人民解放軍向各大城市推進時，發出這樣的通告：「各行各業的工人和雇主應該繼續工作，生意如常經營。」也指示政府人員和警察留在崗位，要確保不會出現城市革命，挑戰共產黨的權威。

中國在一九四九年是世界最貧窮的國家之一。與先進工業國家相比，比一九二八年時的俄國還要落後得多（當時俄國已完全落入史達林的掌控）。中國同時受到帝國主義的威脅，美國一直支持國民黨。當時「冷戰」才剛開始，毛澤東的勝利讓美國領導階層備感震驚。然後在人民解放軍進入北京的僅僅一年後，韓戰爆發了。

為了保護國家獨立，中國領導人必須盡快把國家工業化和軍事化，因為以一個很低的經濟基礎作為起點，中共想要產生需要的剩餘，必須採取高壓壓榨手段。私人資本太過疲弱，外國資本又充滿敵意，只有國家資本主義可以為新中國的迅速經濟發展提供機制。這表示要把中共的領導階層從民族主義革命分子改變為官僚主義統治階級。一九五〇年代，中國有大約四分之一的產出投資在重工業和軍火，人民的生活水準幾無任何提升。

想要建設得好，就須建設在堅實的基礎上。中國的落後讓建設過程變得非常緩慢，領導人想要抄捷徑建立工業和軍事實力。他們缺乏技術和基礎建設，但勞動力卻充足有餘，所以就想：為什麼不用後者來取代前者呢？這就是災難性的「大躍進」運動（一九五八－一九六一）的起源。「大躍進」設定了一些痴心妄想的農業和工業目標。土地被強制集體化，農民被組成「人民公社」。一個「人民公社」多可至兩萬五千人，形同國營農業企業。「後院煉鋼熔爐」被架設起來；大型運動被發動起來，用以增加工時、加強工作紀律。

但工廠經理虛報生產量，引發混亂；機器因為疏於維修而停擺；「後院熔爐」純粹是浪費原料。工人因為長工時累壞，農民生產量暴跌。

到了一九六一年，饑荒再度籠罩中國北方。走投無路的農民逃離農村，在至少兩個省分爆發武裝叛亂。據估計，「大躍進」讓中國倒退十年。毛澤東因為鼓吹這項政策，而在領導階層失勢。

一九六六年，毛澤東發動文化大革命，企圖東山再起。群眾（特別是加入紅衛兵的年輕人）被動員去攻擊毛澤東在官僚體系中的敵人。地方幹部與知識分子被扣上「走資派」、「反革命分子」的帽子，由無視法律程序的法庭審判。對毛澤東的個人崇拜陷入狂熱，他的《小紅書》像聖書一樣人手一本。

當獨裁者公開彼此攻擊，他們就得承擔局勢可能會失控的風險。一年不到，中國便天翻地覆：教育體系形同關閉，許多城鎮分裂為支持敵對官員的武裝派系，工人舉行罷工，黨國機器越來越陷入癱瘓。當局派出人民解放軍鎮壓越來越嚴重的混亂，舊官員回到原來工作崗位，數以百萬計的人（約占城市人口一成）被流放至鄉村。有時候鎮壓行動窮凶極惡。在南部的廣西省，據估計有十萬人被殺，大半個梧州市被毀。

即便如此，中國共產黨直到一九七一年以前仍然無法回復全面的控制。到了當時，毛澤東的健康已經惡化。當他在一九七六年病歿，中國領導階層爆發了一場權力鬥爭。由「四人幫」領導的死硬派毛派不受歡迎，受到孤立，很快被對手整垮。他們被肅清，大權落在由鄧小平領導的現代化推動派之手。

現代化推動派在一九七八年發起一場改造中國經濟的雄心勃勃計畫，該計畫具有兩個特色：讓中國對外國的投資和技術開放，減少國家對經濟的控制而偏好市場的力量。中國的落後曾讓毛派的國家資本主義難有作為，透過政治宣傳、意志力和「社會主義勞動」所作的資本積累大實驗失敗了。中國的統治階層現在轉向新自由主義。

帝國的終了？

第二次世界大戰是一場帝國主義戰爭。戰勝國是為了保住帝國而戰，而它們在大戰結束時也想方設法把帝國維持住。在一些情況中，這表示恢復對失去的殖民地的統治權。日本人曾經把英國人趕出馬來亞，把法國人趕出越南，把荷蘭人趕出印尼。戰後，這些國家全都要回自己的殖民地。

但情勢已經改變很多。現在，歐洲國家不只在兩極化世界裡被兩大超級強國搶盡風頭，而且金融上要依賴美國的貸款來重建破碎的經濟。英國的情形特別是如此，六年來都全面參與大戰，從一九一四年起便強烈依賴美國的財政和軍事協助。

在此同時，殖民地人民對英國的反抗越來越升高，這是因為本土資產階級和中產階級的財富增加了，城市勞工階級的規模擴大了，政治組織和工會組織的力量強大了。同樣起作用的是大戰期間發展起來的激進情緒，以及越來越多成功反殖民抗爭的榜樣。

英國對印度的統治先前受過三波民族主義浪潮的衝擊：一九二〇年代早期、一九三〇年代早期和一九四〇年代早期。一九四二年的「退出印度」（Quit India）運動特別有力，它質疑英國有權代表三億兩千五百萬印度人對德宣戰。當局動用強烈暴力手段把這場運動鎮壓下來，但經此一事後，英國統治階層的一些人不再心存幻想。英國總督韋維爾（Archibald Wavell）在一九四三年告訴邱吉爾：「戰後為保住印度所需的鎮壓力量，將超出英國的負荷能力。」

殖民地動亂引起三種反應：鎮壓、分而治之和支持附庸統治者。鎮壓觸發了好幾場全面性的殖民戰爭。法國鎮壓越南人的戰爭（一九四六－一九五四）造成五十萬人喪生，在另一場對阿爾及利亞的長期戰爭（一九五四－一九六二）中又讓一百萬人喪生。英國人在馬來亞（一九四八－一九六〇）、肯亞（一九五二－一九五六）、賽普勒斯（一九五五－一九五九）和亞丁（一九六三－一九六七）都打過殖民戰爭，這些「骯髒戰爭」出現了屠殺、集中營及廣泛使用刑求。

殖民戰爭——在距離本國千里外、扎根民間的民族主義游擊隊作戰——對沒落中的帝國主義強權構成沉重負擔。這一點最清楚顯示在葡萄牙，這個歐洲小國在非洲擁有一個老牌帝國。同時在幾內亞比索（一九五六－一九七四）、安哥拉（一九六一－一九七四）和莫三比克（一九六四－一九七四）開戰的壓力是「葡萄牙革命」（一九七四－一九七五）的直接原因（革命是由不滿的軍官領導）。

這一連串殖民衝突的最後一場，是反對羅德西亞（今日辛巴威）種族主義政權的戰爭。這一次「母國」拒絕支持白人屯墾者。保守派首相麥克米倫（Harold Macmillan）在一九六〇年造訪南非時，這樣說明英國統治階層的觀點：「改變的風正在吹過這塊大陸。不管我們喜歡與否，民族意識的增長都是政治事實。」現在，要保護帝國的利益有需要採取較細緻的方式，例如在一九四七年印度「去殖民化」時曾經成功運用的那些。

印度民族主義的主要發聲者，長久以來都是一八八五年成立的「印度國大黨」，其最激進的一支鼓吹印度教徒—穆斯林—錫克教徒聯合、一個涵蓋印度次大陸的單一國家、徹底土地改革和支持工人的權利。它的潛力曾經在一九四六年二月發揮出來，當時有七十八艘英國船和二十個港口基地的印度水手發生譁變。這些譁變者得到學生和工人的支持，印度教徒和穆斯林肩並肩遊行。

但對民族運動具有支配性的卻是較右派的勢力，這一派敵視對印度地主和資本家利益構成威脅的階級鬥爭。「國大黨」是一個資產本階級—民族主義者政黨，不是革命政黨。站在「國大黨」右派的甘地反對兵變，即便是較左傾的尼赫魯（Jawaharlal Nehru）也設法制止兵變。這讓民族運動留下一個可以被印度教沙文主義者、穆斯林分離主義者和英國帝國政府利用的罩門。階級鬥爭傾向把被剝削者聯合起來對抗剝削者，階級鬥爭的闕如有可能會引起反效果，導致人民分裂和容易被鼓吹社群仇恨的政治手段控制。

英國積極扶植真納（Mohammed Ali Jinnah）的「穆斯林聯盟」（Muslim League）以制衡「國大黨」——該聯盟主張穆斯林自成一個國家。這樣做的結果是釋放出社群暴力，促使貧窮的印度教徒和貧窮的穆斯林彼此廝殺。

特別是在印度次大陸西北部的旁遮普地區，印度教徒、穆斯林和錫克教徒本來混居在一起。然而當「國大黨」和「穆斯林聯盟」的領袖在英國縱容下達成分治協議後，右派的流氓就進入新邊界的兩邊，採取行動對「他們的」領土進行種族清算。在印度和巴基斯坦於一九四七年獨立時，有二十五萬至一百萬人死於社群屠殺。分治所造成的分裂至今未獲解決，印度和巴基斯坦仍然為了克什米爾的地位而爭吵不休，而沙文主義和社群主義繼續荼毒這塊地區的政治。

英國分裂了對手，邊緣化「國大黨」的激進派，確保德里和喀拉蚩新政權對外國資本抱持友善態度。類似方法也在其他地方被用來管理殖民權力的交還。

在馬來亞，英國對共產黨領導的游擊隊發起剿滅戰爭。游擊隊員主要是華裔中國人，英國利用這一點煽動馬來人不信任作為少數族群的華裔，又向溫和派的馬拉政治人物承諾給予馬來亞獨立。

在肯亞，英國首先在一九五六年擊敗「茅茅起義」（Mau Mau Revolt），然後一些年後釋放被囚禁的主要民族主義領袖甘耶達（Jomo Kenyatta），與其談判一九六三年歸還肯亞統治權的事宜。

類似的事情也在賽普勒斯上演。英國無法擊敗島上的ＥＯＫＡ民族主義游擊隊。於是它安排停火，又透過談判把權力轉移給馬卡里奧斯總主教（Archbishop Makarios）。馬卡里奧斯是比游擊隊總司令格里瓦斯（Georgios Grivas）保守的民族主義者領袖。

在一九四〇年代晚期至一九七〇年代晚期之間，正式的帝國（直接的殖民統治）被一系列的衝突終結，這些衝突有些非常血腥，有些較不那麼血腥。但這不代表帝國主義的終了。外國利益在權力轉移中常常受到很好保護，一種高程度的經濟依賴捆綁著很多新獨立的國家。在一個被大企業和軍事超級強權支配的世界，這些國家很少能找出擺脫貧窮的發展之路。

較為激進的民族主義政權有時會設法掙脫枷鎖。當它們這樣做的時候，會再次發現帝國主義的經濟和軍事力量正在壓制它們。帝國主義的門面是改變了，但基本架構維持不變。

石油、錫安主義和西方帝國主義

自一九四五年以後，世界上有一個地區對於西方強權特別重要，理由是該地區——中東——占了世界已知石油儲藏量的約七成。

石油是全球經濟最重要的商品，它是燃料，是熱，是光。沒有石油，資本主義就會停擺。石油的利潤極其豐厚，世界十大企業中有五家是石油公司。

一九四五年之後，美國的經濟發展迅速，消耗石油的步伐超過國內石油生產的步伐。在一九五〇年代，美國消耗的石油中只有一成是進口，但到了一九八〇年代晚期，它的石油進口量超過消耗量的一半。在此同時，中國和印度等新進工業化國家也給石油供應施以越來越大的壓力。以其約八％的經濟年成長率，中國購買全球石油的份額從一九七八年的約五％增至今日的約二〇％。

石油是一種極重要的商品，對其需求不斷增加，但它也是一種有限資源，這就是中東會變成戰場的主要原因。

英國在十九世紀晚期控制了埃及和蘇伊士運河，目的主要是保障它跟印度和澳洲聯繫。第一次世界大戰之前不久，英國有了另一個盡力支配中東的緊迫理由：英國皇家海軍正在把燃料從煤轉為石油。控制伊朗南部的油田因此有了戰略上的優先性。

現代中東是由第一次世界大戰創造。一九一八年，有五十萬英國士兵被派去把鄂圖曼土耳其人趕出伊拉克和敘利亞，然後英國和盟友法國根據一份戰時的祕密協議，把中東瓜分為兩國的殖民地。

但英國還有兩份戰時協議。它曾經向哈希姆家族（Hashemite）的領袖保證，如果阿拉伯人發動反對土耳其統治的起義，戰後就會讓他們獨立。另外，英國也曾答應支持錫安主義者在巴勒斯坦為猶太人創造一個民族家園的安排。英國對第一個承諾食言，但履行了第二個承諾。

錫安主義是創立於十九世紀晚期的右翼民族主義運動，在第一次世界大戰之前的年間受到少數歐洲猶太人支持。大部分這個時期政治活躍的猶太人都是站在左翼。猶太教是一種宗教信仰，不是一個種族，甚至不是一種國籍。大多數歐洲猶太人都是在中世紀歸信猶太教的人的後裔，他們唯一的真正「家園」是歐洲。但錫安主義者主張反猶太主義是不可避免，而猶太人是一個單獨的民族，所以世界不同地方的猶太人應該搬到同一個地方，生活在一起，這個地方是哪裡尚屬其次。一個主張是馬達加斯加。

大部分猶太人認為這種想法是狂想。他們有工作，有家庭，在居住的地方有事業，已經整合到在地的社群中。反猶太主義固然是一種真切的威脅，但最合乎實際的反應，看來是聯合社會主義者和工會加以還擊，而不是逃到某個理想化「家園」的白日夢。

讓錫安主義產生牽引力的是帝國主義，錫安主義者領袖明白這一點，他們賣力遊說高層人士支持，甚至爭取德國皇帝、俄國沙皇和鄂圖曼蘇丹的支持，但讓他們如願的是英國。英國人想要錫安主義者在大戰期間鼓勵猶太人自願從軍，也看得出來如果巴勒斯坦出現一片親英國的錫安主義者飛地，會對英國有什麼好處。一個錫安主義者領袖在一九一四年寫道：「我們能夠發展這個國度，為它帶回文明，以及擔當蘇伊士運河非常有效的守衛。」

問題是巴勒斯坦早有人住，它在一九一八年的人口是七十萬，其中只有六萬是猶太人，其餘都是阿拉伯人，大部分是佃農。然而，在英國於一九四七年獲授權託管巴勒斯坦後，猶太人增加超過十倍，成為六十五萬人。反觀阿拉伯人增加不到三倍，共兩百萬人。這是因為英國託管當局准許猶太人大量移入。

錫安主義者得到歐洲和美國金主的大力資助，所以可以向不住在當地的阿拉伯人地主以高價買地，然後把家族已經在這裡耕種了數百年的阿拉伯農夫趕走。錫安主義者的土地掠奪，還有英國對阿拉伯人抗議的置若罔聞，觸發了一九三六年至一九三九年的巴勒斯坦起義。錫安主義者民兵和兩萬英兵並肩作戰，約有五千名巴勒斯坦人被殺。

然後英國想要限制猶太人移入的速度，化解緊張。這讓他們在一九四〇年代跟越來越有自信的錫安主義者民兵發生武裝衝突。巴勒斯坦人被打敗，意味著由英國扶植的錫安主義運動已經有了自己的生命。

讓錫安主義獲得進一步重大推力的是納粹大屠殺。得知有六百萬猶太人遭到系統性謀殺後，世人備感震驚。這看來印證了錫安主義者的主張：反猶太主義是那麼的大行其道，唯一解決辦法就是建立一個獨立的猶太人家園。很多人都覺得國際社群有道德責任支持錫安主義者的要求。

一九四七年，隨著英國撤出在即，聯合國制定了一項國際和平計畫。巴勒斯坦將會被分割，其中五成五土地歸給錫安主義者——他們只占人口三〇％，絕大部分是外地移入的屯墾者。阿拉伯人反對這個計畫，大型的反帝國主義示威在阿拉伯各國首都爆發。巴勒斯坦人組織軍隊自我防衛，希望獲得廣大的阿拉伯世界支持，但錫安主義者現在人數已經太多、組織得已經太好、武器已經太齊全，無可阻擋。他們發起攻勢，占領巴勒斯坦八成土地。

恐怖手段是他們征服的基本工具。當猶太準軍事組織「伊爾貢」（Irgun）在代爾亞辛（Deir Yassin）屠殺了兩百五十名巴勒斯坦人之後，載滿錫安主義者民兵的卡車開到各處，車上的士兵大喊：「代爾亞辛！代爾亞辛！」藉此警告其他人。至少有七十萬名巴勒斯坦人在一九四八年逃離家園。

阿拉伯各國君主集結他們規模小的雜牌軍作戰。他們很快被打敗，轉而忙著為自己搶奪土地。剩餘的巴勒斯坦人領土受到埃及和約旦瓜分。

以色列在一九四八年宣布建國，在一九五六年、一九六七年、一九七三年和一九八二年都跟鄰國爆發戰爭。一九六七年，它從敘利亞奪取了戈蘭高地，從約旦奪取了約旦河西岸，從埃及奪取了加薩走廊和西奈沙漠。那一年又有三十五萬名巴勒斯坦人出走。以色列把一九六七年占領的很多土地一直保留下來，並繼續兼併土地、建築屯墾區及鼓勵海外猶太人移入。它對國內巴勒斯坦人的鎮壓也不遺餘力，幾個高峰點是「第一次抗暴運動」（First Intifada，一九八七－一九九三）、「第二次抗暴運動」（二〇〇〇－二〇〇五）和「加薩戰爭」（二〇〇八－二〇〇九）。

以色列本質上屬軍國主義和擴張主義，因為是建立在奪產上的殖民者國家。它永遠不可能與鄰國和睦相處，因為它占奪了它們的土地。不安全感導致不間斷的壓力，讓它不斷想辦法擴張領土和人力。以色列也是帝國主義的前哨站，定期收受美國對外軍事援助總額的四分之一。這個錫安主義者國家有如西方帝國主義在中東的領薪看門狗。

錫安主義與美國帝國主義在中東是壓迫、暴力和不穩定的不間斷泉源，只有一場發自下層的阿拉伯人革命有可能重塑整個地區的地緣政治結構，為持久的和平帶來希望。通往耶路撒冷之路要穿過開羅。

一九五六年：匈牙利和蘇伊士

一九五六年是戰爭、革命和幻滅的一年。這一年之後，再沒有什麼是跟原來一樣。

一九四八年的戰爭和以色列的建國，是阿拉伯民族主義的災難性挫敗，其效應傳遍整個中東地區，讓各個腐敗反動的國王承受來自下層的巨大壓力。中階軍官為這種大眾不滿提供了最有效的表達，因為在一九四八年阿拉伯國家遭受軍事挫敗時身處前線，他們有很好的理由支持改革和現代化。因為他們的專業角色，被組織為一支民族力量。

一九五二年七月二十三日，就在埃及爆發群眾示威之際，「自由軍官運動」（Free Officers Movement）

發動一場軍事政變，終結了國王法魯克（King Farouk）的統治。在這場運動中扮演最重要角色的是納瑟（Gamal Abdul Nasser）上校。

納瑟變成了一名獨裁者，但他的土地改革計畫、發展國家資本主義的做法，以及對錫安主義和西方帝國主義的猛烈抨擊，讓他在國內大受歡迎，也讓他成為整個中東地區阿拉伯民族主義的燈塔。掌權三年後，他下令把蘇伊士運河收歸國有。英、法的反應是在一九五六年十一月聯合以色列入侵埃及。

這次入侵對英、法兩個帝國強權來說是一回政治災難，既在阿拉伯世界激起極大憤怒，又在本國國內引發群眾示威抗議。一場由工黨和「工會聯盟」號召的抗議（第二次世界大戰後倫敦發生的最大示威），導致示威者與警察在唐寧街十號外發生衝突。美國利用這次機會插手中東事務，揚言要切斷英國經濟所仰賴的貸款援助，目的是取代英國來支配油藏豐富的中東。所以，蘇伊士危機摧毀了英國對維持帝國的任何幻想：大英帝國清楚已是離死不遠，不再能離開美國扮演任何角色。相反地，納瑟在阿拉伯世界的聲望升至新高。

這時候，更戲劇性的事件發生在鐵幕另一側。史達林於一九五三年過世，他的獨裁統治在最高階段曾奪走許多人命，現在俄國統治階層抓住機會整治執行恐怖統治的機構，史達林的警察頭子貝利亞（Beria）遭到處決。

黨內的權力鬥爭在一九五六年二月公開化，當時蘇聯的新領袖赫魯雪夫（Nikita Khruschev）在第二十屆黨大會上痛斥史達林。他指出史達林謀殺了數千人，流放了數百萬人，在一九四一年六月德國入侵時表現得懦弱無能。赫魯雪夫這番話的震撼力非同小可。四分之一個世紀以來，史達林的宣傳機器禁絕哪怕是最小的異議聲音，但現在，突然間一切都變得值得懷疑，讓人開始猜想「社會主義祖國」大概真有什麼不對勁，對它的一些批評不只是「資本主義者的謊言」。

從一九五三年開始，不滿情緒就在蘇聯帝國內部一直漲升。當年六月，東柏林一個巨大工地的建築工人得知必須工作更長工時後，發動了示威。他們遊行穿過城市，途中有數以萬計的人加入。第二天，整個東德陷入大罷工癱瘓。在一些城市，示威者洗劫黨辦公室、攻擊警察局，並強行打開監獄。

七月，位於俄羅斯極北的沃爾塔庫（Vorkuta）的巨大奴工營一樣爆發起義。五天之內，有五十處礦坑停止工作，二十五萬礦工罷工。兩起起事都被軍隊鎮壓，但卻清楚顯示當局必須有所改革，所以在兩年內，有九成勞改營的人犯獲得釋放。這是赫魯雪夫在第二十屆黨代表大會上講的那番話的脈絡。

重啟辯論及朝改革的初步移動，對獨裁政權來說總是危險時刻，被壓抑的求變渴望可能會突然膨脹為瀑流。

在波蘭，人們對納粹占領歲月的記憶猶新，也仍然記得戰爭結束帶來的自由和繁榮憧憬。蘇聯獨裁者之死，以及他後來的被譴責，讓波蘭人重燃希望。一九五六年六月，就像三年前的東柏林工人，波茲南（Poznań）的工人停止工作，上街遊行，很快就跟警察發生衝突。他們進而搶奪武器，釋放囚犯。這場起義後來受到封堵，但不是被直接鎮壓，而是被官僚體系中主張有限改革的部分借來奪權。史達林時代被監禁且有獨立思想的共黨領袖哥穆爾卡（Wladyslaw Gomulka）被釋放，建立了一個新政府。

俄國人威脅要入侵，但受到勸說而作罷。哥穆爾卡在一場有二十五萬名熱烈支持者的群眾大會中發表演說，一場勞工階級革命於是演變成官僚體系政變。十月的「波蘭之春」（後來被這樣稱呼）只是把權力交給波蘭國家資本主義者統治階級的改革派。

在匈牙利上演的事件卻相當不同。波茲南和「波蘭之春」是發生在歐洲心臟地帶的偉大勞工階級革命的雷管。一九五六年十月二十二日，布達佩斯理工學院的學生起草一份十四點宣言，要求民主、言論自由、釋放囚犯、撤出俄國部隊，還有停止國家對農產品的強制徵收。第二天，學生舉行遊行，表達訴求，有數以萬計的工人加入他們的行列。當天晚上，當他們在電臺外聚集時，祕密警察向他們開火。

工人拿運動俱樂部的槍枝武裝自己，士兵把他們的武器交給示威者。整座城市的權力，接著整個國家的權力，都被民眾委員會和武裝民兵奪走。

弗萊爾（Peter Fryer）在為英國共產黨報紙《每日工人報》（*The Daily Worker*）報導這起事件時，形容新的民主機構就像：

> 一九〇五年革命和一九一七年二月出現在俄國的工農兵委員會……它們既是起義的喉舌（工廠、大學、礦井和軍隊單位選出的代表齊聚一堂），也是武裝人民信任的人民自治政府的喉舌。

伊姆雷（Imre Nagy）領導的匈牙利統治階層的一個部分，想要仿效哥穆爾卡在波蘭的做法，透過對民眾革命虛與委蛇來重新控制大局。但這一次的民眾革命太強勁有力，事態的發展已不是一次政府洗牌可以平息。

十一月四日，蘇聯坦克開入布達佩斯。勞工階級居住的郊區被轟成瓦礫堆，數以千計匈牙利人在和入侵者逐街戰鬥時被殺。「大布達佩斯中央工人委員會」——其角色相當於一九〇五年和一九一七年的彼得格勒蘇維埃——命令舉行大罷工，導致城市陷入癱瘓兩週。

在那個十一月，布達佩斯處於雙頭權力統治之下。「工人委員會」安排了必需品的供應、麵包的分配、健康服務的維護和武器的生產。與此相反，卡達爾（János Kádár）成立的新政府則是以蘇聯坦克為後盾。

工人不可能戰勝三千輛坦克和二十萬部隊，至少在革命沒有蔓延到東歐其他地方的情況下辦不到。罷工被打敗，「工人委員會」受到鎮壓，三百五十名反對分子（包括伊姆雷在內）遭到處決。即便如此，卡達爾的通敵政權仍然十分脆弱，在奮力要重新控制大局的過程中，被迫把工資提高二二%，並承諾「在所有既有的行政機構中進行民主選舉」。

一九五六年發生的這些事件，在史達林主義的獨塊巨石上製造出裂痕，正宗的馬克思主義傳統（發自下層的革命和工人的自我解放）在布達佩斯的街頭獲得重生。世界各地數以萬計的左派活躍分子被迫重新省思應該向誰效忠。

在東德，因為涉及一九五三年起義而被清算的共產黨黨員中，有六八%的人是在一九三三年前便入黨。這些老牌革命分子跟他們的階級一起戰鬥，新統治階級（穿西裝的黨組織成員）則留在自己的崗位上。弗萊爾在布達佩斯所作的報導受到拒登。他辭去《每日工人報》的工作，然後被英國共產黨開除黨籍。他並不孤單。在緊接匈牙利革命後，英國共產黨失去七千名成員（總數的五分之一），其中包括許多著名知識分子和工會人士。

隨著史達林主義崩潰，一個「新左派」（New Left）開始形成。在活躍分子重新結晶為新群體的過程中，受到不少互相競爭的「反史達林主義」政治傳統吸引。這些政治傳統多半就像史達林主義一樣虛妄不實，毛主義是其中之一。另一種則是在遙遠的加勒比海海島一座偏僻山脈裡成形，將會產生出一位振奮人心的標誌性人物，而在一個備受剝削和不義傷殘的世界裡，這個人看似是革命理想主義的化身。他的名字是切·格瓦拉（Che Guevara）。

切·格瓦拉和古巴革命

一九五六年十二月，一群為數八十二人的革命分子登陸古巴海岸，打算推翻腐敗、暴虐和美國人支持的巴蒂斯塔（Fulgencio Batista）的獨裁政權。他們自稱「七月二十六日運動」，以紀念一九五三年對蒙卡達（Cuartel Moncada）軍營的失敗攻擊。這支革命隊伍的主要領袖是卡斯楚（Fidel Castro），其他領袖包括他弟弟勞爾（Raul）和一名阿根廷醫生格瓦拉（被暱稱為「切」）。

他們只有十二人存活下來，在偏遠的馬埃斯特臘山脈（Sierra Maestra）發起游擊戰。儘管如此，這群人挺了下來，吸引到新成員。到了一九五八年夏天，他們共有兩百人。六個月後的一九五九年一月，他們以革命戰爭勝利者身分進入古巴首都哈瓦那。

這是一個驚人的成就。在取勝時，他們只有八百名游擊隊戰士，然而卻能擊敗巴蒂斯塔的軍隊，還控制了一座七百萬人的加勒比海海島。

美國把中美洲和加勒比海視為自家「後院」。這兩個地區的國家名義上獨立，實則是美國的附庸政權，統治階級由將軍、地主、工業家和幫派老大等構成。這個系統是為了保護美國在地區內的商業利益而設計，受到美國情報機構的監視。例如，當一個溫和的改革派政權一九五四年在瓜地馬拉上臺後，中情局就策劃政變將其推翻。

不過因為巴蒂斯塔太有失人心，所以美國人在最後一刻決定把他甩掉。他們相信能跟卡斯楚達成協議。為什麼不可能呢？畢竟，俄國革命是由工人執行，中國革命是由農民執行，但執行古巴革命的卻不是這兩者的任一。它的執行者是中產階級知識分子。

卡斯楚發布的一系列聲明顯示他支持自由派改革，但亦僅止於此。晚至一九五九年五月，他還表示：「我們不反對私人投資……我們相信私人投資者的用途、經驗和熱忱……國際投資的公司將會享有與國營公司一樣的保障和權利。」

這些革命分子著實天真，他們之所以能夠取得勝利，是因為得到古巴農民和鄉村勞工的支持。這些人都是美國資本的馱畜，不對抗大企業的利益，他們的生活將無法改善。

古巴經濟低度發展的矛盾，讓卡斯楚只有兩個選項：要麼是像巴蒂斯塔那樣成為附庸政權，要麼是實施土地改革，用古巴的財富資助學校、醫院和福利。

卡斯楚起初謹慎推進，但他每有任何微損美國利益的舉動都會受到美國激烈報復。三件事情讓卡斯楚跟美國公開決裂：把古巴所有的美國公司收歸國有；與蘇聯發展密切商業關係；最終宣布古巴革命是一場社會主義革命。然後，在一九六一年四月，中情局支持一群富有的古巴流亡人士對古巴發動武裝攻擊。就像當初一般古巴人一致不管巴蒂斯塔的死活那樣，現在他們也一致站出來捍衛卡斯楚政權。豬灣入侵以完全失敗告終。翌年十月的古巴飛彈危機——當時蘇聯把核子武器裝設在古巴，幾乎引發核子戰爭——讓美國與古巴成為永遠的仇人。

城市工人並沒有在古巴革命中軋一角，他們在革命勝利後也毫無政治權力。鄉村勞工站在一旁對革命歡呼喝采，但幾乎沒有人參加游擊隊。革命幾乎完全是中產階級理想主義者和他們成功吸收的少量農民所締造，所以古巴革命不是「勞工階級的自我解放」的例子。結果就是，古巴的「社會主義」是一種貧窮的國家資本主義，對甘蔗種植有著高度依賴。卡斯楚所作的改革是實在的，但是由上層發動，也受到貧窮的極大限制。

不過格瓦拉從古巴經驗歸納出一套他認為適用於全世界的革命游擊戰理論，他指出古巴革命有三大啟示：

一、人民游擊隊有可能擊敗正規政府軍。

二、在低度開發國家，有利於鬥爭的天然環境是鄉村而非城鎮。

三、革命分子不必等待時機成熟，而是可以透過建立游擊隊和充當催化劑創造革命。

格瓦拉力主機動性強和堅忍的小股革命分子即可提供革命地基，啟動革命游擊戰，在非洲、亞洲和美洲各地推翻美國支持的獨裁者。

他沒有光說不練。他本來可以繼續在古巴舒舒服服當高官，但很快就對古巴領導階層偏好的蘇式經濟和外交感到幻滅。他在心底始終如一，是個勇敢、理想主義和奉獻的革命戰士。所以他從大眾的目光消失，悄悄遠行，先是在一九六五年前往剛果，然後在一九六六年去了玻利維亞，目的是要實現他的革命地基理論。

但這理論最後被證明是錯的。革命是不能單靠意志力和活力複製。你不能用唯意志論（voluntarism）來勉強歷史。主觀因素（如領導、組織、觀念等）在革命情境固然具有決定性，但客觀條件也必須歸於正確。革命是否可能，得視乎階級力量的對比、政府的內聚力，以及大眾的意識與信心。另外兩件事情也必須保持正確關係：革命組織必須著床在社會，著床在其階級鬥爭和群眾運動，這樣革命分子才能夠感知群眾的情緒，能夠知道群眾要求什麼，按此行動。

在古巴，所有社會力量（包括社會精英、巴蒂斯塔政權、中產階級、勞工運動、農民和鄉村勞工）都很羸弱。腐敗和剝削舉目皆是，生活艱苦，但異化和麻木蔚為流行。在這樣一個被挖空的社會裡，游擊隊相當於真空裡的沙子。

但其他地方的情況卻不同。在剛果，格瓦拉是被互相敵對軍閥的腐敗和派系主義所打敗，也是被自己惡劣的健康狀況所打敗。但他在玻利維亞的處境更糟，他率領為數約五十人的游擊隊潛入一個偏遠山區，卻發現自己在當地人的無動於衷和恐懼中孤立無援。游擊隊碰上一場又一場災難，然後在一九六七年十月初，剩下寥寥無幾的游擊隊員被一千八百個玻利維亞士兵包圍和制服。

被俘虜之後，格瓦拉遭到草草處決。不過，因為他的英雄氣概和理想主義，他成為革命和抵抗運動的標誌性人物。他的臉後來變成大概是世界上最著名的一張面孔。但如果想要根據他希望的方式改變世界，我們必須首先明白他犯了哪些錯誤。

第十六章——

著火的世界

一九六八年至一九七五年

一九六八年至一九七五年之間的群眾起義，比俄國革命之後的任何時間都讓世界更接近國際革命。

二戰結束至一九六〇年代晚期，是大部分已開發國家政治共識相對較高的時期。殖民戰爭在第三世界的一些地方繼續如火如荼進行著，但東方集團內部的異議及西方集團內部的示威看來並沒有太大衝擊。然後到了一九六八年，整個世界在新一波的群眾抗議中爆炸開來。

在「大繁榮」的框架下——其特徵是破紀錄的經濟成長、迅速提高的生活水準和消費社會的誕生——重大的社會變遷一直在進行。勞動力的增加造成女性大量外出就業、人們從鄉村搬入城市，以及很多人從低度開發國家移民到國際大城市。工人變得更有自信、更有組織，也更好鬥，他們對舊有的壓迫不再那麼有忍受力，一九五〇年代的道德束縛和社會規範讓人覺得討厭。

一九六〇年代初期的民權鬥爭、晚期的反越戰運動，讓大批美國年輕人變得激進，投入政治活動。他

工人和士兵的革命示威，葡萄牙里斯本，1974年4月25日。

們變成全球青年革命的尖兵。這些革命常常是以大學校園為中心，很快就蔓延整個西方世界、感染東方集團和在「全球南方」（Global South）獲得迴響。

隨著戰後榮景在一九六〇年代晚期趨緩，然後在一九七三年激烈震動後停下來，工人抵抗攻擊工作、薪資和工作環境之舉，跟年輕人和學生的鬥爭融合起來，導致資本世界受到發自下層的群眾鬥爭極大震盪。在高峰時期，這些群眾鬥爭一度發展成為革命。這個時期，亦即「上一場大火」（the fire last time）時期，對今日的教益是那麼豐富，我們必須投以特別的注意。

題外話7：何謂「壓迫」？

剝削可以定義為統治階級向勞動大眾壓榨剩餘財富，其中既牽涉一個經濟過程（對剩餘的霸占和積累），也牽涉一種社會關係（一個強力少數和一個從屬大多數的關係，前者霸占後者的勞動成果）。階級就是產生自這個過程及關係。

何謂「壓迫」？「剝削」和「壓迫」兩個詞彙有時會被混用不別，不加定義，這是不應該的。不精確的詞語反映著理論的混淆，會導致政治的泥淖。如果我們想要改變世界，必須先了解世界。

壓迫是對特定社會群體的系統性歧視，根據的標準可以是性別、種族、宗教、國籍、部落、性取向、身障、年紀或任何真實或想像出來的共同特徵。在其制度化的形式裡，壓迫包括了社會機會，如工作、事業、住房、教育、健康照顧、社會福利等的不平等，實施這種不平等的人是雇主、官員和警察。不過也表現為受右派政客、媒體、宗教盲信者和法西斯群體等影響的一般人之偏見、辱罵和暴力。

剝削和壓迫在概念內涵上相當不一樣。資本主義社會的所有工人都受到剝削，不管他們是否屬於被壓迫群體。另一方面，有些資本家雖然是剝削者，卻也許是屬於被壓迫群體。剝削和壓迫的關係因此可以相當錯綜複雜，但一項大原則仍然成立：一個社會群體受到的壓迫越大，其體驗到極端剝削的可能性也越大。另外，作為被壓迫群體的共同身分讓人比較容易集結在一起，創建集體組織。所以壓迫和剝削的雙重經驗可以是十分爆炸性。

但為什麼會有壓迫存在？很多現代社會都把平權宣示為官方意識形態。很多現代社會都有法律把歧視訂為不合法，但壓迫持續存在，為什麼會這樣？

剝削的程度因地而異（主要是看工人有沒有組織起來加以反擊），壓迫的程度也是如此。從前對性別歧視及種族歧視的勝利，也許會被供奉在反歧視的法律中，反映在社會態度與實踐的變遷。這些戰果都是真實的，但仍有被削弱的危險，極少是永保不失。這是因為壓迫的是內建在資本主義社會的母體中，一如剝削是內建在資本主義經濟的運作中，理由如下所述。

資本主義是個積累的過程，會把社會整體創造的財富抽取到位於頂層的少數人手中，乃奠基於少數人對多數人的侵占。其運作是混亂、沒有計畫、不理會社會需要，也缺乏任何社會目的。它創造出一個以異化勞動（alienated labour）和大眾貧窮為基礎的極度貪婪的反烏托邦世界。

如果一般人明白自己的處境，聯合起來推翻有錢人，這樣的情況將會無以為繼。激進派大詩人雪萊（Percy Bysshe）在〈暴政的面具〉（The Mask of Anarchy, 1819）一詩中，把這一點說得再清楚不過。這首詩是寫於「彼得盧慘案」之後，在該慘案中，騎警攻擊曼徹斯特的示威者，殺死了十五人。

起來，像睡醒的雄獅
不可征服的一群！
像抖掉沉睡時沾上的露珠般
抖落你們身上的鎖鏈。
你們黑壓壓一片——他們少得可憐！

這首詩有什麼基本教訓？那就是任何階級社會的穩定（階級社會即任何奠基於少數人侵占多數人的社會）都要求大眾相互分化，以免他們聯合起來反對統治者。性別歧視、種族歧視及其他壓迫形式，都具有一種重要的社會功能：用不同的次要差異性和層次性模糊化社會的主要斷層線（貧富之分），以防止下層的人形成共同陣線反對整個系統。

這些差異性和層次性都是真實的，但突出它們的目的是掩飾剝削系統。以動亂時期的北愛爾蘭為例，當時占少數的天主教徒是制度化歧視的受害者，占多數的新教徒（有錢人、中產階級和工人）聯合起來支持這種歧視。這種歧視表示，如果你是新教徒，就比較有可能得到一份工作和一戶公屋。但勞工階級的這種派系分裂讓他們無法團結起來，為改善自己的處境而戰鬥，以致北愛爾蘭的工人乃是英國最貧窮的工人，不管天主教徒還是新教徒。民權運動的領導性活動家麥肯（Eamonn McCann）說得鞭辟入裡：

> 從新教徒工人的觀點來看，他們的好處少得可憐，完全不值一提。當你從二．五點五便士望向兩便士，那〇．五便士會獲得大得不成比例的重要性。

這並不表示社會分化是統治階級處心積慮的陰謀。歷史是一個歪打正著的過程，實際發生的情形是既有的分裂（住在特定國境內的社會群體之間由歷史決定的差異性）受到根植於現狀的社會機構和意識形態機制按照環境需要重新塑形，舊有的形式因此獲得新的內容。

只要我們考察一下現代世界社群內部衝突的紛紜特徵，以及被汙名化和仇恨的對象改變得有多快、多容易，這一點就會昭然若揭。始終保持不變的是系統有需要去迷惑和離間大眾，至於為了滿足這種需要而採取的方式則因時而異。

例如，土耳其政府在上一世紀的種族歧視，曾隨著大環境的不同而採取過三種不同的主要形式：反亞美尼亞人、反希臘人和反庫德族人。現代中東的主要斷層線不是種族，而是宗教：遜尼派法西斯分子把什葉派、蘇菲派、基督徒和其他宗教少數派鎖定成靶子。在印度，傳統上也是由宗教提供主要的斷層線：政治精英會慫恿印度教徒和穆斯林之間的「社群」殺戮。英國的種族歧視在十九世紀主要是反愛爾蘭人，二十世紀初期是反猶太人，二十世紀晚期是反黑人和亞洲人，現在則是反移民，又特別是反東歐移民和穆斯林移民。

歧視的靶子很多時候都是複數。法西斯主義（西方形式和伊斯蘭形式的法西斯主義皆然）傾向於對付一系列的族群少數派和宗教少數派，與此同時又對女性發起厭女攻擊、對同性戀者發起恐同攻擊。

對壓迫有三種主要反應。第一是被壓迫者被嚇得甘心接受歧視和排斥。第二，人們也許會以個人基礎在既有的歧視中尋求被接納和推進；他們知道自己會在沿途遇到障礙，但仍然尋求系統所允許和定義的傳統「中產階級」的成功。第三，人們也許會起而反擊；這種反擊通常包括身分的自豪宣示、創造糾正歧視的次文化，以及創建集體抵抗組織。

反抗壓迫的鬥爭有可能會淪為「身分認同政治」（identity politics）或分離主義。兩者都是死胡同，所代表的不過是對支配性二分意識形態的倒轉，變成是（例如）黑人凌駕白人、女性凌駕男性、同性戀者凌駕異性戀者、穆斯林凌駕基督徒、庫德族凌駕土耳其人。縱觀歷史，被壓迫者藉以贏得最大勝利的方法，都是拒絕接受系統的二分範疇、強調所有人的共同人性，與其他群體結為盟友，以及投入發自下層的群眾聯合鬥爭。

一九六〇年代和一九七〇年代的偉大民眾鬥爭為此作了見證。我們接著要談的就是這個著火的世界（a world on fire）。

民權與黑權

事情是從一九五五年十二月阿拉巴馬州蒙哥馬利（Montgomery）開始。那一天，羅莎．帕克斯（Rosa Parks）認為自己已經受夠了，不願再忍。一名白人男性想要她的座位，其他座位已坐滿了人。她拒絕讓座，司機停下公車。警察被找來，帕克斯遭到逮捕。

人們總是說我不肯讓座是因為我身體累，但那不是事實。我並不是身體累，也沒有比平常工作一天之後更累。我並不老，雖然有些人想像我當時是個老婦人。我才四十二歲。不，我不是身體累，只是厭倦了總是讓步。

她不是唯一厭倦了讓步的人。在她受審的十二月五日那一天，黑人活動家呼籲杯葛蒙哥馬利公車。這場杯葛活動非常有力，共有四萬美國黑人拒絕坐公車，有些人在雨中走二十英里路去上班。

這場抗議是那麼的成功，以致發起人進一步呼籲對公車繼續進行杯葛，直到公車取消種族隔離為止。杯葛活動持續了一年，然後最高法院判決在公車上進行種族隔離是違憲。到了當時，類似的鬥爭已經在美國南方其他大城市上演，而蒙哥馬利杯葛活動的領袖也成為全國性人物和崛起中的民權運動主要發言人。他是二十六歲的黑人牧師馬丁・路德・金恩。

那是一場舊戰鬥的再起。美國黑人為爭取種族正義所作的鬥爭，像一根黑線那樣貫穿了美國的歷史。一八六五年結束的南北戰爭廢除了奴隸制度，但黑人遭受的壓迫並未結束。北方企圖進行的「種族重建」受到南方反動派的破壞。三K黨崛起成為群眾反革命運動，吸收到五百萬會員，鼓吹白人優越主義、反黑人的種族歧視。一名北方軍官表示，黑人被謀殺「是那麼的屢見不鮮，以致我們對數字不可能有精確計算」。

恐怖統治的效果持續一個世紀。吉姆・克勞法（Jim Crow laws）剝奪了黑人選民的投票權，對公共服務及公共空間進行種族隔離，又規定黑人只能當低薪的勞工和佃農，讓南方各州的黑人始終處於貧窮。

住在偏遠農村社群的勞工和佃農是好欺負的一群。晚至一九一〇年，九成南方黑人仍然務農。不過在接下來數十年，有數以十萬計的黑人（含北方和南方的黑人）遷移到城市，而到了一九六〇年，據估計有四分之三的美國黑人屬於城市勞工階級。這並未讓種族歧視結束，不過卻讓美國黑人容易組織起來反抗歧視。

其他變遷也正在發生。數以萬計的黑人士兵曾在第二次世界大戰為國服役。冷戰宣傳把美國譽為「自由世界」的旗手，經濟欣欣向榮，勞工的需求甚殷，薪資不斷提高，專家大談「消費社會」。南方對黑人的壓迫和「生活、自由及追求快樂」的美國理想之對比越來越刺眼。

對民權的追求最初由中產階級的「全國有色人種協進會」領導，過程緩慢且拘泥於法律條文，幾乎毫無作用。然後在一九五三年六月，路易斯安納州巴頓魯治（Baton Rouge）的黑人每晚舉行三千人的夜間會議，發動了第一次杯葛公車活動。蒙哥馬利後來起而效尤，然後佛羅里達州塔拉哈西（Tallahassee）、阿拉巴馬州伯明罕和其他南方城市也紛紛效法。鬥爭是由一個以南方教會牧師和會眾為基礎的新組織所領導：「南方基督教領袖會議」（Southern Christian Leadership Conference）。到了一九五〇年代晚期，南方各州的民權鬥爭已經變成一場國家危機。

第二波鬥爭在一九六〇年二月打響。當時有四位黑人大學生在北卡羅萊納州格林斯伯勒（Greensboro）伍爾沃斯百貨公司只服務白人的午餐吧檯坐下，接下來幾天，有數百名其他大學生起而效尤。兩個月內，在七十個南方城市受到大約五萬名大學生仿效。這場學生運動受到「南方基督教領袖會議」支持，但有自己的領導組織：一是以北方為基地的「種族平等會議」（Congress of Racial Equality），一是以南方為基地的「學生非暴力協調委員會」（Student Nonviolent Coordinating Committee）。

運動繼續茁壯。一九六〇年代早期，抗議、杯葛活動、罷工、直接行動、「自由乘車」（freedom

rides）和選民登記運動在南方遍地開花。據估計，在一九六三年，南方各州（南北戰爭時期的邦聯各州）有一百一十五個城市共發生九百三十場示威，導致兩萬人被捕。此刻，電視新聞把大部分美國人不認得的國家的畫面，傳送到家家戶戶的起居室。在這些畫面中，配備手槍、警棍、警犬和催淚瓦斯的警察猛烈攻擊黑人，在一旁有白人種族主義群眾為他們叫囂助陣。同年，金恩的「南方基督教領袖會議」在華盛頓策劃一場遊行，共有二十五萬人參加。他在會議上發表美國歷史上的著名演說，美國電視臺作了現場轉播。演說值得以較大篇幅引用：

我夢想有一天，這個國家會站立起來，真正實現其信條：「我們認為這些真理是不言而喻：人人生而平等。」

我夢想有一天，在喬治亞州的紅山上，昔日奴隸的兒子將能和昔日奴隸主的兒子坐在一起，共敘兄弟情誼。

我夢想有一天，甚至連密西西比州這個正義匿跡、壓迫成風，如同沙漠般的地方，也將變成自由和正義的綠洲。

我夢想有一天，我的四個孩子將在一個不是以他們的膚色，而是以品格優劣來評價他們的國度裡生活。

我今天有一個夢想。

到了一九六〇年代中期，由帕克斯在坐公車時點燃的鬥爭，已演變成被壓迫者的全國性起義。聯邦政府趕緊加以安撫，以避免運動擴大。國會最終在一九六四年通過《民權法》，規定歧視和種族隔離在全美都屬於不合法。

這並不夠。民權運動在翌年到達新高峰，當時阿拉巴馬州的黑人進行了一系列從塞爾瑪（Selma）到蒙哥馬利的「選民登記」遊行。遊行在當年三月引發警民衝突，暴力衝突畫面被播放至全美各地，聯邦政府被迫通過《投票權利法》。

到了這時，黑人鬥爭已經蔓延至北方的黑人區。在那裡，黑人受到系統性的職業歧視和警察例行公事式的騷擾。平均來說，白人的收入是黑人勞工的近一倍，失業率也只有黑人勞工的一半。黑人青少年因為常常失業、在街頭閒逛，不時受到白人警察為難。他們許多人對金恩這樣的中產階級溫和派沒有信心，把希望寄託在麥爾坎．X（Malcolm X）之類的激進領袖。

麥爾坎．X本來是街頭混混，一次坐牢期間成為穆斯林，一九六五年二月遇刺身亡。他的政治觀念不斷變化，但他最後一次的正式演講顯示其思考方向及影響力的性質：

> 我們生活在一個革命的時代，而美國黑人起義是作為我們時代特徵的反抗壓迫和反抗殖民主義運動的一部分……把黑人起義僅僅歸類為黑人反對白人的種族衝突，或純粹視為一個美國問題，是不正確的。毋寧是，我們今日正目睹被壓迫者反對壓迫者、被剝削者反對剝削者的全球反叛。

在都市的黑人區，黑人青少年跟警察的衝突更頻繁地升級為全面性暴動。然後在一九六五年八月，洛杉磯瓦茨區（Watts）爆炸了。這次起事涵蓋五十平方英里的範圍，持續了六天，導致三十四人死亡，四千兩百多人被捕，並致使約六百座建築物受損，造成一億美元財物損失。據信有約六萬五千人參與暴動，人口的積極參與度高達五〇％，其中一半確實走上街頭。三十四名死者主要是被洛城警察和國民兵射殺的黑人青少年。

瓦茨區僅是開頭，翌年有十三個其他地方跟進，然後在一九六七年七月，大型對峙發生在紐澤西州紐華克（Newark）、密西根州底特律。底特律是美國的汽車工業之都，在那裡，一位記者形容：

> 抗議把全國第五大城轉變為戰爭的舞臺，到處有人搶劫，一條條街陷入火海。聯邦部隊靠著刺刀占領街道，發射著機關槍的巴頓坦克和休伊直升機，在這座煙囪被燻黑的城市四處巡邏。

黑人區暴動的催化劑，是新的黑人民族主義革命組織「黑豹黨」（Black Panther Party for Self-defence）。種族主義警察和暴民對民權運動參與者的暴行，已讓一些黑人活躍分子變得激進化。其中一位是卡邁克爾（Stokely Carmichael），他創造出「黑權」（Black Power）一詞，形容一種憤怒、自信和好鬥的新態度。然後紐頓（Huey Newton）和西爾（Bobby Seale）賦予這種新態度一種組織形式，在一九六六年創立「黑豹黨」，其目的是為受都市起義喚醒的年輕黑人提供政治領導，把他們轉變為一股革命力量。西爾指出：

> 年輕人是革命潛力的巨大蓄水庫。流氓無產階級（lumpenproletarian）的兄弟姊妹，還有任何走上街頭的人，都是蓄水庫的一部分，有朝一日會像一條狂野湍急的溪流那樣流淌開來。

十年的民權鬥爭已激進化一世代的年輕活躍分子（同時包含黑人和白人），也動搖了美國社會的基礎，然後迎來一場戰爭——一場漫長、棘手、凶殘和不道德的戰爭，要對付的是世界另一頭的貧窮農民民族。這場戰爭將會把美國撕裂，它發生在越南。

在將會是一九一七年之後最強大的反戰運動中，擔任尖兵的是年輕人。

學生革命

年輕人總是站在激進變遷的最前沿。例如，同時代的觀察者反覆提到，在一六四一年十二月英格蘭革命的揭幕衝突中，數以百計的倫敦學徒帶著劍和棍棒，加入聚集在西敏寺的革命群眾行列。這場革命的很多領袖也相對年輕：李爾本在二十三歲第一次被捕，三十歲成為內戰的一名上校，三十三歲撰寫平等主義宣言《人民的協議》（*An Agreement of the people*）。

但這並不表示英格蘭革命是一場「青年革命」，群眾、軍隊和領導幹部包含許多較年長的人。據估計，一七八九年七月攻入巴士底監獄的人群平均年齡是三十四歲，而在一七九三年構成「公安委員會」的十二名雅各賓派領袖平均年齡是三十八歲。青年常常站在第一線的街壘和戰場，但他們是以更廣大的平民民眾一員的身分作戰。

不折不扣的青年革命是一種現代現象，意味著年輕人已經多少跟社會的其他部分分離開來，自成一個群體，有自己的身分、興趣和倡議。一六四一年或一七八九年的年輕人，是扎根於傳統家庭和作坊的迷你層級體系（mini-hierarchies）中。當他們起而革命時，是跟在父母和僱主後頭作戰，也就是說是作為一個階級運動，而非一場青年革命的一部分。所以發生在一九五〇年代和一九六〇年代的事情看來是歷史新鮮事。

繁榮的世界經濟和強大的工會組織，共同保障了勞工階級在第二次世界大戰後生活水準的提高。貧窮和不平等繼續存在，但大部分勞工都享有較好的住房、教育和健康照顧，有足夠收入可以買一系列的耐用消費品，例如冰箱、洗碗機、電視和摩托車，甚至汽車。

「富裕」社會或說「消費」社會對年輕人的經驗有重大衝擊。他們享受到前所未有的獨立性及收入，容許他們在家庭與工作的框架之外，發展自己的社交、文化和消費形式。一種「青年文化」在一九五〇年代至一九六〇年代期間崛起，其重心是現代音樂與穿著、摩托車與汽車、酒吧與速食、舞蹈與迪斯可。父母老師、警察和任何「權威」被認為跟不上時代，是讓人避之唯恐不及的壓迫性人物。

青年文化儘管對傳統態度常常帶有顛覆性，大部分多屬非政治性，但情形並非全然如此。一個例子是一九五〇年代的披頭族（Beatniks），那是一股在美國西岸發展起來的反文化，受到凱魯亞克（Jack Kerouac）、金斯堡（Allen Ginsberg）等人的啟發，除了主張擺脫主流社會，採取一種沉醉於音樂、性愛、毒品和神祕主義的另類生活方式之外，還對社會服從性和共識政治（consensus politics）採取批判態度。一九六〇年代的「嬉皮」是這類傳統的一個發展，但散播範圍更大，人數更多，也更激進；其政治態度強調「權力歸花兒」（flower power）和「愛的力量」（power of love），以此跟軍工複合體的堅硬現實打對臺。霍夫曼（Abbie Hoffman）和魯賓（Jerry Rubin）創設「青年國際黨」（Youth International Party），將我行我素、無政府主義，與「嬉皮」的反文化共治一爐。但有一種較嚴肅的革命政治（revolutionary politics）在這個大氛圍中發展出來，且特別流行於學子間。

一九六〇年代的大學校園裡，青年文化變成政治酵素。要明白為什麼會發生這種現象，我們需要回顧高等教育在第二次世界大戰後的發展，讓我們以英國作為例子。

在一九二六年大罷工的時候，英國大約有兩萬五千名大學生。他們幾乎毫無例外地出身精英階級，大部分都於私立學校受教育，很多學生在大罷工期間自願擔任「破壞罷工者」（scab）。一九三九年第二次世界大戰開始時，英國仍然只有約七萬名大學生。但在一九四五年之後，隨著戰後經濟繁榮對受過教育的勞工需求提高，也隨著政府對大學的投資激增，大學生人數急速上升，在一九六四年上升至三十萬人。即便在一九五〇年，大學生也只占同年齡層人數的一．五%，但二十年後，這個比例升至一五%。相似情況同時出現在整個第一世界（西方世界）和第二世界（東方世界），所有的先進工業體都被迫擴張高等教育，因為需要更多的科學家、工程師、醫生和老師。

絕大部分學生仍是來自較優渥的背景，大多數為中產階級。但這一點在一九六〇年代並沒有比學生狀況的其他方面來得重要。青年文化意味著許多大學生跟老一輩的權威格格不入。校園宿舍及設施常常流於擁擠和標準化（這反映了高等教育的急速擴張），大學規章（特別是有關政治活動和性關係的規章）傾向落伍過時、愛找碴，很多課程被認為枯燥乏味、不重要和老舊。考試的煎熬，看來就像跟一票學者共同體攜手研究、辯論出來的理念扞格不入。

因為大學為層級性和保守的機構，是脫離更廣大世界的「象牙塔」，大學當局跟一九六〇年代大學生的衝突於是變得無可避免。學生將青年文化的反叛精神和一種對社會及政治議題的注意帶入校園。在這裡，他們發現彼此同聲同氣，又因為他們年輕、尚未完全定型且具有社會流動性，他們盡情探索、批判，重新想像世界。他們就像民權運動的黑人活躍分子那樣，成為另一類的激進尖兵。

一九六四年十二月二日，加州大學柏克萊分校有超過一千名學生占領了行政大樓，抗議校方揚言開除活躍分子薩維奧（Mario Savio）。他們爬上臺階，走進大樓，一面揮舞星條旗，一面聽著年輕的瓊．拜亞（Joan Baez）透過擴音器唱〈隨風搖曳〉（Blowin' in the Wind）。

第二天早上，帶著槍和警棍的加州警察（他們奉命用腳在示威者中間「踢出一條路」）攻入行政大樓，逮捕了八百名學生。隨著消息在校園傳開，全校三萬多名學生中有六成到八成的人參與罷課。

這是發達資本主義國家大學校園長達十年的學生抗爭連鎖反應的第一砲。曾經在一九六七年參與占領倫敦政經學院活動的哈曼（Chris Harman）這樣形容學運的規模：

發生在柏克萊的事，乃發達資本主義國家前所未有。不過接下來十年，類似的學生抗爭將會傳播至世界上一個又一個大學校園，像電火花一樣從一個接線頭跳到另一個接線頭：一九六六年六月傳到西柏林的自由大學，一九六七年三月傳到倫敦政經學院，一九六七年六月傳到德國大多數主要大學，一九六七年秋天傳到杜林大學、特倫托大學和米蘭的天主教大學，然後在一九六八年一、二月感染了幾乎所有義大利大學，在三月感染了華沙大學和巴黎郊外的楠泰爾大學，在四月感染了美國紐約名望崇隆的哥倫比亞大學和幾乎所有德國大學，在五月感染了法國整個高等教育，然後傳到英國的萊斯特大學、艾塞克斯大學、赫爾大學、薩塞克斯大學、伯明罕大學和合恩賽、基爾福克、羅伊登三所藝術學院，再傳到法西斯西班牙的馬德里大學和聖地牙哥大學，然後第二次傳回柏克萊。

「民權」、「學生革命」，這兩股抗爭潮流互相關聯。許多白人活躍分子都是被民權運動推向激進，而校園激分子的主要組織「學生爭取民主社會組織」（Students for a Democratic Society）大力跟黑人鬥爭聯結陣線。很多學生抗爭都是圍繞種族歧視的議題而爆發。

不過，當然還有其他議題。在一九六五年至一九六八年間，美國對越南的介入升高，將原來駐越南的兩萬五千名「顧問」陡增為五十萬戰鬥部隊。年輕人被大量徵召入伍，然而各種不同的「豁免辦法」，讓當兵的負擔不成比例地落在勞工階級和黑人的肩上。正是因為越南，從一九六八年開始了自俄國革命以來最重大的發自下層起義。

越戰

燒夷彈是果凍狀汽油，設計來黏住皮膚和燒穿骨頭。一九六六年，美國記者瑪莎·蓋爾霍恩（Martha Gellhorn）造訪南越一所醫院，目睹燒夷彈在孩童身上的效果：

> 皮肉從他們的臉融化到胸部，停在那裡，在那裡生長……這些孩子不能轉頭，他們的皮肉很厚……長出壞疽時，他們砍掉自己的手或指頭或腳。他們唯一不能砍的是自己的頭。

在中南半島對付南越、北越、寮國和柬埔寨人民的戰爭中，美國投下八百多萬噸炸藥，這個數目是第二次世界大戰期間所有交戰國投下的炸藥總噸位數的三倍。

多達兩百萬人在越戰中身亡，其中約五萬八千人是美國軍人，五十萬人是南、北越的士兵，其餘全是平民百姓，大多死於空襲。原因很簡單：美國以越南全民為敵，而殺死敵人最簡單也最安全的方式是從空中轟炸。在當時的環境下，這似乎是阻止「共產主義傳播」的最有效方法。

侵略者碰到的一個頭疼問題在於越共（南越的共產黨游擊隊）扎根於農村，他們是村民的兒女，是越南農民中的武裝部分。

美國估計倘若舉行選舉，共產黨將贏得八成選票，所以不能選舉；取而代之的是部署五十萬軍隊，去捍衛一個由地主和投機商人支持的獨裁政權，而其他人都是敵人。這就是為什麼有位美國上校在下令毀滅檳知省一處越南村莊後，可以解釋說：「為了拯救這個村，我們必須先毀滅它。」這就是美國所謂的「反叛亂戰爭」的邏輯。

難以置信的是，越南人拒絕屈服。相反地，轟炸和燃燒越厲害，越南青年就越忿恨，加入反抗行列的人就越多。美國帝國主義不斷加強的暴力像是在火上澆油。

越南是個貧窮國家，游擊隊使用過時武器、自製炸彈和叢林詭雷作戰，大部分時間藏身在錯綜複雜的地下隧道網絡。但他們是可怕的對手。這主要是因為，他們被共產黨領導的「民族解放陣線」高度組織起來；另一方面，他們無論種族上或文化上皆為一體，有著反抗外國入侵的悠久傳統，就在不久前，他們曾先後成功抵禦日本和法國。

第二次世界大戰尾聲，在日本戰敗後，越南民族抵抗運動領袖胡志明宣布越南獨立。但法國卻決心恢復殖民統治，越南因此抗擊法國八年，最終在一九五四年的奠邊府戰役中贏得決定性勝利。

後來，越南領袖被他們的蘇聯和中國支持者說服，接受國家分治，等待後續選舉。這是一項嚴重錯誤，與德國、韓國、巴勒斯坦的分治一樣，越南不具備分治的歷史基礎。分治是一種冷戰的政治盤算。

一個美國支持的獨裁政權在西貢建立，而西貢成為南越首都。任何越南人都沒有機會為此投票。北方民族主義政權和南方代理人政權之間的分治，自此看似永遠固定下來，但留在南越的前「越南獨立同盟會」戰士構成問題，他們組成的廣大地下網路能有組織地抵抗地主、收稅官和警察。不多久，部分農村地區就出現零星的游擊活動。

甘迺迪總統將衝突升級，把對西貢獨裁政權的軍事支持，從一九六〇年的四百名「顧問」增加到兩年後的一萬八千人。這看似只是例行公事。美國司法部長羅伯特．甘迺迪告訴一名記者：「我們有三十個越南要保護。」

但越南是不同的，就此迅速升級為全面戰爭。到了一九六五年底，南越地面上有二十萬美軍，到了一九六八年更達到五十萬規模。從一九六五年起，北越遭受大規模空襲。

越南的鄰國柬埔寨，自一九七〇年起也落入同樣遭遇。在一九七三年的僅僅六個月內，美國於柬埔寨投擲的炸彈，相當於整個第二次世界大戰期間在日本丟下噸位的一・五倍。數十萬人在這連番空中恐怖行動裡被炸死。「紅高棉」（柬埔寨共產黨）的活動被制止，但他們對金邊的通敵政權自此充滿怨恨，認為這個政權不該為了剷除民眾抵抗，同意美國轟炸柬埔寨人民。當戰爭在一九七五年結束時，農民軍的憤怒被其史達林主義者領袖導向種族滅絕、去城市化和強制性的農業奴役。有數以百萬計的人在波爾布特（Pol Pot）的「殺戮戰場」中喪命。但這場災難的種子是B-52轟炸機播下的：當你向一個貧窮國家釋放暴力，就會摧毀它的經濟、社會結構，並在很大程度上摧毀它的政治理智。

一九六七年底，美國輿論開始轉向反戰，詹森政府的回應是聲稱美軍已經處於勝利邊緣。越南的美軍總司令魏摩蘭將軍（General Westmoreland）聲稱，共產黨已經「失去發動大攻勢的能力」，他繼續說：「我絕對確定，敵人在一九六五年固然是贏家，今日卻斷然是輸家……我們已走到了戰爭結束在望的重要地步。」

一九六八年一月三十一日凌晨，「民族解放陣線」發動「春節攻勢」。越共游擊隊在北越士兵的支持下，於南越各地對大約一百個目標發起聯合攻擊。受攻擊的地方包括大部分省會、主要美國軍事基地，甚至包括西貢市中心有重兵防守的美國大使館。一支十九人的突擊隊殺出一條血路，闖入大使館，占據主建築達數小時之久。

那一夜，美國電視觀眾被新聞畫面嚇呆，他們萬萬沒想到當越戰被認為行將結束之際，戰事卻在南越的每座城市爆發。魏摩蘭將軍要求增兵二十萬。

但三週後，主戰的詹森總統宣布將不尋求競選連任。此後五年，美國對越南的軍事投入不斷降低。一九七三年，美國對南越的占領終結。一九七五年，西貢獨裁政權倒臺。一九七六年，分裂的越南在共產黨統治下復歸統一。

就這樣，一支農民游擊隊組成的軍隊在一場全面戰爭中擊敗了美國帝國主義。他們並非孤軍作戰，戰鬥期間，美國人民成為他們的同盟，全球數以百萬計的其他人也是如此。一九六八年，這場戰爭燒回家裡，世界資本主義的核心地帶燃起革命大火。

一九六八年

「春節攻勢」是一場長達一年的全球起義之開端，一波波示威、抗議和暴動在資本主義國家各大城市上演。許多親歷其境的人感覺那是革命的一年，就像一八四八年或一九一九年，各地人們充滿希望及嚮往。第二次世界大戰之後的一代，也就是在原子彈陰影下長大的嬰兒潮世代，已經成年，注定要躍上歷史舞臺。

反抗整個體制是一九六八年各種事件的共同軸線，年輕人（包括學生和勞工）的核心角色也是如此。抗議者認為自己是單一運動的一部分，發生在一個地方的行動會激勵下一個地方起而行動。但一九六八年的事件同樣是紛紜的，引發抗爭的斷層線在各國各有不同。

在英國，越戰是主要焦點。三月，數以千計的人手牽著手，遊行前往位格羅夫納廣場的美國大使館。他們揮舞著越南反抗運動的旗幟，大聲喊說：「喂，喂，詹森，你今天殺了多少孩子？」示威者跟警察發生激烈衝突。十月，「越南團結運動」（Vietnam Solidarity Campaign）號召另一場示威，共有約十萬人參加，人數是三月示威的三到四倍，規模在當時的政治示威是前所未有。會中有來自各大學的數千名代表，以及大量舉著工會旗幟遊行的勞工。

在美國，越戰也是抗爭的焦點。抗爭的規模剛開始很小，一九六四年在紐約只有六百名反戰示威者，一九六五年在華盛頓只有兩萬名反戰示威者。但大學校園沸騰起來，全美各地有數以萬計的大學生加入所謂的「宣講會」（Teach-ins）。兩年後，美國反戰示威成為群眾運動，有七萬五千人在黑人民族主義者領導下在舊金山遊行，四十萬人在紐約遊行。在紐約，走在遊行隊伍最前面的是民權領袖金恩、「黑權」領袖卡邁克爾，以及國際知名自由派兒童照顧專家斯波克（Benjamin Spock）。

第二年，反戰抗爭成為凶狠國家暴力的靶子。芝加哥市長戴利（Daley）在一九六八年八月派出警察、國民兵對付在民主黨大會會場外示威的人群，示威的全部過程被攝入電視鏡頭，全世界數以百萬計的人驚恐地看見資本主義國家對民主異議者是如何傾全力打壓。

不過抗爭運動卻在都市黑人區達到高峰。一九六八年四月，金恩在曼非斯（Memphis）遇刺身亡，怒火隨即席捲全國。在這之前，美國黑人區也曾有過反對警察的暴動：一九六四年發生在哈林區，一九六五年發生在瓦茨區，一九六六年及一九六七年發生在十幾個其他地方。但這一次的規模空前未有，破壞、搶掠、縱火同時在上百個美國城市上演，群眾暴力的規模為南北戰爭以來所未見，約五十人被殺，超過兩千五百人受傷，一萬五千人被捕。

有一場不同種類的抗爭在捷克斯洛伐克展開。隨著統治的官僚體系出現分裂，知識分子之間及學生之間發生大辯論，導致審查制度停擺。學生組成自由聯盟，工人投票開除國營工會中由政府指定的領導人，媒體上充斥各種辯論。

「布拉格之春」是東歐一連串反對史達林主義者獨裁政權的群眾運動中第四波，前三波為一九五三年六月的東德起事、波蘭的「十月之春」、一九五六年的匈牙利革命。捷克斯洛伐克是東歐最發達的經濟體之一，卻苦於越來越停滯。領導階層中以杜布切克（Alexander Dubcek）為首的改革派，起初鼓勵民主運動發展，希望找到盟友一起對抗黨內守舊派，以便對國家進行改革。但民主運動很快便形成自己的勢頭，杜布切克為之後悔，宣稱民主運動有把國家帶向無政府狀態的危險。

但為時已晚，政府中的改革派無力恢復克里姆林宮所要求的「正常狀態」，於是大批蘇聯坦克在一九六八年八月開抵，將「布拉格之春」輾得粉碎。改革派一票領袖被逮捕和放逐，街上的抗議者敵不過數千輛坦克和幾萬名士兵，四散潰逃。不過俄國人得花上九個月才完全打敗他們遇到的消極抵抗。

那一年很多已開發國家也出現抗議、罷工和占領活動。從德里（Derry）到紐約，從西柏林到墨西哥市，從華沙到羅馬，皆出現群眾抗議行動。在這些行動中，最接近革命的是一九六八年五月至六月發生在法國的一次。

除了反對越戰，法國的學生運動也抗議大學環境、教育取向，以及戴高樂總統十年的高壓統治。一九六七年期間，罷課、占領校舍和示威成為大學生的家常便飯。一九六八年三月，「三月二十二日運動」執掌了抗爭的領導權，其中最突出的領袖是楠泰爾大學學生龔—本第（Daniel Cohn-Bendi）。隨著抗議的程度升高，戴高樂政府決定重手打壓，派遣警察進入校園，驅散占領活動、逮捕學生領袖。這暴露了戴高樂政府的極權本質，讓更多學生被吸引到抗爭行列，「民主」變成抗爭的核心議題。

五月初，當局更進一步宣布關閉巴黎大學，派出全副防暴裝備的警察進行執法。警察的暴力行為激起群眾反抗。在「街壘之夜」（五月十日／十一日），學生、年輕工人跟防暴警察進行數小時的戰鬥，最後將警察趕出左岸的大學校區。

其他地方的工人透過收音機或電視關注著事態發展，他們也痛恨戴高樂的警察：他們自己罷工時也遇過警察取締，而警察即便殺死罷工工人，一樣不會受罰。工會領袖受到來自下層的壓力，號召發起一日大罷工來支持學生的行動。工人的反應超出眾人預期，五月十三日，數以十萬計的工人和數以萬計的學生並肩遊行，他們高呼的口號引發不祥預感：「再見了，戴高樂！十年已經讓人受夠！」第二天，南特「南方飛機公司」的工人占領了工廠。他們的榜樣之舉具有感染性，不到兩週，法國就陷入停擺。據估計，有一千萬人罷工，有數十萬人占領他們工作的地方。

這是以較大的規模對一九三六年作出重演，法國逼近革命邊緣。戴高樂出逃，徵詢手下的將軍：他們在必要時願意派兵捍衛政府嗎？最後事件以一九三六年的同樣方式落幕：在勞工階級中間擁有巨大聲望的共產黨，爭取到提高薪資和舉行大選的承諾後，策動工人返回工作崗位。所以這一次是改革派領袖而非反動派將領，終結了革命色彩的罷工，挽救法國的資本主義。

一九六八年發生在法國和世界各地的事件，乃是一場將延續至一九七五年的政治危機喧鬧之序幕。是什麼原因導致這場危機？是什麼原因讓一九五〇年代至一九六〇年代早期的漫長沉睡結束？

英國女性主義者博特姆（Sheila Rowbotham）說：「越南是我那一代的西班牙，越南人民所蒙受的痛苦烙印在我們的心靈裡。」利用各種強大殺傷力武器來對付一個農業民族，越戰看來濃縮著世界上的每一件惡事：帝國主義、暴力、不公義和貧窮。不過，它只是一九六八年至一九七五年之間搖撼世界資本主義的危機的催化劑，並不是原因。

受到越戰最大衝擊的是美國本身。美國人走上街頭，因為他們自己的國家是侵略者，也因為年輕人被徵調去打仗。不過即便是在美國，反越戰也跟其他議題連結在一起。「沒有越共會叫我『黑鬼』。」世界重量級拳王阿里說。真正的敵人顯然是在國內。

帶給這場運動動力的是「大繁榮」所造成的社會蛻變。美國黑人不願意再忍耐，因為他們之中有太多人已經離開偏遠、可堪恐懼的鄉村環境，遷移到城市工作。同樣情形發生在全世界，「大繁榮」把數以百萬計的人吸收到工廠：從貧窮國家吸收到富有國家，從鄉村地區吸收到城市，從家裡吸收到職場；也創造出全新的工業、郊區住宅區和人群聚集。同等重要的是，「大繁榮」還轉化了高等教育，讓接受高等教育不再屬於少數人的專利，而是有很大比例的年輕人可以受惠。巴黎在一九六八年有二十萬大學生，其中約三萬人參加了當年的示威抗議。

隨著美國黑人、反戰活躍分子及大學生顯示出反抗的可能性，其他受壓迫的群體和作為一整體的勞工也提高了信心。黑人抗爭與青年革命，鼓勵了女性、同性戀者和作為一整體的勞工階級參與改變世界的戰鬥。

家庭、婦女解放運動和男同志解放陣線

家庭是資本主義社會的基石之一，雖然家庭制度邇來已經發生激烈變遷（在過去半世紀以來的已開發國家中尤然），但仍然是以低成本維持、再生產和社會化勞動力的基本手段。它對以下這些社會過程都非常重要：滿足工人的基本生理和情感需要；提供養育兒童的金錢、時間和努力；照顧老年人和失能的人；支持學生、失業者和其他受扶養的家庭成員。

所有這些過程都可以集體化，有些可以集體化到一定程度。但這種花費相當於剝掉國家一層皮，所以會成為右翼政治人物攻擊「恣意揮霍」、「保姆國家」和「福利依賴」時的靶子。從資本主義觀點來看，政府花在育嬰院、養老院、社會服務、社會福利和發放年金的錢，最好由勞工階級家庭來負擔。

集體提供（collective provision）還有另一個要不得之處：會大肆減低私人消費，因此減低經濟需求。家庭是一個成本異常高的單位，因為每個家庭都需要住房、汽車、家具、衣服、食物、取暖設備、照明設備等。以家庭為中心的消費狂熱，又受到大企業以助長焦慮競爭心理為務的宣傳攻勢促進。消費者被鼓勵

購買所有會讓他們顯得入流、富裕、時髦、有教養和性感的產品。異化消費（alienated consumption）這種大行其道的社會病是以家庭為中心，資本主義需要家庭作為大眾市場。

家庭對體制還有其他好處：作為一個社會控制和意識形態控制的機制。它的存在本身意味著社會被分解為最小的原子，意味著社會生活主要被化約為私人消費和私人野心。這一點的重要性再怎樣強調都不為過。每一道難題，包括賺錢謀生、找到住處、支付帳單、考取大學、獲得醫療照顧等，都成為個人及其家人的問題。儘管所有這些問題，如就業機會、住房的可負擔性、公用事業的收費、教育的價格、健康服務的可得性，俱是由社會所決定，卻被視為私人事務。所以家庭把以私人方式思考集體事務的習慣，內建在我們的意識。

這一點加上其他原因，讓現代家庭成為服從規範心理和保守性格的孵化器。很多家庭仍然備受傳統父權制的壓迫，但即便在較自由的家庭，也就是父母角色較不受性別規約、家長權威較不壓迫性的家庭，自上而下的控制及社會化過程仍是不可改變的現實。父母擁有權力，因為他們是生活物資的提供者，他們的子女是被扶養人。他們以各種不同方式發揮權力，有時是為了滿足自己的心理需要，有時是為了符合他們所認定子女的「最佳利益」，也就是會說鼓勵或增強那些符合社會秩序要求的行為。即便最開明的父母也很難不是老師、辦公室上司和警察的原型。

最後，即便是現代形式的家庭，也是心理壓迫的一個機制，是對全面的「力比多自由」（libidinal freedom）的一道障礙。「力比多」是人類心靈的基本本能驅力，是生命力；其內在本質是追求統一，達成與他人的感情和感官連結；其最極端表達方式是性結合，但它為所有形式的人類社交、合作和集體勞動提供動力。它是社會的心靈黏膠，是讓人類成為社會動物的本能需求。

但資本主義侵犯了馬克思所謂的我們的「類存有」（species-being），即侵犯了我們作為人的基本性質及需求。我們住在一個剝削、壓迫和異化的世界裡：在其中，我們被否定對自己的勞動和勞動產品擁有控制權；在其中，我們的經驗是被原子化、被迫就範、被規限化；在其中，我們的自由是受到資本和政府的非人力量所籠罩。

這樣所帶來的後果是心理壓抑（psychic repression）和嬰兒期退化（infantile regression）：對「力比多」的本能驅力的壓抑；退化至小孩發展早期特有的肛門期、自戀期和自我中心期性欲。

家庭——被右派評論者理想化的一夫一妻制異性戀核心家庭——是「力比多」的一座囚籠。佛洛伊德形容，人類性欲是「多相變態」（**polymorphously perverse**），言下之意是人類能以近乎無限不同的方式獲得性欲與情感滿足。但「力比多自由」在一個奠基於異化和壓抑的社會秩序中很容易受到顛覆，所以資本主義社會的社會結構和性道德是設計來疏濬、攔截「力比多」。傳統家庭變成社會秩序用來圍堵人類本能需求的工具，這讓家庭既成為了「無情世界裡的避風港」，也成為了父權制、自戀、厭女症、恨人類情緒和家庭暴力的壓力鍋。

女性會在家庭、在職場受到壓迫（在家裡要背負做家務、帶小孩的重擔，在職場要面對歧視、低薪及性騷擾），是因為傳統的「資產階級」家庭是階級社會的基石之一，解放的婦女對家庭構成威脅。同性戀者受到的壓迫，如辱罵、歧視、暴力威脅和警察騷擾，也是根植於家庭在壓迫性社會秩序中具有核心性，解放的同性戀者代表對獲得社會肯定的「力比多」被囚的一種否定。

一種新形態的婦女解放運動在一九六〇年代興起，這反映了「大繁榮」時期婦女受僱人數的急速增加：一共有數百萬婦女進入職場，成為銷售員、行政人員、護士和老師等等。女性外出工作，讓她們作為家庭主婦和母親的傳統角色受到質疑。女性能夠自己賺錢，讓她們更加獨立、更有自信。女性成為勞工階級中較活躍的部分，意味著女性對於挑戰壓迫處於較強勢地位，其他發自下層的群眾革命運動鼓勵了她們這樣做。

這場新的婦女運動，或稱「第二波」女性主義，表現為諸多形式：有地方性的「提高意識」群體、有大學校園和工會的女性群體、有抗議低薪的罷工、有針對墮胎權等議題而發的全國性運動。英國婦運早期歷史的地標性事件，包括戴根納姆（Dagenham）福特工廠的縫紉女技工在一九六八年罷工抗議同工不同酬，以及有五萬多名全國示威者在一九七〇年八月要求自由墮胎權、二十四小時公共托嬰服務及同工同酬。她們大有收穫：《同酬法》在一九七〇年通過、《性別歧視法》在一九七五年通過。

男同志解放運動的挺進，則來得更加突然。事情開始於一九六九年六月二十七日週五傍晚，地點在紐約格林威治村的石牆酒吧（Stonewall Bar）。該酒吧是勞工階級年輕男同性戀者的社交中心，收費昂貴，部分是因為屬於黑手黨經營，部分是因為要向警察交保護費。那天晚上，酒吧受到八名警察突擊檢查，他們循例拘捕了一些人，押進警用箱型車。

但這一次情況變得不一樣，群眾不但沒有散開，反而攻擊警察，把他們逼入酒吧，困在裡頭。被捕的人恢復自由，被圍困的警察打無線電求助，未幾就來了一批「戰術警察」。「戰術警察」是紐約市的防暴警察，通常只會被派到黑人區執法及鎮壓反越戰抗議活動。他們的出現引發一場暴動。

暴動持續三晚。戰鬥從黃昏打到破曉，導致大量窗戶被砸毀、火警警鈴大作、垃圾桶被當作飛彈、警車被縱火。每一次警察都被迫撤退。較小的衝突持續了一整個夏天。

這種新的反抗情緒催生出一種新的運動：一九六九年八月組成的「男同志解放陣線」。取這個名字是為了與越南的「民族解放陣線」呼應。性取向被打壓的美國人，要與在世界另一頭為民族獨立而戰的越南人攜手抗爭，爭取改變。

世界因為爆竹串般的被壓迫者起義而沸騰起來。婦女解放運動及「男同志解放陣線」都是從一九六八年至一九七五年的全球起義潮吸取養分，又反過來為起義潮提供養分。不過雖然被壓迫者聯合為單一的運動，但卻缺乏推翻體制、轉化世界的戰略力量。他們能夠贏得改革，卻無法締造革命。

但被壓迫者也是勞工。當他們的激進主義和戰鬥精神感染了整體勞工階級，當工人群眾被說服跟在他們後頭行動時，整個剝削、壓迫和暴力的全球體制就會受到威脅。在這段期間，沒有地方比一九七四年至一九七五年的葡萄牙把這一點表現得更加顯著。

葡萄牙革命

一九七四年的葡萄牙是歐洲資本主義最弱的環節，被殘暴的法西斯獨裁政權統治了近半個世紀。兩個巨型的企業集團支配了葡萄牙的經濟。工會受到取締，罷工工人被開槍掃射。每個人都受到祕密警察恐嚇。法西斯主義的「葡萄牙軍團」（Portuguese Legion）有十萬成員，等於每八十五個葡萄牙人就有一個是其成員。整個體制靠著貪汙腐化、裙帶關係和恐懼心理運行。這個面目可憎的一九三〇年代老古董，此時由卡丹奴（Marcelo Caetano）主政，除了在國內進行無情打壓外，卡丹奴政權又在非洲捲入三場大型殖民戰爭。

因為葡萄牙的資本主義極端羸弱，而兩大企業集團又寄生成性，所以葡萄牙政府企圖抗拒非洲的風向改變，拚命要留住安哥拉、幾內亞比索和莫三比克這三處殖民地。它們為葡萄牙毫無競爭力的工業提供廉價原物料，且壟斷市場。葡萄牙的殖民地政策以野蠻馳名，比殖民非洲的其他歐洲國家還要不堪。這些政策包括強迫勞動、強制性經濟作物生產、懲罰性鞭打、審查與宵禁，以及要求土著脫帽向白人敬禮。

民族主義游擊隊起義於一九六一年在安哥拉、幾內亞和莫三比克的叢林爆發，很快便升級為全面性的殖民戰爭。到了一九七四年，葡萄牙派駐非洲的部隊已達十六萬人。維持這些部隊的開支，占去了葡萄牙政府預算的一半。在遠離家園的地方打三場棘手的「骯髒戰爭」，士兵們士氣低落，深感不滿。

許多企業精英最後都認定戰爭無法打贏，有必要以談判解決，以制止葡萄牙不斷失血，無法將資源用於把老舊的基礎建設現代化。

一九七四年四月二十五日凌晨，里斯本的街頭滿是部隊和坦克。卡丹奴被推翻，斯皮諾拉將軍（Antonio de Spinola）成為新上臺的軍政府領袖。葡萄牙的精英階層樂見這種有限度的權力轉移：主戰的獨裁政權被趕下臺，換上一個願意與非洲人和談、主持工業現代化的政府。但事情的發展並沒有如他們所願。

政變由一批左派軍官策動，他們的組織稱為「武裝部隊運動」（Armed Forces Movement）。在街上，工人很快就向士兵示好，把花插在他們的槍管裡，坐上坦克，並幫助士兵揪出祕密警察。政變變成「康乃馨革命」。就這樣，葡萄牙突然加入開始於一九六八年的全球人民起義潮。接下來十八個月，國家權力應當操在哪個階級手中的問題懸而未決。

政變一週後的勞動節，十萬工人舉著紅色橫幅在里斯本遊行。這場示威顯示群眾運動的威力，工人馬上在工廠採取行動，要一吐數十年來的不平之氣。他們的要求既有經濟方面（大幅提高工資），也有政治方面（開除法西斯主義者經理和探子）。有一百五十八處職場的約二十萬工人在五月採取罷工行動，巨大的利斯納維（Lisnave）造船廠被八千名工人占領。

斯皮諾拉與下臺的獨裁者屬於同一政治傳統，各種反動勢力環繞著他集結起來，軍政府得到大企業支持，呼籲「沉默的大多數」在九月舉行一場示威。人民被要求「醒來防衛自己，對抗極端主義者的極權主義」，槍枝被分送到各個舊有的法西斯主義組織，將軍們準備在右翼示威的掩護下「恢復秩序」。

就像科爾尼洛夫在一九一七年的政變，斯皮諾拉的政變受到勞工階級群眾行動摧毀，鐵路工人和公車司機拒絕把右翼示威者載到里斯本，通往首都的公路上架設起路障，阻止汽車通行。里斯本有四萬多名工人走上街頭，跟法西斯主義者對抗，普通士兵加入他們的行列。

斯皮諾拉被迫取消示威，於第二天辭職。九月二十八日的民眾勝利，有助革命情緒在社會上發酵。一九七五年三月十一日發生另一場未遂政變，失敗原因跟上一次如出一轍。當時一批右翼軍官控制了一處軍事基地，精銳的傘兵部隊包圍里斯本郊區一座主要左派軍事單位的軍營。這些做法的目的本是想觸發更多人響應，沒想到勞工階級前往每個關鍵地點攔截陰謀者。當時一份葡萄牙報紙的報導，可讓人一窺抵抗的規模和性格：

> 「再生電臺」的勞工……廣播了消息。里斯本的勞工關閉了銀行……商店和辦公室在午餐之後關門，電話打不通，因為勞工全趕去參加示威及人肉街壘。在巴雷魯（Barreiro）……工廠和火警笛聲響個不停，因為工人組成糾察隊，在街壘四周截停並搜查所有車輛。在沙維森（Savacem）……人們在主街構築一道高密度的街壘，由四輛推土機和幾噸混凝土加固。一名代表……跑到街壘，要求工人們武裝，以便可以加入戰鬥。在卡爾塔舒（Cartaxo），街壘是由被占領釀酒廠的貨車構築而成……但很快有數百名來自其他工廠的工人加入，他們帶著棍棒、鐵鏟或任何手邊能找到的東西……巨大的示威隊伍堵塞著里斯本、波爾圖（Oporto）和其他城市的街頭。

不過儘管勞工階級運動這般強而有力，革命卻陷入僵局。它缺乏像一九一七年蘇維埃那樣的群眾會議網絡，無法體現勞工階級民主及為一個工人政府提供胚胎。即使有這樣的網絡，也缺乏能夠為之提供領導的大型革命派社會主義政黨。這個真空被三股性格迥異的政治勢力填補。

獨裁統治期間的地下工作一直由共產黨主導，於革命剛開始時大約有五千名成員。該政黨起初成長迅速，但被自身根深柢固的史達林主義拖累，其兜售一種視野淺窄的革命觀，運作方式是自上而下發號施令，看來缺乏任何民主本能，是個嚮往建立東歐式獨裁政權的準官僚主義政黨。它在很早期就加入了政府，並迅速以投機、喜歡破壞罷工而知名。

更激進（也斷然更緊貼民眾情緒）者是「武裝部隊運動」的大約四百名軍官，不過這群人有項弱點：社會分量偏低。他們在整個軍官工群體中只占少數（全體軍官有一萬多人），而且因為有著中產階級背景和受發號施令的訓練，他們偏好政治操弄而非人民民主。如果說「武裝部隊運動」領導人物卡瓦略將軍（Otelo de Carvalho）有著一個一貫願景的話，那麼他看來是立志扮演埃及之納瑟或古巴之卡斯楚的角色，也就是自上而下強力推行改革的左派強人。

讓小小的「武裝部隊運動」能夠扮演重要角色的，是葡萄牙社會在一九七四年四月至一九七五年十一月之間的勢力均衡；不管是右派（以被驅逐的法西斯精英為核心）還是左派（以勞工階級運動為核心），都無法取得突破。不過這種均衡（還有「武裝部隊運動」的暫時稱雄）不可能維持至以自由派議會民主（liberal parliamentary democracy）、社會民主改革主義（social-democratic reformism）為基礎的強大中間派崛起之後。

索阿雷斯（Mario Soares）的社會主義黨，在一九七四年四月還只是個僅有兩百人的小型組織。不過索阿雷斯是高明的機會主義者，懂得把他的政黨定位在共產黨的左翼（至少口頭上是這樣說）。在一九七五年四月二十五日的制憲會議代表選舉中，社會主義黨贏得三八％選票，共產黨得票數是一七％，右派各政黨得票數則是三四％。自此以後，索阿雷斯越來越從左翼的立場攻擊共產黨，藉此爭取勞工階級的支持，與此同時，又對國家越來越嚴重的經濟、社會和政治危機袖手旁觀，坐看「武裝部隊運動」越來越失去人心。

葡萄牙社會繼續高度兩極化，草根運動繼續在工人和士兵之間發展，而極左派越來越具影響力。某次，有一萬兩千名士兵（軍隊總數的五分之一）帶領八萬五千名工人走上里斯本街頭，示威抗議。到了一九七五年秋天，「武裝部隊運動」的左派軍官和新成立的「士兵聯合必勝」（Soldiers United Will Win）的革命派士兵之間出現裂痕。「士兵聯合必勝」派發給工人的一張傳單這樣說：

> 近幾週，我們一直為了改善軍營的環境和對抗反動而艱苦戰鬥……我們要爭取較佳待遇、結束任意的懲罰、有權拒絕反動的命令，以及自由集會及討論的權利……我們的戰鬥是為人民權力、為工人權力而戰的偉大戰鬥的一部分。戴金穗、帶肩章的紳士不願意失去他們的特權。我們依賴你們對軍事陰謀的合謀者說「不」……士兵永遠站在人民一邊。

士兵這時已經走在工人的前頭。大部分工人不是受到共產黨影響（共產黨的目標是建立史達林主義獨裁政權），就是受到社會主義黨影響（社會主義黨的眼界極限是西式議會民主）。

崛起中的草根運動沒有來得及成熟。隨著國家危機越來越惡化，葡萄牙政府起而行動，終結革命。「武裝部隊運動」領袖卡瓦略被解除里斯本軍區司令的職位，然後在一九七五年十一月二十五日，政府軍採取行動，解除大部分左派軍事單位的武裝。這次政變執行得極為迅速，只受到少許抵抗。

一九七六年四月二十五日，在實施了新憲法並進行以新憲法為基礎的大選之後，索阿雷斯成為葡萄牙總理。

這是個奇怪的結局。共產黨本來崛起於地下，有著極大威望，卻跟激進派軍官結盟，致力於搞亂勞工階級運動。然後當右派軍官打壓其左派盟友（這場政變受到包括社會主義黨在內所有主流政黨支持），共產黨又袖手旁觀。因為少了參與式的群眾民主及一個革命黨幫助策劃奪權，葡萄牙革命終歸失敗，被枯燥而例行公事化的議會遊戲所扼殺。資本的統治在顫抖了十八個月之後終於穩定下來。

另一起九一一事件：智利的革命和反革命

智利的群眾運動是被野蠻得多的方式粉碎。如果說葡萄牙革命是被改革派的政客窒息，那麼智利的革命就是被一個軍事獨裁者謀殺。

一位智利的勞工階級活躍分子在一九七二年十月得出這樣的結論：「你不能用打彈珠的方式搞革命。每當出現麻煩，我們工人必須站在前線。我們在這幾天所學到的要比之前兩年加起來的多。」

先前，智利的資產階級對阿葉德（Salvador Allende）執政兩年的「人民團結」（Popular Unity）政府發起進攻。智利是個地形狹長的國家，貨物運輸幾乎完全依賴公路，但貨車行老闆卻進行罷工。他們只是先鋒。有更多人企圖動搖左派政府，打敗一個在工業工人、農業勞工和棚戶區窮人中間崛起的人民運動。店家也舉行罷工，工廠老闆暗中破壞生產，智利受到經濟癱瘓的威脅。

阿葉德是在一九七〇年年底當選總統，當時他領導由社會民主黨與共產黨主導的左翼黨派聯盟。在智利於一九六〇年代經歷一輪罷工、土地占領和激進化之後，「人民團結」獲得全國三六％選票。

阿葉德的目標十分溫和，他想要恢復停擺的土地改革計畫，將重要工業收歸國有，以通貨再膨脹刺激呆滯的經濟、增加工資和減低失業。他相信這些事情可以透過議會達成。

為了安撫有錢人、大企業及中產階級，他表示支持私有財產和現有政府。警察被用來對付抗議民眾和左翼群體。他譴責分裂行為，認為這些行為的效果「只是在破壞『人民團結』運動的同質性。」但這並沒有讓資產階級放心，他們害怕發自下層的群眾運動，而政府是靠下層民眾支持。阿葉德的溫和讓自己的支持者分裂又氣餒，給了敵人信心。一九七二年十月的貨車行老闆罷工就是由此導致，此舉為企圖整垮政府的全力一擊。

結果並不取決於阿葉德，而是取決於「革命委員會」（cordones）。「革命委員會」是一種大眾民主組織，將工廠工人跟社區工人連結在一起。「革命委員會」有辦法獨立於政府行事，此刻起而領導大眾行動，擊敗貨車行老闆的罷工。

他們徵用貨車運輸食物和其他必需品。商店重新開門，工廠被工人占領。物資分送系統在棚戶區設立，包括為窮人小孩提供食物的集體廚房。防衛和警戒委員會被建立起來，對抗法西斯主義者的暴力。「革命委員會」蓬勃發展成為全國性的網絡。

一九七二年十月的事件創造出一場革命危機。「革命委員會」跟沒有工會的工人、無組織性工人、農業勞工及都市窮人結成聯盟，體現發自下層的領導，沒有受到「人民團結」政治人物保守性格的束縛。他們在對貨車行老闆的鬥爭中意識到自己的力量，可謂一種真正人民民主的胚胎。

「革命委員會」的崛起引起風險，政府的反應是立場向右轉。阿葉德宣布國家進入緊急狀態，邀請好幾位將軍加入內閣。

貨車行老闆馬上取消罷工，政府的重組對他們來說意味著一次重大勝利。軍隊進而採取行動，把工廠控制權交還給原有的東主。

在智利資產階級（以軍隊為代表）和群眾運動（以「革命委員會」為代表）之間逐漸升高的階級對抗

中，「人民團結」政府越來越不像主角，更像是觀眾。將軍們一再密商要發動軍事政變，另一方面，「革命委員會」卻是致命地缺乏有前瞻目光的領導階層。

智利的大部分左派都是「人民團結」的一部分。許多活躍分子都對阿葉德及內閣中的右派部長有所批評，但沒有人想到要完全脫離「人民團結」自立門戶。他們的目標是把改革主義的「人民團結」改造為一個革命政黨。

就連「人民團結」中的左派如「左派革命運動」（Revolutionary Movement of the Left）都太過糊塗，無法提供有效的大眾領導。「左派革命運動」的喉舌報在阿葉德邀請將軍入閣時表示贊成，認為「武裝部隊在支持工人對抗剝削的鬥爭上扮演了一個愛國和民主的角色」。稍後，在一九七三年七月，同一份報紙又呼籲「人民和武裝部隊聯合專政」。

整個智利左派對政府的性質、雙頭權力的特性，以及改革與革命之間的分別，都是災難性的一場糊塗。

既有的政府代表富人和大企業的利益，本能上敵視群眾運動；另一方面，「革命委員會」卻有潛力發展成為以參與式大眾民主為基礎的替代性政府。這兩股力量在一九七二年十月至一九七三年九月之間構成雙頭權力。

雙頭權力是不穩定的。這也是為什麼革命不能靜止不動，要麼是推進至新的勝利，要麼是結束於群眾運動的失敗中。到了一九七二年年底，智利社會和政治兩極化已經巨大無比，讓妥協成為不可能，不再存在可以走出危機的中間路線。到了某個時刻，要麼是軍隊代表資產階級行動推翻改革派政府、粉碎群眾運動，要麼是一個奠基於群眾民主原則的革命政權建立起來。

這是智利左派在直到為時太晚以前沒能明白的道理，結果就是「革命委員會」的潛力無法實現。他們從來沒能鎔鑄為一個單一革命運動，以奪取政府權力、剝奪富人財產和對社會進行社會主義改造。

一九七三年六月二十九日發生的一場孤狼政變，讓阿葉德作出和十月危機期間的一樣反應：宣布國家進入緊急狀態、邀請第二批將軍入閣和要求軍隊出面恢復秩序。

七月和八月是危機升高的月分。當時，經濟又一次被貨車行老闆罷工癱瘓，議會因為反阿葉德的彈劾決議案陷入僵持。但「人民團結」的部長把他們的怨氣保留給支持者，譴責左派而讚揚武裝部隊的「愛國和忠心」。

即便到了這時候，事情還是有可能以不同的方式作結。在三月的議會選舉中，「人民團結」的得票數增加至四四%。「革命委員會」已經擴大影響力，勞工階級的一些新部分被吸引到抗爭中。對第二次緊急狀態中軍事鎮壓的民眾反抗廣泛而激烈，許多工人拒絕把工廠交還給東主，反而要求接收整個產業。

但在危機接近高峰時，「革命委員會」卻缺乏全國性協調和革命領導階層。軍隊越來越能夠拆解一個破碎的群眾運動，為發動政變鋪路。這場政變是他們和智利地主、美國大企業及中情局合謀。

一九七三年九月十一日早上九點，聖地牙哥的總統府被坦克包圍，阿葉德自殺身亡。數以千計的支持者被逮捕，關在軍事基地或其他臨時場地（包括國家足球場），很多人後來受到強暴、刑求和謀殺。據估計，共有三萬人被逮捕，有多至五千人在政變發生後的數年被殺害。

智利的革命運動因此被斬首。一般老百姓不再過問國事，變得認命和消極。隨著皮諾契特（Augusto Pinochet）的軍事獨裁政權鞏固了權力，「貨幣主義」經濟學的邪惡大師把他們的方案應用在智利民主的斷背上。

工人運動的興衰

發生在一九六八年五月法國的事件，是世界資本主義一場普遍政治危機的濃縮表述。異常激烈的學生示威觸發了千萬工人的大罷工，讓政府權力受到即時威脅。

先前，在五月初，當局關閉了巴黎大學，而警察無情地攻擊示威的學生。到了該月月底，法國已經處於勞工階級革命的邊緣。發生在其他地方的事件有著相似軌跡，但步伐卻有所不同，通常是以較緩慢的步伐進行。

在西德，大學在整個一九七〇年代早期繼續是激進主義和激烈抗議的中心。不過在這個戰後歐洲最成功的經濟體中，勞工階級主要保持消極，讓學生活躍分子受到較廣大社會的孤立，因而傾向極左主義，甚至傾向恐怖主義。工人在美國一樣扮演有限角色，美國的群眾運動是受學生、黑人活躍分子和年輕激進分子主導。這部分是因為工人的組織性不強，也是因為越戰、徵兵和種族歧視是群眾運動的核心議題。最大的一場抗議發生在一九七〇年五月，當時國民兵在俄亥俄州肯特大學對反戰的示威學生開火，殺死四人，傷了九人。對這種殘暴，全美各大學紛紛以占領校園作為回應。

暴力對峙也發生在北愛爾蘭，那裡占少數的天主教徒自一九二一年分治以來就受到制度性歧視。因為在示威爭取民權時反覆受到警察和右翼暴民攻擊，德里（Derry）的天主教徒人口在一九六九年八月發動起義，控制了博格賽德區（Bogside）。這是歐洲唯一一次成功的勞工階級城市起義，創造出頗長一段時間不受政府控制的解放區。

其他地方的勞工階級也走向舞臺中央。在一九六九年義大利的「熱秋天」（hot autumn），金屬工人在沒有工會的領導下占領工廠。這批罷工者要求政府承認新的民主職場結構、薪資談判、縮短工時，以及把保險、年金和社會福利提高至與白領工人等量齊觀。

在英國，政府控制薪資和反工會的法律，在一九七二年受到罷工行動及群眾糾察隊摧毀。然後保守黨政府在一九七四年的大選中落敗，因為當時的煤礦工人進行罷工，回應政府再次企圖減薪的做法。

一九六七年，希臘發生政變，一個軍人政府奪權上臺。一九七三年十一月，上萬名大學生占領雅典理工學院，要求進行改革，又在廣播中呼籲全民團結。在首日傍晚，十萬人走上街頭，並成立學生－工人聯合委員會。「希臘上校們」（The Greek Colonels）──這是軍政府獲得的稱呼──派出海軍突擊隊和坦克，用機關槍驅散占領雅典理工學院的學生，造成數十人被殺，幾百人受傷。

軍政府至此注定完蛋，因為殺害中產階級的子女，變成全民公敵。一九七四年七月，中階軍官發起一場內部政變，邀請一名保守派政治家組成立憲政府。

南歐的獨裁者開始像骨牌般一一倒下：葡萄牙的卡丹奴在一九七四年四月垮臺，「希臘上校們」在一九七四年七月垮臺，然後長年在位的西班牙獨裁者佛朗哥於一九七五年十一月逝世。他親手指定的繼承政權，也就是由法西斯主義者擔任高官的復辟君主政體，不旋踵便被抗議淹沒。

西班牙資本主義在一九七六年最初幾個月受到一波大罷工的動搖，罷工者有數百萬人，幾乎涵蓋每個工業部門。大企業強迫當局建立議會民主制，認為這是唯一能夠恢復穩定的辦法。重演葡萄牙發生過的事件（在葡萄牙，一個革命運動被導入議會改革主義，然後被淹沒），一九七七年六月的西班牙大選有效地終結了群眾抗爭的階段。

所以到了最後，一九六八年至一九七五年的全球危機沒有在任何地方帶來成功的社會主義革命：在一九六八年的法國沒有，在一九七二年的智利沒有，在一九七四年的葡萄牙沒有，在一九七六年的西班牙沒有，在美國、英國和德國更是斷然沒有。

這場危機被兩種方式的任一種解決：第一是流血鎮壓，第二（這是更常見的方法）是用小心翼翼的手段解除動員。在這兩種情況下，左派的政治糊塗和政治錯誤總是為統治階級提供機會，讓他們能擊敗群眾運動，並恢復體制的穩定。

鎮壓在拉丁美洲是常態，一九六八年十月二日於墨西哥市被首次試用。因為奧運在十天後就要舉行，墨西哥當局的一黨政權決定不讓任何事情影響這件由國家主辦的盛事，也決定要及早摧毀墨西哥學生的抗議運動，讓這場運動來不及感染更大的社會。當日在市中心大廣場舉行的群眾示威運動受到五千名士兵制止，他們奉命開槍，擊斃至少一百人，數以百計的人受傷或被捕，整個抗議運動在一天內就被國家的恐怖行動肅清。

類似的事情發生在阿根廷：一場爭取改變的群眾運動被引入立憲疏洪道，然後在一九七四年發生的軍事政變，導致數以萬計的左派活躍分子被殺或「消失」。

鎮壓總是手段之一。在任何地方，示威者和罷工者都會受到警察攻擊，被法庭誣陷入罪，有時他們更會被直接殺死。一九七二年一月三十日，有十三名爭取民權的示威者在德里被英國士兵殺死，此事件被稱為「血腥星期日」。

但全面鎮壓並不總是選項。「血腥星期日」是一項錯誤，其目的是粉碎抗議運動，卻起了反效果。因為有數以百計的天主教徒加入愛爾蘭共和軍，抗議運動遂演變成為武裝鬥爭。美國的民權運動有著相同軌跡，在那裡，政府對黑人示威者的暴力（以金恩的被刺殺為高峰）催生出「黑豹黨」的激烈武裝鬥爭。英國內閣會在一九七二年拒絕對罷工礦工動武，正是因為害怕勞工階級激烈反應。資本主義系統的生存較少依賴警察和士兵，較多依賴改革派政治家和工會幹部。

法國為此提供了榜樣。共產黨主導的「法國勞工總聯盟」在一九六八年六月初，基於資方及政府在

《格勒納勒協議》（Grenelle Agreement）作出的有限經濟讓步，號召工人復工。歐洲資本主義的政治再穩定化一般追隨這個模式。工會領袖和社會民主黨或共產黨政客利用群眾運動的力量，索取一些讓步，然後就發揮他們對工人的影響力，解除群眾運動的動員並摧毀其力量。在義大利，這被稱為「歷史性妥協」（Historic Compromise），意指共產黨答應與右派的基督教民主黨人一起執政；在英國，這被稱為「社會契約」（Social Contract），在其中，工會主動減薪和禁止罷工以換取政府的改革承諾；在西班牙，這被稱為「蒙克洛亞協議」（Pact of Moncloa）：限薪、政府削減公共開支和工會反對罷工，為自由派政治家提供在法西斯主義倒臺後需要的呼吸空間。

不管它們是怎樣死亡的，不管它們是死於流血手段還是政治操縱，一九六八年至一九七五年群眾運動的失敗，都產生始料未及的巨大後果。這是因為「大繁榮」已結束。現在，資本主義除了要面對政治危機，還得面對經濟危機。到了一九七〇年代中期，隨著危機加深，統治階級站在一個有利得多的解決危機位置，他們的方法就是犧牲勞工階級的利益；如果群眾運動仍處於攻勢，他們絕不敢如此。

第十七章

世界新失序

一九七五年至二〇〇八年

未來的歷史業已開始。資本主義系統正把我們帶進入深淵。我們受到貧窮、法西斯主義、戰爭和氣候災難的威脅。我們有一整個世界待贏取。⓮

隨著反對壓迫、戰爭、剝削和獨裁的偉大社會運動在一九七〇年代晚期消退，國際統治階級轉而採取攻勢。世界經濟在一九七三年墜入危機。成長趨緩，利潤下跌，競爭激烈化。這讓在大繁榮期間建立起來的強大工會組織、高薪、社會福利和公共服務越來越受到質疑。一九六八年至一九七五年的激進需求變成是資本主義框架所負擔不起。

反攻在一九七〇年代中期由社會民主黨政府發起，然後又在一九八〇年代受到新自由政府更加熱烈的擁抱。兩大先鋒是英國柴契爾夫人的托利黨政府與美國雷根的共和黨政府。新自由派的反革命相當於透過

⓮譯注：這是借用馬克思的一個說法：「無產階級除身上的鎖鏈以外，沒有東西好失去。他們有一整個世界待贏取。」

豪華轎車遭砸毀，2017年1月20日的反川普抗議。

推翻第二次世界大戰後的共識，加上逆轉工人在一九四五年之後爭取到的好處，從工人口袋拿錢給資本家。不過這種做法的長期效應，是創造出一種以金融投機為基礎的不穩定、寄生性及成長緩慢的泡沫經濟。

與此同步的是世界越來越不穩定。美國帝國主義在一九七〇年代遭遇重大全球性挫敗，分別在越南、南非、中美洲和中東吃癟，而雷根的新保守主義政策企圖透過提高軍火開支、加強冷戰和發起代理人戰爭來恢復美國的國力。

這種政策的最大成功是拖垮蘇聯經濟（這是因為蘇聯拚命要跟上美國不斷增加的軍火開支），以及助長導致一九八九年東歐反史達林主義革命的政治和社會崩潰。但美國國力繼續下滑（這是相對的經濟衰退造成），而世界也變得越來越多極化。二〇〇一年的「反恐戰爭」是美國再次透過武力振興全球霸權的努力，但卻因為失控，而把動亂傳播至中亞、中東和北非許多地區。

新自由經濟學和新保守主義帝國主義攜手創造了一種「世界新失序」（new world disorder）。

長衰退：一九七三年至一九九二年

「大繁榮」在一九七三年秋天戛然而止。世界經濟的一些部分在一九六〇年代晚期便已經出現問題，讓成長率下降，但全球突然陷入衰退仍然讓每個人吃了一驚。在這之前，經濟危機被認為已是明日黃花。資本主義的捍衛者（從社會民主黨人到右翼的保守主義者）主張榮枯的循環已經消失，現在經濟系統只會看見經濟穩定成長、充分就業和生活水準不斷提高。但在一九七四年至一九七六年經濟衰退時期，失業人數卻是倍增。然後，失業人數沒有減低，反而在一九八〇年至一九八二年第二次經濟衰退時再次倍增。此後高失業率持續不斷，而一九八〇年代的成長率僅有一九六〇年代的一半。

這場危機不及一九三〇年代的嚴峻，但卻是慢性的，是一段明顯停滯和成長緩慢的時期，大概最好稱之為「長衰退」（Long Recession）。在「大繁榮」期間運作的國家經濟管理手段如今全不管用。政府增加開支來為經濟注入需求，以抵銷下滑，但收效甚微，只助長了通貨膨脹。

政治人物以急速向右轉作為因應。英國首相卡拉漢（Callaghan）在一九七六年九月的工黨會議上指出：「我們過去總是以為減稅和擴大政府借貸可以讓我們走出衰退，但我坦白告訴各位，這個選項已不復存在。真要這樣做，只會為經濟注入通貨膨脹。每當這樣的事情發生，失業的平均水準就會增加。」

事實上，不管政府做什麼，失業都會攀升。資本主義的矛盾，可謂以競爭和利潤為基礎的經濟系統的種種非理性，再次不甩其政治代表的管理能力。究竟是哪裡不對勁？

在當時被視為新常態的「大繁榮」其實是個特例，唯一可以與之相提並論的實質成長時期是一八四八年至一八七三年。自「長期蕭條」在一八七三年開始以後，危機此起彼伏一直是常態。資本主義變成高度病態的系統，全然靠著對軍火開支、帝國主義和戰爭的耽溺維持。

防止世界在一九四五年之後重新墜入衰退的，是這種耽溺的一種變體：和平時期政府對軍火、基礎建設和公共服務空前未有的支出。這種現象是由三項因素驅使：戰後重建的需要；來自激進化勞工階級的社會改革壓力；冷戰期間國際關係的軍事化。換言之，「大繁榮」是由國家資本主義的經濟干預所締造。這一點在俄羅斯那樣完全國家資本主義的經濟體昭然若揭，但對表面上採行自由市場經濟的美國一樣為真。在第二次世界大戰的高峰期，政府的軍事支出占美國經濟產出的五成；十年後該支出仍然在一成五上下，經濟繁榮因此得到維繫。

但如果說資本主義已經變成軍火癮君子，軍火也只能夠暫時解癮。「大繁榮」受到三道棘手難題動搖，並且隨著一九五〇年代和一九六〇年代的全球經濟擴張而變得更加尖銳。

首先，靠著高水準軍火開支維持繁榮的經濟體，是以犧牲競爭力作為代價。軍火開支是一種浪費性開支，跟花在節省勞動力機器的開支不同，軍火開支不會提高勞動生產力、削減單位成本，也因此不會擴大工業的競爭力。這就是為什麼第二次世界大戰的戰敗國德國和日本，變成戰後經濟發展的發電機。西德花在軍火上的錢只有GDP的三％或四％，大幅低於英國，更是遠遠落在美國之後；日本的軍火支出更少，只有一％，因此兩個經濟體都能夠大量投資在新科技，在一九五〇年代早期後獲得異乎尋常高的成長。西德和日本的成長率在此後二十年約為美國的三倍。

因此，遲緩及以軍火為基礎的經濟體，跟充滿活力及以出口帶動的經濟體之間出現落差。在「大繁榮」期間，西德的經濟產值是所有先進經濟體平均值的一倍，日本更是超過三倍。美國的產值從全球的三分之二以上下滑至不到一半。

所以，軍火開支的負擔必須削減。美國在一九七〇年代中期的武器生產量，只有一九五〇年代早期的一半。誠如哈曼指出：「市場競爭的動力，會不停歇地把軍事競爭的動力比下去。」但其後果是削減了軍火開支對全球經濟的刺激增長效應和穩定效應。

第二道問題相形下不那麼棘手。雖然美國、蘇聯後來能夠採取一種和解政策，來減低各自的軍事開支負擔，但想要得到國內勞工階級同意削減薪資和福利（這也被認為是必要的政策），卻困難得多。

失業在資本主義中具有經濟必然性。馬克思所謂的「勞動後備軍」（reserve army of labour）的存在可以減低勞動力的價錢，因為工人會害怕失業而接受較低的薪資。但「大繁榮」讓整整一代人幾乎完全就業。工人供給短缺，資方競相招攬員工，以致害怕失業的心理大體消失，而工人也能夠建立有力的工會組織，要求更好的待遇。

政府也受到壓力，要供應買得起的住房、新的醫院、較好的學校和更佳的社會福利，「社會薪資」（social wage）與個人薪資齊頭並進。例如在英國，勞工階級對國家財富的分享在「大繁榮」期間從ＧＤＰ的約一半增至ＧＤＰ的約三分之二。

薪資的提高及政府支出創造了需求，有助於維持榮景，但這也表示資本家面臨成本增加、競爭力減少和利潤變薄的窘境。當勞工運動強大時，這個問題特別嚴重。例如，英國的資本家就因為這項理由而競爭不過西德和日本的資本家。

第三道問題是資本越來越集中、集聚的長期趨勢之結果，也就是世界經濟越來越受到寡頭趨向的龐大企業支配。「大繁榮」期間出現的跨國公司創造出一種大體上不受政府控制，也因此是外在於「國家管理型資本主義」（state-managed capitalism）框架外的經濟力量。英國前一百大公司在一九四九年占工業產出的比例是二一％，到了一九七〇年增至四六％。在軍火、汽車、藥物和電子等工業的先進企業，越來越仰賴跨足全球取得融資、技術、原物料、生產設備和市場。

跨國企業讓大部分經濟體相形見絀，全球性運作使之能規避法令、稅賦，繞過資本管制，取得津貼及其他讓步。為取得技術、投資和市場，國家被迫向私人企業提供越來越多優惠。競爭性資本積累因而擺脫國家經濟體的邊界，讓資本主義發展早期階段的機制變得多餘。

到了一九七〇年代中期，不只「大繁榮」已經結束，就連曾經讓「大繁榮」成為可能的「國家管理型資本主義」，也在危機和衝突中倒臺。取而代之的是一種全球化企業的「新自由」資本主義（neoliberal capitalism）。

題外話8：何謂「新自由主義」？

新自由主義（以前稱為「貨幣主義」和「柴契爾主義」）有時會被認為不過是一種意識形態迷亂，不值一哂。這種想法嚴重錯誤。當然，新自由主義學者、報人、政治家、銀行家和企業家主張的「自由市場」理論，完全無法解釋資本主義經濟的實際運作情況，只是為系統中普遍存在的貪婪、貧窮、混亂，以及為政治和商業精英的財富，提供一套偽科學的合理化說詞。在這層意義下，新自由主義只是統治階級自圓其說的意識形態。

但直到一九七〇年代以前，新自由主義僅流行於一小群沒沒無聞的右派人士中間。海耶克（Friedrich Hayek）和傅利曼（Milton Friedman）等自由市場理論家，被認為不過是怪胎。絕大多數經濟學家和政策制定者都偏好混合型經濟，強調高比例的政府干預與公共支出。

不過在一九七〇年代，「國家管理型資本主義」越來越升高的矛盾卻引發一場危機，導致「大繁榮」終結，讓世界陷入「長衰退」。新自由主義是對該危機的一個回應。本質上，它是一場由全球富人向所有人開打的階級戰爭，目的是取消勞工階級自一九四五年以來爭取到的好處，增加剝削和利潤的比率，以及從工人口袋拿錢給資本家。

其最初的動力是「長衰退」期間資本家之間熱烈化的競爭，市場萎縮意味著資方有必要裁員、減薪以削減成本。一旦開始，這種做法就會形成一場全球性的「競次」（race to the bottom），成為從危機中崛起的新經濟秩序固定特徵。國民經濟、自足集團和「國家管理型資本主義」的時代結束了，一個由國際銀行和跨國企業支配的全球經濟的新時代宣布誕生。

我們可以用很多不同的方式，來追溯新自由資本主義金融及工業超巨型企業的崛起過程，例如：美國的對外直接投資從一九五〇年的一百一十億美元，增加至一九七六年的一千三百三十億美元；美國企業的長期貸款在一九五五年是股票價值的八七％，在一九七〇年增加至一八一％。

再舉另一個例子。西歐銀行的外匯業務從一九六八年的兩百五十億美元，增加至一九七四年的兩千億美元。七十四個低度開發國家的總債務從一九六五年的三百九十億美元，激增至一九七四年的一千一百九十億美元。

這種在「大繁榮」期間一點一滴穩定發生的量變，在一九七〇年代到達臨界點。到了當時，全球企業已經讓民族國家黯然失色。評論一九八四年的「長衰退」時，哈曼這樣說：

> 情形就像重播有關戰前危機的影片，但有一個差別：現在，向一國國民經濟內銀行借款的競爭性個人公司，被向國際經濟內國際銀行借款的國家資本主義和跨國公司取代。

結果是各國的統治階級受到不停歇的壓力，要增加對它們「自己的」勞工階級的剝削。因為高薪也許會嚇走新的投資，向企業徵稅以支付公共服務或社會福利也會招來相似後果，設計用來保障職場安全、限制工時和保證產假的法律亦是如此。

統治階級的這種反攻，最先是在一九七三年軍事政變之後的智利被試驗。不久，柴契爾夫人就成為此風最熱烈的捍衛者。她在一九七五年當選英國保守黨黨魁，一九七九年成為英國首相，後來兩度連任，執政至一九九〇年。她是新自由主義的堅定鼓吹者。

前一任的保守黨政府由希思（Edward Heath）領導，在一九七二年和一九七四年兩度受挫於工業行動。柴契爾夫人決心全面反擊工會、福利國家和勞工階級。礦工成為頭號靶子，他們曾經是反希思政府鬥爭的尖兵。

一項關閉礦井的大型計畫讓礦工走投無路，挺身為生計和社區而戰。此事演變成歷史上為時最長的群眾罷工：十萬人罷工了一年（一九八四—一九八五）。他們受到準軍事性質的警察暴力、法庭構陷和媒體中傷，最終敵不過飢餓，返回工作崗位。抗爭的失敗讓英國工會主義元氣大傷。在一九七〇年代初期，英國勞工階級是世界上組織得最好和最好鬥的勞工階級之一，但自一九八五年之後，工會成員的人數腰斬，而在過去二十五年來，英國的罷工頻率比十九世紀以來任何時候都低。

現在我們已經清楚知道，英國礦工的失敗有著全球意義：它是國際統治階級企圖粉碎勞工階級對新自由主義的抵抗時最重要的突破，最直接的是，讓柴契爾夫人和她的繼任者得以推出削減和拋售計畫。

私有化國營工業和公共服務，可以粉碎有組織公共服務工人的大型議價單位，創造出讓薪資被壓低的條件，這又讓競爭專營權和合約的企業家可以削價競爭，這是市場化和私有化的真正目的。它們是削弱工會組織、增加工人不安全感、壓低薪資，和從工人口袋拿錢給企業家的機制。

私人資本取代國家資本，成為公共服務的主要提供者。不再需要把稅收用於體現為住房、醫院、學校和福利的社會薪資，國家現在付錢給企業當提供者，而企業會按照受服務者的付款能力提供服務。工會受到削弱，服務成為配給，成本得到削減，主要得利者是新自由資本主義的全球性超巨型企業。

G4S保全公司不啻為好例子，它是一系列購併、合併的產物，現在於一百二十五個國家僱用了六十五萬名員工——亞洲占三九％、歐洲占一九％、非洲占一七％、北美洲占九％、拉丁美洲占八％、中東占八％。在英國，它經營監獄、保全服務和公共活動的維安，是公部門私有化的主要受益人之一，二〇一一年在英國的營業額是十五億九千萬英鎊，需要支付的稅款卻只有六千七百萬英鎊（占一．五％）。

所以「國家管理型資本主義」的結束，並不代表國家的結束。國家在經濟管理、工業投資和福利提供所扮演角色固然是削減了，但在其他方面的角色卻一直擴大。

國家素來就是一個巨大的資本市場，但當公共服務被賣出後，商機更是大大增加。例如，英國政府目前正在私有化國民保健服務，每年的保健預算是一千兩百五十億英鎊，寥寥可數的私人公司很快將會支配英國的醫療照顧。

國家（包括歐盟和國際貨幣基金等國際組織），同樣會繼續在經濟危機的管理上扮演核心角色。自二〇〇八年開始，國家為支撐國際金融資本，向破產銀行投入數兆美元。

另外，在新自由主義時期，國家作為對抗統治階級國、內外敵人（反資本主義示威者、罷工工人、起義游擊隊和地區強權）武裝力量的主要和本來角色一直增加。削減開支、私有化和擴大的不平等，讓社會不那麼有凝聚性和有共識。如果你在建立醫院，會需要護士；如果你正在關閉醫院，會需要警察。

全球化、私有化和軍事化是新自由資本主義的典型特徵，帶給我們截然不同於「大繁榮」時期的「國家管理型資本主義」世界新秩序。

尼加拉瓜革命

一九九〇年二月，尼加拉瓜「桑定民族解放陣線」（FSLN）政府在大選中敗北，僅獲得四一%選票，反觀其保守派對手卻獲得五五%選票。

「反對派聯盟」（UNO）由中產階級、大企業、教會和「康特拉」（Contras）的勢力組成（「康特拉」是一支殺人不眨眼的民兵，由美國資助、裝備和訓練），目的挑明是要讓尼加拉瓜陷入不穩定。

美國在一九八二年切斷對尼加拉瓜的所有援助，對其發動一場代理人戰爭。⓯戰爭導致約四萬人喪生，破壞了尼加拉瓜一五%產能，又迫使桑定政權不得不把國家預算的五成投入防禦作戰。

戰爭重創尼加拉瓜窮人的生活水準及桑定政權的社會改善計畫，薪資的購買力在一九八一年至一九八四年之間減少三分之一。到了一九八〇年代晚期，失業率超過二五%。學校和醫院因為缺乏資金，被迫關閉。文盲本來在一九八一年已經降低至一二%，但後來再次升高至三〇%，已多年下降的嬰兒死亡率亦再次攀升。

尼加拉瓜人民明白他們為什麼會貧窮，他們沒有責怪桑定政府。在一九八四年十一月的大選中，六七%的選票投給政府。但他們的忍耐力總有上限。到了一九九〇年，美國帝國主義和世界資本主義對尼加拉瓜的圍困粉碎了他們的意志，讓他們想要透過投票結束折磨。就像岡薩雷斯（Mike Gonzalez）所說的：「在某個意義下，『康特拉』是鐵拳，『反對派聯盟』是天鵝絨手套。」

為什麼世界的統治階級，特別是美國的統治階級，這麼憎恨尼加拉瓜？它是地球上最小和最窮的國家之一，人口只有三百萬，大部分的人都非常貧窮。人均GDP約七五〇美元，整個國家的生產量只占全球的〇・〇二%。反觀當時美國的人均GDP卻是約一萬八千美元，而且美國的生產量占世界約二七%。尼加拉瓜對美國並不構成任何可想像的經濟或軍事威脅。

問題是出在政治上。一九七九年七月，尼加拉瓜人民推翻暴虐的軍事獨裁政權，將「桑定民族解放陣線」的游擊隊戰士推上大位。如果這種事可以發生在尼加拉瓜，那就有可能發生在中美洲其他地方，包括瓜地馬拉、聖薩爾瓦多、宏都拉斯和波多黎各。如果這種事有可能發生在中美洲其他地方，就有可能發生在拉丁美洲其他地方，甚至發生在更遠的地方。這是因為漫長的戰後繁榮已經結束，世界經濟再次陷入泥淖，從巴西、波蘭到南韓的工人和窮人都在進行反擊。

起初因為還沒有從越戰失敗的驚愕中走出來，美國領導人改用一種「軟實力」手段維持全球霸權，高調宣示自己對民主與人權的看重。但這種形情並沒有持久。雷根在一九八〇年入主白宮，讓冷戰辭令、巨額軍火開支和軍事侵略性再次恢復。

尼加拉瓜可謂頭號眼中釘，等於美國「後院」抵抗運動的一座燈塔，所以美國致力摧毀桑定政權，把其他中美洲革命的可能性扼殺在搖籃裡。各地的獨裁者因此重新獲得武器供應，行刑隊被派往薩爾瓦多。中情局最初獲得一千九百萬美元，進行破壞尼加拉瓜的祕密行動。不久後，美國政府的特務就用向伊朗伊斯蘭共和國軍售所得的款項，偷偷資助「康特拉」。

所以桑定政權發現，自己站在雷根想要甩掉「越南症候群」及重申美國全球霸權之企圖的前線。

在整個一九八〇年代，美國人都在進行一場對付中美洲革命分子的骯髒戰爭，他們武裝、訓練的人常常是有施虐癖的恐怖分子。因為抵抗運動是扎根在窮人中間，所以幾乎任何人都成為被打擊的對象：穀物被焚毀、村莊被摧毀、男人被謀殺、女人被強暴。

❶❺譯注：這場代理人戰爭的打手是「康特拉」。

最殘忍的對待方式常保留給被俘虜的桑定戰士。一個軍人日後回憶：「他們把羅莎的乳房切了下來，然後剖開她的胸口，把心臟挖出來。男人被打斷手臂，割掉睪丸。被殺的時候他們被切開喉嚨，舌頭從切口拔出來。」

五十萬人在「康特拉」肆虐的頭四年逃離農村，導致生產力大減，也為城市帶來難民危機。

美國的戰略是以孤立、恐怖手段加上緩慢的勒殺來摧毀桑定政府，目的是抹去一九七九年七月的例子，顯示革命不可能成功。

安納斯塔西奧．蘇慕薩（Anastasio Somoza）是尼加拉瓜獨裁者王朝的第三任獨裁者，該王朝在一九三七年奪權成功，蘇慕薩家族自此成為尼加拉瓜最富有者，透過土地持有及金融投資積聚財富。一九七二年，一場大地震摧毀首都馬拿瓜七五％的房屋，安納斯塔西奧隨後侵吞國際捐款。

這種裙帶資本主義（crony-capitalism）是靠著獨裁者對國民警衛隊的直接控制，抗議者會受到無情鎮壓。四十年多年來，這種方法一直有效，特別是在大部分鄉村地區，桑定民族解放陣線游擊隊受到有效圍堵。只不過到了一九七八年九月，情況開始發生改變。

當時好些城鎮發生群眾起義，而安納斯塔西奧也一如以往進行暴力鎮壓。但這次人們卻太過憤怒，不肯就範。美國嗅出風向改變，停止對安納斯塔西奧供應軍火。桑定民族解放陣線游擊隊發起新的攻勢，到了六月初，它的領袖已經信心十足，敢於號召全民起義。

戰事的最後幾週格外血腥，發生在都市貧民窟的起義有時會被粉碎，安納斯塔西奧政權會派飛機、直升機進行轟炸，國民警衛隊狂性大發，對平民無差別殺戮、強暴和刑求。但每一次殘暴攻擊只讓更多的年輕街頭戰士走出貧民窟，前往桑定游擊隊的叢林訓練營受訓。

七月十九日，馬拿瓜被革命勢力攻陷。尼加拉瓜的七個城市中有四個淪為廢墟，一個窮得要命的國家因此變得更窮。桑定民族解放陣線繼承的是一個千瘡百孔的國家。

桑定民族解放陣線得名於桑定（Augusto Cesar Sandino），他是個反帝國主義者，在一九二六年的自由派革命後拒絕妥協和放下武器，繼續對親美的尼加拉瓜政府進行游擊戰，直至一九三三年為止。桑定民族解放陣線的取名反映出它的政治立場：其成員是反帝國主義者和激進的改革者，但不是社會主義革命分子。當桑定民族解放陣線在一九六一年建立時，古巴革命是他們的主要榜樣。自那之後，鄉村游擊戰就成為他們的一貫手法。

尼加拉瓜不只貧窮且飽受蹂躪，還始終是原來的樣子：一個由自給自足農夫、生產咖啡之類農業出口品的人所組成的國家。

桑定政府努力把一些財富重新分配，提供每個人最起碼的衣食。但這種做法有其限制，他們需要外援、外國貸款、外國投資和外國市場，需要這些東西來振興經濟並防衛國家，因此他們對資本家（包括國內和國外的資本家）作出重大讓步。

三分之二的經濟繼續掌握在私人手裡，有錢、有強勢貨幣的尼加拉瓜人，可以到以美元計價的超市購買進口貨。但在附近的人民商店，貨架卻有可能空蕩蕩的，常常買不到牙膏和衛生紙之類的必需品，有時甚至買不到米和咖啡之類的主食。

築造基礎建設和基本工業的重擔，還有維持一支龐大軍隊的重擔，主要落在工人、農民和窮人身上。政府的首要之務是撙節、生產和國防。桑定政府主要關心國家的生存，而這跟人民的物質需求相互矛盾。

但這個政府仍然受到歡迎，群眾基礎非常龐大：一九八二年，有五十萬尼加拉瓜人（全部人口的五分之一）加入一個或另一個桑定組織。但那是個自上而下的「命令」結構，是用來把領導階層的優先目標傳達給社會，不是一種自下而上能夠構思、推進替代方案的民主設計。

尼加拉瓜革命受到貧窮和戰爭的束縛，而這些限制把它扭曲成為其崇高理想的諷刺畫。想要在一個由巨型企業和帝國主義強權支配的世界保持國家獨立，注定是海市蜃樓。

唯一可能的出路是與其他地方的工人、農民和窮人結成聯盟，全力支持他們的鬥爭。因此首先要把革命散播到中美洲，再散播到墨西哥市、聖保羅、布宜諾賽利斯等拉丁美洲勞工階級的中心。

智利的阿葉德政府給世人上的關鍵一課是，想要達成社會主義，有賴推翻資本主義政府。尼加拉瓜革命給世人上的關鍵一課是，想要達成社會主義，有賴國際主義。

資本主義是個全球體系，所以你不能建造「一國的社會主義」。或遲或早，全球市場的經濟力量和帝國主義的軍事力量，都會摧毀任何企圖遺世獨立的社會主義島嶼。

尼加拉瓜是壞時機的受害者。到了桑定革命發生時，世界的政治潮流已經轉為對左派不利。這可以從同樣是發生在一九七九年的另一場革命——一場非常不同的革命——以另一種方式得到證明。

伊朗革命

伊朗（或說波斯）腳踏兩個世界，它作為一個獨樹一格文明和一個帝國中樞的歷史非常悠久，西元前六世紀的阿契美尼德王朝（Achaemenids）、四世紀的薩珊王朝（Sassanids）和十六世紀的薩非王朝（Safavids），都是其各自時代的世界裡最威風的統治者之一。

大多數伊朗人都有波斯人血統，並說波斯語。與在十六世紀臣服於鄂圖曼勢力的阿拉伯人不同，波斯人一直保持獨立。

但伊朗也是中東的一部分，這不只是因為地理位置的關係（伊朗地處中東東部邊緣），也是因為它在七世紀信奉伊斯蘭教，以及在二十世紀成為主要產油國。

不過在一九〇九年至一九五一年間，伊朗不過是英國帝國主義的一個附庸國，全部命脈維繫於英波石油公司（Anglo-Persian Oil Company），即今日英國石油公司的運作。「新殖民」安排意味著石油公司每年可以分得七億五千萬英鎊，伊朗可以分得一億英鎊。石油工人的薪資僅足以餬口，罷工總是被公司的警衛破壞。

一九五一年，摩薩臺（Mohammad Mossadegh）的「全國陣線」（National Front）受圖德黨（Tudeh Party，即共產黨）支持下在伊朗掌權，將石油工業收歸國有。但這個民族主義者政府派軍隊驅散要求激進改革的示威者和罷工者，也因此摧毀了自身的社會根基。不到幾天，摩薩臺政府便被一個由中情局及軍情六處支持的內部政變推翻。

伊朗國王巴列維（Mohammad Reza Pahlavi）進而建立了一個肆無忌憚的安全機構，這個稱為「薩瓦克」（SAVAK）的祕密警察組織，最後膨脹成為一個有五千名全職特工和人數不詳兼職線人的組織。其武裝部隊因為得到石油財富的滋潤，重新裝備了美國、英國和法國的最新式武器。此機構被用來把伊朗轉變為一個由裝扮為國王的獨裁者統治的一黨國家。

伊朗國王發起一場「白色革命」（White Revolution），要把伊朗轉變為一個現代工業經濟體。這是一項由國家驅動的資本積累計畫，例如在一九七三年至一九七八年的投資計畫中，國家出資四百六十億美元，伊朗人私人出資兩百三十億美元，外國人出資三十億美元。伊朗經濟變成石油、製造業、建築業和服務業的混合體。到了一九七〇年代晚期，伊朗共有兩百五十萬名工廠工人和三百萬名服務業勞工。

但巴列維政權卻陷入危機，全球石油需求在一九七三年「長衰退」爆發後暴跌。社會蕭條激起人們對民主和改革的政治訴求。自一九七七年夏初開始，罷工及示威就成為頻繁事件，學生、知識分子、專業人士走上街頭，抗議審查制度和專制主義。棚戶區居民遊行抗議當局用推土機夷平他們的家園，數以百計的人被射殺。

流亡的什葉派領袖何梅尼（Ayatollah Khomeini）呼籲神職人員和信徒反抗鎮壓，反政府運動因此包含幾股不同的力量：現代的中產階級、神職人員和巴剎（bazaar）小資產階級、工業勞工階級和城市貧民。一九七八年二月，工業城市大不里士（Tabriz）的示威者首次對警察暴力作出還擊，進而攻擊警察局、黨總部、銀行、高級飯店和色情電影院。

反政府運動在一九七八年一整年持續升溫。到了六月，工人除了提出經濟訴求外，還提出政治訴求。到了九月，大型罷工讓數以百萬計的人走上街頭，這一次石油工人也有參加。管理階層失去對工廠的控制，祕密警察受到追捕，「罷工委員會」（shoras）發展成為類似一九一七年蘇維埃的群眾民主會議。

一九七九年一月十六日，在伊朗歷經十八個月的暴力鬥爭後，國王出逃國外。街上一片歡欣鼓舞，示威者和士兵互相擁抱。二月一日，何梅尼結束流亡歸國。他在五日後宣布自己為國家元首，由巴扎爾甘（Mehdi Bazargan）擔任總理。

隨著「薩瓦克」形同被摧毀，原有的安全機構變得毫無力量，而伊朗軍隊也因為軍官團和加入革命群眾的士兵分裂而癱瘓。國家權力所屬的問題因此是未定之天，有兩股主要力量在爭奪權力。

先前，何梅尼（他得到神職人員、巴剎商人及城市和鄉村窮人支持）奪得權力，宣布建立「伊斯蘭共和國」，目的是終結革命，粉碎群眾運動，並推行以宗教教條為基礎的反動社會政策。有鑑於舊制度的各種力量陷於癱瘓，所以反革命將採取伊斯蘭教的形式出現。但何梅尼的權力這時候還很不穩固。

他面對來自左派勢力的有力聯盟所反對。首先，工人運動和「罷工委員會」隨著「伊朗全國工人聯盟委員會」在三月一日成立，成為一股協調性的全國性力量。其次，一個激進的失業工人運動（每三名工人就有一名以其為代表）隨著「伊朗全國工人聯盟委員會」一同興起。第三，為了回應新的神權政體對婦女權的攻擊（當局頒布各種關於工作、離婚和穿著的法令），數以百萬計伊朗婦女無視伊斯蘭教流氓的暴力，參加從國際婦女節（三月八日）開始為期一週的示威抗議。第四，大型民族和宗教少數族群（占人口的三分之一）——阿澤爾人（Azaris）、庫德族人、阿拉伯人、俾路支人（Baluchis）、土耳其人、遜尼派穆斯林和基督徒等——開始組織起來，在革命提供的框架裡伸張自己的權利。

五月一日國際勞動節當天，這個聯盟的潛在力量展現在德黑蘭街頭：有一百五十萬人在街上遊行，用波斯語、阿拉伯語、庫德語和亞塞拜然語高喊左派的口號：「打倒帝國主義！」、「國有化所有工業！」、「男女同工同酬！」、「給予失業者工作！」、「真正的工會和真正的『罷工委員會』萬歲！」

所以，在一九七九年夏天，伊朗存在著雙頭權力。事態會如何發展端視左派聯盟是否有中心思想清楚的革命領導階層。只不過，這樣的領導階層並不存在。

「全國陣線」是一個鬆散的聯盟，由自由派世俗群體和溫與派伊斯蘭教群體構成；前者的支持力量來自現代中產階級，後者的支持力量來自「巴剎」的小資產階級。站在「全國陣線」左翼的圖德黨是一個老派的史達林主義政黨，尋求和「進步的」資產階級力量結盟，沒有把「罷工委員會」、勞工階級和街頭的群眾運動看在眼裡。反對派的兩個分支如「伊斯蘭主義人民聖戰者組織」（Islamist Mojahedin）和左派激進組織「菲達鷹」（Fedayeen），專走游擊鬥爭路線，但這在越來越都市資本主義社會的脈絡被證明是死胡同。

這些力量無一適合領導革命。因為缺乏政治見識，左派犯下連番災難性錯誤，一些部分在婦女運動和少數族群運動受到攻擊時未能起而支持。圖德黨在伊斯蘭共和國憲法的被操縱公投中支持政權，一大部分左派團體都被何梅尼的偽「反帝國主義」姿態騙倒。這種姿態在一九七九年十一月達到高峰：當時一群伊斯蘭主義學生在政府一手主導下占領美國大使館，導致幾乎所有左派團體都站在何梅尼這邊。

這讓群眾運動困惑且失去方向，也受到群眾中伊斯蘭主義者越來越多的攻擊。許多地方機構，包括不少「罷工委員會」，都落入伊斯蘭主義者的控制。伊斯蘭主義會社、委員會及「罷工委員會」變成新憲法對個人自由、公民自由和婦女權利的侵害的執法者。

這部憲法創造出一個內部政府和外部政府。內部政府由什葉派神職人員體系、伊斯蘭革命衛隊，以及伊瑪目、清真寺和宗教會社的全國性網絡構成；外部政府的代表則是總理、伊朗國會和軍隊、警察、法院等世俗機構。

所以，雖然何梅尼的政黨（伊斯蘭共和黨）在一九八〇年一月未能贏得大選，卻無甚差別。革命衛隊和伊斯蘭主義組織繼續對工人的「罷工委員會」發起攻擊。到了八月，伊朗國會通過一條法律取消「罷工委員會」的權力，資本於是恢復對工廠的統治。

最終讓消退中群眾運動完全被摧毀的，是伊朗在一九八〇年九月對伊拉克宣戰。在軍事危機的名義下（這場危機歷時八年，並奪去一百萬人性命），革命衛隊關閉大學，伊斯蘭主義流氓在街上用棍棒攻擊不戴面紗的婦女，而何梅尼發動一場「伊斯蘭化」伊朗教育的文化運動。

工人、失業者、婦女和少數族群的革命不剩一磚一瓦，群眾運動受到反革命暴力的摧毀。一種新的反動形式出現了，也就是政治伊斯蘭（political Islam）。

一九八九年：史達林主義的崩潰

一九八九年十一月九日傍晚，柏林市民改變了世界。自一九四五年便遭好戰統治階級分裂的城市，被一場普通人的革命重新統一。消息如野火般在整個城市傳開後，數以萬計的人聚集在柏林圍牆這片鐵幕和冷戰的最高象徵，動手把它拆除。自一九六一年築成後，據估計曾有五千人企圖越過圍牆，其中有一百至兩百人被槍殺。突然間，在歷史上其中一個最偉大的革命時刻，它被拆掉了。

柏林圍牆的倒下是一個信號，接下來一年將會有許多類似的事上演。不過情況的發展本來有可能很不一樣，六月三至四日發生在北京的事是很好的說明。四月期間，幾天內，在首都天安門廣場示威爭取民主的群眾就膨脹至十萬人。一個月內，這場運動蔓延到中國各地，在四百個城市出現抗議活動。有一陣子，中共當局這個由老邁官僚控制的一黨獨裁政權猶豫不決，無所行動。但抗議運動繼續滋長，中國領導人因為擔心局勢失控，權位不保，對自己的人民發起一次軍事政變。

駐守北京的士兵了解示威者的訴求，很多人也對示威者萌發好感，中共當局於是改從外省調兵入京。他們用謊話給士兵洗腦，派他們到天安門廣場射殺手無寸鐵的示威者。大約有三千人被殺，這場群眾運動就此被扼殺。

中國人至今仍活在這場反革命大屠殺的後果中。他們擁有兩個世界最糟的部分：自由市場資本主義的勞苦、貧窮和不安全，以及史達林主義警察國家的極權主義。

但在一九八九年的東歐，情勢發展卻截然不同。一九七〇年代的「長衰退」，讓東歐各個國家資本主義政權墜入經濟及政治危機，自此，現狀無法維持的跡象越趨明顯。

波蘭對史達林主義的反抗歷史悠久，一九五六年和一九七〇年都發生過重大的勞工起義。抱持異議的知識分子和勞工階級活動家，在一九七〇年代期間一直維持一個地下反對組織：「工人防衛委員會」（Workers’ Defence Committee）和《工人報》（*Robotnik*）。然後在一九八〇年夏天，當波蘭政府企圖提高物價時，格但斯克（Gdańsk）的列寧造船廠被抗議的工人占領，這座工廠是「工人防衛委員會」最常派發傳單的地方。

罷工、占領工廠的活動迅速蔓延，眾多的抗議活動在一次由三千五百家工廠代表參加的會議中融合為單一的群眾運動。這場稱為「團結工聯」（Solidarność）的運動，是工會及革命工人委員會網絡的混合體，最終囊括一千萬成員並維持十六個月時間。

然而其領導階層因為害怕蘇聯的軍事介入，宣布推行一場自我設限的革命。他們不企圖奪取政權和推翻既有的統治階級，只想跟當局達成協議。他們為此付出不可避免的代價：一九八一年十二月中，賈魯塞斯基將軍（Jaruzelski）宣布實施戒嚴法，逮捕「團結工聯」的領袖，並動用部隊鎮壓工人的運動。

不過賈魯塞斯基沒有進行全面血腥鎮壓，經濟和政治危機是那麼的深重，以致想要全盤恢復舊秩序是不可能的。他的政變是為了替統治階級爭取時間，讓他們可以管控改革的過程，而非被迫接受改革。

在一九五〇年代和一九六〇年代期間，東方集團的經濟成長率相較西歐為高。史達林主義政權建造了自給自足的經濟體，國家權力被用來直接投資於重工業及軍火生產。然而第二階段的工業化，卻少不了由外國跨國公司支配的全球市場才擁有的技術。所以到了一九七〇年代，自給自足政策走到了尾聲。如果國家資本主義經濟體不想落後，就必須「對市場開放」。市場競爭的要求受到軍事競爭的增強。

冷戰對蘇聯形成巨大壓力。因為經濟規模只有美國的一半，蘇聯統治者為了在軍事力量上跟美國不相伯仲，被迫維持更高的軍火開支水準。一九七〇年代，這種壓力得到緩和政策的緩解，不過美國總統雷根在一九八〇年提出的「戰略防衛倡議」形同發起第二次冷戰。美國的軍火開支從一九七九年的兩千九百五十億美元，增加至一九八六年的四千二百五十億美元。有電腦導航的新型巡弋飛彈被部署在歐洲，雷根還提出把武器置入太空的構想（媒體稱之為「星戰」計畫）。在此同時，美國大幅增加在中美洲、加勒比海、中東和中亞的軍事干預。一九八〇年代蘇聯經濟萎靡不振，被新一輪的軍備競賽壓得透不過氣。其軍事實力衰退最明顯的指標，就是在中亞後院所打的一場殖民戰爭鎩羽而歸。

先前，在一九七九年十二月，蘇聯為支持它在喀布爾一個四面楚歌的附庸政權，入侵阿富汗。這場入侵引起以鄉村為基地的「聖戰士」（mujahideen）游擊隊激烈反抗。「聖戰士」很快就得到中情局的武器資助。美國為「聖戰士」提供的資金從一九八一年的三千萬美元，急升至一九八五年的兩億八千萬美元。伊斯蘭游擊隊和美國武器的結合，讓蘇聯的占領難以為繼。俄國部隊在一九八八年春天開始撤退，一年後全部撤出。

阿富汗戰爭結束時，剛好也是俄羅斯和東歐的史達林主義壽終正寢的開始。戈巴契夫（Mikhail Gorbachev）在一九八五年成為蘇聯領導人。他在一九八七年與一九八八年發起「改革開放」政策，目標是進行一場發自上層的改革，以對付正在讓統治的官僚機構陷入危殆的經濟危機。但他沒多久就失去對局面的控制。政權內部的嚴重分裂讓群眾抗議活動有了出現的可能，而這些抗議活動的規模是一九二〇年代以來所未見。隨著巨石出現裂痕，精明老練的官僚紛紛把自己裝扮為改革者和民族主義者。

最精明的一位官僚是葉爾欽（Boris Yeltsin）。他在政治上特立獨行，跟戈巴契夫和蘇聯共產黨決裂後，於一九八九年當選莫斯科市長，又在一九九一年當選俄羅斯總統。到了這時候，蘇聯已經瓦解為多個共和國。因為帝國霸主本身陷入危機，讓東歐人民深為恐懼的軍事干預威脅宣布解除。經濟危機、政府權力的搖搖欲墜和對改革的談論，最終引發一場大爆炸。不過一如往常地，這場大爆炸的導火線是一樁小事。

一九八九年六月底，全歐洲都屏息注視著奧地利和匈牙利的邊界。為了讓一個小代表團通過，一個自一九四八年便關閉的邊界關卡被重新打開。消息傳開後，數以千計的東德人朝著那個關卡而去。匈牙利人並未試圖關閉關卡，起初有數百人通過關卡，繼而是數千人，最後在八月至九月的六週之間，有大約四萬名東德人逃到西方。

到了十月，東歐各國的人民紛紛走上街頭，這股人潮數以百萬計，不再尋求逃避。十一月四日，上百萬市民在東柏林的市中心示威，高喊的口號不是「我們想要出走」，而是「我們想要留下」。逃亡已然演變成為革命。

舊政權像骨牌似的一一倒下。波蘭領導人從一月開始就跟「團結工聯」展開深談。匈牙利在十月七日投票決定轉變為議會民主政體，二十三日終結了史達林主義體制。柏林在十一月九日重新統一，保加利亞獨裁者日夫科夫（Todor Zhivkov）在十一月十日被推翻。捷克人的「天鵝絨革命」在十一月二十八日得勝。只有羅馬尼亞政權決心抵抗到底。但國安局這個人人憎恨的祕密警察機構被攻破，獨裁者希奧塞古（Nicolae Ceauşescu）在來得及逃走前被抓住，他和妻子馬上受到審判和處決。

一九八九年的革命是群眾行動的矚目勝利，惟成效有限。莫斯科、柏林、布達佩斯、華沙、索菲亞、布拉格和布達佩斯的群眾，想要得到的是自由與繁榮，但真正得到的卻少得多。國家官僚把自己漂白成為國會議員，「國家管理型資本主義」被轉型為新自由資本主義，史達林主義的意識形態被屏棄，西方式的「自由」受到擁抱。但到頭來人們才發現，這種「自由」就像它的冷戰孿生兄弟一樣，是一頭怪物。

是哪裡出了差錯？為什麼這些革命沒有發展出人民革命勢頭？為什麼那麼有力的階級鬥爭，會被偏轉為沉悶而例行公事化的議會政治？

由於東歐各個國家資本主義政權已經被蛀空，加上蘇聯老大哥自顧不暇，有限的壓力即足以將之拉倒。但冷戰意識形態及新自由主義全球化的迅速推進，意味著西式自由市場資本主義和社會民主，必然是東方集團「社會主義」（至少人們是這樣稱呼）的替代方案。促進這個替代方案乃是符合既有統治階級的利益，以這種方式，他們大部分人得以保有財產、權力和特權。一九八九年的政治革命被成功阻止演化為社會革命。

索韋托、曼德拉和種族隔離

一九七六年六月十六日，黑人中學生在南非城鎮索韋托（Soweto）街頭抗議政府強制學校使用南非荷蘭語（Afrikaans）。受到「黑人覺醒運動」（Balck Consciousness Movement）激發，以及受到安哥拉、莫三比克和辛巴威等鄰國的黑人解放運動的勝利鼓舞，他們拒絕使用白人統治者的語言，要伸張作為被壓迫民族的身分。

他們遭到警察開槍鎮壓，頭兩名死者分別是十三歲和十五歲，共有二十三人被殺。於是抗議升級成為一場蔓延到南非各地的城市起義，延燒了一年。起義最終被鎮壓下來，根據官方紀錄，有七百人死亡，大量人士遭到逮捕。「黑人覺醒運動」受到取締，該運動最知名人物比科（Steve Biko）在被警方拘留期間遭到謀殺。

歷史看來重演了一遍。上一波由「非洲國民議會」（African National Congress）在一九五〇年代領導的黑人反抗活動也是黯然收場，當時有六十九名示威者於一九六〇年三月二十一日在沙佩維爾（Sharpeville）被警察殺死。

之後很多黑人活躍分子轉入地下，伺機發動游擊戰，其中一人是年輕律師曼德拉（Nelson Mandela）。不過這個策略有欠思慮：「非洲國民議會」的武裝分支「民族之矛」（Umkhonto weSizwe）游擊隊，在火力上遠遠不及南非政府。一九六三年七月，曼德拉和其他地下組織領袖被捕，受審後判處終身監禁，反抗運動至此形同崩潰。

南非的種族隔離政策根源於十九世紀晚期川斯瓦（Transvaal）蘭德區（Rand）由英國人控制的金礦。黃金是全球貨幣制度的基礎。在蘭德區發現豐富的黃金儲藏後，南非變成全世界最大的黃金生產國，每年出口的黃金占全國出口收入的一半。

但有一道技術難題存在。蘭德區黃金儲藏量固然豐富，但金砂的含金量卻偏低，這表示需要做大量砍鑿石頭、篩金砂的工作，而這又表示需要下重本購買機具，且需要大量廉價勞工。前者可以由地主提供（他們本質上是外籍採礦資本家，跟歐洲金融界關係良好）；後者可以來自一貧如洗、失去家園的南非農民。

傳統非洲社會的解體本來已經如火如荼。白人開墾者——主要是英國人和阿非利卡人（Afrikaner），後者是荷蘭裔，又稱波爾人——占去大部分最好的土地，讓黑人農夫不得不擠在一些邊緣地區，導致這些地區人口過多、過度放牧和土壤侵蝕。進一步的壓力來自必須以金錢繳交的稅項。大量貧窮的非洲人最終被迫入金礦當受薪勞工。

英國人的金礦主和阿非利卡人的大農場主，在控制黑人勞動力一事上有著共同利益。雖然有過「牛車大遷徙」（Great Trek，指阿非利卡人在一八三五年至一八四六年間為了脫離英國人的統治而遷入內陸），還有兩次「波爾戰爭」（Anglo-Boer Wars），這兩個白人族群在一九一〇年共同打造了南非聯邦（Union of South Africa）。一九一三年的《土著土地法》規定分配給非洲人的土地少於全國的一三%。一個政府委員會將此舉目的說得很清楚：「如果不使用強迫手段便能夠將土著引導至更加勤勞，將會是一大利多。不久之後，他們很多人將會感受到經濟壓力及生存鬥爭。」

當非洲人為了回應「經濟壓力及生存鬥爭」而進入白人區工作，他們是以臨時移民的身分進入，需要帶著通行證，而且僱用期滿便會被逐回保留地。一個阿非利卡人的國民黨政府在一九四八年上臺後，更是把這種後來被稱為「種族隔離」的政策正式化和確立化。

「非洲國民議會」成立於一九一二年，本來是黑人中產階級一個溫和的遊說團體，後來卻因為一九四〇年代工人鬥爭浪潮和阿非利卡人國民黨在一九四八年勝選而變得激進化。一九五五年，它把一組基本的政治和經濟要求寫入它的「自由憲章」。到了一九五〇年代晚期，部分是受到美國民權運動的激勵，「非洲國民議會」領導群眾採取直接行動，但遭到鎮壓，導致沙佩維爾慘案。

一九七六年至一九七七年索韋托起義的結果卻相當不同，政府花了一年時間才達成暫時的鎮壓。一連串的反抗運動繼續在黑人區和勞工區上演。兩波金屬工業的罷工潮在一九八一年至一九八二年席捲東蘭德區。礦坑的起義導致血腥衝突，有一百人被殺，數千人被驅逐。

有些資方急於穩定勞資關係，願意讓步，包括承認工會的存在，但卻導致罷工行動和工會會員人數急速上升。一九八四年「損失」了幾乎四十萬個黑人罷工天。一九八五年頭三個月，有大約八萬名礦工參與罷工行動，到了該年年中，「全國礦工工會」把南非五十五萬名黑人礦工中的二十萬名組織起來。

勞工起義現在是一場比一九七六年至一九七七年起義規模更大的全國性衝突的一部分。雖然有組織的勞工階級在一九八四年至一九八六年起義中具有核心性，但黑人區一樣燃燒起來，抵抗強制搬遷、加租及由政府設立的委員會。這場運動在經濟鬥爭和政治要求融為一體時達到高峰，這時工業工人與黑人區居民會並肩作戰——一九八四年十一月五日至六日的兩天罷工就是這樣，當時約有五十萬人參加。

南非的種族主義資本主義已變得難以為繼，讓實力天秤發生改變的是黑人勞工階級的大幅膨脹。南非當局把人民分成四大範疇：白人（五百萬）、黑人（兩千五百萬）、有色人種（三百萬）和亞洲人（一百萬）。白人勞工階級的人數雖然較少，卻享有諸多社會優惠。白人工人在工業中占據較高職位，平均薪資可高達黑人工人的四倍。他們通常也是根深柢固的種族主義者，軍隊、警察和獄警的骨幹都是吸收自這個死硬的白人至上主義集團。

當大部分黑人還是住在鄉村保留地（稱為「班圖斯坦」〔bantustans〕）時，南非的安全機構遊刃有餘。但第二次世界大戰後的工業化，卻把很多黑人人口轉化為工人。到了一九七〇年，白人區已經有四百萬黑人工人，其中三分之一是臨時移民，三分之二是定居者。此後這個數字每五年就會增加大約一百萬。

在一九七〇年代抗爭期間，工業行動和社區行動沒有什麼協調性。這種情形在一九八〇年代發生改變，這時當局面臨強得多的挑戰，因為強大的工會組織給了反抗活動折不斷的骨幹。

種族隔離政策已經變得跟對成功資本積累來說不可少的政治穩定互不相容，資方因此動手對付政府，一個改革派支派從國民黨內部崛起。在一九八九年八月當選總統後，戴克拉克（F. W. de Klerk）作出重大決定，解除「非洲國民議會」的黨禁，並在一九九〇年二月釋放曼德拉。

被囚的曼德拉已經成為黑人抵抗活動的標誌性人物，要求釋放他的聲音越來越響亮。南非政府和「非洲國民議會」領導階層的祕密協商，確立了曼德拉願意用談判方式井然有序地結束白人的少數統治。

南非統治階級最擔心的是，南非資本主義會在白人政府及起義黑人無產者的暴力對峙中崩潰。在白人至上主義和黑人革命之間，是否有一條中間路線可行？

曼德拉與「非洲國民議會」本質上為非洲民族主義者，一心想要建立黑人政府及自由主義議會。他們不是社會主義革命分子。這成為戴克拉克與曼德拉達成協議的基礎，而這項協議帶來一九九四年四月南非的首次民主選舉，「非洲國民議會」於選舉中獲得壓倒性勝利，曼德拉當選總統。

就這樣，一場由上層控管的政治革命取代發自下層的社會革命。這件事被主流意見視為一場勝利，主要獲益者是占少數的黑人專業人士和政治人物，他們現在可以在多種族的資本主義中推展自己的事業。黑人勞工階級則繼續生活在貧窮中。

二〇一二年八月十六日，在「非洲國民議會」政權的命令下（此政權現在裙帶成風且貪汙腐化），警察用自動武器向罷工礦工開火，擊傷逾百人，殺死三十四人。「非洲國民議會」、南非政府和國際企業資本如今攜手一致，修理曾將種族隔離政策推倒的黑人勞工階級。

九一一事件、反恐戰爭和新帝國主義

二〇〇一年九月十一日，蓋達組織恐怖分子劫持四架美國飛機，分別鎖定攻擊紐約世貿中心雙子星大樓、維吉尼亞州五角大廈和華府國會山莊。這四起攻擊有三起取得成功：五角大廈受到嚴重破壞，兩座雙子星大樓都受到撞擊，稍後崩塌，造成三千人喪生。

九一一事件可謂送給美國統治階級的禮物，讓他們可以把自己的侵略性（這種侵略性自此超越蓋達組織千倍）重新命名為「反恐戰爭」，有助於虛構合理化新帝國主義戰爭所需要的「威脅」和「敵人」。反恐戰爭是新自由資本主義的地緣政治表現。新自由主義破壞經濟、摧毀生命，撕碎社會，導致革命及戰爭，然後強權進行干預，捍衛全球資本的利益。反恐戰爭為此干預提供一個架構，又為冷戰之後繼續維持高額軍火開支提供主要理據。

隨著東歐的「國家管理型資本主義」被拆解，以及隨著舊的黨官僚員重新裝扮為新自由主義的寡頭執政者（oligarch），這些經濟體整個崩潰了。一九八九年的十年後，俄國的經濟萎縮至只有原來的四成，而東德的失業率高達兩成，南斯拉夫的生活水準則在僅僅兩年內腰斬一半。

經濟和社會的脫臼並不僅見於前共黨國家。「國家管理型資本主義」在每個大洲被批評得體無完膚。從埃及到印度到拉丁美洲，國營事業被出售，公共服務被關閉，社會福利被裁減。

代表全球金融資本的世界銀行和國際貨幣基金會，變成新自由主義價值觀的最高仲裁者。那些答應進行「結構性調整計畫」（削減開支的委婉用語）的國家，會得到融資、技術和投資；不答應的國家則等著吃屎。

一九八〇年代，共有七十六個國家答應進行「結構性調整」，而幾乎無一可以恢復前數十年的成長率。這讓五五％的非洲人和四五％的拉丁美洲人生活在貧窮線之下，社會緊張關係以多種不同方式爆發，南斯拉夫是新自由主義導致混亂的很好例子。

隨著債臺高築的南斯拉夫破產，西方銀行拒絕進一步貸款，而國際貨幣基金強加的「結構性調整」，將支離破碎的經濟推入蕭條。黨派大老紛紛重新喬扮為民族主義者，再度喚起古老的民族身分認同。接著整個地區被凶狠的內戰撕得四分五裂，一再發生一九四五年以降即未在歐洲睹見過的種族屠殺。這為偽裝成「人道主義干預」、「維持和平」的新種類西方帝國主義一個試身手的方便場地。「北約」這個由美國主導的冷戰軍事聯盟，此時被重塑為後一九八九年「世界新秩序」的軍事保護者。

塞爾維亞先後在波士尼亞戰爭（一九九二—一九九五）和科索沃戰爭（一九九九）期間遭「北約」空襲。西方強權的目的是管理從「國家管理型資本主義」向「新自由資本主義」的轉換，創造出對外國資本來說安全的穩定政治秩序。時任英國首相的布萊爾（Tony Blair），在科索沃戰爭期間對芝加哥經濟俱樂部的演說道出這種新帝國主義教義：

> 我們現在全都是國際主義者……如果我們想要繁榮，就不能拒絕參與全球市場……如果我們想要繼續得到安全，就不能對發生在其他國家的衝突和侵犯人權事件視若無睹。我們見證著一種國際社群新理論的開始……全球金融市場、全球環境、全球安全和裁軍議題：所有這些問題無一可以在缺乏高度

國際合作的情況下解決。

布萊爾流露出歷史上所有帝國主義者會有的自大。他說的「我們」是指「新自由主義資產階級」，他說的「國際社群」是指一眾強國。他在二〇〇三年協助美國攻打伊拉克的「決定」袒露出這一點，這代表著新帝國主義的成年。

今日對全球和平的主要威脅來自美國，這是因為美國在經濟上正處於衰落，但軍事上仍然獨霸。控制石油這個世界上最重要商品，位於美國戰略盤算的核心，這就是占石油已知儲藏量七成的中東，繼續處於焦點的原因。

反恐戰爭不是一場伊斯蘭教和西方之間的鬥爭，而是帝國主義者資本為控制石油及其他重大利益所作的鬥爭，惟其意識形態特性乃衍生自一九七九年後中東內部的政治發展。伊斯蘭教是一個面貌眾多的宗教（可能採取的面貌不少於基督教、印度教和佛教），可以表達範圍廣泛的階級利益和政治態度。所以「伊斯蘭主義」或「政治伊斯蘭」並非一股單一、凝聚性且有組織的力量。這標籤涵蓋著眾多不同的傳統：從阿富汗愚昧保守的「塔利班」到伊朗現今政權，到埃及相對開明的「穆斯林兄弟會」，再到黎巴嫩「長槍黨」及巴勒斯坦「哈瑪斯」之類的激進反抗組織，不一而足。事實上，伊斯蘭主義缺乏政治定義正是其吸引力所在：看來可以為任何反對帝國主義、錫安主義和獨裁統治的人提供政治歸宿；有能力把年輕的專業人士、失業的大學畢業生、攤販、貧民窟居民和鄉村毛拉（mullah）統一在單一的群眾運動中。

伊斯蘭主義的吸引力，一直因為其他世俗傳統的失敗而擴大。幾個阿拉伯民族主義政權在一九五六年、一九六七年和一九七三年的以阿戰爭中被打敗，後來有一些演變為殘暴的獨裁政權，例如伊拉克的海珊政權、埃及的穆巴拉克政權和敘利亞的阿薩德政權。老牌的阿拉伯共產主義政黨追隨史達林主義路線，讓工人運動服從於陰險的資產階級－民族主義者領袖，將支持者帶向反覆的失敗。巴勒斯坦游擊隊因為人數太少、火力太弱，所以儘管奮勇抗鬥，仍然毫無希望可以打敗強大的錫安主義國家以色列。

一九七九年的伊朗革命看似代表一條通向前的新道路，數百萬人的群眾運動推翻了一個邪惡、武裝強大且得到美國支持的獨裁者。只不過，左派的力量隨即被反革命的伊斯蘭主義運動粉碎。這個事實受到新政權的反帝國主義辭令和姿態掩蓋，在革命期間讓一大批伊朗左派人士上當，這就難怪後來也會讓伊朗國外數百萬人受騙。

不過，不管伊朗的伊斯蘭共和國有多麼反動，對美國都構成真正的威脅。伊朗本身屬地方性的「次帝國主義」（sub-imperialism），跟美國主要盟友沙烏地阿拉伯爭逐中東霸權，而伊朗支持的伊斯蘭主義也在中東許多地方帶來不穩定，威脅美國的利益。

九一一事件讓美國的「新保守主義者」（鼓吹新帝國主義的鷹派）有機會發起攻勢。美國的軍事力量搶先帝國對手一步，被投射到中亞和中東，為它們帶來「美國和平」（Pax Americana），也確保美國占有一些可無限期捍衛石油和天然氣的軍事平臺，而其代價是一百萬人的性命。

不過阿富汗戰爭及伊拉克戰爭都失控了，在被占領國家引發難以對付的游擊隊起事，在美國國內引起規模前所未有的反戰運動。另外，在二〇〇八年後，這波在老牌資本主義核心地帶出現的街頭抗議大復興，將會隨著世界經濟陷入谷底，而跟一場反撙節的新運動匯流。

查維斯、委內瑞拉和「玻利瓦式革命」

二〇〇二年四月十一日下午，一場右派政變的策劃者在占領委內瑞拉首都卡拉卡斯的總統府觀花宮

（Miraflores）之後，為政變成功舉行慶祝。當天稍早，有二十萬人遊行至總統府前面，然後幾名反對派領袖進入總統府，要求總統辭職。接著總統被逮捕，關進軍事監獄。

今時，以香檳酒碰杯慶祝勝利的陰謀策劃者，包括委內瑞拉主要商業組織的主席、一家電視臺的老闆、一個通敵的工會聯盟領袖，以及好幾家石油公司高層人員。

委內瑞拉是主要產油國，產量排名世界第五。雖然委內瑞拉的石油在一九七六年被收歸國有，但國家石油公司（PDVSA）跟外國跨國公司緊密合作，石油利益讓委內瑞拉政府官僚、外商公司高層和一批工會領袖及技術工人緊緊掛鉤。

那些從石油分到一杯羹的人，特別是身處高層的那些人士，變得極端富有。卡拉卡斯是個消費比芝加哥還要昂貴的城市，其人均凱迪拉克擁有量更多。但只有二%委內瑞拉人從石油分到一杯羹，貧富懸殊的情形日益嚴重。

佩雷斯（Carlos Andres Perez）領導的委內瑞拉政府，在一九八九年新自由主義最盛行時採取了這種主義，其後果如同其他地方，進入全國最富有一〇%人口袋的國民所得從二二%飆升至一九九〇年代晚期的三三%。在此同時，生活在貧窮線以下的人從三六%飆升至六六%。

為了維持這種狀態，委內瑞拉資產階級因此在二〇〇二年四月發動政變。但他們的香檳喝得太早，有事情發生在外面的街道上。通往總統府的各條道路再次擠滿了人，只不過這一次的來者不是下午那些衣履光鮮的中產階級抗議者，而是戴棒球帽、穿T恤的衣衫襤褸窮人。

他們的步伐不慌不忙，從同一方向而來。他們來自可以俯瞰市中心高級商業區和住宅區的半山棚戶區。

不久後，街上黑壓壓一片。他們拒絕離去。總統府守衛因忠於被關起來的總統，拒絕驅散示威人群。

不到四十八小時，一架軍用直升機就把查維斯總統載回觀花宮。政變結束了，被城市窮人的群眾運動擊倒。

自一九八九年以來，委內瑞拉的人民就公開跟他們的統治者發生衝突，抗議物價上揚的活動在那一年二月蔓延全國。佩雷斯政府派兵彈壓，共有兩千人被殺。抗議是被鎮壓下來了，但貧民窟的反抗情緒仍在燃燒。

三年後，激進派軍官查維斯發動政變，反對佩雷斯政府。政變失敗，查維斯淪為階下囚。

查維斯的軍旅生涯表現傑出，但從來不以其他大部分軍官的裙帶主義和貪汙腐化為然。他非出身豪門世家，只有下層中產階級背景，他的五官顯示有印第安人血統。

一九七〇年代，查維斯與一小群志同道合的軍官成立「玻利瓦革命運動」（Bolivarian Revolutionary Movement），他們把玻利瓦的民族主義和理想主義奉為圭臬。

委內瑞拉的危機在查維斯繫獄期間加深，佩雷斯因為詐欺、貪汙遭到彈劾，委內瑞拉石油公司把石油開採權讓渡給外國公司，銀行倒閉在即，需要國家巨額紓困。政府和國際貨幣基金磋商一筆貸款，但條件就像一般的嚴苛，而貧窮和失業不斷攀升。

資產階級的政治立場已經破產，但「官方」左派的政治立場一樣如此：因為被通敵主義蛀空，無法提供有可信度的替代選項。它的一股派系最終支持一位右派的選美皇后角逐總統。

所以，代表新成立的「第五共和運動」（Fifth Republic Movement）競選總統的查維斯，在一九九八年的選舉中囊括五六％選票。

由石油利益集結在一起的委內瑞拉資產階級大感震驚，此後一再有所行動，企圖恢復權力，利用自身對財富和傳播媒體的控制，散播不利於查維斯政府的言論。這一招失敗後，他們又策動罷工、群眾示威活動，企圖以直接行動推翻現任政府。

查維斯政府幾乎挺過所有挑戰，在一九九九年的憲法公投中贏得七一％選票，二〇〇〇年的第二次總統選舉中贏得五九％選票。然後它強行推動經濟和政治制度的激進改革，此舉激起兩次右派大罷工，一次發生在二〇〇二年四月（以一次失敗政變為高潮），另一次發生在二〇〇二年十二月至二〇〇三年二月，這一次的罷工受到勞工階級的努力生產挫敗。

右派在二〇〇四年成功推動一次罷免總統的公投，結果查維斯贏得五九％票數。他在二〇〇六年以六三％選票贏得連任，在二〇一三年去世前不久，再次以五四％選票贏得連任。他的唯一重大挫敗，是在二〇〇七年決定總統是否可以擴權的憲法公投中以些微比數落敗。

查維斯之所以受到委內瑞拉資產階級的痛恨及工人的長久愛戴，理由非常容易理解。查維斯鼓吹所謂的「二十一世紀社會主義」，是企圖打破新自由主義全球秩序的一小群拉丁美洲領袖中最知名的一位。他看來表達了整個拉丁美洲群眾抵抗運動的憧憬，體現一個激進的觀念：眾人的需求優先於少數人的貪婪。

查維斯主義讓社會受惠良多：石油財富被用來資助學校、醫院、食物網絡、社區工作和土地改革，群眾草根活動在貧民窟欣欣向榮，每二十名委內瑞拉人就有大約一名是在某種民眾性、親政府的組織中工作。

但查維斯運動是個自上而下，而非自下而上的運動；是一種每逢政府及其倡議需要爭取支持時就抬出來的舞臺背景，而非發自下層的群眾運動（這種群眾運動會釐定並推進自己的需求，不斷加強挑戰資產階級對權力的控制）。

二〇〇二年四月的政變失敗後，大部分陰謀策劃者都沒有遭到處決。查維斯被關在牢裡的那兩天，委內瑞拉群眾成為一股獨立的革命力量。但查維斯復位後並未促進這股「民力」（poder popular）的發展，反而解動員他的支持者，然後回歸至自上而下的有分寸改革（這種改革結合了對資產階級的妥協）。

查維斯沒有像智利的阿葉德那樣受到軍事政變推翻，也沒有像尼加拉瓜的桑定政權那樣受到世界帝國主義的圍困，緩慢地被扼死。不過查維斯也沒有對委內瑞拉的資產階級和外國支持的石油利益集團施以致命一擊。

因為這個緣故，一半的委內瑞拉人繼續生活在貧窮中，有兩成或以上的人沒有工作。而且，本來已經得到的斬獲也許會在未來被逆轉，因為誠如盧森堡在一世紀前指出的，為爭取改革而進行的抗爭是一趟「薛佛西斯苦差」（Labour of Sisyphus）：由一代人的強大運動贏得的成果，也許會在下一代人失去。

查維斯的激進改革應該按照它們的原樣被看待：抵禦敵對階級敵人的成果，以及進一步推動社會革命轉型的平臺。

第十八章——

資本主義的最大危機？

二十一世紀初期

全球經濟陷入停滯衰退的長期危機中。人類有能力生產多到空前未有的財富，這些財富約一半被銀行、企業、政府和超級富豪占據，此巨大剩餘的大部分（由勞動人民的勞動力創造）不再被有生產性地投資，而被用來資助一個奠基於債務和投機的極為失調的系統。

寄生的「新自由主義」是世界資本主義一個更大危機的一部分，不平等和不公義正在撕裂社會，國際秩序正在崩潰。戰爭吞噬了一整個、一整個社會，讓數千萬人流離失所。法西斯主義者、種族主義者和厭女主義者逐漸壯大，民主被蛀空，公民自由受到侵蝕。全球暖化以氣候災難威脅這個星球和全人類。

主流評論者注意到這些問題，但若不是看輕它們，就是看不見當中彼此的關聯性。馬克思的最大見地（這是受哲學家黑格爾啟發），就是看出社會是個複雜又矛盾的整體，種種都跟其他一切有所聯繫，特殊（the particular）和一般（the general）必須放在一塊來理解。

這一直是我們這部「基進史」的基本假設。現在我們必須把這個方法應用在我們自己的時代。這樣做的時候，難免會出現一些倒帶和重複，因為如果不提到把我們帶到目前境地的「長時段」（longue durée），就不可能了解二十一世紀初期世界資本主義系統的複合危機。

企業的興起

成長是內建於資本主義的運作方式，不可能有一種不成長的資本主義。此系統是由一些互相競爭的企業構成，這些企業投資金錢以創造更多金錢（利潤），而它們這樣做時是處於對手的競爭壓力之下。一旦進入此系統，你就無法抽身。任何公司一旦不再投資，就會很快失去競爭力。繼續使用昨日的技術、支付高於平均的薪資、為幫助窮人而削減價格、減低碳排放量，所有這些做法都值得讚賞，但當你的對手不是如此時，你這樣做等同於商業自殺。

你需要利潤來支付管理高層薪水及紅利、支付股息，以及（這是更重要的）進行下一輪的投資。高利潤是公司成功的準繩，也是進一步擴張的基本基礎。低利潤會通往滅亡。

所以資本主義系統是由競爭與利潤驅動，這表示它必須成長。當你投資了一年，你必須在第二年連本帶利回收。換言之，資本不是一樣事物，而是一個經濟過程及在該過程中出現的一組社會關係。沒有資本是靜態的，它們總是變動不居。

馬克思把資本定義為「價值的自我膨脹」，換成公式表示就是M－C－M+，其中M代表原來投資的錢，C代表用於生產過程的商品、原物料、機器、勞動力等，M+代表產品賣掉後連著利潤收回的成本。

這是工業資本的基本循環。這個道理不管對十九世紀中葉曼徹斯特的紡織廠老闆，抑或二十世紀達卡一間血汗工廠的老闆來說都適用。重點是資本完全關乎運作和擴張，資本會把自己增生為更多資本，其中沒有整體計畫、更高目的或最終終點。

這番過程自相矛盾且危機四伏，歷史一再顯示，市場是盲目兼無政府，系統會永恆經歷繁榮、泡沫、崩潰的循環。當馬克思寫作時，襁褓中的資本主義系統已經歷一連串的「商業循環」。一八二五年、一八三七年、一八四七年、一八五七年和一八六六年都發生金融「崩潰」，也就是大約每十年發生一次。每一次都有一大批公司破產，大量債務被倒債，需求暴跌，系統停擺，數以萬計的人陷入失業和貧窮。

這是競爭加上欠缺整體規劃的結果。在榮景中，隨著成長增加和市場擴大，資本家會投入資金購買新的生產設備。競爭壓力讓每個人跟風這樣做，如此會增加需求，加強榮景，鼓勵更加狂熱的投資。然後突然間，由於有太多新的產出同時投入市場，供過於求的現象遂告出現。這時價格會下跌，貨品會賣不出去，導致必須裁員。破產、失業和需求暴跌的逆向連鎖反應，會把繁榮轉變為蕭條。

然而在資本主義早期，系統每次都能夠成功反彈。理由如下：較弱的公司因為成本較高、利潤較低而會率先破產，它們通常都是較小的公司，沒有太多資金可以投資在節省勞動力的技術，以及較少機會去創造「規模經濟」。小公司通常較缺乏競爭力。

當這些公司倒閉時，它們的對手就可以用最低價購買賤賣的資產，以及有機會占到更大的市場份額。所以越大的公司趨向於變得越大，而且當它們越大，就有越多資金可以投資在削減成本、擴大產出的新科技，讓它們在下一輪的資本積累中有凌駕小公司的更大優勢。

所以「自由市場」資本主義不只是無政府，不只是盲目競爭的系統、繁榮和蕭條輾轉循環的過程，它還是高度的掠奪性：市場裡滿是一條條設法吃掉彼此的鯊魚。這個過程當時尚處於早期階段，但馬克思已經能夠看出長期趨勢。他提到「資本的集中與集聚」（concentration and centralisation of capital）：生產越來越「集中」在大工廠，所有權越來越「集聚」在大企業。明顯的是，此為資本主義發展的大方向，可謂受到競爭的保證。競爭偏愛強者，特別是在經濟崩潰的時候（那時有必要削減利潤和吸收損失）。

小改變在累積一段長時間後會到達一個轉折點，導致突發的猛然轉向。資本的集中與集聚就是這樣：是一個累積的過程，會定期發生猛然的改變，導致系統的特性大變。我們可以辨認出資本主義長期發展的五個主要階段：

一、「商業資本主義」時期（約一四五〇—一八〇〇）：大部分財富都是由前資本家的階級生產，但商業資本家可以透過扮演中間人的角色積累利潤（在國內市場或海外貿易中如此，或透過包工制度——在這種制度中，他們向獨立的工匠下單，並行銷工匠的產品）。

二、在「工業資本主義」時期（約一八〇〇—一八七五）：出現以蒸汽動力和節省勞動力機器為基礎的新式工廠式生產，這讓大批小型、中型公司在國內及殖民地市場互相競爭。

三、「帝國資本主義」時期（約一八七五—一九三五）：經濟最發達的部分是由壟斷性大公司支配。這些大公司組織為卡特爾，得到銀行融資，靠著國家合約、國際銷售，以及把資本輸出到海外殖民地來擴張。

四、「國家管理型資本主義」時期（約一九三五—一九七五）：政府掌握經濟事務的倡議權，在極端的情況下（例如史達林主義的俄國）還會把自己轉化為民族主義—資本主義事業體；而在其他情況（例如冷戰中的美國），政府會扮演國家產業發展的主要策劃者、規範者和資助者。

這些階段的每一個都有著累進程度更高的資本集中與集聚，例如在一七〇〇年代，幾乎所有生產都發生在農場和作坊。工廠固然存在（例如一些專制君主建立的軍火工廠），但非常罕見。

不過到了十九世紀中葉，當英國成為「世界工廠」後，曼徹斯特有超過一百家棉紡廠，最大的棉紡廠僱用兩千人，其他大部分都僱用數百人。另一方面，到了第一次世界大戰，最大的工廠僱用的工人數以萬計：倫敦的伍利奇兵工廠僱用七萬五千人，埃森的克虜伯工廠群僱用七萬人，彼得格勒的普提洛夫工廠僱用四萬人。

快轉到二十世紀中葉，我們看見美國生產了世界一半產品，前一百大美國公司在這產出中占的比例，從一九二九年的四四％增至一九六四年的五八％。這種情形在已開發國家是常態，例如英國前一百大公司在英國工業產出所占的比例，從一九四九年的二一％上升至一九七〇年的四六％。

資本集中與集聚的長期過程具有決定性：正是這個過程決定了系統在後來每階段的特性，也正是這個過程帶來了各種震撼性危機，例如一八七三年至一八九六年的「長期蕭條」、一九二九年至一九三九年的經濟大蕭條，以及一九七三年至一九九二年的「長衰退」。

國家管理型資本主義在一九七〇年代進入危機，「大繁榮」期間出現的跨國公司越來越大規模創造出一股多半非政府可以控制的經濟力量。軍火、汽車、製藥和電子等先進企業，越來越仰賴在全球規模取得資金、技術、原物料、生產設施和市場。跨國公司讓大部分國家經濟體相形見絀，全球性運作使其可不受監管、避稅、規避資本控制、獲得津貼和其他讓步。為了獲得由企業控制的技術、資本和市場，政府被迫給予私人公司越來越多優惠。

競爭性資本積累因此突破國家經濟體的邊界，讓前面資本主義發展階段的機制變成多餘。到了一九七〇年代中期，不只「大繁榮」成為過去，連讓「大繁榮」成為可能的國家管理型「凱恩斯式」資本主義也成為過去。代之而起的是「新自由資本主義」（約一九七五年至今）：一個全球金融化壟斷性資本主義系統，一個更寄生性、功能失調、危機重重，和比從前任何時候對人類福利更具摧毀性的系統。

長期停滯

幾年前，世界最大的企業是沃爾瑪百貨，年收入逼近五千億美元，比希臘的歲入還多。事實上，如果沃爾瑪百貨是個國家，其經濟規模會是世界第二十五大，領先一百五十七個其他國家。

其他全球二十五大企業巨人，包括埃克森美孚和雪鐵龍之類的石油公司、美國銀行和摩根大通之類的銀行、福特和通用之類的汽車製造商、奇異和ＩＢＭ之類的電子公司，甚至包括私營的健康保健綜合企業「聯合健康集團」（UnitedHealth Group），這些公司的歲入都高於伊拉克（約八百億美元）。

現在，少數的巨型公司支配了從超市、石油、汽車、電腦，到健康保險的全球性市場，這種情形被激進人士稱為「壟斷性資本主義」已經超過一世紀。這個稱呼抓住了其本質特徵：它不表示一家公司壟斷一切，而是表示少數幾家公司壟斷一切，又由於這個緣故，它們可以一起控制市場。

凡是有大量小型和中型公司營運的地方，競爭都相當激烈。資本家不喜歡競爭，因為那表示有風險、有破產的可能，他們渴望一個銷售量有保證且價格穩定的受控市場。壟斷讓這種情形可以發生，把大公司從「價格接受者」搖身一變成為「價格制定者」。

美國馬克思主義經濟學家巴蘭（Paul Baran）和斯威齊（Paul Sweezy），在一九六〇年代把這個過程描述如下：

> 這個目的〔避開不確定性和風險〕的達成是透過一種簡單手段：禁止減價作為經濟戰爭的正當武器。當然，這並非一次發生或是一個自覺的決定。就像所有強力的禁忌一樣，反對降價是逐漸從漫長和經常痛苦的經驗中成長起來，而其力量來自它可以服務社會中有權勢者的利益。只要它一天被接受

和遵行，危險的不確定性就會從對最大利潤的理性化追逐中被移除。

不合群、減價和搶奪市場份額的誘惑總是存在，但價格戰對誰都沒有好處。在十九世紀，因為有大量小型和中型公司互相競爭，減價是無可避免，價格常常每下愈況。但今日價格卻常常是上升，絕少下降。這是因為壟斷讓每個產業的價格受控，為企業增加利潤。

企業的定價權並不是讓「壟斷性資本主義」有別於「市場資本主義」的唯一一點。企業不只會制定價格，還會創造「購買欲」。

新古典經濟學對這一點懵然無知，它沒有區分「需要」和「欲望」，假裝企業所做的只是回應消費者的「需求」。正統教科書完全沒有提到企業可以透過建立品牌、包裝、行銷、再設計和升級等手段創造「需求」，也沒有提到企業會投入大量資金，設法誘惑、欺騙消費者購買一些他們不需要的東西。但巴蘭和斯威齊所謂的「行銷努力」卻難以讓人不看見，難以言過其實。根據一項估計，每六名美國人就有一人受僱於「行銷業」。

這種情形無可避免帶來龐大的浪費。商品被設計成會故障，必須汰換。商品出產不到一年就會被譏笑為過時與舊款，廣告不斷轟炸消費者，宣稱如果他們想要夠酷、性感、有派頭和典雅，就必須購買最新產品。需求不同於欲望，需求是人類存在狀態的本質環節，欲望只是被企業投入刺激消費的資金所撩起。

表面上是「自由市場」競爭，實質上是壟斷性資本主義、受控市場、敲竹槓的價格、人為創造的購買欲和巨大浪費。我們在學校學到，市場是由消費者的選擇塑造，價格是由供需決定；真相卻是市場乃由壟斷性企業創造和控制。

現在我們已走到關鍵時刻。如果價格不斷上升，企業就會獲得兩次利潤，一次是透過剝削自己的工人獲得，一次是對消費者索價過高而獲得，這表示企業手中會握有更多利潤。在此同時，工人和消費者被榨乾，造成整體需求降低，導致所有被生產出來的東西更難覓得市場。

這是資本主義的核心矛盾之一。「沃爾瑪」付給兩百萬名員工最低薪資，卻希望其他公司都是付高薪，好讓消費者有很多錢可以到它的店消費。每個資本家都是一樣想法。當整體利潤被拉高，整體薪資就會降低，而被生產產品和能賣出產品的鴻溝也就越大。

有些馬克思主義者談到「過度積累」（over-accumulation），也就是有太多資本在滾轉；另一些馬克思主義者則談到「消費不足」（under-consumption），也就是整體付出的薪資不足以購買被產出的全部商品。事實上，這兩者只是一體兩面。此問題在「壟斷性資本主義」中更形惡化，因為企業可以透過管控市場攫取超額利潤（super-profits）。

這是問題之一，另一個問題是競爭減少會減低投資在生產新產品的誘因。建造一家有先進機械人工作的工廠進行全球規模競爭，是一種沉重、長期和高風險的投資。資本家都討厭風險，而主管今日全球巨頭公司的那些企業官僚尤其如此，壟斷性資本主義的受控市場讓他們極容易迴避風險。

所以今日的企業更有可能投資在國債或股票、購買私有化的國家資產、插手房地產或買賣債券。它們會怎樣選擇：是投資在生產，即投資在實體經濟；還是投資在金錢市場，即選擇投機？

我們知道答案，因為我們明白整個體系是怎樣運作。新自由主義時代出現了一個巨大的轉換，也就是從風險相對高的長期生產性投資，轉換為相對安全的短期金融投機。這種轉換受到現代人工智能系統造就的金錢高速流動性的加速。鐵路、煉鋼廠、超商連鎖店都代表昂貴、固定和不動的資本，它們意味著企業把資本綁在長期的冒險，而這些冒險不能中途退出，除非願意蒙受巨大損失。與此相反，金融投資則是尋求賺易錢、快錢之資本的法門，按幾個鍵就可以做到。

所以老邁的系統受到沉重的問題拖累，受控市場表示企業可以獲得超額利潤並避開風險。這同時加強了邁向資本的過度積累和工人／消費者的消費不足的固有傾向。

成長率萎靡不振。美國在第二次世界大戰期間的成長率是五．九％，在冷戰期間是四．四％，在一九八〇年代至一九九〇年代是三．一％，自那之後是二．六％上下。這是資本集中與集聚的直接結果，是馬克思在一百五十年前便已分析過的經濟過程。

這是對當前經濟危機任何嚴肅分析的必然起點。這場危機首先是壟斷性資本主義的一種危機，表現出邁向永久停滯的長期傾向。

永久債

新自由主義是在一九七〇年代全球系統停擺時，對低利潤及成長遲緩問題的一個回應，包含對工會、薪資和福利國家的正面攻擊，其目的是從工人的口袋掏錢給資本家。柴契爾夫人、雷根與他們的繼承者都力主較高利潤可以鼓勵創業、投資及成長，但當新自由政府實施削減開支、賣家當的計畫時，主要受益人卻是新自由資本主義的全球性超巨型企業。

資本的集中與集聚現已發展到這般程度：支配性企業可以擺脫自己的國家外殼，以跨國公司的身分在全球市場中營運。金融、投資和貿易過去都是緊緊定錨於個別的國家內，現在卻步上全球化。政府的直接經濟角色減低，國有化工業不斷被私有化，政府管控私人資本的能力大不如前。現在，政府更多是資本的客戶，而非資本的管理人，為了跟其他國家競爭而想辦法爭取企業的青睞。

全球化是議會政府被蛀空、民主選擇被腐蝕、技術官僚統治大行其道的基本原因，是「民主的匱乏」

（the democratic deficit）的核心理由。但是雖然政府的經濟管理和福利功能已經式微，其作為資本的市場的角色，以及作為把剩餘轉移給資本家的管道，卻不斷增長。軍火合約、基建計畫、政府借貸、公共資產的私營化，以及對銀行紓困都是最顯著的例子，所有這些情況皆相當於把公共財富轉移到私部門。政治精英因為受制於企業資本而普遍挨罵，也算合理。

但新自由主義加劇了資本主義系統的兩個核心矛盾：「過度積累」和「消費不足」的孿生問題。

我們可以把兩者的關係想像為一把剪刀。在「大繁榮」期間，因為有高水準的生產性投資和個人消費水準的不斷增加，這把剪刀的剪口收細；但在身處新自由主義期間，剪刀的剪口大開。社會不平等在一九七〇年代之前一直下降，但之後卻激烈增加。剩餘資本在一極積累，但消費者需求在另一極滑落。這讓另一個業已存在且根源更深的危機——過度積累——更加惡化。讓我們回顧一下前面就壟斷性資本主義邁向長期停滯的趨勢說過什麼。

這種趨勢是基於三項主要理由：首先是因為資本家在自己的公司壓低工資；其次是因為壟斷性企業控制市場和抬高價格；第三是因為大資本討厭風險，不願意從事大規模的生產性投資。

所以現代企業充斥著大量剩餘資本，這批資本有一些被投資在行銷之類的次級活動。減低價格競爭不必然代表減低競爭本身，相反地，它可以意味並也事實上意味著在行銷、打造品牌、包裝和再設計等方面大肆擴張，以擴大市場占有份額，而不用承受價格競爭蘊含的風險。

但行銷努力並不能完全消化剩餘資本，所以很多剩餘資本被導向併購、資產拆賣（asset stripping）、私營化和金融投機等。「金融服務業」之所以大肆膨脹，以及「金融產品」之所以變得琳瑯滿目，正是因為有太多剩餘資本尋求以容易、快速和安全的方式獲利。

此即金融化（financialisation），它不是只跟銀行有關。工業企業也深深介入各種金融貿易，整個系統從生產（生產實體商品和勞務）轉向投機（投機在金融資產）。

金融化以債務為基礎，被交易的基本上是以金錢形式表達的資源的債權：債券、股票、抵押品、衍生性商品、貨幣等。就像工業資本是奠基於個人對商品和勞務的消費，金融商品則是奠基於個人的債務。倘若追本溯源，你會發現這些債務的大宗為房地產債務。

金融化以兩種方式對系統起作用：它以借貸消費的形式維持需求；因為債務就像任何商品一樣可交易，所以是利潤的一種另類來源，也因此能吸收不斷增加的剩餘資本。

金融化對於新自由主義反革命（neoliberal counter-revolution）有著核心性，各國政府一直鼓吹解除市場管制、低利率、金融創新，還有企業及家庭提高債務，經濟系統裡滿溢電子放貸。這個過程是自我助長；如果資本流向投機多於流向生產，資產價格就會上升得比實體經濟中的利潤和工資快速，這又表示會有更多的資本流入資產持有，而非生產性投資。

用專業術語來說，投資會流向何處，端視「資本的邊際效率」（marginal efficiency of capital），也就是端視哪裡有最好的報酬。在新自由資本主義底下，投資在金融十次有九次會較安全、獲利較快和獲利較多。

雖然馬克思把資本主義的動力定義為「價值的自我膨脹」，即M—C—M+，但還有另一種賺錢的方式，那就是透過「金錢的自我膨脹」，用公式來表示就是M—（M）—M+。其中M代表本來投資的錢，（M）代表一種貨幣資產，M+代表當資產獲得報酬（利息），或是以較高價錢賣出時連帶利潤收回的本金。

要注意的是，在「金錢的自我膨脹」過程中，什麼都沒有生產出來。這不是「價值的自我膨脹」，因為其中並無新的價值被創造出來。從社會整體的角度來看，它並沒有意義。資本的金融循環只是富人把本已存在的財富從別人口袋轉移到自己口袋的機制。

資本的金融循環如同工業循環，本質上為擴張性。金錢供給（在銀行電腦上以電子數字形式表現的債務鏈）必須無止境地增加，否則就不會有利潤。所以如果說「工業資本主義」是價值的自我膨脹，「金融化資本主義」就是債務／金錢的自我膨脹。系統一旦依賴於債務／金錢，就必須創造出更多的債務／金錢。

債務經濟的規模讓人瞠目結舌。上個世紀結束時，所有貨幣貿易共有九五％是投機性，也就是說它們不是用來促進實體商品的交換，而是透過改變相對的貨幣價值來賺錢。在二〇〇八年金融崩潰前，也就是泡沫達到高峰之際，衍生性商品交易（衍生性商品是以債務為基礎的金融資產）的全球價值據估計高達五百兆美元，相當於全球ＧＤＰ的十倍。在英國，債務和投機的價值據估計是實體經濟的五倍左右；在歐盟，銀行資產據估計是歐洲ＧＤＰ總值的三五〇％。

大部分金錢市場都是由「槓桿」金融支撐，這表示銀行從銀行借錢進行投機，由此創造出無數的電子金錢鏈，以無比複雜的網絡將全球金融系統串連起來。

身處這棟債務大廈基礎的是消費者。許多已開發國家的工人因收入停滯、借貸容易和房價高漲而債臺高築，依靠借貸購買的工人成為由金融衍生性商品、無擔保債務和膨脹的資產價值所構成巨大倒置金字塔的地基。在一九七〇年代晚期至二〇〇六年之間，美國平均的家庭債務增加一倍。二〇〇九年，美國光是卡債據估計就高達八千五百億美元。總債務在一九八〇年代早期是國民產值的約一．五倍，到了二〇〇七年增加至近三．五倍。金融部門對美國利潤的占比，從一九五〇年代早期的約一五％增加至二〇〇一年的近五〇％。

有鑑於工資相對於利潤來說是下降了，消費者債務一直有助於維持總需求。代之以用收到的工資支付商品和勞務，工人變成用拿未來收入來抵押的貸款購物。

資本不能靜止不動：它是一個積累的過程。在系統內滾動的上升剩餘為了進一步成長，必須再次投資。投資在債務提供了容易、快速和高價值的報酬。

另外，金融利潤也難以偵查。實體經濟可以量度、課稅，但金融這種電子數字形式的財富可以悄悄藏在境外的避稅天堂。

債務是現代資本主義的最大基礎，該系統是一借債成癮者，一戒掉債癮就會垮掉。債是唯一維持其殭屍般存在狀態的毒品。資本鉅子變得就像法老王一樣的寄生性，一樣了無社會功能。

即使按照其自己的標準衡量，這個系統也是極度功能失調。永久債經濟是一棟紙面資產的大廈，毫無任何實質。二〇〇八年的全球銀行業崩潰就是由這個矛盾（金融資本的虛增資產價值和社會實際財富的矛盾）所導致。

二〇〇八年崩盤：從泡沫到黑洞

「我發現了一個瑕疵。我不知道它有多嚴重或會持續多久，但我對此憂心忡忡。」這就是新自由資本主義一位主要設計者——美國聯準會前主席葛林斯潘（Alan Greenspan），對二〇〇八年全球經濟災難發端的說明。

葛林斯潘對這個歷來最大金融泡沫的一大貢獻，大概是取消了一九三三年的《格拉斯—斯蒂格爾法案》（Glass-Steagall Act），該法案禁止銀行用顧客的存款來投機。電視節目《新聞之夜》（*Newsnight*）中，經濟學家梅森（Paul Mason）將這把「監管之篝火」（bonfire of regulation）的後果看得比葛林斯潘強烈，認為「人類歷史上最大的人為經濟災難」就是由它導致。

二〇〇七年九月，在提供購屋貸款的英國北岩銀行（Northern Rock）發生擠兌之後，信貸緊縮的情況開始嚴重。整整一年後，美國投資銀行「雷曼兄弟」公司因為巨額虧損三十九億美元，宣布破產。九月十八日，因為擔心發生銀行倒閉的連鎖反應，葛林斯潘在聯準會的繼任者柏南奇（Ben Bernanke）和美國財長鮑爾森（Henry Paulson）共同指出：「我們正迎向國家歷史上最嚴重的金融危機，可能就是這幾天的事。」

為了防止這場危機，世界的統治者們撕掉他們的自由市場教科書，實施一系列規模大得像怪物的國有化政策和紓困政策。幾乎即時地，全球大約有兩兆美元政府資金注入銀行體系，三分之二供直接花用，三分之一作為保證金。自那之後，銀行得到更多兆美元的挹注。據一項估計，美國政府在二〇〇八年至二〇一二年之間，花在紓困的總金額是三十兆美元。

國家對私人銀行金額大得前所未有的資金挹注，穩定了全球金融體系。它填補了即時虧損，更重要的是，它因為向金融資本家證明政府不會容許大銀行倒閉，而恢復他們的「信心」。利潤繼續歸私人，虧損算大眾的事。投機者可以繼續收取下注贏得的籌碼，呆帳自有納稅人買單。

但這並沒有解決危機，只是改變了它的面貌。這場規模空前未有的崩盤，讓政府、企業和家庭的金融儲備縮水，使世界經濟陷入低迷不振。由國家鏟入銀行的資金，直接消失在呆帳的黑洞裡。此外，自二〇〇八年以來，富人積累財富的速度更快於從前，賭場經濟再次如火如荼。下一個泡沫被快速吹脹，世界盤旋在另一次經濟崩潰的邊緣。

金融資產本質上是以貸款換來的所有權憑證，可採取的形式有很多種，包括公司股票、政府公債、保險公司保單、外幣持有、抵押品包裹、期貨等。新自由主義時期，這些資產的價值不少都被高估到荒謬程度，成為投機泡泡裡不斷膨脹的粒子。

資本的「正常」報酬是可分享實體經濟的利潤，但當紙面資產跟實際商品的價值不再有關時，就會出現「投機性」報酬。然後價格的上升會變成自我助長，有時還會在發橫財心理的狂熱推動下被推至眩目高度。這種情形無法永續，而當金融發生崩盤和價格大幅下滑，虛增價值的泡泡就會搖身變為呆帳的黑洞。

在二〇〇〇年代早期投機狂熱的高峰，任何荒唐的構想都被認為可行。銀行開始貸款給無力還款的人，這種「次貸」的價值在二〇〇〇年至二〇〇七年期間增加了二三〇%。貸款人太窮被認為無關緊要，他們購買的房子被認為一定會升值，所以當買家違約時，銀行只要把他們掃地出門並拍賣房子，就可以撈一筆。

但情況還要較此複雜，「次貸」被重新包裝成為優質貸款，然後這些金融衍生性商品被轉賣。此舉的目的是分散風險，被認為是「金融服務業」的一種聰穎發明。但它實際導致的是讓整個銀行體系都被呆帳感染。

恐慌就是從「次貸」市場蔓延開來。因為消費者需求減低和房價走軟，「次貸」突然間看起來像呆帳。次貸恐慌迅速成為一種傳染病，席捲全球金融市場，因為大家都不知道整個銀行體系在多大程度上受到「有毒」衍生性商品的感染。整個世界的銀行體系突然顯示自己是由投機、虛增價值和紙面資產構成的大廈。

沒有事情因為二〇〇八年而改變。挹注私人銀行的數兆美元納稅人金錢，被用來填補呆帳和助長新一輪的投機，這就是過去八年來全球超級富豪的財產會暴漲的原因，這也是為什麼各種形式的債務，如家庭債、公司債和公共債，會繼續累積至難以為繼的程度。公帑沒有被用來挹注在家庭、醫院、學校、交通運輸和綠色轉型，反而浪費在支撐一個由私人債務、投機和貪婪構成的破碎系統。在此同時，公共服務因為削減開支和賣家當的嚴苛計畫而降質，工人薪資價值下降了一五％，窮人被自一九三〇年代以後就未聞的撙節政策逼入赤貧狀態。

後二〇〇八年撙節方案的荒謬不經，可以從「三巨頭」（歐盟、歐洲央行和國際貨幣基金）在二〇一五年頭六個月跟希臘「激進左翼聯盟」政府的互動可見一斑。它明白道出新自由主義時期世界政治精英和企業精英的道德破產。

「激進左翼聯盟」政府得到人民投票授權去重新談判償還國家債務的時程，好讓希臘經濟得以恢復，讓償還欠債的資源可以產生。但「三巨頭」拒絕再議，堅持人人都知道不可能持續的債務償還水準，讓希臘繼續陷在經濟的死亡螺旋裡。希臘人民被往貧窮推得更深，以成全德、法的銀行及全球性超級富豪的財富。這個為時一百六十二天危機的整個過程，被瓦魯法基斯（Yanis Varoufakis）這位「激進左翼聯盟」的財長，以讓人顫慄的細節寫入一本世人皆該一讀的書中，書名是《房間裡的大人：我與歐洲深度建制的角力戰》（*Adults in The Room: My Battle With Europe's Deep Establishment*）。

「三巨頭」被證明是一部巨大的金融引擎，專門負責把財富從勞動挪給資本、從福利挪給利潤，以及從工人和窮人挪給銀行和富人。它為幫助金融資本對付歐洲普通百姓發動了一場階級戰爭。

削減支出助長了蕭條，多年的緊縮預算在歐洲各國壓縮了需求，增加了失業人數。金融化、私營化和津貼在歐盟國家是強制性的，凡不能符合「平衡預算」和「削減債務」之嚴格規定的國家都會受到制裁。每年的預算赤字被限制在GDP的〇．五％，超過GDP六〇％以上的國家債務每年必須削減五％。在經濟越來越低迷的情況下，這一招注定會造成經濟虛脫。

撙節政策毀損人命又破壞經濟。隨著政府減少開支，市場會萎縮，公司會賣出較少產品，工人會被裁員，需求會緊縮，一個下滑的螺旋會被啟動。這是在一九三〇年代曾經造成停滯的機制。我們的統治者是新經濟大蕭條的設計者。

隨著經濟受撙節驅動的緊縮之錘擊而下滑，債務的負擔會增加。這樣的情形分為三種方式發生：首先，隨著更多公司和家庭破產，更多債務會變成呆帳；其次，為了蓋過舊債、填補進一步虧損及赤字，舉借新債變成必要；第三，隨著經濟萎縮，既有債務負擔的相對比重會上升。

希臘的命運證實了這一點。二〇〇九年年底，希臘的債務占GDP比率是大約一三〇％，而經過近兩年間紓困與撙節，其債務占GDP比率變成約一九〇％。發生了什麼事？這是因為希臘經濟受到撙節政策的桎梏，GDP暴跌了大約兩成。詹金斯（Simon Jenkins）在《衛報》指出：「把杜麗先生（Mr. Dorrit）⓰關在王室內務法庭監獄，讓他無法賺錢還債實在無謂……逼一個經濟體陷入衰退，讓其人民無法工作和多繳稅，完全為不智之舉。」

希臘並非特例。愛爾蘭在二〇〇八年金融危機爆發時也受到重擊，然後又受到一連串緊縮預算的打擊，GDP在二〇〇九年萎縮了八．五％，在二〇一〇年萎縮了一四％。希臘和愛爾蘭，還有葡萄牙、西班牙和義大利，是光譜的一個極端，但作為一整體的歐洲同樣陷入低迷，平均失業率是一〇％（希臘和西班牙則是二五％）。數以百萬計的人因為別無選擇，只能忍受低薪、兼職或臨時僱傭的工作（極高水準的隱藏性就業不足，可謂當前危機的一大特徵）。歐洲年輕人的未來分外黯淡：整體來說，每四名年輕人就有一名找不到工作（愛爾蘭、葡萄牙和義大利是每三名中有一名，希臘和西班牙則是每兩名中有一名）。「死神」的撲殺是社會危機的一項指標：希臘的自殺率一年內就增加四成。

銀行業崩潰非屬自然災難，而屬人為，是新自由主義意識形態所助長之投機與貪婪導致。我們正在

⓰譯注：狄更斯小說《小杜麗》（*Little Dorrit*）裡的角色，因欠債而被關在牢裡。

進入的蕭條非屬自然災難，乃是政府撙節政策的直接結果。前英格蘭銀行貨幣政策委員會成員布蘭弗洛（David Blanchflower）這樣說明：

深度衰退的第一個教訓是：除非是已經進入繁榮階段，否則你不會削減公共開支。這是凱恩斯教我們的。太快削減開支會驅使經濟走向蕭條，導致失業率急升、社會失序、貧窮惡化、生活水準下滑，甚至出現施粥所。

資本家階級遇到的難題在於，凱恩斯的策略本身也帶有危險性。國家債務是一種商品，必須像其他商品那樣在金融市場出售。如果用破紀錄的赤字來資助公共開支，違約的風險會增加，貸款會變得更昂貴，而到了某個時間點，「信心」會蒸發，國債會乏人問津。然後政府破產又會引起經濟崩潰與社會革命，這是布蘭弗洛預言會出現在撙節政權的情況。希臘可謂這個兩難的最明顯體現。

新自由主義精英因此陷在財富所依賴之系統的那些矛盾中，唯一走出低迷的辦法是透過投資創造新的成長，可是在金融資本私人擁有制所加諸的限制中，這一點卻又無法做到。此乃問題核心所在，富人的財富跟銀行的支配已然分不開。誠如艾略特（Larry Elliott）在《衛報》指出：

以最簡便方式觀之，過去四十年的政治經濟學故事是一場資本與勞動之間的階級戰爭，而資本輕易就贏得勝利。戰場上布滿勞動敗北的證據：微薄薪資、不穩定工作（precarious work）、集體議價的傾頹和公共開支的削減。勝利者占盡了戰利品：偏高利潤及股利、偏低個人稅率，以及對國家收入的偏高占比。

現在讓我們來瞧瞧這場階級戰爭，揭開資本主義的內在社會本質。

富人和其他人

我們生活在一個由一%人統治的階級社會。銀行和企業是由超級富豪構成的小階級營運，有一批生活得舒舒服服的中產階級管理者、經理人與專業人士為他們服務，其他人（約占八成）全屬於勞工階級。關於階級有許多謬論，讓我們弄懂階級並不符合統治者的利益，他們樂於看見人們將階級視作跟口音和工作時是否穿著工作服有關。有些人會因為自己在高樓層辦公室工作、買得起電子小用品，而自認為高人一等。

但階級不是一種社會學上的嫌犯指認。八成的人包括工廠工人、護理師、業務助理、老師、火車司機、客服中心員工、地方政府警察、水電工、講師、低階公務員、醫院雜工、電腦工程師和速食服務生等，全都屬於同一階級。他們全都是靠勞力創造財富，這是一個經濟過程。他們全都受到剝削，同時以工人及消費者的身分受到靠著他們勞力所創造之剩餘享福的一%人剝削，這是一種社會關係。

讓我們舉三個例子：現代英國的住房、醫療照顧和高等教育。一九七〇年代，幾乎有一半的新住房是由地方政府興建，有超過四成的人可以住在廉價的公共住宅，維修保養工作則由直接受僱的團隊負責。今日，所有新住宅中只有一．二五%是地方政府所建，住在公共住宅者的比例也下跌至七%，而幾乎所有蓋房子、翻修和維修保養的工作都是外包給私人公司。這種大規模的私營化計畫，包含住房提供的所有方面，導致可負擔住宅的慢性短缺、沉重的房屋貸款、暴漲的租金及無家可歸危機，同時也讓建築公司、私人地主和銀行大發利市。

英國的國民保健服務過去被認為是世界上最有成本效率、最有效且最平等的醫療保健制度，這是因為它是一個有計畫、協調性加上公營的系統，奠基於醫療保健應屬人人免費可得的原則。企業資本渴望在一年一千兩百五十億英鎊的健康醫療預算中分一杯羹，而從一九九〇年代開始，政客處心積慮抨擊國民保健制度，加以私營化。從興建醫院到日常治療都外包給私人包商的做法，意味著價格升高和服務變差。所有的得益，以從大眾荷包流出的巨大收入流（revenue stream）的形式，全都進了私營健康保險企業集團的口袋。

英國政府過去為所有英國大學生繳學費，這種情形自一九九〇年代晚期開始發生改變，現在大部分的英國學生一年要繳九千兩百五十英鎊，接近他們受教育的全額成本的大部分。大學生被迫貸款支付學費及生活開銷，這種貸款現在要付利息，而且準備好私營化，其後果將會為私人資本創造另一道收入流。

這些都是勞工在永久債經濟下受剝削方式的例子。而今「在生產端剝削」的情形有轉變為「在消費端剝削」的趨勢，後者表現為高昂的租金、敲竹槓的商品價格、公共服務收費、學貸、卡債等。會發生這種轉變的理由很簡單：它們讓富有的人更富有。由政府權力支持的金融化資本主義，把財富從有生產性的八〇%人那裡抽取至寄生性的一%人手中，社會的生命之血正在被生活漫無目的、如殭屍似的超級富豪吸走。

在國際規模上，剝削率不斷上升。樂施會（Oxfam）的調查顯示，世界上最有錢的八個人（剛好可以坐滿一輛高爾夫球車）現在擁有的財富，跟人類最窮五成人（三十五億）一樣多；最有錢的一%人（世界統治階級的全體）擁有的財富，多於其餘九九%的人。

在整個新自由主義時期，社會不平等一直急遽升高。一九九〇年，英國公司最高管理者的平均收入是勞工的二十五倍，到了二〇〇八年，這個數字已經上升為一百五十倍。同一期間，擁有至少五百萬美元的人增加一倍，身家數十億美元的富豪增加兩倍。

自二〇〇八年金融危機後，財富集中到頂層的速度不斷增加。二〇一〇年，世界三百八十八個最有錢的人擁有之財富，跟最窮的五成人一樣多；四年後，八十五個人便擁有這麼多的財富。再過兩年，這數字下降為六十二人，現在更是降至八人。

超巨型企業與超級富豪的大部分財產都放在避稅天堂。樂施會估計，全球富人共有七兆六千億美元是政府徵不到稅。以全球最貧窮大陸非洲為例，樂施會估計，非洲有三成金融財富是放在境外，所造成的每年稅收損失達一百四十億美元；這筆錢如果花在醫療保健，將足以拯救四百萬名兒童的生命，如果花在教育將使非洲每個小孩都有一名老師。

這種乖誕及成長中的不平等，反映出工人、消費者被剝削比率不斷增加。透過在職場（生產端）剝削獲得的剩餘霸占大幅增加。勞動工力因為私營化、外包和臨時僱用制，而被瓦解並去工會化。高失業率腐蝕了工作的安全性，讓雇主可以壓低薪資，採用零工時合約（zero-hours contract），用無薪實習充數。霸凌和壓力是職場的常態。

「勞動儲備軍」這批失業、半就業和打零工的群眾，一直在增加。在大都會經濟體，這種情形的達成是透過引入市場機制、私營化公共服務、打破大型的工會化勞動力，以及拆除福利的安全網（這種安全網是「國家管理型資本主義」的特徵）。在全球，這種情形的達成是靠著資本的國際化、新的資本積累中心的成長，以及資本家把生產移往低薪經濟體的機會的增加。在全球的「競次」（race to the bottom）中，用一群工人把另一群工人比下去，已經變得對全球體系的運作具有核心性。

跟著職場剝削攜手並進的，是在消費端的剩餘霸占的擴大，有三個主要機制為此服務：壟斷性定價（大企業將商品價格訂得高於其本身實際價值）；利息：銀行和其他金融機構靠著個人債務牟利；政府徵稅：從普通人徵得的稅收，用作對私人公司的付款、補助金和紓困金。

這種在消費端的剝削，形成「金融化」資本積累的巨大倒置金字塔之基礎，其特徵是經濟低迷、社會衰敗、瘋狂貪欲，還有漸趨擴大的不平等。

這個系統是無法改革的：金融化、私營化、企業權力，以及讓少數人越富、讓大多數人越窮，這些都是新自由資本主義的DNA。要結束經濟低迷有必要做的是取消債務、接管銀行、對富人徵稅，以及投資在工作、服務和綠色轉型。但要這樣做又必須推翻金融資本的統治，把經濟置於民主的控制下。就像一九三〇年代的情形一樣（當時是要在野蠻主義和社會主義之間作出抉擇），政治將會是決定性的。

危機四伏的全球秩序所面臨的難題還不只是經濟低迷、社會衰敗，帝國主義和軍國主義也在用世界大戰威脅著我們。

帝國主義、戰爭和核彈的陰影

自從反恐戰爭在二〇〇一年開打以來，列強總共投入一兆三千億美元。反恐戰爭殺害了大約一百萬人，造成大約五百萬人流離失所，並且破壞經濟、摧毀社會，自中亞到西非的一大片地域陷入不穩定，破碎的國家和代理人戰爭遍見於整個地區，使得三千三百萬人被迫逃離家園。

全球的權力板塊正在轉移，這讓世界變得更形暴力。一九四五年，美國的生產量占世界總產出的五成以上，而今日所占的份額幾乎不到兩成；另一方面，美國繼續占有全球軍火開支逾三分之一，乃三倍於中國、八倍於俄羅斯、四十倍於伊朗、兩百倍於伊拉克。這種矛盾（相對之經濟衰落，以及絕對之軍事優勢間的矛盾）解釋了何以美國今日這般喜歡炫耀武力，是要用軍事力量來彌補經濟影響力的不足。控制能源供應，還有跟中、俄競爭，可謂美國的兩大優先戰略。

能源供給是有限的，而資本積累是呈指數方式成長。隨著資本主義經濟體新秀（包括中國、印度、巴西、印尼、墨西哥、土耳其、伊朗和奈及利亞）的成長，美軍被部署在各個要害位置，以確保對全球能源豐富地區的控制，尤其需要確保對石油的控制。石油等於燃料、光和熱，人人都需要。這就是中東一直淪為戰場的原因：該地區蘊涵約七成的已知石油儲量。為了有效控制石油，美國一貫政策是支持親西方的附庸國對反西方的政權開戰，保持中東分裂。

伊拉克戰爭可謂是一場石油戰爭，阿富汗戰爭同樣屬於一場石油戰爭。阿富汗是世界上最貧窮的國家之一，但卻是一個軍事平臺，讓大國可以向能源豐富的地區投射兵力，特別是向裏海盆地投放兵力，那裡有三百億桶石油儲量以及世界三成的天然氣儲量。

帝國暴力是透過政治、經濟兩方面來壓制對手，美國的對手是中國與俄國。中國是個有全球影響力的新興資本主義超級強權，境內目前的石油消耗量占世界七%、煤消耗量占世界三一%、鋼消耗量占世界二七%。中國領導階層費盡心機為他們快速成長的經濟尋找燃料和原物料，將觸角伸入中東、非洲及南美，簽訂了一系列貸款協議（中國滿盈著剩餘資本），以換取石油、天然氣和礦物的長期供應。俄國因為擁有富含天然資源的廣大領土，又是世界第二核子大國，就成為美國另一主要對手，兩者交手地點為裏海盆地、中東和烏克蘭。

美國的反恐戰爭其實是一系列的帝國主義戰爭，目的在保護支配美國經濟的巨型企業利益，這表示要控制好能源供應、原物料、生產設施和大眾市場。這些利益是可以被敵對的超級強權（例如中國和俄國）、地區強權（例如伊朗和敘利亞）、群眾運動（例如巴勒斯坦的哈瑪斯組織）和恐怖分子（例如敘利亞和伊拉克的伊斯蘭國）所威脅。因而，美國要把軍事力量投放到世界各地，以確保自己的權力及利潤。

但這並未讓世界變得對我們其他人來說更安全，反而只是更增添不穩定且更致命，因為今日武器更加精良，戰爭也變得更具毀滅性，資本主義讓工業化的總體戰變為可能。隨著資本主義的發展，生產力不斷增加，軍火產量也不斷增加。

帶走兩千萬人性命的第一次世界大戰持續了四年，帶走六千萬人性命的第二次世界大戰則持續六年，戰爭的殺傷力在那之後進一步增加。美國戰鬥員每年平均彈藥消耗量在第二次世界大戰是一噸，到韓戰（一九五〇—一九五三）增加為八噸，到越戰（一九六五—一九七五）增加為二十六噸。美國在一九九一年初對伊拉克的六週空襲投下的炸彈數目，比整個第二次世界大戰期間投在德國土地上的數量還多。

國際秩序正在解體，全球緊張氛圍正在升高，世界正在重新武裝，戰爭正在撕裂社會。我們的統治者每年花一兆七千億美元購買軍火，這是一個瘋狂的世界；這筆錢的每一美元都是在浪費，每一美元都在促發大戰化為可能。

如果今日發生世界大戰，八成會是人類歷史上最災難性的事件。如果兩個大國互射核子飛彈，幾天內就可以殺死數以千萬計的人，甚至殺死數以億計的人們。全球核子大屠殺這個明顯且現實的危險，體現在由相互競爭企業與國家所構成之世界中強權的武裝力量。

來臨中的氣候災難

我們的星球正在緩慢死去，它最初得病是在大約兩百五十年前工業革命伊始之時，當時世界經濟開始以指數方式成長。疾病現已接近膏肓。

一七五〇年至一九八〇年之間，全球生產量增長逾八十倍。現在生產量每二十五年就近乎翻倍，出於這個原因，能源消耗量扶搖直上。世界煤產量從一八〇〇年的一千五百萬噸增加至今日的八十億噸；而世界石油產量在一九〇〇年是一億五千萬桶，現在增加至每年約三百億桶。

指數式經濟成長，代表人口和城市亦以指數方式成長。世界在一七五〇年住著七億五千萬人，一八五〇年住著十二億五千萬人，一九五〇年住著二十五億人，現在世界的人口總數是七十億。一八〇〇年世界人口只有二．五％是住在城市，今日住在城市的人口比例約達五成。

更多產出、更多能量、更多人口和更多城市，帶來結果就是讓世界資源承受莫大壓力。這種壓力表現為諸多不同形式：樹林被砍伐；濕地被抽乾；土壤被侵蝕；抽水讓農田變為沙漠；動物棲息地被破壞（每天有七十五個物種滅絕）；化學藥品被傾倒入海洋、湖泊和河流；有毒物質滲漏進地下水；肥料、除草劑和殺蟲劑汙染食物供給；垃圾掩埋場滿布合成廢物；核電廠爆炸，讓空氣、陸地和海洋充滿致癌粒子。

但有一種生態危機將其他比了下去。過去兩百年來，煤、石油和天然氣的燃燒，讓大氣中的二氧化碳濃度從二八〇ppm增加至四〇〇ppm。增加率正在加速，二氧化碳濃度在一九五〇年左右超過三〇〇ppm，一九九〇年超過三五〇ppm，二〇一二年達至三九〇ppm。後果是迎來地球暖化，因為大氣中的二氧化碳留住陽光的熱力，一八八〇年以來全球溫度增加了攝氏〇．八度，但這增加的七五％是發生在過去三十年。過去一百三十四年來最暖的十天，全是出現在一九九八年之後。北極冰帽正在以每十年九％的速率縮小，平均海平面高度以每十年兩公分的比率增加。

氣候變遷業已發生。洪水在一九九八年一度覆蓋孟加拉六五％的土地，摧毀許多村莊、農田和基礎建設。住著一百六十萬人的波拉島（Bhola Island），在二〇〇四年有一半面積被永遠沖走。澳洲歷史上最嚴重的山火在二〇一一年肆虐。光是在二〇〇八年，全球就有約兩千萬人因氣候變遷的影響而流離失所。現在每年有十五萬人因氣候變遷而死亡，因為較高的溫度會讓疾病傳播得更快速。

這些還只是大氣有四〇〇ppm二氧化碳，全球增溫〇・八度的情形下發生的情況。如果大氣中的二氧化碳增加至四五〇ppm，地球溫度的增加大概會到達攝氏二度。科學家估計，這是地球能夠忍受的最大值，再下來，我們就會面臨突然、不可逆和高度破壞性的變遷。照目前的趨勢看來，全球溫度的增幅不無可能是二度的五、六倍。即便只是增加二度，也一定會讓數以千萬計的人流離失所、陷入飢餓和百病叢生。

有鑑於全球系統的複雜性、變數眾多及回饋機制，我們不可能精確地預測到臨界點。例如，冰封苔原的暖化就有可能突然把大量富含二氧化碳的甲烷釋放到大氣中。

如果突然的變遷被啟動，受影響的人可能多達數以十億計。南極西部冰蓋已經開始融化，本來被其封存的水足以讓全球海平面上升三公尺，足以淹沒倫敦、孟買、紐約和東京部分地區。對過去冰消期的研究顯示，隨著海洋升高與暖化，冰蓋有可能突然解體。

世界十大企業中，有六家是石油公司，另外三家是汽車製造商。德國和日本的前兩大企業都是汽車製造商，俄國的前四大企業是石油和天然氣生產商，印度的前五大企業全是石油公司。

為了拯救地球，我們必須削減八、九成的碳排放量，而這意味我們得跟企業資本正面交鋒。我們有必要將數以兆計的英鎊投資在碳捕集與封存、可再生能源、公共運輸、高效節能住宅和建築物熱絕緣；我們有必要大幅削減石化燃料消費、道路運輸和空中交通；我們有必要對富人、企業課以重稅，以幫助貧窮的「全球南方」的氣候變遷受害者。我們有必要協調國際行動，以民主方式作決定，並以理性方式籌劃，阻止氣候變遷。

只要還是由一%的人統治世界，上述的要求便無一會發生。他們在二〇〇九年聯合國主辦的哥本哈根氣候會議逮到機會。在更早的《京都議定書》裡（一九九七年簽訂），各國曾商定致力截至二〇一二年削減五・二%的碳排放量。這個削減量於事無補，但至少是一個目標。《哥本哈根協議》卻向後倒退，不再設定任何共同目標，任憑各國自行其是。

《哥本哈根協議》可謂企業力量的一場勝利。「碳企業」如煤、石油、天然氣生產商、電力公司、汽車製造商和航空公司，被允許為了利潤的利益焚燒地球。

資本鉅子們已經把地球，含括其土地、水和礦物，轉化為他們的私有財產。他們把它的豐盛轉化為商品和利潤，吐出廢棄物和汙染。

在哥本哈根，政客放任他們為所欲為。他們沒有浪費任何時間，自那之後，石化燃料的生產和碳排放就不斷飆高。現在，他們還要進行壓裂：撕裂鄉村的土地，把有毒化學物質打入地下，抽取頁岩油。燃燒吧！釋放出更多的二氧化碳吧！

有些科學家認為我們已經進入地球歷史上新的地質學年代，一個人類破壞地球生態系統的紀元。他們稱之為「人類世」（Anthropocene）。

悄悄壯大的法西斯主義

那是世界發生改變的時刻之一。就像柏林圍牆在一九八九年倒塌、雙子星大樓在二〇〇一年遭受恐怖攻擊，還有金融危機在二〇〇八年爆發那樣，川普在二〇一六年十一月當選美國總統，震驚全世界。

評論家絞盡腦汁要加以解釋。一個逃稅的億萬富豪、一個咆哮的種族主義者、一個厭女且自承欺負女性的人、一個取笑身心障礙人士的欺凌弱小者、一個說謊成癖者、一個以己身盲信、仇恨和鄙視大部分人類態度而自豪的人：這樣的人物竟然站上舉世政治權力最高的職位。六千三百萬名美國人投票給一個政治小丑。

川普等於全球現象的一部分，那就是極權主義極右派領袖紛紛崛起。普丁在莫斯科領導俄國民族主義政權，習近平在北京領導中國民族主義政權、莫迪在德里領導印度教民族主義政權、艾爾多安在伊斯坦堡領導穆斯林民族主義政權。在世界上許多地方，民主正遭腐蝕，公民自由受到攻擊，人權受到踐踏。

歐洲也許可以稱為第二波法西斯主義的大本營：極右派政府在波蘭和匈牙利當權；奧地利極右派「自由黨」的領袖差點就當選總統；法國極右派「民族陣線」領袖在最近一次總統選舉中獲得三四％選票；極右派的「自由黨」在二〇一七年荷蘭大選中贏得一三％選票；德國的極右派政黨在同一年的聯邦選舉中有一樣好的表現；在英國，右派勢力聯盟（「英國獨立黨」和保守黨右翼的聯盟）靠著販賣民族主義和反移民的種族主義，在英國脫歐公投中以些微比數取勝。

右派政黨已經成為實力雄厚的選舉組織，在大概一半歐洲國家能夠取得選舉第二名或第三名的位置。這些政黨用種族主義感染整個主流政治光譜。傳統的保守派、自由派和社會民主派政黨為了回應選票的大失血，紛紛採取極右派的反移民和仇恨穆斯林辭令。這讓種族主義論述得到加強，讓其最極端的鼓吹者勢力大增，進一步動搖主流政黨的選票穩定性，由此形成一個惡性循環。

「法西斯主義」一詞有時會被用得太寬鬆，泛指任何極權主義行為。不過更讓人擔心的是將之定義得太狹窄的趨勢，這種趨勢否認當代的極右派運動可以被稱為法西斯主義，所持的理由是它們和世界大戰前的德國納粹黨不夠相似。

這是個非常危險的誤解。歷史總是會重演，但又總是不會以一模一樣的方式重演。不管怎樣，戰間期的歷史都顯示法西斯主義可以有很多不同的形式，名符其實是一個過程，會因地而異、因時而異，會透過跟具體歷史環境中其他力量的互動而演化。就像所有社會政治運動一樣，法西斯主義是由行動來定義，必須按照其內在內容是非外在形式來分析。

一九三〇年代那種「破城槌式」法西斯主義（義大利法西斯黨人、德國納粹黨人和西班牙長槍黨人皆屬此類）是對追求革命的勞工階級的一種反應，其中包含強烈的準軍事性質暴力，這是因為它必須在現實鬥爭中粉碎工人運動，掃除通向當權的障礙。

今日的環境卻非常不同，一九七〇年代晚期崛起的新自由主義反革命，削弱了公民社會和勞工運動。國際統治階級在一九八〇年代取得突破，對勞工階級施以一連串沉重打擊，而此後四十年見證財富和權力按照對資本家有利的方式大規模重新分配。我們現在也許正見證到該反革命的第二階段：勞工階級的激烈原子化、去權化（disempowerment）及去政治化。

今日，法西斯主義並不需要用暴力打開權力之路。有些極右派人物已經進入政府（或是以自己的身分加入，或是寄生在其他政黨，又或是加入右派聯盟），而他們也可以用自己的權位推廣民族主義－種族主義方案。即便是在他們沒有掌握政府權力的地方，他們的存在仍正改變政治地貌，創造出一些為他們在未來挺進提供最大牽引力的地形。可供進階種族主義、極權主義及更暴力形式法西斯主義發展的空間，正在穩步擴大。

法西斯主義可以被定義為用民族主義、種族主義、性別主義、極權主義的混合公式，對托洛斯基所謂「人類塵埃」的積極動員。這套混合公式為非理性的大雜燴，集合了一堆神話、偏見和圖騰，它代表倒退回到啟蒙運動之前、倒退回到反科學的思考方式，以及倒退回到超反動的思考方式；然而，在推展其綱領的同時，極右派又努力控制最現代形式的強制政府權力。法西斯主義是由二十一世紀科技提供能量的十一世紀神話。

法西斯主義不是設計來執行特定歷史任務的「工具」，並非由資本主義的布偶師「控制」，它是民族主義、種族主義、仇外心態、性別主義、軍國主義、宗教迷信和權力崇拜，這些在危機時期從資本主義社會下水道湧出之物（馬克思稱之為「年深日久渣滓」）的濃縮表達。受這塊磁鐵吸引，原子化、異化和反常態的「人類塵埃」圍繞著它旋轉（他們是系統底部正在衰敗的社會層次的碎屑）。法西斯主義把這些材料轉化為反革命群眾運動以保護資本主義，使其不受社會不斷升高不滿情緒的爆炸性潛力傷害。

自由主義中間派向金融化資本積累要求的投降，提供了極右派推進的政治脈絡。左派的衰弱（它經歷新自由主義反革命四十年的打擊），意味著極右派只會受到最低的抵抗（也因此用不著動用法西斯主義的準軍事組織）。

極右派的吸引力是明顯的，一方面銀行得到紓困，企業權力膨脹，富人變得更富有；另一方面，公共服務被私營化，房價貴得買不起，物價高漲，工資停滯，窮人被占便宜。社會積累了大量怨氣和不滿。主流政黨中的保守派、自由派與偽「社會主義者」看起來就像拙劣的詐騙者，是受投機者和資產拆賣者（asset-stripper）控制的腐敗政治精英的一部分。

支持從失去信用的中間派流走，但不滿情緒卻沒有在左派找到領導者。當政治系統被蛀空、當社會苦惱節節上升，以及當勞工運動無法推進一個社會主義替代選項時，悄悄爬行的法西斯主義就會崛起。它會把不滿情緒導向民族主義和盲信，不是把憤怒引向反對體制，而是引向反對體制的受害者。

準軍事組織流氓總是只歸於法西斯主義，打壓力量的次要成分，國家機器總是打壓自由、民主和勞工運動的主要手段。戰間期的法西斯主義，如一九二二年的義大利、一九三三年的德國和一九三九年的西班牙皆為如此，今日仍是如此。所以真正的危險不在法西斯主義準軍事組織，而是極右派對警察的控制。

戰間期那種「破城鎚式」法西斯主義，是針對鬧革命勞工階級而發的暴力爆發，目前的「悄悄爬行」法西斯主義則是已被蛀空之社會的內爆。在二十一世紀歐洲，法西斯主義可謂明顯且現實的危險。

結論

打造未來

一個小嬰兒在東非莽原哇哇大哭，她的母親因為飢餓而沒有奶水。牛隻因為天不下雨而死去，村子裡沒有食物。不下雨是因為海水暖化，讓帶雨的風減少。小嬰兒是因為氣候變遷而哇哇大哭。

世界的另一頭，一名孟加拉男子為死去的女兒哭泣，她們被達卡（Dhaka）一家倒塌工廠掉落的水泥塊壓死。達卡是孟加拉血汗工廠的大本營，每家工廠都交給出最低價標的廠商興建。這些工廠工時長、薪水微薄，霸凌是家常便飯。熱那大廈（Rana Plaza）樓高八層，牆壁上可見清晰裂痕，有五千人在裡面工作，大樓倒塌造成其中一千一百三十八人喪命。安全的工廠成本較高，意味著利潤減低——對你家附近商業大街上的「普利馬克」（Primark）和其他六、七家時裝零售店來說是這樣。

在距離商業大街半英里處，一個身障男子上吊輕生。他的社會福利被縮減，讓他無法餵飽家人。他死在英國的伯恩利，而英國是世界上第十富有的國家。他並不是特例：今日有一百萬英國人在使用食物銀行（food bank），因為最窮的人變得更窮了。這種事被稱為「削減赤字」。

銀行變成賭場，然後債權變成呆帳，銀行幾乎倒閉。所以政府就搶劫大眾的荷包，為銀行紓困。但總得有人付帳，他們決定應該由窮人買單，這種事被稱為「緊縮」。

在世界的又另一頭，有位葉門母親為她的小孩哀泣，他們也是被倒下的牆壁壓死，但這一次牆壁是因為沙烏地阿拉伯的空襲而倒塌。沙國的武器由英國企業提供，他們稱之為「反恐戰爭」。從中亞到中東，約有一百萬人喪生，數千萬人無家可歸。但戰爭繼續打下去，軍火商變得更有錢。

在地中海，一艘腐爛的船因為超載而翻覆沉沒，救難船趕到前已經有一百人溺斃。總計每年有上千名難民喪生於渡過地中海的途中，他們是在軍國主義和企業勢力肆虐的世界裡，被迫播遷的數百萬難民的一部分。

那些成功達陣的難民會被送進集中營，關在鐵絲網後方，受到穿制服無賴的霸凌和種族主義政客的取笑。他們是現代資本主義的麻瘋病人，不受歡迎且被認為「不潔」。在抵達德國的難民中，有超過四百人企圖自殺，而二十人自殺成功。

氣候變遷、戰爭及貧窮，將我們的世界撕得四分五裂。它們並非毫不相關的議題，而是息息相關，是一個由敵對國家和企業構成之系統的一部分。驅動這個系統的是追逐利潤的競爭。

讓少數人富上加富、許多人變窮，還有摧毀地球，這些要求內建於資本主義系統，唯有利潤攸關重要。人類痛苦及環境都是不費成本的「外部性」（externalities），破碎的社會、燒焦的大自然是此系統的廢品。

這個系統現正把我們推入深淵，帶來更嚴重的汙染、更多的戰爭、更深重的貧窮。地球快速增溫，國際秩序邁向崩潰，社會結構被大得荒唐的不平等撕裂。

這個系統無法改革。企業已經把議會變成木偶劇場，家財億萬的政客在舞臺上顧盼自雄而無所作為，議會已淪為企業指令的傳聲筒。

那一%的人絕不會交出自身財富和權力，歷史上從未有精英階級那樣做過。他們不可能拆毀自身財富和權力所仰賴的系統，要麼是由我們終結富人、銀行和企業的統治，要麼是讓危機重重的系統把我們拖入野蠻，把地球帶向毀滅。

世界的財富

過去五千年來，從農業革命第一次讓剩餘財富的實質積累成為可能肇始，人類就不均勻、不確定地邁向對匱乏的消除。這是由三部歷史引擎所驅動：技術進步、統治階級之間的競爭及階級鬥爭。而這種邁向之所以不均勻、不確定，是因為三種機制的運作（特別是加在一起的時候）問題重重。

過去兩百五十年來，從工業革命開始，變遷的步伐急劇加速。一套競爭性資本積累系統，創造出一種不停創新的全球經濟。人類的聰明勤勞將我們帶到人人皆可享受物質富裕的邊緣。

然而，內在於這個經濟的消除匱乏潛力卻始終沒有實現，相反的，只帶來剝削和貧窮、帝國主義和戰爭，以及饑荒和疾病。我們創造出多到空前未有的技術知識與財富（這是五千年人類集體勞動的成果），然而，它們卻被用來助長一小撮不事生產者的貪婪和暴力。

本書目的之一是解釋事情為什麼會這樣，另一目的則是顯示情況可以是別的樣子。我們的論證以一個簡單的事實為核心，即人類能夠創造自己的歷史。他們不是身處自己選擇的環境，他們的行動是受到其時代經濟、社會和政治結構的規範，不過，在受到這些限制時（事實上也正因為這些限制使然），人類可以作出一系列的選擇。有時，他們會選擇不去行動，默默承受現實，這樣他們就會繼續是歷史的受害者，受到統治者的決定支配。另一些時候（這些時候大概要少得多），他們會選擇組織起來，進行戰鬥。當夠多的人作出這種選擇，就會形成一場群眾運動與一股歷史力量，然後大地就會為之震動。

我們已經到達必須作出重大抉擇的關口：要麼默默承受緊縮和貧窮，承受巨大的社會不公義，承受極有可能墜入法西斯主義、戰爭和生態滅絕的風險；要麼可以決心讓最新一個資本主義危機成為最後一個，決心起而推翻銀行家和軍閥的統治，創造出奠基於民主、平等、可永續性，以及為需要而生產的新社會。

有一點十分清楚，資本主義目前正面臨全面性且存在性的危機，這個危機蘊含經濟、社會、帝國、生態和政治的面向。在二〇〇八年金融危機十多年後的今天，我們看來已經進入一次「大停滯」（Great Stagnation），有可能會是歷史上最難解決的蕭條。在資本主義的大都會心臟地帶，生活水準降低，貧窮不斷升高，基礎建設和公共服務每下愈況。開發中世界所有地區都被轉變為巨大的血汗工廠，在從中亞到西非的大片地域，有千萬人因為戰爭造成的混亂狀態而流離失所。

雖然作出龐大的軍事投資，美國這個衰落中的全球霸主被證明無法在阿富汗、伊拉克我行我素，無法恢復中東的穩定，也無法阻止中國之流新帝國對手的推進。對此，美國的因應之道是加重武裝，更訴諸暴力。與此同時，有可能摧毀工業文明的全球暖化失控和氣候災難繼續倒數計時。

這時候，就像一九三〇年代一樣，法西斯主義的怪獸從資本主義的下水道冒了出來。

人類異化的狀態從未更甚於今日。一方面，集體勞動創造出有著消除匱乏潛力的空前生產力；另一方面，同一批力量又被轉化成對我們的健康、幸福，甚至對我們的生存不利的推手。

我們該怎樣辦？

二十一世紀可能發生革命嗎？

全球精英無法繼續以舊有方式統治。但是想要消除貧窮、戰爭和全球暖化，我們必須拆解他們的財富和權力所依賴的系統，這是他們自己做不到的。統治階級解決危機的唯一方法是墜入野蠻。⓱ 他們作為資本鉅子的角色，讓他們在二十一世紀初成為沒有歷史功能的寄生性社會階級。

人類進步現在要仰賴推翻新自由主義統治階級，讓工人掌握國家權力，以及將經濟和社會生活重新置於民主控制之下。

二十世紀的歷史讓我們明白，如果想要取得成功，我們必須在全球展開行動。過去四十年來的教訓讓我們明白，「一國社會主義」是痴人說夢。但世界革命在二十一世紀可能發生嗎？

革命總是讓人意想不到，有著高度感染力，能夠引發巨大變遷。一七八九年當巴黎人民武裝起來，走上街頭阻止一場皇室政變時，法國大革命爆發了。然後，在一七八九年和一七九四年之間，他們反覆干預政治過程，推動革命向前，對抗心猿意馬的溫和派、反革命分子和入侵的外國軍隊。

革命運動在一八一五年之後消沉，但後來再次爆發，先是一八三〇年在法國爆發，然後在一八四八年席捲巴黎、柏林、維也納、布達佩斯、羅馬和歐洲其他城市。雖然這些革命後來都失敗了，但帶給改革的推動力卻不可遏止。歐洲的統治者知道必須有所改變，否則就會面臨人民再次造反的危險。因為這個緣故，法國變成共和國，義大利統一起來，德國被打造為現代的民族國家。

一九一七年二月，俄國沙皇的警察獨裁政權被勞工階級的起義推翻。一九一七年十月，在布爾什維克和彼得格勒蘇維埃的領導下，俄國勞工階級奪取了政權。工廠由工人的委員會管理，土地被分給農民，俄國退出第一次世界大戰。直到革命被經濟崩潰、內戰和外國入侵摧毀為止，俄國有短短幾年時間是世界上最民主的國家。

⓱ 譯注：指發動戰爭。

布爾什維克革命引發連鎖反應，從德國到中國都爆發革命。發生在德國及奧匈帝國的革命，終結了第一次世界大戰。一九一七年至一九二三年間此起彼落的革命，差點把世界資本主義系統扳倒。

此後這個系統繼續孕育革命。一九三六年發生在西班牙的革命，遏阻了一場法西斯主義者支持的軍事政變。一九五六年匈牙利爆發革命，作為對蘇聯入侵的回應。一九六八年的法國有上千萬工人加入大罷工，其中數以十萬計工人占領工廠，而學生和年輕工人在巴黎市中心跟鎮暴警察進行激戰。

一九七九年的伊朗革命，將一個邪惡、武裝強大且得到美國支持的獨裁政權拉下臺。一九八九年一波席捲東歐的革命，讓各個史達林主義獨裁者紛紛中箭下馬，任他們有再多的線人、祕密警察和政治監獄都無濟於事。

二〇一一年二月十一日，經過十八日的群眾示威，埃及總統穆巴拉克三十年的軍事獨裁在「阿拉伯之春」的勝利中瓦解。

在這些革命之前，反對派都備感絕望，因為他們面對的政權武力強大、警察羅網嚴密，而群眾看似一派冷漠。每一次，在直到群眾起義的一刻為止，統治階級的狂妄都看似不受約束。馬克思所謂歷史的「老飛蛾」喜歡嚇人一跳。

一九二四年，匈牙利馬克思主義理論家盧卡奇（Georg Lukács）在反省剛剛過去的戰爭與革命的偉大時代時，談到所謂的「革命的現實性」（the actuality of the revolution）。在我們已身所處危機時代的脈絡，值得回顧盧卡奇的所思所想。他指出：

> 馬克思主義是以無產階級革命的普遍現實性（universal actuality）為前提。在這層意義上，作為整個時代的客觀基礎，以及認識這個時代鑰匙的無產階級革命，就構成馬克思主義發揮作用的核心……革命

> 的現實性定下整個時代的基調……革命的現實性就意味著把跟社會歷史整體有具體關聯的每個個別的日常問題，作為無產階級解放中的契機來研究。

在盧卡奇看來，國際勞工階級革命可謂一種攸關重大且始終存在的可能性，一切政治行動皆應以之作為判斷準繩。它不是不可避免的，它也許永遠不會發生，它有可能遙不可及，不過重點是舊秩序本身包含著革命始終存在的可能性，而這是不斷增加的人類痛苦唯一可想像的出路。

一九一七年至一九二三年革命浪潮的最終敗北，並未否證盧卡奇這點洞察的基本有效性，反而只為其作出證明，因為敗北帶來的後果是史達林格勒、奧斯維辛和廣島的野蠻。

造反的城市

一九九九年的西雅圖、二〇〇〇年的華盛頓和二〇〇一年的熱內亞，都爆發反全球化抗議，引發群眾與警察的暴力衝突。二〇〇三年二月十五日，全世界有六百個城市同步舉行反戰示威，共有兩千五百萬人參加，其中三百萬在羅馬遊行、兩百萬在倫敦遊行，以及一百五十萬在馬德里遊行。

二〇一一至二〇一五年之間，在突尼斯、開羅、雅典、馬德里、聖地牙哥、伊斯坦堡、里約熱內盧和十幾個其他大都市，有數以十萬計的人上街抗議極權統治及經濟緊縮政策。

開羅的解放廣場、雅典的憲法廣場、馬德里的太陽門廣場和伊斯坦堡的塔克西姆廣場（Taksim Square），成為人民力量與新自由主義秩序鬥爭的戰場。廣場上的戰爭反覆蔓延至四周街道，因為示威者有時會暫時被迫撤退，躲到建築物裡或街壘後面。當他們這樣做的時候，站在巷子裡和陽臺上數以千計的人就會向他們歡呼。數以百萬計的人在電視螢幕看著這些畫面，深受激勵。

新的群眾運動式民主，正在挑戰根深柢固新自由主義政權的狂妄與腐敗，該政權以其懂得的唯一方式回應：警棍、水砲、催淚瓦斯和閃光震撼彈。

雖然國與國之間有一些差異，但全球各地明顯出現一種群眾鬥爭的新模式。企業資本和極權主義政府對我們城市的控制，受到年輕人為主的街頭抗議者所組成激進尖兵的爭奪。議會民主被蛀空，加上工會及其他民眾組織的弱化，已然摧毀社會秩序的壓力計和安全閥。怨氣在社會底部化膿，異化隨著「系統」的增長而增長，然後當它爆開來，就會是大爆炸。

現代城市因為住著大量異質、不安穩和流動性的勞工階級，已經變成鬥爭的主要舞臺。社交媒體促進鬆散網絡的創造，讓本來原子化的個人可以快速被動員。然後當他們聚集在一起，原來各自分散的反文化激進分子發現，他們構成一股群眾運動。資本主義看來正在大都會心臟地帶迎來一波城市起義。

城市濃縮著各種社會矛盾，包含國家的宏偉紀念性建築、企業的玻璃帷幕大樓和精英階級的豪奢住宅區。然而只要走上一小段路程，就可到達年輕工人所居住租金過高的公寓區，滿是慈善商店、一元商店和倒閉商店的商業街道，並看見因為政府削減預算而出現的骯髒醫院、破敗學校和滿街垃圾。富人與窮人之間越來越大的鴻溝，是橫越共享都市空間的一條實體和社會斷層線。

一方面因為工會組織的弱化，另一方面則因為金融化剝削方式的擴大，作為一整體的城市勞工階級社群（有別於分散在不同工作場所的勞工）獲得更大的社會重要性。對低薪和管理者霸凌的鬥爭是以職場為中心，但爭取合理稅負、合理租金、社會福利、公共服務和環境保護的鬥爭卻必然是以社群為中心。

職場本質上是本位性。強大的職場組織會強化本位主義，哪怕它可以提供階級統一和團結一個更堅實的平臺。城市卻是以倒過來的方式發揮作用，城市社群和人群傾向彼此分散。大型示威活動會把不同產業的勞工拉在一起，把有組織者與無組織者拉在一起，把安全者和不安全者拉在一起，把有工作者和無工作者拉在一起，把學生和少數族群拉在一起。就這樣，都市群眾可以快速地、容易地、自然地跟勞工階級統一在一起，參與街頭鬥爭。

在街頭上，人們會因為匿名而獲得安全。不只是無組織的、不安全的和沒工作的人可以在街頭上戰鬥，在職場受到管理階層欺凌的有組織性勞工，在街頭抗議時也會比進行罷工時更容易表達憤怒情緒。

現代城市是由勞工的勞動所創造，然而公共空間的控制權卻被企業和政府篡奪，以致城市越來越少部分是不受圈圍、控制、監視和商品化。新城市起義一個反覆出現的特徵，是街頭民主與政府暴力之間的衝撞。

城市為人類勞力的產品，是資本家利潤的源頭之一和階級權力的一個中心，因此它是脆弱的。就像罷工行動可以癱瘓工廠、辦公室和整個產業，街頭抗議也可以癱瘓基礎建設、職場和整個城市。充分動員的社會群眾能夠讓城市經濟停擺。

誰的末日？

根據《聖經》一個神話，世界末日是以啟示錄四騎士作為先導，他們分別代表征服、殘殺、饑荒和死亡。

人類今日前景一片黯淡，像是離末日不遠。新自由資本主義將全球經濟的產能發展到空前未有的程度，但這些力量不受民主的控制和理性的規劃，而是由競爭性資本積累的經濟和軍事要求所驅動。結果就是雖然它們有潛力把全人類從物質匱乏的狀態解放出來，卻偏偏做著相反的事：朝向摧毀工業文明本身的方向前進。

我們的統治者在面對這個危機時表現的無知、貪婪和不負責任，乃是根植於資本主義系統本身的不理性。氣候災難、經濟低迷和帝國主義者戰爭是根植於市場的瘋狂：推動著新自由資本主義國家與巨型企業的盲目經濟及軍事競爭。這個系統是極端病態、具破壞性，將我們帶到大概是人類歷史上最嚴重的危機。

另一個《聖經》神話有時會被拿來跟四騎士的神話互別苗頭。在這個末日神話裡，高潮是一個大眾的禧年（Jubilee）。稅吏和地主將會被趕走，奴隸和農奴將會獲得解放，土地將會分給在土地上幹活的人。一個自由豐足的新黃金時代將會開啟。

想要在二十一世紀初把末日轉變為禧年，有五項先決條件：

一、我們必須明白，系統有必要作出整體改變。只有將分散的運動、抗議和鬥爭集結為對系統（它是人類各種難題的根源）的總攻擊，我們才可望解決各種難題。

二、我們必須明白國際主義的必要性。這表示我們必須屏棄各種種族主義、民族主義和「一國社會主義」，打造團結和抵抗的全球網絡，因為這樣才足以挑戰富人的全球權力。

三、我們必須明白，勞工階級（世界上八〇%的人屬於這個階級）對於任何改變系統的嚴肅策略都具有核心性。只有動員普通工人的大多數，我們才可以找到力量對抗並打敗企業資本和政府。

四、我們必須打造一個群眾社會運動和大眾參與式會議的網絡，以組織、傳播且維持工人反對系統的鬥爭。

五、我們必須把革命分子組織為活動家的網絡，讓他們能夠從下層領導、組織大眾抵抗，將群眾憤怒煽動為一波勞工階級鬥爭，最後讓這些鬥爭膨脹為一場新的全球性革命運動，其規模將會比一七八九年、一八四八年、一九一七年、一九六八年和一九八九年的革命運動都來得大。

一個不同的世界已經成為一種絕對的歷史必然性，另一個世界是可能出現的。在這層意義下，革命是一種「實在性」（actuality）。

但它不是百分之百確定無疑的，必須透過戰鬥去爭取，成敗端看我們所有人怎樣做。不曾有過更高的歷史賭注。

大事年表

歷史時期或年代*	大變動／全球性事件	歐洲	西亞	東亞及澳洲	非洲	美洲
距今約七〇〇萬年—六〇〇萬年	**人族的第一次轉化****				第一批人族出現在查德和肯亞	
距今約三〇〇萬年—七〇〇萬年					「阿法南方古猿」出現在東非	
舊石器時代早期（距今約三三〇萬年—二〇萬年）						
距今約三三〇萬年	**人族的第二次轉化**				**人族開始製作石器**	
距今約二五〇萬年	冰河時期開始				**「人屬」出現**	
距今約一九〇萬年—一八〇萬年				「直立人」殖民南亞和東亞	「匠人」出現在東非和南非	
距今約八〇萬年		「前人」出現在英國				
距今約五〇萬年		「海德堡人」出現在英國				
距今約三五萬年	**人族的第三次轉化**	「尼安德塔人」適應了寒冷			**「智人」出現在摩洛哥**	

歷史時期或年代*	大變動／全球性事件	歐洲	西亞	東亞及澳洲	非洲	美洲
舊石器時代中期和晚期（距今約二〇萬年—一萬年）	**狩獵革命**					
距今約八五〇〇〇年			「智人」從非洲進入亞洲			
距今約五〇〇〇〇年				「智人」殖民南亞和澳洲		
距今約四〇〇〇〇年		「智人」殖民歐洲		「智人」殖民北亞		
距今約三〇〇〇〇年		「尼安德塔人」滅絕				
距今約一五〇〇〇年						「智人」殖民美洲
中石器時代（約為八〇〇〇ＢＣ—三五〇〇ＢＣ）						
新石器時代（約為七五〇〇ＢＣ至今）	**農業革命**					
約七〇〇〇ＢＣ		新石器先鋒從西亞抵達希臘		第一批新石器時代農夫出現在南亞和東亞部分地區		

歷史時期或年代*	大變動／全球性事件	歐洲	西亞	東亞及澳洲	非洲	美洲
約六〇〇〇BC				第一批新石器時代農夫出現在中國北方黃河流域		
約五〇〇〇BC		新石器時代早期農耕方式大盛於歐洲				
紅銅時代（約四五〇〇BC—三〇〇〇BC）	**生態危機。從新石器早期以鋤頭為工具的農耕方式轉換為新石器晚期以犁為工具的農耕方式**					
約四〇〇〇BC			新石器時代早期經濟在西亞一些地區發展起來	農耕方式沿著巴基斯坦印度河流域傳播		
約三八〇〇BC		新石器時代早期農耕方式傳播到歐洲各地				

歷史時期或年代*	大變動／全球性事件	歐洲	西亞	東亞及澳洲	非洲	美洲
約三七〇〇ＢＣ—三四〇〇ＢＣ		大型的部落政體出現在不列顛南部，彼此發生戰爭				
青銅時代（約三〇〇〇ＢＣ—一二〇〇／七〇〇ＢＣ）	**城市革命：第一批階級社會**					
約三〇〇〇ＢＣ—一五〇〇ＢＣ			蘇美文明出現在伊拉克			
約三〇〇〇ＢＣ—一〇〇〇ＢＣ			一系列青銅時代的要塞出現在土耳其西北部的特洛伊			
約二七〇五ＢＣ—二二五〇ＢＣ					埃及的舊王國時期文明：築造金字塔	
約二六〇〇ＢＣ—一九〇〇ＢＣ				巴基斯坦的印度河流域文明		
約二三三〇ＢＣ—二一九〇ＢＣ			伊拉克的阿卡德薩爾岡帝國			
約二三〇〇ＢＣ—一九〇〇ＢＣ	青銅時代早期帝國的危機					

歷史時期或年代*	大變動／全球性事件	歐洲	西亞	東亞及澳洲	非洲	美洲
約一九五〇BC—一四五〇BC		克里特島的邁諾斯宮殿文明				
約一八〇〇BC—一〇二七BC				中國北方黃河流域的商文明		
約一六五〇BC—一二〇〇BC			土耳其的西臺帝國			
約一六〇〇BC—一一五〇BC		希臘的邁錫尼文明				
約一五七〇BC—一〇八五BC					埃及的新王國時期文明	
一五二三BC—一〇二七BC				中國北方的商朝		
約一五〇〇BC				來自中亞的雅利安入侵者開始定居在巴基斯坦和印度西北部		
約一五〇〇BC—一三三五BC			伊拉克北部的米坦尼帝國			
約一三二三BC					埃及法老王圖坦卡門下葬在帝王谷	

歷史時期或年代*	大變動／全球性事件	歐洲	西亞	東亞及澳洲	非洲	美洲
約一二〇〇BC—一〇五〇BC	青銅時代晚期帝國危機		鐵器開始在西亞大量生產			
鐵器時代（約為一二〇〇／七〇〇BC至今）	**冶鐵革命大大提高生產力**					
約一二〇〇BC—AD一五二一						墨西哥出現一連串文明：托爾特克人、馬雅人、托爾特克人和阿茲特克人
約一一九〇BC			特洛伊戰爭			
一一七〇BC					埃及工匠發起歷史記載的第一次罷工	
一〇二七BC—二二一BC				中國的周文明		
約一〇〇〇BC					第一個在泛撒哈拉商路建立的蘇丹庫希特文明	
約九〇〇BC—AD三二五						

歷史時期或年代*	大變動／全球性事件	歐洲	西亞	東亞及澳洲	非洲	美洲
約九〇〇BC—AD一五三二						秘魯出現一連串文明：查文、納斯卡、莫切、奇穆和印加
約八〇〇BC				冶鐵技術傳入印度		
約七五〇BC		荷馬創作《伊利亞特》和《奧德賽》				
約六五〇BC—六二五BC		羅馬城奠基				
約五六三BC—四八三BC				佛陀在印度行教化		
約五五一BC—四七九BC				孔子在中國行教化		
約五五〇BC—三三一BC			波斯的阿契美尼德帝國			
五三七BC			猶太流民從巴比倫「返回」巴勒斯坦			
五一〇BC—五〇六BC		希臘雅典發生民主革命				

歷史時期或年代*	大變動／全球性事件	歐洲	西亞	東亞及澳洲	非洲	美洲
約五〇〇BC—AD二〇〇					奈及利亞的諾克文化	
四九〇BC—四七九BC		波斯人入侵希臘被擊敗				
約四五〇BC					西非出現第一批鐵器	
四三一BC—四〇四BC		雅典人在伯羅奔尼撒戰爭中戰敗				
四〇三BC—二二一BC				中國的戰國時期		
三四三BC—二七二BC		羅馬人征服義大利				
三三八BC		馬其頓人征服希臘				
三三四BC—三二三BC			亞歷山大大帝東征			
三二一BC—一八五BC				印度的孔雀帝國		
約三〇〇BC—AD九〇〇						墨西哥南部和瓜地馬拉的馬雅文明

歷史時期或年代*	大變動／全球性事件	歐洲	西亞	東亞及澳洲	非洲	美洲
二六四BC—二〇二BC		羅馬人征服西地中海				
二二一BC—二一〇BC				秦王統一中國，成為始皇帝，興建萬里長城，死後以兵馬俑陪葬		
二〇六BC—AD二二〇				中國漢朝		
二〇〇BC—六三BC			羅馬人征服東地中海			
一六七BC—一四二BC			馬卡比家族起義讓猶太人獲得獨立			
一三三BC—三〇BC		羅馬革命				
四四BC		凱撒遇刺身亡				
約AD一—三三			耶穌在巴勒斯坦行教化			
AD九		條頓堡森林之戰：羅馬的戰敗標誌著帝國國力的衰落				

歷史時期或年代*	大變動／全球性事件	歐洲	西亞	東亞及澳洲	非洲	美洲
AD五〇					紅海港口阿克蘇姆落成	
AD六六—七三			猶太人第一次反羅馬起義			
AD一一五—一一七			猶太人第二次反羅馬起義			
AD一三二—一三六			猶太人第三次反羅馬起義			
約AD三〇〇—七〇〇				印度歷史的「古典時期」		
約AD三〇〇—八〇〇						南墨西哥和瓜地馬拉「古典馬雅」時期的城市革命
AD三一二		羅馬皇帝君士坦丁讓基督教合法化				
約AD三二〇—五五〇				印度的笈多王朝		

歷史時期或年代*	大變動／全球性事件	歐洲	西亞	東亞及澳洲	非洲	美洲
AD三二五					蘇丹的庫希特人被阿克蘇姆／衣索比亞推翻	
AD三七八		阿德里安堡之戰：東羅馬人被西哥德人擊敗				
AD三九一		羅馬皇帝狄奧多西把異教定為非法				
AD三九五		東羅馬帝國和西羅馬帝國的最終分裂				
約AD三九五—四七六	**西羅馬帝國解體**					
約AD四〇〇—八〇〇					尼日河畔的迦納貿易城鎮傑內—傑諾落成	
AD四三四—四五三		阿提拉登基為匈人的王				

歷史時期或年代*	大變動／全球性事件	歐洲	西亞	東亞及澳洲	非洲	美洲
AD四五一		沙隆之戰：羅馬人和西哥德人聯手打敗匈人				
約AD五〇〇				匈人入侵印度西北部		
約AD五〇〇—九〇〇	以朝貢為基礎的政治系統在西歐大盛					
約AD五七〇—六三二			穆罕默德在阿拉伯半島西部傳教			
AD五一八—六一八				中國的隋朝		
AD六一八—九〇七				中國的唐朝		
AD六二二			穆罕默德從麥加逃至麥地那			
AD六三〇			穆罕默德返回麥加			
AD六三六			雅爾木克河之戰：阿拉伯人征服敘利亞			

歷史時期或年代*	大變動／全球性事件	歐洲	西亞	東亞及澳洲	非洲	美洲
AD六三七			阿拉伯人征服伊拉克			
AD六四二					阿拉伯人征服埃及	
約AD六五〇		**西歐開始使用犁**			阿拉伯商人開始活躍於泛撒哈拉商路	
AD六六一			伍麥亞哈里發國於內戰後在大馬士革建立			
AD六六四				阿拉伯人征服阿富汗		
約AD七〇〇—一三五〇						北美洲西南部的巴布羅農人文化
約AD七〇〇—一四五〇						北美洲密西西比中部的廟墩建造者文明
AD七一一		阿拉伯人征服西班牙				

歷史時期或年代*	大變動／全球性事件	歐洲	西亞	東亞及澳洲	非洲	美洲
AD七五〇			阿拔斯王朝於內戰後在巴格達建立			
約AD八五〇－一〇五〇		維京人、馬箚兒人和阿拉伯人入寇西歐				
約AD九〇〇－一一〇〇	**封建制度在西歐很多地區實行**					
AD九六〇－一一二六				中國的宋朝		
一〇二七－一〇九一		諾曼人征服南義大利和西西里				
一〇六六－一〇七一		諾曼人征服英格蘭				
一〇七一			曼齊刻爾特之戰：塞爾柱土耳其人征服東土耳其			
一〇九五－一二九一			十字軍東征			

歷史時期或年代*	大變動／全球性事件	歐洲	西亞	東亞及澳洲	非洲	美洲
一〇九九			第一次十字軍東征以攻占耶路撒冷達致高峰			
一一〇〇—一五〇〇					非洲中東部的大辛巴威文明	
一一八三			敘利亞和埃及在薩拉丁手底下統一			
一一八七			哈丁之戰：薩拉丁贏得對十字軍的決定性勝利			
一一九七—一五二五						秘魯的印加帝國
一二〇四			十字軍洗劫君士坦丁堡			
一二〇六—一二四一				成吉思汗稱霸		
一二六〇			阿音札魯特之戰：馬穆魯克阻止了蒙古人的推進			

歷史時期或年代*	大變動／全球性事件	歐洲	西亞	東亞及澳洲	非洲	美洲
一二七九—一三六八				中國的元朝		
一三四八—一三五〇		黑死病在歐洲殺死三分之一的人				
約一三五〇—一五〇〇	**準資本主義式農耕在歐洲大部分最發達地區發展起來**					
一三五八—一四三六	歐洲很多地區爆發反封建制度起義					
一三五八		法國北部的農民和工匠起義				
一三六八—一六四四				中國的明朝		
一三七八		義大利北部佛羅倫斯的工匠起義				
一三八一		英格蘭北部的農民和工匠起義				
約一四〇〇—一五五〇		**文藝復興**				

歷史時期或年代*	大變動／全球性事件	歐洲	西亞	東亞及澳洲	非洲	美洲
一四一九—一四三六		波希米亞的農民起義和胡斯派戰爭				
一四二八—一五一九						墨西哥中部的阿茲特克帝國
一四四〇—一八九七					奈及利亞的貝寧文明	
約一四五〇—一八〇〇	**商業資本主義**					
一四五三			鄂圖曼土耳其人攻陷君士坦丁堡			
約一四八五—一六八五	絕對君權制度在歐洲很多地區實施					
一四九二—一五〇四						哥倫布遠航至西印度群島
一四九三—一五二五						秘魯的印加帝國進入全盛時期

歷史時期或年代*	大變動／全球性事件	歐洲	西亞	東亞及澳洲	非洲	美洲
一四九四—一五五九		法國和哈布斯堡王朝之間的義大利戰爭				
一四九七—一四九九				達伽馬從里斯本出發取道好望角到達加爾各答		
一五一九—一五二一						科爾特斯摧毀阿茲特克帝國和征服墨西哥
一五一九—一五二二						麥哲倫的環世界航行一圈之旅
一五二〇—一五六六			蘇萊曼大帝在位			
一五二一—一六八八	**第一波資產階級革命**					
一五二一—一五二五		**日耳曼地區宗教改革**：市民、騎士和農民的群眾鬥爭				

歷史時期或年代*	大變動／全球性事件	歐洲	西亞	東亞及澳洲	非洲	美洲
一五二六—一七〇七				印度的莫臥兒帝國		
一五三二—一五三五						皮薩羅摧毀了印加帝國和秘魯
一五三四—一五三五		日耳曼地區明斯特的再洗禮派公社				
一五三六—一五四一		英格蘭修道院的解體				
一五四一—一五六四		喀爾文把日內瓦打造為宗教改革主張的主要中心				
一五四五—一五六三		特倫特大公會議把全歐洲的反宗教改革力量組織起來				
一五六二—一五九八		法國宗教戰爭：宗教改革在法國被凍結				
一五六六—一六〇九		**荷蘭革命**				

歷史時期或年代*	大變動／全球性事件	歐洲	西亞	東亞及澳洲	非洲	美洲
一五七一		勒班陀之戰：基督徒遏阻了鄂圖曼帝國的擴張				
一五八八		西班牙無敵艦隊的戰敗終止反宗教改革的推進				
一六〇九		羅曼諾夫王朝在俄羅斯建立				
一六一八—一六四八		三十年戰爭：宗教改革在日耳曼地區被凍結				
一六二九—一六四〇		十一年暴政：在英格蘭建立絕對王權的流產				
一六三七—一六六〇		**英格蘭革命**				
一六四四—一九一二				中國的清朝		
約一六五〇—一八〇〇		**啟蒙運動**				

歷史時期或年代*	大變動／全球性事件	歐洲	西亞	東亞及澳洲	非洲	美洲
一六五二－一六七四		由商業競爭觸發的英荷海戰				
一六八八		英格蘭的「光榮革命」推翻了詹姆斯二世				
一六八八－一八一五		英、法因為爭奪全球霸權爆發一連串戰爭				
一六八九－一七四六		英國詹姆斯派一系列失敗造反				
約一七五〇－一八五〇	**工業革命**	英國勞工階級被圈地、清算、饑荒和飢餓共同創造出來				
一七五一－一七七二		法國《百科全書》出版				
一七五六－一七六三		七年戰爭：加拿大和印度的大英帝國的建立				

歷史時期或年代*	大變動／全球性事件	歐洲	西亞	東亞及澳洲	非洲	美洲
一七五七—一八五六				英國征服印度		
一七六三—一七七五		英國發明家瓦特製造出有效率的蒸汽機				
一七七〇年代		英國創業家阿克萊特創造第一批工廠				
一七七五—一八四八	**第二波資產階級革命**					
一七七五—一七八三						**美國獨立革命**
一七七六						潘恩的《常識》出版 美國《獨立宣言》
一七八九—一七九四		**法國大革命**				
一七九一—一八〇四						海地爆發奴隸革命
一七九二—一八一五		法國大革命戰爭和拿破崙戰爭				

歷史時期或年代*	大變動／全球性事件	歐洲	西亞	東亞及澳洲	非洲	美洲
一七九三—一七九四		雅各賓黨在法國專政的「第二年」：資產階級革命的高峰點				
一七九八		愛爾蘭反抗英國統治的起義失敗				
約一八〇〇—一八七五	工業資本主義					
一八〇八—一八一四		法國入侵西班牙被打敗				
一八一〇—一八三〇						在南美洲反對西班牙統治的「玻利瓦」革命
一八一二		法國入侵俄羅斯被打敗				
一八一三—一八一五		拿破崙先後在日耳曼地區的萊比錫和比利時的滑鐵盧被打敗				

歷史時期或年代*	大變動／全球性事件	歐洲	西亞	東亞及澳洲	非洲	美洲
一八一五－一八四八		根據維也納會議的規定，歐洲由一些「王座與祭壇」政權統治				
一八三八－一八四八		英國的憲章運動：第一次勞工階級的群眾運動				
一八三九－一八四二				中英第一次鴉片戰爭		
一八四八		法國、日耳曼地區、奧匈帝國和義大利發生革命				
一八四八－一八七三	**長期繁榮／資本的時代**					
一八四九－一八七〇		法國的波拿巴政權				
一八五〇－一八六四				中國的太平天國起義		

歷史時期或年代*	大變動／全球性事件	歐洲	西亞	東亞及澳洲	非洲	美洲
一八五三－一八五六			克里米亞戰爭			
一八五六－一八六〇				中英第二次鴉片戰爭		
一八五七－一八五九				印度兵變		
一八五九－一八七一	**第三波資產階級革命**					
一八五九－一八七〇		義大利的「復興運動」				
一八六一－一八六五						**美國南北戰爭**
一八六四－一八七一		**德意志統一**				
一八六七		馬克思出版《資本論》				
一八六七－一八六九				日本明治維新		
一八七一		巴黎公社：第一次勞工階級革命				
一八七三－一八九六	**長期蕭條**					
約一八七五－一九三五	**帝國主義資本主義**					
一八七六－一九一四					「非洲大獵」	

歷史時期或年代*	大變動／全球性事件	歐洲	西亞	東亞及澳洲	非洲	美洲
一八八一—一八九八					蘇丹伊斯蘭主義者為爭取獨立抗爭	
一八九四—一八九五				中日爭奪朝鮮之戰		
一八九九—一九〇一				中國的義和團之亂		
約一九〇〇—一九一四		英德海軍軍備競賽				
一九〇三		俄羅斯社會主義分子分裂為主張改革的孟什維克和主張革命的布爾什維克				
一九〇四—一九〇五				爭奪滿洲的日俄戰爭		
一九〇五—一九〇六		一九〇五年俄國革命				
一九〇八—一九〇九			鄂圖曼帝國的青年土耳其黨人革命			

歷史時期或年代*	**大變動／全球性事件**	**歐洲**	**西亞**	**東亞及澳洲**	**非洲**	**美洲**
一九一〇—一九二〇						墨西哥革命
一九一一—一九二三			鄂圖曼帝國解體，土耳其共和國成立			
一九一一—一九二七				第一次中國革命		
一九一一				中國的民族主義起義		
一九一二—一九一三		巴爾幹戰爭				
一九一四—一九一八	**第一次世界大戰**					
一九一六		愛爾蘭的復活節起 列寧的《帝國主義》出版				
一九一七—一九二三	**社會主義革命浪潮**					
一九一七		**俄國革命** 俄國二月革命 四月至六月：法國軍隊兵變				

歷史時期或年代*	大變動／全球性事件	歐洲	西亞	東亞及澳洲	非洲	美洲
一九一七		八月：列寧的《國家與革命》出版 **俄國十月革命** 十月至十一月：義大利軍隊崩潰				
一九一八—一九二〇		西班牙的「布爾什維克三年」				
一九一八—一九二一		俄國內戰				
一九一八—一九二三		**德國革命**				
一九一八		一月：德國出現罷工潮 九月至十一月：同盟國的軍事崩潰導致保加利亞、奧匈帝國和德國發生革命				
一九一九—一九二三	**頭四屆國際共產大會**					

歷史時期或年代*	大變動／全球性事件	歐洲	西亞	東亞及澳洲	非洲	美洲
一九一九		一月：柏林的「斯巴達克起義」 三月至八月：匈牙利蘇維埃共和國 四月至五月：巴伐利亞蘇維埃共和國 《凡爾賽和約》敲定		阿姆利則慘案導致印度人的反英情緒急遽升高 中國出現反帝國主義的「五四運動」		
一九一九—一九二一		義大利的「紅色兩年」 愛爾蘭獨立戰爭				
一九二〇		三月：柏林發生「卡普政變」 八月：義大利北部發生占領工廠浪潮				
一九二一—一九二八		俄國的「新經濟政策」時期				

歷史時期或年代*	大變動／全球性事件	歐洲	西亞	東亞及澳洲	非洲	美洲
一九二二		墨索里尼的法西斯黨在義大利奪權				
一九二二－一九二三		愛爾蘭內戰				
一九二三		惡性通貨膨脹讓德國人的存款大為縮水 希特勒發動的「啤酒館政變」失敗				
一九二六		英國發生大罷工				
一九二六－一九二七				中國的工人和農民革命被粉碎		
一九二七／一九二八		**俄羅斯的史達林主義反革命** 俄國的第一個「五年計畫」				
一九二九						**華爾街崩盤**
一九二九－一九三九	**經濟大蕭條**					

歷史時期或年代*	大變動／全球性事件	歐洲	西亞	東亞及澳洲	非洲	美洲
一九三一—一九四五				日本發動侵略中國的戰爭		
一九三三		**希特勒的納粹黨在德國掌權**				
一九三四		工人在維也納的反法西斯起義被粉碎 巴黎的工人示威讓法西斯主義者被邊緣化 西班牙阿斯圖里亞斯發生礦工起義				
一九三四—一九三五				毛澤東領導下的共產黨進行「長征」		
約一九三五—一九七五	**國家管理型資本主義**					
一九三六		五月至六月：法國發生大罷工和占領工廠浪潮				

歷史時期或年代*	大變動／全球性事件	歐洲	西亞	東亞及澳洲	非洲	美洲
一九三六		七月：西班牙爆發反對軍事政變的革命				
一九三七		西班牙的史達林主義反革命				
一九三七—一九四五				日本的侵華戰爭		
一九三九—一九四五	**第二次世界大戰**					
一九四一—一九四五		隨著俄國、日本和美國的參戰，大戰成為全球性戰爭				
一九四四—一九四五		西方的共產黨反抗運動自我解除武裝				
一九四五		美國在日本投下原子彈				
一九四五—一九八九	**冷戰**					
一九四五—一九四八		東歐各國落入史達林主義政權統治				

歷史時期或年代*	大變動／全球性事件	歐洲	西亞	東亞及澳洲	非洲	美洲
一九四六—一九四七				印度的獨立運動：印巴分治和社群暴力		
一九四六—一九四九				中國內戰以共產黨得勝作結		
一九四八			第一次以阿戰爭：以色列建國			
一九四八—一九五二		美國馬歇爾計畫為歐洲提供貸款				
一九四八—一九五四				越南獨立戰爭		
一九四八—一九七三	**大繁榮**					
一九四九		俄國舉行第一次核子試爆				
一九五〇—一九五三				韓戰		
一九五二					埃及發生自由軍官政變	
一九五四—一九六二					阿爾及利亞獨立戰爭	

歷史時期或年代*	大變動／全球性事件	歐洲	西亞	東亞及澳洲	非洲	美洲
一九五六		二月：克魯雪夫演講 十月至十一月：匈牙利革命和蘇伊士運河危機				
一九五六－一九五九						古巴革命
一九五八－一九六一				毛澤東在中國推行「大躍進」 越戰		
一九六〇－一九七五						
一九六一		興建柏林圍牆				
一九六二						古巴飛彈危機
一九六六－一九七一				毛澤東在中國發動「文化大革命」		
一九六八－一九七五	**群眾鬥爭的全球浪潮**					

歷史時期或年代*	大變動／全球性事件	歐洲	西亞	東亞及澳洲	非洲	美洲
一九六八		五月至六月：法國發生群眾抗議、大罷工和占領工廠行動 八月：俄國入侵捷克斯洛伐克，鎮壓「布拉格之春」		發生在南越的春節攻勢		四月：黑人區暴動浪潮 八月：芝加哥警察攻擊反戰示威者 十月：墨西哥市抗議學生遭警察射殺
一九六九		八月：愛爾蘭德里的博格賽德區之戰 義大利「熱秋天」的罷工和工廠占領				
一九七三						軍事政變推翻智利的阿葉德政府
一九七三—一九九二	**長衰退**					
一九七四						阿根廷軍事政變
一九七四—一九七五		葡萄牙革命				

歷史時期或年代*	大變動／全球性事件	歐洲	西亞	東亞及澳洲	非洲	美洲
約一九七五至今	**新自由資本主義**					
一九七八				中國在鄧小平領導下走上新自由主義路線		
一九七九			**伊朗革命**			尼加拉瓜革命
一九七九—一九八九				蘇聯的阿富汗戰爭		
一九七九—一九九〇		柴契爾夫人政府在英國推行新自由主義政策				
一九八〇—一九八一		波蘭的「團結工聯」運動				
一九八〇—一九八八			兩伊戰爭			雷根政府在美國推行新自由主義政策和「第二次冷戰」
一九八四—一九八五		**英國礦工示威失敗**				

歷史時期或年代*	大變動／全球性事件	歐洲	西亞	東亞及澳洲	非洲	美洲
一九八七—一九八八		戈巴契夫在蘇聯發起「改革開放」政策				
一九八九		**一九八九年東歐革命**		在中國天安門廣場爭取民主的示威學生遭屠殺		
一九八九—一九九一		蘇聯解體				
一九九二—一九九五		前南斯拉夫發生波士尼亞戰爭				
一九九四					南非的種族隔離結束	
一九九九—二〇一三						查維斯在委內瑞拉當選總統
二〇〇一						恐怖分子在美國攻擊世貿中心和五角大廈

歷史時期或年代*	大變動／全球性事件	歐洲	西亞	東亞及澳洲	非洲	美洲
二〇〇一至今	**「反恐戰爭」**			美國和英國攻打阿富汗		
二〇〇三—二〇一一			美國和英國攻打伊拉克			
二〇〇七	全球「信用緊縮」					
二〇〇八	**全球金融崩潰**					
二〇〇八至今	**大停滯**					

* 西元前八〇〇〇年至前一年間年分會被標示為BC，西元一年至一〇〇〇年間年分會被標示為AD，西元一〇〇〇年之後的年分只會列出數字。有些時期會重疊（史前時代特別是這樣），因為相同的發展在世界不同地方發生在不同的時間點。

**特別重要的事件和過程會以粗體字顯示。

本大事年表列出的時期和事件僅限內文有提到者，所以不構成人類歷史的完整編年表列。

資料來源

以下的說明，還有更後面的書目，都是用來代替注釋。任何世界史肯定會是一部極端綜合性和理論性的作品，而在那樣的作品中，傳統的學術注釋會是一種笨重裝置。因為試問你要註記些什麼？是眾所周知的事實，還是較少人知的事實？是所有觀念，還是僅較有爭議性的觀念？是所有參考過的資料來源，還是主要的資料來源？更方便和我希望對讀者更有用的方法，是我在這裡採取的一種，也就是提供一些書目說明，然後是列出有注釋的資料來源。在書目說明中，我討論了史學的爭論、它們的關鍵著作，以及我在其中的立場。資料來源會按照傳統的書目方式列出（出版日期以我參考的版本為準），再增加一些額外資訊。我會在一本書後面用括號——例如（1—3）——顯示它和本書哪些章節特別相關；用單星號（*）表示特別有價值的研究（兼含馬克思主義和非馬克思主義作品）；用雙星號（**）表示那些異常重要且通常具有開創性的馬克思主義史學作品；又用笑臉符號（☺）表示那些優雅又流暢好讀的著作。

不管是書目註記還是書目本身，皆非確鑿不移，都是拼湊補綴而成。就像我在緒論裡說過的，它們反映了我的訓練、經驗和閱讀。我對研究某些時期的歷史著作的掌握，遠多於另一些時期。我引用的資料來源只是我知道、用過，因此可資推薦。書目不小的用處之一是提醒專家我的知識缺口何在，容許他們評估我以閱讀為基礎作出之判斷的可靠性。另外，書目註記與書目本身，應該可以指引一般讀者進行有用的進階閱讀。

書目說明

馬克思主義啟發過好幾代歷史學家的著作。許多後繼者受惠於這些前輩，讀者可以在參考書目中找到他們。只不過馬克思主義者之間常常意見不一致，而我自己就斷然不同意其他馬克思主義者的許多詮釋，也認為有些以馬克思主義者自居的人說法可疑。鑑於這個原因，我有責任稍加說明我在馬克思主義者的光譜中站在哪裡。

馬克思的著作可以用很多不同方式解讀。社會結構有多大拘束力？人在多大程度上受到社會秩序的社會化與擺布？把這道問題反過來問就是，人類能動性（human agency），也就是社會中人的集體意志和行動，在改變事件的軌跡上有多大力量？歷史主要是由結構決定的嗎？還是說它是偶然的、開放的，受到我們的行動形塑？

從十九世紀晚期至二十世紀中期，馬克思主義內部主要受到決定論進路的支配。這套進路同時符合改革派政客及史達林主義官僚的需求，因為他們都不鼓勵勞工階級進行自發活動。例外的是列寧、托洛斯基、盧森堡、葛蘭西和盧卡奇等革命分子。推動革命的人總是強調主體的力量：在他們看來，勞工階級的意識、組織和活動乃是馬克思主義的最本質。

史學研究要到第二次世界大戰之後才趕上，然後新一代的馬克思主義史家以英國人和法國人為主，許多是各自國家共產黨的成員（至少起初是如此），寫出一批無法超越的經驗性與理論性作品，而這些作品等於決定性地否定了對馬克思主義的決定論解釋。他們主要聚焦於普通男女的物質環境、思想世界和集體行動，目的在寫出「自下而上的歷史」（history from below），揭示普通人是歷史的推動者和搖動者。湯普森（Edward P. Thompson）的《英國工人階級的形成》（*The Making of the English Working Class*）是這一類型的經典研究，在其中，襁褓中的無產階級不再是被淹沒和看不見的犧牲者，而是一個能夠創造自己身分、文化和歷史的有血有肉男女的階級。以類似的方式，希爾頓（Rodney Hilton）分析了中世紀的農民，希爾（Christopher Hill）分析了英格蘭革命中的「中間階層」（the middling sort），索布爾（Albert Soboul）分析了法國大革命中巴黎的「無套褲漢」。在我看來，他們代表貨真價實的馬克思主義傳統。同樣精神斷然注入有可能是迄今為止最偉大的馬克思主義歷史作品：托洛斯基的《俄國革命史》（*History of the Russian Revolution*）。托洛斯基是一九一七年十月革命的領袖、內戰期間紅軍的指揮官，是理論與實踐統一的最高體現，這讓他有十足資格寫出一部分析他自己是主角之一的偉大事件的傑作。對想要多讀一點馬克思主義歷史著作的人，我高度推薦托洛斯基的《俄國革命史》。

現在進入細節。我必須一提幾本我廣泛使用的通史類著作。羅伯茲（J. M. Roberts）的《世界歷史》（*History of the World*, 1976）是一部重量級敘事巨作，有著百科全書似的涵蓋面，極為有用，且相對地不為理論包袱所累。相當迥異，且對我們的目的來說也重要得多的是哈曼（Chris Harman）的《世界人民的歷史》（*People's History of the World*, 1999），這是一部傑出的馬克思主義史著，代表非常高層次的學術研究和詮釋。不過，它有著經濟決定論，甚至技術決定論的傾向，而且有著目的論之傾向（目的論是把所有事件導向一項前定的終端），所以這本書讀起來就像人類是穿過一連串不可避免的階段，每一階段都比上一階段高，每一階段都把人類進步更向前推。我認為這種史觀是錯的，我把歷史視為開放、偶然並受人類能動性的形塑。雖然馬克思有時候也會表現出決定論的傾向，但我相信他的方法的本質暗示著相反方向。李斯（John Rees）的《戰爭的代數》（*Algebra of Revolution*, 1998）特別有助於掌握這一點。一本相當不同但不能不提的書（不能不提是因為它對我大有影響），是基根（John Keegand）的《戰爭史》（*History of Warfare*, 1994），這本書深具原創性和洞察力，證明右派史家的著作偶爾會遠勝許多學院派馬克思主義者（順帶一提，我認為「學院派馬克思主義者」一詞自相矛盾）。

過去二十年來，有不少論述人族演化的傑出著作，而對當前看法的最佳撮要可見於斯特林格（Chris Stringer）及其同事（1993, 1996, 2006）。對較後期的史前史，有一本康利夫（Barry Cunliffe）所編，談歐洲證據的佳作綜合性論文集（1994）。還有兩本精彩研究是康利夫自己所寫，一本是談大西洋沿岸（2001），另一本是談歐洲和地中海（2008）。但採取馬克思主義架構的最佳著作仍屬柴爾德（Vere Gordon Childe）的《歷史上發生的事》（*What Happened in History*, 1942），這本開創性的考古敘事涵蓋從第一批人族到羅馬帝國崩潰的整個人類社會發展，是由一位跟和「共產黨歷史家小組」（Communist Party Historians' Group）有密切關係的傑出學者執筆。這本書應該和恩格斯的《家庭、私有制和國家起源》（*The Origin of the Family, Private Property, and the State*, 1884）一起讀，後者雖然不斷受到學術性、論戰性猛攻，但至今對於我們了解史前史仍然重要，特別是在對女性受壓迫的緣起深具洞察。

柴爾德對於史前一系列社會經濟革命的說明仍然讓人動容，對階級社會起源的解釋看來毫無爭議性。不過，雖然是重要的權威，柴爾德的馬克思主義仍然嚴重感染了前述哈曼作品時所談到的那種階段理論。同樣情形也見於克羅伊（Geoffrey de Ste Croix），他的《古希臘的階級之爭》（*Class Struggle in the Ancient Greek World*, 1981）雖說不可不讀，但讀的時候必須帶著批判態度。克羅伊努力把羅馬晚期的農奴重新定義為奴隸，以拯救「奴隸生產方式」的概念（此概念衍生自馬克思和恩格斯）。這個概念在經驗與理論兩方面都有嚴重瑕疵，毫無分析效用，是我前面批評過的經濟決定論及目的論的詮釋裝置的一部分。

從約西元前一〇〇〇年至西元一五〇〇年的兩千五百年間，只有單一種主導性的生產方法：使用鐵器技術、以鄉村為基礎的農業。在這段漫長時期，統治階級和政府以很多不同的方式組織，他們也使用很多不同方式霸占剩餘。例如，一個收取金錢稅收的中央集權帝國的官僚體系（如羅馬帝國）和一個徵收食物的日耳曼軍閥的封建隨從（如盎格魯－撒克遜英格蘭）就相當不同。但是在這兩個例子中，經濟基礎都是由農民耕田並上繳他們的部分盈餘。到底他們是奴隸、農奴、佃農還是自耕農並無多大差異，而霸占剩餘的方式是採取進貢、租金、什一稅、利息、受薪勞動或強迫勞動亦無多大分別。

由於這個原因，我們必須把注意力轉向一些馬克思主義者傾向視為歷史「浮渣」而予以忽略的東西：事件。這種忽略態度跟布勞岱爾（Fernand Braudel）和「法國年鑑學派」相同。然而，認為相較於技術、生產和貿易，戰爭和革命只具有次要重要性的看法是錯誤的：所有這些現象都可以被理解為只是單一社會秩序和歷史過程的一部分。政治「上層建築」並不僅僅是經濟「地基」的反映。不存在一個名人文化在頂部、教育系統在中間，和工業技術在底部的意義金字塔（pyramid of significance）。

歷史分析的關鍵是辨認出任何社會過程的基本動力。在前資本主義階級社會，這種動力和「生產方式」沒有多少關係。實際上技術和產量都是靜態，唯一問題只在於剩餘（多多少少是固定規模）怎樣分配。增加剩餘占比最有效的方法是使用軍事力量，所以世界出現了敵對的統治階級，他們投入競爭性的軍事資源積累。例如羅馬帝國的動力可以定義為古代軍事帝國主義，說得更白就是用暴力強搶。在帝國內，一種雙頭經濟在運作：一是農民持續了數百年甚至上千年的自給自足生產，另一則是疊加在這上面的軍事供給和精英消費系統，其中包含統治階級對剩餘的高比例霸占。

地主和農業生產者的社會關係形式隨著時間、地點而異，但這個系統的基本特性不受影響。我談論羅馬帝國的著作（2008）是企圖用「古代軍事帝國主義」理論，而不是「奴隸生產方式」理論來鋪排歷史敘事。我認為它證明了前者的解釋力和後者的多餘，也認為同一方法一樣適用於其他前資本主義階級社會。

封建制度在馬克思主義史學界是一個激烈爭論和持續爭論中的主題。我傾向於迴避很多這種討論，因為基於已經解釋過的理由，我拒絕接受封建制度是一種新的和較高級的生產方式。所以，我不接受用剝削者和被剝削者的社會關係來定義封建制度，而接受用統治階級的自我組織方式來定義——也就是大體上不管社會經濟基礎的定義。基於這個理由，我仍然認為Marc Bloch（1965）非常有價值。另一方面，我又毫無困難地接納Chris Wickham（2005）所作的一個重要區分：從古典時代過渡到封建制度的過程中，以徵稅為基礎的精英階級有別於以土地為基礎的精英階級。

有關這個故事第二部分——資本主義從封建社會的子宮興起——我主要受惠於Maurice Dobb（1946）、Rodney Hilton（1973, 1978, 1990）、Robert Brenner（e.g. in Aston and Philpin, 1985）和Chris Dyer（2003, 2005）。我拒絕接受Pirenne、Sweezy、Wallerstein和Hodges等人所主張的，交換、貿易和商業利潤在經濟轉化的過程中扮演主要角色。生產是決定性的。所以任何對封建制度轉變為資本主義的分析必須聚焦在農場、作坊和架構它們的運作的社會關係。宗教改革的革命本質，在恩格斯談日耳曼地區農民戰爭的一本很少人閱讀的早期著作（1850）中有很好分析。英語中談荷蘭革命的最好著作仍是Geoffrey Parker（1985）。談英格蘭革命的文獻汗牛充棟，但很多近期著作都是修正主義渣滓，所以讀者必須回頭去讀Christopher Hill（1961, 1972, 1975, 1986）及其學生Brian Manning（1978, 1992, 1999, 2003）的扎實馬克思主義著作。我認為Manning的*English Revolution and English People*是馬克思主義史作的瑰寶。

應該指出的是，在談資產階級革命時，我的傾向是強調大眾活動對於推進革命的效果。一個應該作出的區分是資產階級（至少是他們中間最進步的那些）的激進抱負和他們在危機中的行為，這些行為通常是焦躁和靦腆，因為作為一個有產階級，他們本能上會害怕「失序」和「無政府」狀態。克倫威爾、華盛頓、羅伯斯比和林肯都是真正的革命分子，但他們改變世界的決心並未充分體現在行為上。在他們的個案中，激進資產階級都需要大眾力量推一把才能向前邁進，擊敗反革命。

Manning的重要貢獻在於，他把普通人在一六四〇年代事件中不可少的角色充分表明出來。有著同樣優點的還有Edward Countryman的*American Revolution*（1987）、Albert Soboul的*Sans-culottes*（1980）和George Rudé的*Crowd in the French Revolution*（1967）。這些和很多其他研究該時期的馬克思主義佳作的共通之處是，他們決心揭露、描述和突顯民眾革命運動，而不是像Mathiez（1964）和Lefebvre（1962）之類的歷史學家，強調革命是由資產階級領導。必須一提的著作還有C. L. R. James談海地黑奴起義的優異之作*The Black Jacobins*（1980）和T. A. Jackson的*Ireland Her Own*（1991），後者對愛爾蘭反抗英國統治的八百多年歷史有扼要敘述。另外，還必須推薦Neil Davidson的近期研究*How Revolutionary Were the Bourgeois Revolutions?*（2017）和Perry Anderson範圍更大的舊經典*Lineages of the Absolutist State*（1979），前者充滿我們預期會出自他手筆的那種新評論，後者對於國家封建制度的性格深有洞察。

要明白工業資本主義的發展，起點必然是馬克思本人，特別是《資本論》第一卷（1867）和《共產主義宣言》（1848）。《資本論》第一卷包含許多歷史分析，《共產主義宣言》是對它的一個有效率撮要。霍布斯邦的三部曲（1962, 1985, 1944a）對「長十九世紀」（long nineteenth century, 1789-1814）有精彩綜述。他論二十世紀的續集有參考價值，但理論性不強。霍布斯邦看來無法將馬克思主義方法應用在自己時代的事件。勞工階級的性格和勞工運動的起源，涵蓋在兩本馬克思主義經典：恩格斯的《勞工階級狀態》和湯普森的《英國工人階級的形成》。對於工業資本主義對更廣大世界的衝擊，Victor Kiernan的*European Empires from Conquest to Ccollapse*（1982）是無可匹敵。

馬克思和恩格斯的著作對分析十九世紀中葉重大政治事件也非常有價值，特別重要的有*The Class Struggles in France*（1895）、*The Eighteenth Brumaire of Louis Bonaparte*（1869），和*The Civil War in France*

（1871）。對於發揮作用的社會力量有深刻理解的外交史，我總是覺得泰勒（A. J. P. Taylor）的許多研究（1955, 1961, 1964a, 1971）很有用。James McPherson談南北戰爭的著作（1990）具有開創性。Donny Gluckstein對巴黎公社有細緻講解（2006）。

有一批馬克思主義經典研究在二十世紀早期出版，特別突出的有希法亭（1910）、列寧（1917a）、布哈林（1917）論帝國主義之作、盧森堡（1900, 1906）論改革主義和階級鬥爭之作、列寧（1917b）論國家的性質之作，以及托洛斯基（1906）論「不斷革命」之作。托洛斯基（1922 and 1932）也是一九〇五年和一九一七年俄國兩次革命的主要嚮導。對俄國革命的研究有傑出貢獻的還有Carr（1966）（一個對一九一七年至一九二三年的堅實研究）、Chamberlin（1965）（一個對一九一七年的記述，某些方面和托洛斯基的《俄國革命史》旗鼓相當），以及Reed（1977）（一個基進記者的生動目擊報導）。

一九〇八年土耳其青年黨革命的研究見Uzun（2004），一九一八年至一九二三年德國革命的研究見Broué（2006）和哈曼（1982），中國革命的研究見Isaacs（1961）。和「國際共產」頭五年有關的托洛斯基兩冊著作（1973-1974）對這個時期的研究也有重大價值。要理解俄國革命的淪落，最值得參考的是托洛斯基（1936），再用克里夫的里程碑著作——列寧（1975-1979）和托洛斯基（1989-1993）的四冊傳記——加以補充。

克里夫值得我們進一步談論。依我之見，他是二十世紀下半葉最偉大的革命派思想家，在他幫助下發展出來的國家資本主義理論（1955/1974）、永久軍備經濟理論（參見Kidron, 1970與Harman, 1984）和偏移的不斷革命論（1963），是理解第二次世界大戰後時期的基礎。

有別於史達林主義和正統的托洛斯基主義，克里夫延續了自下而上勞工階級鬥爭的正宗馬克思主義傳統。他以托洛斯基在一九二〇年代和一九三〇年代的作品為基礎，出版了四部極有價值的論文集，分別探討中國（1976）、德國（1971）、法國（1979）和西班牙（1973）。有關西班牙革命的文獻特別豐富。Broué and Témime（1972）提供了一個精彩的馬克思主義分析，歐威爾的《向加泰隆尼加致敬》（*Homage to Catalonia*, 1938）是對進行中的革命一個經典的目擊報導。

一系列扎實的馬克思主義分析充分涵蓋了戰後世界：Birchall（1974 and 1986）和哈曼（1988a）論改革主義、史達林主義和冷戰時期的歐洲；克里夫（見Gluckstein, 1957）、Harris（1978）和Hore（1991）論中國；Marshall（1989）論中東；Gonzalez（2004）論切・格瓦拉和古巴。對於一九六八年至一九七五年的時期，Jonathan Neale（2001）對越戰有精采講述，哈曼談了政治動蕩（1988b）和經濟危機（1984）。Barker（1987）對法國、智利和葡萄牙有所著墨，並論及伊朗革命和波蘭團結工聯。此外，還有Marshall（1988）論伊朗之作，Barker and Weber（1982）論團結工聯之作，Callinicos（1988）論南非之作和Gonzalez（1990）論尼加拉瓜之作。李斯（2006）對了解新帝國主義和近期的革命（包括一九八九年東歐的反史達林主義革命）相當重要。

當前的新自由資本主義經濟危機是很多評論和爭論的主題。因為執著於一九七〇年代對資本主義的理解，很多左派無法和金融化達成妥協。基本理論背景是由Baran and Sweezy（1966）提供，Harris（1983）為這種資本主義新形式提供一個清晰的分析，而Bellamy Foster and Magdoff（2009）、Elliott and Atkinson（2007）、Harvey（2003 and 2005）、Lapavitsas（2013）、Mason（2009）、Mellor（2010）和Varoufakis（2015）全都為金融化、永久債經濟和二〇〇八年金融危機不同方面提供細緻入微的分析。Varoufakis（2015）對金融化政治有卓越洞察。El-Gingihy（2015）為私營化提供一個個案研究。Monbiot（2007）和Bellamy Foster（2009）處理生態危機。Bellamy Foster（2017）和Faulkner and Dathi（2017）討論靜悄悄崛起的法西斯主義。Harvey（2015）為作為一整體的世界危機提供一個概覽，而Harvey（2013）探索現代城市的革命潛力。想要多了解馬克思主義者如何思考當前事務的讀者，可考慮翻閱《每月評論》（*Monthly Review*）和《轉化》（*Transform*）這兩份獨立刊物。

很多作品現在可以在網路上找到，讀者應該利用參考書目來幫助搜尋。

參考書目

Aldred, C., 1987, *The Egyptians*, London, Thames & Hudson (2).

Alexander, P., 1987, *Racism, Resistance, and Revolution*, London, Bookmarks (8, 16).☺

Anderson, J. L., 1997, *Che Guevara: A revolutionary life*, London, Bantam (15).

Anderson, P., 1979, *Lineages of the Absolutist State*, London, Verso (6–9).**

Arthur, A., *The Tailor-King: The rise and fall of the Anabaptist kingdom of Münster*, New York, Thomas Dunne (7).

Aston, T. H. and Philpin, C. H. E. (eds.), 1985, *The Brenner Debate: Agrarian class structure and economic development in pre-industrial Europe*, Cambridge, Cambridge University Press (6).*

Baran, P. and Sweezy, P., 1968, *Monopoly Capital: An essay on the American economic and social order*, Harmondsworth, Penguin (18).**

Barker, C. and Weber, K., 1982, *Solidarnosc: From Gdansk to military repression*, London, International Socialism (17).*☺

Barker, C. (ed.), 1987, *Revolutionary Rehearsals*, London, Bookmarks (16–17).*☺

Barraclough, G., 1979, *The Times Atlas of World History*, London, Times Books (all).

Bellamy Foster, J., 2009, *The Ecological Revolution: Making peace with the planet*, New York, Monthly Review Press (18).*

Bellamy Foster, J., 2017, *Trump in the White House: Tragedy and farce* (18).*

Bellamy Foster, J. and Magdoff, F., 2009, *The Great Financial Crisis: Causes and consequences*, New York, Monthly Review Press (18).*

Birchall, I., 1974, *Workers Against the Monolith: The Communist Parties since 1943*, London, Pluto (15).*

Birchall, I., 1986, *Bailing out the System: Reformist socialism in Western Europe, 1944–1985*, London, Bookmarks (15).*

Blackburn, R., *The Overthrow of Colonial Slavery, 1776–1848*, London, Verso (8–9).*

Bloch, M., 1965, *Feudal Society*, London, Routledge (6).*

Brailsford, H., 1983, *The Levellers and the English Revolution*, Nottingham, Spokesman (7).*

Braudel, F., 1993, *A History of Civilisations*, London, Penguin (all).*

Broué, P., 2006, *The German Revolution, 1917–1923*, London, Merlin (13).*

Broué, P. and Témime, E., 1972, *The Revolution and the Civil War in Spain*, Cambridge, MA, MIT Press (14).*

Brunt, P. A., 1971, *Social Conflicts in the Roman Republic*, London, Chatto & Windus (3).

Bukharin, N., 1917, *Imperialism and World Economy*, www.marxists.org (12).**

Burn, A. R., 1978, *The Pelican History of Greece*, Harmondsworth, Penguin (3).*

Callinicos, A., 1988, *South Africa Between Reform and Revolution*, London, Bookmarks (17).*☺

Carr, E. H., 1966, *The Bolshevik Revolution* (3 vols), Harmondsworth, Penguin (13).*

Chadwick, H., 1967, *The Early Church*, London, Penguin (4).

Chamberlin, W. H., 1965, *The Russian Revolution, 1917–1918: From the overthrow of the Czar to the assumption of power by the Bolsheviks*, New York, Grosset & Dunlap (13).*

Childe, V. G., 1936, *Man Makes Himself*, London, NCLC Publishing Society (1–2).*☺

Childe, V. G., 1942, *What Happened in History*, Harmondsworth, Penguin (1–3).**☺

Chomsky, N., 1999, *Fateful Triangle: The United States, Israel, and the Palestinians*, London, Pluto (15).

Clark, G. and Piggott, S., 1970, *Prehistoric Societies*, Harmondsworth, Penguin (1).

Clements, J., 2006, *The First Emperor of China*, Stroud, Sutton (3).

Cliff, T., 1955/1974, *State Capitalism in Russia*, www.marxists.org (13–17).**

Cliff, T., 1963, *Deflected Permanent Revolution*, www.marxists.org (15).**

Cliff, T., 1975–9, *Lenin* (4 vols.), www.marxists.org (12–13).*

Cliff, T, 1989–93, *Trotsky* (4 vols.), www.marxists.org (12–14).*

Cohn, N., 1970, *The Pursuit of the Millennium: Revolutionary millenarians and mystical anarchists of the Middle Ages*, London, Granada (6).*

Cole, G. D. H., 1932, *A Short History of the British Working Class Movement, 1789–1927*, London, Allen & Unwin (10–14).*

Cole, G. D. H. and Postgate, R., 1946, *The Common People, 1746–1946*, London, Methuen (10–14).

Countryman, E., 1987, *The American Revolution*, Harmondsworth, Penguin (9).** ☺

Crawford, M., 1992, *The Roman Republic*, London, Fontana (3).

Cunliffe, B. (ed.), 1994, *The Oxford Illustrated Prehistory of Europe*, Oxford, Oxford University Press (1–4).

Cunliffe, B., 2001, *Facing the Ocean: The Atlantic and its peoples, 8000 BC–AD 1500*, Oxford, Oxford University Press (1–6).

Cunliffe, B., 2008, *Europe Between the Oceans, 9000 BC–AD 1000*, London, Yale University Press (1–6).*

Darvill, T., 1987, *Prehistoric Britain*, London, Routledge (1).

Davidson, N., 2017, *How Revolutionary Were the Bourgeois Revolutions?*, Chicago, Haymarket (7–9, 11).*

De Ste Croix, G. E. M., 1981, *The Class Struggle in the Ancient Greek World*, London, Duckworth (3, 4).**

Diamond, J., 1999, *Guns, Germs, and Steel: The fates of human societies*, New York, Norton (5, 6).** ☺

Dobb, M., 1946, *Studies in the Development of Capitalism*, London, Routledge (6).*

Dyer, C., 2003, *Making a Living in the Middle Ages: The people of Britain, 850–1520*, London, Penguin (6).

Dyer, C., 2005, *An Age of Transition? Economy and society in England in the later Middle Ages*, Oxford, Oxford University Press (6).*

El-Gingihy, Y., 2015, *How to Dismantle the NHS in 10 Easy Steps*, Alresford, Zero (18). ☺

Elliott, J. H., 1970, *Imperial Spain, 1469–1716*, Harmondsworth, Penguin (6, 7).

Elliott, L. and Atkinson, D., 2007, *Fantasy Island: Waking up to the incredible economic, political, and social illusions of the Blair legacy*, London, Constable (18). ☺

Elton, G. R., 1955, *England under the Tudors*, London, Methuen (6, 7).

Elton, G. R., 1963, *Reformation Europe, 1517–1559*, New York, Harper & Row (6, 7).

Engels, F., 1845, *The Condition of the Working Class in England*, www.marxists.org (10).**

Engels, F., 1850, *The Peasant War in Germany*, www.marxists.org (7).*

Engels, F., 1884, *The Origin of the Family, Private Property, and the State*, www.marxists.org (1). **

Engels, F., 1892, *Socialism: Utopian and scientific*, www.marxists.org (all).**

Fagan, B. (ed.), 2009, *The Complete Ice Age: How climate change shaped the world*, London, Thames & Hudson (1). ☺

Faulkner, N., 2002, *Apocalypse: The great Jewish revolt against Rome, AD 66–73*, Stroud, Tempus (4).*

Faulkner, N., 2008, *Rome: Empire of the eagles*, Harlow, Pearson Education (3, 4).*

Faulkner, N., 2017, *A People's History of the Russian Revolution*, London, Pluto/Left Book Club (13).

Faulkner, N. (with Samir Dathi), 2017, *Creeping Fascism: Brexit, Trump, and the rise of the Far Right*, London, Public Reading Rooms (14, 17).*

Finkel, C., 2005, *Osman's Dream: The story of the Ottoman Empire, 1300–1923*, London, John Murray (7, 12).

Finley, M. I., 1956, *The World of Odysseus*, London, Chatto & Windus (2).

Finley, M. I., 1963, *The Ancient Greeks*, London, Chatto & Windus (3). ☺

Finley, M. I., 1985, *The Ancient Economy*, London, Hogarth Press (3).*

Fisk, R., 1991, *Pity the Nation: Lebanon at War*, Oxford, Oxford University Press (15, 17). ☺

Galbraith, J. K., 1975, *Money: Whence it came, where it went*, Harmondsworth, Penguin (8–15). ☺

Galbraith, J. K., 1975, *The Great Crash, 1929*, Harmondsworth, Penguin (14). ☺

Glatter, P. (ed.), 2005, *The Russian Revolution of 1905: Change through struggle*, London, Socialist Platform (12).

Gluckstein, Y., 1957, *Mao's China: Economic and political survey*, London, Allen & Unwin (15).*

Gluckstein, D., 2006, *The Paris Commune: A revolution in democracy*, London, Bookmarks (11).

Gonzalez, M., 1990, *Nicaragua: What went wrong?*, London, Bookmarks (17). ☺

Gonzalez, M., 2004, *Che Guevara and the Cuban Revolution*, London, Bookmarks (15).* ☺

Grant, M., 1973, *The Jews in the Roman World*, London, Weidenfeld & Nicolson (4).

Grant, M., 1984, *The History of Ancient Israel*, London, Weidenfeld & Nicolson (4).

Guillaume, A., 1956, *Islam*, London, Penguin (4).

Hale, J. R., 1971, *Renaissance Europe, 1480–1520*, London, Collins (6).

Halifax, N., 1988, *Out, Proud, and Fighting: Gay liberation and the struggle for socialism*, London, Socialist Workers Party (16). ☺

Hampson, N., 1968, *The Enlightenment*, Harmondsworth, Penguin (9).

Harman, C., 1982, *The Lost Revolution: Germany 1918 to 1923*, London, Bookmarks (13).*

Harman, C., 1983, *Gramsci versus Reformism*, London, Socialist Workers Party (13). ☺

Harman, C., 1984, *Explaining the Crisis: A Marxist reappraisal*, London, Bookmarks (15, 17–18).*

Harman, C., 1988a, *Class Struggles in Eastern Europe, 1945–83*, London, Bookmarks (15–16).* ☺

Harman, C., 1988b, *The Fire Last Time: 1968 and after*, London, Bookmarks (16).* ☺

Harman, C., 1999, *A People's History of the World*, London, Bookmarks (all).** ☺

Harris, N., 1978, *The Mandate of Heaven: Marx and Mao in modern China*, London, Quartet (15).*

Harris, N., 1983, *Of Bread and Guns: The world economy in crisis*, Harmondsworth, Penguin (17–18).* ☺

Harvey, D., 2003, *The New Imperialism*, Oxford, Oxford University Press (17).*

Harvey, D., 2005, *A Brief History of Neoliberalism*, Oxford, Oxford University Press (17).*

Harvey, D., 2013, *Rebel Cities: From the right to the city to the urban revolution*, London, Verso (18–Conclusion).*

Harvey, D., 2015, *Seventeen Contradictions and the End of Capitalism*, London, Profile (18).*

Hastings, M., 2011, *All Hell Let Loose: The world at war, 1939–1945*, London, Harper Press (15).*☺

Haynes, M., 2002, *Russia: Class and power, 1917–2000*, London, Bookmarks (13–17).*

Hilferding, R., 1910, *Finance Capital: A study of the latest phase of capitalist development*, www.marxists.org (12).*

Hill, C., 1961, *The Century of Revolution, 1603–1714*, London, Nelson (7).

Hill, C., 1972, *God's Englishman: Oliver Cromwell and the English Revolution*, Harmondsworth, Penguin (7).*☺

Hill, C., 1975, *The World Turned Upside Down: Radical ideas during the English Revolution*, Harmondsworth, Penguin (7).*

Hill, C., 1986, *Society and Puritanism in Pre-Revolutionary England*, Harmondsworth, Penguin (7).*

Hilton, R., 1973, *Bond Men Made Free: Medieval peasant movements and the English rising of 1381,* London, Maurice Temple Smith (6).*

Hilton, R., 1978, *The Transition from Feudalism to Capitalism*, London, Verso (6).*

Hilton, R., 1990, *Class Conflict and the Crisis of Feudalism: Essays in medieval social history*, London, Verso (6).*

Hobsbawm, E., 1962, *The Age of Revolution: Europe, 1789–1848*, London, Abacus (9–10).*

Hobsbawm, E., 1985, *The Age of Capital, 1848–1875*, London, Abacus (10–11).*

Hobsbawm, E., 1994a, *The Age of Empire, 1875–1914*, London, Abacus (11–12).*

Hobsbawm, E., 1994b, *The Age of Extremes: The short twentieth century, 1914–1991*, London, Michael Joseph (12–17).

Hodges, R., 2012, *Dark Age Economics: A new audit*, London, Bristol Classical Press (6).

Holland, T., 2005, *Persian Fire: The first world empire and the battle for the West*, London, Little, Brown (3). ☺

Holland, T., 2003, *Rubicon: The triumph and tragedy of the Roman Republic*, London, Little, Brown (3). ☺

Hore, C., 1991, *The Road to Tiananmen Square*, London, Bookmarks (15, 17).*☺

Hourani, A., 1991, *A History of the Arab Peoples*, London, Faber and Faber (5).

Isaacs, H. R., 1961, *The Tragedy of the Chinese Revolution*, Stanford, CA, Stanford University Press (13).**

Jackson, T. A., 1991, *Ireland Her Own*, London, Lawrence & Wishart (9, 13).*☺

James, C. L. R., 1980, *The Black Jacobins: Toussaint L'Ouverture and the San Domingo revolution*, London, Allison & Busby (9).* ☺

James, T. G. H., 2005, *Ancient Egypt*, London, British Museum Press (2).

Jones, A. H. M., 1966, *The Decline of the Ancient World*, London, Longmans (4).*

Kamen, H., 1971, *The Iron Century: Social change in Europe, 1550–1660*, London, Weidenfeld & Nicolson (7).*

Keegan, J., 1994, *A History of Warfare*, London, Pimlico (all).* ☺

Kidron, M., 1970, *Western Capitalism Since the War*, Harmondsworth, Penguin (15).* ☺

Kiernan, V. G., 1982, *European Empires From Conquest to Collapse, 1815–1960*, London, Fontana (10–12, 15).* ☺

Lane Fox, R., 1991, *The Unauthorised Version: Truth and fiction in the Bible*, London, Penguin (4).*

Lapavitsas, C., 2013, *Profiting Without Producing: How finance exploits us all*, London, Verso (18).*

Lapping, B., 1989, *End of Empire*, London, Paladin (15).

Leakey, R. E., 1981, *The Making of Mankind*, London, Book Club Associates (1). ☺

Lefebvre, G., 1962, *The French Revolution, Volume I, from its origins to 1793*, New York, Columbia University Press (8).*

Lefebvre, G., 1964, *The French Revolution, Volume II, from 1793 to 1799*, New York, Columbia University Press (9).*

Lenin, V. I., 1917a, *Imperialism: The highest stage of capitalism*, www.marxists.org (12).** ☺

Lenin, V. I., 1917b, *State and Revolution*, www.marxists.org (11–13).** ☺

Luxemburg, R., 1900, *Reform and Revolution*, www.marxists.org (12–13).**

Luxemburg, R., 1906, *The Mass Strike*, www.marxists.org (12–13).**

Lynch, J., 2006/2007, *Simón Bolívar: A life*, London, Yale University Press (9).

McPherson, J. M., 1990, *Battle Cry of Freedom: The American Civil War*, London, Penguin (11).*

Manning, B., 1978, *The English People and the English Revolution*, London, Peregrine (7).**

Manning, B., 1992, *1649: The crisis of the English Revolution*, London, Bookmarks (7).*

Manning, B., 1999, *The Far Left in the English Revolution*, London, Bookmarks (7).

Manning, B., 2003, *Revolution and Counter-Revolution in England, Ireland, and Scotland, 1658–1660*, London, Bookmarks (7).

Marshall, P., 1988, *Revolution and Counterrevolution in Iran*, London, Bookmarks (17).* ☺

Marshall, P., 1989, *Intifada: Zionism, imperialism, and Palestinian resistance*, London, Bookmarks (15, 17).* ☺

Marshall, R., 1994, *Storm From the East: From Genghis Khan to Khubilai Khan*, London, Penguin/BBC Books (5). ☺

Marx, K., 1848, *The Manifesto of the Communist Party*, www.marxists.org (10). **

Marx, K., 1859, *A Contribution to the Critique of Political Economy*, www.marxists.org (10).**

Marx, K., 1867, *Capital, Volume I*, www.marxists.org (10).**

Marx, K., 1869, *The Eighteenth Brumaire of Louis Bonaparte*, www.marxists.org (10–11).*

Marx, K., 1871, *The Civil War in France*, www.marxists.org (11).**

Marx, K., 1895, *The Class Struggles in France*, www.marxists.org (10).*

Mason, P., 2009, *Meltdown: The end of the age of greed*, London, Verso (18). ☺

Mathiez, A., 1964, *The French Revolution*, New York, Grosset and Dunlap (9).*

Mellor, M., 2010, *The Future of Money: From financial crisis to public resource*, London, Pluto (18). ☺

Monbiot, G., 2007, *Heat: How we can stop the planet burning*, London, Penguin (18). ☺

Morton, A. L., 1938, *A People's History of England*, London, Gollanz (5–14). ☺

Neale, J., 2001, *The American War: Vietnam, 1960–1975*, London, Bookmarks (16).* ☺

Orwell, G., 1938, *Homage to Catalonia*, London, Secker & Warburg (14).* ☺

Pakenham, T., 1992, *The Scramble for Africa, 1876–1912*, London, Abacus (12). ☺

Parker, G., 1985, *The Dutch Revolt*, Harmondsworth, Penguin (7).*

Petty, C., Roberts, D., and Smith, S., 1987, *Women's Liberation and Socialism*, London, Bookmarks (16). ☺

Pirenne, H., 1939, *A History of Europe, from the invasions to the sixteenth century*, London, Allen & Unwin (6).*

Pitts, M. and Roberts, M., 1997, *Fairweather Eden: Life in Britain half a million years ago as revealed by the excavations at Boxgrove*, London, Century (I). ☺

Pocock, T., 1998, *Battle for Empire: The very first world war, 1756–63*, London, Michael O'Mara (8). ☺

Pryor, F., 2003, *Britain BC: Life in Britain and Ireland before the Romans*, London, HarperCollins (2). ☺

Reade, J., 1991, *Mesopotamia*, London, British Museum Press (2).

Reed, J., 1977, *Ten Days that Shook the World*, Harmondsworth, Penguin (13).* ☺

Rees, J., 1998, *The Algebra of Revolution: The dialectic and the classical Marxist tradition*, London, Routledge (all).*

Rees, J., 2006, *Imperialism and Resistance*, London, Routledge (17–18).* ☺

Rees, J., 2012, *Timelines: A political history of the modern world*, London, Routledge (17).* ☺

Reynolds, P. J., *Iron-Age Farm: The Butser Experiment*, London, British Museum Publications (2).

Roberts, A., 2009, *The Incredible Human Journey*, London, Bloomsbury (I). ☺

Roberts, J. M., 1976, *The Hutchinson History of the World*, London, Hutchinson (all).

Rodzinkski, W., 1991, *The Walled Kingdom: A history of China from 2000 BC to the present*, London, Fontana (3, 5).

Rostovtzeff, M., 1928, *A History of the Ancient World, Volume II, Rome*, Oxford, Clarendon (3).*

Rostovtzeff, M., 1930, *A History of the Ancient World, Volume I, The Orient and Greece*, Oxford, Clarendon (3).*

Roux, G., 1980, *Ancient Iraq*, London, Penguin (2).

Rudé, G., 1967, *The Crowd in the French Revolution*, Oxford, Oxford University Press (9).*

Scarre, C., 1988, *Past Worlds: The Times atlas of archaeology*, London, Times Books (1–5).

Skidelsky, R., 2004, *John Maynard Keynes, 1883–1946: Economist, philosopher, statesman*, London, Pan (14).*

Skidelsky, R., 2010, *Keynes: The return of the master*, London, Penguin (18).

Soboul, A., 1977, *A Short History of the French Revolution, 1789–1799*, London, University of California (9).* ☺

Soboul, A., 1980, *The Sans-culottes: The popular movement and revolutionary government, 1793–1794*, Princeton, NJ, Princeton University Press (9).*

Soboul, A., 1989, *The French Revolution, 1787–1799, from the storming of the Bastille to Napoleon*, London, Unwin Hyman (9).**

Stringer, C. and Gamble, C., 1993, *In Search of the Neanderthals*, London, Thames & Hudson (I).* ☺

Stringer, C. and McKie R., 1996, *African Exodus: The origins of modern humanity*, New York, Henry Holt (I).*

Stringer, C., 2006, *Homo Britannicus: The incredible story of human life in Britain*, London, Allen Lane (I).* ☺

Sweezy, P., 1968a, *The Theory of Capitalist Development*, New York, Monthly Review Press (18).*

Sweezy, P., 1968b, *Monopoly Capital: An essay on the American economic and social order*, Harmondsworth, Penguin (18).*

Taylor, A. J. P., 1955, *Bismarck: The man and the statesman*, London, Hamish Hamilton (11).

Taylor, A. J. P., 1961, *The Course of German History: A survey of the development of German history since 1815*, London, Methuen (11–14).

Taylor, A. J. P., 1964a, *The Habsburg Monarchy, 1809–1918: A history of the Austrian Empire and Austria-Hungary*, London, Peregrine (12).

Taylor, A. J. P., 1964b, *The Origins of the Second World War*, London, Penguin (14).*

Taylor, A. J. P., 1966, *The First World War*, London, Penguin (12). ☺

Taylor, A. J. P., 1971, *The Struggle for Mastery in Europe, 1848–1918*, Oxford, Oxford University Press (11–12).*

Terraine, J., 1967, *The Great War, 1914–18*, London, Arrow (12). ☺

Thapar, R., 1966, *A History of India, Volume 1*, Harmondsworth, Penguin (3, 5).

Thompson, E. A., 1948, *A History of Attila and the Huns*, Oxford, Clarendon (4).*

Thompson, E. P., 1980, *The Making of the English Working Class*, Harmondsworth, Penguin (10).**

Thomson, G., 1965, *Studies in Ancient Greek Society: The prehistoric Aegean*, New York, Citadel (1).*

Trotsky, L., 1906, *Results and Prospects*, www.marxists.org (12–13).**

Trotsky, L., 1922, *1905*, www.marxists.org (12).** ☺

Trotsky, L., 1932, *The History of the Russian Revolution*, www.marxists.org (13).** ☺

Trotsky, L., 1936, *The Revolution Betrayed: What is the Soviet Union and where is it going?*, www.marxists.org (13–14).*

Trotsky, L., 1971, *The Struggle against Fascism in Germany*, London, New Park (14).**

Trotsky, L., 1973, *The Spanish Revolution (1931–39)*, London, New Park (14).**

Trotsky, L., 1973–4, *The First Five Years of the Communist International* (2 vols.), London, New Park (13).**

Trotsky, L., 1976, *Leon Trotsky on China*, London, New Park (13).**

Trotsky, L., 1979, *Leon Trotsky on France*, London, New Park (14).**

Uzun, C., 2004, *Making the Turkish Revolution*, Istanbul, Antikapitalist (12).

Varoufakis, Y., 2015, *The Global Minotaur: America, Europe, and the future of the global economy*, London, Zed (18). ☺

Varoufakis, Y., 2017, *Adults in the Room: My battle with Europe's deep Establishment*, London, Bodley Head (18). ☺

Wedgwood, C. V., 1938, *The Thirty Years War*, London, Jonathan Cape (7).

Wells, C., 1992, *The Roman Empire*, London, Fontana (4).

Wheeler, R. E. M., 1966, *Civilisations of the Indus Valley and Beyond*, London, Thames & Hudson (2). ☺

Wheeler, R. E. M., 1968, *Flames over Persepolis*, London, Weidenfeld & Nicolson (3). ☺

Whitehead, P., 1985, *The Writing on the Wall: Britain in the Seventies*, London, Michael Joseph (16–17). ☺

Wickham, C., 2005, *Framing the Early Middle Ages: Europe and the Mediterranean, 400–800*, Oxford, Oxford University Press (4).*

Widgery, D., 1976, *The Left in Britain, 1956–1968*, Harmondsworth, Penguin (15–16).

Williams, E., 1964, *Capitalism and Slavery*, London, Andrew Deutsch (8).*

Womack, J., 1969/1972, *Zapata and the Mexican Revolution*, Harmondsworth, Penguin (12).

Wood, M., 1985, *In Search of the Trojan War*, London, Guild Publishing (2).* ☺

Young, H., 1990, *One of Us: A biography of Margaret Thatcher*, London, Pan (17). ☺

Ziegler, P., 1969, *The Black Death*, London, Collins (5). ☺

歷史大講堂

基進的世界史：無力者如何改變世界？團結、抵抗、革命，翻轉權力結構的七百萬年奮爭史

2024年11月初版　　　　定價：新臺幣750元

著　者	Neil Faulkner
譯　者	梁永安
叢書主編	王盈婷
校　對	林碧瑩
	蘇淑君
內文排版	林婕瀅
封面設計	許晉維

出版者	聯經出版事業股份有限公司
地址	新北市汐止區大同路一段369號1樓
叢書主編電話	(02)86925588轉5316
台北聯經書房	台北市新生南路三段94號
電話	(02)23620308
郵政劃撥	帳戶第0100559-3號
郵撥電話	(02)23620308
印刷者	文聯彩色製版印刷有限公司
總經銷	聯合發行股份有限公司
發行所	新北市新店區寶橋路235巷6弄6號2樓
電話	(02)29178022

總務編監	陳逸華
總編輯	涂豐恩
總經理	陳芝宇
社長	羅國俊
發行人	林載爵

行政院新聞局出版事業登記證局版臺業字第0130號

本書如有缺頁，破損，倒裝請寄回台北聯經書房更換。　ISBN 978-957-08-7433-4 (平裝)
聯經網址：www.linkingbooks.com.tw
電子信箱：linking@udngroup.com

國家圖書館出版品預行編目資料

基進的世界史：無力者如何改變世界？團結、抵抗、革命，翻轉權力結構的七百萬年奮爭史/Neil Faulkner著．梁永安譯．初版．新北市．聯經．2024年11月．608面．17×23公分（歷史大講堂）
ISBN 978-957-08-7433-4（平裝）

1.CST：世界史　2.CST：唯物史觀　3.CST：社會史

711　　　　113008769